Informatik-Fachberichte 179

Herausgegeben von W. Brauer
im Auftrag der Gesellschaft für Informatik (GI)

W. Ameling (Hrsg.)

Simulationstechnik

5. Symposium Simulationstechnik
Aachen, 28.-30. September 1988

Proceedings

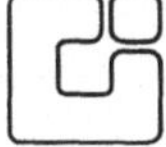

Springer-Verlag
Berlin Heidelberg New York
London Paris Tokyo

Herausgeber

o. Prof. Dr.-Ing. Walter Ameling
Direktor des Rogowski-Instituts für Elektrotechnik
Lehrstuhl für Allgemeine Elektrotechnik
und Datenverarbeitungssysteme, RWTH Aachen
Schinkelstraße 2, D–5100 Aachen

Veranstalter des Symposiums
ASIM (Fachausschuß 4.5 in der GI)

Allgemeines Programmkomitee:

H. Adelsberger, Wien

W. Ameling, Aachen

I. Bausch-Gall, München

F. Breitenecker, Wien

H. Fuß, Bonn

H. J. Halin, Zürich

K. H. Heyl, Berlin

G. Kampe, Esslingen

W. Kleinert, Wien

A. Kuhn, Dortmund

D. Möller, Lübeck

D. Weßel, München

CR Subject Classifications (1987): I.6

ISBN-13: 978-3-540-50273-9   e-ISBN-13: 978-3-642-74051-0
DOI: 10.1007/ 978-3-642-74051-0

CIP-Titelaufnahme der Deutschen Bibliothek.
Simulationstechnik : proceedings / ... Symposium
Simulationstechnik. Veranst. d. Symposiums ASIM (Fachausschuß 4.5 in d. GI). –
Berlin; Heidelberg; New York; London; Paris; Tokyo: Springer.
   Teilw. mit d. Erscheinungsorten Berlin, Heidelberg, New York, Tokyo. –
   1 veranst. vom Inst. für Mathemat. Maschinen u. Datenverarbeitung (IMMD) d.
   Univ. Erlangen/Nürnberg, Erlangen
NE: Symposium Simulationstechnik; Gesellschaft für Informatik /
   Fachausschuß Simulation; Institut für Mathematische Maschinen und Daten-
   verarbeitung «Erlangen»
5. Aachen, 28.-30. September 1988. – 1988
   (Informatik-Fachberichte; 179)

NE: GT

2145/3140–543210 – Gedruckt auf säurefreiem Papier

Vorwort

Das 5. Symposium Simulationstechnik findet in der Zeit vom 28. bis 30. September 1988 an der RWTH Aachen statt. Neben der veranstaltenden Organisation ASIM (Arbeitsgemeinschaft für Simulationstechnik), die als Fachausschuß 4.5 in der Gesellschaft für Informatik (GI) geführt wird, waren ITG, SCS und IMACS Mitveranstalter.

Das Tagungsziel dieses Symposiums – und auch früherer – ist es, den Austausch von Ideen und Erfahrungen von Fachleuten und Interessenten zu fördern, die auf dem Gebiet der Modellbildung und Simulation in Theorie und Praxis tätig sind. Dieses Tagungsziel wird vor dem Hintergrund der zunehmenden breiten Bedeutung, die der Simulation als modernem Entwicklungs– und Analysehilfsmittel zukommt, immer wichtiger. Neue Hard– und Softwarekonzepte ermöglichen die Entwicklung hochkomplexer Systeme. Das vielfältige Zusammenwirken der Systemkomponenten zu untersuchen und zu bewerten, ist ohne den Einsatz leistungsfähiger Simulationswerkzeuge undenkbar. Dies erfordert konsequenterweise auch Weiterentwicklungen auf dem Gebiet der Simulationstechnik und der ihr jeweils zugrunde liegenden Methodik. Der Erfahrungsaustausch im Rahmen einer solchen Tagung bietet allen Teilnehmern in gleicher Weise Vorteile: Einerseits erlangen Praktiker frühzeitig Kenntnis von neuen Konzepten und Werkzeugen, und andererseits können Theoretiker frühzeitig die vielfältigen in der Praxis auftretenden Probleme bei der Entwicklung neuer Methoden bewerten und berücksichtigen.

Die folgende thematische Gliederung war bereits in der Tagungsankündigung vorgesehen:

A) Modellbildung und Simulationstechnik

  Modellbeschreibung; Mathematische Verfahren; Modellvalidierung; Optimierungsverfahren; Systemidentifikation; parallele Algorithmen; Künstliche Intelligenz und Expertensysteme

B) Simulationswerkzeuge

  Simulation auf Analog– und Hybridrechnern; Digitale Simulation diskreter, kontinuierlicher und kombinierter Systeme; Simulationsumgebung, Simulationssprachen, Softwareunterstützung, Datenverwaltung; Rechnersysteme, Rechnerarchitekturen; Simulatoren

C) Anwendungen

  Ingenieurwissenschaften inkl. Gebiete der Robotik, Fahrzeug– und Flugkörperdynamik, Logik– und Schaltkreissimulation, Fertigungstechnik u.a.; Mathematik; Physik; Chemie; Medizin, Biologie, Metereologie; Verwaltung, Planung; Operations Research, Wirtschafts– und Sozialwissenschaften; Ausbildung

Entsprechend der Zielsetzung und der Gliederung sind die anwendungsorientierten Beiträge zahlenmäßig am stärksten vertreten. Die Anzahl der Beiträge zu den Punkten A, B, C verhalten sich etwa wie 1:2:3. Da es das Ziel ist, nicht die Ergebnisse der einzelnen Anwendungen, sondern vielmehr den Einsatz der Simulationstechnik als solcher in den Vordergrund der Betrachtungen zu stellen, wurden die Themenbereiche, die als Grundlage für die Bildung von Vortragsblöcken dienten, in erster Linie nach obiger Gliederung gebildet. Nur dort, wo sich aufgrund der eingegangenen Beiträge ein enger Anwendungskontext ergab, wurde hiervon abgewichen. Folgende Themenbereiche wurden gebildet:

Modellbildung/ Netzbasierte Simulationsmodelle
Mathematische Verfahren
Wissensbasierte Simulation
Simulationssysteme/ Simulationssprachen
Anwendungen mit ACSL
Graphische Simulation
Simulationsmodelle in der Bildverarbeitung
Simulation von Regel– und Steuerungssystemen
Technische Anwendungen
Montage– und Handhabungssysteme
Simulation im Produktionsbereich
Simulation in Medizin und Biologie
Lehrsysteme/ Lernverhalten

Insgesamt verteilen sich 76 Vorträge auf diese Themen, die in drei parallelen Vortragsreihen gehalten wurden. Abgerundet wurde der Themenkatalog durch fünf eingeladene Hauptvorträge. Die Vorträge wurden von einem internationalen Programmkomitee anhand eingereichter Kurzfassungen beurteilt und ausgewählt. Diesem Komitee gehörten an:

H. Adelsberger (Wirtschafts–Univ. Wien), W. Ameling (RWTH Aachen), I. Bausch–Gall (München), F. Breitenecker (TU Wien), H. Fuß (GMD Bonn), H.J. Halin (ETH Zürich), K.H. Heyl (INPRO Berlin), G. Kampe (FHT Esslingen), W. Kleinert (TU Wien), A. Kuhn (Fraunhofer Inst. Dortmund), D. Möller (Drägerwerke Lübeck), D. Weßel (Siemens München).

Abschließend möchte ich all jenen danken, die zum Gelingen der Tagung und zur Erstellung des Tagungsbandes beigetragen haben:

Den Autoren und Vortragenden für ihre Beiträge, den Sitzungsleitern, den Firmen CAE (Stolberg), EAI (Aachen) und Eckard Design (Köln), die die Tagung materiell unterstützten, den Mitgliedern des Programmkomitees, dem Organisationskomitee, hier besonders Herrn Dr. Gebhardt, und den Mitarbeitern meines Instituts. Herzlicher Dank gilt Herrn Prof. Dr. W. Brauer für die Aufnahme des Tagungsbandes in die Reihe Informatik–Fachberichte. Besonderer Dank gilt dem Springer–Verlag für die ausgezeichnete Ausgabe und für die pünktliche Auslieferung der Bücher zum Tagungsbeginn.

Aachen, August 1988 W. Ameling

Inhaltsverzeichnis

Mathematische Verfahren

Wissensbasierte Simulation

Simulationssysteme/Simulationssprachen I

Simulationssysteme/Simulationssprachen II

Simulationssysteme/Simulationssprachen III

Hauptvorträge

**SIMULATION IM ZEITALTER VON
SUPERCOMPUTERN UND MINI-SUPERCOMPUTERN**

H.J. Halin
Institut für Energietechnik
ETH Zürich
Clausius-Str. 33
CH - 8092 Zürich / Schweiz

1. Zusammenfassung

In der vorliegenden Arbeit werden vor allem die Werkzeuge diskutiert, die seit dem Erscheinen von Supercomputern und Mini-Supercomputern für Simulationsanwendungen zur Verfügung stehen.

Nach einer kurzen Rückblende auf die Simulationstechnik in der "Vor-Supercomputer-Epoche" wird die Entwicklung dieser neuen Systeme in Abschnitt 2 näher vorgestellt. Hierauf schließt sich in Abschnitt 3 eine Diskussion des Aufbaus und der Funktion dieser Maschinen an. Im 4. Abschnitt werden einige Fragen der Verwendung und insbesondere der Programmierung der neuen Hochleistungsrechner aufgeworfen. In Abschnitt 5 werden einige neue Algorithmen erwähnt, während der 6. Abschnitt eine Auflistung typischer Simulationsanwendungen enthält, für die diese Maschinen besonders geignet sind.

2. Einleitung

Die rasche Entwicklung von Digitalcomputern seit ihrem ersten Erscheinen gegen Mitte der vierziger Jahre wurde maßgeblich durch die stete Forderung nach immer größerer Rechenleistung stimuliert. Die ersten Versuche gewöhnliche Differentialgleichungen auf Digitalrechnern zu integrieren verliefen enttäuschend, da sich die Geschwindigkeit der Computer als völlig unzureichend erwies. Die ersten Simulationssprachen, sofern dieser Begriff aus heutiger Sicht überhaupt zutreffend ist, wurden demzufolge lediglich dafür eingesetzt, bei Analog- und den später aufkommenden Hybridrechnern statische Tests auszuführen, um die vom Benutzer gesteckte Schaltung überprüfen zu können. Erst nach Einführung transistorisierter Schaltungen erwies sich die Rechengeschwindigkeit als ausreichend, um Differentialgleichungen mit vertretbarem zeitlichen Aufwand zu lösen. Nach der Arbeit von Selfridge /SELF55/ setzte eine stürmische Entwicklung ein, um Digitalrechner mit Hilfe besonderer Programmpakete zur Untersuchung kontinuierlicher Systeme zu nutzen. Zur Programmierung standen zunächst nur Maschinensprache, dann Assembler und später höhere Programmiersprachen wie ALGOL, FORTRAN, PL/1, PASCAL, MODULA, ADA usw. zur Verfügung.

Zur Beschreibung kontinuierlicher Simulationsprobleme haben sich zahlreiche, spezielle, problemorientierte Programmiersprachen entwickelt, mit heutigen marktbeherrschenden Vertretern wie ACSL /ACSL86/ oder CSSL-IV /CSSL86/. Im Zuge dieser Entwicklung wurden vom Prinzip her parallel arbeitende Analogrechner durch immer leistungsfähigere aber seriell arbeitende Digitalrechner so weit zurückgedrängt, daß die heutige Rolle von Analog- und den später eingeführten Hybridrechnern fast ausschließlich nur noch Echtzeitsimulationen mit "man or hardware in the loop" umfaßt.

Auf dem Gebiete der diskreten Simulation erfolgte die Bereitstellung geeigneter Werkzeuge ähnlich zur kontinuierlichen Simulation, doch zeitlich später. Ohne auf Wechselwirkungen einzugehen, ist auf jeden Fall festzustellen, daß die Verfügbarkeit digitaler Rechner mit stetig steigender Leistung bei bisher immer günstiger werdendem Preis-Leistungsverhältnis die gesamte Computertechnik vorangetrieben, das Gebiet der numerischen Mathematik voll zur Entfaltung gebracht und nachhaltig zur Entwicklung der digitalen Simulationstechnik beigetragen hat.

Sydney Fernbach /FERN85/ definiert Supercomputer als Rechner, die sich gegenüber anderen Rechensystemen ihrer jeweiligen Zeitepoche dadurch unterscheiden, daß mit ihnen jeweils neue, leistungsfähigere Technologien eingeführt werden, die erst Jahre später zum allgemeinen technologischen Standard gehören. Gemäß dieser Definition muß der Begriff "Supercomputer" dynamisch verstanden werden, indem mit der Einführung solcher Maschinen jeweils eine technologische Vorreiterrolle einhergeht, was für die Hersteller und Entwickler ein finanzielles Risiko bedeutet.

Supercomputer als Marksteine der Computerentwicklung werden von Fernbach in bisher 6 Klassen eingeteilt:

	TYPICAL MODEL	YEAR INTRODUCED	APPROXIMATE RELATIVE PERFORMANCE	WORD LENGTHS (BITS)	MEMORY	CPU
I	IBM 700	1954	1	36	32k Core 12us	Sequential
II	IBM 7000	1959	5	36	32k Core 2.18us	Sequential Transistor
III	CDC 6600	1965	25	60	128k Core 1us	Sequential Functional Units Transistor
IV	CDC 7600	1969	100	60	64-512k Core 27.5ns	Sequential Functional Units Transistor
V	CDC STAR	1972	200	64	1024k Core 40ns	Vector Processor
	ILLIAC IV				64x2k IC 60ns	64 Proces. Integrated Circuits
VI	CRAY-1	1976	2000	64	2MW IC 12.5ns	Vector Processors LSI
	CYBER 205				32MW IC 20ns	Vector Processors LSI

Die Lebensdauer jeder Klasse oder Generation beträgt etwa vier bis fünf Jahre, so daß es gerechtfertigt wäre, noch eine siebte und eine achte Klasse anzufügen mit etwa CRAY X-MP oder HITACHI S-810 als Vertretern der siebten Klasse und NEC SX-2 und

CRAY-2 als Repräsentanten einer achten Klasse. ETA[10] und die in der Entwicklung stehende CRAY-3 wären bereits Vertreter einer neunten Klasse. Von einer Klasse zur nachfolgenden ist eine Leistungssteigerung um etwa einen Faktor 4 zu verzeichnen.

Mit den Computern der Klasse V wurden erstmals Parallelität (ILLIAC IV) und Vektorverarbeitung (CDC STAR und Texas Instruments ASC) realisiert. Diese Rechner wiesen allerdings verschiedene Schwächen auf, weshalb den Herstellern ein kommerzieller Erfolg versagt blieb. Der eigentliche Durchbruch blieb der Firma Cray Research, Inc., vorbehalten, die 1972 von Seymour Cray gegründet worden war und 1976 zunächst mit der CRAY-1, 1972 mit der CRAY X-MP-Serie und im Juni 1985 mit der CRAY-2 auf den Markt kam. Die erste CYBER 205 von CDC dagegen wurde 1981 nach Blackwell, England, geliefert. Bis zu diesem Zeitpunkt hatte Cray Research schon mehr als 20 Maschinen verkauft. Die japanische Konkurrenz stieß kurz nach CDC mit Supercomputern von NEC, HITACHI und FUJITSU auf den Markt. Weltweit war im Jahre 1976 ein Supercomputer der Klasse VI installiert. 1983 gab es 40 Maschinen, 1984 waren es 75, Ende des Jahres 1985 waren es 137 Computer, ein Jahr später 212 und zu Ende des Jahres 1987 bereits 300 Maschinen. Aufgeteilt nach Herstellern lag Cray Research mit 189 ausgelieferten Maschinen, davon 126 in den USA und 63 im Ausland, mit einem Marktanteil von 63% an der Spitze, gefolgt von den drei japanischen Herstellern mit insgesamt 67 installierten Maschinen, was einem Marktanteil von 22% entspricht. Die verbleibenden 44 Supercomputer wurden von CDC bzw. ETA Systems hergestellt, die damit die restlichen 15% des Marktes beherrschen. Aufgeteilt nach Anwendungsgebieten waren Supercomputer Ende 1987 folgendermaßen eingesetzt: 14% in der Forschung, 14% in der Luft- und Raumfahrt, 33% in staatlichen Institutionen, 3% in der Meteorologie, 9% in der Energieforschung, 5% in der Automobilindustrie, 3% in der Elektronikindustrie, 5% in Rechenzentren von Dienstleistungsbetrieben, 11% an Hochschulen und Universitäten.

Die unerwartet rasche Zunahme der Supercomputer in den letzten Jahren läßt erkennen, welche große Bedeutung diesen Maschinen beigemessen wird. In modernen Industriestaaten ist technolgischer Fortschritt insbesondere in den "high tech" Bereichen unter anderem davon abhängig, daß Wissenschaftlern und Ingenieuren die besten und leistungsfähigsten Computer zur Verfügung stehen. Die beeindruckenden Rechenleistungen im Mega- und Gigaflop-Bereich (1 Megaflop=1 Million Floating Point Operations/Sec.) zusammen mit der Möglichkeit, Datenmengen von mehreren Millionen bis zu mehreren hundert Millionen Worten im schnellen Hauptspeicher ablegen zu können, erlauben es, Probleme zu lösen, die bisher wegen ihres Umfangs nicht mit numerischen Methoden angegangen werden konnten. Hierzu gehören etwa die Lösung mehrdimensionaler stationärer und instationärer gekoppelter partieller Differentialgleichungssysteme in komplizierten Geometrien, wie etwa bei Turbinenschaufeln, unter Verwendung finiter Differenzen oder finiter Elemente. Um ausreichende Genauigkeiten zu erhalten, müssen hierbei oftmals nach jedem Zeitschritt in mehreren hunderttausend Gitterpunkten die Zustandsvariablen als Lösungen eines entsprechend großen algebraischen Gleichungssystems gefunden werden. Andere Anwendungen, die imense Rechengeschwindigkeiten erfordern, sind real-time Simulationen dynamischer Systeme. Schließlich erfordern Anwendungen, die nicht direkt das Gebiet der digitalen Simulation betreffen, wie die Verarbeitung von Radarsignalen, von seismischen Signalen im Zusammenhang mit der Erdölförderung, von akustischen Signalen und von Bildsignalen, außergewöhnlich leistungsfähige Computer, besonders dann, wenn die Inputdaten in großen Raten anfallen und in Echtzeit verarbeitet werden müssen. Nicht zuletzt sei auch auf so extrem rechenintensive Anwendungen hingewiesen, wie Spracherkennung, automatisches Übersetzen, Bilderkennung und anderes. Für diese symbolischen Datenverarbeitungsprobleme sind allerdings Hochleistungsrechner mit anderen Eigenschaften erforderlich, wie dies auch von Feigenbaum und McCorduck /FEMC83/ in ihrem Buch über "Fifth Generation Computers" zum Ausdruck gebracht wurde.

Dem numerischen Rechnen mit mathematischen Modellen haben sich durch das Auftreten von Supercomputern ungeahnte neue Horizonte eröffnet, die die Bedeutung der digitalen Simulation als dritte Säule neben Theorie und Experiment erheblich aufwerten. In vielen Fällen, in denen Experimente nicht realisierbar sind, gelingt es mit Supercomputern Antworten auf äußerst komplexe Fragen zu erhalten, was wiederum zum besseren Verständnis der Theorie beiträgt. Beispiele hierfür sind etwa der orts- und zeitabhängige Ablauf von Verbrennungsvorgängen in Dieselmotoren oder Details der Wirbelbildung und Ablösung an der Hinterkante einer Flugzeugtragfläche. Weiterhin geben numerische Experimente mittels Supercomputer Aufschluß über die Brauchbarkeit von Hypothesen, beispielsweise in astrophysikalischen Problemen, wie dem zeitlichen Verlauf der Materieverteilung bei der Sternentstehung.

Trotz der raschen Verbreitung von Supercomputern muß festgestellt werden, daß diese Hochleistungsrechner wegen ihrer imensen Kosten von 10 Millionen US$ und darüber, bisher nur wenigen staatlichen Zentren und einigen wenigen Konzernen vorbehalten blieben. Derart teure Maschinen können nur in äußerst seltenen Fällen einem einzigen Benutzer zugänglich gemacht werden. Bei vielen Forschungsgruppen in der Industrie wie auch in der akademischen Welt bestand seit Aufkommen von Supercomputern der verständliche Wunsch, eine billigere, finanziell tragbare, wenn auch weniger leistungsfähige Version solcher Supercomputer zu erhalten, über die sie allein verfügen könnten.

Gegen Ende der siebziger Jahre erschien eine neue Kategorie von Hochleistungsrechnern auf dem Markt, die diesen Bedürfnissen entsprach. Diese Computer wurden und werden fälschlicherweise als "array processors", "peripheral array processors" oder als "attached array processors" bezeichnet, obwohl sie weder dazu entwickelt wurden um mehrdimensionale "arrays" von Zahlen zu verarbeiten und auch keinen "array" von einzelnen Prozessoren aufweisen, wie etwa die ILLIAC IV /HORD82/. Diese neue Klasse von "array processors" verkehrt mittels "direct memory access" oder über spezielle I/O-Kanäle mit einem herkömmlichen Digitalrechner, der die Rolle eines "host" übernimmt. Das eigentliche Programm läuft auf dem Gastrechner, der zur Ausführung bestimmter Programmabschnitte oder Routinen den "array processor" aufruft, auf dem die übertragene Aufgabe unter intensiver Ausnutzung von interner Parallelität (der "array processor" weist mehrere Prozessoren auf, die gleichzeitig arbeiten können) und "pipelining" (vektorisierbare Teile des Codes werden durch "pipelined processors" abgearbeitet) in effizienter Weise gelöst wird. Mitte der achtziger Jahre gab es allein auf dem amerikanischen Markt mehr als zwei Dutzend Firmen, die als kostengünstige und leistungsfähige Alternativen zu Supercomputern "array processors" für die Anwendungsbereiche Signalverarbeitung und/oder Simulation anboten /KARP84/.

Ein anderer Weg, um hohe Verarbeitungsgeschwindigkeit bei annehmbaren Kosten zu erzielen, besteht in der Vernetzung einer Vielzahl kostengünstiger Mikrocomputer zu

Multiprozessor-Systemen, wie dies auch in Europa im Rahmen verschiedener Forschungsprojekte an Hochschulen untersucht wurde /DECK80/, /HALI80/, /BUEH82/, /MILD82/. In den USA gelang ein kommerzieller Durchbruch mit asynchron arbeitenden Multiprozessor-Systemen erst in der Mitte der achtziger Jahre.

Sowohl die heute auf dem Markt vertretenenen kostengünstigen und leistungsfähigen "array processors" als auch die erwähnten "multiprocessors", teilweise unter Verwendung eines Skalarprozessors und eines oder mehrerer "pipelined processors" in jedem "processing element", werden als "mini-supercomputers" bezeichnet. Eine ausführliche Diskussion solcher Systeme findet man in /KARP87/.

3. Hardwareaspekte von Supercomputern und Minisupercomputern

Als architektonisches Hauptmerkmal weisen Vektorrechner pro CPU einen Skalarprozessor und mehrere "pipelines" zur numerischen Abarbeitung von Vektoroperationen sowie zum Datentransfer solcher Vektoren auf. Alle diese Verarbeitungselemente können gleichzeitig in Betrieb sein. Die größte Verarbeitungsgeschwindigkeit, die sogenannte asymptotische Leistung, wird erreicht, wenn Vektoroperationen mit großer Vektorlänge anfallen.

Beim "pipelining" geschieht die Ausführung der Vektoroperationen in überlappender Weise. Soll beispielsweise eine Vektoraddition ausgeführt werden, so sind hierbei zur Ermittlung der resultierenden Vektorelemente jeweils vier Teilaufgaben zu bewältigen: 1.) Vergleich der Exponenten der zu addierenden Operanden, 2.) falls nötig, "shiften" einer der Zahlen, bis beide Exponenten angeglichen sind, 3.) Addition der beiden Zahlen, 4.) Normalisieren und Runden des Resultats. In einem "pipelined processor" werden diese 4 Teilaufgaben in nacheinander geschalteten Bearbeitungswerken ("stages") ausgeführt. Zur Erledigung jeder Teilaufgabe wird in der Regel die Zeit eines "machine cycle" benötigt, was schon darauf hin deutet, daß der "cycle time" von Supercomputern besonderes Gewicht beizumessen ist. Nach Beendigung der ersten Teilaufgabe wird das erste Operandenpaar an die zweite Bearbeitungsstufe weitergereicht, während ein neues Operandenpaar in die erste Stufe eingeführt wird. Sobald der vierte "cycle" beginnt, ist die Pipeline gefüllt. Nach dem vierten "cycle" steht das erste Resultat bereit und von dann an fällt nach jedem weiteren "cycle" ein weiteres Resultat an.

Je nach Art der auszuführenden Vektoroperation können in einer CYBER 205 bis zu 23 "stages" durchlaufen werden. Das Schalten der benötigten "stages" sowie das Füllen der Pipeline erfordert eine gewisse Zeit, die als "start-up time" bezeichnet wird. Je nach Dauer der "start-up time" ist für kürzere Vektoren eine skalare Abarbeitung zeitlich günstiger als die Verwendung des "pipelined processors" und dies trotz der Tatsache, daß die asymptotische Leistung einer Pipeline etwa um einen Faktor zwischen 8 und 12 höher liegt als bei einem Skalarprozessor. Auf einer CYBER 205 muß die Vektorlänge mindestens 100 betragen, bevor sich der Einsatz einer Pipeline lohnt. Andererseits liegt diese Zahl bei CRAY-Maschinen deutlich unter 10. Dieser Unterschied ist dadurch zu erklären, daß CRAY-Computer einige festverdrahtete "unifunction"-Pipelines aufweisen, so daß ein Teil der "start-up time" entfällt. Um dennoch kompliziertere Vektoroperationen, wie etwa triadische Operationen, möglich zu machen, bietet CRAY einen als "pipeline chaining" bezeichneten Mechanismus an.

Hierbei werden die von einer Pipeline gelieferten Resultate nicht in den Speicher zurückgeschrieben, sondern in Zwischenregistern abgespeichert und dann einer nachgeschalteten Pipeline zugänglich gemacht, usw.

Vektorregister sind ein weiteres Merkmal in der Architektur einiger Supercomputer und Mini-Supercomputer. Während die Maschinen von CDC (CYBER 205) und ETA Systems (ETA^{10}) als "memory to memory machines" bezeichnet werden, sind die von CRAY Research und den meisten anderen Herstellern angebotenen Computer sogenannte "register to register machines". Beim "memory to memory"-Konzept strömen die Operanden kontinuierlich aus dem Hauptspeicher direkt in die Pipelines. Umgekehrt werden alle anfallenden Resultate unmittelbar in den Speicher zurückgeschrieben. Dieses Konzept funktioniert am besten, wenn die zu lesenden oder abzuspeichernden Vektorelemente fortlaufende Indices mit Inkrementen von +1 oder -1 aufweisen. Ist der "offset" jedoch betragsmäßig verschieden von 1, wie etwa beim Zugriff auf eine Matrixzeile, so führt dies zu einer erheblichen Leistungsminderung. Beim "register to register"-Konzept gelangen alle Operanden zunächst in Vektorregister, von denen auf CRAY-Computern pro CPU je 8 mit einer Länge von 64 Worten zu 64 bit zur Verfügung stehen, und erst von dort in die Pipelines. Ebenso werden Resultate erst in Vektorregistern gespeichert und von dort in das Memory zurückgeschrieben. Nachdem eine Vektoroperation für eine erste Gruppe von 64 Operanden oder Operandenpaaren abgeschlossen ist, müssen die Vektorregister, die die Resultate enthalten, erst geleert und die Register zur Speicherung der Operanden erneut geladen werden, bevor das "pipelining" neu gestartet werden kann. Somit treten nach allen Vielfachen der Vektorlänge von 64 kurzfristige Leistungseinbußen ein, die aber bei Maschinen wie CRAY X-MP dadurch gemildert werden, daß der Betrieb der Pipeline startet, bevor die Register voll geladen sind. Andererseits hat im Gegensatz zu Maschinen, die gemäß dem "memory to memory"-Konzept arbeiten, der Zugriff auf nicht fortlaufend gespeicherte Elemente keinen Einfluß auf die Leistung, solange nur der "offset" konstant bleibt.

Detaillierte technische Informationen über Aufbau und Funktionsweise von Supercomputern finden sich in /FERN85/, /HOJE83/ und /HWBR84/. Daneben gibt es eine Fülle von weiterem Material, das von den Herstellerfirmen direkt abgegeben wird.

Der leistungsfähigste Supercomputer dürfte in naher Zukunft die ETA^{10} von ETA Systems, Inc., sein, sofern es dieser Tochterfirma von CDC gelingt, die noch offentsichtlich bestehenden Hard- und Softwareprobleme zu bewältigen. Zu Beginn des Jahres 1988 lief diese Maschine mit zwei CPUs und erhöhter "cycle time". Im Endzustand soll die ETA^{10}, die neben speziellen Instruktionen den gleichen Instruktionssatz wie die CYBER 205 verwendet, 8 CPUs aufweisen, die auf ein gemeinsames bis zu 256MW großes "memory" zugreifen und eine maximale Leistung von etwa 10GFlops erbringen.

Bei CRAY Research, Inc., verlief die Entwicklung schon seit Einführung der CRAY X-MP in Richtung Multiprozessorsysteme mit bis zu 4 CPUs und bis zu 16MW "memory" und einem zusätzlichen optionalen "solid state storage device" mit einer Kapazität von 32MW bis zu maximal 512MW. Die vor wenigen Monaten eingeführte CRAY Y-MP, eine Weiterentwicklung der CRAY X-MP, ist mit bis zu 8 CPUs erhältlich. Die CRAY-2, die mit 2 bis 4 CPUs angeboten wird, erlaubt einen Ausbau des "memory" bis auf 256MW, was für große Anwendungen, die durch partielle Differentialgleichungen beschrieben werden, besonders vorteilhaft ist, da ein häufiges Auslagern von Daten bei zu kleinem zentralen Hauptspeicher die Leistungsrate von Supercomputern stark reduziert. Die "cycle time" der CRAY-2 ist mit 4.2ns die derzeit kürzeste überhaupt. Dies wird durch hochintegrierter ICs unter Verwendung von CMOS- und ECL-Technologie ermöglicht, was komplizierte Kühlsysteme erfordert, da die "boards" mit Freon gekühlt (CRAY-1, CRAY X-MP) oder direkt in inerte Flüssigkeiten eingetaucht werden müssen, um die anfallende Wärme abzuführen. Bezogen auf die maximale Leistung der CRAY-1, die 160 MFlops beträgt, ergibt sich für die relativen Leistungen einiger Maschinen der CRAY-Familie folgendes Bild:

Maschine	Relative Leistung
- CRAY-1	1
- CRAY X-MP (1 CPU)	1.5 - 2.5
- CRAY X-MP (2 CPUs)	3 - 5
- CRAY X-MP (4 CPUs)	6 - 10
- CRAY-2 (2 CPUs)	5 - 6
- CRAY-2 (4 CPUs)	8 - 12

Für die in der Entwicklung stehende CRAY-3, bei der erstmals in größerem Maße GaAs-Verbindungen als Halbleitersubstanzen verwendet werden sollen, ist wiederum mit einer Leistungssteigerung zu rechnen, zumal die "cycle time" nur 3ns betragen soll.

In /KARP87/ teilt W. Karplus kleinere, leistungsfähige, zumeist kostengünstige Multiprozessoren und Array Prozessoren in verschiedene Gruppen ein, wobei das Maß der architektonischen Anlehnung an Supercomputer, die Kommunikationsmechanismen zwischen einzelnen Prozessoren, die Vernetzung, die Art des Zugriffs auf ein gemeinsames "memory" und die Anzahl der Prozessoren als Unterscheidungsmerkmale dienen.

Zu Rechnern, die sich in ihrer Architektur stark an Supercomputer anlehnen, gehören die für etwa eine halbe Million US$ erhältliche CONVEX C-1 (1 CPU, 100ns cycle time, maximal 20MFlops) oder ALLIANT FX/8 (8 Prozessoren, 170ns cycle time, maximal 94MFlops). Weitere Mini-Supercomputer dieser Art sind beispielsweise der PSC von Culler, Inc., der SCS-40 von Scientific Computer Systems und von Floating Point Systems der M64/60. Schon aus den angegebenen Werten für die "cycle times" dieser Maschinen wird deutlich, daß bei derartigen Mini-Supercomputern herkömmliche Technologien angewendet werden.

In die Gruppe der Multiprozessoren mit weniger als 32 "processing elements" aber teilweise mit Vektorprozessoren, gehören der ELXSI 6400 Multiprocessor und der FLEX/32 der Flexible Computer Corporation, der sich besonders für "real-time" Simulationen eignet.

Zu den als "massively-parallel" bezeichneten Multiprozessorsystemen mit über 32 "processing elements" zählen die FPSCT-Systeme von Floating Point Systems, Inc., die dabei noch über "pipelined processors" verfügen. Ein weiterer Vertreter dieser Gruppe ist der NCUBE/ten mit bis zu 1024 32bit Prozessoren. Solche Systeme werden erfolgreich für Anwendungen auf dem Gebiet der Signalverarbeitung aber auch zur Lösung partieller Differentialgleichungen eingesetzt.

4. Simulationsumgebungen

Um Supercomputer und Mini-Supercomputer gezielt für Simulationsaufgaben einsetzen zu können, muß eine Simulationsumgebung vorhanden sein, an die besondere Anforderungen zu stellen sind.

Vom Standpunkt des Benutzers aus ist es wünschenswert, wenn er sich in einer neuen Umgebung weitgehend auf seine bisherigen Kenntnisse und Erfahrungen abstützen kann. Aus diesem Grunde verwenden viele Supercomputer und Mini-Supercomputer Versionen des weitverbreiteten Betriebssystems UNIX. Am häufigsten gelangt dabei "release 2" des AT&T - System V mit einigen der in Berkley gemachten Erweiterungen zum Einsatz. UNIX ist unter anderem das Betriebssystem, das auf der ETA^{10}, den CRAY X/MP, CRAY Y/MP und CRAY-2 Computern sowie auf Mini-Supercomputern wie CONVEX und ALLIANT gefahren wird. CRAY Research, Inc., die ihre UNIX-Version "UNICOS" nennt, stellt auf CRAY-1 und CRAY X-MP-Maschinen allerdings auch noch das ältere und stark an frühere batchorientierte Betriebssysteme von CDC (SCOPE, EMOS) erinnernde System COS zur Verfügung. Es stehen allerdings noch einige "releases" von UNICOS aus, bis CRAY Research sämtliche geplanten Erweiterungen und Verbesserungen hinsichtlich Vernetzung, Unterstützung von "real-time" Applikationen usw. realisiert hat. Auch bei ETA Systems ist die Entwicklung noch nicht abgeschlossen, doch steht Benutzern, die einen Systemwechsel von CYBER 205 auf ETA^{10} vollziehen würden, das Betriebssystem VSOS der CYBER 205 zur Verfügung.

Als weiteres, vielleicht wichtiges Bindeglied zwischen Computer und Benutzer, sind die auf Supercomputern und Mini-Supercomputern zur Verfügung stehenden Programmiersprachen zu betrachten. Seit den ersten Erfahrungen mit Maschinen wie ILLIAC IV war es als notwendig erachtet worden, Programmiersprachen zur Verfügung zu haben, die Parallelität in Ihren verschiedenen Formen ("parallelism", "concurrency", etc.) zum Ausdruck zu bringen vermögen. In Ermangelung allgemein anerkannter Standards hat sich statt dessen das für sequentielle Computer entwickelte FORTRAN77 durchgesetzt, das mit einigen maschinenspezifischen Abwandlungen auf allen Rechnern anzutreffen ist. Weitere Sprachen, die meistens zur Verfügung stehen, sind PASCAL und C. Es bleibt dem Geschick des Benutzers überlassen, einen gegebenen und für seine Maschine möglichst adäquaten Algorithmus so zu implementieren, daß der Anteil des vektorisierbaren Codes, dabei handelt es sich vorwiegend um DO-Schleifen, möglichst groß ist. Eine automatische Vektorisierung wird zwar von allen Compilern angestrebt, doch gelingt dies von Compiler zu Compiler ,in unterschiedlichem Maße. Nach vorherrschender Auffassung scheinen die für die japanischen Supercomputer geschriebenen FORTRAN-Compiler am leistungsfähigsten zu sein, da sie selbständig mehr Code zu vektorisieren vermögen als amerikanische Compiler. Konstrukte, die der Vektorisierung eines DO-Loops entgegenstehen, sind etwa: Aufrufe von Prozeduren, Input/Output-Anweisungen, IF-Anweisungen, RETURN-, STOP- und PAUSE-Anweisungen, usw. Zu beachten ist außerdem, daß die meisten Compiler bei geschachtelten DO-Loops nur den innersten Loop zu vektorisieren vermögen. Im Beispiel

```
      DO 600 I=1,100
        DO 600 J=1,50
          DO 600 K=1,20
            S(I,J) = S(I,J) + Q(K,I)*Q(K,J)
  600   CONTINUE
```

würden gute Compiler den innersten Loop mit dem äußersten vertauschen, da dann der neue innerste DO-Loop die größere Länge hätte und außerdem S als kontinuierlicher Vektor behandelt werden könnte. Besonderes Augenmerk ist gewissen rekurrenten Beziehungen zu widmen, weil diese nur unter bestimmten Voraussetzungen vektorisierbar sind. Im Beispiel

```
          DIMENSION A(7)
          DATA A / 1.0, 2.0, 3.0, 4.0, 5.0, 6.0, 7.0 /
     C
          DO 100 I = 2, 7
            A(I) = A(I-1)
     100  CONTINUE
```

würden im "vector mode" andere Wertzuweisungen erfolgen als im "scalar mode", nämlich:

	A(1)	A(2)	A(3)	A(4)	A(5)	A(6)	A(7)
vector mode	1.	1.	2.	3.	4.	5.	6.
scalar mode	1.	1.	1.	1.	1.	1.	1.

Falls nicht vom Benutzer durch besondere Maßnahmen veranlaßt, würde dieser Loop nicht vektorisiert, da die Ergebnisse anders wären als im skalaren Fall. Um dennoch zu verstehen, warum unterschiedliche Resultate zustande kommen, muß hervorgehoben werden, daß beim Vektorisieren der Loop in anderer Weise abgearbeitet wird als beim skalaren Rechnen. Im oben stehenden Loop würden alle Ausdrücke auf der rechten Seite der Anweisung "gleichzeitig" ausgewertet und die Resultate "gleichzeitig" zugewiesen.

Trotz dieses etwas abschreckenden Beispiels ist die Programmierung von Supercomputern meist keine allzu schwierige Aufgabe. Was hingegen komplizierter ist, sich aber auf jeden Fall auszahlt, ist die Optimierung der geschriebenen Programme. Siehe hierzu auch /BABB88/. Auf Supercomputern mit mehreren CPUs besteht ein Teil dieser Optimierungsaufgabe in der Beeinflussung des "multitasking", durch geschicktes Zerlegen des Gesamtproblems in eine Anzahl kleinerer aber doch rechenintensiver Probleme, mit dem Ziel, eine möglichst gute Auslastung der CPUs zu erreichen. Diese Aufgabe entfällt, wenn dem Programm jedes Benutzers aus anderen Gründen nur eine CPU zugeordnet wird.

Bei Simulationsstudien auf Supercomputern und Mini-Supercomputern handelt es sich meist um die rechenintensive Lösung großer Probleme. Die hierbei anfallenden Datenmengen sind oft so groß, daß sie am geeignesten in graphischer Form gesichtet werden. Als besonders zweckmäßig erweisen sich hierbei hochauflösende, leistungsstarke "work stations", wie zum Beispiel SUN oder APOLLO, die auch über ein genügend großes lokales "memory" verfügen, um die anfallenden Resultate speichern zu können. Die Verarbeitung und Sichtung erfolgt dann möglichst "off-line", wobei dann beispielsweise die Resultate der Simulation einer Strömung um einen Flugkörper durch farbige Linien konstanten Drucks oder konstanter Geschwindigkeit dargestellt werden können.

Hardwareseitig gehört zu den Anforderungen an die Simulationsumgebung weiterhin die gute Vernetzbarkeit von Hochleistungsrechnern. Dies sind allerdings Probleme, die mehr auf Seite des jeweiligen "front end computer" zu lösen sind. Dazu sind "open interconnection networks" und/oder "loosely coupled networks" für unterschiedliche Protokolle, wie etwa TCP/IP , zur Verfügung zu stellen.

5. Algorithmen

Die Verfügbarkeit von Hochleistungsrechnern hat in den letzten Jahren zur Entwicklung zahlreicher neuer Algorithmen geführt, mit dem Ziel, die Möglichkeiten der neuen Computer besser zu nutzen. Auf dem Gebiete der linearen Algebra schien für einige Zeit eine direkte Implementierung und Vektorisierung bekannter Verfahren zur Lösung linearer Gleichungssysteme ein naheliegender Weg zu sein. Daneben hat die Entwicklung spezieller Algorithmen zur Lösung von Gleichungssystemen mit bestimmten Blockstrukturen, wie sie beispielsweise bei Anwendung der Methode der finiten Elemente auftreten, zahlreiche neue Methoden beschert. Schließlich haben auch Verbesserungen und Erweiterungen zur Behandlung von "general sparse matrix problems" ihren Niederschlag in speziellen vektorisierten Versionen von Programmen wie SPARSPACK oder YALEPACK gefunden. In /DONG87/ wird gezeigt, daß gut vektorisierbare Algorithmen der linearen Algebra beträchtliche Leistungssteigerungen der verwendeten Computer ermöglichen, wenn diese Algorithmen geeignet umgeschrieben werden. Die Lösung gewöhnlicher Differentialgleichungen auf Vektorrechnern bedarf noch verbesserter Methoden. Hierüber darf die Tatsache, daß die Simulationspakete ACSL und CSSL-IV auf CRAY- bzw. CYBER 205- Computern zur Verfügung stehen, nicht hinwegtäuschen. Bei der Integration gewöhnlicher Differentialgleichungen mit von Gleichung zu Gleichung unterschiedlichen rechten Seiten gibt es bei den Funktionsauswertungen nichts zu vektorisieren, sondern nur bei der problemabhängigen Verwendung des Ableitungsvektors und früherer Zustandsvektoren zur Ermittlung eines neuen Zustandsvektors.

Für partielle Differentialgleichungen hingegen wurde ein Vielzahl neuer Algorithmen entwickelt, die den Besonderheiten von Supercomputern und Multiprozessoren Rechnung tragen. Zu solchen Methoden zählen Varianten der "Given's reduction", "nested dissection algorithm", "cyclic reduction", "red-black ordering", "multicoloring", "Jacobi-overrelaxed quadrant interlocking", sowie die nahezu vollständig vektorisierbare altbekannte Methode der konjugierten Gradienten. Artikel in denen solche Methoden vorgestellt und miteinander verglichen werden sind /EVAN84/ und /ORVO85/. Zusätzlich werden in /GLPE87/ neue Methoden zur Lösung nichtlinearer Probleme aus dem Gebiet der Fluiddynamik behandelt.

6. Anwendungssoftware

Die Software zur Simulation technischer und naturwissenschaftlicher Systeme auf Supercomputern und Mini-Supercomputern hat in den letzten Jahren stetig zugenommen. Zum einen stehen Routinen, wie zum Beispiel die der IMSL- und der NAG-Bibliothek, oder Codes wie ELLPACK zur Lösung elliptischer Differentialgleichungen, in vektorisierter Form zur Verfügung. Andererseits wurden aber auch viele der bekannten Programme aus den verschiedensten Anwendungsgebieten auf Vektorrechnern implementiert. Hierzu zählen Programme wie SPICE zur Simulation und Optimierung elektronischer Schaltungen oder RELAP5 zur Untersuchung von Transienten in Leichtwasserreaktoren infolge verschiedener Störungen.

Ein zunehmend größer werdender Anteil der vorhandenen Software entfällt aber auf Applikationsprogramme, die erst geschrieben wurden, als die Möglichkeiten von Supercomputern zur Verfügung standen. Solche Simulationsprogramme gibt es insbesondere für Applikationen aus der Fluiddynamik (mehrdimensionale kompressible und inkompressible Strömungen), aus dem Bereich der Verfahrenstechnik und des Chemieingenieurwesens (Simulation chemischer Anlagen und Leitungssysteme mit Mehrphasenströmungen), der Erdölförderung und der Seismologie, der Plasmaphysik, der Astrophysik, der Molekularchemie, dem Maschinenbau und dem Bauingenieurwesen (Verbrennungsvorgänge in Maschinen, Simulation der Deformationen bei Auffahrunfällen von Fahrzeugen), der Computeranimation und anderes.

7. Ausblick

Die Verwendung von Supercomputern und Mini-Supercomputern dürfte in den nächsten Jahren noch an Bedeutung gewinnen. Trotz beeindruckender Leistungen dieser Maschinen gibt es in der Zukunft noch zahlreiche anstehende Probleme (Plasmaphysik, Meteorologie, Fluiddynamik) zu lösen, für die auch die nächsten Generationen von Hochleistungsrechnern nicht ausreichen werden. Weitere gemeinsame Anstrengungen von Computerarchitekten, Informatikern, numerischen Mathematikern und Anwendern werden nötig sein, um solchen anspruchsvolleren Zielen näherzukommen.

8. Referenzen

/ACSL86/ "ACSL (Advanced Continuous Simulation Language)"
        User Guide / Reference Manual
        Mitchell and Gauthier, Associates, Inc.
        Concord, Massachusetts, 1986
/BABB88/ R.G. Babb
        "Programming Parallel Processors"
        Addison-Wesley Publishing Company, Reading, Mass., 1988
/BUEH82/ R.E. Bührer, H. Brundiers, H. Benz, B. Bron,
        H. Friess, W. Hälg, H.J. Halin, A. Isacson, M. Tadian
        "The ETH-Multiprocessor EMPRESS: A Dynamically
        Configurable MIMD System"
        IEEE Transactions on Computers, Vol. C-31, No. 11,
        pp. 1035-1044, 1982
/CSSL86/ "CSSL-IV (Continuous System Simulation Language - Version Four)"
        Reference Manual
        Simulation Services Div. of Nilsen Associates
        Chatsworth, California, 1986
/DEKK80/ L. Dekker, E.J.H. Kerckhoffs, G.C. Vansteenkiste, J.C. Zuidervaart
        Outline of a Future Parallel Simulator
        In L. Dekker, J. Savastano, G.C. Vansteenkiste, Editors
        "Simulation of Systems '79"
        Proceedings of the 9th IMACS Congress, Sorrento, Italy
        North-Holland Publishing Company, Amsterdam, pp. 837-864, 1980
/DONG87/ J.J. Dongarra
        "The Linpack Benchmark: An Explanation"
        SPEEDUP, Vol. 1, No. 1, Nov. 1987
        Institute of Informatics and Applied Mathematics
        University of Bern, Switzerland

/EVAN84/ D.J. Evans
         "New Parallel Algorithms for Partial Differential Equations"
         Proc. Int. Conference on "Parallel Computing 83"
         Elsevier Science Publishers, North-Holland, 1984
/FEMC83/ E. Feigenbaum, P. McCorduck
         "The Fifth Generation"
         Addison-Wesley, Reading, Mass., 1983
/FERN85/ S. Fernbach, Editor
         "Supercomputers: Class VI Systems, Hardware and Software"
         North-Holland, 1985
/GLPE87/ R. Glowinski, J.F. Periaux
         "Numerical Methods for Nonlinear Problems in Fluid Dynamics"
         SUPERCOMPUTING, pp. 381-479,
         Elsevier Science Publishers, North-Holland, 1987
/HALI80/ Halin, H.J., Bührer, R., Hälg, W., Benz, H.,
         Bron, B., Brundiers, H., Isacson, A., Tadian, M.
         "The ETH-Multiprocessor Project: Parallel Simulation
         of Continuous Systems"
         SIMULATION, pp. 109-123, 1980
/HOJE83/ R.W. Hockney, C.R. Jesshope
         "Parallel Computers"
         Adam Hilger Ltd., Bristol, England, 1983
/HORD82/ R.M. Hord
         The ILLIAC IV: The First Supercomputer
         Springer-Verlag, 1982
/HWBR84/ K. Hwang, F.A. Briggs
         "Computer Architecture and Parallel Processing"
         McGraw-Hill Book Company, New York, 1984
/KARP84/ W.J. Karplus, Editor
         "Peripheral Array Processors"
         Proceedings of the First Conference on Array Processors
         Simulation Series Volume 14, Number 2
         Society for Computer Simulation, San Diego, Calif., 1984
/KARP87/ W.J. Karplus, Editor
         "Multiprocessors and Array Processors"
         Proceedings of the Third Conference on Multiprocessors
         and Array Processors
         Simulation Series Volume 18, Number 2
         Society for Computer Simulation, San Diego, Calif., 1984
/MILD82/ J. Milde, L. Krings, W. Ameling
         Architektur des Multiprozessor Systems M5PS und Auswertung
         einiger Anwendungen
         NTG/GI-Fachtagung, Ulm, 1982
/ORVO85/ J.M. Ortega, R.G. Voigt
         "Solution of Partial Differential Equations on
         Vector and Parallel Computers"
         SIAM Review, Vol. 27, No. 2, 1985
/SELF55/ R.G. Selfridge
         Coding a General-Purpose Digital Computer to operate as a
         Differential Analyzer
         Western Joint Computer Conference, pp. 82-84, July 1955

INTERFACES TO SIMULATION

G.C. Vansteenkiste
University of Ghent and Brussels
Belgium

ABSTRACT

The paper investigates how the criteria for efficient use of computer information systems, more particularly simulators, can be implemented. This requires a close link between advanced numeric computational facilities and knowledge based systems. It also points to further fundamental research needed on the methodology for information handling and exchange to better control the computational progress.

1. ISSUES RELATED TO ADVANCED PROCESS CONTROL AND SIMULATION ENVIRONMENT

1.1. *Conceptual outline*

The conceptual outline of an advanced process control and simulation environment is represented in figure 1. For clearness, the various functions are tentatively supposed to be performed in separate processors. To the real-world system a process computer (adapted to real-time data processing) is attached for in-line control purposes and for the on-line storage of measuring data from the process. Furthermore, in the configuration proposed, a Data Base Management System (DBMS) dedicated to process control and simulation, and based upon precise conceptual schemes and menu driven application programs, is incorporated for the off-line management of descriptive and quantitative information involved in the productivity control activities and (large-scale) simulations. Real-world measuring data and simulation experiment data -as well as information about the circumstances under which they have been obtained- are meant to be managed in this system. The quantitative data are obtained from the process computer and simulation computer (see next paragraph), while the user is expected to provide the descriptive information about the activities in both the real-world and simulation domain.

A simulation computer is included in the configuration to experiment on simulation models of the process concerned (or on models of related systems). In order to properly deal with complex, large-scale and real-time simulations, this computer should be a real number cruncher (multiprocessor). The Knowledge-Based System (KBS) processor in the configuration can serve as an intelligent preprocessor or postprocessor in both the real-world and simulation domain. Decision making processes may be modelled by knowledge-based expert systems running in this computer to assist the user in modelling, selecting algorithms, interpreting results, and so forth. The KBS processor may furthermore be utilized in the intelligent control and analysis of the real-world and simulation processes. Knowledge-based control of systems (or their simulation) requires dynamic knowledge-based (expert) systems (see further).

Although in figure 1 the process control, simulation, data base management and knowledge processing are each assumed to be performed in separate (dedicated) processors, in practice several functions may well be shared in the same physical computer.

1.2. *Practical realization*

The point here is, how the functional outline of the process control and simulation environment as suggested in previous section can be practically realized (with a view to current and future computer developments). The central part of such environment is proposed to be a (next generation) computer, capable of both parallel numeric and symbolic processing. (Instead of one central computer, one could also think of a configuration of different parallel architectures). In this computer the large-scale and/or time-critical scientific calculations, simulations and symbolic processing are performed. For example, large-scale parallel simulation programs and parallel expert systems can run (simultaneously) in this computer.

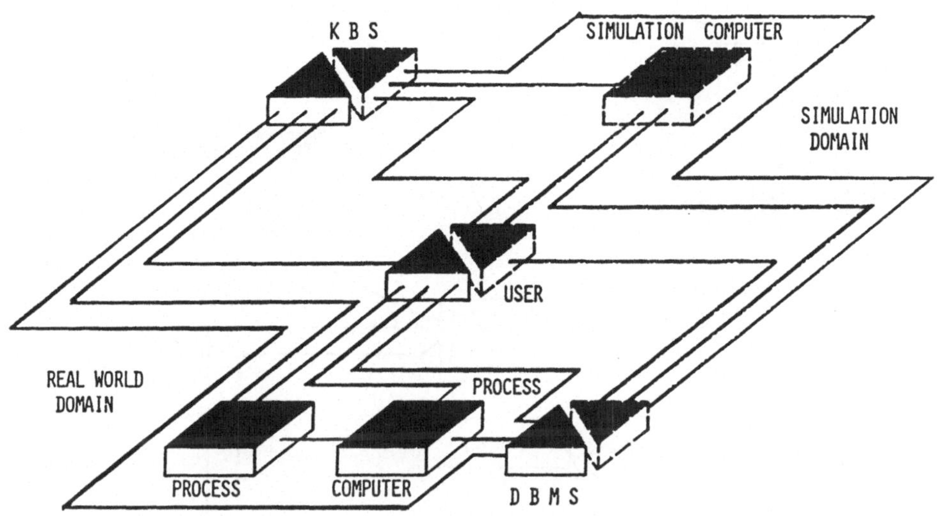

Figure 1 : A process control and simulation environment

The remaining functions (with perhaps as an exception the process control) are proposed to be executed in network-based workstations, that can communicate with the central parallel computer mentioned above. At a workstation, the complex parallel simulation programs and integrated parallel numeric/symbolic models, which require number and symbol crunching facilities and therefore are intended to run in the central computer, can be prepared. This should be possible in an adequate and user-friendly programming environment (for example, the definitions of simulation models and simulation experiments are to be done in appropriate simulation languages, which of course implies the necessity of research to implementing models, written in a simulation language, on parallel computers). Small and not time-critical simulations (that do not necessarily need high-speed processing capabilities) can be directly performed in the workstation. Also intelligent (not time-critical) advisory systems are supposed to run in the workstation to provide the user assistance with respect to his or her real-world and simulation experiments. At the workstation, the simulation analyst should have access to local and remote (dedicated) data bases, such as model bases, experimental frame bases, real-world experiment bases, simulation experiment bases. Furthermore, at the workstation the simulationist must dispose of highly interactive tools as well as excellent graphical display and windowing facilities.

A first step towards a simulation environment as sketched above is being implemented at the University of Ghent (Belgium) in the framework of the AD10/Apollo LAN project (figure 2). The number crunching facilities for complex simulations are provided by an Applied Dynamics AD10 (peripheral) array processor [FADD84] on one hand, coupled via a LAN to an APOLLO personal supercomputer from the 10000 series. The direct link from both servers of computational power to a high performance LAN (local area network) connecting APOLLO workstations permits a.o. run time simulation graphics to be generated on the workstation's display. The host computer of the AD10 also serves as the process computer to control and sample real-world processes (in this case : fermentation processes). In the workstations intelligent advisory systems will run to help the user in the modelling and simulation.

In the AD10/APOLLO LAN project, research efforts also have been spent to implementing models specified in simulation languages on multiprocessors. A prototype of a CSSL (Continuous Systems Simulation Language), based upon CSSL-IV [NILS84], is developed to run on the AD10. This prototype translates CSSL-IV models into MPS10, the modular programming language of the AD10. In this way models can be defined, tested and adapted in CSSL-IV before being implemented and executed on the AD10.

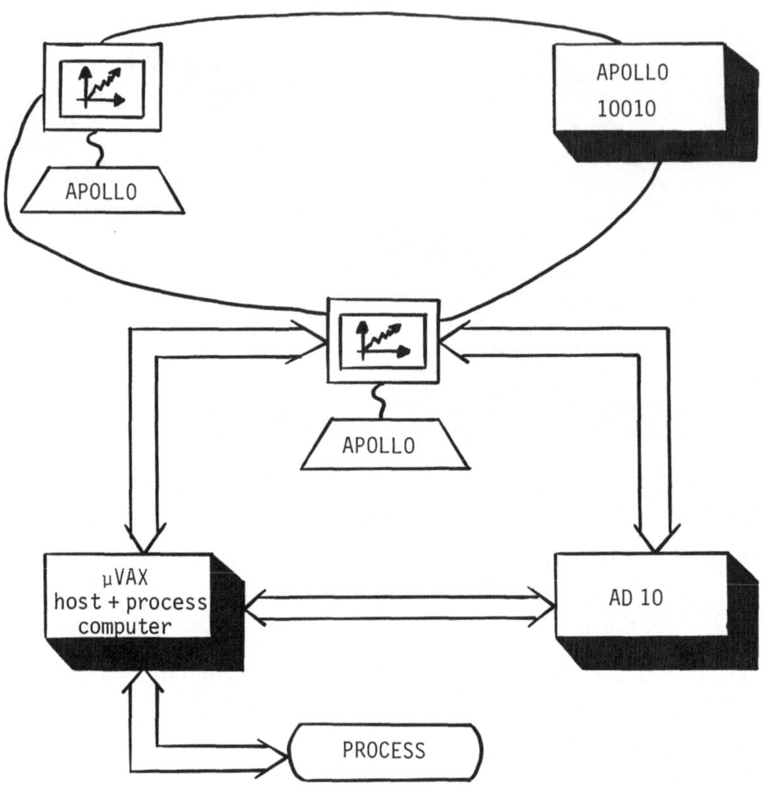

Figure 2 : Simulation environment at the University of Ghent

2. <u>IMPACT ON AI ISSUES</u>

Despite their success, expert systems (ES) are limited. One of their drawbacks is
that they were built for static problems (like geological) or quasi-static problems
(like medical diagnosis). In contrast, many real world problems tend to be dynamic.
An ES designed to control or monitor such systems or simulation models needs to cope
with varying environments and time dependent knowledge ; also in real time applications strong speed requirements may be posed [MOOR87]. Disappointment with recent
attempts to extend static approaches, using better coding and faster computers, has
prompted re-examination of fundamental issues in AI with respect to dynamic expert
systems (DES) :

a) *Knowledge representation* : The time dimension, the fuzziness and incompletedness,
the variable and often hierarchical structure of the real world environment are facing
the AI community.

b) *Knowledge use by inference and action mechanisms* : confronting the huge amount of
time dependent information new aspects of inference become prominent : hierarchical
reasoning by metaknowledge heuristic rules, need to focus attention with only peripheral awareness of secondary aspects, concurrency of reasoning on several problems.
Possible actions of the DES on the real or simulation world (e.g. for control purposes)
must also be considered.

c) *Truth maintenance* : rather than trying to maintain absolute and continuous truth
of all conclusions at all levels of all reasoning, DES need to use adaptive belief
systems and attach time and state dependent qualifiers to rules, data and conclusions.

d) *Knowledge consolidation and validation* : with adaptive rule bases, the issues of
base structure, testing, consistency, edition and compilation become prominent.

e) Fundamental parallel techniques : parallellization, vectorization and concurrent programming are essential to reach sufficient speed and extend the inference process.

3. INITIATED RESEARCH ON INTELLIGENT INTERFACES FOR DYNAMIC SYSTEMS

As explained in more detail in [VANS88] an efficient use of computer information systems (as in simulations of phenomena) requires man-machine interfaces which satisfy two criteria :
- the highest level of software support should be based on formalisms the domain expert is acquainted with.
- the required information should be displayed in human-time ; matching the reasoning progress of the domain expert.
As mentioned in section 1.1,knowledge based control of systems or their simulation requires dynamic knowledge-based (expert) systems (DES). Currently a research project is investigating on DES.

As explained in section 2, new paradigms for DES have to be searched. The basic general hypothesis underlying the current research project is that the study of human performance and multilevel neurophysiological control may yield great gains [MARR82]. In the current research it is planned to develop a DES, which tries to mimick human characteristics deduced from cognitive studies and neurophysiology. Many research results suggest that humans store their knowledge of their environment in hierarchies of adaptive internal dynamic models, in which fuzziness exists and levels of details go from very rough to quite sophisticated. Inclusion of such models in DES seems thus be desirable. This is coherent with the widely expressed view that actual ES's suffer much from their limitation of a "shallow" model of their expertise domain and badly need "deep" models expressing the behavior in terms of underlying causal mechanisms. Analysis of the detailed neurophysiology of the motor control system, taken as a paradigm, has led to the believe that control policies and behavioral strategies of humans clearly show the features of hierarchical, model based, selective and concurrent inference. They suggest also that the control implementations are suboptimal and have variable degrees of fuzziness.

At this stage, two issues must be considered :

a) Kind of models and control policies to use in DES :
Inclusion of deep models in the DES has two main purposes :
- to allow causal reasoning on underlying mechanisms
- to allow the design of model based control policy.
The key point is hence to choose the kind of models suitable to achieve these goals. The hypothesis underlying the project is that (from the biological viewpoint) libraries of qualitative and fuzzy models [ZADE73],[FORB84] and linguistic controllers [SCHA86] are good candidates. These two approaches of reasoning and control have many similarities and seem also sufficiently promising from the AI point of view. In their actual states, however, qualitative modelling and linguistic controllers need fundamental improvements. One of the main goals is to tackle some relevant conceptual problems in today's qualitative simulation and control on the basis of insights gained from neurophysiological studies.

b) Interfacing libraries of qualitative models and control policies with an ES :
At a given stage of its action, a DES needs to perform a task using one of its internal models, either to obtain from the current data base a prediction about an external characteristic, or to obtain some causal explanation for an observed behavior or finally to deduce the effects of a control policy on the environment. The DES thus needs to perform a qualitative simulation experiment on its model base. Interfacing between models, control policies and DES is needed to provide the adequate planning of this experiment. If the models and the questions are complex, this planning becomes quite sophisticated (choice of model in the library, comparison with past experiences, specification of experimental conditions, extraction of pertinent features). Some formal methodology is needed for that purpose. Zeigler's multifacetted approach seems well adapted and has some biological background [ZEIG79],[ZEIG84]. To be used in an ES framework, however, the methodology must be rephrased in an AI formalism ; this is another main goal of the current project. Also these studies are to be based on neurophysiological guidelines.

Rather than considering the complex geometrical and pattern recognition aspects of the modelling problems, it is planned to focus on the system dynamics aspects of the environment which will be therefore represented by a lumped qualitative model with time continuous variables and discrete time and state events or activities. This is indeed a less frequented avenue in AI but one of emerging importance [WALL86].

4. CONCLUSION

Interfaces to simulation as well as to advanced control of real processes, require basic research issues as well as still further developments in computer information system architectures. Essentially the user-computer tool link is dominating the on-going needs as well as the successes.

REFERENCES

[FADD84] FADDEN, E.J. : The System 10 Plus : Broader horizons. In : W. Karplus (Ed.): Peripheral Array Processors. Simulation Series, vol.14, no.2. Simulation Councils, Inc. (Society for Computer Simulation), San Diego/California,1984.

[FORB84] FORBUS, K. : Qualitative process theory. In : D. Bobrow (Ed.): Qualitative Reasoning about Physical Systems. North-Holland Publ. Co., 1984, pp.85-168.

[MARR82] MARR, D. : Vision. Freeman Press, 1982.

[MOOR87] MOORE, R.L. : Real time expert systems. In : AI expert, vol.2, nr.4, 1987, pp. 5-7.

[NILS84] NILSEN, R.N. : CSSL-IV Reference Manual. Simulation Services Chatsworth Ca., 1984.

[SCHA86] SCHARF, E., N. MANDIC and E. MANDANI : A self organizing algorithm for the control of a robot arm. In : Int. J. of Robotics and Automation, Wiley, 1986, pp. 33-42.

[VANS88] VANSTEENKISTE, G.C. and E.J.H. KERCKHOFFS : An Environment for ill-defined systems research. In : Proc. of ASIM 88, 5. Symp. Simulationstechnik, RWTH Aachen, W.-Germany, 28-30 sept. 1988.

[ZADE73] ZADEH, L. : Outlines of a new approach to the analysis of complex systems and decision processes. In : IEEE-SMC-3, 1973, pp. 28-44.

[ZEIG79] ZEIGLER, B.P. : Theory of Modelling and Simulation. Wiley 1979.

[ZEIG84] ZEIGLER, B.P. : Multifacetted Modelling and Discrete Event Simulation. Academic Press, London, 1984.

[WALL86] WALL, R. : Model based reasoning. In : Intelligence - Texas Instruments News on AI, 1986, pp. 6-7.

<u>SALT DOMES</u>

R. Marschall

Prakla-Seismos AG

Hannover/FRG

1. INTRODUCTION

Salt-controlled basins are common worldwide, and many of them hold major reserves of hydrocarbons (Fox, 1987). One example here is the northwest-german basin as part of the northwest-european basin, which ranges from UK to Poland. A geologic cross-section SW-NE is shown below (N.N., 1986):

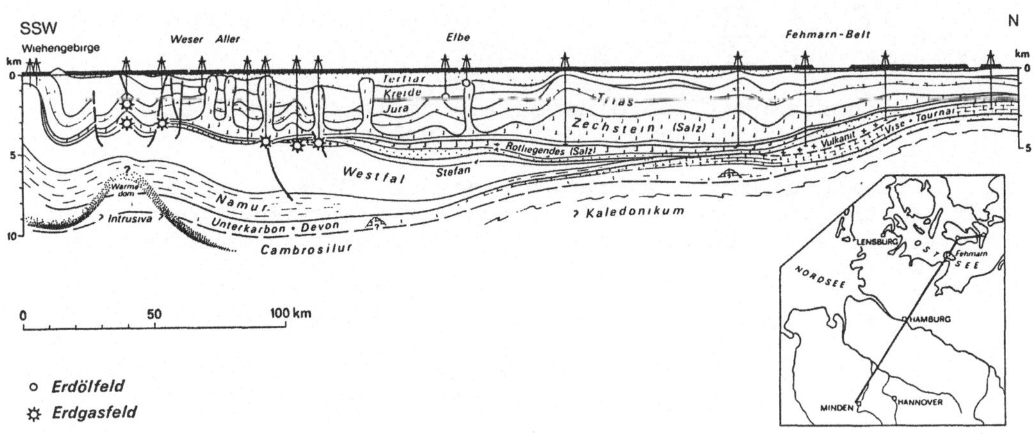

Depending on the basin type and the balance between subsidence and sedimentation different types of salt structures may be found. In terms of applied seismics a salt structure as e.g. a salt dome represents a hughe lateral velocity inhomogenuity, causing severe ray-path problems. Nevertheless these problems have to be solved, since hydrocarbon traps very often occur in connection with saltdomes. The key processing step to solve these problems is the process of MIGRATION in various implementations in pre- or poststack form.

2. DEFINITION OF PROBLEM AND SUGGESTED SOLUTIONS:

Below we show an idealized crossection in depth through a
classical saltdome. The three problemzones are marked by capital
letters as there are:
A = top of dome
B = flank of dome
C = base of salt

In order to solve these
problems we will have
to apply some different
solutions, almost all of
which are based on the
wave equation (usually
in its scalar form).
A general reference here
in the article by Gazdag
and Sguazzero (1984).
A brief description of a
FD-implementation of the
migration process runs as
follows:The SCALAR WAVE
EQUATION is given by

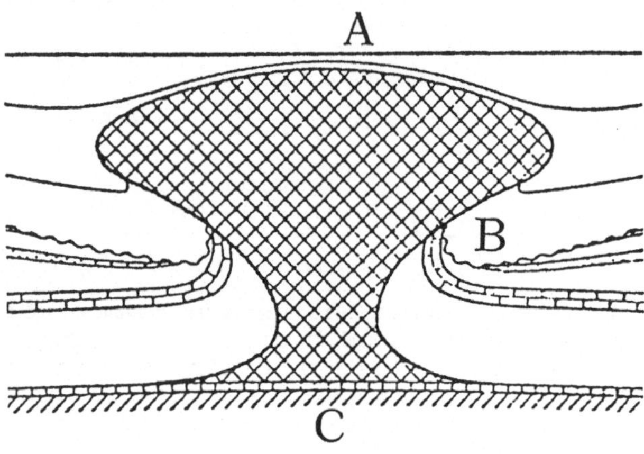

Definition of problem zones

$$\frac{\partial^2 P}{\partial x^2} + \frac{\partial^2 P}{\partial z^2} - \frac{1}{v^2}\frac{\partial^2 P}{\partial t^2} = 0$$

where x = horizontal coordinate, z = depth coordinate
      t = time coordinate,   v = velocity

The following coordinate-transformations (Claerbout, 1976)
decouple the wave equation into two different equations:
a) Upward transformation   b) Downward transformation
       $x' = x$ $x'' = x$
       $z' = z$ $z'' = z$
       $t' = t + z/v$ $t'' = t - z/v$

Denoting with u the upgoing waves and with d the downgoing waves
we obtain the following simple approximation by dropping the u_{zz}-
and d_{zz}-term:

$$u_{t'z} = -(v/2) \cdot u_{xx}$$
$$d_{t''z} = (v/2) \cdot d_{xx}$$

which are often called the 15-degree approximations, and are
implemented as implicit finite difference schemes (Claerbout
1976).

Now we investigate the three problem zones (i.e. top flank and base) in more detail and start with the top of the dome.

2.1 THE TOP OF THE DOME

The top-of-dome problem may be solved in two ways: either by using short-time refraction and/or by using a simple x-t-migration. The example below shows a stacked section at the left side and a x-t-migrated section at the right side (Zuurbier and Schneider, 1987).

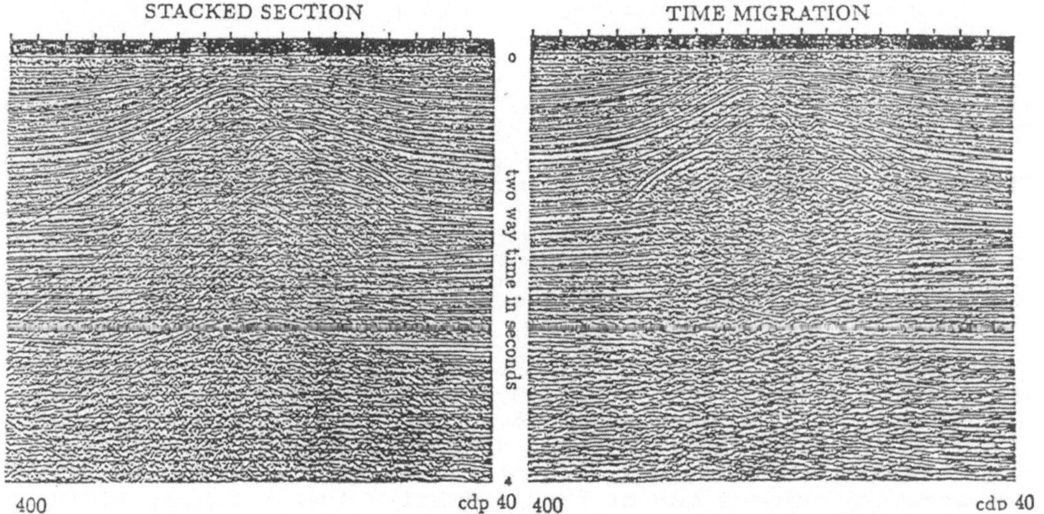

Input: stacked section
(Zuurbier, Schneider 1987)

Time migration
(Zuurbier, Schneider 1987)

Clearly the top of dome is nicely resolved by the migration process. In case of a very shallow saltdome top however, we have to use short-time refraction to establish the actual top. This is shown on the next Figure. Here we have established a continuous traveltime branch along with the reversed traveltime branch. The top then is derived by an explicit WAVEFRONT-method. The corresponding intersections of the wavefronts define the desired top. Note that here we have to specify all interfaces and the corresponding velocities above the top. The wavefront reconstruction then gives the top in depth along with the refractor's velocities.

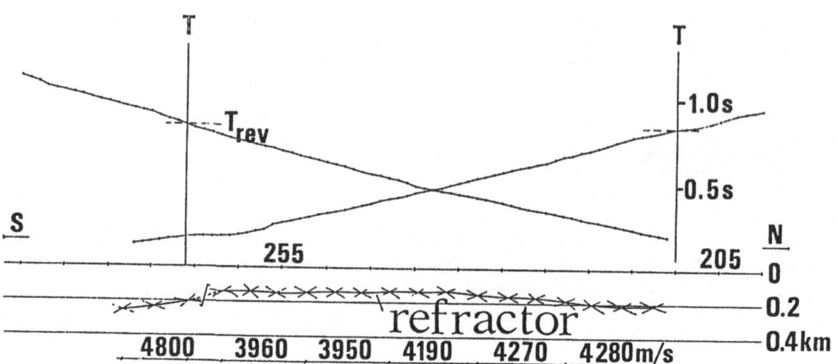

Reconstruction of top of dome
(Marschall et al. 1983)

The actual shape of the top of the dome also is important for the
reconstruction of the base of the salt as will be shown in section
2.3.

The second problem area to be discussed is

2.2 THE FLANK OF THE DOME

Usually here the problem of STEEPLY DIPPING LAYERS is encountered,
which leads to reverse traveltime branches in the seismic data
set. In addition we have here the problem of CONFLICTING DIPS,
i.e. we obtain different reflected signals having the same zero
offset traveltime, but a different move out. The conventional NMO-
and stacking process cannot handle multi-valued velocity fields.
This defines the classical DMO-(dip move out)-problem, which in
principle only can be solved by a pre-stack migration process,
which represents a quite considerable computer work load. In order
to reduce this work load PARTIAL PRESTACK MIGRATION-processes have
been implemented. A summary of these methods is given by Ristow
(1988). Note that for conventional algorithms based on finite
differences the problem of GRID DISPERSION shows up. The following
comparison (stack versus DMO-stack) is taken from Diet and Fourman
(1986) and shows in the upper row a comparison of sections in
terms of stack with and without DMO being applied, and in the
lower row the corresponding migration results. Note that the
steeply dipping events are attenuated in the conventional stack
due to the conflicting-time-dip problem.
An interesting modification in terms of migrating steeply dipping
events, but avoiding grid dispersion, is offered by the concept of
CASCADED MIGRATION. Here a "cheap" operator like the 15 degree-
approximation is used (with a rather large depth step Δz)
repeatedly, i.e. we run the operator several times and use as
input the corresponding output of the foregoing run. The final
result then is a grid-dispersion-free migrated result. To show
this, we consider a two-fold application in the following proof
(Marschall 1985):
The PRE-MIGRATION DIP θ_t in the time section is related to the

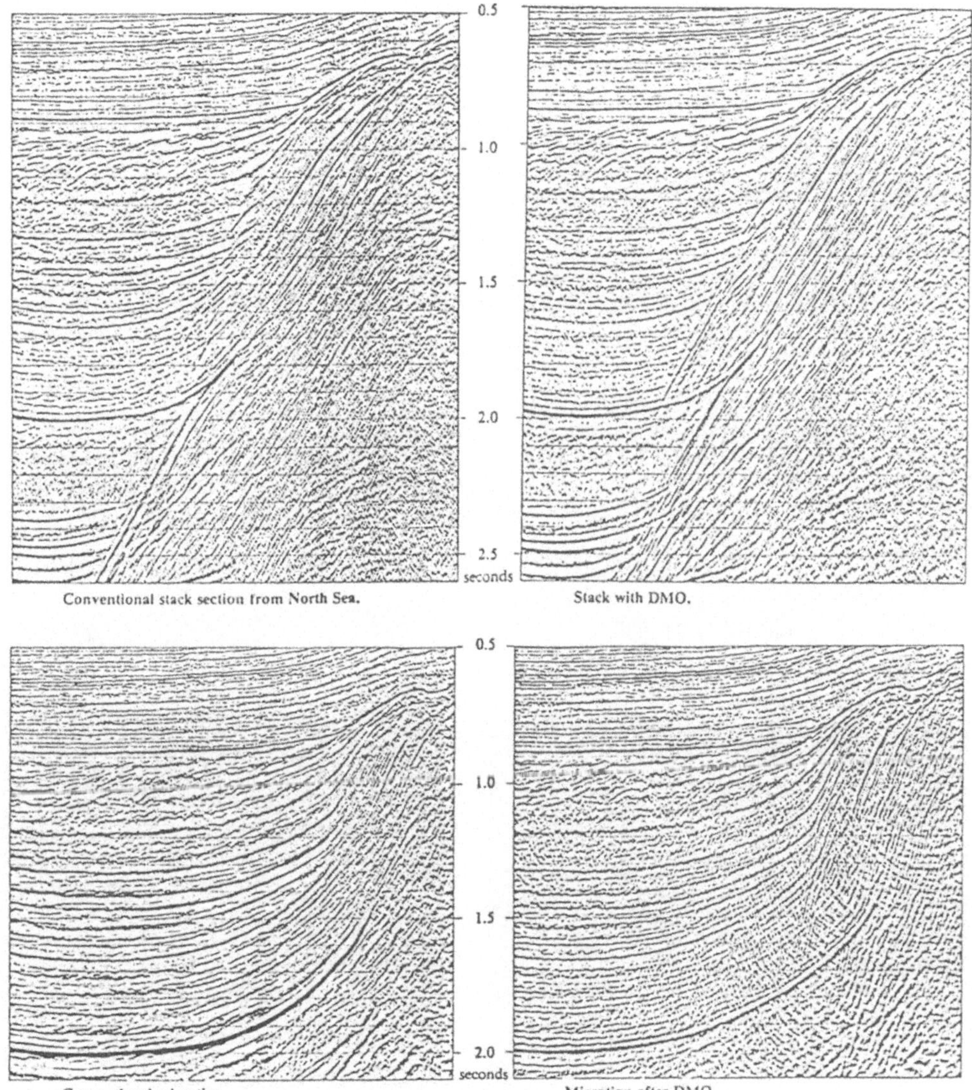

Conventional stack section from North Sea.

Stack with DMO.

Conventional migration.

Migration after DMO.

velocity/single layer example):

$$\tan \overline{\theta}_t = \tan \theta_t \ / \ (1 - (v/2)^2 . \ \tan^2\theta_t)^{\frac{1}{2}}$$

Now we assume that we migrate the given section with velocity v_1. The resulting migrated section is subject to another migrationprocess using velocity v_2 (= CASCADED MIGRATION). The first migration gives

$$\tan \overline{\theta}_t = \tan \theta_t \ / \ (1 - (v/2)^2 . \ \tan^2\theta_t)^{\frac{1}{2}}$$

and the subsequent second migration yields

$$\tan \bar{\bar{\theta}}_t = \tan \bar{\theta}_t \,/\, (1 - (v/2)^2 \cdot \tan^2\bar{\theta}_t)^{\frac{1}{2}}$$

Now we substitute the expression for $\bar{\theta}_t$ into the second equation and obtain

$$\tan \bar{\bar{\theta}}_t = \tan \theta_t \,/\, \{(1 - (v_1/2)^2 \cdot \tan^2\theta_t)^{\frac{1}{2}} \cdot (1 - \frac{(v_2/2)^2 \cdot \tan^2\theta_t}{1 - (v_1/2)^2 \cdot \tan^2\theta_t})^{\frac{1}{2}}\}$$

Rearranging terms finally gives

$$\tan \bar{\bar{\theta}}_t = \tan \theta_t \,/\, \{(1 - [(v_1/2)^2 + (v_2/2)^2]\tan^2\theta_t)^{\frac{1}{2}}\}$$

which means that the EFFECTIVE MIGRATION-VELOCITY v is given by

$$v = (v^2_1 + v^2_2)^{\frac{1}{2}}$$

showing that CASCADED MIGRATION is a valid concept.
The most simple solution to the conflicting-dip-problem is the concept of HIGH-VELOCITY-STACK, i.e. we stack the section two times: one time with the conventional velocity v, and the second time with the increased velocity v/cos α (where α = dip angle of layer).
The following example is taken from Sipos and Marschall (1985).

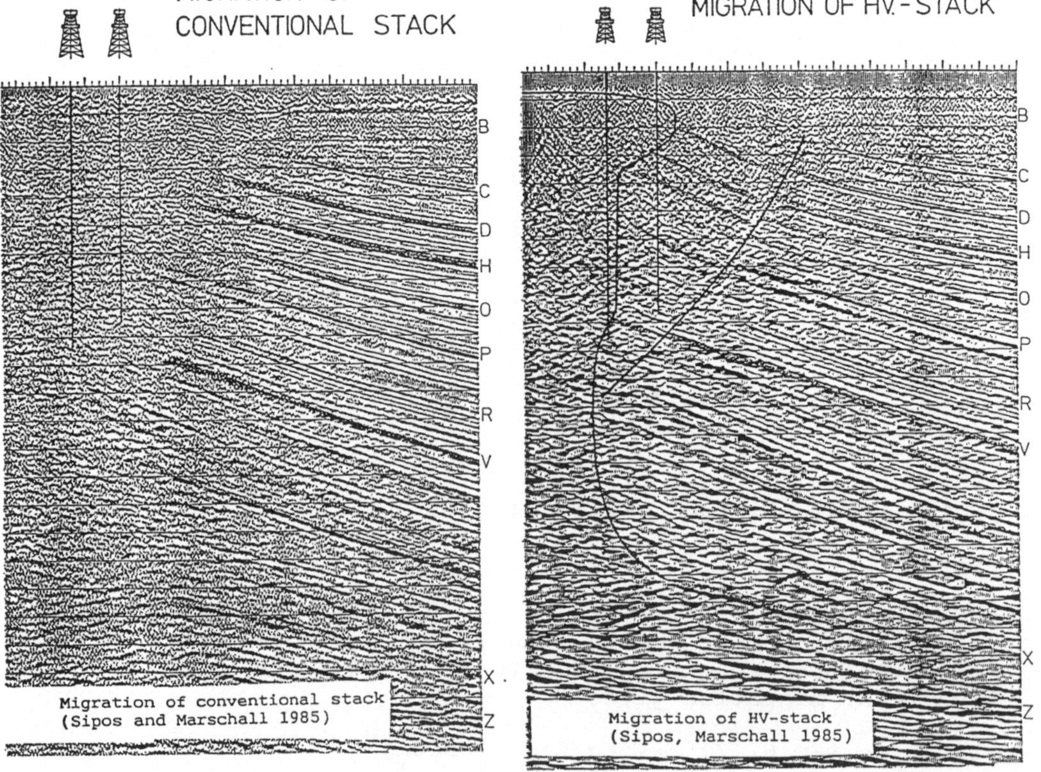

Migration of conventional stack
(Sipos and Marschall 1985)

Migration of HV-stack
(Sipos, Marschall 1985)

The conventional result (left section) does not reveal the shallow faultblock at all. Two wells (as indicated in both Figures) proved the overhang of the dome as well as the faultblock, which nicely becomes visible in the migration of the high-velocity (HV)-stack. As can be seen in these examples, migration in an appropriate implementation is the only way to resolve the flank-of-dome-problem. Here also the frequency-wavenumber (f-k)-migration scheme should be mentioned, because it avoids totally the phenomenon of grid dispersion.

Another interesting method here is the SHOT ORIENTED PRE-STACK MIGRATION (Berkhout 1984), which also solves the flank-problem and which also may be applied to solve for the base-of-salt-problem. The flowchart is shown in the Figure to the right and is selfexplanatory. However, note that a MACRO-SUBSURFACE MODEL in terms of velocity interfaces and velocities must be specified. Since this migration method in principle also may be used for the base-of-salt-problem, we will discuss the derivation of the macro-subsurface model in the subsequent section.

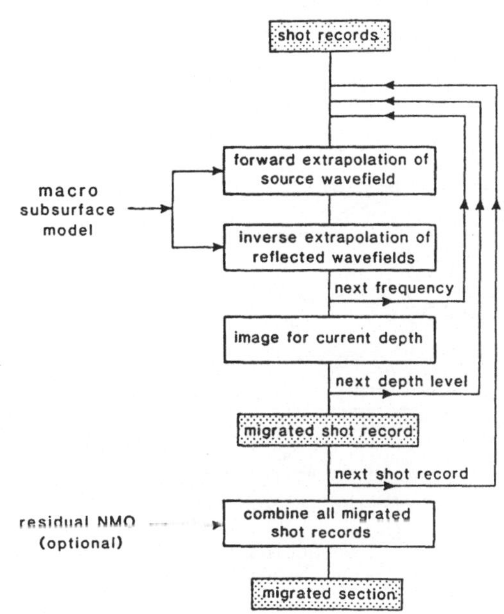

Computational diagram for shot oriented pre-stack migration

2.3 THE BASE OF THE SALT:

For several reasons the base-of-the-salt-problem can only be solved, if the overburden in terms of velocities and velocity-interfaces is known. This knowledge is available provided that we already have solved the problem in terms of top-of-dome and flank-of-dome. However, some additional steps are now required including a MODELLING STEP!
The reason for this complication is quite evident: the result

of any migration most heavily depends on the actual velocity field being used. Here very often a SMOOTHED VERSION of the original stacking velocity distribution to a certain percentage (e.g. 105 %) is being applied. By the way, this remark also is true with respect to 3D-data sets! The next step then is DEPTH CONVERSION of the migrated line(s), where usually a new velocity field is used, which takes into account e.g. existing well-information. In almost all cases a simple DEPTH-STRETCH is applied. However, a significant improvement is obtained, if one follows the subsequent procedure, which is illustrated by the Figures below:

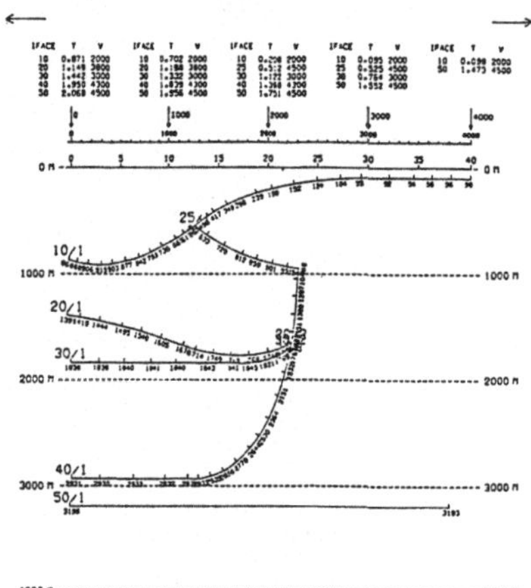

MODELLING 1
Depth section

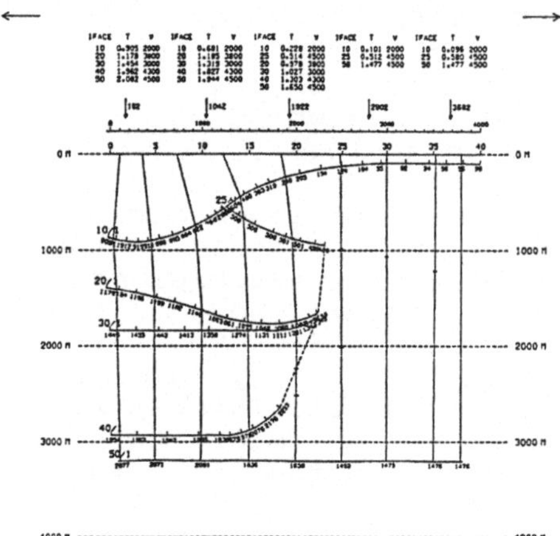

MODELLING 2
Modified flank

The first Figure shows the result of the depth stretch, i.e. the conventional result. Now we apply INVERSE-ZERO-OFFSET-MODELLING to this smoothed depth-section as indicated in the second Figure for the last interface. The result of this modelling is shown in the third Figure. This section now has to be compared with the original stack. Note the reversed traveltime branches in this Figure, which allow now for a GUIDED INTER-PRETATION of the original stacked section. The interfaces being interpreted in this manner on the original stacked section now are subject to a CONVENTIONAL RAY-MIGRATION PROGRAM, using the optimum velocity field, based on e.g. well data.

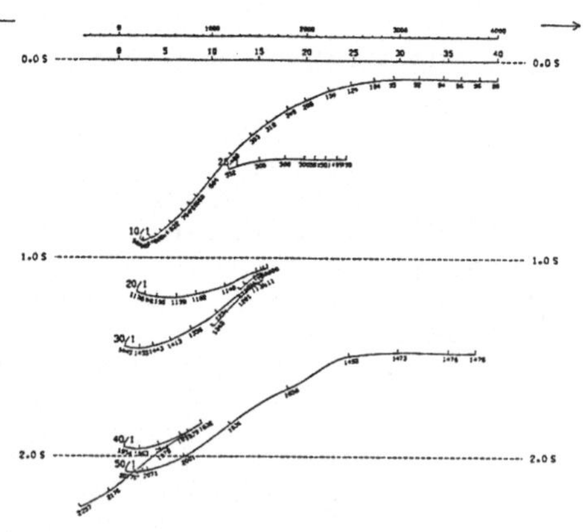

MODELLING 3
Corresponding zero offset section

This procedure therefore eliminates any **error** in the model being present otherwise due to e.g. over-/under migration effects. Having established the overburden model we discuss now the base-of-salt-problem.
Here usually already at the data acquisition phase a special acquisition method called UNDERSHOOTING is applied.
The Figure at the right shows the basic principle:
We use a certain INLINE-OFFSET such that the raypaths do not cross the flankzones of the dome in the shallow part, i.e. that part of the dome, where the largest velocity contrasts exist.
Two ray paths are indicated, showing two undershooting parts, i.e. the FLANK-UNDER-SHOOTING (angle β) and the TOTAL-UNDERSHOOTING (angle α). However, in addition to the down- and upgoing wavefields we also create a horizontally travelling wavefield, which simply is a NOISE-WAVEFIELD for us. Therefore the inline offsets to be used in terms of Undershooting must be selected very carefully (Kray and Marschall 1969, 1975; Marschall et al. 1983). The actual offsets may range from 2 kilometers up to 15 kilometers!

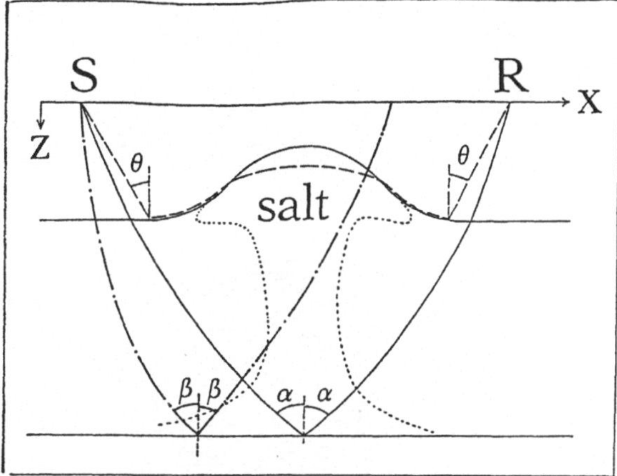

WAVE FIELDS
Wavefields
(Marschall 1985b)

These data sets are acquired just like conventional routine seismic lines, the only difference being the actual inline offset. Whereas for land data acquisition this is not a special problem, for marine work we either have to apply a TWO-BOAT-OPERATION or a SUPERLONG STREAMER in a one-boat operation.
In the following example we consider the marine data case. Here due to the high coverage (usually e.g. 60-fold) we firstly apply NMO-corrections and establish CONSTANT-VELOCITY-STACKS (CVS) as shown in the Figure on the next page.
Usually we establish by MODELLING using the given overburden model the corresponding offset-versus-traveltime behaveour for certain selected inline offsets along the actual seismic line. These THEORETICAL CVS-PANELS then are used as an interpretational aid to interpret the actual CVS properly. Having selected then the optimum NMO-velocity, we backward-calculate the corresponding offset-traveltime for certain constant offsets. This value-pairs (i.e. offset versus traveltime) are now used to establish the DEPTH-PRESENTATION of the base of the salt.

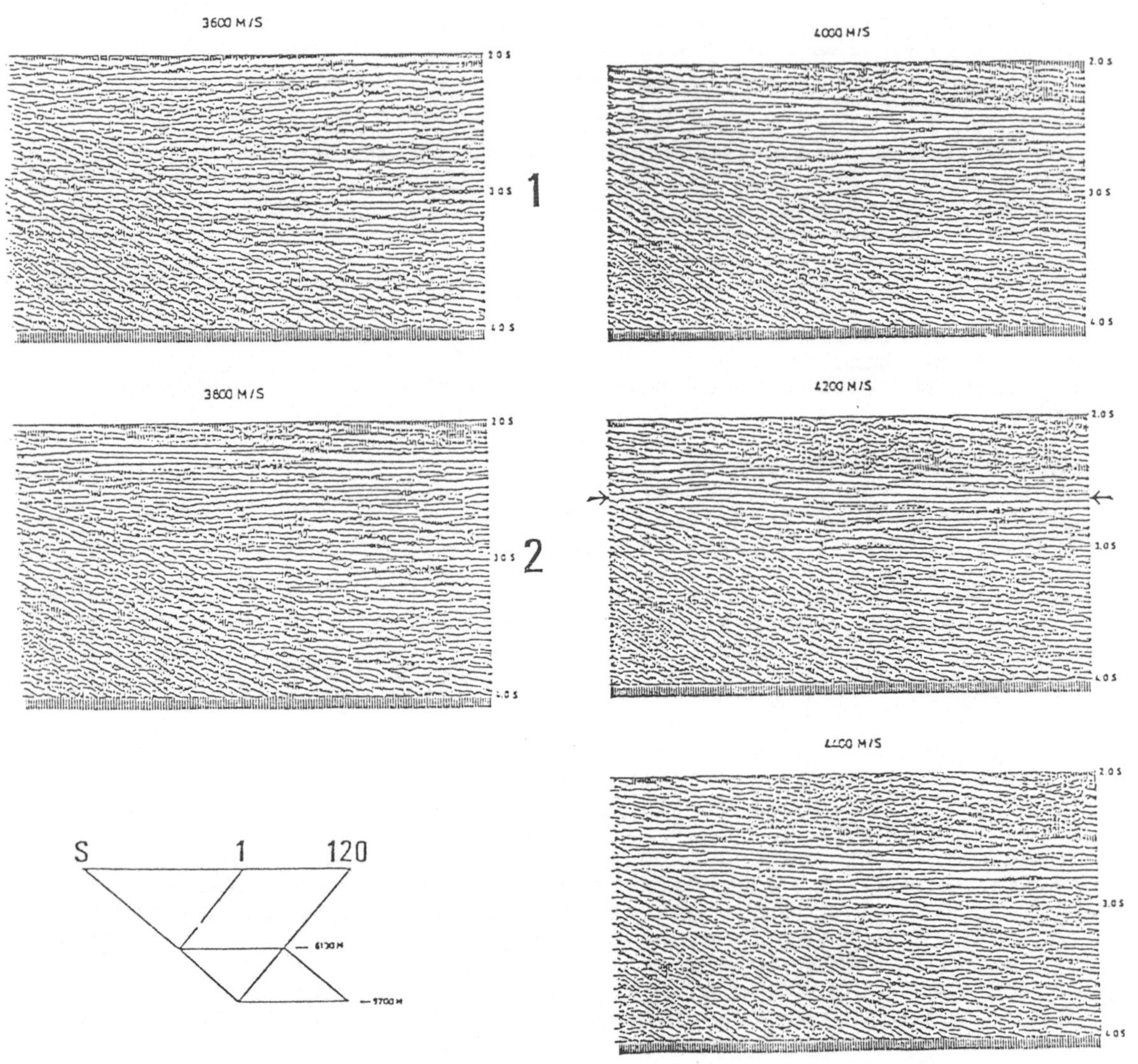

CVS

Example for CVS
(Marschall 1985)

The basic principle is as shown below for one specific source-
receiverpair, i.e. we use the overburden model which was
established before and calculate all wavefronts within a user-
defined rectangle (= "TRAVELTIME-MATRIX) for a certain time
increment ∆t.

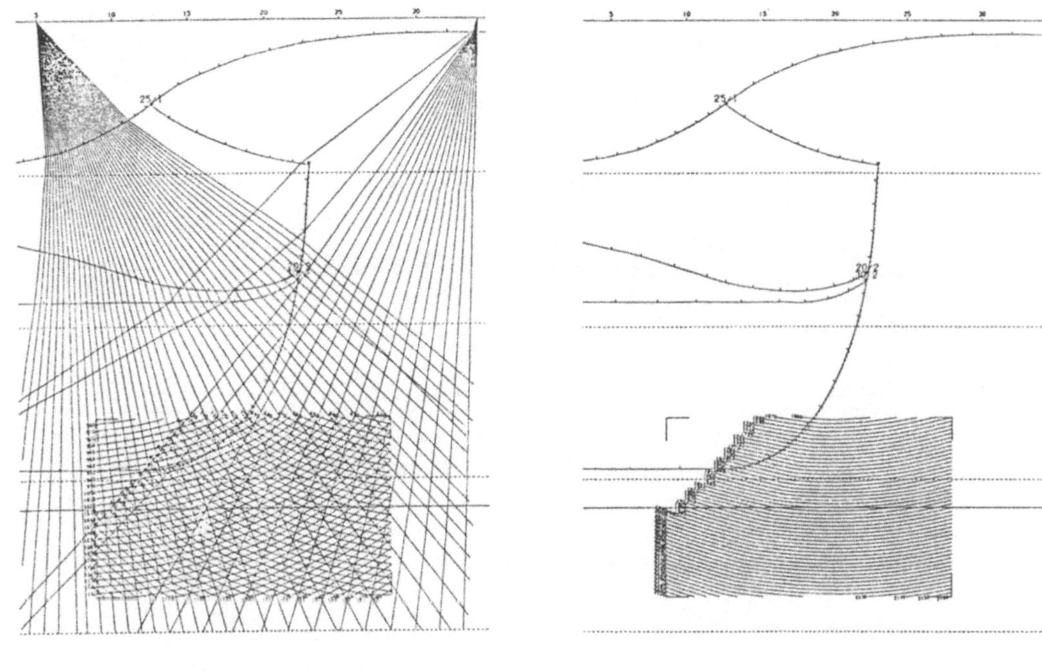

MODELLING 4
Traveltime matrix

MODELLING 5
Pseudo ellipses-matrix

The intersections of these wavefronts in terms of source wavefront
and receiver wavefront then define a new set of curves, which are
called PSEUDO-ELLIPSES as shown in the right Figure above. The
name pseudo-ellipse is used, because in the single layer case with
constant velocity the "curve with constant traveltime" exactly is
an ellipse, and the source position and the receiver-position
respresent the two foci.
If we repeat this WAVEFRONT-BASED DEPTH-CONSTRUCTION for all shot-
geophone vectors having the same inline offset along the desired
line, the ENVELOPE to all these pseudo-ellipes represents the
desired base-of-salt-interface in depth.
As can be seen, this type of depth conversion is a REAL OFFSET-
BASED PRE-STACK DEPTH-MIGRATION, implemented however on a raypath-
basis!
Having established the solution in depth, by inverse modelling we
may calculate any constant-offset-section we want to see.
However, one remark is in order:

The resulting pseudo-ellipses in most cases are subject to
numerical instabilities, expressing themselves in a considerable
jitter of these ellipses. The next two Figures illustrate the
problem:
The upper Figure shows the resulting pseudo-ellipses belonging to
a certain inline-offset. This solution clearly is not acceptable.
The lower Figure shows the same data set, but note however, that
we have applied here a NUMERICAL STABILIZATION by WAVEFRONT-DELAY.

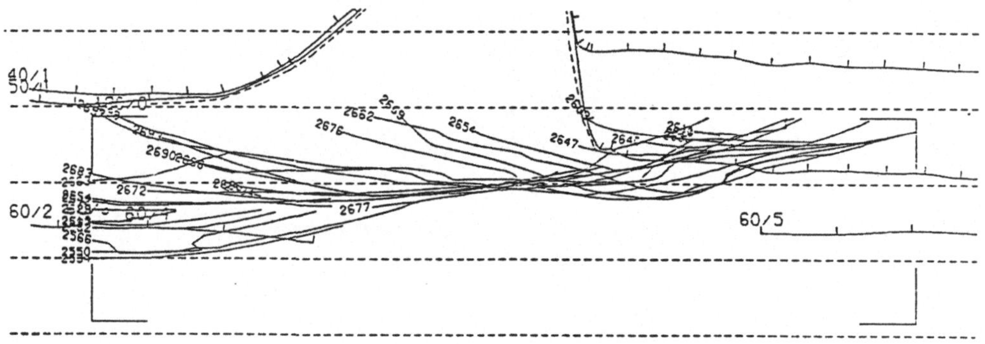

Unstabilized solution

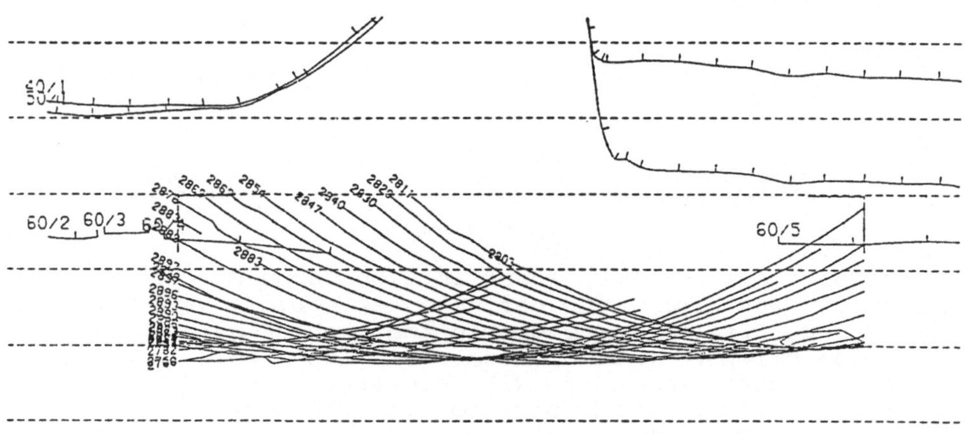

Numerical stabilization
by WAVEFRONT-DELAY

As can be seen, the stabilization has removed the numerical noise
completely.

The numerical stabilization is achieved by WAVEFRONT-DELAY by a certain traveltime ΔT. We will give now a brief description in terms of the single layer/single velocity case:
Consider the conventional NMO-equation, i.e.:

$$T_x^2 = T_0^2 + x^2/v^2$$

where T_0 = zero offset traveltime
   x = inline offset
   T_x = offset traveltime for inline offset x
   v = NMO-velocity

the NMO-velocity v therefore is given by

$$v^2 = x^2 \, /(T_x^2 - T_0^2)$$

Now we introduce a certain time delay ΔT, i.e.

$$(T_x + \Delta T)^2 = (T_0 + \Delta T)^2 + x^2/v_1^2$$

and obtain correspondingly for the NMO-velocity v_1:

$$v_1^2 = x^2 \, / \, \{T_x^2 - T_0^2 + 2\Delta T \, (T_x - T_0)\}$$

which means that v is equal to or larger than v_1. In the actual case we will encounter offsets between say 5 and 7 kilometers, which means that $v \approx v_1$, i.e. we obtain a parallel shift of the same amount for all actual offsets being used.

An actual example of the base-of-salt-reconstruction is shown on the right. Here we have used 7 offsets in the range between 4 and 7 kilometers. The small deviations in between these individual solutions is now eliminated by AVERAGING, where the resulting value for the VARIANCE may be used to distinguish between "good" and "bad" overburden models. The average resulting interface then is shifted parallel such that it ties in into the interface segments at the left and right side of the dome, which have been derived from the conventional seismic section. With the undershooting technique we have closed the gap beneath the salt dome.

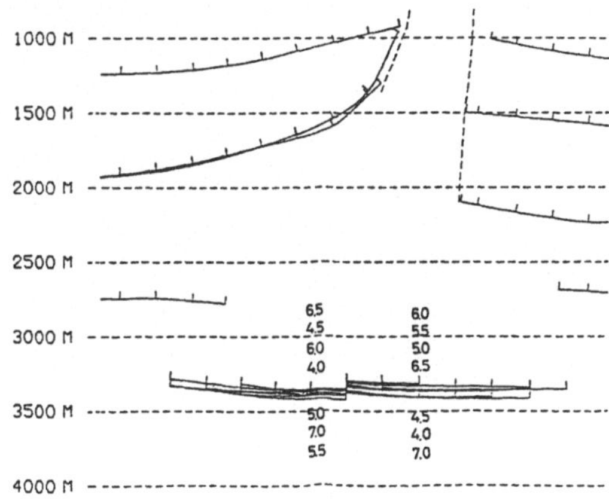

Result for 7 offset-planes

3. SUMMARY

Using as example a saltdome we have discussed the problem
resulting from such a lateral velocity inhomogenuity in terms of
top, flank and base of the salt.
As was shown, all problems could be solved by MIGRATION in its
various implementations as there are x-t, f-k, x-w-pre- and
poststack algorithms as well as raypath-based prestack migration
methods based on wavefronts. Inverse modelling based on the actual
depth section proved to be useful in terms of checking and
establishing a reliable overburden model.
Since e.g. the wavefront-based raypath prestack depth migration is
done in an interactive manner, powerful computers are needed to
ensure acceptable response times of the system.

4. REFERENCES

Fox, J.   1987 Seismic interpretation in salt-
                                      controlled basins: TLE, Vol. 6,
                                      No.3

N.N.   1986 Geowissenschaften in Niedersachsen:
                                      Niedersächsische Adademie der
                                      Geowissenschaften, Riethorst 12,
                                      3000 Hannover 51

Gazdag, J.   1984 Migration of seismic data:
Sguazzero, P.   Proceedings of the IEEE, Vol 72,
                                      No. 10

Ristow, D.   1988 Dip-move-out: 8. Mintrop Seminar
                                      "Inversion und Interpretation
                                      seismischer Daten", Kassel, 3. -
                                      6. Mai. Unikontakt-Kontaktstelle
                                      Universität/Wirtschaft der
                                      Ruhruniversität Bochum.

Marschall, R.   1985 Use of long-offset methods for
                                      saltdome-undershooting: 55th SEG-
                                      convention, Washington. Preprint,
                                      Prakla-Seismos AG, Hannover.

Sipos, Z.   1985 A salt-dome flank experiment: 47th
Marschall, R.   EAEG-convention, Budapest.
                                      Preprint, Prakla-Seismos AG,
                                      Hannover.

Berkhout, A.J.   1984 Seismic migration, imaging of
                                      acoustic energy by wave field
                                      extrapolation, B. Practical
                                      aspects. Developments in Solid
                                      Earth Geophysics, Vol. 14B.
                                      Elsevier, Amsterdam.

Krey, Th.   1969 Undershooting saltdomes: 31st EAEG-
Marschall, R.   convention, Venice. Preprint,
                                      Prakla-Seismos AG, Hannover.

Krey, Th.   1975 Undershooting saltdomes in the
Marschall, R.   North Sea: in: Petroleum and the
                                      Continental Shelf of NW-Europe,
                                      Vol. 1. Edited by A.W. Woodland.
                                      Applied Science Publishers, Ltd.,
                                      London.

Marschall, R.   1983 Locating structures by interactive
Neumann, R.   wavefront-processing: 53rd SEG-
Sattlegger, J.   convention, Las Vegas. Preprint,
Holling, M.   Prakla-Seismos AG, Hannover.

Zuurbier, N.P.
Schneider, J.

1987 Seismic imaging of reflectors
beneath saltdomes using depth-
migration of shotrecords: 49th
EAEG-convention, Belgrade.
Preprint, Prakla-Seismos AG,
Hannover.

MIKROCOMPUTER-SIMULATION VON

BIOLOGISCHEN UND PHYSIKALISCH-CHEMISCHEN PROZESSEN

Björn A. Gottwald

Fakultät für Biologie der Universität Freiburg

Zusammenfassung. Dieser Beitrag stellt zunächst die Anwendungsbereiche der Simulation auf Mikrocomputern in Biologie und Chemie vor. Anschließend werden die besonderen Anforderungen diskutiert, die an Simulations-Software bei der Anwendung auf Mikrocomputern zu stellen sind, und eine kurze Übersicht über vorhandene Software gegeben.

Summary. This contribution presents the areas of application for the simulation on microcomputers in biology and chemistry. Then the special requirements are discussed, which have to be met by simulation software running on microcomputers, and a short survey on existing software is given.

1. Einleitung

Die digitale Simulation biologischer und chemischer Prozesse und ihr Vergleich mit experimentellen Daten nehmen an Bedeutung ständig zu: Während in den siebziger Jahren die Zahl der in den Chemical Abstracts pro Jahr zum Stichwort SIMULATION referierten Publikationen exponentiell anstieg mit einer Halbwertszeit von etwas mehr als drei Jahren, hat diese Zahl inzwischen ein konstantes Plateau von rund 6000 pro Jahr erreicht. Insgesamt sind in den Chemical Abstracts bisher 72666 Publikationen zum Stichwort SIMULATION referiert. Die entsprechende Zahl aus den Biological Abstracts ist 21355.

Während früher diese Simulationen ausschließlich auf Großrechnern durchgeführt wurden, finden inzwischen in zunehmendem Maße auch Mikro- bzw. Personal-Computer Verwendung. Für die Jahre 1985 bis 1987 wurden in den Biological Abstracts 118 Publikationen referiert, die zugleich das Stichwort SIMULAT$ (hierbei steht $ für

eine beliebige Endung) und MICROCOMPUTER bzw. PERSONAL COMPUTER
enthielten. Eine detailliertere Betrachtung der Zitate zeigt allerdings, daß von diesen 118 Publikationen nur 47 tatsächlich die
Simulation auf Mikro- bzw. Personal-Computern betreffen.

2. Anwendungs-Bereiche

Etwa ein Drittel dieser Arbeiten betreffen Untersuchungen zur
Pharmakokinetik und Kinetik biochemischer Prozesse, die im wesentlichen durch einfache Kompartment-Modelle charakterisiert werden.
Ein weiterer Schwerpunkt liegt im Bereich der Physiologie und Neu-
rologie. Populationsdynamische und ökologische Probleme werden
hingegen offenbar bisher nur in geringem Umfang auf Mikrocomputern
simuliert.

Die referierten Publikationen beziehen sich überwiegend auf Simulationen im Rahmen von Forschungsarbeiten. In der Ausbildung ein-
gesetzte Simulationen auf Mikrocomputern werden in den Biological
Abstracts nur sehr vereinzelt referiert. Eine gute Übersicht hierüber findet sich jedoch bei Spain (1982).

3. Deterministische Simulation

Wesentliches Hilfsmittel zur deterministischen Simulation biologischer und chemischer Prozesse sind aus dem realen System hergelei-
tete Zustandsvariable, deren zeitliche Änderung durch Differentialgleichungen erster Ordnung gegeben ist. Bei der Simulation werden dann diese Differentialgleichungen numerisch gelöst, bei den
referierten Publikationen überwiegend nach dem Runge-Kutta-Verfahren 4. Ordnung. Im Hinblick auf die im Vergleich zu Großrechnern
geringere Rechengeschwindigkeit von Mikrocomputern kommt es dabei
wesentlich auf eine durch die gewünschte Fehlertoleranz bewirkte
Steuerung der jeweiligen Integrations-Schrittweite an. Hierfür ist
das Runge-Kutta-Verfahren 4. Ordnung nicht besonders geeignet, da
es im allgemeinen Fall eine Abschätzung des Schrittfehlers nur
durch die Richardson-Extrapolation (d. h. eine Wiederholung des
jeweiligen Integrationsschrittes mit der halben Schrittweite) gestattet. Wesentlich effizienter ist, wie von Hairer et al. (1987)

im einzelnen gezeigt wird, das Verfahren von Dormand & Prince (1980), bei dem die Fehlerabschätzung in der 4. Ordnung innerhalb eines Runge-Kutta-Verfahrens 5. Ordnung erzielt wird.

Sofern es sich jedoch, wie häufiger bei biologischen und chemischen Systemen, um steife Differentialgleichungen handelt, führen diese Verfahren nicht zum Ziel. Hierfür ist besonders geeignet das Verfahren ROW4A von Gottwald & Wanner (1981), das sowohl im Hinblick auf die Kürze des Programm-Codes als auch im Hinblick auf seine Geschwindigkeit und Zuverlässigkeit, wie von Gottwald & Wanner (1982) gezeigt, dem häufiger verwendeten Verfahren von Gear überlegen ist.

Neuere numerische Integrationsverfahren wie beispielsweise die von Horn (1983) vorgeschlagenen gestatten es, die innerhalb eines Integrationsschrittes berechneten Koeffizienten für eine sehr genaue Interpolation ("dense output") zu benutzen. Dies ermöglicht unter Beibehaltung der Genauigkeit in der Darstellung der Simulations-Ergebnisse eine wesentliche Vergrößerung der Schrittweite und somit eine insbesondere für Mikrocomputer erhebliche Verringerung der Rechenzeit. Entsprechende Algorithmen wurden von Hairer & Wanner (1988) als DOPRI5 und für steife Differentialgleichungen als RADAU5 angegeben.

4. Stochastische Simulation

Bei vielen biologischen Prozessen können die Zustandsvariablen wie beispielsweise die Individuenzahlen nur ganzzahlige Werte annehmen. Ihre zeitliche Änderung ergibt sich dann aus mit bestimmten Wahrscheinlichkeiten auftretenden Zufallsprozessen, die stochastisch ("Monte-Carlo") simuliert werden. Dies ist jedoch nur dann sinnvoll, wenn die Änderungsgeschwindigkeiten der einzelnen Zustandsvariablen in der gleichen Größenordnung liegen. Ansätze wie der von Lavorel (1986), auch chemische Kinetik stochastisch zu simulieren, ergeben daher nur dann sinnvolle Ergebnisse, wenn die Geschwindigkeitskonstanten der gekoppelten Reaktionen nicht allzu verschieden sind.

Wesentliches Hilfsmittel für solche stochastischen Simulationen
ist eine Folge von rechteckverteilten Zufallszahlen. Diese werden
üblicherweise mit einem Pseudo-Zufallszahlen-Generator erzeugt,
wobei an die damit erzeugten Zahlenfolgen die folgenden Anforderungen zu stellen sind:

1. möglichst große Periode
2. gute statistische Eigenschaften
3. möglichst geringer Rechenaufwand

Wie von Modianos et al. (1984) im einzelnen gezeigt wurde, erfüllen eine ganze Reihe von BASIC-Zufallszahlen-Generatoren inbesondere die erste Anforderung nicht: Sie haben Perioden von maximal
32767 Werten und sind dadurch in dieser Form für typische biologische Simulationen wie beispielsweise zur Musterbildung nicht
brauchbar. Darüberhinaus ist es im Hinblick auf den Einsatz der
Techniken zur Varianz-Reduzierung erforderlich, daß die zu erzeugenden Zahlenfolgen reproduzierbar sind, was bei den standardmäßig
implementierten Generatoren oft nicht der Fall ist. Es ist jedoch
möglich, wie von Jennergren (1984) vorgeschlagen, auf der multi-
plikativen Kongruenz-Methode beruhende Generatoren (wie beispielsweise dem von UNIVAC-SIMULA benutzten $U_{n+1} = (5^{13} * U_n) \mod 2^{35}$
mit einer sehr viel größeren Periode und besseren statistischen
Eigenschaften auch auf Mikrocomputern zu verwenden, allerdings um
den Preis einer verringerten Rechengeschwindigkeit. Dies hat jedoch den Vorteil, daß die damit arbeitende Simulations-Software
weitgehend portabel ist.

5. Simulations-Software

Die in den referierten Publikationen verwendeten Programme sind
überwiegend in BASIC oder PASCAL geschrieben. Daneben gibt es jedoch inzwischen umfangreiche spezielle Simulations-Software, deren
aktueller Stand zuletzt von Pratt (1987) in einer Liste mit 153
Einträgen zusammengestellt wurde. Über die Hälfte dieser Software
ist unter DOS (MS-DOS bzw. PC-DOS) auf Mikrocomputern lauffähig,
darunter insbesondere ACSL/PC, CSSL-IV und ISIM sowie FACSIMILE.
Inzwischen ist auch SIMULA unter DOS lauffähig, so daß auch blockorientierte Simulations-Systeme wie MISS von Gottwald (1985) und

Systeme zur Simulation chemischer Kinetik wie KISS von Gottwald
(1981) auf Mikrocomputern einsatzfähig sind. Im Unterschied zu der
"klassischen" auf Großrechnern benutzten Simulations-Software ist
diese Software interaktiv und nutzt überwiegend auch die besonderen Graphik-Fähigkeiten der Mikrocomputer.

6. Parameter-Identifikation

Ein wesentliches Problem bei der Simulation biologischer und chemischer Prozesse stellt die Parameter-Identifikation dar, bei der
aus Simulations-Läufen die im Hinblick auf experimentelle Ergebnisse optimalen Werte von Parametern zu bestimmen sind. Hierzu
wird üblicherweise eine Reihe von Simulationen unter Variation der
Parameter mit Hilfe einer Optimierungs-Routine durchgeführt. Da
dieses Verfahren außerordentlich rechenintensiv ist, ist es für
Mikrocomputer weniger geeignet. Sofern jedoch Informationen aus
der numerischen Lösung der Differentialgleichungen direkt zur Optimierung verwendet werden, besteht jedoch die Möglichkeit, auch
die Parameter-Identifikation und die damit verbundene Sensitivi-
täts-Analyse auf Mikrocomputern durchzuführen. Ein Beispiel hierfür ist offenbar OPTISIM von Spriet (vergl. Pratt (1987)).

7. Diskussion

Der Einsatz von Mikrocomputern zur Simulation biologischer und
chemischer Prozesse gewinnt immer größere Bedeutung. Dies wird ermöglicht durch immer leistungsfähigere Algorithmen zur numerischen
Lösung von Differentialgleichungen sowie durch höhere Rechengeschwindigkeit der Prozessoren. Darüberhinaus besitzen die Mikrocomputer im Vergleich zu den bisher üblichen Großrechner-Terminals
bessere Möglichkeiten zur Ausgabe von Graphik, wobei allerdings
durch die ständige Weiterentwicklung der Graphikkarten die Portabilität der Simulations-Software eingeschränkt wird.

Literatur

J. R. DORMAND & P. J. PRINCE : A family of embedded Runge-Kutta-
formulae. J. Comp. Appl. Math. $\underline{6}$ (1980) 19

B. A. GOTTWALD & G. WANNER : A Reliable Rosenbrock Integrator for
Stiff Differential Equations. Computing $\underline{26}$ (1981) 355

B. A. GOTTWALD : KISS - a Digital Simulation System for Coupled
Chemical Reactions. Simulation $\underline{37}$:5 (1981) 169

B. A. GOTTWALD & G. WANNER : Comparison of Numerical Methods for
Stiff Differential Equations in Biology and Chemistry. Simulation $\underline{38}$:2 (1982) 61

B. A. GOTTWALD : Zur Modellierung biologischer Prozesse mit Hilfe
block-orientierter Simulations-Systeme. Ber. Deutsch. Bot. Ges.
$\underline{98}$ (1985) 13

E. HAIRER, S. P. NÖRSETT & G. WANNER : Solving Ordinary Differential Equations - I. Nonstiff Problems. Springer-Verlag (1987)

E. HAIRER & G. WANNER : Solving Ordinary Differential Equations -
II. Stiff Problems. Springer-Verlag (1988 im Druck)

M. K. HORN : Fourth- and Fifth-Order Scaled Runge-Kutta-Algorithms
for Treating Dense Output. SIAM J. Numer. Anal. $\underline{20}$ (1983) 558

L. P. JENNERGREN : Discrete-Events Simulation Models in PASCAL/MT+
on Microcomputers. Chartwell-Bratt (1984)

J. LAVOREL : A Monte-Carlo Method for the Simulation of Kinetic
Models. Photosynth. Res. $\underline{9}$ (1986) 273

D. T. MODIANOS, R. C. SCOTT & L. W. CORNWELL : Random Number Generation on Microcomputers. Interfaces $\underline{14}$:4 (1984) 81

C. E. PRATT : Catalog of Simulation Software - Microcomputer,
Minicomputer and Mainframe Software. Simulation $\underline{49}$:4 (1987) 165

J. D. SPAIN : BASIC Microcomputer Models in Biology. Addison-
Wesley (1982)

Modellbildung

Optimierte objektorientierte Simulation durch simulierte Objektorientiertheit

Alois Heinz
Institut für Informatik, Universität Freiburg
Rheinstraße 10–12, 7800 Freiburg

Die objektorientierte Designmethode für Programmsysteme, durch die Sprache Simula erstmals verwirklicht, eignet sich sehr für große Programme mit inhärenter Parallelität, insbesondere Simulationsverfahren. Die objektorientierte Methode bietet große Vorteile gegenüber anderen Ansätzen und wird durch eine Reihe von Spezialsprachen wie Simula und Smalltalk und zunehmend durch Hybridsprachen unterstützt. Dieser Beitrag zeigt, daß die objektorientierte Philosophie nicht an die Unterstützung einer speziellen Sprache gebunden ist sondern auch in imperativen Sprachen effizient simuliert werden kann. Am Beispiel von Pascal wird gezeigt, wie sich Objekte, Klassen mit Subklassen und Vererbung, Methoden und Nachrichten abbilden lassen und diskutiert, wie dieser Entwurf für individuelle Anforderungen optimiert werden kann.

1. Einleitung

Objektorientiertes Entwickeln ist ein Ansatz zum Software-Design, der immer größere Beachtung findet [2,3,7,8]. Dabei wird ein Gesamtsystem durch die Menge der Objekte, aus denen es besteht, modelliert, und jedes Objekt kann durch die Menge der Aktionen, die es selbst ausführt und die es bei anderen Objekten initiiert, charakterisiert werden. Im Gegensatz zu den traditionellen imperativen Sprachen, bei denen ein Gesamtsystem durch funktionale Dekomposition in Teilprozesse zergliedert wird, unterstützen objektorientierte Sprachen eine Sicht, deren Hauptkonzept abstrakte Objekte sind.

Der objektorientierte Ansatz ist primär eine Konsquenz von Weiterentwicklungen im Bereich der Programmiermethodik und geeignet, die Nachteile der traditionelleren Methoden zu überwinden. So erlaubt er stärkere Datenabstraktion und Verkapselung von Informationen, ist angemessener für Problembereiche mit natürlicher Parallelität und besonders unempfindlich gegenüber Änderungen in Teilsystemen. Ein wesentlicher Vorteil ist auch die sehr einfache Wiederverwendbarkeit vorfabrizierter Module, die leicht an neue Bedingungen angepaßt werden können. Brad J. Cox spricht in diesem Zusammenhang von einem „evolutionären Ansatz" [3] und nennt die Module „Software-ICs"[1].

Das Paradigma des objektorientierten Programmierens eignet sich für große interaktive Programmsysteme mit inhärenter Parallelität, inbesondere für Simulationsanwendungen. Es können damit die Objekte der realen Welt mit unterschiedlichen Rollenausprägungen wie Akteur, Agent oder Diener und ihren vielfältigen Beziehungen zueinander auf einfache Art und Weise modelliert werden. Das Modell der Petrinetze läßt sich z.B. ebenso leicht auf diesen Ansatz übertragen wie die Konzepte der neuronalen Netzwerke, die in letzter Zeit wieder heftig diskutiert werden [10].

Der objektorientierte Programmierstil wurde durch die Sprachen Simula [1] und Smalltalk [5] eingeführt; heute wird er zunehmend durch eine Reihe von Hybridsprachen wie C++, Objective-C [3], etc. unterstützt, die die Eigenschaften traditioneller Sprachen um die Vorteile des objektorientierten Ansatzes erweitern sollen. Die objektorientierte Vorgehensweise ist jedoch keineswegs an

---

[1]Software-IC ist ein Warenzeichen der Productivity Products International.

die Unterstützung spezieller Sprachen gebunden. Aus Gründen der Kompatibitität, besonders aber der Effizienzsteigerung ist es sehr reizvoll, den objektorientierten Ansatz in imperativen Sprachen zu realisieren.

Es sind schon mehrere Ansätze berichtet worden, in traditionellen Sprachen wie FORTRAN [6], Ada [2] und Pascal [7] objektorientiert zu programmieren. Der vorliegende Bericht geht von dem in [7] gemachten Vorschlag aus, führt ihn aber in mehrere Richtungen weiter, so daß auch die in der objektorientierten Welt äußerst wichtigen Konzepte Subklassen und Vererbung mit umfaßt werden.

Der folgende Abschnitt gibt zunächst eine kurze Einführung in die objektorientierte Begriffswelt und betont, warum in objektorientierten Systemen auf die Konzepte der Subklassenbildung und Vererbung nicht verzichtet werden kann. Im dritten Abschnitt wird ein Pascal-Programmgerüst präsentiert, das alle wichtigen Konzepte der objektorientierten Methode implementiert, und so beispielhaft deren Simulation in einer imperativen Sprache veranschaulicht. Der vierte Abschnitt faßt die wesentlichen Vorteile des vorgestellten Ansatzes zusammen und diskutiert verschiedene Möglichkeiten der Optimierung.

2. Konzepte der objektorientierten Methode

Die Konzepte und Prinzipien der objektorientierten Methode können einer ganzen Reihe von Büchern und Artikeln entnommen werden [2,3,4,5,7,8]. Eine sehr gelungene und mit Hilfe von Diagrammen sehr anschaulich gestaltete Kurzeinführung bietet [4]. In diesem Abschnitt sollen nur die wesentlichsten Aspekte kurz beleuchtet werden.

Der fundamentale Begriff beim objektorientierten Programmieren ist das *Objekt*. Ein objektorientiertes Programm ist ein System interagierender Objekte. Jedes Objekt ist eine Einheit mit einem *Status*, der nur ihm selbst bekannt ist, und einer Menge von Algorithmen, *Methoden* genannt, die es anwenden kann. Der Status eines Objektes, der sich durch die Belegung seiner *Instanzvariablen* ausdrückt, kann nur mit einer der eigenen Methoden verändert werden, die als Reaktion auf eine *Nachricht* von einem anderen Objekt ausgeführt wird. Die Menge der Nachrichten, auf die ein Objekt reagiert und die es an andere Objekte schicken kann, beschreibt seine Schnittstelle nach außen, während die Implementierungsdetails der Methoden, die sein *Verhalten* realisieren, versteckt bleiben.

Alle Objekte, die das gleiche Verhalten aufweisen, gehören zur gleichen *Klasse*. Anzahl und Typen der Instanzvariablen und die Methoden sind für Objekte derselben Klasse gleich. Ein spezielles Objekt unterscheidet sich von anderen Ausprägungen derselben Objektklasse nur durch seinen Status. Die Klasse ist also ein Muster für die zugehörigen Objekte. Man kann sie auch als abstrakten Datentyp auffassen, doch läßt sich mit dem Klassenkonzept viel stärker auch ein aktives Verhalten von Individuen modellieren.

Zur Beschreibung der dynamischen Aspekte objektorientierter Systeme werden oft Analogien aus der Tierwelt herangezogen [8]: Objekte werden „geboren", sie kommunizieren und sammeln Informationen, wobei ihre Aktivitäten durch gemeinsame Teilnahme an Ereignissen koordiniert werden, und schließlich „sterben" sie (nach Erhalt einer entsprechenden Nachricht begehen sie Selbstmord [8]). Die generischen Eigenschaften aller Objekte werden also durch die Definition ihrer Klasse spezifiziert und einzelne Ausprägungen durch eine Nachricht an die Klasse initialisiert. Danach erfolgen Veränderungen des Objektstatus bis hin zur Auflösung nur durch die Objekte selbst.

Klassenbildung ist ein Instrument zur Systemmodularisierung. Das Konzept der Bildung von *Subklassen* dient zunächst der Wiederverwendbarkeit von Software. Subklassen *erben* die Eigenschaften ihrer Vorfahren; ein Objekt einer Subklasse besitzt die gleichen Instanzvariablen und kennt die gleichen Methoden wie Objekte der Elterklasse. Bei der Definition einer Subklasse können aber weitere Variablen und Methoden hinzugefügt und die Definitionen ererbter Methoden modifiziert werden.

Die Konzepte Subklassen und Vererbung sind unverzichtbar für die objektorientierte Methode:

Bei der Definition einer Subklasse braucht ein Programmierer nur noch die Teile zu spezifizieren, in denen sich Objektstatus und -verhalten von dem der Objekte in der Elterklasse unterscheiden. Die nicht geänderten Methoden sollten weiterhin korrekt funktionieren, und ihre Implementierungsdetails brauchen nicht einmal bekannt zu sein. Oft ist es wichtig, einer Menge von Objekten verschiedener Klassen die gleiche Nachricht zu schicken, z.B. „gehe_in_Ausgangsstellung". Man kann dann sicher sein, daß diese Nachricht von allen Objekten verstanden wird, wenn sie Ausprägungen von Abkömmlingen einer Ahnklasse sind, die diese Nachricht versteht. Daher werden oft *abstrakte Klassen* definiert, für die zwar keine Ausprägungen, dafür aber Subklassen erzeugt werden. Ahnklasse aller Klassen ist die abstrakte Klasse „Objekt".

Objektorientierte Sprachen stellen ein Instrumentarium zur Definition von Klassen und zur Instantiierung von Objekten zur Verfügung, übernehmen deren Verwaltung und steuern den Ablauf des Gesamtsystems. Wie dieses Umfeld für eine objektorientierte Implementierung in einer imperativen Sprache geschaffen werden kann, beschreibt der nächste Abschnitt.

3. Einbettung in imperative Sprachen

Die Realisierung des objektorientierten Ansatzes in einer imperativen Sprache erfordert ein Konzept zur Abbildung der objektorientierten Welt auf Datenstrukturen und Algorithmen der Implementierungssprache. Die Eleganz und Effizienz dieser Abbildung können stark von der Zielsprache abhängen. Möglichkeiten zur dynamischen Speicherallokierung sollten vorhanden sein, zumindest aber simuliert werden können.

Der hier vorgestellte Ansatz benutzt zur Darstellung die Implementierungssprache Pascal, ist aber nicht auf diese Wahl beschränkt. Aus Gründen der Eleganz werden auch zwei Erweiterungen des Pascal-ANSI-Standards benutzt, die viele Dialekte (z.B. Turbo Pascal[2]) ohnehin zur Verfügung stellen:

1. Ein **case**-Block kann einen mit **otherwise** eingeleiteten letzten Zweig haben.

2. Typen von Variablen und Ergebnistypen von Ausdrücken können durch Typumwandlungen der Form *<Typname> (<Variable>)* beziehungsweise *<Typname> (<Ausdruck>)* verändert werden.

Um die gezeigten Programmausschnitte möglichst kurz zu halten, wird im folgenden durchgängig ein Anwendungsproblem aus dem Bereich der graphischen Datenverarbeitung verwendet. Nach Präsentation des ersten Ansatzes wird auf mögliche Abänderungen später noch eingegangen.

3.1 Statik der Klassen, Subklassen und Objekte

Objektklassen werden in der Pascal-Typendefinition deklariert, ihre Namen sind Werte eines Aufzählungstyps:

```
class = (none, Punkt, Farbpunkt, Strecke, Dreieck, Rechteck, ...);
```

In dieser Aufzählung erscheinen die Namen aller im Programm benutzter Klassen und Subklassen mit Ausnahme der abstrakten Klasse „Objekt". Der Klassenname *none* erfüllt den gleichen Zweck wie **nil** bei Zeigervariablen.

Die Instanzvariablen jedes Objektes lassen sich zunächst zwei Gruppen zuordnen: Eine Gruppe umfaßt die Variablen, die jedem Objekt zukommen, die es also von der abstrakten Klasse „Objekt" geerbt hat. Die andere Gruppe enthält jene Variablen, die für die spezielle Klasse charakteristisch sind. Die erste Gruppe wird zu einem Pascal-Record zusammengefaßt, der auch einen Zeiger auf die zweite Gruppe enthält. So wird definiert:

---

[2]Turbo Pascal ist ein Warenzeichen von Borland International, INC.

```
name_string       = string [name_length];
pointer           = ↑integer;
pointer_to_body   = pointer;
pointer_to_object = ↑object_record;
object_record     = record
                        name: name_string;
                        next_object: pointer_to_object;
                        object_class: class;
                        body: pointer_to_body;
                    end;
```

Die Variable *name* dient hier zur Identifizierung von Objekten. Es wird also vorausgesetzt, daß keine zwei Objekte den gleichen Namen haben. Über *next_object* wird ein Folgeobjekt erreicht, denn alle existierenden Objekte sollen in einer linearen Liste verkettet werden. Dieses Feld unterstützt das objektorientierte Konzept indirekt, indem es die Verwaltung der Objekte ermöglicht. Statt der linearen Liste als Verwaltungsstruktur ist in vielen Fällen ein Binärbaum sicher angemessener, der dann zwei Zeiger in jedem Knoten erfordert. Durch *object_class* wird der Klassenbezug des Objektes hergestellt und der (allgemeine) Zeiger *body* enthält die Referenz zu den speziellen Daten.

Für direkte Subklassen der abstrakten Klasse „Objekt" erfolgt die Definition nicht ererbter Instanzvariablen gemäß folgendem Beispiel:

```
pointer_to_Punkt = ↑Punkt_record;
Punkt_record     = record
                        x_val, y_val: real;
                    end;
```

Ein wenig anders sieht die Definition für Subklassen selbstdefinierter Klassen aus:

```
pointer_to_Farbpunkt = ↑Farbpunkt_record;
Farbpunkt_record     = record
                            Farbe: integer;
                            the_Punkt: pointer_to_body;
                        end;
```

Die Variable *the_<Klassenname>* zeigt hier auf ein Paket mit Instanzvariablen der Elterklasse, und neudefinierte Variablen können über ihren Selektor direkt angesprochen werden. Wie leicht zu erkennen ist, lassen sich so auch beliebig Subklassen bereits abgeleiteter Klassen definieren.

Wie schon erwähnt, werden alle Objekte in einer linearen Liste verkettet. Auf ihren Anfang zeigt die globale Variable *object_root* vom Typ *pointer_to_object*. Die Funktion

```
function object_location (search_name: name_string): pointer_to_object;
```

gibt einen Zeiger auf das gesuchte Objekt zurück, gegebenenfalls wird vorher eine entsprechende Objekthülse mit der Klasse *none* angelegt.

Ehe das Erzeugen von Objekten und ihre Aktivität erklärt werden kann, muß auf die Methoden und die Verwaltung der Nachrichten eingegangen werden.

3.2 Methodenauswahl und Nachrichtenverwaltung

Wie oben die Klassen, werden auch die Methoden als Werte eines Aufzählungstyp's definiert:

```
method_selector = (Erzeugen, Zeichnen, ...);
```

Ein *nil*-Wert für Methoden ist hier nicht erforderlich.

Nachrichten können eigentlich auch als Objekte angesehen werden. Wie bei jenen ist ein Teil ihres Inhaltes bei allen Nachrichten „besetzt", ein anderer Teil wird nur bei bestimmten Nachrichten beschrieben. Der Einfachheit halber wird hier angenommen, daß das Format aller Nachrichten gleich sei, wie in diesem Beispiel:

```
pointer_to_message = ↑message_record;
message_record    = record
                        recipient: pointer_to_object;
                        method: method_selector;
                        h_val, v_val: real;
                        a_name: name_string;
                        a_color: integer;
                        up, down: pointer_to_message;
                    end;
```

Der allgemeine Teil bestimmt den Empfänger einer Nachricht (*recipient*) und die von ihm auszuführende Methode (*method*). In dem speziellen Teil werden weitere Argumente abgelegt, die die ausgewählte Methode des Empfängers liest und interpretiert.

Jede Methode kann, ehe sie ihre Aktivität aufgibt, Nachrichten auslösen und die Nachricht, von der sie selbst ausgelöst wurde, entweder als erledigt wegwerfen oder aber zur späteren Weiterbearbeitung „liegen lassen". Eine Möglichkeit zur Realisierung dieses Konzeptes besteht in der Verwendung eines Nachrichtenstapels mit Operationen zum „Auflegen" und „Abnehmen" von Nachrichten. Da aber auch Nachrichten „herausgezogen" werden sollen, empfiehlt sich ihre doppelte Verkettung im Stapel über *up* und *down*. Die globale Variable *first_message* zeigt auf die aktuellste Nachricht, und die Prozedur

procedure send_message (message: pointer_to_message);

legt eine gegebene Nachricht auf die Spitze des Stapels. Generiert werden die Nachrichten durch eine Reihe von Funktionen nach folgendem Muster:

function Zeichne (name: name_string): pointer_to_message;

Diese Funktionen bestimmen intern mit Hilfe von *object_location* den Empfänger der Nachricht. Die zu *Zeichne* analoge Funktion *Erzeuge* legt zusätzlich in der Objekthülse des Empfängers die ihr als Argument übergebene Klasse ab. Mit den so gegebenen Hilfsprozeduren ist dann z.B. der Aufruf

send_message (Zeichne ('Nullpunkt'));

möglich, der dem Punkt namens „Nullpunkt" eine Nachricht schickt mit der Aufforderung, sich zu zeichnen. Eine weitere Hilfsprozedur

end_method (message: pointer_to_message);

entfernt eine Nachricht aus dem Stapel, die nicht die oberste zu sein braucht.

3.3 Systemdynamik

Bisher wurde die Definition der Klassendaten und einiger Systemprozeduren angegeben. Damit kann nun der Nachrichtenfluß und die Modellierung des Klassenverhaltens beschrieben werden.

Der Fluß der Nachrichten wird durch das Hauptprogramm kontrolliert. Nach der Initialisierung erfolgt die Absendung einiger Startmeldungen. Dann wird in der Hauptschleife jeweils festgestellt, welches Objekt als nächstes eine Nachricht bearbeiten soll, und ihm die Kontrolle übergeben. Wenn keine Nachrichten mehr vorliegen, wird die Hauptschleife verlassen und der Systemprozeß beendet. Die Kodierung erfolgt so:

```
begin { Hauptprogramm }
    ...{ Initialisiere Objekt- und Nachrichtenverwaltung }
    ...{ Sende Startmeldungen }
    while first_message <> nil do
        case first_message↑.recipient↑.object_class of
            Punkt: invoke_Punkt (first_message, first_message↑.recipient↑.body);
            Farbpunkt: invoke_Farbpunkt (first_message, first_message↑.recipient↑.body);
            ...{ andere Objektklassen }
            otherwise send_message (Fehler (user, 'undefinierte Klasse'));
        end; { case }
    ...{ Beendigungsprozeduren }
end. { Hauptprogramm }
```

Ein Objekt wird also durch Aufruf einer Prozedur *invoke_<Klassenname>* „erweckt", der zwei
Zeiger übergeben werden, einer auf die zu bearbeitende Nachricht und ein weiterer auf das Paket
der Instanzvariablen. Für jede Klasse und Subklasse definiert eine invoke-Prozedur das Verhalten der
Objekte. Hier ist zuerst ein Beispiel der invoke-Prozedur für eine direkte Subklasse von „Objekt":

```
procedure invoke_Punkt (message: pointer_to_message;
                  var the_body: pointer_to_body);
...{ Definition von Hilfsvariablen und -prozeduren}
begin
    with message↑ do
       if method = Erzeugen then begin
          new (pointer_to_Punkt (the_body));
          with pointer_to_Punkt (the_body)↑ do begin
             x_val := h_val; y_val := v_val;
             end_method (message) end
          end { of Erzeugen }
       else with pointer_to_Punkt (the_body)↑ do
          case method of
             Zeichnen: begin
                ...{ Zeichne den Punkt }
                  end_method (message) end; { of Zeichnen }
             ...{ weitere Methoden }
             otherwise send_message (Fehler (user, 'undefinierte Methode'))
          end; { case }
end; { invoke_Punkt }
```

Der Parameter *the_body* wird mittels Typumwandlung als Zeiger auf den Record mit den Objekt-
variablen interpretiert. Er muß ein **var**-Parameter sein, weil der durch die Methode *Erzeugen*
geänderte Wert nach außen permanent werden soll. Innerhalb der invoke-Prozedur wird der Pro-
grammfluß auf den Teil verzweigt, der die durch die Nachricht ausgewählte Methode implementiert.
Für Methoden, die nicht zum Repertoire der Klasse gehören, wird schließlich eine Fehlermeldung
generiert.

Bei Subklassen selbstdefinierter Klassen weicht das Schema ein wenig von dem obigen ab:

```
procedure invoke_Farbpunkt (message: pointer_to_message;
                  var the_body: pointer_to_body);
...{ Definition von Hilfsvariablen und -prozeduren}
begin
    with message↑ do
       if method = Erzeugen then begin
          new (pointer_to_Farbpunkt (the_body));
          with pointer_to_Farbpunkt (the_body)↑ do begin
             Farbe := a_color;
             invoke_Punkt (message, the_Punkt);
          end end { of Erzeugen }
       else with pointer_to_Farbpunkt (the_body)↑ do
          case method of
             Zeichnen: begin
                ...{ Zeichne den Farbpunkt }
                  end_method (message) end; { of Zeichnen }
             ...{ weitere Methoden }
             otherwise invoke_Punkt (message, the_Punkt)
          end; { case }
end; { invoke_Farbpunkt }
```

Die Subklasse kann hier neue Methoden implementieren, ererbte Methoden abändern, oder einfach
übernehmen. Methoden der Elterklasse werden über den Aufruf der entsprechenden invoke-Prozedur
angesprochen, für die nicht geänderten Methoden geschieht dies über den **otherwise**-Zweig der
case-Anweisung.

Beim Anwenden einer Methode handeln die Objekte, indem sie ihren Status verändern und
Nachrichten an andere Objekte absenden. Eine Methode kann in einen Wartestatus übergehen, um

anderen Objekten Gelegenheit zur Aktivität zu geben. In diesem Fall wird die auslösende Nachricht nicht von Stapel entfernt und somit später wieder aufgenommen. Erst wenn die auslösende Nachricht durch die Prozedur *end_method* gelöscht wurde, kann die Methode beendet werden.

Nur über die Nachrichtenschnittstelle können die Objekte miteinander kommunizieren. Dabei braucht ein sendendes Objekt die Klasse des Empfängers nicht zu kennen, ja es kann die gleiche Nachricht an eine Menge von Objekten verschiedener Klassenzugehörigkeit schicken. Bei der Erweiterung um eine neue Objektklasse brauchen typischerweise die Methoden der anderen Klassen nicht geändert zu werden.

Die Verwendung der invoke-Prozeduren beschränkt sich auf die Hauptprogrammschleife, in der jeweils einem Objekt Aktivität erlaubt wird, und auf die Stellen in invoke-Prozeduren, an denen auf ererbte Methoden Bezug genommen wird. Keineswegs sind sie ein Mittel, mit dem Informationen oder Aktivität zwischen Objekten ausgetauscht werden.

4.   Optimierungsmöglichkeiten

Der vorgestellte Ansatz erlaubt eine einfache und effiziente Implementierung der objektorientierten Philosophie in imperativen Programmiersprachen unter Einschluß der Konzepte Subklasse und Vererbung. Im folgenden werden einige Möglichkeiten zur Optimierung des Speicherplatzbedarfs, der Laufzeit und der Programmerstellung diskutiert.

Eine Änderung betrifft das Format der Nachrichten. Der Nachrichtenrecord muß genügend Variablen bereitstellen, um alle möglichen Nachrichten mit ihren verschiedenen Parametern und Typen zu unterstützen, die jedoch im Einzelfall nicht alle gleichzeitig benötigt werden. Dieser Speicherplatzverschwendung kann Abhilfe geschaffen werden durch die Verwendung eines Zeigers auf ein Paket mit den wirklich benötigten Informationen. Der Preis besteht in der größeren Anzahl von Recordtypen und dem höheren Dekodierungsaufwand.

Für die viele Anwendungen ist die Verwendung eines Nachrichtenstapels nach dem LIFO-Prinzip wohl sehr sinnvoll. Aber Aufgaben wie Optimierungsprobleme und Simulationen können durch spezielle Nachrichtenverwaltung viel effizienter gemacht werden. Warteschlangen (FIFO-Listen) verwendet man z.B., wenn Aufträge in der Reihenfolge ihrer Generierung abgearbeitet werden sollen, Heaps werden eingesetzt, wenn der Auftrag mit dem am wenigsten weit in der Zukunft liegenden Anforderungszeitpunkt als nächster an der Reihe ist. Auch die Einrichtung mehrerer Nachrichtenwege kann angebracht sein. Das Senden von Nachrichten kann ebenfalls durch spezielle Prozeduren unterstützt werden, die z.B. allen Objekten mit einer gegebenen Eigenschaft eine Mitteilung zukommen lassen.

Auch die Verwaltung der Objekte ist für spezielle Fälle optimierbar. Eine lineare Liste impliziert eine Ordnung der Objekte, z.B. die Reihenfolge, in der sie einem Verarbeitungsprozeß unterworfen werden sollen. Baumstrukturen unterstützen das schnelle Auffinden der Objekte, wenn sie nach einem gegebenen Kriterium sortiert sind. Und ein Heap wäre angebracht, wenn oft das maximale oder minimale Objekt bezüglich einer Eigenschaft gesucht wird. Im Einzelfall ist sicher auch die Verwendung mehrerer Zugriffsstrukturen angezeigt. Der Vorteil des objektorientierten Programmierens in imperativen Sprachen liegt nicht zuletzt darin, daß die Entscheidungen über solche Implementierungsdetails noch offen sind und dadurch die Effizienz des Gesamtsystems entscheidend beeinflußt werden kann.

Die Erweiterung eines Systems um eine Objektklasse ist recht einfach: Dem Aufzählungstyp *class* wird ein Objektname hinzugefügt, eventuell auch die Methodenmenge vergrößert, ein Zeiger- und ein Recordtyp werden definiert, die **case**-Anweisung in der Hauptprogrammschleife wird um einen Zweig erweitert, und durch Schreiben einer neuen invoke-Prozedur wird das Klassenverhalten modelliert. Die Daten und Prozeduren schon vorhandener Klassen müssen nicht verändert werden. Trotzdem ist eine Neucompilation auch dieser Teile erforderlich, da sie von der Definition der globalen Typen *class* und *method_selector* abhängen. Dieses Problem wird beseitigt, wenn die genannten Typen als Zeichenkettentypen (Strings) definiert und entsprechende Variablen mit Zeichenketten-Namen belegt werden. Das gesamte Programm kann dann in separat compilierbare Module (Modula-2 [9]) oder Units (verschiedene Pascal-Dialekte) aufgeteilt werden, eines für die globalen Definitionen einschließlich Verwaltungsprozeduren und je eines für eine Objektklasse und das Hauptprogramm. Das Ändern oder Hinzufügen einer Klasse erfordert nur die Neucompilation des Klassenmoduls und eventuell des Hauptprogramms, und die Implementierungsdetails der Module werden noch besser voneinander abgeschottet.

Die Module eignen sich auch zur Implementierung weiterer objektorientierter Konzepte, z.B. der hier nicht besprochenen Klassenvariablen. Ein Preis muß natürlich gezahlt werden: Der Compiler kann nicht mehr feststellen, ob die verwendeten Methoden auch definiert wurden, und die **case**-Anweisungen für die Klassen- und Methodenauswahl des Hauptprogramms und der invoke-Prozeduren müssen umständlicher kodiert werden, was neben der Erhöhung des Speicherplatzbedarfs auch eine Verlängerung der Laufzeit bedeutet. Vor- und Nachteile müssen auch hier im Einzelfall gegeneinander abgewogen werden. Das kann auch bedeuten, daß die Entwicklung eines Systems nach dem letzteren Verfahren betrieben wird und die Generierung der Auslieferungsversion nach dem ersteren. Diese Vorgänge lassen sich durch spezielle Programm-Entwicklungswerkzeuge natürlich auch automatisch unterstützen.

Objektorientierte Systeme eignen sich besonders gut zur Modellierung von Simulationen, und sie selbst können in imperativen Sprachen effizient simuliert werden. Durch die Möglichkeit der Einflußnahme auf die Algorithmen und Datenstrukturen der internen Verwaltung lassen sich die Simulationen den gegebenen Anforderungen entsprechend optimieren.

Literatur

1. G.M. Birtwistle, O.-J. Dahl, B. Myhrhaug, K. Nygaard: *Simula BEGIN*, Studentlitteratur, Lund, Schweden, 1973.

2. Grady Booch: *Object-Oriented Development*, IEEE Transactions on Software Engineering, vol. SE-12, no. 2, Februar 1986, pp. 211–221.

3. Brad C. Cox: *Object Oriented Programming, An Evolutionary Approach*, Addison-Wesley Publishing Co., 1987.

4. Bjorn N. Freeman-Benson: *Anyone can understand MetaClasses*, Technical Report 87-11-02, Department of Computer Science FR-35, University of Washington, Seattle, WA 98195, November 1987.

5. Adele Goldberg, David Robson: *Smalltalk-80: The Language and Its Implementation*, Addison-Wesley Publishing Co., 1983.

6. J.F. Isner: *A Fortran Programming Methodology Based on Data Abstraction*, Communications of the ACM, vol. 25, no. 10, Oktober 1982, pp. 686–697.

7. Jonathan P. Jacky, Ira J. Kalet: *An Object-Oriented Programming Discipline for Standard Pascal*, Communications of the ACM, vol. 30, no. 9, September 1987, pp. 772–776.

8. Dionysios Tsichritzis: *Objectworld*, in: Dionysios Tsichritzis (ed): *Office Systems, Topics in Information Systems*, Springer-Verlag, 1985, pp. 379–398.

9. Niklaus Wirth: *Programming in Modula-2*, Springer-Verlag, 1983.

10. Matthew Zeidenberg: *Modeling the Brain*, BYTE, Dezember 1983, pp. 237–246.

POPSY: Eine objektorientierte Systemarchitektur zur Simulation komplexer Systeme

R. Gebhardt, R. Martin, W. Ameling
Rogowski–Institut für Elektrotechnik
RWTH Aachen

1. Einleitung

In der Simulationstechnik zeichnet sich seit einiger Zeit ein grundlegender Wandel ab. Die Fortschritte auf dem Gebiet der Wissensrepräsentation gestatten zunehmend auch die Einbindung von Modellierungs– und Entscheidungsprozessen in ein Simulationssystem. Dies wird in Zukunft die Möglichkeiten der Simulationstechnik erheblich erweitern [Elsaz86, Reddy86, Shannon86]. Die Vielfalt der mit dem Entwurf wissensbasierter Simulationssysteme verbundenen Aspekte (Bild 1) berechtigt zur Frage, inwieweit konventionelle Rechnerarchitekturen diesen neuen Ansätzen gerecht werden können. Die aus der Literatur bekannten Entwürfe leiden entweder unter schlechtem Laufzeitverhalten[Reddy86] oder unter den sich aus der verwendeten Programmiersprache ergebenden Einschränkungen [Zeigler87,Futo86]. Die Lösung dieser Probleme kann nach unserer Auffassung nur eine Entwicklungs– und Laufzeitumgebung leisten, die die in Bild 1 aufgeführten Aspekte in einem übergreifenden konzeptionellen Rahmen vereinigt und

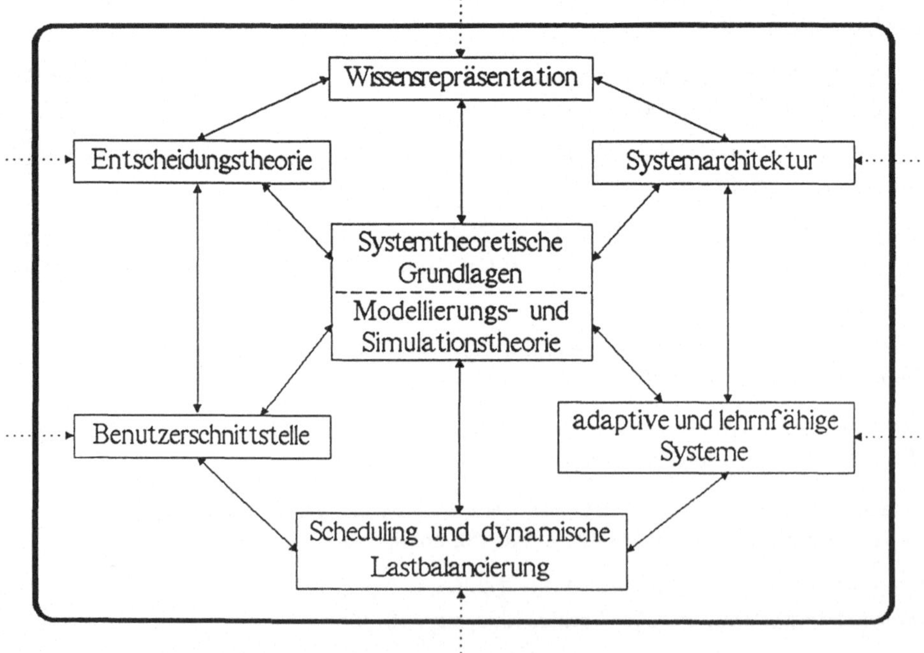

Bild 1: Aspekte integrierter Simulationsysteme

durch weitgehende Ausnutzung impliziter Parallelität zu einem befriedigendem Laufzeitverhalten beiträgt. Hier sehen wir in der objektorientierten Programmiermethodik, die
sich u.a. wegen der vielfach festgestellten Ähnlichkeit zwischen der ereignisorientierten
Simulationsmethodik zunehmender Beliebtheit erfreut, neue Möglichkeiten diesen Anforderungen gerecht zu werden.

2. Das System POPSY

2.1 Elemente des objektorientierten Programmierens

Grundelemente der objektorientierten Programmierung sind Objekte, die vom Programmierer mit Prozeduren (Methoden) zur Veränderung der privaten Objektdaten und zum
Versenden von Nachrichten ausgestattet werden. Der zeitliche Ablauf eines Programms
ergibt sich aus der Kommunikation der Objekte untereinander. Objekte reagieren auf
den Empfang einer Nachricht mit der Aktivierung einer dem Inhalt der Nachricht entsprechenden Methode. Objekte mit ähnlichen Eigenschaften werden zu Klassen zusammengefaßt. Jede Klasse ist selbst Instanz einer Metaklasse, in der die Eigenschaften und
das Verhalten der zugehörigen Klassen abgelegt ist. Alle Klassen sind in eine Spezialsie-
rungshierarchie (Klassenstruktur) eingebunden, so daß die Instanzen von Unterklassen
über einen Vererbungsmechanismus an allen Eigenschaften und Fähigkeiten ihrer Oberklassen teilhaben können. Programmiert wird vom Allgemeinen zum Speziellen, indem
allgemeine Eigenschaften von Objekten in Oberklassen abgelegt und die zunehmend
spezielleren Eigenschaften bestimmter Objekte in den Unterklassen der Hierarchie implementiert werden.

2.2. Allgemeine Merkmale der Systemarchitektur POPSY

Das Systemkonzept POPSY (Polymorphic Object Oriented Programming SYstem)
repräsentiert eine 'general purpose' Systemarchitektur, bei der durchgängig das Konzept
der objektorientierten Programmiermethodik von der Applikation bis hin zu einer parallelen Objektmaschine angewendet wird. Die konsequente Anwendung dieser Methodik
ermöglicht die Erzeugung einer großen Anzahl kleiner, weitgehend unabhängiger Prozeßobjekte, die automatisch auf Prozessoren verteilt werden können (Mid Grain
Parallelism). Hierfür geeignete Verteilungsstrategien, Netztopologien und Objektprozes-
sorstrukturen werden derzeit im Rahmen von Forschungsvorhaben am Rogowski–Institut untersucht. Inhärente Parallelität kann so zur Steigerung der Rechenleistung genutzt
werden, ohne den Programmierer zusätzlich zu belasten. Eingebettet in das objektorientierte Programmierkonzept stehen dem Anwender verschiedene Methodensprachen
(LISP,PROLOG,etc.) zur Verfügung, die eine effiziente Problemlösung darzustellen
gestatten. Inkrementell übersetzende Kompiler erzeugen aus unterschiedlichen Metho-

densprachen Prozeßobjekte, die auf Maschinenebene einheitlich dargestellt werden. Die Verwendung der Methodensprachen wird an der Benutzeroberfläche durch sprachsensitive Editoren und Debugger und durch eine einheitliche Bedienerführung unterstützt. Eine ausführlichere Darlegung dieser Systemarchitektur findet sich in [Roggen88].

3. Modellierung und Simulation mit POPSY

Für den Entwurf einer Simulationsumgebung sind neben den systemtheoretischen Grundlagen die Fragen der Wissensrepräsentation und des Schedulings von besonderer Bedeutung.

3.1 Aufbau und Strukturierung der Modellbasis

Der Aufbau und die Strukturierung der Modellbasis beruht auf der semantischen Struktur des objektorientierten Systems. Hier sind an erster Stelle die Spezialisierungshierarchie der Klassen und die Kompositionsrelation, die einzelne Objekte mit ihren Komponenten (z.B. Variablen) in Beziehung setzt, zu nennen. Die Objekte der physikalischen Umgebung ("Entitäten") werden klassifiziert und in die Klassenstruktur der objektorientierten Simulationswelt umgesetzt. Von diesem Grundgerüst aus ist das gesamte zu einer Entität gehörige Wissen erreichbar, das wegen

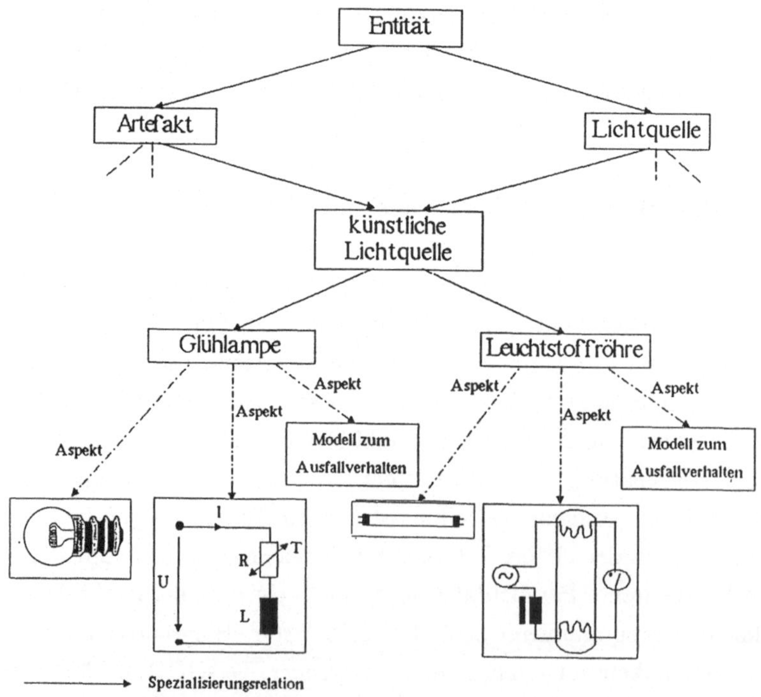

<u>Bild 2:</u> Wissensrepräsentation in der objektorientierten Programmierumgebung

seiner heterogenen, vielschichtigen Struktur in Aspekte unterteilt wird, die jeweils einen homogenen, widerspruchsfreien Sachverhalt repräsentieren. Ein Aspekt kann somit für die physikalische Dekomposition, für ein systemtheoretisches Modell, ein regelbasiertes Modell oder einfach für die graphische Darstellung der Entität stehen. Die Entität repräsentiert somit ein abstraktes Konzept, das sich aus der Summe ihrer potentiellen Aspekte ergibt. Die Steuerung der Zugriffsmöglichkeiten und die Auswertung der einzelnen Aspekte wird einheitlich im Rahmen eines Mehrfachklassenkonzeptes implementiert. Das Konzept mehrfacher Metaklassen bildet die Grundlage des modularen Systementwurfes und ist für die Fragen der Erweiterbarkeit und Programmiersicherheit von größter Bedeutung. Bild 2 zeigt beispielhaft, wie die Spezialisierung der Entitäten und die Zerlegung in Aspekte zur Wissensrepräsentation und Darstellung sich ergänzender Modelle genutzt werden kann.

Auf der Ebene der einzelnen Aspekte sind hier besonders die systemtheoretischen Modelle interessant. Der von Zeigler begründete systemtheoretische Ansatz der Modellierungs- und Simulationstheorie [Zeigler76], der insbesondere die Trennung von Modell und experimentellen Bedingungen vorsieht, ist Voraussetzung und Grundlage für den flexiblen Umgang mit Modellen. Die Spezialisierungshierarchie erlaubt hier nicht nur die Implementation von Wissen über einzelne Entitäten der realen Welt, sondern auch das Metawissen, das die Struktur einzelner Aspekte betrifft, schlüssig einzubringen. Die Programmierung vom Allgemeinen zum Speziellen ermöglicht theorienahe Implementationen der verschiedenen Modellierungskonzepte. Bild 3 zeigt die in der Systemtheorie

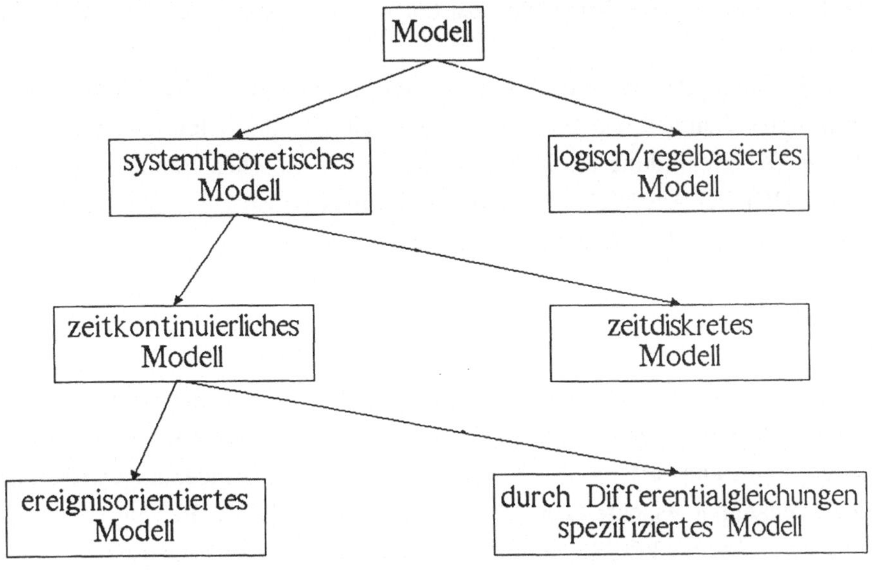

Bild 3: Einteilung von Modellen

übliche hierarchische Einteilung von Modelltypen entsprechend der verwendeten Zeitbasis. Sie kann in dieser Form in dem objektorientierten System implementiert werden und führt zu einer effizienten und übersichtlichen Programmstruktur. Spezielle Modelle ergeben sich als Spezialisierung dieser allgemeinen Modellklassen. Die in Bild 3 aufgeführte Modellhierarchie dient im wesentlichen der Implementation von Scheduling–Algorithmen.

Gemeinsam mit der Hierarchie der Entitäten ermöglicht sie modulare und hierarchische Darstellungen von Modellen und die semantisch richtige Einordnung sich ergänzender, zusammengesetzter oder verfeinerter Modelle.

3.2 Scheduling und experimentelle Rahmen

Der zeitliche Ablauf in einem Simulationsexperiment erfordert ein Synchronisationskonzept, das unter allen Umständen die Gültigkeit der Simulation garantiert. Das übliche, mit einer globalen Ereignisliste operierende Synchronisationsschema der ereignisgesteuerten Simulation ist für eine Multiprozessorarchitektur ungeeignet, da die häufigen Zugriffe und Manipulationen der Ereignisliste jede Parallelität unterdrücken würden. Abhilfe schafft hier das Konzept der virtuellen Zeit [Jeffer85], das die globale Synchronisationsaufgabe auf lokaler Objektebene löst, und damit die Eigenständigkeit und Abgeschlossenheit der einzelnen Objekte wahrt. Jedes Objekt verwaltet eine lokale Uhr und eine eigene Ereignisliste. Zeitkonflikte werden durch den sogenannten Rollback–Mechanismus aufgelöst. Da es prinzipiell keine Wartezustände gibt, ist ein hoher Grad an Parallelität erreichbar.

Das Simulationsexperiment selbst wird von einem experimentellen Rahmen gesteuert. Experimentelle Rahmen entsprechen Fragen, die an das Modell gerichtet werden [Zeigler79]. Die Einbindung des Konzeptes der experimentellen Rahmen in die Auswertung von PROLOG Ausdrücken führt zu der automatischen Durchführung von Simulationsexperimenten und stellt eines unserer Arbeitsziele dar.

4. Zusammenfassung

Die Vielfalt der in einem modernen Simulationssystem einfließenden Konzepte erfordert eine Systemarchitektur, die einerseits einen übergreifenden konzeptionellen Rahmen zur Verfügung stellt, andererseits aber flexibel genug ist, den besonderen Anforderungen der in Bild 1 genannten Aspekte Genüge zu leisten. Das in diesem Beitrag vorgestellte objektorientierte System POPSY wird diesen Ansprüchen weitgehend gerecht. Seine Vorzüge liegen u.a. in der hohen Rechenleistung und in der durch Modularität und Erweiterbarkeit erzielbaren Flexibilität. Diese Eigenschaften machen POPSY zu einem leistungsfähigen Werkzeug zur Modellierung und Simulation komplexer Systeme.

5. Literatur

[Elzas86]   Elzas, M.S.: *The Applicability of Artificial Intelligence Techniques to Knowledge Representation in Modelling and Simulation*; in: Modelling and Simulation Methodologyin the Artificial Intelligence Era, Elzas, M.S.; Ören;T.I.; Zeigler;B.P. (eds.); North–Holland, 1986

[Futo86]   Futo,I.; Gergely,T.: *Problems and Advantages of Simulation in PROLOG*; in: Modelling and Simulation Methodology in the Arificial Intelligence Era, Elzas, M.S.; Ören;T.I.; Zeigler,B.P. (eds.); North–Holland, 1986

[Jeffer85]   Jefferson,D.R.: *Virtual Time; ACM Transactions on Programming Languages and Systems*; 7:3,404 – 425,1985

[Reddy86]   Reddy, Y.V.R.; Fox,M.S.; Husain,N.; McRoberts,M.: *The Knowledge–Based Simulation System*; IEEE Software;March 1986

[Roggen88]   Roggenbuck,S.;Beccard,R.;Gebhardt,R.;Ameling,W.: *POPSY: Ein objektorientierter Ansatz zur Realisierung eines 'General Purpose'– Parallelrechnersystems*;Angewandte Informatik 4/88,169–172,1988

[Shannon86]   Shannon, R.E.;Mayer,R.;Adelsberger,H.H.: *Expert Systems and Simulation*; Simulation 44:6;275–284;1986

[Zeigler76]   Zeigler, B.P.: *Theory of Modelling and Simulation*; New York, John Wiley, 1976

[Zeigler79]   Zeigler,B.P.: *Structuring Principles for Multifacetted System Modelling*; in: Methodology in System Modelling and Simulation; Zeigler,B.P.; Elzas,M.S.; Klir,G.J.;Ören, T.I. (eds.); North–Holland, 1979

[Zeigler87]   Zeigler,B.P.: *Hierarchical, modular discrete–event modelling in an object–oriented enviroment*; Simulation 49:5, 219–230,1987

Neue Ansätze zur Beschreibung und Simulation bedarfsgesteuerter Bussysteme

B.C. Zschocke; R. Gebhardt; W. Ameling

Rogowski–Institut für Elektrotechnik
RWTH Aachen

Einleitung

Bedarfsgesteuerte Bussysteme waren in der Vergangenheit in verschiedenen europäischen Städten in Betrieb genommen worden. Sie konnten aber die vielseitigen Anforderungen eines Alltagsbetriebes nicht erfüllen. Eine der Hauptursachen lag in der Unzulänglichkeit der Systemregelung begründet. Dies führte letztendlich zu einem funktionellen und auch finanziellen Mißerfolg der Probebetriebe.

Simulationsrechnungen, die bereits während des Probebetriebes und später durchgeführt wurden, offenbarten, daß der Einsatz der bislang verwendeten und nachoptimierten Dispositionsverfahren an zu langen Rechenzeiten scheitert. Im Rahmen dieses Beitrages wird gezeigt, daß mit einem neu entwickelten für parallele Verarbeitung besonders geeigneten Verfahren nicht nur die Rechenzeitprobleme sondern auch viele funktionalen Probleme aus heutiger Sicht lösbar erscheinen.

Disposition

Das Kernstück der Systemregelung eines bedarfsgesteuerten Bussystems ist die Disposition. Ihre Aufgabe ist es, Fahrtwünsche auf Fahrzeuge zu verteilen und für diese eine Fahrtroute zu ermitteln. Hierbei sind vielfältige Randbedingungen wirtschaftlicher und funktionaler Art (z.B. beschränkte Beförderungskapazitäten der Fahrzeuge, gewünschte Abfahrtszeiten und Ankunftszeiten der Fahrgäste, verkehrliche Restriktionen, Standorte der Fahrzeuge) zu beachten.

Der Kostenfaktor wird in Form einer Bewertungsfunktion (Zielfunktion) berücksichtigt. In ihr werden die Einflüsse der verschiedenen Einzelkostenfaktoren, z.B. minimale Fahrzeit der Fahrzeuge, Anzahl der Fahrzeuge, gewichtet zusammengefaßt. Sie ist innerhalb der Disposition ein Gütemaß zur Beurteilung von Verteilungs– und Routenvorschlägen.

Die Lösung des Dispositionsproblems wurde bisher im wesentlichen wie folgt angegangen:

Ausgangspunkt der Überlegungen sind die Fahrtwünsche. Es werden zwei Klassen von Fahrtwünschen, die an ein Fahrzeug gebundenen und die ungebundenen unterschieden. Während bei den gebundenen die Fahrtwunsch–Fahrzeugzuordnung festliegt (z.B. Fahrgast ist ins Fahrzeug eingestiegen), ist bei den ungebundenen diese Zuordnung disponibel.

Die Zulassung einer möglichst großen Zahl ungebundener Fahrtwünsche ist eine Voraussetzung, die verschiedenen Randbedingungen bestmöglichst zu erfüllen, vergrößert aber andererseits die Komplexität des Lösungsraumes. Als Folge wächst die Anzahl von Entscheidungsoperationen in einem wirtschaftlich nicht mehr vertretbaren Maße. Die gebundenen Fahrtwünsche legen implizit mögliche Fahrtrouten fest. Das eigentliche Problem der bekannten Dispositionsverfahren ist eine im Sinne der Zielfunktion optimale Einbindung der ungebundenen Fahrtwünsche.

Die bisher in Probebetrieben eingesetzten Dispositionsverfahren behandeln nur **einen** ungebunden Fahrtwunsch. Das Dispositionsproblem wird hierbei im wesentlichen durch Permutationen gelöst. Nach der Betrachtung aller Fahrzeuge wird der ungebundene Fahrtwunsch an das geeignete Fahrzeug gebunden, bei dem im Sinne der Bewertungsfunktion die Disposition optimal wird. Die prinzipielle Verwirklichung von Verfahren mit maximaler Anzahl ungebundener Fahrtwünsche konnte in Simulationsrechnungen nachgewiesen werden (/1/). Ihre Verwendbarkeit scheitert jedoch an dem wirtschaftlich nicht zu vertretenden Bedarf an Rechenkapazität. Zusätzlich erschwerend für die Akzeptanz dieser Verfahren ist das Fehlen grundlegender funktionaler Komponenten wie z.B. das Umsteigen von Fahrgästen auf andere Fahrzeuge an nicht als Umsteigepunkten charakterisierten Stellen.

Zusammenfassend ist festzustellen, daß alle Verfahren den gewünschten wirtschaftlichen Erfolg bedarfsgesteuerter Bussysteme nicht herbeiführen konnten.

Neuer Dispositionsansatz

Untersuchungen am Rogowski–Institut, das sich seit vielen Jahren mit der Problematik bedarfsgesteuerter Bussysteme auseinandersetzt, haben zu dem Ergebnis geführt, daß Dispositionsverfahren mit den Fahrtwünschen als Ausgangspunkt der Betrachtung als unzweckmäßig erscheinen. Die bisherigen Verfahren zur Lösung des Dispositionsproblems beruhen im wesentlichen auf Permutationsalgorithmen. Die Ergebnisse in /1/ zeigen, daß durch geeignete Maßnahmen eine Reduzierung der Vertauschungsoperationen möglich ist. Dennoch ist der Rechenaufwand beträchtlich. Eine flexible Parallelisierung ist dabei nicht möglich.

Im folgenden wird ein neuer Beschreibungsansatz vorgestellt, der es ermöglicht durch Parallelisierung eine wesentliche Leistungssteigerung zu erreichen. Außerdem können Zwischenergebnisse jederzeit als heuristische Lösungen benutzt werden. Dadurch können auch bei Überbelastung (Rush–Hour) praktikable Ergebnisse erzielt werden. Als Ausgangspunkt des neuen Verfahrens dienen die zur Verfügung stehenden Fahrzeuge, die die Fahrtwünsche realisieren.

Die Lösung des Dispositionsproblems beruht auf dem abstrakten Ansatz, daß die Fahrzeuge an jeder Haltestelle gleichzeitig jede denkbare Fahrtrichtung zu allen Nachbarhaltestellen wählen. In einem realen Verkehrsnetz kann die Anzahl der maximalen Nachbarhaltestellen durch eine feste Zahl begrenzt werden. Bei Ankunft an jeder Haltestelle kann mit Hilfe der Zielfunktion die bestmögliche bisherige Route selektiert werden. Mit Ankunft an der letzten anzufahrenden Haltestelle liegt dann die auf Grund der gewählten Zielfunktion bestmögliche Route fest.

Durch "Tot"–Funktionen werden an jeder Haltestelle nicht plausible Routen (z.B. Umwege) eliminiert. Sie verhindern ein zu starkes Anwachsen der Anzahl von Fahrtrouten. Da a priori keine Routen ausgeschlossen werden, ist die Existenz einer besten Lösung gesichert.

Simulationsmodell

Für die Beschreibung des neuen Dispositionsverfahren wurde der objektorientierte Ansatz gewählt. Die dem Verfahren anhaftende implizite Parallelität kann hiermit sehr leicht umgesetzt werden. Als Objektklassen werden die Fahrtwünsche, die zur Verfügung stehenden Fahrzeuge, die Haltestellen des Verkehrsnetzes und die Zentrale eingeführt. Die Dynamik des Systems wird durch Nachrichten (=abstrakte Busse: "VirtBus") zwischen den Haltetellen realisiert. Die Methoden der Klasse verarbeiten die verschiedenen Nachrichten im Sinne des Dispositionsproblems.

Es folgt eine Übersicht der Methoden und Instanzvariablen der einzelnen Objekte:

Das einzelne Objekt der Klasse Haltestelle hat in seinen Instanzvariablen Informationen bezüglich ihrer Nachbarhaltestellen und deren Entfernungen, Fahrzeiten etc. Dadurch ist das betrachtete Verkehrsnetz als Netz aus den Haltestellen als Knoten und den Strecken zu den Nachbarhaltestellen als Kanten mit entsprechenden Kostenfunktionen beschrieben. An Methoden existieren z.B. Ankunft–Abfahrt Bus, Ein–Aussteigen von Fahrgästen, Ankunft Fahrgast u.s.w.

Ein Objekt der Klasse Fahrgast hat die Start und Zielhaltestellen mit den gewünschten Abfahrt– und Ankunftszeiten, Anzahl der Personen u.a. gespeichert und als Methoden äußere Fahrtwunsch, Entgegennahme Fahrtwunschbestätigung etc. verfügbar.

Ein Objekt der Klasse Fahrzeug (Bus) beschreibt die verschiedenen zur Verfügung stehenden Fahrzeuge (Anzahl Sitzplätze, Geschwindigkeit, etc.) und die verschiedene Aktionen wie z.B. An– und Abfahrt von und zu Haltestellen, Ein– und Ausstieg von Fahrgästen, Entgegennahme eines Fahrtauftrags.

Das einzige Objekt der Klasse Zentrale enthält alle allgemeinen Systemparameter. Es nimmt die Fahrtwünsche entgegen, initiiert den Dispositionsvorgang, wählt für jedes Fahrzeug eine Fahrtroute und eine Fahrtwunschzuordnung aus, erteilt den Fahrzeugen die Fahrtaufträge.

Diese vier Klassen beschreiben die wichtigsten Objekte des realen Systems. Für die Simulation und deren Steuerung werden weitere Objekte definiert, als Beispiel seien erwähnt:

Das Objekt Zeitsim steuert die Simulation in dem es zu den verschiedenen Zeitpunkten Nachrichten mit dem Hinweis "äußere Fahrtwunsch" an die "Fahrgäste" versendet, zu den entsprechenden Zeitpunkten die Ankunft bzw Abfahrt an einer Haltestelle den "Bussen" und weitere Ereignisse wie Störmeldungen etc. der Zentrale mitteilt. Darüberhinaus nimmt es "zukünftige" Ereignisse wie "Voraussichtliche Ankunft an Haltestelle" entgegen und bereitet diese für die entsprechenden (späteren) Nachrichten auf.

Das Objekt Konsole erlaubt den Eingriff in die laufende Simulation durch das Versenden von Nachrichten in das System. Diese Nachrichten können einer Ereignisliste entnommen werden oder interaktiv vom Anwender aus eingegeben werden.

Auf die Implementierung der verschiedenen Objekte wird hier nicht näher eingegangen. Im vorliegenden Fall wurde dieses objektorientierte System mit der Programmiersprache Pascal implementiert.

Diskussion

Das neue Dispositionsverfahren erlaubt erstmals beliebiges Umsteigen. Die an einer Haltestelle ankommenden Nachrichten markieren ihre Ankunft. Aufgrund dieser Markierung können spätere Nachrichten entscheiden, ob Umsteiger an dieser Haltestelle mitzunehmen sind. Die Einbindung von Linienverkehr ist damit auch möglich; hier besitzt die Nachricht eine fest vorgegebene Fahrtroute.

Durch die Unabhängigkeit der Nachrichten untereinander und dem parallelen Aufbau des Algorithmus ist eine kontinuierliche Disposition möglich. Sobald ein neuer Fahrtwunsch dem System bekannt wird, kann mit der Berechnung begonnen werden. Die an den Haltestellen vorliegenden Zwischenergebnisse von früheren Rechnungen können dabei mitverwendet werden.

Komplexitätsbetrachtungen zeigen, daß eine Obergrenze der Rechenzeit unabhängig von der Anzahl der Fahrtwünsche und der Anzahl der Haltestelle im Netz ist. Die durch die Fahrtwünsche formulierten Restriktionen grenzen die Freiheitsgrade der Disposition ein und beschleunigen dadurch die Berechnung..

Ergebnisse von Simulationsläufen zeigen, daß das System in vertretbarer Zeit die gewünschten Ergebnisse liefert. Statistische Untersuchungen mit Daten aus Probebetrieben bestätigten die theoretischen Betrachtungen. Unter Verwendung neuer Parallerechnerkonzepte (/2/) ist ein Einsatz des neuen Dispositionsverfahrens in realen Betrieben möglich und erlaubt somit den Gedanken der bedarfsgesteuerten Bussystem weiterzuführen.

Literatur

/1/ Oppermann, R.:
Optimierung der Betriebssteuerung für bedarfsgesteuerte Bussysteme
Dissertation am Lehrstuhl für allgemeine Elektrotechnik und Datenverarbeitungssysteme,
RWTH–Aachen, Juli 1988

/2/ Roggenbuck, S.; Beccard, R.; Gebhardt, R; Ameling, W.:
POPSY: Ein objektorientierter Ansatz zur Realisierung eines
'General–Purpose'–Parallelrechnersystems
Angewandte Informatik, Wiesbaden, April 1988

/3/ Barth, G.:
Funktionale und Objektorientierte Programmierung
Informatik Fachberichte 129, GI–Fachtagung Kaiserslautern 1986

/4/ BMFT:
Lastenheft Betriebsleitsysteme flexible Betriebsweisen
Bundesminister für Forschung und Technologie
Bonn, Dezember 1981

/5/ Etschberger, K. u.a.:
Bedarfsgesteuerte Bussysteme in USA und Kanada
Verkehr und Technik, Bielefeld, Februar 1977

/6/ Gerland, H.:
Erfahrungen mit Rufbus führten zum BFB–System
Der Nahverkehr, Friedrichshafen, Mai 1984

/7/ Steger, G.:
Der Niederländische Buurtbus
Verkehr und Technik, Bielefeld, August 1982

/8/ Fiedler, J.:
Die Anruf–Sammeltaxen sind aus dem Versuchsstadium heraus
Verkehr und Technik, Bielefeld, Juni 1984

/9/ Zschocke, B.C.; Schnitzler, R.:
Objektorientierte Beschreibung eines bedarfsgesteuerten Transportsystem,
Rogowski–Institut, RWTH–Aachen, Januar 1987

Ein Expertensystem mit integrierter Simulationskomponente am Beispiel des Tennis-Simulations-Systems TESSY

J. Perl
H.-J. Schröder

Johannes Gutenberg-Universität Mainz
FB Mathematik, Staudinger Weg 9, D-6500 Mainz

Kurzfassung Das TESSY-Expertensystem organisiert Spiel- bzw. Leistungsdaten von Tennisspielern in einer Datenbank, wertet sie aus, simuliert Spiele zur interaktiven Nutzung auf dem Bildschirm und simuliert Spiele für die interne Gewinnung zusätzlicher Daten und Fakten.

1 Einleitung

Im Rahmen eines interdisziplinären Projektes wurde seit 1982 TESSY zunächst als eigenständiges Tennis-Simulations-System entwickelt, das aufgrund vorliegender Spielstärke-Daten (ausgewertete reale Tennisspiele) optimale spieltaktische Konzepte ermittelt und als Taktik-Daten (z.B. für Spielsimulation) zur Verfügung stellt.

In den letzten 2 Jahren ist aufbauend hierauf ein Expertensystem entwickelt worden[1], das das Simulations-System als eine Komponente enthält, und das so typische Anwendungsaspekte von Expertensystemen mit typischen Anwendungsaspekten von Simulationssystemen miteinander verbindet:

Aufbau des Gesamtsystems:

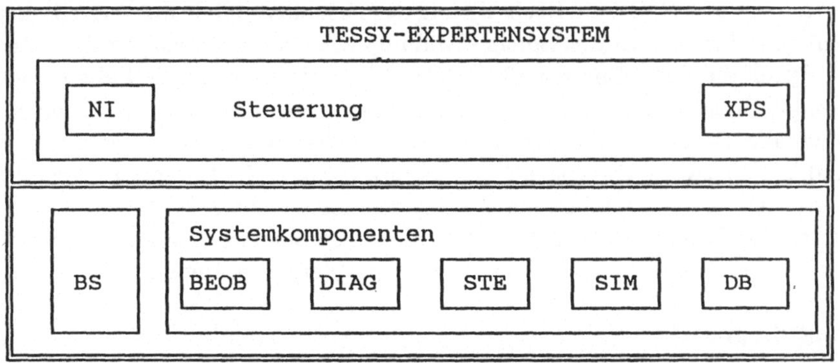

---

[1] In Zusammenarbeit mit Dr.W.D. Miethling, Universität Paderborn sowie Markus Beckmann, Guido Dischinger, Martin Lames, Lutz Schiradin, alle Universität Mainz

Komponenten des Gesamtsystems:

Benutzerschnittstelle (BS)
>   für die Kommunikation zwischen System und Benutzer

Beobachtungssystem (BEOB)
>   für die Versorgung des Systems mit (beobachteten oder simulierten) Spieldaten

Leistungsdiagnostik (DIAG)
>   für die leistungsdiagnostische-statistische Auswertung von Spieldaten

Strategieentwicklung (STE)
>   für die Berechnung optimaler Strategien und Ableitung spieltaktischer Konzepte

Simulationssystem (SIM)
>   für das simulative Spielen auf dem Bildschirm, basierend auf den erhobenen und
>   auf den berechneten Daten

Expertensystem (XPS) / Natürlichsprachliches Interface (NI)
>   für das Herleiten konzeptueller Beschreibungen und Erstellen höherer Konzepte,
>   bzw. zur Verfügungstellen einer komfortablen Benutzerschnittstelle

Datenbank (DB)
>   für die Haltung der beobachteten und der abgeleiteten Spieldaten und der durch
>   das XPS ermittelten Informationen

2 TESSY-Problembereiche

2.1 Datenerfassung und Datenstruktur

Voraussetzung für die Erfassung und Organisation von Daten ist die Festlegung der für die Auswertung notwendigen Datenarten und der für die Zugriffsorganisation geeigneten Datenstruktur. Da für TESSY die Beobachtung des aktuellen Spiels die Daten liefert, und zwar explizit über den Ablauf des Spiels sowie implizit über die Leistung der beteiligten Spieler, ist "**Spiel**" die Basis-Datenstruktur. Diese Datenstruktur enthält alle Datenarten, die das Spiel als Ereignis dokumentieren, (Ort, Datum, Spielernamen, ...), als eine Unterstruktur und alle Datenarten, die den Spielablauf dokumentieren, (Schlagart, Erfolg, Punktestand, ...), als zweite Unterstruktur. Entsprechend ist die Datenbank organisiert. Auswertungsgegenstand in den benutzbaren Systemkomponenten sind **Spiel**-Objekte, die als Ganzes von der Datenbank transferiert werden. Der Benutzer kann Detailinformation gezielt über die Benutzerschnittstelle vom Expertensystem abgefragen.

2.2 Leistungsdiagnostik

Die *Leistungsdiagnostik* wertet die Spieldaten unter quantitativ-statistischen Gesichtspunkten aus, um Leistungsdaten für die beteiligten Spieler zu ermitteln. Über die bekannten Ansätze hinaus wird dabei versucht, typisierende Aussagen über Spieler zu gewinnen: Der Spielablauf wird in eine Folge von Zuständen zerlegt (Aufschlag, Return, Angriffsvorbereitung, ...), und es werden die zustandsspezifischen Häufigkeiten, Stärken und Schwächen der Spieler ermittelt. Die Ergebnisse ermöglichen eine präzisere Leistungsdiagnose, eine detailliertere Beurteilung des Spielverhaltens und schließlich ein wirkungsvolleres feedback für ein gezieltes Training.

2.3 Strategieentwicklung

Hier erfolgt die Auswertung der Spieldaten in qualitativer Richtung: Es wird (auf Grundlage der Theorie der 2-Personen-Nullsummen-Spiele) berechnet, welcher Spielaufbau (Folge von Schlägen mit bestimmten Attributen wie z.B. Zielposition, technische Ausführung) für einen Spieler optimal bzgl. seines Gegenspielers ist. Die ermittelten optimalen Strategien werden zum einen in verbale Empfehlungen umgesetzt; zum anderen liefern sie Basisdaten für die Simulation.

2.4 Simulation

Die *Simulation* benutzt die erfaßten und die daraus ermittelten Daten, um auf dem Bildschirm ein Spiel zwischen einem Benutzer und einem fiktiven Gegner zu simulieren. Der fiktive Gegner kann die Leistungsdaten eines konkreten Spielers haben, er kann damit "normal" oder optimal spielen; es können aber auch einzelne oder alle Merkmale frei eingestellt werden, um spezifische Gegner-Stärken oder -Schwächen zu simulieren. Insbesondere können auch eigene Stärken und Schwächen frei simuliert werden. Dies eröffnet z.B. die Möglichkeit, im simulativen Spiel die Wirkung technischen Trainings zu diagnostizieren oder sich mental mit dem Spiel eines Gegners auseinanderzusetzen.

3. Das TESSY-Expertensystem

3.1 Struktur

Grundlage für das Expertensystem bilden die vom Beobachtungssystem erfaßten Daten, sowie die berechneten Strategiewerte und die Resultate der Leisungsdiagnostik. Im Gegensatz zu der relationalen Datenbank kann das Expertensystem durch intensionale Retrieval-Prozeduren (Regeln und Inferenzverfahren) dem Benutzer aufgrund seiner "natürlichsprachlichen Anfrage" implizit Informationen in verständlicher Form zur Verfügung stellen und die Schlußfolgerungen, die zur Lösung geführt haben, aufzeigen.

Da der Umfang der für das Expertensystem relevanten Daten sehr groß ist, bestand die Notwendigkeit der Kopplung des in PROLOG geschriebenen Expertensystems und der benutzten relationalen Datenbank. Um die Anzahl der Datenbankzugriffe zu minimieren, werden alle von der Datenbank gelieferten Ergebnisse in einen sog. gesteuerten Anwendungspuffer geschrieben. Aus Effizienzgründen war es notwendig, Verfahren zur Minimierung von Datenbank-Zugriffen und Vermeidung doppelter Auswertungen (z.B. durch Rekursion) zu entwickeln.

3.2 Lernkonzepte im Expertensystem

Im Expertensystem wird eine Lernkomponente benutzt, die eine Klassifizierung von Spielern, Taktiken, Spielzuständen usw. ausgehend von den vorliegenden Informationen ermöglicht. Desweiteren soll durch die Lernkomponente der Übergang von Fakten- auf Regelwissen bzw. von Regel- auf Metaregelwissen ermöglicht werden.

D.h., das Lernergebnis soll aus
- Verhaltensregeln
- Problemlösungsheuristiken
- Klassifikationsregeln

und der Beschreibung von Objekten bestehen.

3.2.1 Ebenen des Wissens im Lernsystem

Das Basiswissen im Lernsystem wird verwendet, um aus den vorliegenden Beispielen generelle Schemata (Regeln) zu bilden.

Das Wissen ist dann auf folgenden Ebenen organisiert:

- **Basisebene:** Kann z.B. für die Untersuchung des Basiswissens auf Ähnlichkeiten zwischen Objekten benutzt werden.

- **Metaregelebene:** Aus der Basisebene werden Metaregeln gebildet, um generelle Schemata zu finden. Es werden nur noch Strukturmuster und nicht mehr die eigentlichen Beispiele abgespeichert. Jede Metaregel erhält noch einen Indikator, der eine Bewertung (erfolgreiche / erfolglose Anwendung der Metaregel) und eine Zustandsbeschreibung (aktiv / inaktiv) beinhaltet.

- **Hyperregelebene:** Bei genügend großer Übereinstimmung von mindestens 2 Metaregeln wird aus ihnen ein neues generelles Strukturmuster gebildet. Der Zustand der hierzu verwandten (Meta-)Regeln wird auf inaktiv gesetzt.

- **Ausnahmeebene:** Sie stellt eine Art Kurzzeitgedächtnis dar, in der das Wissen gespeichert wird, das bisher nicht durch Regeln dargestellt werden konnte.

3.2.2 Lernen aus Beispielen

Ausgehend von einer Anzahl von Beispielen wird versucht, eine generelle Konzeptbeschreibung herzuleiten. Es besteht die Möglichkeit, durch induktive Inferenz aus den vorliegenden Beispielen und Tatsachen das gewünschte Wissen abzuleiten.

Beim Lernen ist es möglich, die vorliegenden relevanten Beispiele im Einschrittprozeß (alle Beispiele stehen zur selben Zeit zur Verfügung) oder im Mehrschrittprozeß (Beispiele werden einzeln oder in kleinen Gruppen bearbeitet) zu verarbeiten.

Aufgrund der Beispiele wird versucht, Hypothesen zu erstellen, und im Laufe der Zeit wird durch Einbeziehung neuer Beispiele versucht, diese Hypothesen zu verbessern.

3.2.3 Lernen durch Beobachtung

Lernen durch Beobachtung findet auf zwei Interaktionsebenen statt:

- **passive Beobachtung**: Erstellen einer Beschreibung aufgrund einer Anzahl von Beobachtungen.

- **aktives Experimentieren**: Verändern der vorhandenen "Umgebung" und Beobachtung der Resultate aufgrund der durchgeführten Änderungen.
Für das aktive Experimentieren greift das Expertensystem auf das Simulationssystem zu,
um z.B.
- Informationen über das Verhalten eines Spielers bei geänderten Bedingungen
- optimale Taktik-Daten für ein Spiel gegen einen neuen Gegner
durch Spielsimulation mit variablen Parametern zu erhalten.

Bei dem lernenden System stellen sich dann folgende Fragen:
"Wie oft muß ich die Simulation stoppen, um den Lernmechanismus zu aktivieren?"
"Welches sind die charakteristischen Situtationen, die Informationen enthalten, um neue
Regeln zu erzeugen?"

Die hierfür notwendige

3.3 Kopplung Expertensystem - Simulationssystem

wird auf drei Ebenen realisiert:

3.3.1 Unterstützung der Simulation durch ein Expertensystem

Das Expertensystem unterstützt die Modellerstellung und die Experimentauswahl. Die si-
mulationsspezifischen Systemteile werden auf konventionelle Weise realisiert, während
die Kontrolle und Benutzerführung Aufgabe des Expertensystems ist.
Die Analyse von Simulationsergebnissen durch ein Expertensystem ermöglicht das Auf-
decken von Schwachstellen des Modells und eine evtl. Modifikation des Modells.

3.3.2 Unterstützung des Expertensystems durch Simulation

Die Einbettung eines Simulationssystems in ein Expertensystem dient ganz allgemein der
Prozeßüberwachung und Entscheidungsfindung.
Vom Expertensystem erstellte Hypothesen werden durch das Simulationssystem evalu-
iert.

3.3.3 Konzeptionelle Durchdringung der beiden Grundkonzepte 3.3.1 und 3.3.2

Der grundsätzliche Sinn von Simulation ist es, Informationen über komplexes Systemver-
halten durch die Betrachtung von Modellen zu gewinnen.
In der Kombiantion Simulationssystem / Expertensystem verwalten beide Komponenten
Modelle, und in beiden Komponenten stellt sich das Problem der Modellrepräsentation.
Die Repräsentation eines Experiments bedeutet das Erstellen einer dynamsichen Wis-
sensbasis (experimental frames). Von daher sind die deklarativen Konzepte der KI für die
Simulation von besonderem Interesse. Das dynamische Verhalten des Modells wird in KI-
Systemen durch sogenannte Stimulus-Response-Frames repräsentiert.
Die Einbeziehung einer Simulationskomponente bedeutet eine experimentelle Evaluie-
rung der Wissensbasis zum Zwecke ihrer Optimierung oder Erweiterung; sie kann somit
als eine spezielle Lernmethode verstanden werden.

Kurz gesagt modellieren also in ein Expertensystem eingebettete Simulationsphasen induktives menschliches Denkverhalten der Form "Was wäre, wenn...?".

3.4 Realisierung

Das System wird z.Z. auf einer SUN-3/52 Workstation implemtiert und wird ca. Sommer 1989 verfügbar sein. Das Expertensystem wird in PROLOG, die Simulations-, Beobachtungs-, Strategieentwicklungs- und Leistungsdiagnostikkomponenten werden in MODULA-2 implementiert. Die Schnittstellen zwischen Expertensystem, Datenbank und den in MODULA-2 implementierten Komponenten wurden in C geschrieben.

Literatur

Bolc, Leonard (Ed.): " Computational Models of Learning",
    Springer, 1987

Emde, Werner: "Inkrementelles Lernen mit heuristisch generierten Modellen",
    KIT-Report 22, TU Berlin, 1984

Hayes-Roth,F., Watermann,D., Lenat,D. (Eds.): "Building Expert Systems",
    Addison-Wesley, New York, 1983

Lames, Martin: "Leistungsdiagnostik von Sportspielverhalten",
    FB Sportwissenschaften, Universität Mainz, 1987

Michalski, R.S., Carbonell, J.G., Mitchell, T.M. (Eds.), "Machine Learning",
    Tioga, Palo Alto, CA, 1983

Perl, Jürgen: "TESSY: Ein Tennis-Simulatins-System", in
    Proc. 4th Symposium Simulationstechnik, Zürich, September 1987

Perl, J., Schröder,H.-J.: "Ein Expertensystem zur Unterstützung von Tennis-Taktik-Training",
    in Proc. 12th Symposium of Operations Research, Passau, September 1987

Richard Staab, "4th Internat. Symposium on Modeling and Simulation Methodology",
    erschienen in KI, Künstliche Intelligenz: Forschung, Entwicklung, Erfahrungen, Heft 1/88, Oldenbourg Verlag, München

Wissensbasierte Bedienoberfläche für einen verfahrenstechnischen Simulator

M. Bär und M. Zeitz

Institut für Systemdynamik und Regelungstechnik
Universität Stuttgart
Pfaffenwaldring 9 D-7000 Stuttgart 80

Kurzfassung

Am Beispiel eines Simulationsmodell-Editors werden Voraussetzungen und Funktion einer wissensbasierten Bedienoberfläche für einen verfahrenstechnischen Simulator gezeigt. Dazu werden die zentralen Elemente Schnittstelle zum Anwender, Struktur der Wissensbasen und Werkzeuge zum Wissenserwerb vorgestellt. Die Bedienoberfläche wird mit dem Expertensystem-Entwicklungswerkzeug KEE und Lisp, der numerische Teil des Simulators hingegen mit Fortran realisiert.

1. Simulation verfahrenstechnischer Prozesse

Das Institut für Systemdynamik und Regelungstechnik der Universität Stuttgart befaßt sich seit längerer Zeit mit der Entwicklung des dynamischen Simulators DIVA für verfahrenstechnische Prozesse und Anlagen [1],[2]. In Zusammenarbeit mit anderen Instituten der Fakultät Verfahrenstechnik werden Modelle von Einzelapparaten, numerische Verfahren sowie Strategien für die Verwendung von Stoffdaten erarbeitet. So entsteht ein Simulationswerkzeug hoher Komplexität mit einer umfangreichen, anwendungsspezifischen Modellbibliothek, einer großen Zahl numerischer Verfahren, komplexer Ein- und Ausgabe und Schnittstellen zu anderen Programmen und Prozessen. Die Anwendungen für die dynamische Simulation verfahrenstechnischer Prozesse reichen von der Prozeßplanung in der Verfahrenstechnik und Prozeßleittechnik über den on-line Einsatz bei modellgestützten Meß-, Regelungs- und Überwachungssystemen bis zur Schulung von Bedienpersonal [1],[2].

2. Hard- und Softwarestruktur des Simulators

Aus Bild 1 ergibt sich die Hard- und Software-Struktur des dynamischen Simulators für verfahrenstechnische Prozesse und Anlagen. Der Simulator besteht aus dem numerischen Simulationsprogramm und verschiedenen Stoffdatenbank-Systemen, die jeweils in konventioneller Weise in Fortran programmiert sind und auf VAX-Rechnern realisiert werden. Diesen beiden algorithmischen Programmen übergeordnet ist die wissensbasierte Bedienoberfläche zur Bedienung des Simulators. Die Bedienoberfläche wird hardwaremäßig auf einer Symbolics Lisp-Maschine mit grafischer Benutzerschnittstelle und softwaremäßig mit dem Expertensystem-Entwicklungswerkzeug KEE [3] realisiert. Damit ist dieses Konzept für einen wissnsbasierten dynamischen Simulator vergleichbar mit einem allgemeinen Entwurfsprogramm für verfahrenstechnische Anlagen, wie dies in [4],[5] dargestellt wird.

Die wissensbasierte Bedienoberfläche, deren Konzeption und Realisierung in diesem Beitrag vorgestellt werden, beinhaltet entsprechend Bild 1 die folgenden Funktionen:

- grafische Eingabe des Simulationsmodells verfahrenstechnischer Anlagen,
- Stoffdaten-Versorgung zur Bereitstellung der zur Simulation benötigten Stoffeigenschaften aus Stoffdatenbanken,
- Simulations-Steuerung zur interaktiven Durchführung der Simulationsexperimente,
- Simulations-Auswertung zur grafischen Darstellung und wissensbasierten Auswertung der Simulationsergebnisse bzw. -experimente.

Diese Moduln sind unter einer einheitlichen Schnittstelle zum Benutzer des Simulators zusammengefaßt. Zentrales Element der Bedienoberfläche sind die Wissensbasen, in denen u.a. Beschreibungen der Apparate-Modelle und der numerischen Verfahren sowie das Wissen zur Verschaltung der Apparate-Modelle

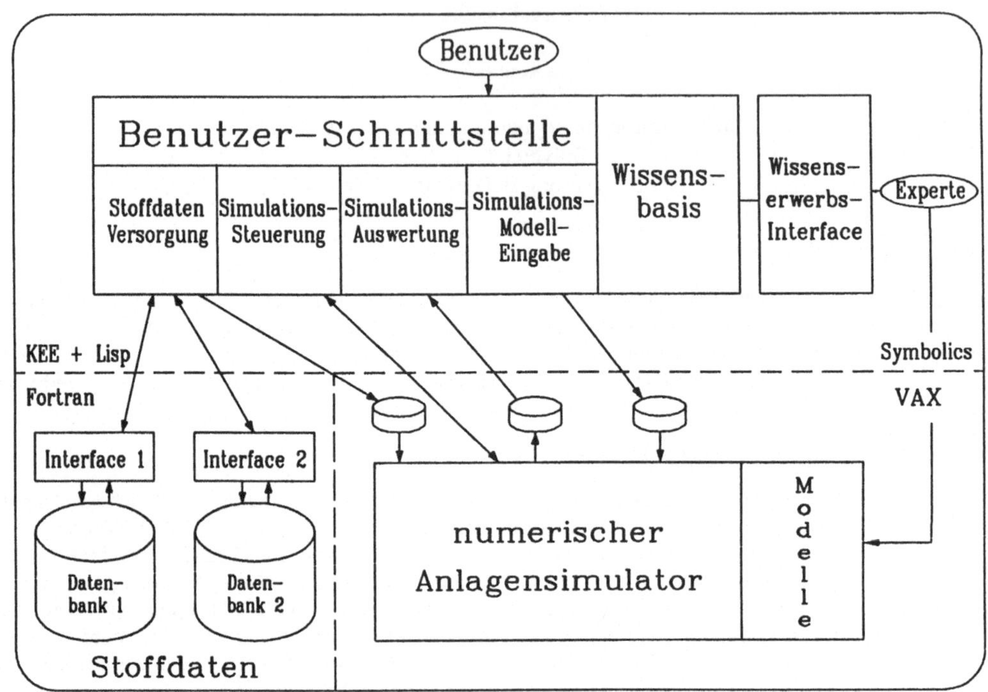

Bild 1: Hard- und Softwarestruktur des verfahrenstechnischen Simulators
mit einer wissensbasierten Bedienoberfläche

zum Simulationsmodell der Gesamtanlage enthalten sind. Neben der Benutzer-Schnittstelle kommt der zweiten Schnittstelle zu den verfahrenstechnischen Experten eine besondere Bedeutung zu. Die Aufgabe dieses sogenannten Wissenserwerbs-Interfaces ist es, das Wissen der Experten über die Apparatemodelle, Stoffdaten und Durchführung der Simulationsexperimente in die Wissensbasen der Bedienoberfläche aufzunehmen. Wenn ein solches Werkzeug für den Wissenserwerb zur Verfügung steht, dann ist eine aufwendige Befragung der Experten durch den Entwickler des Expertensystems nicht mehr erforderlich, wie dies bisher bei der Entwicklung von Expertensystemen meist der Fall ist. Damit beinhaltet die Realisierung der verschiedenen Funktionen der Bedienoberfläche jeweils die Elemente - Benutzerinterface, Wissensbasis und Werkzeuge für den Wissenserwerb - die anhand von konkreten Aufgabenstellungen bei der Simulation einer verfahrenstechnischen Anlage nachfolgend erläutert werden.

3. Wissensbasierter Simulationsmodell-Editor

Am Beispiel des Fließbild-orientierten Simulationsmodell-Editors zum Aufbau des Simulationsmodells werden die Voraussetzungen und Funktionen der Schnittstelle der wissensbasierten Bedienoberfläche zum Benutzer dargestellt.

3.1 Konventionelle Erstellung des Simulationsmodells

Ausgangspunkt der Modellierung und Simulation einer verfahrenstechnischen Anlage ist eine grafische Darstellung der Systemtopologie in Form eines verfahrenstechnischen Rohrleitungs- und Instrumentierungs-Fließbildes. Für die Programmierung des Fließbildes steht im numerischen Teil des Simulators eine nicht weiter strukturierte Modellbibliothek für die Einzelapparate, mit einer großen Zahl von in Fortran codierten Unterprogrammen der Modellgleichungen zur Verfügung. Bei verfahrenstechnischen Apparaten sind die dynamischen Modellgleichungen algebraische Gleichungen sowie gewöhnliche und partielle Differentialgleichungen mit Rand- und Anfangsbedingungen. Für jeden Apparat gibt es in der Modellbibliothek eine große Zahl von Modellen verschiedener Genauigkeit und Detaillierung.

Diese Modellvielfalt rührt daher, daß in der Verfahrenstechnik eine sehr große Zahl an Kombinationen aus verschiedenen Geometrien, physikalisch/chemischen Vorgängen und Stoffgesetzen auftritt. Erschwerend kommt außerdem hinzu, daß die Reaktionskinetiken und Stoffgesetze zu einem großen Teil empirische und heuristische Ansätze umfassen.

Ein Anwender ist bisher darauf angewiesen, sich aus umfangreichen Handbüchern das Wissen über die Modelle, ihre Parameter und Verschaltungsmöglichkeiten sowie die Daten- und Programmstrukturen des Simulators anzueignen, sich mit Stoffdatenbanken, Berechnungsverfahren für Stoffdaten und deren programmtechnischer Realisierung zu befassen, um dann in mühsamer, zeitaufwendiger und fehleranfälliger Arbeit ein Simulationsmodell in Form eines Fortranprogramms erstellen zu können. Die große Komplexität und die ständig wachsende Zahl der Modelle ist auf diese Weise kaum noch handhabbar.

3.2 Rechnergestützte Erstellung des Simulationsmodells

Ziel der konzipierten Bedienoberfläche ist es, den Anwender bei der Erstellung des Simulationsmodells zu unterstützen. Dabei soll der Anwender in der gewohnten Art über grafische Darstellungen, Tabellen und Formulare mit einer Rechnerunterstützung das Simulationsmodell erstellen. Die hierzu notwendigen Hard- und Software-Voraussetzungen sind mit den modernen Workstations, den hochauflösenden Bildschirmen und der verfügbaren Grafik-Software gegeben.

Wie die grafische Eingabe bzw. Programmierung eines Simulationsmodells mit einer wissensbasierten Bedienoberfläche aussieht, zeigt Bild 2 für das Beispiel einer Dehydrierungsanlage. Im Auswahlmenü rechts oben ist der Betriebsmodus "Anlage edieren" (Simulationsmodell-Editor) angewählt. Das zugehörige Panel mit den zur Verfügung stehenden Apparaten erscheint am oberen Bildschirmrand. Durch Anwahl des entsprechenden Symbols mit der Maus werden Instanzen der Apparate erzeugt und auf der Zeichenfläche positioniert. Dabei versteht man unter einer Instanz in einem wissensbasierten System die

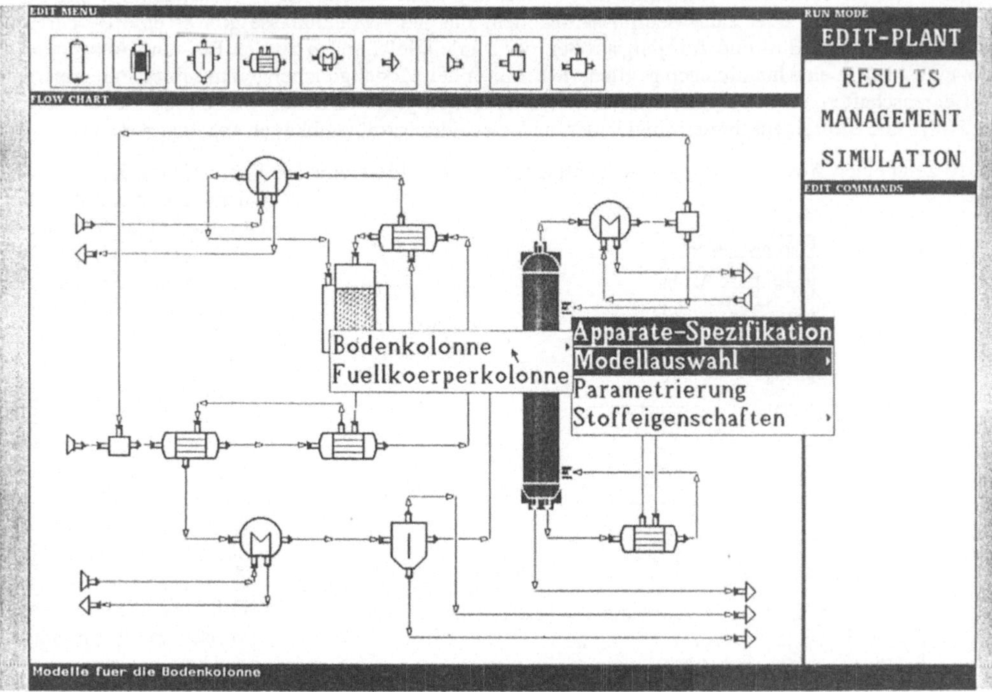

Bild 2: Grafische Benutzer-Schnittstelle für den Simulationsmodell-Editor mit dem Expertensystem-Entwicklungswerkzeug KEE, dargestellt für das Fließbild einer Dehydrierungsanlage

konkrete Datenstruktur eines bestimmten Apparates, z.B. in Form einer Parameterliste für das grafische Symbol, die Eigenschaften und das mathematische Modell.

Die grafische Apparatedarstellung auf dem Bildschirm besitzt sensitive Zonen für die Ein- und Ausgänge, die durch Anwahl mit der Maus durch Rohr- und Signalleitungen zum Fließbild der Anlage verkoppelt werden. Dabei wird der Anwender durch Konsistenzprüfungen daran gehindert, unsinnige Verschaltungen, wie etwa das Verbinden zweier Ausgänge, vorzunehmen. Der Anwender hat außerdem die Möglichkeit, nach der Angabe der in der Anlage auftretenden Stoffe, die Modelle der Apparate direkt im Fließbild durch Anwahl des gewünschten Apparates zu spezifizieren, zu parametrieren und die Berechnungsverfahren für Stoffwerte vorzugeben, wie es Bild 2 zeigt. Alle diese Schritte sollten ohne Kenntnis der inneren Strukturen des Simulators und der Realisierungen der Modelle sowie weitgehend ohne die Konsultation von Handbüchern durchführbar sein. Das eigentliche Simulationsmodell in Form eines Steuerdatensatzes für den numerischen Simulator wird dann aus diesen Angaben automatisch generiert und - wie in Bild 1 dargestellt - an den VAX Rechner übertragen. Durch diese Entkopplung des Anwenders von den inneren Strukturen des Simulators wird ein komplexes Simulationssystem erst handhabbar.

<u>4. Wissensbasen</u>

Um einen Anwender in der geschilderten Art und Weise bei der Programmierung des Fließbildes zu unterstützen, sind eine Reihe von Voraussetzungen zu erfüllen. Die wichtigste Voraussetzung ist die Verfügbarkeit des Expertenwissens über die Modelle und deren Verschaltungsmöglichkeiten, über die Stoffdaten sowie über die Simulationsverfahren in einer für die Schlußfolgerungsmechanismen eines Expertensystems geeigneten Repräsentation. Bild 3 zeigt die Wissensbasis für einen Apparat am Beispiel des Wärmetauschers in Form einer Baumstruktur. Die drei Ebenen der Baumstruktur betreffen das grafische Symbol, die Modellklassen und die Modellgleichungen. Die Auswahl der Modellklassen erfolgt aufgrund der physikalischen Vorgänge im Apparat und führt z.B. zu der Unterscheidung Gleichstrom-/Gegenstrom-Modell oder Ein-/Mehrphasen-Modell. Für jede Modellklasse gibt es eine Beschreibung der Zuordnung von Ein- und Ausgangsgrößen der Modellgleichungen zu den Ein- und Ausgängen des Apparates, sowie eine hierarchisch gegliederte Struktur der Modellgleichungen mit ihren Parametern und Stoffeigenschaften, z.B. Wärmeleitung und Wärmeübergang. In ähnlicher Weise muß das Wissen über die Stoffe und Stoffeigenschaften sowie über die Verschaltungsmöglichkeiten abgelegt werden.

Bild 4 zeigt einen Ausschnitt der grafisch dargestellten Regelhierarchie zur Verschaltung der Apparate in dem Expertensystem KEE. In Bild 5 sieht man, wie eine Regel in dem Expertensystem Entwicklungswerkzeug KEE codiert ist, wobei die klassische "wenn--dann" Form von Produktionsregeln erkennbar ist. Um eine geeignete interne Wissensrepräsentation zu finden, muß der Experte sein Wissen bereits strukturiert haben. Weil dies meist nicht im notwendigen Maße der Fall ist und in hohem Maße unscharfes Wissen und Erfahrungswissen beteiligt sind, muß der Expertensystementwickler zusammen mit dem Experten ein Wissensmodell aufbauen. Um diesen Wissenserwerb zu vereinfa-

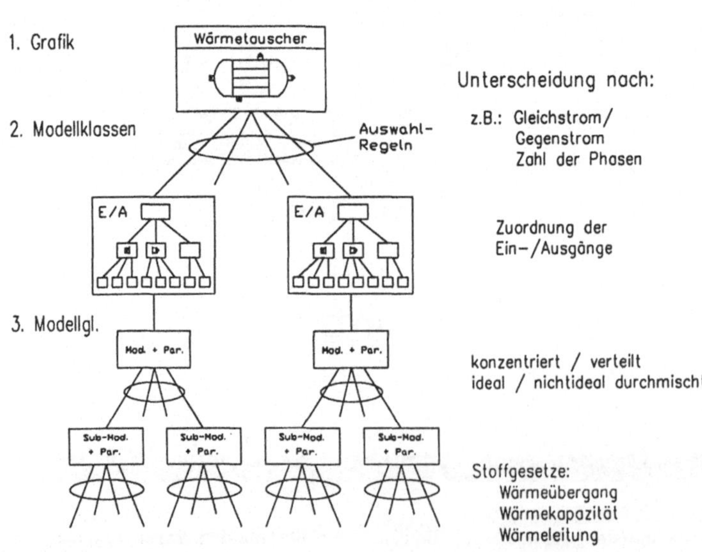

Bild 3: Struktur der Apparate-Wissensbasis für einen Wärmetauscher

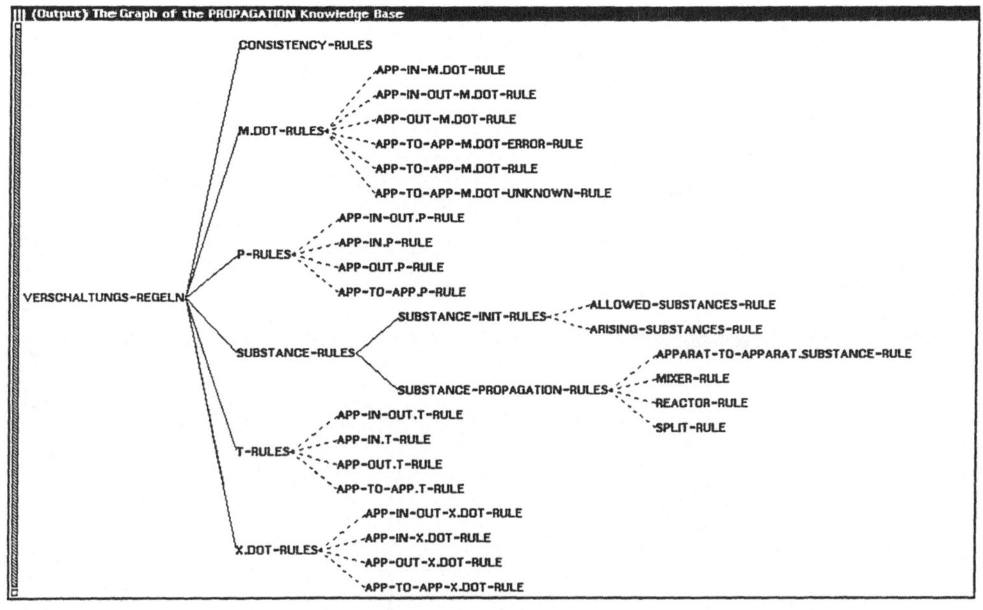

Bild 4: Regelhierarchie in KEE zur Verschaltung der Apparate

chen, bedarf es einer speziellen Schnittstelle in dem Expertensystem, mit dem der Experte ohne den Entwickler sein Wissen in die Wissensbasen einbringen kann.

5. Werkzeuge für den Wissenserwerb

Für den Aufbau der grafischen Schnittstelle des Fließbild-Editors zum An-

```
((IF (THE TEMPERATURE OF ?MOD-TERM-OUT IS ?TEMPERATURE)
    (THE MOD-TERM OF ?TERM-OUT IS ?MOD-TERM-OUT)
    (?TERM-OUT IS IN CLASS STOFF-TERM-OUT)
    (THE CONNECTED-TERMINAL OF ?TERM-OUT IS ?TERM-IN)
    (THE MOD-TERM OF ?TERM-IN IS ?MOD-TERM-IN)
    (CANT.FIND
       (THE TEMPERATURE OF ?MOD-TERM-IN IS ?TEMPERATURE))
 THEN
    (THE TEMPERATURE OF ?MOD-TERM-IN IS ?TEMPERATURE))))
```

Bild 5: KEE-Code für die Regel zur Verschaltung der Temperatur

wender stehen heute bereits Software-Tools zur Verfügung, nicht jedoch für die Bereitstellung problemangepaßter Wissensrepräsentations-Formalismen oder für den Aufbau einer Wissenserwerbs-Schnittstelle zum Experten.

Wie Werkzeuge aussehen könnten, mit denen der Wissenserwerb für den Fließbild-Editor durchgeführt werden kann, wurde genauer untersucht und ist in Bild 6 (auf der folgenden Seite) gezeigt. Dieses Wissenserwerbs-Interface umfaßt entsprechend der Struktur der Apparate-Wissensbasis (Bild 3) drei Editoren, mit denen der verfahrenstechnische Experte das Wissen über die Apparate in die Wissensbasen der Bedienoberfläche einbringen kann. Der Apparate-Bild-Editor (links oben in Bild 6) dient der Beschreibung der grafischen Repräsentation eines Apparates mit den sensitiven Zonen seiner Ein- und Ausgänge. In Bild 6 ist das Bildsymbol eines Rührkesselreaktors dargestellt. Mit dem I/O-Editor rechts daneben wird die Zuordnung zwischen den Ein- und Ausgangsgrößen der Modellgleichungen und den Ein- und Ausgängen der Apparate-Grafik festgelegt. Der Modellhierarchie-Editor im unteren Fenster in Bild 6 dient dem Aufbau der Hierarchie für die verschiedenen Modelle sowie der Beschreibung der benötigten Parameter und Stoffeigenschaften. Solche Werkzeuge sind die Voraussetzung dafür, daß der

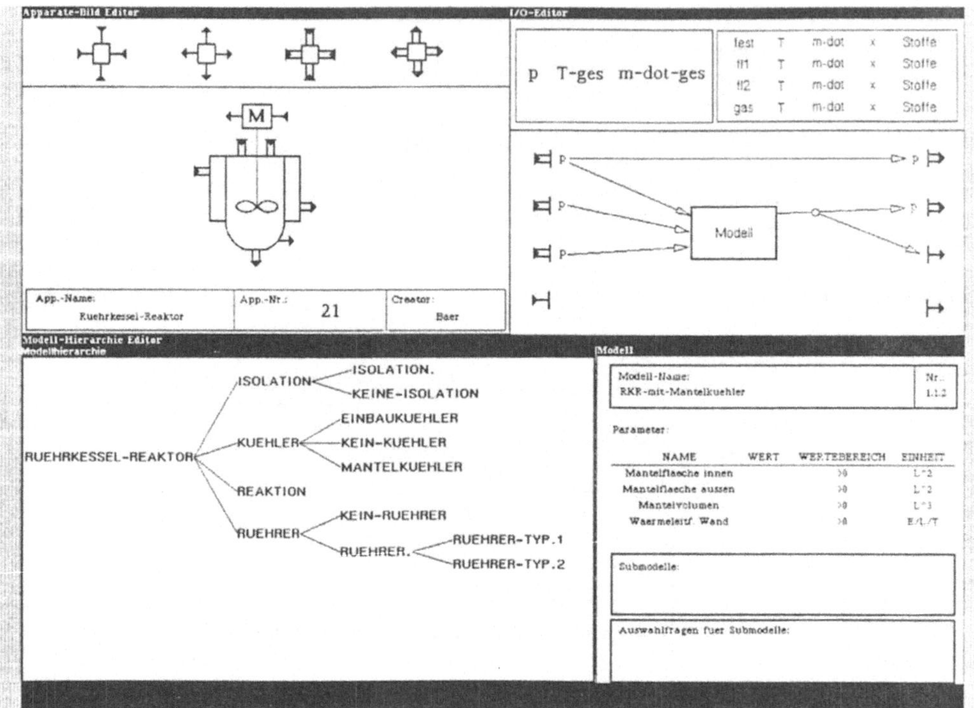

Bild 6: Wissenserwerbs-Werkzeuge: Apparate-Bild-Editor, I/O-Editor und Modell-Hierarchie-Editor

Experte für ein Apparatemodell sein Wissen, das bisher in Handbüchern niedergelegt wurde, selbst in einer strukturierten Form in die Wissensbasen der Bedienoberfläche einbringen kann.

6. Zusammenfassung

Das hier am Beispiel des Simulationsmodell-Editors vorgestellte Konzept für eine wissensbasierte Schnittstelle zum Anwender eines umfangreichen Simulationssystems soll künftig auch auf die Bereiche Beschaffung der benötigten Stoffdaten aus umfangreichen Stoffdatenbanken, Durchführung der Simulationsexperimente und Unterstützung der Simulationsauswertung ausgedehnt werden. Zukünftig soll auch untersucht werden, inwieweit die Werkzeuge zum Wissenserwerb erweitert werden können, so daß nicht nur Beschreibungen bereits existierender Modelle und Modell-Unterprogramme durch den Experten in die Wissensbasen integriert werden können, sondern daß sich aus der in der Wissensbasis abgelegten Beschreibung automatisch die Fortran-Modell-Unterprogramme für den numerischen Teil des Simulators generieren lassen.

Diese Untersuchungen wurden von der Robert Bosch Stiftung durch die Gewährung eines Graduiertenstipendiums und von der Stiftung Volkswagenwerk gefördert.

7. Literatur

[1] Gilles, E.D.; Holl, P.; Marquardt, W.: Dynamische Simulation komplexer chemischer Prozesse. Chem.-Ing.-Tech. 58 (1986), 268-278.

[2] Gilles, E.D.; Marquardt, W.: Dynamische Anlagensimulation in der chemischen Verfahrenstechnik. Automatisierungstechnik 34 (1986), 49-58.

[3] KEE^{TM} 3.1 Technical Manual Vol. 1 - 3, Intellicorp 1987.

[4] Stephanopolus, G.: The Future of Expert Systems in Chemical Engineering. Chemical Engineering Progress, Sept. 1987, 44-51.

[5] Stephanopolus, G.; Johnston, J.; Lakshmanan, R.: An Artificial Intelligence Perspective in the Design of Control Systems for Complete Chemocal Processes. In Prett, D.V.; Morari, M. (Eds.): The Shell Process Control Workshop. Butterworths, Boston 1987, 49-78.

Verteilte / modulare Echtzeitsimulation komplexer Systeme

- Mathematischer Ansatz und erste Ergebnisse -

Hubert B. Keller

Kernforschungszentrum Karlsruhe GmbH

Institut für Datenverarbeitung in der Technik

Postfach 3640, D-7500 Karlsruhe 1

Kurzfassung:

Wirtschaftliche und ökologische Gründe erfordern einen umfassenden Einsatz mathematischer Modelle für die Prozeßführung von komplexen technischen Systemen. Eine Anwendung ist beispielsweise die Prozeßbeobachtung bei meßtechnischen Problemen. Über Beobachter können die Werte nichtmeßbarer Größen berechnet werden. Dieser Einsatz erfolgt unter Echtzeitbedingungen und hat sich an der Struktur dedizierter Prozeßführungssysteme zu orientieren. Sind die Eingänge der Beobachter nicht alle meßbar, so müssen Werte von anderen Modellen übernommen werden. Hierdurch ergibt sich eine Kopplung zwischen den einzelnen Beobachtern. Durch unterschiedliche Diskretisierungszeiten und Verzögerungen bei der Übertragung (Bussysteme) liegen die Eingangswerte nicht zu den lokalen Integrationspunkten vor. Es ist eine Nachbildung der Koppelgrößen zum Erhalten der Eingangsgrößen notwendig. Für eine verteilte Echtzeitsimulation muß ein asynchrones und von der Kontrolle verteiltes Verfahren eingesetzt werden. Zur lokalen numerischen Integration sind existierende explizite Verfahren verwendbar. Der zusätzliche Aufwand an Speicherplatz und Rechenzeit ist minimal. Die verteilte oder modulare Echtzeitsimulation bietet die Vorteile einer teilmodellspezifischen Verfahrens- und Schrittweitenwahl bei der numerischen Integration und die Einsetzbarkeit preiswerter Hochleistungsprozessoren.

Dieses Problem der *verteilten Echtzeitsimulation gekoppelter Systeme* wird im folgenden betrachtet. Danach erfolgt eine Diskussion der numerischen Ergebnisse von zwei Beispielsystemen, die mit dem in **Ada** und **GKS** realisierten Modellierungs- und Echtzeitsimulationssystems **K_advice** berechnet wurden.

1. Einleitung

Technische Prozesse, wie z. B. eine Wiederaufarbeitungsanlage, besitzen durch häufige Rückführungen eine schlecht durchschaubare Dynamik. Außerdem bestehen bei komplizierten verfahrenstechnischen Abläufen meßtechnische Probleme. Eine optimale Prozeßführung (siehe auch /Keller 1985/) erfordert deshalb die Erfüllung der folgenden Bedingungen:

- alle Informationen über den für die Prozeßführung relevanten Prozeßzustand und dessen Dynamik müssen verfügbar sein (Prozeßbeobachtung),
- das zukünftige Prozeßverhalten und die Auswirkungen von eventuellen Eingriffen in das Prozeßgeschehen sollten prognostizierbar sein, dies ermöglicht eine umfassende Unterstützung der Prozeßführung, z. B. können die Operateure bei der Auswahl der entsprechend richtigen Prozeßeingriffe unterstützt werden (Prozeßprognose),
- basierend auf einer umfassenden Analyse der momentanen Prozeßdynamik ist das Verlassen des zulässigen Betriebsbereiches möglichst frühzeitig erkennbar zu machen und sich anbahnende Störungen müssen analysiert werden, um Fehlerort und -art zu erkennen und um sofortige Reparaturmaßnahmen mit minimalem Aufwand durchführen zu können (Störungsfrühdiagnose),

- den Operateuren ist durch intensive Schulung ein tieferes Verständnis (Transparenz) der inneren kausalen Prozeßzusammenhänge zu vermitteln (Operateurschulung),
- Entscheidungsprozesse der Bediener sind durch die Darstellung der kausalen Prozeßzusammenhänge (Transparenz von Folgeauswirkungen bei Zustandswertabweichungen) informationsmäßig abzusichern und die Ausführung von Prozeßeingriffen durch eine umfassende visuelle Aufbereitung und Darstellung der Prozeßdaten zu beschleunigen (Weiterentwicklung von Prozeßführungssystemen und Bedienerschnittstellen).

Diese Anforderungen sind durch eine methodische Einbettung der Simulation als unterstützendes Hilfsmittel im Bereich der Prozeßführung in ein umfassendes Konzept erfüllbar. Dieses Konzept wird auch den gemeinsamen Einsatz mit einem wissensbasierten System für komplexere Aufgabenstellungen umfassen. Die verteilte Anordnung von dedizierten Prozeßleitsystemen wird als Randbedingung berücksichtigt. In der ersten Phase ist ein System zur graphisch interaktiven und hierarchisch modularen Modellierung und zur modularen / verteilten Echtzeitsimulation komplexer technischer Systeme entworfen und in seinen Kernfunktionen realisiert worden (/Keller 1988/). Dieses System (**K_advice** - Karlsruhe modeling environment for the distributed real time simulation and interactive graphic modeling of large dynamic systems) ist vollständig in **Ada** und **GKS** implementiert.

2. Problematik und Lösungsansatz

Eine Optimierung der Prozeßführung setzt die Verfügbarkeit aller prozeßrelevanten Informationen voraus. Im nuklear-chemischen Einsatzbereich bestehen jedoch meßtechnische Probleme. Deshalb liegen nicht alle für die Prozeßführung relevanten Prozeßdaten vor. Über Beobachter können die nichtmeßbaren Prozeßwerte rechnerisch ermittelt werden. Moderne Prozeßleitsysteme mit ihren dedizierten, dezentralen und intelligenten Subsystemen sind räumlich verteilt und über Bussysteme miteinander gekoppelt. Hieraus folgt, daß die Modellrechnungen ebenfalls räumlich verteilt erfolgen müssen. Die Teilmodelle werden entsprechend dem zugehörigen Anlagenteil auf dem PLS-Subsystem vor Ort gerechnet (Bild 1). Es sei hier jedoch angemerkt, daß die existierenden Prozeßleitsysteme den Einsatz von dynamischen Prozeßmodellen in der geforderten Art nicht unterstützen (/Keller 1985/). Ebenso ist die Hardware dieser Systeme für umfangreiche numerische Berechnungen nicht ausgelegt (Rechnerwortlänge). Die zukünftigen Entwicklungen im PLT-Bereich (Software und Hardware) lassen aber die Berücksichtigung solcher Aspekte erkennen (z. B. Bereitstellung von Programmentwicklungssysteme unter Berücksichtigung moderner Hochsprachen wie ADA für Hochleistungsmikroprozessoren).

Bei einer verteilten Simulation verkoppelter Teilsystemmodelle zur Prozeßbeobachtung unter Echtzeitbedingungen ergibt sich eine besondere Problematik, welche von der bei einer normalen Simulation (off-line) erheblich abweicht (siehe /Keller 1987/). Zur Prozeßbeobachtung werden die Werte von nichtmeßbaren apparateinternen Größen (Teilsystem) über Beobachter (Schätzverfahren) rechnerisch ermittelt. Durch die Nichtmeßbarkeit von Prozeßgrößen, welche sowohl Ausgangsgrößen als auch Eingangsgrößen von Apparaten sind, ergeben sich Kopplungen zwischen Beobachtern. Die Beobachter sind über die nichtmeßbaren Ausgänge der Teilsysteme miteinander verkoppelt. Bei einer modularen oder verteilten Rechnung solcher Beobachter ergeben sich Schwierigkeiten bei der numerischen Lösung, da zur Lösung der einzelnen Beobachter (Differentialgleichungssysteme) die Eingangsgrößen (auch nichtmeßbare Ausgangsgrößen von anderen Teilsystemen) zu definierten Zeiten notwendig sind. Beispielsweise liegt dieses Problem dann vor, wenn zwar der Volumenstrom gemessen werden kann, die Konzentration einer Stoffkomponente dagegen nicht. Dann kann zwar der Meßwert des Volumenstromes als Eingangsgröße eingehen, die Konzentration muß aber aus dem Vorgängermodell verwendet werden. Das Problem der modularen/verteilten Simulation besteht

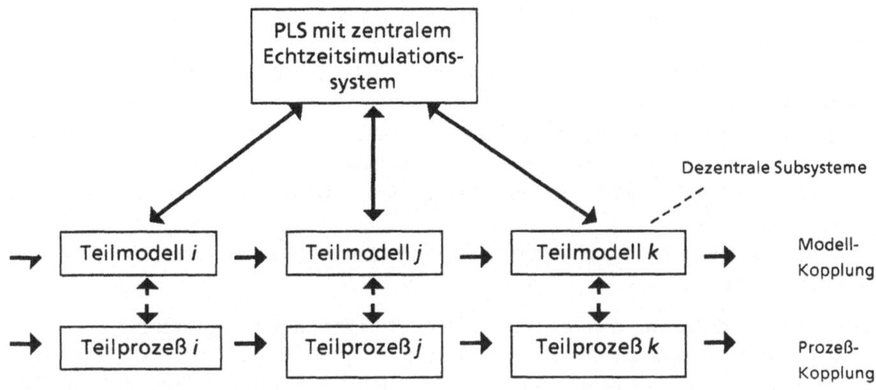

Bild 1: Verteilte Simulation

in der Nachbildung der Koppelgrößen für die einzelnen Teilsysteme. Für diese Koppelgrößennachbildung sind folgende Randbedingungen zu beachten:

a) die Teilmodelle werden individuell integriert,

b) die zur Rechnung notwendigen Werte der Eingangsgrößen liegen als Ergebnisse anderer
   Modellrechnungen um einen Zeitraum T_V verzögert vor,

c) die eingehenden Werte besitzen eine modellspezifische und nicht notwendig äquidistante
   Zeitdiskretisierung (folgt aus a)),

d) die Verzögerung T_V ist stochastischer Natur,

e) die eingehenden Werte werden in einem Puffer (Speicher) endlicher Länge für eine
   bestimmte Zeit zwischengespeichert,

f) der lokale zeitliche Ablauf der Modellrechnung ist autonom (verteiltes Konzept),

g) die Kommunikation ist asynchron (aus a), d), e)),

h) für die eigentliche Integration wird ein explizites Verfahren verwendet (Echtzeitrand-
   bedingung),

i) der zusätzliche Aufwand für die Entkopplung in Form von Speicher und Rechenzeit muß
   vertretbar sein (Wirtschaftlichkeit).

Zu jedem Integrationsschritt müssen die entsprechenden Werte der Eingangsgrößen vorliegen.
Diese können aber nur anhand der verzögert eingehenden Werte approximiert werden. Die
Approximation der Eingangswerte erfordert eine Extrapolation vom Zeitpunkt des zuletzt
eingegangenen Wertes zur Integrationsstützstelle. Eine Approximation der Eingangsgrößen
bedeutet, daß das lokale Modell mit einem Fehler in den Eingangswerten integriert wird.
Unter bestimmten mathematischen und systemtheoretischen Gegebenheiten (verzögernder
Charakter der Teilsysteme, keine algebraische Abhängigkeit der Ausgänge von den Eingängen), welche in der Praxis erfüllt werden, läßt sich ein anwendbares Lösungsverfahren
entwickeln. Die Nachbildung der Koppelgrößen zur lokalen numerischen Teilmodellintegra-
tion kann als lokale teilmodellspezifische Operation betrachtet werden. Diese Lokalität
erlaubt einen asynchronen Datenfluß zwischen den Teilmodellen und somit eine verteilte
Ausführung auf Mehrrechnersystemen.

Die wesentlichen Schritte zur Koppelgrößennachbildung bei einer modularen bzw. verteilten Simulation sind:

- die Eingangsreihe wird in dem Spektralbereich betrachtet, der vom lokalen System noch verarbeitet wird
- die Kriterien zur Filterung ergeben sich aus den Zeitkonstanten des lokalen Systems und können aus den Rechenschrittweiten abgeleitet werden
- die dazu notwendige Transformation der Zeitreihe wird durch einen mittelnden Prozeß erreicht und
- der benötigte Wert wird durch eine Polnynomapproximation mit anschließender Extrapolation berechnet.

Als Vorteile einer modularen / verteilten Teilmodellberechnung ergeben sich:
- große Anlagen mit Teilsystemen unterschiedlicher Dynamik sind gut handhabbar,
- Beobachtermodelle mit definiertem Zeitraster bzgl. der Integration und der Meßwerterfassung sind einfach integrierbar,
- Ereignisse lassen sich innerhalb des kleinsten Modellumfeldes verarbeiten (minimale Folgewirkung),
- unterschiedliche Systeme lassen sich einfacher modellieren und durch spezifische Integrationsverfahren besser numerisch behandeln (z. B. partielle versus gewöhnliche Differentialgleichungen) und
- die modulare Integration gekoppelter Teilmodelle eröffnet die Möglichkeit der echt parallelen Simulation verteilt auf mehreren Rechnern. Durch die Verwendung preisgünstiger aber leistungsfähiger Mikrorechner ist so eine hohe Steigerung der Rechengeschwindigkeit möglich. Die Adaption der Hardwarekonfiguration an die jeweiligen Leistungsanforderungen ist ebenfalls einfach durchzuführen (jedes verteilte System kann aus einem MIMD-System bestehen).

Anhand von Simulationstestläufen für die später dediziert auszuführenden Teilmodelle können die notwendigen Rechenzeiten bestimmt und eine ausgewogene Lastverteilung entsprechend den HW-Ressourcen durchgeführt werden.

3. Numerische Rechnungen

Um eine verteilte Echtzeitsimulation auf einem Monorechnersystem testen zu können, wurde ein verteiltes Kommunikationsmedium simuliert. Dies erfolgt durch einen Puffer variabler Länge, welche alle Ausgangswerte teilmodellspezifisch zwischenspeichert und nach definierbaren Zeiten weitergibt. Somit kann ein Übertragungsmedium mit beliebiger zeitlicher Verzögerung realisiert werden (ganzzahlig Vielfaches der Integrationsschrittweite). Als weiterer einstellbarer Parameter kann die Länge des Eingangswertespeichers (Puffer) verändert werden, welcher zur Approximation der Eingangsgrößen dient. Eine Filterung der Eingangswerte wird bei den betrachteten Modellrechnungen nicht durchgeführt, da die Schrittweite für die Einzelmodelle gleich gewählt wurde. Die grundsätzlichen Simulationsformen sind in Bild 2 einander gegenüber gestellt.

Das erste Beispiel ist ein System von zwei gekoppelten Extraktionskolonnen (Bild 3). Als Basis für die mathematische Beschreibung der Kolonnen wird das Stufenmodell benutzt (siehe /Bühler 1980/), wobei jede Kolonne aus 10 Stufen besteht. Es wird von einem 2-Phasen/1-Stoff-System ausgegangen, so daß sich pro Stufe zwei Differentialgleichungen ergeben. Die Rückvermischung in beiden Phasen und das Verteilungsgleichgewicht werden als konstant bzgl. den Stufen gesetzt. Außerdem wird nur der Stoffaustausch zwischen den beiden Phasen betrachtet und die Hydrodynamik als stationär vorausgesetzt. Das mathematische Modell einer Kolonne ist somit durch die nachfolgenden Gleichungen definiert (siehe auch /Nagel 1987/).

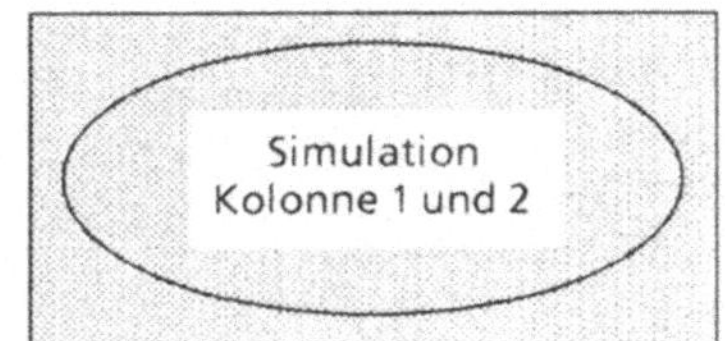

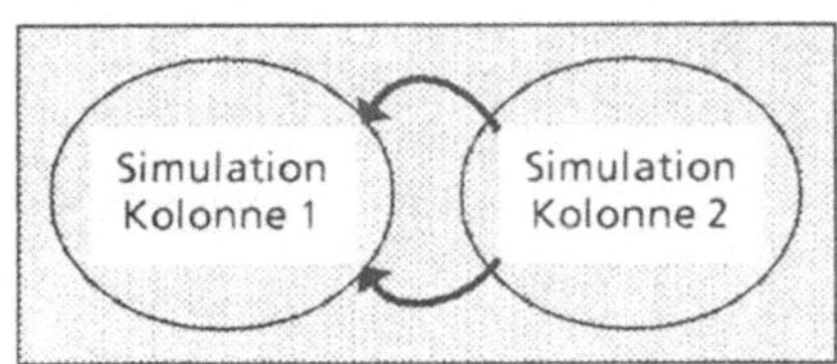

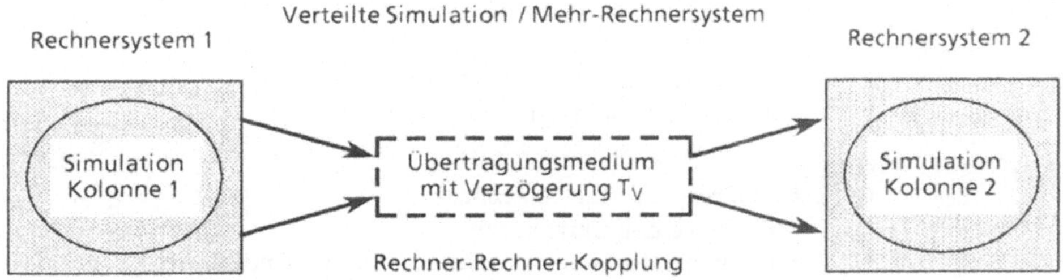

Bild 2: Strukturen der Simulation

Allgemeine Stufe
Feedphase

$$\frac{\mathrm{d}x_n(t)}{\mathrm{d}t} = Q_f(x_{n-1} - x_n + f(x_{n+1} - 2x_n + x_{n-1})) - \frac{Q_f}{Q_s} Kav(x_n - my_n)$$

Solventphase

$$\frac{\mathrm{d}y_n(t)}{\mathrm{d}t} = Q_s(y_{n+1} - y_n + s(y_{n+1} - 2y_n + y_{n-1})) + \frac{Q_f}{Q_s} Kav(x_n - my_n)$$

Kopfstufe (Eintritt des Feedstroms)
Feedphase

$$\frac{\mathrm{d}x_0(t)}{\mathrm{d}t} = Q_f(x_{\mathrm{Feed}} - x_0 + f(x_1 - x_0))$$

Solventphase

$$\frac{\mathrm{d}y_0(t)}{\mathrm{d}t} = Q_s(y_1 - y_0 + s(y_1 - y_0))$$

Bodenstufe (Eintritt des Solventen)
Feedphase

$$\frac{dx_N(t)}{dt} = Q_f(x_{N-1} - x_N + f(x_{N-1} - x_n))$$

Solventphase

$$\frac{dy_N(t)}{dt} = Q_s(y_{\text{Solvent}} - y_N + s(y_{N-1} - y_N))$$

mit

    x   = Konzentration der Raffinatphase
    y   = Konzentration der Exktraktphase

und den Parametern

    Qf = Flußrate der Raffinatphase
    Qs = Flußrate der Extraktphase
    f   = Rückvermischungskoeffizient der Raffinatphase
    s   = Rückvermischungskoeffizient der Extraktphase
    m   = Verteilungskoeffizient im Gleichgewicht
    Kav = Produkt aus Übergangskoeffizient und Oberfläche
    N+1 = Anzahl der Stufen.

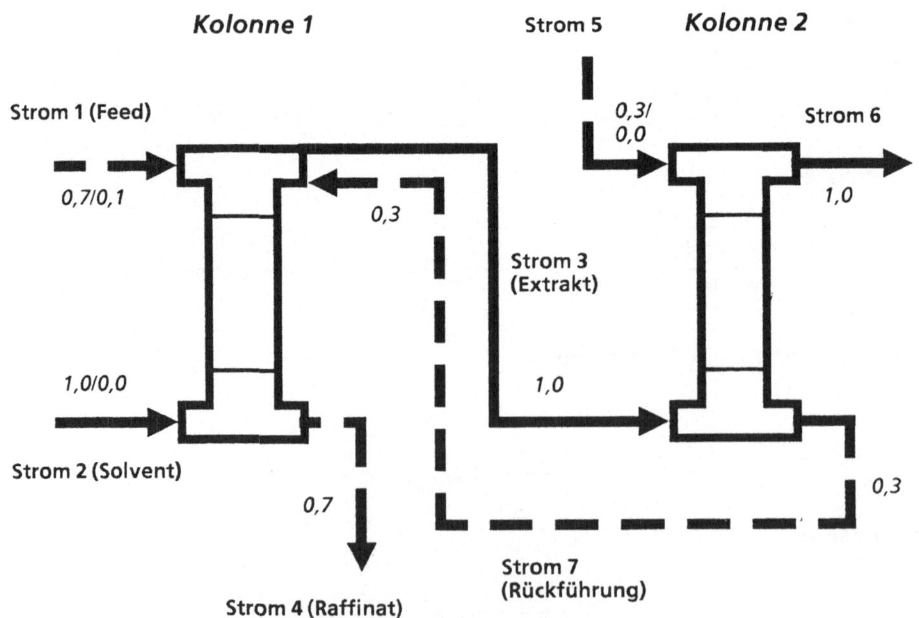

Bild 3: Schema der Verkopplung des 2-Phasen-/1-Stoff-Systems

Die Flußrate der Solventphase und daraus folgend das Produkt T=Kav/Qs wurde in allen Rechnungen konstant zu 1,0 gesetzt (nach /Nagel 1987/). Die Kopplung zwischen beiden Kolonnen besteht durch den Strom 3 und durch den Strom 7 (Rückführung). Für die modulare oder verteilte Rechnung müssen die Konzentrationen in diesen beiden Strömen nachgebildet werden. Die Parameterwerte für die Rechnungen sind:

$$m = 0,25$$
$$f = 0,1$$
$$s = 0,1$$

Zum Zeitpunkt $t \leq 0$ besitzen alle Konzentrationen (Zustände, Ein- und Ausgänge) den Wert 0. Dann wird zum Zeitpunkt $t=0$ ein Konzentrationssprung von 0,1 auf den Eingang von Kolonne 1 (Strom 1) aufgeschaltet. Die wesentliche Ausgangsgröße des Gesamtsystems ist die Ausgangskonzentration von Kolonne 2 (Strom 6). Als Referenzwerte für die modulare und die verteilte Simulation werden jeweils immer die Ergebnisse der globalen Rechnung (beide Kolonnen als ein Modell gerechnet) herangezogen. Die Schrittweite des verwendeten Runge-Kutta-4-Verfahrens wurde aus Testläufen für das Globalmodell mit einem Fehlberg 4(5)-Verfahren zu 5 s ermittelt. Diese Schrittweite wird sowohl bei der modularen als auch bei der verteilten Rechnung benutzt.

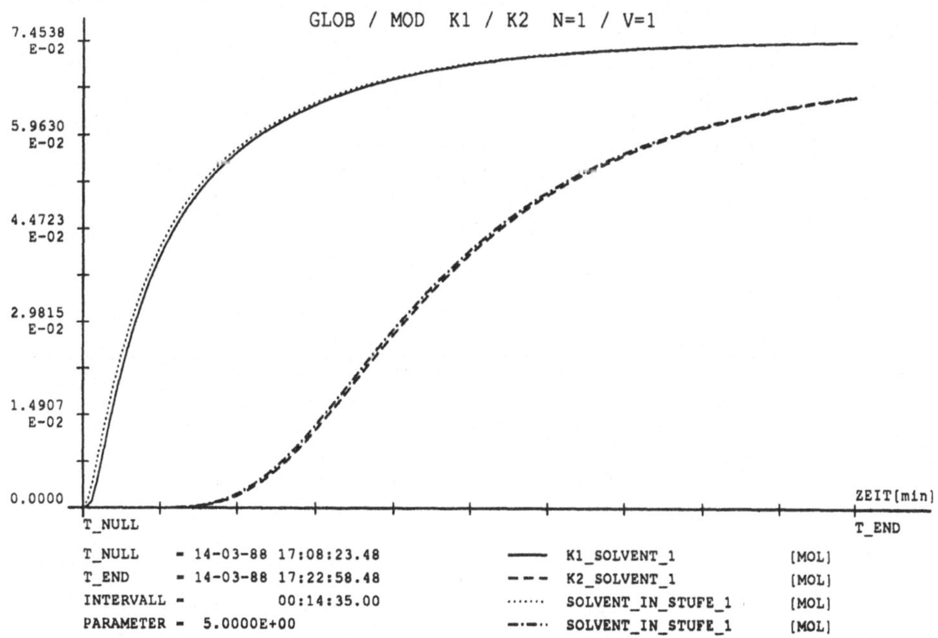

Bild 4: Konzentrationen bei modularer Rechnung, Strom 3 und 6, gedehnt

Beim global gerechneten Modell erreicht die erste Kolonne ihren stationären Zustand nach ca. 18 min, die zweite Kolonne nach ca. 25 min. Durch die asynchrone Kopplung bei der modularen Simulation entspricht eine Verzögerung von V=1 dem modularen Fall auf einem Monorechnersystem oder einem eng gekoppelten Mehrprozessorsystem (speichergekoppelt). Durch die ganzzahlige Pufferlänge ist eine Zeit kleiner als eine Schrittweite für die Verzögerung nicht einstellbar. Die Werte für $V \geq 1$ entsprechen der verteilten Simulation mit jeweiliger Übertragungszeit zwischen den Einzelsystemen. Die Verzögerungszeit T_V ergibt sich aus der Multiplikation der Schrittweite mit dem Faktor V als Pufferlänge. Bei der modularen Rechnung (Bild 4) wurde die Ordnung des Extrapolationspolynoms zu n=1 und die Übertragungsverzögerung zu V=1 gesetzt. Es wurden die Konzentrationen der Ströme 3 (Kolonne 1) und 6 (Kolonne 2) untersucht. Auch bei einer gedehnten Darstellung bleiben die Kurven der modularen Rechnung nahe an der entsprechenden Nominallösung.

Die Ergebnisse für eine verteilte Simulation mit verschiedenen Verzögerungszeiten (T_V=50 s, 200 s) und Polynomordnungen (n=1,2) sind in Bild 5 zu sehen. Es wurde einmal das 10fache und einmal das 40fache der Integrationsschrittweite als Verzögerung gewählt. Das Verhalten ist auch bei der 40fachen Verzögerung mit n=1 stabil, allerdings sind die berechneten Werte nicht unbedingt für eine Prozeßführung einsetzbar. Für n=1,2 ist bei einer Verzögerung von 50 s kein Unterschied zur nominalen Lösung feststellbar.

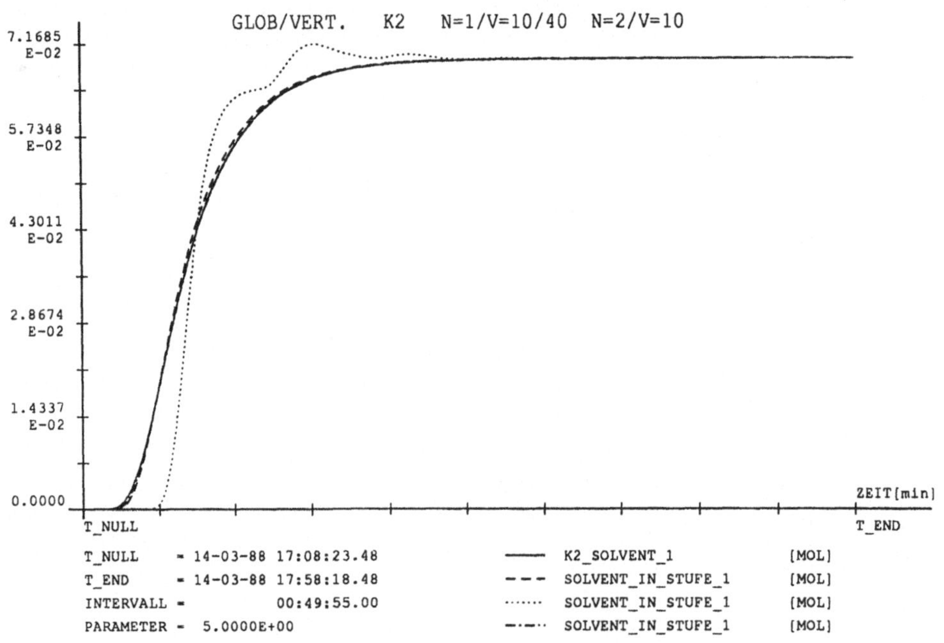

Bild 5: Konzentrationen bei verteilter Rechnung, Strom 6

Beim Testmodell 2 wird die Ausgangskonzentration in der Raffinatphase der zweiten Kolonne geregelt. Über ein Meßglied wird die Konzentration erfaßt und an einen Regler gemeldet, der die Eingangskonzentration des Feedzulaufs der ersten Kolonne über ein Stellglied entsprechend beeinflußt. Bei diesem System werden beide Kolonnen einmal modular (V=1) und einmal verteilt (V≥1) gerechnet. Bei dem Regler handelt es sich um einen einfachen P-Regler. Der Wert des Reglers ist so eingestellt, daß sich beim Ausgang der Kolonne 1 (Solvent) ein merkliches Überschwingen ergibt (1,5% des Endwertes).

Der modulare Fall mit n=1 als Polynomordnung und V=1 bei gedehnter Darstellung (Zeitausschnitt von ca. 15 min) zeigt Bild 6. Die Übereinstimmung der Kurven für die Konzentration der Ströme 3 und 6 ist trotz gedehnter Darstellung sehr gut.

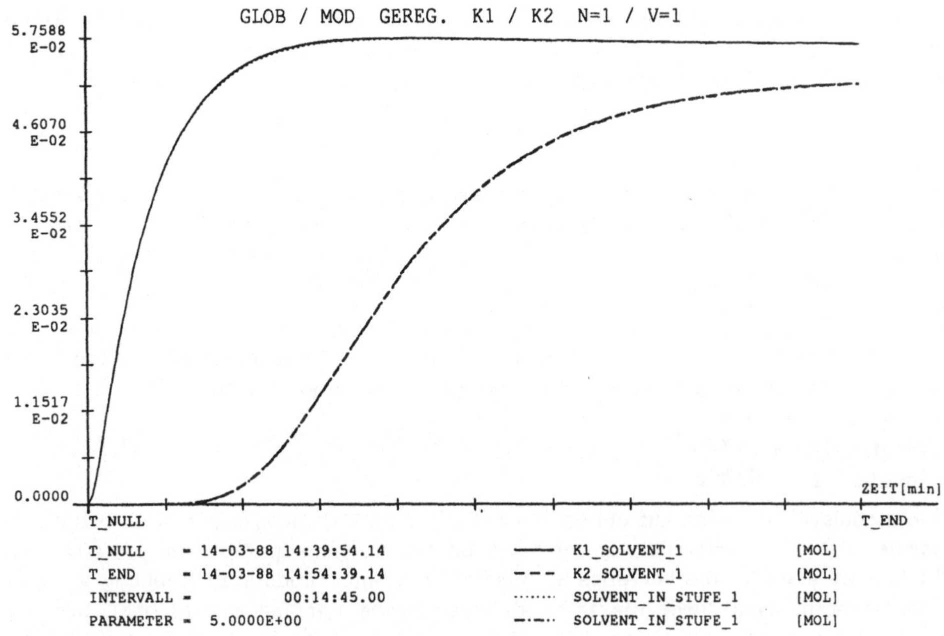

Bild 6: Konzentrationen bei modularer Rechnung, Strom 3 und 6

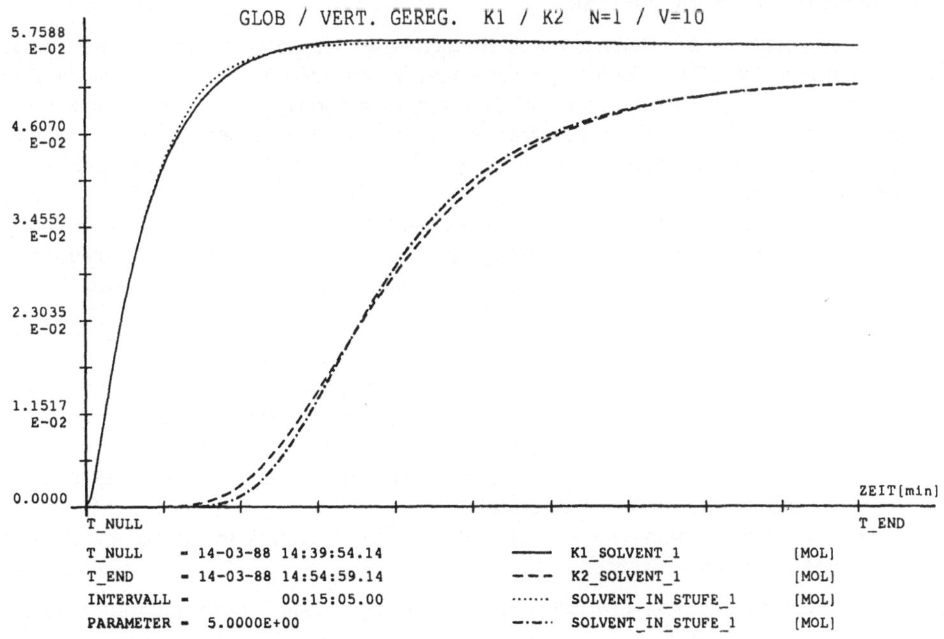

Bild 7: Konzentrationen bei verteilter Rechnung, Strom 3 und 6

Das Bild 7 zeigt die Kurvenverläufe der Konzentrationen für die verteilte Rechnung bei einer Verzögerung von 50 s. Die Abweichungen sind sehr gering und können für Prozeßführungsaufgaben toleriert werden.

4. Zusammenfassung

Bezüglich der Bewertung des Aufwands bei der modularen oder verteilten Simulation im Verhältnis zur globalen Simulation können folgende Zahlen herangezogen werden:

$P_{Global\ 1+2}$ = 100%   P: Rechenleistung

$P_{Modular\ 1+2}$ = 115%

$P_{Verteilt\ 1+2}$ = 120% .

Hieraus ergibt sich für ein Teilmodell bei gleich hoher Rechnerauslastung pro Teilmodell die folgende notwendige Rechenkapazität bzw. der notwendige Zeitaufwand:

$P_{Global\ 1/2}$ = 100%

$P_{Modular\ 1/2}$ $\approx$ 58%

$P_{Verteilt\ 1/2}$ $\approx$ 60% .

Eine modulare Rechnung auf einem eng gekoppelten Mehrprozessorsystem bringt eine Zeitersparnis bzw. eine Verminderung der notwendigen Rechenkapazität um ca. 40%. Dieser Wert gilt in etwa auch für die verteilte Simulation. Bei einer modularen Rechung auf einem Monorechnersystem kann durch die teilmodellspezifische Verfahrenswahl bzgl. der numerischen Integration bei unterschiedlicher Modelldynamik oder -beschreibungsform (ODE versus PDE) im Verhältnis zur globalen Rechnung auch eine Aufwandsverringerung (Zeit oder Rechnerleistung) eintreten. Diese Fälle wurden aber nicht untersucht. Für den Fall einer ähnlichen Modelldynamik und der gleichen Modellbeschreibung ergab sich insgesamt ein Mehraufwand an Rechenleistung von ca. 10-15%.

Bei einer Betrachtung des Bedarfs an Speichermedien (Hauptspeicher) und an Rechenleistung ist zu beachten, daß einmal Eingangswerte über einen bestimmten Zeitraum zwischengespeichert werden müssen und zum anderen die Eingangsgrößenapproximation zusätzliche Rechenleistung neben der allgemeinen Integration erfordert. Pro Signaleingang ist ein Puffer und mindestens eine Extrapolation pro Zeitschritt notwendig. Für den Speicherbedarf ist folgendes anzuführen:
-    die Kosten für Speichermedien sind drastisch gefallen,
-    die Adressierkapazität und der Hauptspeicherausbau gängiger Prozeßrechner und Minirechner ist erheblich gestiegen (z. B. Micro Vax: HS 16 MB, virtuelle Adreßkapazität 4GB).

Bezüglich der Rechenzeit gilt:
-    die Rechenzeit orientiert sich stark an der Genauigkeit der Modellintegration,
-    durch die Akkumulation von Fehlern ist bei einer hohen Anzahl von Folgeoperationen eine grundsätzlich hohe Genauigkeit pro Einzeloperation notwendig
-    die Extrapolationen bei einer geringen Anzahl von nachzubildenden Eingängen erfordern hierzu eine weit geringere Rechenleistung,
-    stark vernetzte Komponenten (viele Kopplungen) können eventuell anders zerlegt oder gekoppelt gerechnet werden.

Durch die Verwendung von preisgünstigen Hochleistungsmikroprozessoren können verteilte Rechensysteme aufgebaut werden, wobei jedes Rechnersystem (Knoten) etwa ein Zehntel der Leistung eines Superminirechners erbringen kann, aber nur einen Bruchteil dessen Preises kostet. Man erhält somit in aller Regel eine erhebliche Kostenersparnis bei gleichzeitiger Verringerung der Gesamtausführungszeit. Der zusätzliche Aufwand durch das Verfahren bleibt bei realen Apparaten in erträglichen Dimensionen. Als Beispiel sei das Modell der HA-

Kolonne der Wiederaufarbeitungsanlage bei Mol in Belgien (/Bühler 1980/) angeführt. Es ergab sich ein Modell mit minimal 114 internen Zuständen (Differentialgleichungen). Von den Eingängen sind drei aus Vorlagebehältern, bei denen die Stoffkonzentrationen quasi konstant sind und die Flüsse meßtechnisch erfaßt werden können. Nur ein rückgekoppelter Eingang mit drei Größen (Stoffkonzentrationen) ist anhand der verzögerten Eingangswerte zu approximieren. Gegenüber 114 durch numerische Integration zu berechnenden Modellgrößen und zustandsabhängigen Parametern liegen nur drei durch die Approximation zu berechnende Eingangsgrößen vor. Dies nur als Hinweis, um den Sachverhalt bei einer realen Anlage zu vermitteln.

Die vorliegenden Rechnungen wurden mit dem interaktiven, graphischen Modellierungs- und Echtzeitsimulationssystem **K_advice** durchgeführt (/Keller 1988/). Dieses System besitzt eine objektorientierte graphische Oberfläche und ist vollständig in **Ada** bzw. mit dem graphischen Standard **GKS** realisiert.

5. Literatur

Bühler W.: Simulation einer komplexen Chemieanlage am Beispiel der Uran-Plutonium Extraktion. Dissertation, Universität Karlsruhe 1980

Keller, H. B.: Unterstützung der Prozeßführung im nuklear-chemischen Bereich durch den Einsatz der Simulationstechnik. 3. Symposium Simulationstechnik, Berlin: Springer 1985

Keller, H. B.: Statusbericht Simulationstechnik. Interner Bericht. Kernforschungszentrum Karlsruhe, IDT 1985

Keller, H. B.: Algorithmische und problemstrukturelle Parallelität - Ansätze zur verteilten Simulation komplexer dynamischer Systeme. 4. Symposium Simulationstechnik, Berlin: Springer 1987

Keller, H. B.: Echtzeitsimulation zur Prozeßführung komplexer Systeme - Entwurf und Realisierung eines Systems zur interaktiven graphischen Modellierung und zur modularen / verteilten Echtzeitsimulation verkoppelter Systeme. in Vorbereitung, 1988

Nagel, K.: Hydrodynamische Modellierung einer Trennstufe. KfK 4329. Kernforschungszentrum Karlsruhe, IDT 1987

Modellierung und Simulation
komplexer Systeme mit PROGRESS

Andy Schürr ‡
Lehrstuhl für Informatik III, RWTH Aachen,
Ahornstraße 55, D–5100 Aachen

Kurzfassung :

PROGRESS ist eine Sprache für die Niederschrift **PRO**grammierter **GR**aph–Ersetzungs–System–Spezifikationen. In erster Linie für die Spezifikation integriert und inkrementell arbeitender Werkzeuge der Software–Entwicklungsumgebung **IPSEN** (Integrated/Incremental Programming Support ENvironment) entworfen, eignet sich diese Sprache auch für die Modellierung anderer komplexer Systeme, die sich in natürlicher Weise als **graph–transformierende Prozesse** darstellen lassen. Für das **'rapid prototyping'** der spezifizierten Werkzeuge (bzw. die Simulation der beschriebenen Prozeßabläufe) wird zur Zeit der Prototyp einer **sprachspezifischen Entwicklungsumgebung** mit syntaxgesteuertem Editor und Interpreter entworfen und implementiert. Der vorliegende Beitrag enthält einen kurzen Überblick über die der Sprache PROGRESS zugrundeliegenden Konzepte und demonstriert deren Verwendung anhand eines kleinen Beispiels, der Spezifikation eines **abstrakten Datentyps** 'RailwaySystem'.

1. Graph–Ersetzungssysteme

Der Begriff "**Graph–Ersetzungssystem**", meist unter den Begriff "**Graph–Grammatik**" subsumiert, steht für eine Vielzahl verschiedener Kalküle zur Beschreibung graphartiger Strukturen und darauf zulässiger Transformationen (für einen Überblick über das Gebiet der Graph–Grammatiken sei etwa auf das Buch /Na 79/ verwiesen). Waren die ersten Anwendungen vor allem im Bereich der Mustererkennung zu finden, so haben sich im Laufe der Jahre viele weitere Anwendungsgebiete erschlossen, in denen die Modellierung **graphartiger Strukturen** und **dynamischer Abläufe** oder **Datenflüsse** auf solchen Strukturen eine zentrale Rolle spielt. Außer zur Beschreibung von Markenspielen und zulässigen Transformationen auf Petrinetzen wurden Graph–Ersetzungssysteme u.a. zur Beschreibung biologischer Wachstumsprozesse, Molekülstrukturen und Datenbankschemata eingesetzt (siehe /ENRR 86, TS 86/).

Eine besondere Spielart solcher Ersetzungssysteme sind die **programmierten, attributierten Graph–Ersetzungssysteme**. Die ihnen zugrundeliegenden Graphen enthalten unterschiedlich markierte Knoten zur Darstellung verschiedener Typen von Objekten und unterschiedlich markierte, gerichtete Kanten zur Repräsentation verschiedener Typen zweistelliger Objektbeziehungen. Knotenattribute werden zur Speicherung von Objekteigenschaften verwendet, die sich nicht in natürlicher Weise als Beziehungen zu anderen Objekten ausdrücken lassen. "Programmiert" werden diese Ersetzungssysteme deshalb genannt, weil mit Hilfe spezieller Kontrollkonstrukte einfache Graphersetzungen zu komplexeren Graphtransformationen zusammengesetzt werden.

Seit etlichen Jahren wird diese Form der Graph–Ersetzungssysteme im Rahmen des Projektes IPSEN (Integrated/Incremental Programming Support ENvironment) dazu verwendet, die Internstruktur von Software–Dokumenten als attributierte Graphen und die zugehörigen Werkzeuge, wie etwa syntaxgesteuerte Editoren, inkrementelle Compiler etc., als Graph–Prozessoren zu spezifizieren (/Na 85/). Ausgehend von den dabei gewonnenen Erfahrungen wurde der ursprüngliche Graph–Ersetzungskalkül kontinuierlich weiterentwickelt (/En 85, ELS 87/) und schließlich die Sprache **PROGRESS** für die Niederschrift **PRO**grammierter **GR**aph–Ersetzungs–System–Spezifikationen festgelegt.

---

‡
Gefördert von der Stiftung Volkswagenwerk

2. Konzepte der Sprache PROGRESS

Wenden wir uns nun der Beschreibung der Sprache PROGRESS zu. Eine mit dieser Sprache erstellte Spezifikation läßt eine Unterteilung in folgende vier Abschnitte erkennen:

- Die Deklaration **primitiver Attributdatentypen**, d.h. des zulässigen Wertebereiches von Attributen und den darauf definierten Funktionen.

- Die Beschreibung der Bestandteile der zu spezifizierenden Klasse von Graphen, also der **Knoten- und Kantentypen** einschließlich der Knotenattribute, und der **funktionalen Abhängigkeiten** zwischen den Werten verschiedener Attribute in einem Graphen.

- Die Festlegung der "atomaren" Operationen auf der durch den vorangegangenen Punkt eingegrenzten Klasse von Graphen in Form von **Teilgraphentests** und **Teilgraphersetzungen**.

- Die Fixierung der prozeduralen Schnittstelle durch **Transaktionen**, die einfachere Tests und Ersetzungen zu komplexen klassenerhaltenden Transformationen zusammenfassen.

Eine PROGRESS–Spezifikation definiert also einerseits eine Standardrepräsentation der Internstruktur des zu definierenden (abstrakten) Datentyps und legt zum anderen über dieser Repräsentation die Semantik der entsprechenden Zugriffsoperationen fest. Eine vergleichbare Vorgehensweise wird (z.B. in /Kl 83/) auch für algebraische Spezifikationssprachen vorgeschlagen, wenn diese es gestatten, die Semantik der exportierten Zugriffsoperationen über einer Termalgebra nicht exportierter Konstruktoren zu definieren.

Um die Syntax von PROGRESS mit einem umfangreichen Satz kontextsensitiver Restriktionen versehen zu können, erschien es unabdingbar, die Sprache mit einem strengen Typkonzept auszustatten. Eine **zweistufige Typhierarchie** bildet die notwendige Grundlage für die Definition **polymorpher Operationen** und insbesondere für die Verwendung von Typparametern in Teilgraphentests und Teilgraphersetzungen. Typen erster Ordnung für Attribute, Knoten und Kanten legen die elementaren Bestandteile einer Klasse von Graphen fest. Der **Typ eines Attributes** legt dessen zulässigen Wertebereich, der **Typ eines Knotens** die Menge der zugehörigen Attribute und deren Typen, und der **Typ einer Kante** schließlich eine Menge zulässiger Typen für Quell- und Zielknoten fest.

Knotenklassen hinwiederum dienen ähnlich wie etwa in der Spezifikationssprache IDL (siehe /Ne 86/) der Charakterisierung einer Menge von Knotentypen mit gemeinsamen Eigenschaften. Als **Typen von Knotentypen** und somit Typen zweiter Ordnung legen sie fest, welche Attribute für eine Menge von Knotentypen definiert sind und Kanten welchen Typs Quelle oder Ziel von Knoten der entsprechenden Typen sein dürfen. Die Knotenklassen können vermittels der bekannten 'is_a'–Beziehung zu einer **Generalisierungs/Spezialisierungs–Hierarchie** angeordnet werden. Entlang dieser Hierarchie werden die Eigenschaften von Knotentypen dieser Klassen von allen Oberklassen an all ihre Unterklassen vererbt. Es handelt sich hierbei um die aus anderen objektorientierten Sprachen wohlbekannte **Mehrfachvererbung** (z.B. /Ca 84/). Um die Bildung beliebig unübersichtlicher 'is_a'– Hierarchien zu erschweren, fordern wir, daß eine solche Hierarchie nicht nur einen azyklischen Graphen, sondern nach Vervollständigung um eine größte und eine kleinste Klasse einen **Verband** bilden muß.

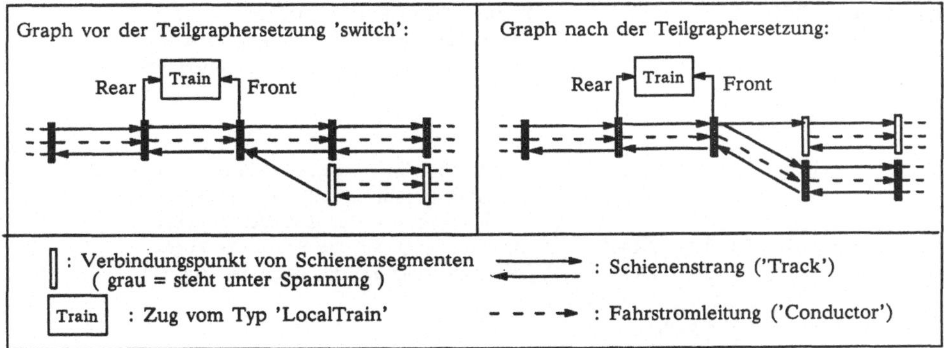

Bild 1: Ein 'RailwaySystem'–Graph und die Auswirkung einer Teilgraphersetzung zum Umschalten einer Weiche auf diesen Graphen und seine abgeleiteten Knotenattribute.

3. Beispiel einer PROGRESS–Spezifikation

Sehen wir uns nun die Spezifikation eines stark vereinfachten Modells eines Eisenbahnnetzes und der darauf fahrenden Züge mit PROGRESS an. Der deklarative Teil dieser Spezifikation beschreibt den **statischen Aufbau** des Schienennetz als (zusammenhängende) Graphstruktur und die Stromversorgung als Attributfluß entlang eines dem Schienennetz überlagerten Leitungsnetzes. Bild 1 zeigt zwei Ausschnitte solcher 'RailwaySystem'–Graphen. Die Verbindungspunkte von Schienensegmenten und die auf dem Schienennetz befindlichen Züge werden als Knoten dargestellt. Je zwei gegenläufige Kanten werden dazu verwendet, ein in beide Richtungen befahrbares Schienensegment zu repräsentieren. Ebenfalls durch Kanten wird dargestellt, in welcher Richtung ein Zug auf einem Schienensegment steht und wo entlang des Schienennetzes Fahrstromleitungen verlaufen.

Alle **dynamischen Abläufe**, wie die (kollisionsfreie) Bewegung der Züge auf dem Schienennetz oder die Veränderung der Topologie des Schienennetzes (Schalten von Weichen, Ausbau von Strecken etc.) werden in einheitlicher Weise als Teilgraphersetzungen und Transaktionen definiert. Bild 1 demonstriert die Auswirkung einer Teilgraphersetzung, die zwei Kanten von einem Zielknoten auf einen anderen umlenkt, dadurch eine "Weiche" umstellt und die Fahrstromzufuhr für die nicht befahrbare Abzweigung abschaltet. Die implizit damit verbundene Änderung von Attributwerten, die den Stromverlauf wiedergeben, wird in der Grafik durch unterschiedliche Färbungen einzelner Knoten (grau/weiß) wiedergegeben.

```
spec RailwaySystem;

          . . .                 (* Definition der Attributdatentypen und Funktionen auf denselben      *)

node_class RAIL_JOINT  end;            (* Verbindungspunkte von Schienensegmenten                 *)

edge_type  Track : RAIL_JOINT –> RAIL_JOINT; (* Kante, die ein Schienensegment darstellt            *)

node_class POLE                       (* Ein Leitungsmast; das Attribut 'Dead' gibt an, daß    *)
 derived                              (* er genau dann unter Spannung steht, wenn der          *)
   Dead : Boolean := [ –Conductor.Dead   (* Vorgänger im Leitungsnetz unter Spannung steht.       *)
                 | true ]             (* Falls der Leitungsmast keinen über eine einlaufen-    *)
end;                                  (* de 'Conductor'–Kante erreichbaren Vorgänger be-       *)
                                      (* sitzt, so wird also 'Dead:=true' gesetzt              *)

edge_type Conductor : POLE –> POLE        (* Kante, die eine Fahrstromleitung repräsentiert.        *)

node_class PRJ is_a RAIL_JOINT,POLE end;(* Die Klasse 'PRJ' erbt alle Eigenschaften der Klassen *)
                                      (* 'RAIL_JOINT und POLE                                  *)

node_type Switch : PRJ end;               (* Elektrifizierte Weiche im Schienennetz                 *)

node_type Source : PRJ                     (* Stromquellen stehen immer unter Spannung              *)
 Dead := false();                     (* Die in der Klasse 'POLE' angegebene Rechenvor-        *)
end;                                  (* schrift wird für 'Source'–Knoten überschrieben        *)


node_class TRAIN
   external StoppedUntil : Time := forever;  (* Das Attribut 'StoppedUntil' gibt an, wann ein Zug    *)
end;                                  (* wieder weiterfahren darf. Beim Erzeugen eines         *)
                                      (* neuen Zuges erhält es den Wert 'forever'              *)
edge_type Front : RAIL_JOINT –> TRAIN;    (* Die Kante zeigt auf die Spitze des Zuges              *)
edge_type Rear  : RAIL_JOINT –> TRAIN;    (* Die Kante zeigt auf das Ende des Zuges                *)

node_type LocalTrain : TRAIN end;
```

Bild 2: Deklarativer Anteil der Spezifikation 'RailwaySystem'.

Bild 2 enthält einen Ausschnitt des deklarativen Anteils der Spezifikation. Das Schienennetz wird als eine Menge von Knoten (eines Typs) der Klasse 'RAIL_JOINT' , die durch Kanten des Typs 'Track' miteinander verbunden sind, dargestellt. Zunächst unabhängig vom Schienennetz wird das benötigte Stromversorgungsnetz für Züge als eine Menge von Knoten eines Typs der Klasse 'POLE', die durch Kanten des Typs 'Conductor' verbunden sind, festgelegt. In einem weiteren Schritt legen wir dann das Schienen– und das Leitungsnetz mit Hilfe der **Mehfachvererbung** übereinander. Hierzu führen wir eine Knotenklasse 'RJP' ein, die alle Eigenschaften ihrer beiden Oberklassen 'RAIL_JOINT' und 'POLE' erbt und damit es gestattet, einen Verbindungspunkt zweier Schienensegmente mit Leitungsmast auf einen Knoten (eines Typs) dieser Klasse abzubilden.

Für die Beschreibung der Stromversorgung entlang eines Streckennetzes wird das **abgeleitete Atttribut** 'Dead' eingeführt, dessen Wert angibt, ob ein bestimmter Punkt unter Spannung steht oder nicht. Abgeleitet heißt dieses Attribut deshalb, weil sein Wert durch eine Berechnungsvorschrift festgelegt wird. Diese Berechnungsvorschrift nimmt im allgemeinen Bezug auf die Attribute von Knoten im 1–Kontext des Knotens, dessen Attribut zu berechnen ist. Mit '[ ]' geklammerte (Teil–) Ausdrücke in solchen Rechenvorschriften geben immer eine Anzahl möglicher und durch '|' getrennter **Berechnungsalternativen** an, die von links nach rechts solange sukzessive ausgewertet werden, bis eine der Alternativrechnungen durchführbar ist. Eine Alternativrechnung ist dann nicht durchführbar, wenn eine Kante des entsprechenden Typs in der geforderten Richtung zu einem Nachbarn im Graphen nicht existiert. Im Unterschied zu den attributierten (Baum–) Grammatiken (/Ma 88/) und anderen Ausprägungen attributierter Graphgrammatiken (/Gö 86, Sc 87/) werden bei uns die Rechenvorschriften nicht an einzelne Produktionen gebunden, sondern es wird für jedes (Knotentyp,Attribut)–Paar genau eine Rechenvorschrift in den entsprechenden Typdefinitionen festgelegt. Bild 1 zeigt, wie in Folge einer Graphtransformation eine ganze Anzahl abgeleiteter 'Dead'–Attribute (automatisch) einen neuen Wert erhält.

Neben den abgeleiteten Attributen gibt es noch die sogenannten **externen Attribute**, deren Wert nicht durch eine Berechnungsvorschrift vorgegeben ist, sondern nur durch eine explizit aufgeführte Zuweisung in einer Teilgraphersetzung verändert werden kann. Das Attribut 'StoppedUntil' aller Knoten (mit Typen) der Klasse 'TRAIN' ist ein solches externes Attribut, dem etwa in der Produktion 'moveTrain' ein neuer Wert zugewiesen wird.

Aufbauend auf der Beschreibung der Bestandteile eines 'RailwaySystem'–Graphen können nun die atomaren Zugriffsoperationen auf solchen Graphen definiert werden. Hierfür gibt es neben den Teilgraphentests und Teilgraphersetzungen die sogenannten **Pfadausdrücke**, die bereits in /Na 79/ eingeführt und später in /ELS 87/ um **Iterationsoperatoren** erweitert wurden. Sie werden vor allem in Teilgraphentests und Teilgraphersetzungen dazu verwendet, zusätzliche Kontextbedingungen für die Knoten eines zu suchenden Teilgraphen aufzustellen (siehe Bild 3, Pfadausdruck 'trainOnTrack'). Ein Pfadausdruck definiert wie folgt eine **mengenwertige (polymorphe) Funktion** auf den Knoten eines Graphens: Ein Knoten m liegt immer genau dann in der Ergebnismenge der Anwendung eines Pfadausdruckes auf einen Knoten n, wenn m und n durch einen im Pfadausdruck festgelegten Kantenzug miteinander verbunden sind. Ein einfaches Beispiel eines solchen Pfadausdruckes ist uns bereits in Bild 2 begegnet: Ein Knoten m liegt in der Ergebnismenge von '–Conductor{...,n,...}' genau dann, wenn vom Knoten m zum Knoten n eine entsprechende Kante verläuft (der Pfadausdruck '+Collector' würde die Rollen von m und n vertauschen). Der in Bild 3 definierte und mit 'trainOnTrack' benannte Pfadausdruck liefert zu einem Streckenabschnitt die (hoffentlich) höchstens einelementige Menge der Züge auf diesem Abschnitt.

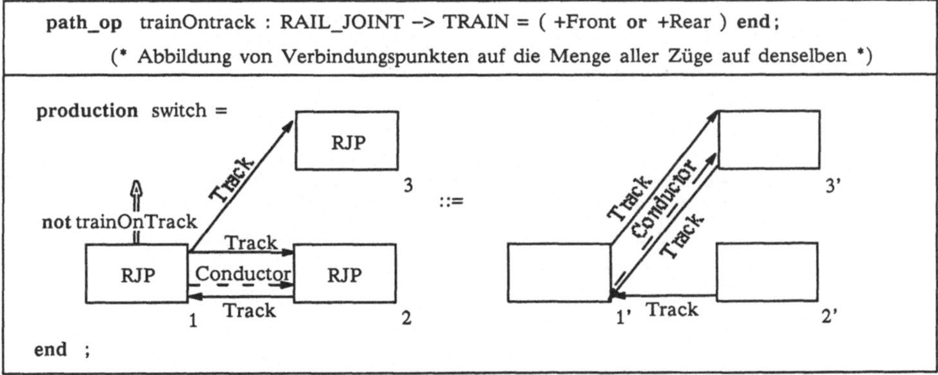

Bild 3: Die Produktion 'switch', deren Auswirkung auf einen konkreten Graphen in Bild 2 gezeigt wird.

Gehen wir nun in Kürze auf die Spezifikation der "atomaren" graphverändernden Operationen, den **Teilgraphersetzungen** (Produktionen) ein. Eine solche Spezifikation besteht im allgemeinen aus folgenden fünf Teilen (siehe Bild 3 und 4):

- Der Beschreibung des **zu ersetzenden Teilgraphen** im Wirtsgraphen (der Graph links von '::='),

- der Festlegung zusätzlicher **Kontextbedingungen** für die Knoten des zu ersetzenden Teilgraphen in Form von **Attributgleichungen** (nach 'condition') und **Pfadausdrücken** (beschriftete Doppelpfeile);,

- der Angabe der Knoten und Kanten des **ersetzenden Teilgraphens** (der Graph rechts von '::='),

- der Beschreibung der Verbindung des ersetzenden Teilgraphen über ein- und auslaufende Kanten mit dem Wirtsgraphen (**Einbettungsüberführung**) und

- der Definition von **Zuweisungen an die externen Attribute** des ersetzenden Teilgraphen ('attribute_transfer').

Bild 1 zeigt die Anwendung der in Bild 3 definierten Produktion 'switch' auf einen Graphen, die in folgenden Schritten abläuft: Zunächst wird im Wirtsgraphen ein der linken Seite der Produktion entsprechender Teilgraph bestimmt. Dieser Teilgraph muß aus drei Knoten (eines Typs) der Klasse 'RJP' bestehen, die in angegebener Weise durch Kanten verbunden sind. Zusätzlich darf aus dem mit dem Namen 1 bezeichneten Knoten keine Kante des Typs 'Front' oder 'Rear' auslaufen. Gibt es mindestens eine solchen Teilgraphen, so wird die Produktion auf einen beliebigen aus der Menge der möglichen Teilgraphen angewendet. In unserem Fall bedeutet dies nur das Löschen und Erzeugen je zweier Kanten. Alle drei Knoten der linken Seite werden nämlich **identisch ersetzt** (das wird durch Vergabe gleicher Knotennummern in linker und rechter Seite zum Ausdruck gebracht), d.h. alle nicht in der Produktion explizit aufgeführten Kanten und externen Attribute an diesen Knoten bleiben unverändert erhalten. Ebenso erhalten bleibt natürlich der Typ der identisch ersetzten Knoten (deshalb sind die Knoten in der rechten Seite nicht mit ihrem Typ markiert). Weder in diesem noch im folgenden Beispiel nutzen wir die Möglichkeit, Knoten zu löschen oder neu zu erzeugen, bzw. die Einbettung des ersetzenden Teilgraphen in den Wirtsgraphen explizit zu beeinflussen.

Ähnlich wird eine Anwendung der Produktion 'moveTrain' ausgeführt, die zwei formale Parameter besitzt. Einen zulässigen Aufruf von 'moveTrain' enthät die Transaktion 'MoveAllLocalTrains'. Der erste Aktualparameter, der Knotentyp 'LocalTrain', ist nämlich vom Typ 'TRAIN' und auch der Typ des aktuellen Attributwertparameters stimmt mit dem des Formalparameters überein.

Auf die Vorstellung der Teilgraphentests, die für die Steuerung des Kontrollflusses in Transaktionen benötigt werden, kann hier verzichtet werden. Sie bestehen nämlich nur aus der Beschreibung eines Teilgraphen einschließlich Kontextbedingung, wie wir sie bereits bei den Produktionen kennengelernt haben.

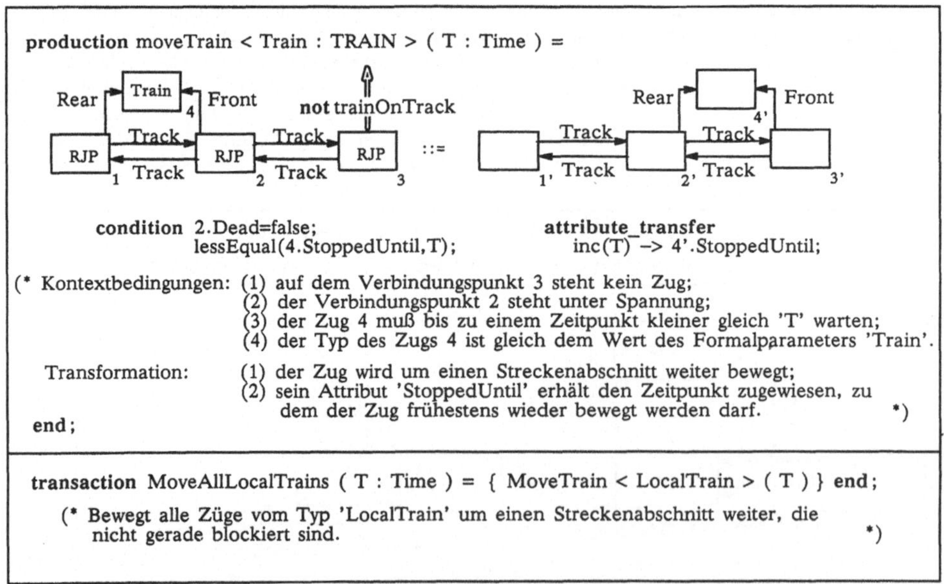

Bild 4: Beispiele für Pfadausdrücke, Teilgraphersetzungen und Transaktionen.

4. Zusammenfassung und Ausblick

Mit der Entwicklung von PROGRESS ist die Zielsetzung verbunden, eine Sprache zu entwerfen, die auf einem soliden theoretischen Fundament ruht, den Graph–Ersetzungssystemen, und die folgenden Programmierparadigmen unterstützt:

• Die **objektorientierte Programmierung** mit Mehrfachvererbung entlang einer Generalisierungs–/ Spezialisierungshierarchie für die Modellierung von Graphstrukturen,

• die **regelorientierte Programmierung** mit einer textuellen Teilsprache für die deklarative Beschreibung funktionaler Attributabhängigkeiten und einer grafischen Teilsprache für die Formulierung von Teilgraphentests und Teilgraphersetzungen,

• und schließlich die **prozedurale Programmierung** für die Komposition von Teilgraphentests und Teilgraphersetzungen zu komplexen Graphtransformationen.

Nach der Festlegung der kontextfreien und kontextsensitiven Syntax für die in den vorangegangenen Abschnitten beschriebenen deklarativen und regelorientierten Teile der Sprache PROGRESS steht als nächstes die Erweiterung von PROGRESS um prozedurale Elemente zur Definition von Transaktionen und die Übertragung des für Knoten entwickelten Typkonzeptes auf ganze Graphen an. Letzteres soll die Grundlage für das **Spezifizieren–im–Großen** mit PROGRESS bilden und es gestatten, die Spezifikation neuer Graphtypen bzw. Graphklassen auf die Spezialisierung allgemeinerer Graphklassen zurückzuführen.

Des weiteren wird zur Zeit der Prototyp einer sprachspezifischen Entwicklungsumgebung für PROGRESS entworfen und implementiert. Ein **syntaxgesteuerter Editor** soll die Entwicklung (kontextfrei und kontextsensitiv) korrekter Spezifikationen von Graph–Prozessoren erleichtern, und ein entsprechender **Interpreter** mit integriertem inkrementellen Attributauswerter die Ausführung der spezifizierten Graph–Transformationen erlauben. Bei der Entwicklung des **integriert und inkrementell** arbeitenden Editors und Interpreters können wir auf Erfahrungen aus dem Bau entsprechender Werkzeuge für das Programmieren–im–Kleinen (mit Modula–2) zurückgreifen (siehe /EJS 88/), und zudem eine Anzahl von Basisbausteinen, wie etwa ein System zur Speicherung und Verwaltung von Graphen (siehe /LS 88/), wiederverwenden.

Zusammenfassend läßt sich sagen, daß die Sprache PROGRESS und ihre Entwicklungsumgebung zwar in erster Linie für die Spezifikation und das 'rapid prototyping' von Werkzeugen moderner Software–Entwicklungsumgebungen entworfen wurden. Darüberhinaus eignen sie sich aber generell für die **Modellierung und Simulation** aller komplexen Systeme, die sich in natürlicher Weise als graph–transformierende Prozesse beschreiben lassen.

Danksagung:

Der Entwurf der hier vorgestellten Sprache PROGRESS wurde von allen ehemaligen und gegenwertigen Mitarbeitern des Projektes IPSEN beinflusst und vorangetrieben. Besonderer Dank gebührt hierfür Prof. M. Nagl und meinen ehemaligen Kollegen G. Engels und C. Lewerentz, die den der Sprache zugrundeliegenden Graph–Ersetzungskalkül entwickelt haben, sowie R. Herbrecht, M. Lischewski und R. Spielmann, die im unermüdlichen Einsatz die Entwicklung der PROGRESS–Umgebung vorantreiben.

Literatur :

/Ca 84/   L.Cardelli: A Semantics of Multiple Inheritence, in Kahn, MacQueen, Plotkin (Eds.): Semantics of Data Types, LNCS 173, Springer-Verlag, pp. 51–67;

/EJS 88/   G.Engels, Th. Janning, W.Schäfer: A Highly Integrated Tool Set for Program Development Support, Proc. ACM SIGSMALL Conf.;

/ELS 87/   G.Engels, C.Lewerentz, W.Schäfer: Graph Grammar Engineering – A Software Specification Method, in /ENRR 86/, pp. 186–201;

/En 86/   G.Engels: Graphen als zentrale Datenstrukturen in einer Software–Entwicklungsumgebung, Dissertation, VDI–Verlag;

/ENRR 86/ H.Ehrig, M.Nagl, G.Rozenberg, G.Rosenfeld (Eds.): Graph Grammars and Their Application to Computer Science, LNCS 291, Springer–Verlag;

/Gö 86/   H.Göttler: Graph–grammars and diagram editing, in /ENRR 86/, pp. 216–231;

/Kl 83/   H.Klaeren: Algebraische Spezifikationen – Eine Einführung, Lehrbuch Informatik, Springer Verlag;

/LS 88/   C.Lewerentz, A. Schürr: GRAS, a Management System for Graph–like Documents, in Proc. 3rd Int. Conf. on Data and Knowledge Bases, Morgan Kaufmann Publishers Inc.;

/Ma 88/   U.Mahn: Attributierte Grammatiken und Attributierungsalgorithmen, IFB 157, Springer Verlag;

/Na 79/   M.Nagl: Graph–Grammatiken: Theorie, Implementierung, Anwendungen, Vieweg–Verlag;

/Na 85/   M.Nagl: Graph Technology Applied to a Software Project, in Rozenberg, Salomaa (Eds): The book of L, pp. 303–322, Springer–Verlag;

/Ne 86/   J.Newcomer: IDL: Past Experience and New Ideas, in Conradi, Didriksen, Wanvik (Eds.): Advanced Programming Environments, LNCS 244, Springer Verlag, pp. 257–289;

/Sc 87/   A.Schütte: Spezifikation und Generierung von Übersetzern für Graph–Sprachen durch attributierte Graph–Grammatiken, Dissertation, EXpress–Edition;

/TS 86/   G.Tinhofer, G.Schmidt (Eds.): Graph–Theoretic Concepts in Computer Science, LNCS 246, Springer Verlag;

Netzbasierte Simulationsmodelle

Über die Verwendung von Petri-Netzen bei der Simulation von Robotern

J. Stahlhacke; W. Ameling

Rogowski Institut für Elektrotechnik

Lehrstuhl für Allgemeine Elektrotechnik und Datenverarbeitungssysteme

der Rheinisch-Westfälischen Technischen Hochschule Aachen

Schinkelstr. 2, 5100 Aachen, West Germany

1 Einleitung

Auf dem Gebiet der Robotersteuerung werden große Anforderungen an die Leistungsfähigkeit des steuernden Rechners gestellt, vor allem wenn — wie in der Rechnerstrukturgruppe unseres Lehrstuhls — Steuerungsalgorithmen entwickelt werden, die für eine möglichst große Zahl von Robotertypen Gültigkeit haben sollen. Diese Anforderungen sind mit einem handelsüblichen Prozessor nicht zu erreichen. Aus diesem Grund und in Anbetracht der Ausnutzung von inhärenten Parallelitäten, wird zur Zeit ein speziell für die Robotersteuerung ausgelegtes Multiprozessorsystem aufgebaut, das auf dem VMEbus basiert und momentan eine Motorola 68020 Standard-CPU und einen Spezialprozessor für die Koordinatentransformation enthält. Dieser Prozessor ist ein selbstentwickelter Vektorprozessor mit einer maximalen Leistung von 16 MIPS [Sch88]. Als weitere Module sind Spezialprozessoren für die Kollisionsvermeidung und die Bahnplanung vorgesehen.

Da der Test dieser Hard- und Software nicht mit realen Robotern durchgeführt werden kann (Sicherheit, Universalität, Kosten), wurde ein komplexes graphisches Robotersimulationssystem realisiert, das auf dem Graphikstandard GKS (graphisches Kernsystem) aufbaut. Dieses Simulationssystem ermöglicht uns eine große Flexibilität in bezug auf die Art und die Geometrie der verwendeten Roboter und somit (insbesondere auch durch die 3D-Fähigkeit) eine wirklichkeitsnahe Simulation. Allerdings wird durch die Graphikschicht der benötigte Rechenaufwand noch vergrößert. Um dennoch eine Simulation in „Echtzeit" durchführen zu können, haben wir nach einer Methode gesucht, bereits bei der Programmierung der Robotersteuerung Parallelitäten sichtbar und ohne großen Aufwand von Seiten des Programmierers nutzbar zu machen. Eine gute und sehr anschauliche Möglichkeit bieten hier farbige Petri-Netze, die im folgenden Abschnitt kurz beschrieben werden.

2 Farbige Petri-Netze

Petri-Netze wurden 1962 von C.A. Petri als Beschreibungsmittel für die Systemplanung eingeführt und erfuhren im Laufe der Zeit einige Erweiterungen. Eine gute Einführung in die verschiedenen Arten der Petri-Netze gibt [Rei85]. Die von uns verwendeten farbigen Petri-Netze (coloured Petri nets, CPN) wurden von Jensen [Jen86] eingeführt und können auf zwei äquivalente Arten dargestellt werden.

2.1 Graphische Darstellung

Zum einen gibt es die Möglichkeit, farbige Petri-Netze durch einen gerichteten bipartiten Graphen mit Beschriftungen der Knoten und Kanten wiederzugeben. Bei den Knoten wird zwischen *Transitionen* (dargestellt durch Rechtecke) als aktiven Elementen und *Stellen* (dargestellt durch Kreise) als passiven Elementen unterschieden. Die Kanten geben die Beziehungen von Stellen zu Transitionen (*Vorbereich* einer Transition) bzw. von Transitionen zu Stellen (*Nachbereich*) wieder. Zur Kenntlichmachung dynamischer Abläufe dienen *Marken* (*Token*), die bei farbigen Petri-Netzen eine komplexe Struktur (eine *Farbe*) besitzen können. Beim *Markenspiel* werden Marken aus dem Vorbereich einer Transition entnommen, die Transitionsprozedur ausgeführt und in den Stellen des Nachbereichs entsprechende neue Marken erzeugt. Dieses *Schalten* von Transitionen ist allerdings nur möglich, wenn die Transition *schaltbereit* ist. Dies ist dann der Fall, wenn alle Stellen des Vorbereichs die notwendige Anzahl von Marken enthalten, die (evtl. leere) Transitionsbedingung erfüllt ist und außerdem bei Netzen, die Kapazitätsbeschränkungen für die Stellen besitzen, genügend Platz in den Stellen des Nachbereichs zur Aufnahme der zu erzeugenden Token vorhanden ist. Ein Startzustand des Systems wird durch die Belegung bestimmter Stellen mit den entsprechenden Marken (die *Anfangsmarkierung*) erreicht.

Die graphische Repräsentation des Modells eines Algorithmus oder eines Ablaufs mittels Petri-Netzen erlaubt es, Datenflüsse bzw. Abhängigkeiten zwischen Komponenten und vorhandene Parallelitäten deutlich hervorzuheben und eine übersichtliche und anschauliche Darstellung dieses Modells zu erhalten.

2.2 Mathematische Repräsentation

Eine zur graphischen Darstellung eines farbigen Petri-Netzes äquivalente Form erhält man durch eine formale mathematische Definition als 6-Tupel (Stellen, Transitionen, Färbungsfunktion, positive und negative Inzidenzfunktion, Anfangsmarkierung) mit Hilfe von Mengen und Funktionen. Auf diese Art der Darstellung soll hier aber nicht weiter eingegangen werden; für ausführliche Informationen siehe [Jen86]. Mit Hilfe dieser mathematischen Definition ist es — wenn auch nicht ganz leicht — möglich, das erstellte Modell zu verifizieren bzw. zu analysieren und damit u.a. auf folgende Eigenschaften zu untersuchen:

- Lebendigkeit,
- Deadlockfreiheit und
- endliche Terminierung.

2.3   Schrittweise Verfeinerung

Petri-Netze bieten sich auch unter Gesichtspunkten des Software-Engineering als Beschreibungsmittel eines Systems an. Neben der graphischen Darstellung und der mathematischen Analysierbarkeit ist hier vor allem die Möglichkeit der schrittweisen Verfeinerung eines Modells zu nennen. Unter dem Aspekt des top-down Entwurfs ist es auf einfache Weise möglich, eine Transition unter Beibehaltung der Schnittstellen (herein- und herausführende Kanten) durch ein mehr oder weniger komplexes Teilnetz zu ersetzen. Dies kann von einer sehr abstrakten ersten Darstellung des Systems ausgehend soweit fortgesetzt werden, bis man auf einer Ebene angelangt, wo z.B. die einzelnen Transitionen nur noch elementare Grundfunktionen darstellen.

3   Ein Beispiel: Quicksort

Petri-Netze wurden bisher meist nur als Methode zur Spezifikation von Systemen verwendet. Wir sind aber der Ansicht, daß sich Petri-Netze auch sehr gut als deklarative Programmiermethodik eignen. Dies gilt insbesondere für die Programmierung komplexer paralleler Systeme, da die hier anfallenden Probleme der impliziten Parallelität, ihrer Synchronisierung und des Debuggings der Programme verringert werden. An einem einfachen Beispiel soll im folgenden die Programmierung mit Petri-Netzen skizziert werden. Die Aufgabenstellung sei folgende:

> Ein zweidimensionales Feld („Schachbrett") von Quadern unterschiedlicher Höhe soll von
> zwei Robotern mit Hilfe des Quicksort-Algorithmus (vgl. [Wir79]) so sortiert werden, daß
> die Quader anschließend ihrer Höhe nach in aufsteigender Reihenfolge geordnet sind.

Den Ausgangspunkt der weiteren Betrachtungen bildet eine Petri-Netz Darstellung des allgemeinen rekursiven Quicksort-Algorithmus, die sich stark an [Har88] anlehnt (vgl. Abbildung 1; Abbildung 2 zeigt die zugehörige Inzidenzmatrix (vgl. [Jen86])). Gegeben ist ein eindimensionales Feld *fanf* mit den Grenzen 1 und n; dies ist die Anfangsmarkierung von *S1*. Dieses Feld wird von der Transition *Aufteilen* mittels der Funktionen *dvd1* und *dvd2* in zwei Teilfelder aufgeteilt, für die gilt, daß alle Elemente des durch *dvd1* bestimmten Teilfelds kleiner sind als alle Elemente des durch *dvd2* bestimmten Teilfelds. Diese Teilfelder werden wiederum solange rekursiv aufgeteilt (Transitionen *T1* und *T4*), bis die jeweiligen Teilfelder nur noch aus einem Element bestehen und somit trivialerweise sortiert sind (Transitionen *T2* und *T3*). Sind alle Aufteilungsoperationen abgeschlossen, so ist folglich auch das komplette Feld sortiert.

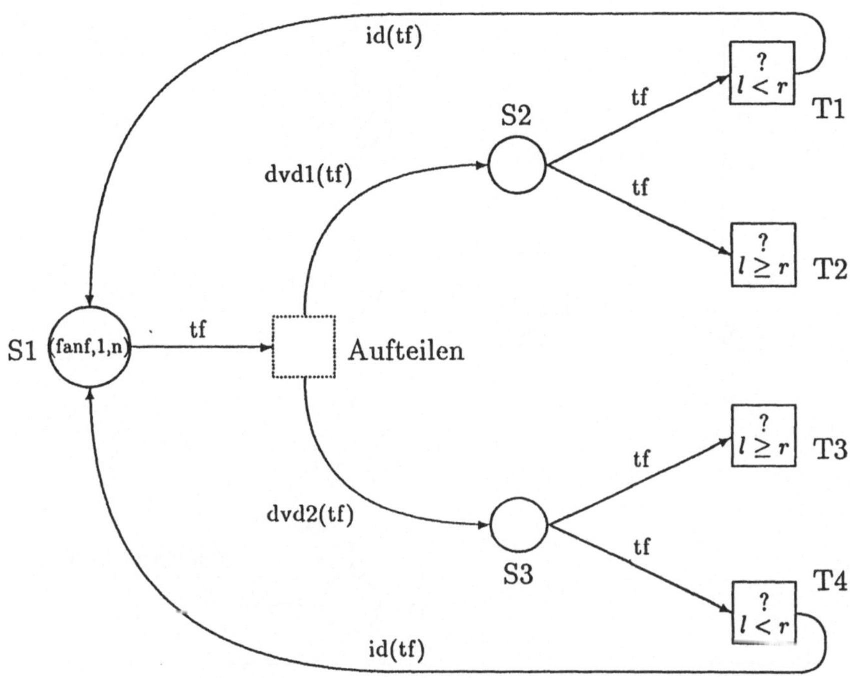

Abbildung 1: Petri-Netz für den Quicksort-Algorithmus

		Aufteilen	T1	T2	T3	T4
		Feld	Feld	Feld	Feld	Feld
S1	Feld	-id	id			id
S2	Feld	dvd1	-id	-id		
S3	Feld	dvd2			-id	-id

Abbildung 2: Inzidenzmatrix zu dem Petri-Netz aus Abbildung 1

Abbildung 3 stellt nun eine Verfeinerung der Transition Aufteilen dar. Diese Verfeinerung gibt hauptsächlich die Struktur zur Bestimmung der Grenzen der Teilfelder wieder, auf die hier aber nicht näher eingegangen werden soll. Interessant ist vor allem der Netzteil unterhalb der Stelle *S5*. Hier wird für den Fall, daß die durch die Hilfsgrenzen l1 und r1 bestimmten Feldelemente ungleich sind (d.h. die entsprechenden Quader haben unterschiedliche Höhe), der Austausch durch die Roboter eingeleitet (Transition *Austauschen*), und somit zum ersten Mal der Bezug von dem allgemeinen Algorithmus zur „realen" Anwendung hergestellt.

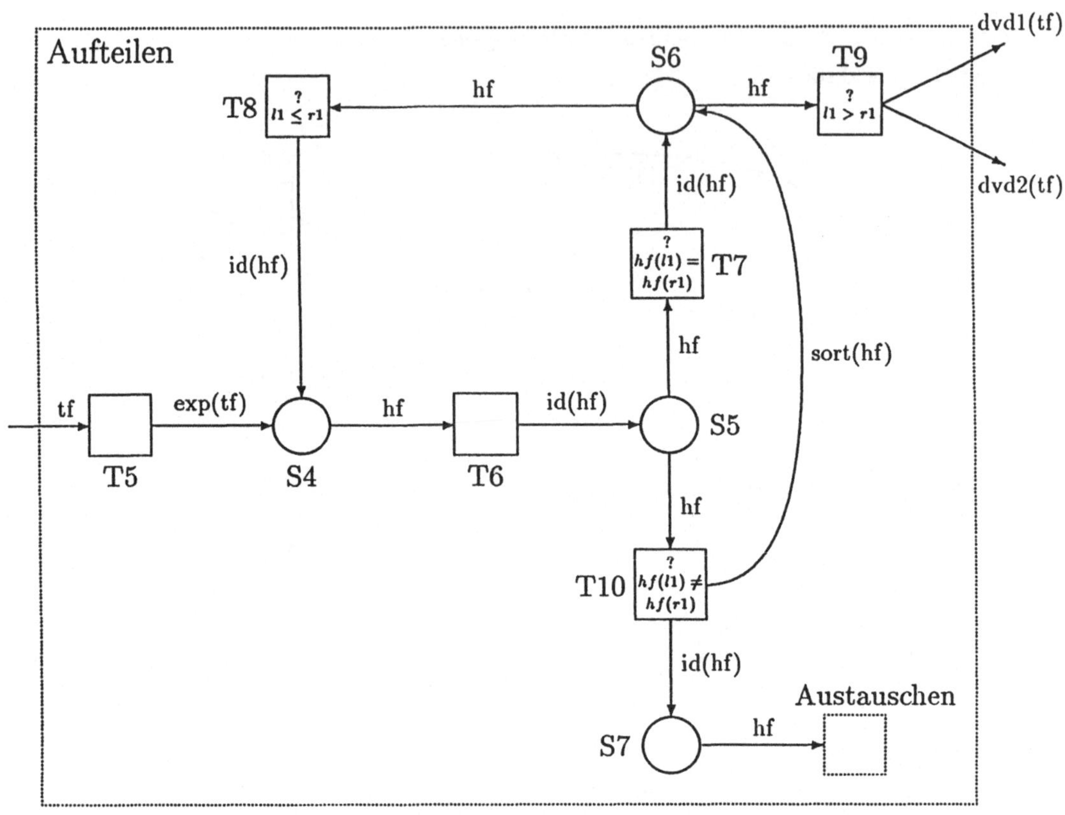

Abbildung 3: Verfeinerung der Transition *Aufteilen* aus Abbildung 1

Eine weitere Verfeinerung kann man nun für die Transition *Austauschen* durchführen (vgl. Abbildung 4). Als erstes werden in diesem Teilnetz das Feld mit den entsprechenden Grenzen von der Transition *T11* mittels der Funktion *trans* in das zu sortierende zweidimensionale Feld „transformiert"und die entsprechenden Austauschoperationen der Quader ermittelt. In der Transition *Nehmen* wird dann aus dem Pool von zur Verfügung stehenden Robotern (symbolisiert durch die Anfangsmarkierung *rob* der Stelle *S11*) jedem Quader ein Roboter zugeordnet, der diesen Quader anschließend greift, zu seinem Zielpunkt bewegt und dort ablegt. Danach sind die Roboter wieder frei für weitere Austauschoperationen und werden durch die Funktion *rob* wieder dem Pool der arbeitsbereiten Roboter zuteilt.

Bemerkungen:

- Die hier durchgeführten Verfeinerungen sind sicher nicht die einzig möglichen und sinnvollen. Außerdem kann man sich noch weitergehende Aufteilungen vorstellen, die an dieser Stelle aber nicht durchgeführt wurden, da es uns nur auf das Prinzip ankam.

- In den beiden Verfeinerungen (Abbildungen 3 und 4) wurden mit Absicht alle Aspekte einer Synchronisierung bezüglich der Bewegungen der Roboter untereinander und bezüglich der Austauschbarkeit von Quadern, die mehrfach bewegt werden müssen, außer acht gelassen.

- Wie man leicht sieht, ist es auf einfache Weise möglich, nicht nur zwei — wie in der Aufgabenstellung angegeben — sondern „beliebig" viele Roboter zur Sortierung zu verwenden. Dies wird erreicht, indem man in der Anfangsmarkierung *rob* der Stelle *S11* eine entsprechende Anzahl bereitstellt.

4 Ausblick

Für unser Robotersimulationssystem planen wir farbige Petri-Netze als deklarative Programmiermethodik zu verwenden, weil sie uns eine Reihe von Vorteile versprechen. So ist es möglich, eine übersichtliche Darstellung komplexer Vorgänge zu erhalten, die darüber hinaus analysierbar ist und deutlich vorhandene Parallelitäten hervorhebt. Diese können dann zur Erreichung der gewünschten Rechenleistung geeignet auf die verschiedenen Recheneinheiten (Spezial- und Standardprozessoren) des im Aufbau befindlichen Multiprozessorsystems verteilt werden. Die Aufgabe der Aufteilung von Operationen — insbesondere derjenigen, die parallel ausführbar sind — wird ein intelligentes Speichermodul übernehmen, das das Markenspiel durchführt und zur Zeit realisiert wird [HA88].

Wie alle neuen Programmiermethoden wird auch die Programmierung mit Petri-Netzen eine neue Art des Denkens nach sich ziehen (müssen). Es wird dem ungeübten Benutzer mit Sicherheit zuerst etwas schwerfallen, Algorithmen nicht mehr prozedural sondern deklarativ zu formulieren. Um die Akzeptanz zu erhöhen und um die Vorteile einer graphischen Programmierung nicht dadurch zunichte zu machen, daß das graphische Modell erst noch mühsam in eine textuelle Form umgewandelt werden muß, werden wir gleichzeitig eine komfortable graphische Benutzeroberfläche entwickeln. Diese wird dem Benutzer das Entwerfen und „Zeichnen" des Petri-Netzes so weit wie möglich erleichtern,

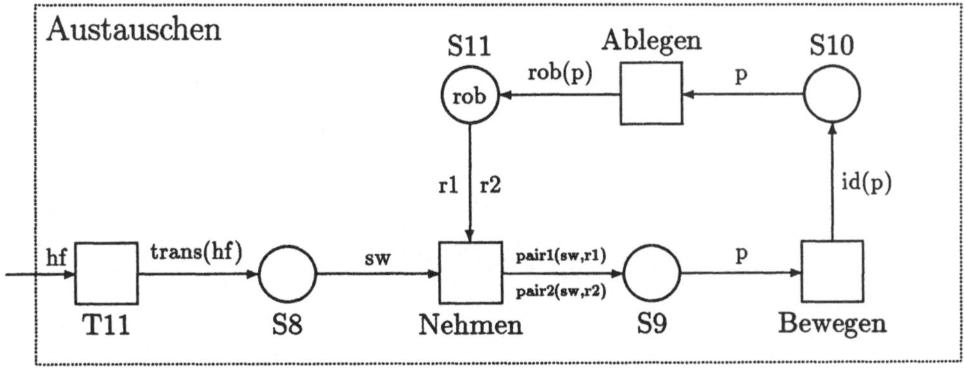

Abbildung 4: Verfeinerung der Transition *Austauschen* aus Abbildung 3

automatisch alle notwendigen Umsetzungen durchführen und nur noch die textuelle Eingabe von Grundoperationen verlangen.

Wir glauben, daß die Programmierung unseres Robotersimulationssystems mit Hilfe von farbigen Petri-Netzen ein vielversprechender Ansatz ist, die vorhandene Rechenleistung eines Multiprozessorsystems optimal auszunutzen, und so unsere Forderung nach Echtzeitfähigkeit der Simulation zu erfüllen.

Literatur

[HA88] Andreas Heinrich and W. Ameling. Multiprocessor system architecture for the execution of higher petri nets. In *IX. European Workshop on Applications and Theory of Petri Nets*, pages 321–332, Venedig, 1988.

[Har88] Carl Georg Hartung. *Programmierung einer Klasse von Multiprozessorsystemen mit höheren Petri-Netzen*. Hüthig Verlag, Heidelberg, 1988. Diss. RWTH Aachen.

[Jen86] Kurt Jensen. *Coloured Petri Nets*, pages 248–299. Volume 254 of *LNCS*, Springer-Verlag, Berlin, Heidelberg, New York, Tokio, 1986. Petri Nets: Central Models and Their Properties.

[Rei85] Wolfgang Reisig. *Petri Nets. An Introduction*. Springer–Verlag, Berlin, Heidelberg, New York, Tokio, 1985.

[Sch88] Ulrich Schmidt. *Architektur eines Koordinatentransformators für sechsachsige Industrieroboter*. PhD thesis, RWTH Aachen, 1988.

[Wir79] Niklaus Wirth. *Algorithmen und Datenstrukturen*. Teubner Verlag, Stuttgart, second, revised edition, 1979.

Untersuchung des parallelen Markenspiels auf Petrinetzstrukturen mittels Simulation

A. Heinrich, P. Siebert, W. Ameling

Rogowski-Institut für Elektrotechnik
Lehrstuhl für Allgemeine Elektrotechnik und Datenverarbeitungssysteme
Rheinisch-Westfälische Technische Hochschule Aachen
Schinkelstr. 2, D-5100 Aachen

Zusammenfassung:

Zur Programmierung des Parallelrechnersystems P3 (Paralleler Petrinetz Prozessor) wollen wir Petrinetze als abstrakte Hochsprache verwenden. Dieser Beitrag erläutert, nach welchen Kriterien bestimmte Strategien zur Ausführung von Petrinetzen mittels Simulation ausgewählt wurden. Weiterhin werden Rechnerarchitekturvarianten vorgestellt und untersucht, die die Abarbeitung von Petrinetzen in Echtzeit gewährleisten sollen.

1 Einleitung

Zur Programmierung von Parallelrechnerarchitekturen sind in letzter Zeit eine Reihe von Sprachkonzepten entwickelt worden, die den Programmierer dabei unterstützen sollen die Programmierung auch komplexer paralleler Aufgaben mit vertretbarem Aufwand bewältigen zu können. Diese neueren Konzepte beinhalten im wesentlichen deklarative Beschreibungsmethoden, die ein hohes Abstraktionsniveau bieten, auf dem ein Programmierer nicht mehr bestimmte Mechanismen zur Kommunikation und Synchronisation von parallelen Prozessen selber generieren muß. Vielmehr sind diese Mechanismen implizit durch die Beschreibungsmethode vorgegeben. Ein Vertreter dieser deklarativen Ansätze ist die Beschreibung mit Hilfe von Petrinetzen. Diese haben sich schon einen Namen bei der Modellierung und Spezifikation von Systemen der verschiedensten Art gemacht [Nara 86]. Dabei liegen die Vorteile der Petrinetze sowohl in ihrer leichten Verständlichkeit aufgrund ihrer graphischen Beschreibung, als auch in der mathematischen Beschreibung, die dazu genutzt werden kann, bestimmte Systemeigenschaften mathematisch zu beweisen. Durch die Validierung von Systemeigenschaften kann so beispielsweise gezeigt werden, daß ein bestimmtes Petrinetz (spezifiziertes System) verklemmungsfrei arbeitet [Jens 86].

Petrinetze können durch ein Tripel $N = \{S, T, F\}$ gekennzeichnet werden, wobei dies die Beschreibung für einen bipartiten Graph mit den disjunkten Mengen der Stellen S und der Transitionen T darstellt, die über eine Flußrelation F miteinander verbunden sind. Die Flußrelation gibt an, wie sich im Netz eine Anfangsmarkierung der Stellen mit Marken (Daten) gemäß dem Datenfluß weiter entwickelt, d.h. welche Folgemarkierungen erreicht werden. In Petrinetzen sind also immer Stellen mit Transitionen über gerichtete Kanten (Pfeile) miteinander verbunden, niemals sind gleichartige Netzelemente miteinander verbunden. Die

Flußrelation gibt zusätzlich darüber Informationen, welche Anschriften die Pfeile tragen. Die Anschriften der Pfeile legen beispielsweise fest, wieviele Marken über diese Kannte fließen sollen [Reis 86].

Algorithmen, die Markierungen in Petrinetzen interpretieren, faßt man unter dem Begriff Markenspiel zusammen [Brau 84]. Die verschiedenen Verfahren des Markenspiels leiten sich aus verschiedenen Voraussetzungen ab, die wir betrachtet haben. Ausgenommen bleibt bei unseren Untersuchungen der Fall, daß nur ein Markenspieler eingesetzt wird, weil dieser der charakteristischen Nebenläufigkeit bei der Interpretation von Petrinetzen widerspricht. Außerdem führt der Einsatz eines einzigen Markenspielers zu einer geringeren Prozessorauslastung, sobald der Aufwand, eine schaltfähige Transition zu ermitteln, die Größenordnung der Transitionsausführung erreicht.

Wir betrachten daher den Einsatz mehrerer Markenspieler, wobei festgelegt werden muß, wie deren Zusammenarbeit organisiert werden kann. Hier tritt zunächst die Frage auf, welche Kriterien über die Transitionsauswahl entscheiden. Soll also zu einem Zeitpunkt jeweils nur ein Markenspieler eine Transition untersuchen, oder dürfen Transitionen auch überlappend untersucht werden? Können Transitionen auch gleichzeitig (überlappend) untersucht werden, dann wird auch die interessante Möglichkeit des mehrfachen, parallelen Schaltens einer Transition zugelassen.

2 Ausführung von Petrinetzen auf Multiprozessorsystemen

Bisher erstreckte sich der Einsatz von Petrinetzen auf die Systemspezifikation und wurde daher in der Planungsphase für Softwareentwicklungen eingesetzt. Dies geschah nicht zuletzt unter dem Gesichtspunkt der Validierbarkeit der vorher spezifizierten Programmodelle. Diese Methode beinhaltet aber einen gravierenden Nachteil: nach der Validierung eines Softwareprojekts erfolgte die Umsetzung der Spezifikation in herkömmliche Programmiersprachen, beispielsweise in Pascal. Hier fällt sofort der Bruch zwischen Implementierung und Spezifikation auf, denn es kann natürlich keine Garantie dafür gegeben werden, daß die Implementierung auch der vorher **validierten** Spezifikation entspricht. Es ist daher ein verständliches Anliegen, Petrinetze auch zur Implementierung von Spezifikationen einzusetzen. Um so erstaunlicher erscheint es, das dieser Weg bisher noch nicht realisiert wurde. Die erste konsequente Verwirklichung dieses Ziels wurde von Hartung angegeben [Hart 87].

Bei der Implementierung von Petrinetzen können grundsätzlich zwei Wege verfolgt werden: Die Kompilierung oder die Interpretierung von Petrinetzen. Unter der Kompilierung von Petrinetzen versteht man die vollständige Umsetzung der Netzeigenschaften in ausführbaren Maschinencode. Dabei müssen sämtliche Verbindungen zwischen Stellen und Transitionen als Kommunikationskanäle realisiert werden [Taub 87]. Dies bedeutet einen relativ großen Overhead, da jede Transition sowohl mit ihrem Vor- als auch mit ihrem Nachbereich kommunizieren muß, um ihre Schaltfähigkeit feststellen zu können. Im Gegensatz dazu liegen bei der interpretierten Version nur die sequentiellen Codestücke der Transitionen in übersetzter Form vor. Die Überprüfung der Schaltfähigkeit ist hierbei nicht Aufgabe der Transitionen selbst, sondern die Aufgabe eines oder mehrerer Markenspieler, die Markenkombinationen für die Ausführung der Transitionen zusammenstellen. Der Vorteil bei der interpretierten Abarbeitung eines Petrinetzes liegt darin, daß die Prozeßbearbeitungseinheiten (PEs) keine Rechenzeit zur Überprüfung der Schaltfähigkeit abgeben müssen. Auf der anderen Seite kann es bei falscher Systemdimensionierung dazu kommen, daß PEs auf die Markenspieler warten müssen, wenn die Netzinterpretation zu viel Zeit in Anspruch nimmt. Aus diesem Grund werden im nächsten Abschnitt auch ausgewählte Markenspielalgorithmen vorgestellt, deren Ausführung auf verschiedenen angepaßten Architekturvarianten aus Abschnitt 4 in Abschnitt 5 miteinander verglichen und bewertet werden.

3 Implementierung des Markenspiels

Für die gleichzeitige Bearbeitung eines Petri-Netzes durch mehrere Markenspieler (das dezentrale bzw. parallele Markenspiel) ist es wichtig, wie die Zugriffe auf gemeinsame Datenobjekte synchronisiert werden. Markenspieler greifen auf drei Klassen von Netzelementen zu: Transitionen, Stellen und Marken. Jedes dieser Elemente kann mit einem Synchronisationsmechanismus versehen werden, um die zeitlich begrenzte ausschließliche Nutzung der zugehörigen Datenstrukturen zu gewährleisten (wechselseitiger Ausschluß). Um gegenseitige Blockierungen (deadlocks) zu vermelden, ist es entscheidend, auf welcher Ebene die Synchronisierung eingesetzt wird.

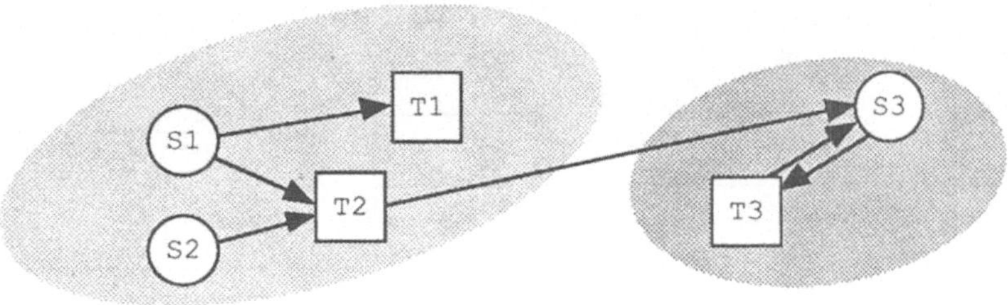

Bild 3.1 Das untersuchte Petri-Netz

Im Folgenden beschreiben wir zunächst kurz den allgemeinen Ablauf bei der Überprüfung einer Transition auf Schaltbarkeit, danach anhand des Netzes aus Bild 3.1 die Datenstrukturen zur Beschreibung von Transitionen, Stellen und Marken und anschließend die drei Markenspielstrategien mit Stellenreservierung, strikter und moderater Markenreservierung.

Steht eine Transition zur Überprüfung auf Schaltbarkeit an, so muß der Markenspieler drei Tests durchführen:

   1) Haben alle Stellen im Nachbereich der Transition genügend freie Kapazität?

   2) Besitzen alle Stellen im Vorbereich genügend Marken?

   3) Existiert eine Markenkombination, die die Transitionsbedingung erfüllt?

Die bei der Überprüfung auftretenden Zugriffskonflikte können durch Synchronisation der Zugriffe auf Stellen bzw. auf Marken behoben werden.

Bild 3.2 Legende zu den Datenstrukturen

3.1 Stellenreservierung

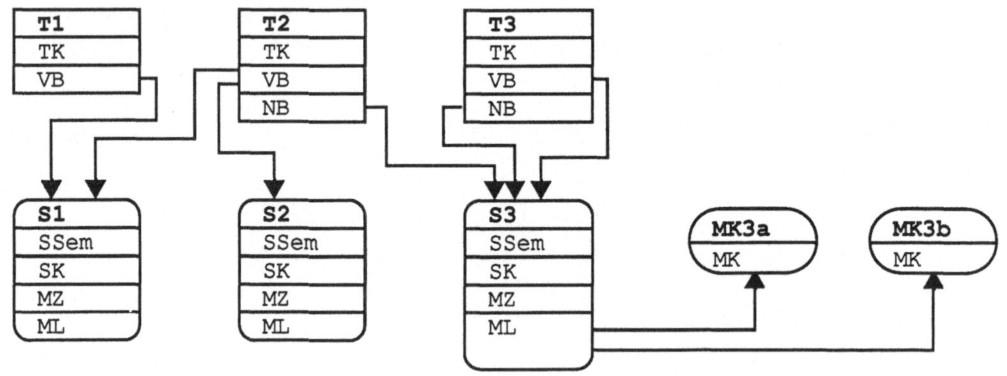

Bild 3.3 Datenstrukturen für den Markenspieler mit Stellenreservierung

Betrachten wir nun zunächst die Strategie der Stellenreservierung. Bild 3.3 zeigt die Datenstrukturen, die für das Netz aus Bild 3.1 benötigt werden.

Bei der Überprüfung einer Transition auf Schaltbarkeit reserviert der Markenspieler sukzessive alle Stellen im Nachbereich der Transition durch Setzen der Semaphore SSem und überprüft, ob die freie Kapazität in der Stelle ausreicht, um die von der Transition zu erzeugenden Marken aufzunehmen. Sofern dies der Fall ist, wird der Markenzähler (MZ) um die betreffende Anzahl erhöht und die Stelle wird anschließend wieder freigegeben.

Im nächsten Schritt werden alle Stellen im Vorbereich der Transition reserviert, sofern die Anzahl der Marken ein Schalten der Transition erlaubt. Anschließend wird eine Markenkombination gesucht, die die Transitionsbedingung erfüllt. Während dieser Zeit kann kein anderer Markenspieler auf irgendeine der reservierten Stellen zugreifen. Waren alle Überprüfungen erfolgreich, so werden die zur Ausführung der Transition benötigten Marken aus den Vorbereichsstellen entnommen und an den Prozessor übergeben, der die Transition ausführen soll. Abschließend werden alle Reservierungen von Vorbereichsstellen wieder aufgehoben. Sofern eine der Überprüfungen erfolglos war, müssen alle Änderungen, die im Netz durchgeführt wurden, rückgängig gemacht werden. Dies bedeutet hier, daß die Markenzähler in den Nachbereichsstellen korrigiert und die Reservierungen der Vorbereichsstellen aufgehoben werden müssen.

3.2 Strikte Markenreservierung

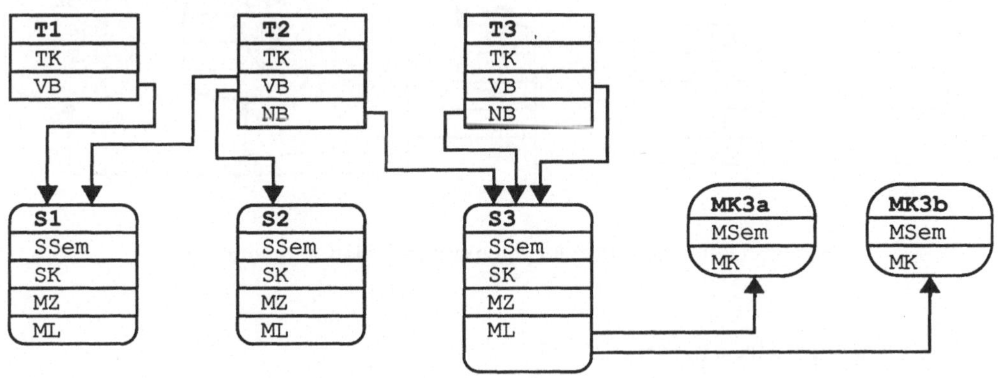

Bild 3.4 Datenstrukturen für die strikte Markenreservierung

Bei der strikten Markenreservierung erhält jede Marke eine Semaphore, mit deren Hilfe der Zugriff auf die Marke geregelt wird. Die Überprüfung der Nachbereichsstellen geschieht wie bei dem Markenspieler mit Stellenreservierung. Beim Überprüfen der Vorbereichsstellen werden jetzt jedoch nicht die Stellen, und damit alle in ihnen enthaltenen Marken, sondern nur noch diejenigen Marken reserviert (mittels der Semaphore MSem), die zur Überprüfung der Transitionsbedingung benötigt werden.

3.3 Moderate Markenreservierung

Im Unterschied zur strikten Markenreservierung hat jede Marke bei der moderaten Markenreservierung zusätzlich für jeden Markenspieler ein separates Flag. Das Markenspiel mit moderater Markenreservierung unterscheidet sich von der strikten Markenreservierung dadurch, daß der Markenspieler bei der Überprüfung einer Transition auf Schaltfähigkeit eine benötigte Marke nur vorläufig reserviert, d.h. er setzt sein Bit in den Markenspielerflags MSF der Marke. Hat der Markenspieler eine schaltfähige Markenkombination gefunden, so muß er sicherstellen, daß alle von ihm benötigten Marken frei sind. Hierzu werden alle vorläufig reservierten Marken mittels der Markensemaphore MSem endgültig reserviert. Falls ein anderer Markenspieler zwischenzeitlich eine benötigte Marke reserviert hat, so müssen alle Markierungen des ersten Markenspielers rückgängig gemacht werden.

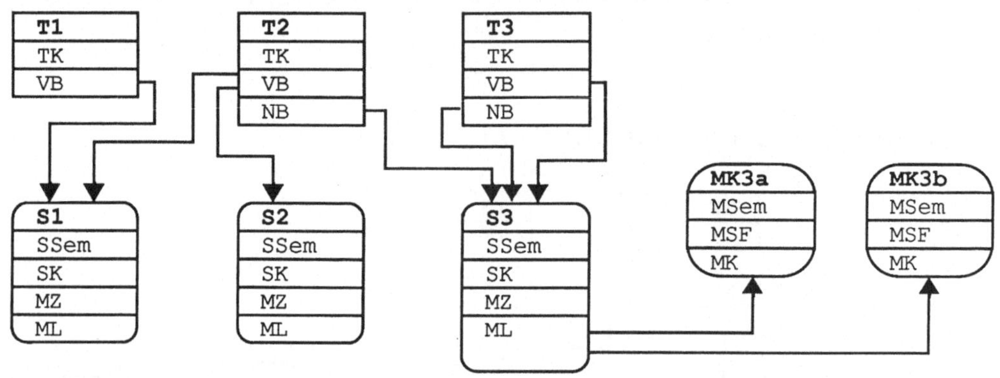

Bild 3.5 Datenstrukturen für die moderate Markenreservierung

4 Markenspielerstrukturen für P3

Zur Interpretation der Netzsemantik werden microcodierbare RISC-Prozessoren der Firma WEITEK eingesetzt [Hein 88a]. Das betrachtete Multiprozessorsystem P3 (Paralleler Petrinetz Prozessor) soll nun bezüglich des Markenspiels auf drei Architekturvarianten diskutiert werden. Dabei wird von einer Hardwarekonfiguration ausgegangen, bei der eine Reihe von Prozeßverarbeitungseinheiten mit lokalem Speicher über einen gemeinsamen Bus, den Prozessorbus, mit dem Netzspeicher des Systems verbunden sind. Diese Organisationsform soll bei der weiteren Diskussion festgehalten werden, im Gegensatz zur Ankopplung von Markenspielern an den Netzspeicher. Die Zugriffsmöglichkeiten der Markenspieler werden in den folgenden drei Varianten vorgestellt.

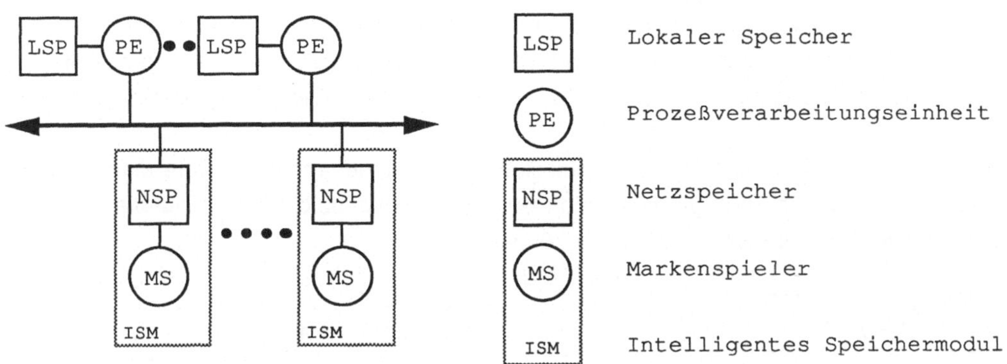

Bild 4.1 Architekturvariante 1

Diese Architekturvariante unterstützt das Markenspiel durch den Einsatz von Intelligenten Speichermodulen (ISM). In einem oder mehreren Intelligenten Speichermodulen liegen sowohl die Netzbeschreibung als auch die zugehörigen Marken abgespeichert. Die Intelligenz der Speichermodule steckt in dem Hochleistungs-RISC-Prozessor, der für die Interpretation (Überwachung des Markenspiels) der Netzsemantik verantwortlich ist. Der Spezialprozessor, der auch als Markenspieler (MS) bezeichnet wird, trifft die Auswahl aus der Menge der aktivierten Transitionen, um deren Schaltfähigkeit zu überprüfen. Eine Transition wird dann als aktiviert bezeichnet, wenn in ihrem Vor- oder Nachbereich eine Veränderung der Markierung eingetreten ist. Die Betrachtung des Nachbereichs ist dabei nur dann erforderlich, wenn die Kapazität der zugehörigen Stellen beschränkt ist. Kann eine Transition wegen unzureichender Kapazität von mindestens einer Stelle im Nachbereich nicht schalten, dann spricht man von einer Kontaktsituation. Werden mehrere ISMs eingesetzt - entweder aus Gründen des Speicherplatzes oder auch um Echtzeitbedingungen besser erfüllen zu können - dann ist eine Aufteilung des Gesamtnetzes auf die Anzahl der ISMs erforderlich. Diese Aufteilung in mehrere Teilnetze kann entweder vom Programmierer oder auch automatisch vorgenommen werden. Die Fragmentierung eines Netzes soll dabei so vorgenommen werden, daß eine Aufteilung im Nachbereich einer Transition vorgenommen wird, d.h., daß die Transition in einem ISM und eine oder mehrere Stellen des Nachbereichs dieser Transition in einem anderen ISM liegen. Hierbei kann dem Prozessor, der die zur Transition gehörende Task bearbeitet, die Information mitgegeben werden, in welche Stellen er die Ergebnisdaten (Marken) schreiben soll. Dabei spielt es keine Rolle, ob die betrachteten Stellen im eigenen oder in benachbarten ISMs liegen. Es ist Aufgabe des Markenspielers eines ISM, dafür zu sorgen, daß die notwendigen Maßnahmen zur Speicherverwaltung für die Randstellen des Netzes in den anderen ISM erfolgen. Dazu gehört im wesentlichen die Ermittlung und Reservierung des Speicherplatzes für die Ergebnismarken. Bei der angegebenen Konfiguration der Markenspieler kommt es sehr darauf an, die Randverbindungen zu den anderen ISM minimal zu halten. Außerdem sollten solche Transitionen ausgewählt werden, die eine verhältnismäßig geringe Schaltfrequenz haben. Beide Maßnahmen haben den Sinn, den Prozessorbus weitgehend von Markenspieleraktivitäten freizuhalten, damit die Bandbreite des Prozessorbus vollkommen zum Transfer von Taskdaten und Ergebnismarken genutzt werden kann. Diese Forderung ist vor allem im Zusammenhang mit Echtzeitforderungen zu sehen.

Die nächste Architekturvariante die vorgestellt werden soll, betrachtet mehrere Markenspieler, die über einen zusätzlichen gemeinsamen Bus, den Markenspielerbus, gleichberechtigt auf verschiedene Speichermodule zugreifen können.

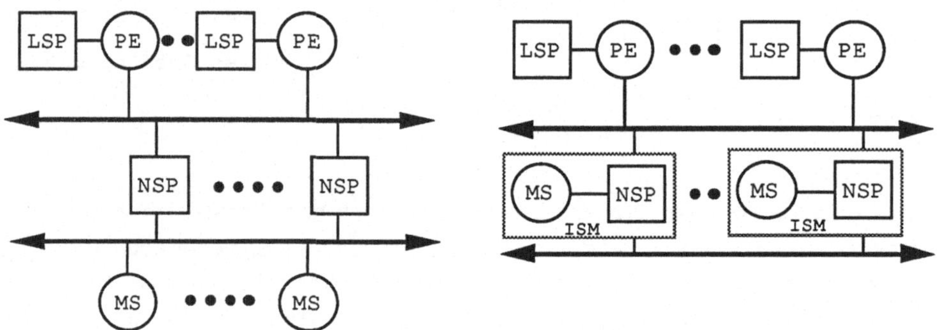

Bild 4.2 Architekturvariante 2   Bild 4.3 Architekturvariante 3

Diese Konfiguration bietet eine größere Flexibilität, was die Anzahl der Markenspieler betrifft, da die Anzahl der Markenspieler hier unabhängig von der Anzahl der Speichermodule sein kann. Auch in diesem Fall müssen die Speicher nach dem Dual-Port-Prinzip aufgebaut sein, da die Zugriffe sowohl vom Prozessorbus als auch vom Markenspielerbus erfolgen können. Bei dieser Variante wurde ganz bewußt die Interpretation des Netzes von der Taskbearbeitung durch die einzelnen Prozessoren getrennt, um die Leistungsfähigkeit des Taskschedulings über den Prozessorbus nicht mehr einzuschränken, wie es in der Variante nach Bild 4.1 noch der Fall war. Nachteilig wirkt sich aber in dieser Konfiguration die Wettbewerbssituation der Markenspieler auf dem Markenspielerbus aus. Hierbei kann es zu Situationen kommen, in denen zeitkritische Aktionen, zum Beispiel die Reaktion auf Sensorinformationen, nicht rechtzeitig interpretiert werden können, weil ein anderer Markenspieler zur Zeit ein anderes Speichermodul bearbeitet.

Die dritte nun vorzustellende Konfiguration basiert wieder auf den Intelligenten Speichermodulen, die im Gegensatz zur ersten Beschreibung zusätzlich über einen Markenspielerbus verknüpft werden. Dadurch kann von den Prozessoren die volle Bandbreite des Prozessorbusses genutzt werden, weil einzelne Markenspieler über den Markenspielerbus auch auf andere ISMs zugreifen können. In Bild 4.3 wird dieser Zusammenhang gezeigt.

5 Zusammenfassung der Simulationsergebnisse

Ziel der Simulation des parallelen Markenspiels war es, geeignete Kriterien zur Auswahl der Markenspielstrategien und Architekturvarianten zu gewinnen, um Petri-Netze auf Multiprozessorsystemen möglichst effizient ausführen zu können. Derartige Anforderungen müssen in der Regel an Echtzeitsysteme gestellt werden, die auch den Hintergrund unserer Untersuchungen bildeten. Zur Untersuchung wurde das Simulationsprogramm PSIM entwickelt [Hein 88b], das die Eingabedaten des Petrinetzeditors PEDIT benutzt [Sieb 88], um Aussagen über die Effizienz der Interpretation von Petrinetzen zu gewinnen. Dabei konnten die verschiedenen Markenspielstrategien direkt miteinander verglichen werden. Auf der anderen Seite wurde ebenfalls die Zugriffsintensität der einzelnen Markenspielstrategien auf unterschiedliche Netzspeichermodule untersucht, um für ein bestimmtes Programm einen der drei untersuchten Architekturentwürfe auszuwählen.

Hierbei stellte sich heraus, daß die ausgewogene Aufteilung des Petri-Netzes auf die intelligenten Speichermodule und die Interdependenz zwischen den Teilnetzen entscheidend für die Wahl der Markenspielstrategie ist. Das Markenspiel mit Stellenreservierung empfiehlt sich für Petri-Netze, die in gleichmäßig ausgelastete Teilnetze aufgeteilt werden können, deren Schnittstellen wenig genutzt werden. Je häufiger jedoch Markenspieler auf Datenobjekte anderer Teilnetze zugreifen müssen - dies tritt ein, wenn Vorbereichsstellen einer Transition in einem anderen Teilnetz liegen bzw. wenn Teilnetze nicht mehr schalten können und daher der Markenspieler nicht auf seinem lokalen Teilnetz arbeitet - desto günstiger ist das Markenspiel mit strikter Markenreservierung bzw. moderater Markenresevierung. Diese Varianten ermöglichen trotz des größeren Verwaltungsaufwandes aufgrund ihrer Struktur eine höhere Parallelität und gewährleisten damit eine bessere Auslastung von Markenspielern und Prozeßverarbeitungseinheiten. Bei der moderaten Markenreservierung muß jedoch sichergestellt werden, daß bei einer Überprüfung derselben Transition durch mehrere Markenspieler modifizierte Strategien zur Markenauswahl benutzt werden, da anderenfalls alle Markenspieler dieselbe Markenkombination zum Schalten auswählen.

Die Ergebnisse zeigen einerseits, daß es nicht **die** optimale Markenspielstrategie für alle Petri-Netze gibt und daß eine Simulation des Netzes unerläßlich ist, um Kriterien zur Auswahl der jeweils besten Strategie zu gewinnen. Wir haben uns daher entschlossen, alle 3 Strategien des Markenspiels zu implementieren und mittels einer Simulation des Netzes die Entscheidung zu treffen, welche Strategie angewandt wird.

Bei unseren Untersuchungen betrachteten wir hauptsächlich Anwendungen aus der Roboterprogrammierung, die sich durch Echtzeitanforderungen auszeichnen. Für diese Klasse von Programmen konnte gezeigt werden, daß sich die Architekturvarianten 1 und 3 besser eigneten als die Variante 2. Dies lag einerseits an der Lokalität der Programme und andererseits an der Nutzung eines gemeinsamen Markenspielerbusses. Unter Lokalität der Programme verstehen wir, daß ein auf mehrere Netzspeichermodule aufgeteiltes Netz relativ wenig Kommunikation mit seinen Rändern abwickeln muß und damit modulüberschreitender Datenverkehr deutlich weniger als die Hälfte der Netzaktivitäten ausmacht. Für die Architekturvariante 2 mußte jeglicher Datenverkehr über den Markenspielerbus abgewickelt werden, so daß es hier bei zeitkritischen Operationen zu Engpässen kam. Am besten geeignet zeigte sich die Architekturvariante 3, die einerseits die Lokalität der Teilnetze unterstützt und die andererseits die Durchgriffsmöglichkeit auf andere Speichermodule (über den Markenspielerbus) ermöglicht, wodurch der Prozessorbus von diesen Aktivitäten freigehalten wird.

Für die Zukunft wird angestrebt, durch den Simulationslauf eines bestimmten Programms vorab zu bestimmen, welche Voraussetzungen bezüglich Markenspielstrategie und Architektur erfüllt sein müssen, um das Programm später effizient ausführen zu können. Dabei spielt sowohl der anzufordernde Speicherplatz eine Rolle (Anzahl der benötigten ISM) als auch die Frage, wie eine Aufteilung des Netzes vorgenommen werden kann, so daß die Echtzeitanforderungen erfüllt werden können. Diese Abläufe sollen dem Benutzer später vollautomatisch zur Verfügung gestellt werden können.

Literatur:

[Brau 84]   Brauer, W.
How to play the Token Game
Petri Net Newsletter 16, pp. 3-13, GI, 1984.

[Hart 87]   Hartung, C.G.
Programmierung einer Klasse von Multiprozessorsystemen mit höheren Petrinetzen
Dissertation RWTH Aachen, 1987.

[Hein 88a]   Heinrich, A.
Multiprocessor System Architecture for the Execution of Higher Petri Nets
Procs. 9th Petri Net Workshop, pp.321-331, Venice, 1988.

[Hein 88b]   Heinrich, A.
Der Petrinetz-Simulator PSIM
Interner Bericht RS/P3-5, Rogowski-Institut, RWTH Aachen, 1988.

[Jens 86]   Jensen, K.
Coloured Petri Nets
LNCS 254, Part I, pp. 248-299, Springer Verlag, 1986.

[Nara 86]   Narahari, N.; Viswanadham, N.
Coloured Petri net models for generalized flexible manufacturing systems
Procs. 7th Petri Net Workshop, pp. 243-264, Oxford, 1986.

[Reis 86]   Reisig, W.
Petrinetze
Studienreihe Informatik, Springer-Verlag, Berlin Heidelberg New York Tokyo, 1986.

[Sieb 88]   Siebert, P.
Der Petrinetz-Editor PEDIT
Interner Bericht RS/P3-2, Rogowski-Institut, RWTH Aachen, 1988.

[Taub 87]   Taubner, D.
On the Implementation of Petri Nets
Procs. 8th Petri Net Workshop, pp. 471-488, Zaragoza, 1987.

<u>NSL : Ein Werkzeug zur netzbasierten Modellierung und Simulation von
Rechnerarchitekturen.</u>

D. Rosenthal, W. Kubalski, W. Ameling
RWTH Aachen

<u>Zusammenfassung:</u> Der Beitrag beschreibt ein Softwareentwicklungswerkzeug, das auf der
Basis erweiterter Prädikat/Transitionsnetze die Modellierung und Simulation von Rechnerarchitekturen erlaubt. Die verwendete Netzform wird beschrieben, und Eigenschaften
der dazugehörigen Netzbeschreibungssprache werden erläutert. Anhand der Beispiele aus
dem Bereich Rechnersimulation wird die Anwendung des Werkzeuges gezeigt.

1. Einleitung

Bei der Simulation komplexer konkurrenter Vorgänge in Rechnerarchitekturen besteht
großer Bedarf an mächtigen Hilfsmitteln zur anwendungsnahen Modellbildung, wobei
sich zunehmend der Einsatz Petrinetz-basierter Methoden bewährt. Netze als theoretisches Fundament bieten sich vor allem an wegen ihrer guten Adaption an die Fähigkeit
des Menschen, graphische Darstellungen zu erfassen und zu verstehen. Weiterhin sind
Netze sehr gut geeignet, Nebenläufigkeiten darzustellen und durch Strukturierung
Funktionseinheiten in mehreren Abstraktionsebenen zu behandeln.(siehe /REIS82/,
/JEVA87/)

Im Zuge der sich immer weiter ausbreitenden Softwareentwicklungswerkzeuge ist es
wichtig, daß ein neues Werkzeug möglichst durchgängig in allen Phasen eines Projektes einsetzbar ist und die für diese Phase notwendige Unterstützung liefern kann.
Dieser Beitrag stellt das Simulationswerkzeug NSL (<u>N</u>et <u>S</u>imulation <u>L</u>anguage) vor. Es
bietet die Möglichkeit zur Spezifikation, Modellierung und Simulation von Systemen
auf der Grundlage der sogenannten NSL-Netze, die auf zeitbehafteten höheren Petri-
netzen basieren. Im folgenden wird NSL beschrieben und an Beispielen die Modellbildung und Simulation gezeigt.

2. Das Werkzeug NSL

NSL wurde entwickelt, um zeitbehaftete Prädikat/Transitionsnetze (PrT-Netze) durch
Programme einer formalen Hochsprache beschreiben und ausführen zu können. NSL beruht
auf graphischen Darstellungen - den NSL-Netzen- und der dazugehörigen Netzbeschreibungssprache. Hierdurch erlaubt NSL die Trennung von strukturellem, prozeduralem und
zeitlichem Systemverhalten.

Diese Arbeit entstand mit Unterstützung der IBM Deutschland GmbH

2.1 NSL-Netze

Die NSL zugrundeliegenden Netze sind netzkonforme Erweiterungen der Prädikat/Transitionsnetze nach der Definition von Genrich und Lautenbach (/GELA80/).
NSL-Netze sind Petrinetze mit unterscheidbaren Marken. Stellen sind Informationsträger und heißen Prädikate. Marken, die von diesen Stellen aufgenommen werden können, sind von einem durch die Stelle bestimmten Typ. Die Stellen des Netzes besitzen endliche Kapazitäten, d.h. sie können nur eine begrenzte Anzahl Marken aufnehmen.

Transitionen beschreiben Aktionen und Zustandsübergänge in einem Netz. Sie inspizieren, absorbieren und generieren Marken in Stellen. Das Absorbieren und Generieren von Marken wird mit "Feuern" der Transition bezeichnet.

Die Verbindungen (Kanten) zwischen Stellen und Transitionen eines Netzes unterliegen den Bedingungen für bipartite Graphen, so daß nur Stellen und Transitionen verbunden sein dürfen, nicht jedoch Stellen mit Stellen oder Transitionen mit Transitionen. Die Kanten von Stellen zu Transitionen (Stellen des Vorbereichs der Transition) können Variablen als Anschriften tragen, deren Namen als Referenz auf Marken der Stellen dienen. Kanten von Transitionen zu Stellen (Stellen des Nachbereichs der Transition) können als Anschrift Funktionsausdrücke dieser Variablen tragen. Diese Funktionen werden beim Schalten als untrennbare Einheit behandelt. Inschriften von Transitionen sind Schaltbedingungen, die auf Marken des Vorbereichs referieren.

Im Vorbereich sind zwei Typen von Kanten zu unterscheiden. Dies sind zum einen Netzkanten im Sinne der Prädikat/Transitionsnetze, die beim Schalten Marken transportieren, und zum anderen sog. Inspektionskanten, die nur einen lesenden Zugriff erlauben, ohne jedoch die Marken der Stelle zu verändern. Inspektionskanten sind im Sinne von Prädikat/Transitionsnetzen konforme Erweiterungen, die sich auf die ursprüngliche Netzform zurückführen lassen.

Das Zeitkonzept von NSL-Netzen besteht in der Realisierung einer transitionsspezifischen Latenzzeit, die nach der Aktivierung einer Transition die Zeit bis zum Schalten bestimmt. Eine Transition heißt "aktiviert", wenn entsprechend der Anschriften an den Kanten des Vorbereichs Marken verfügbar sind und die Transitionsinschrift erfüllt ist. Eine Transition kann nach Ablauf der Latenzzeit erst schalten, wenn in den Stellen des Nachbereichs genügend freie Plätze zur Aufnahme der generierten Marken existieren und die ursprünglichen Marken der Vorbereichsstellen noch vorliegen. Treten zu einem festen Zeitpunkt Konflikte auf, so verhalten sich die NSL-Netze wie PrT-Netze. Mit diesem Zeitkonzept sind Unterbrechungen eines zeitverbrauchenden Vorgangs realisierbar, da noch während des Ablaufs einer Latenzzeit eine aktivierende Marke über eine andere Transition geschaltet werden kann.

Das Schalten von Konflikttransitionen wird mittels Prioritäten geregelt. Konflikte entstehen dann, wenn zwei oder mehr Transitionen aufgrund der Existenz einer Marke in einer Stelle aktiviert sind und beim Schalten einer der Transitionen die anderen aktivierten Transitionen wieder deaktiviert werden. Eine deterministische Regelung zur Konfliktlösung, wie z.B. eine Prioritätenregelung, erweitert die Modellierungsmöglichkeiten zusätzlich. So sind z.B. die Realisierung von überlaufenden Puffern, Leerungsmechanismen für Stellen u.ä. möglich.

2.2 NSL als Netzbeschreibungssprache

Die Sprache NSL dient zur Beschreibung der NSL-Netze. NSL ist im Aufbau der Programmiersprache PASCAL sehr ähnlich. Bei der Konzeption wurde besonderer Wert darauf gelegt, viele Sprachelemente aus PASCAL zu übernehmen sowie notwendige Erweiterungen für netztypische Anwendungen in Analogie zu PASCAL-Strukturen vorzunehmen.
Die Spezifikationssprache NSL stellt dabei eine Obermenge zu PASCAL dar. In NSL werden Netze durch Stellen, Transitionen und den in PASCAL üblichen Definitions-, Deklarations- und Programmblöcken dargestellt. Netzelemente lassen sich im Code beliebig anordnen, sofern die aus PASCAL bekannte Deklarationsreihenfolge von Bezeichnern eingehalten wird. Auf diese Weise lassen sich textlich Teilnetze strukturieren, ohne daß dabei die Übersichtlichkeit verloren geht.

Für die Inschriften von Transitionen und Kanten des Nachbereichs können selbstdefinierte Funktionen angegeben werden. Dies gilt ebenso für die Berechnung der Latenzzeit einer Transition. Damit eröffnet sich in NSL die Möglichkeit zur hybriden Simulation, d.h. zur Einbringung voranalysierter Teilmodelle (z.B. geschlossener Warteschlangenmodelle), deren Verhalten über ihren Zeitbedarf bestimmt ist. Ebenso lassen sich an dieser Stelle in PASCAL programmierte Teilnetze einbinden.

2.3 Simulatorerstellung

Der NSL-Compiler setzt textliche Spezifikationen der zu simulierenden Netze voraus. Durch die Compilation der NSL-Netzbeschreibung wird ein ausführbares PASCAL-Programm erzeugt, das einen ereignisgesteuerten Simulator realisiert. Als Vorbereitung zur Simulation sind syntaktische Elemente zur Einstellung von Optionen gegeben. Hierzu zählen Möglichkeiten zur Beobachtung des Markenflusses im gesamten Netz oder in Teilen des Netzes, Ausgabe von statistischen Größen und globalen Abbruchkriterien des Markenspiels. Weiterhin sind Konstrukte zur initialen Markenbelegung des Netzes verfügbar und benutzereigene Abbruchkriterien möglich. In Verbindung mit dem nachgeschalteten PASCAL-System ermöglicht der NSL-Compiler Konsistenzprüfungen der Netztopologie sowie von daten- und programmabhängigen Größen.

Bei der Ausführung des Netzes werden beim Schalten von Transitionen und beim Ablegen von Marken Meßwerte festgehalten, aus denen nach Beendigung der Simulation statistische Daten berechnet werden. So sind Angaben über Verweilzeiten, Durchsatz, Schalthäufigkeiten, Ruhezeiten nach dem Schalten u.ä. verfügbar. Stellen- und transitionsspezifisch sind Betrachtungen zum Durchsatz und zur Lebendigkeit des Netzes möglich.

Der Simulator verfügt über komfortable Möglichkeiten zum symbolischen Debugging des Netzes mit schrittweiser und abschnittsweiser Ausführung. Trace-Meldungen sind in verschiedenen Stufen einstellbar. Informelle Textpassagen der NSL-Source können beim Schalten von Transitionen zur Erläuterung mit ausgegeben werden.

3. Modellbildung

Die Modellbildung in NSL sei an zwei Beispielen erläutert. In /DIJK72/ wird ein Be-
triebsmittelzuteilungsproblem besonderer Art als Problem von fünf Philosophen ab-
strahiert.

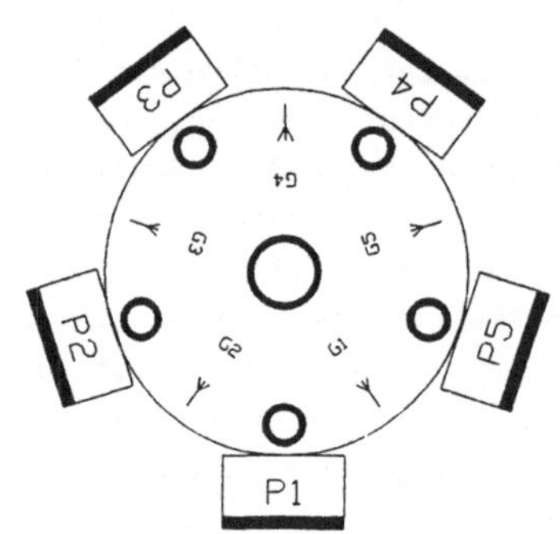
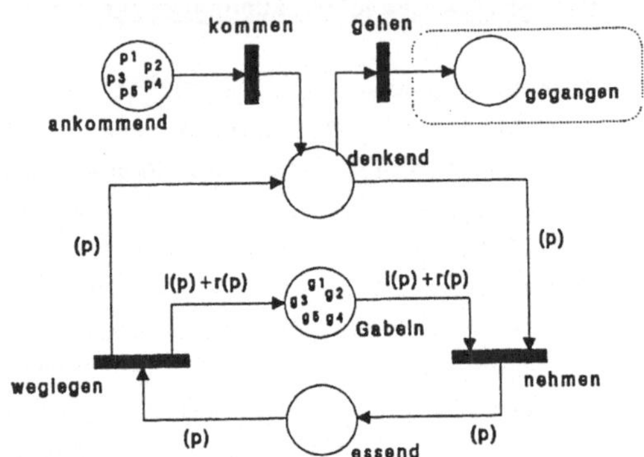

Bild 3.1 : Fünf Philosophen bei Tisch   **Bild 3.2 :** NSL – Netzdarstellung des
Philosophenproblems

Diese Philosophen sitzen gemeinsam an einem runden Tisch (Bild 3.1). Jeder der Philosophen kann sich in zwei Zuständen befinden: "Essend" oder "Denkend". Zum Essen
stehen den Philosophen 5 Gabeln zur Verfügung, je eine Gabel zwischen zwei Philosophen. Wenn ein Philosoph essen möchte, braucht er dazu die beiden Gabeln, die
rechts und links von seinem Teller liegen. Nach einer individuellen Zeit wird der
Zustand "Essend" verlassen und die Gabeln werden zurückgelegt. Zur Terminierung wird
eine Endzeit vorgegeben, zu der die Philosophen den Tisch verlassen.
Bild 3.2 zeigt ein mögliches NSL-Netz mit individuellen Marken zu diesem Problem mit
der Anfangsmarkierung p1...p5 als Philosophen und g1...g5 als Gabeln. Die Tischplät-
ze sind in mathematisch negativem Sinn numeriert, so daß der Philosoph i jeweils die
Gabeln i und (i+1) mod 5 braucht.

```
TRANSITION Gehen ( FROM Denkend ) Ein Philosoph geht ;          TRANSITION Weglegen ( E_Philosoph FROM Essend ;
    DELAY (maxtime - simtime) AND                                             LinkeGabel, RechteGabel TO Gabeln ;
    FIRE WRITELN ( Output, Denkend.name:11,                                   D_Philosoph           TO Denkend )
                ' geht. Die Uhr zeigt ', simtime:4:2 ) ;                              Ein Philosoph hat das Essen beendet ;
                                                                DELAY
TRANSITION Nehmen ( LinkeGabel, RechteGabel FROM Gabeln ;         E_Philosoph.Essenszeit AND
         D_Philosoph           FROM Denkend ;                    FIRE
         E_Philosoph           TO    Essend )                      BEGIN
                  Ein Philosoph beginnt zu essen ;                    LinkeGabel  := E_Philosoph.Platz ;
    IF                                                               RechteGabel := E_Philosoph.Platz+1 ;
       (LinkeGabel = D_Philosoph.Platz) AND                         IF E_Philosoph.Platz = 5 THEN
       ( (RechteGabel = D_Philosoph.Platz+1) OR                        RechteGabel := 1 ;
       (D_Philosoph.Platz = 5) AND (RechteGabel = 1) ) THEN        D_Philosoph := E_Philosoph ;
    FIRE                                                             WRITELN ( Output, E_Philosoph.Name:11,
      BEGIN                                                                  ' ist fertig und beginnt zu denken. '.
       E_Philosoph := D_Philosoph ;                                         'Die Uhr zeigt '. SimTime:4:2 );
       WRITELN ( Output, D_Philosoph.Name:11, ' beginnt auf Platz '.  END ;
              D_Philosoph.Platz:1,
              ' zu essen.     Die Uhr zeigt ', SimTime:4:2) ;
     END ;
```

Bild 3.3 : Ausschnitt des NSL-Programmes zum Philosophenproblem

Die Stellen "Denkend" und "Essend" entsprechen den o. a. Zuständen. Die Stelle "Gabeln" dient als Behälter. Die Zustandsübergänge werden durch die Transitionen "nehmen" und "weglegen" ausgeführt. Die individuelle Essenszeit wird durch die Verzögerungszeit der Transition "weglegen" modelliert. Durch die Stelle "ankommend" und die Transition "kommen" kann eine beliebige Konstellation der möglichen Zustände voreingestellt werden. Die Terminierung erfolgt durch die Transition "gehen". Bild 3.3 zeigt einen Ausschnitt des NSL-Programms zum Philosophenproblem.

Ein weiteres Beispiel beschreibt die NSL-Modellierung eines priorisierten Speicherzugriffes für ein Vektorprozessorsystem. Bild 3.4 zeigt den Aufbau einer IBM 3090 VF Zentraleinheit mit den wichtigsten Verbindungspfaden.

In einem NSL-Modell dieser CPU wird ein konflikt bei Speicherzugriffen explizit ausmodelliert da effektiv in einem Taktzyklus nur ein Speicherzugriff erfolgen kann. So ist u.a. das Füllen eines Instruktionspuffers nicht möglich, während die Ausführungseinheit einen Speichertransferbefehl bearbeitet. Die Realisierung dieser Prioritätenverwaltung in NSL zeigt Bild 3.5. Nicht ausgefüllte Rechtecke stellen hier Transitionen mit Latenzzeiten dar. Bei Beginn der Simulation wird die Stelle CACHE_OUTPUT mit einer Marke initialisiert. Diese Marke fragt nacheinander verschiedene Funktionseinheiten ab, die - falls die zugehörige Inspektion erfolgreich ist - ihre Speicherzugriffe ausführen können. Durch die Sequentialisierung der Zugriffswünsche wird hier die Priorisierung modelliert.

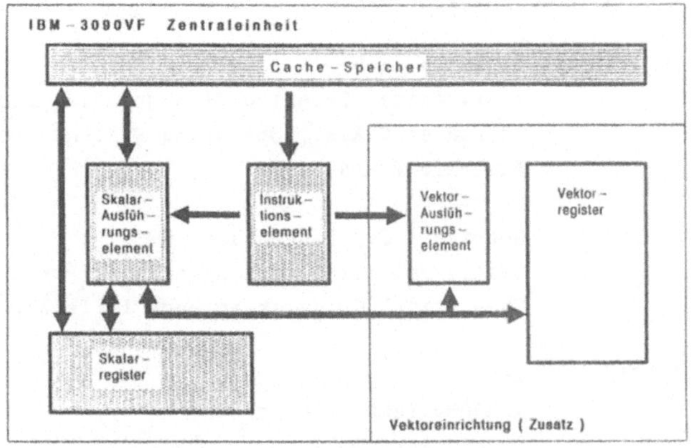

Bild 3.4 : Aufbau einer IBM3090VF CPU

Bild 3.5 : NSL-Netz der Prioritätssteuerung

4. Ausblick

Die NSL-Netze sind in vielen Bereichen als mächtiges Werkzeug zur Problemspezifikation, zur Modellbildung und zur Modellausführung, d. h. Simulation, anwendbar. Als Hilfe zur Generierung der Netze und zur automatischen Umsetzung der NSL-Netze in NSL-Sprachkonstrukte ist eine graphische Oberfläche denkbar. Eingeschränkt wird dadurch die Portabilität des Werkzeugs, die in der weiten Verbreitung von Standard-PASCAL begründet ist. Es wird jedoch durch eine benutzerfreundlichere Oberfläche der Zugang zur Anwendung des Werkzeugs NSL vereinfacht und somit die Basis für eine breite Benutzung geschaffen.

/DIJK72/   Dijkstra, E.W.
            Hierarchical Ordering of Sequential Processes
            In Hoare, C.A.R., Operating Systems Techniques, S. 72-93
            Academic Press, 1972

/GELA80/   Genrich,H.J.; Lautenbach, K.
            System Modelling with High-Level Petri Nets
            Theoretical Computer Science 13 (1981), S. 109-136

/IBM86/   IBM
            IBM3090 Vektoreinrichtung
            Produktinformation

/JEVA87/   Jessen, E.; Valk, R.
            Rechensysteme: Grundlagen der Modellbildung
            Studienreihe Informatik
            Springer, 1987

/REIS82/   Reisig, W.
            Petrinetze
            Springer 1982

Mathematische Verfahren

Update-Techniken in der Transientenanalyse von elektrischen Netzwerken

H.G. Zimmermann

München, Siemens AG , ZT / ZTI / DES / 251

Zusammenfassung

Ein algorithmischer Schwerpunkt in impliziten Integrationsverfahren ist die Lösung nichtlinearer Gleichungssysteme. In Netzwerkanalyseprogrammen wie SPICE wird die dazu notwendige Jacobi-Matrix bei jeder Newton-Iteration neu geladen. Dazu müssen in den Transistormodellen explizite Formeln für die Ableitungen zur Verfügung stehen, deren Aufstellung schwierig und deren Auswertung rechenaufwendig ist. Im Gegensatz dazu wird die Jacobi-Matrix in einem Update-Verfahren nicht neu generiert, sondern von Zeitschritt zu Zeitschritt durch Nachkorrektur angepaßt. Als Vorteile sind zu nennen: In den Transistormodellen entfällt die Notwendigkeit expliziter Ableitungsformeln, der Ladevorgang vereinfacht sich und außerdem sind Update-Formeln zur Vektorprozessorverarbeitung besonders geeignet.

Summary

Implicit integration methods include the solution of nonlinear systems of equations. In SPICE the Jacobian is reloaded whenever it is needed. Therefore, explicit derivation formulas have to be available in the transistor models. Those formulas are evaluated in a complex loadstep. In Update methods, the Jacobian will not be rebuilt, but adapted by means of corrections. Advantages : in the transistor models there is no need for explicit derivation formulas, the loading process is simpified and in addition Update techniques are well-suited for vectorprocessing.

Der BDF-Integrator in der Transientenanalyse

In der Transientenanalyse werden die zeitlichen Veränderungen elektronischer Netzwerke durch ein nichtlineares implizites Algebro-Differentialgleichungssystem der Form

$$f(x,\dot{x},t) = 0$$

dargestellt. Im folgenden wird zunächst die Grundstruktur eines Zeitschrittes in einem impliziten Integrationsverfahrens dargestellt, wie es sich auch in SPICE findet.

In einem Prädiktorschritt wird aufbauend auf den bekannten Daten zum Zeitpunkt t_n die Ordnung k und die Schrittweite h für den nächsten Zeitschritt festgelegt. Dann wird mittels Polynomextrapolation ein Schätzwert des Systemzustandes x^P_{n+1} zum Zeitpunkt t_{n+1} errechnet.

$$x^P_{n+1}(x_n,....) = \Sigma_1^{k+1} \gamma_i\, x_{n+1-i}$$

Im Korrektorteil wird eine implizite Approximation der Ableitung an der Stelle x_{n+1} vorgenommen.

$$\dot{x}_{n+1}(x_{n+1},....) = -1/h\, \Sigma_0^k \alpha_i\, x_{n+1-i}$$

Das Differentialgleichungssystem läßt sich so in ein nichtlineares algebraisches System umwandeln.

$$f(x_{n+1},\dot{x}_{n+1}(x_{n+1},....),t_{n+1}) = f(x_{n+1},t_{n+1}) = f(x_{n+1}) = 0$$

In SPICE wird dieses nichtlineare Gleichungssystem mit einem Newtonverfahren gelöst. Dabei dient der Prädiktorwert des Integrators als Startwert des Verfahrens im Korrektor.

Update-Verfahren der Jacobimatrix

In diesem Abschnitt werden die Grundideen des Broyden-Updates dargestellt. Die hier verwendeten Argumente werden in den folgenden Ausführungen immer wieder auftauchen. Als Referenz diene eine kurze Darstellung des Newtonverfahrens. Zu lösen ist ein nichtlineares Gleichungssystem

$$f(x^*) = 0 .$$

Sei x_i eine Näherung, die willkürlich gewählt ist oder im Laufe des Iterationsverfahrens erzeugt wurde. Um diesen Punkt herum wird eine lineare Näherung von f durchgeführt.

$$f(x_{j+1}) = f(x_j) + Df(x_j)\,(x_{j+1} - x_j)\ .$$

$Df(x_j)$ bezeichnet die Jacobimatrix an der Stelle x_j. und es sei $s_j = x_{j+1} - x_j$. Die Idee des Newtonverfahrens besteht darin x_{j+1} so zu wählen, daß $f(x_{j+1}) = 0$. In der linearisierten Form führt diese Forderung zu folgendem Iterationsschritt:

$$Df(x_j)\,s_j = -f(x_j)$$

$$x_{j+1} = x_j + s_j\ .$$

Liegt der Startwert im Konvergenzbereich des Iterationsverfahrens , so konvergieren die x_j gegen x^* . Bei diesem Berechnungsmodus muß in jedem Schritt eine neue Jacobi-Matrix aufgebaut werden. Hier nun setzt der Broydensche Gedanke an. Um die im obigen Newtonverfahren bestimmte Stelle x_{j+1} herum wird eine zweite Linearisierung durchgeführt - und zwar in Richtung auf den alten Punkt x_j hin.

$$f(x_j) = f(x_{j+1}) + Df(x_{j+1})\,(x_j - x_{j+1})$$

Setzt man $r_j = f(x_{j+1}) - f(x_j)$, so erhalten wir die sogenannte Quasi-Newton-Gleichung

$$Df(x_{j+1})\,s_j = r_j\ .$$

Nachdem der Newtonschritt bereits ausgeführt ist, sind s_j und r_j bekannte Größen, und die obige Gleichung kann als Bedingung an die unbekannte Matrix $Df(x_{j+1})$ gelesen werden. Um die Koeffizienten der Matrix $Df(x_{j+1})$ eindeutig festzulegen, bedarf es weiterer Bedingungen. Für alle z, die senkrecht auf s_j stehen, nehmen wir an

$$Df(x_{j+1})z = Df(x_j)z\ .$$

Diese beiden Bedingungen an $Df(x_{j+1})$ können wie folgt gelesen werden: Es soll eine lineare Abbildung $Df(x_{j+1})$ gefunden werden, die Informationen in Richtung des Newtonschrittes mitnimmt, d.h. die Quasi-Newton-Bedingung erfüllt und senkrecht dazu die Abbildungseigenschaften der alten Jacobi-Matrix beibehält. Man kann eine relativ einfache Formel angeben, die $Df(x_{j+1})$ explizit angibt und den beiden obigen Gleichungen genügt:

$$Df(x_{j+1}) = Df(x_j) + {}^{1}\!/_{s_j^{T}s_j}\,(r_j - Df(x_j)s_j)s_j^{T}\ .$$

Diese Formel heißt Broyden-Update der Jacobi-Matrix. Eine einfache Überprüfung durch Einsetzen zeigt, daß die Quasi-Newton-Gleichung und die orthogonale Ergänzung für ein so konstruiertes $Df(x_{j+1})$ erfüllt sind. Ihre Struktur ist derart, daß die alte Matrix additiv um eine Matrix vom Rang 1 ergänzt wird. Berücksichtigt man, daß $Df(x_j)\,s_j = -f(x_j)$, so läßt sich die Update-Formel vereinfachen zu

$$Df(x_{j+1}) = Df(x_j) + {}^{1}\!/_{s_j^{T}s_j}\,f(x_{j+1})s_j^{T}\ .$$

Update - Verfahren im Korrektor des Integrators

Im folgenden Algorithmus ist das Grundkonzept eines Broyden-Verfahrens im Korrektor beschrieben.

$$x_0 = x^{P}_{n+1}$$
$$A_0 = Df(x^{P}_{n+1})$$
$$f_0 = f(x^{P}_{n+1})$$
$$A_j s_j = -f_j$$
$$x_{j+1} = x_j + s_j$$
$$f_{j+1} = f(x_{j+1})$$
$$r_j = f_{j+1} - f_j$$
$$A_{j+1} = A_j + {}^{1}\!/_{s_j^{T}s_j}\,(r_j - A_j s_j)\,s_j^{T}$$
$$\|s_j\| + \|f_{j+1}\| < eps \longrightarrow x_{n+1}$$

K

Die ersten drei Zeilen bilden den Übergang zwischen Prädiktor und Korrektor. Die Prädiktor-Schätzung für x_{n+1} wird als Startwert des Korrektors genommen.
Zeile 4/5 beschreiben die Schrittkorrektur entsprechend dem Newton-Verfahren.
Zeile 6/7/8 beschreiben den eigentlichen Update
Zeile 9 regelt den Übergang zu einer weiteren Korrektorzyklus oder dem Prädiktor.

Hier wird der sowieso erzeugte Informationsstrom s_j, f_{j+1} noch einmal ausgenutzt, um innerhalb des Korrektors die Jacobi-Matrix ständig nachzubessern.

UpdateVerfahren im Prädiktor des Integrators

Im letzten Abschnitt wurde darauf hingearbeitet, daß in der Korrektorschleife kein Neuaufbau der Jacobi-Matrix mehr notwendig ist. Jedoch war die Struktur so angelegt, daß beim Übergang vom Prädiktor zum Korrektor jeweils eine neue Matrix Df aufgestellt werden muß. Das Ziel dieses Abschnittes ist es, eine Update-Formel zu konstruieren, die es ermöglicht, eine Anpassung der Jacobi-Matrix über die Zeit hinweg auszuführen. Die Update-Aufgabe über die Zeit hinweg läßt sich so formulieren:

gegeben: $Df(x_n, t_n)$ $\qquad$ gesucht : $Df(x^P_{n+1}, t_{n+1})$.

Analog zur Herleitung des Broyden-Updates wollen wir eine lineare Entwicklung um die neue Stelle x^P_{n+1}, t_{n+1} herum vornehmen.

$$f(x_n, t_n) = f(x^P_{n+1}, t_{n+1}) + Df(x^P_{n+1}, t_{n+1})(x_n - x^P_{n+1}) + D_t f(x^P_{n+1}, t_{n+1})(t_n - t_{n+1})$$

In dieser Darstellung kann die linke Seite der Gleichung Null gesetzt werden, da x_n die bekannte Lösung von f auf Zeitstufe t_n ist. Weniger selbstverständlich ist die Behandlung der zeitlichen Ableitung $D_t f$. Da wir es insgesamt mit einer linearen Näherung zu tun haben, liegt es nahe, auch diesen Term durch eine lineare Näherung zu ersetzen.

$$D_t f(x^P_{n+1}, t_{n+1}) = (f(x^P_{n+1}, t_{n+1}) - f(x^P_{n+1}, t_n)) / (t_{n+1} - t_n)$$

Setzt man diese Näherung ein, so geht die Taylorentwicklung über in:

$$Df(x^P_{n+1}, t_{n+1})(x^P_{n+1} - x_n) = f(x^P_{n+1}, t_n) .$$

Mit den Bezeichnungen $s_P = x^P_{n+1} - x_n$ und $r_P = f(x^P_{n+1}, t_n)$ erhalten wir eine Art Quasi-Newton-Gleichung für die Jacobi-Matrix zum Zeitpunkt t_{n+1}

$$Df(x^P_{n+1}, t_{n+1}) s_P = r_P .$$

Diese Bedingung kann durch eine Orthogonal-Bedingung ergänzt werden. Für alle $z \perp s_P$ soll gelten:

$$Df(x^P_{n+1}, t_{n+1}) z = Df(x_n, t_n) z .$$

Ganz analog zum ursprünglichen Broydenschen Gedankengang lassen sich diese beiden Bedingungen zu einer Update-Formel zusammensetzen

$$Df(x^P_{n+1}, t_{n+1}) = Df(x_n, t_n) + 1/s_P^T s_P (r_P - Df(x_n, t_n) s_P) s_P^T .$$

Baut man diesen Update in den Prädiktor / Korrektor - Algorithmus ein, so besteht keine Notwendigkeit mehr, die Jacobi-Matrix analytisch aufzubauen. Eine Ausnahme bleibt die Bestimmung einer Startmatrix zum Zeitpunkt t_n.

$$
\begin{aligned}
x_0 &= x^P_{n+1}\\
s_P &= x^P_{n+1} - x_n\\
r_P &= f(x^P_{n+1}, t_n)\\
A_0 &= Df(x_n, t_n) + 1/s_P^T s_P (r_P - Df(x_n, t_n) s_P) s_P^T\\
f_0 &= f(x^P_{n+1})\\
A_j s_j &= -f_j\\
x_{j+1} &= x_j + s_j\\
f_{j+1} &= f(x_{j+1})\\
r_j &= f_{j+1} - f_j\\
A_{j+1} &= A_j + 1/s_j^T s_j (r_j - A_j s_j) s_j^T\\
\|s_j\| &+ \|f_{j+1}\| < eps
\end{aligned}
$$

$\quad$ K $\qquad\qquad\qquad\qquad\qquad\qquad\qquad$ P

$$Df(x_{n+1}, t_{n+1}) = A_{j+1}$$

Die Zeilen 2 / 3 / 4 stellen die eigentliche Erweiterung gegenüber dem letzten Algorithmus dar. Hier wird der zeitliche Update der Jacobi-Matrix vorgenommen.

Auf Grund ihrer Ableitung aus der Quasi-Newton-Gleichung kann man die Update-Formel als Richtungsableitung verstehen. Beim Prädiktor-Update werden Informationen entlang der Bahnkurve eingebracht, in den Korrektor-Updates werden im wesentlichen dazu senkrechte Ableitungsinformationen gesammelt. Pro Zeitschritt entsteht so ein Update mit variablem Rang.

Eine neue Prädiktorbestimmung

Der Prädiktorschritt wurde in der obigen Darstellung wie im üblichen BDF-Verfahren durch Extrapolation gewonnen. In der Praxis zeigt sich jedoch, daß eine Polynomextrapolation nur eingeschränkt brauchbar ist. Dafür lassen sich zwei Gründe angeben. Zum einen neigen Polynome höherer Ordnung zu Schwingungen. Fallen die Auslenkungen in die falschen Richtungen aus, so kann die Prädiktorschätzung einen schlechteren Startwert für den Korrektor vorgeben, als eine einfache Übernahme des letzten Lösungsvektors es gewesen wäre. Der zweite Grund liegt an der Art der Extrapolation. Die Prognose jeder einzelnen Komponente wird aus den vergangenen Werten dieser einen Komponente vorgenommen. Bei der Prognose gehen also keine Eigenschaften des Systemzusammenhangs der Variablen untereinander ein. Mit einem impliziten Eulerschritt wird der Versuch unternommen, diesen beiden Kritikpunkten zu begegnen.

Aus dem Integrator werden weiterhin die Schrittweite h und die Ordnung k übernommen. Daraus resultiert unverändert die Approximation der Ableitung wie im BDF-Integrator beschrieben.

Um die Stelle x_n, t_n wird nun eine lineare Näherung von f vorgenommen.

$$f(x^P_{n+1}, t_{n+1}) = f(x_n, t_n) + Df(x_n, t_n)(x^P_{n+1} - x_n) + D_t f(x_n, t_n)(t_{n+1} - t_n)$$

Analog wie im Abschnitt über den zeitlichen Update wird die Ableitung nach t approximiert durch:

$$D_t f(x_n, t_n) = (f(x_n, t_{n+1}) - f(x_n, t_n)) / (t_{n+1} - t_n).$$

Setzt man diese Näherung in die obige Taylorentwicklung ein, so erhält man

$$f(x^P_{n+1}, t_{n+1}) = f(x_n, t_{n+1}) + Df(x_n, t_n)(x^P_{n+1} - x_n).$$

Als Prädiktorwert soll nun ein x^P_{n+1} so bestimmt werden, daß die Gleichung zum Zeitpunkt t_{n+1} möglichst gut erfüllt wird. Wir setzen in der obigen Näherung $f(x^P_{n+1}, t_{n+1}) = 0$. Mit der Bezeichnung $s_p = x^P_{n+1} - x_n$ hat die Prädiktorberechnung genau die Form eines Newton-Schrittes

$$Df(x_n, t_n) s_p = -f(x_n, t_{n+1})$$
$$x^P_{n+1} = x_n + s_p.$$

Im Gegensatz zu den Extrapolationsmethoden wird hier auf Näherungen höherer Ordnung verzichtet - aber auch das Risiko der Schwingungen umgangen. Auf der anderen Seite wird durch die Lösung des linearen Gleichungssystems der Systemzusammenhang der Variablen untereinander berücksichtigt.

In dem folgenden Algorithmus ist die normale Prädiktorschrittbestimmung durch Extrapolation durch den `Newton-Prädiktor´ersetzt. Der zeitliche Update der Jacobi-Matrix und der komplette Korrektor sind aus dem letzten Algorithmus übernommen.

$$
\begin{array}{rcl}
f & = & f(x_n, t_{n+1}) \\[4pt]
Df(x_n, t_n)\, s_p & = & -f \\[4pt]
x^P_{n+1} & = & x_n + s_p \\[4pt]
r_p & = & f(x^P_{n+1}, t_n) \\[4pt]
A_0 & = & Df(x_n, t_n) + {}^1/_{s_p{}^T s_p}\,(r_p - Df(x_n, t_n)\, s_p)\, s_p{}^T \\[4pt]
f_0 & = & f(x^P_{n+1}) \\[4pt]
A_j s_j & = & -f_j \\[4pt]
x_{j+1} & = & x_j + s_j \\[4pt]
f_{j+1} & = & f(x_{j+1}) \\[4pt]
r_j & = & f_{j+1} - f_j \\[4pt]
A_{j+1} & = & A_j + {}^1/_{s_j{}^T s_j}\,(r_j - A_j s_j)\, s_j{}^T \\[4pt]
\|s_j\| + \|f_{j+1}\| & < & eps
\end{array}
$$

n ist ein Zeitstufenindex der im Prädiktor benutzt wird und j ist der Schleifenindex des Korrektors.

$$Df(x_{n+1}, t_{n+1}) = A_{j+1}$$

K   P

Betrachtet man diesen Ablaufplan, so fällt auf, daß Prädiktor und Korrektor eine starke Symmetrie aufweisen. Beide beinhalten einen Newtonschritt und einen Updateschritt. Durch Umstellung lassen sich die beiden Schleifen zusammenlegen.Ein Vergleich mit der letzten Algorithmendarstellung macht den Ablauf deutlich.

$$
\begin{array}{lll}
1 & t_+ & = & t + h \\
2 & f & = & f(x,t_+) \\
3 & As & = & -f \\
4 & x_+ & = & x + s \\
5 & f_+ & = & f(x_+,t_+) \\
6 & v & = & \left\{ \begin{array}{ll} f + f(x_+,t) & : P \\ f_+ & : K \end{array} \right. \\
7 & A_+ & = & A + 1/s^Ts \, v \, s^T \\
8 & \|s\| + \|f_+\| < eps
\end{array}
$$

K   P

Zeile 1 : Die Zeitschrittrechnung war auch in jedem der früheren Algorithmen notwendig. Sie ist hier explizit angeführt, um die Bezeichnung t_+ klarzustellen. Außerdem sollte klar sein, daß zu dieser Zeile die ganze Bewertung des lokalen Abschneidefehlers gehört und daraus resultierend die Schrittweitenbestimmung h.

Zeile 2 / 3 / 4 dienen in dieser Abfolge der Bestimmung eines Prädiktorwertes.

Zeile 5 hat im Prädiktorschritt keine unmittelbare Bedeutung. Die Berechnung ist trotzdem notwendig, um die rechte Seite für den folgenden Korrektorschritt zur Verfügung zu stellen. Des weiteren wird f_+ im Abbruchtest gebraucht.

Zeile 6 / 7 führen den Update der Jacobi-Matrix über die Zeit durch.

Zeile 8 entscheidet, ob unmittelbar ein weiterer Prädiktorschritt ausgeführt werden kann oder ob Korrektorschritte notwendig sind. Dies dürfte typischerweise der Fall sein.

Zeile 3 / 4 führen in der Korrektorschleife einen Newtonschritt aus, ohne den Zeitpunkt zu verändern.

Zeile 5 ist jetzt notwendig, um den Update der Jacobi-Matrix im Korrektor durchführen zu können. Außerdem wird der Vektor f_+ wieder in der Abbruchbedingung und als neue rechte Seite beim nächsten Korrektorschritt gebraucht.

Zeile 6 / 7 führen den Update aus.

Zeile 8 entscheidet schließlich, ob der Korrektorteil abgeschlossen ist.

In dieser Darstellung ist darauf verzichtet worden, die Indizes n, j des Zeitschrittes und im Iterationsverfahren des Korrektors einzeln aufzuführen. Dies erhöht nicht nur die Übersichtlichkeit, sondern entspricht auch genau der Darstellung in einem Programm.

Der Sparse - Jacobi - Update

In diesem Abschnitt soll untersucht werden, welche Konsequenzen für die Update-Formeln sich durch eine explizite Berücksichtigung der für Netzwerke typischen Sparseness ergeben.

In der oben dargestellten Form hat der Update die Eigenschaft, die Sparseness im Laufe der Iterationen zu verwischen. Dies liegt daran, daß auf jedes Element von Df durch den Korrekturterm etwas aufaddiert werden kann. In zweifacher Hinsicht ist dies ein unerwünschtes Phänomen. Zum einen wird die Datenstruktur aufgebläht. Zum anderen muß man sich vergegenwärtigen, daß durch den Update genau eine Matrix der Nicht-Null-Struktur wie in Df aufgebaut werden soll. Einträge außerhalb dieser Struktur können also nur durch numerisches Rauschen zustande kommen. Wenn es also gelingt, den Update genau auf die Nicht-Null-Struktur von Df zu beschränken, so ist dies keine Verschlechterung des Verfahrens. Die Mitberücksichtigung von Zusatzinformationen sollte das Verfahren leistungsfähiger machen.

Die Herleitung entsprechender Update-Formeln folgt einem etwas anderen Gedankengang als die Herleitung am Anfang dieses Aufsatzes. Für den Grenzfall einer Nicht-Sparse-Matrix, führen beide Ableitungen zum selben Ergebnis.

Wir betrachten dazu das folgende Minimumproblem:

$$\| Df(x_+) - Df(x) \|_F \to \text{Min}$$
$$Df(x_+) \in \mathbb{R}^{n \times n}$$

unter der Nebenbedingung, daß die Quasi-Newton-Gleichung erfüllt sein soll

$$Df(x_+)\, s = r \, .$$

Dieses Minimumproblem in einer Frobeniusnorm führt zum selben Update wie die erste Herleitung (3). Der entscheidende Punkt ist nun, daß sich diese Formulierung in natürlicher Weise auf Sparse-Matrizen verallgemeinern läßt. Dazu betrachten wir das folgende Minimumproblem:

$$\| Df(x_+) - Df(x) \|_F \to \text{Min}$$
$$Df(x_+) \in SP(\mathbb{R}^{n \times n}) \ , \ Df(x_+)s = r$$

Die Bezeichnung SP soll andeuten, daß hier nur über diejenigen Elemente der Matrix optimiert werden darf, die durch die Sparseness als ungleich null erlaubt sind.

Um die Lösung dieses Problems formulieren zu können, müssen zwei Hilfsbegriffe festgelegt werden.

1) Die Projektion einer Matrix auf eine Sparse-Struktur:

$$P_{SP}(A)_{ij} = \left\{ \begin{array}{lll} 0 & \text{falls} & SP_{ij} = 0 \\ A_{ij} & \text{falls} & SP_{ij} \neq 0 \end{array} \right\}$$

2) Zu $s \in \mathbb{R}^n$ wird eine Folge von Vektoren $s^1, s^2, \ldots\ldots, s^n$ konstruiert, vermöge:

$$(s^i)_j = \left\{ \begin{array}{lll} 0 & \text{falls} & SP_{ij} = 0 \\ s_j & \text{falls} & SP_{ij} \neq 0 \end{array} \right\}$$

Mit diesen Hilfsvektoren wird eine Diagonalmatrix H konstruiert

$$H_{ii} = {}^1/_{s^{iT}s^i} \ \text{falls} \ s^{iT}s^i \neq 0 \ \text{und } 0 \text{ sonst.}$$

Mittels der Projektion und der oben beschriebenen Diagonalmatrix läßt sich nun der Sparse - Matrix - Update angeben.

$$Df(x_+) = Df(x) + P_{SP}(H(r-Df(x)s)s^T)$$

Zum Beweis siehe (3).Dieser Update fügt sich nahtlos in das in dieser Arbeit vorgestellte Konzept ein und führt zu folgendem Algorithmus:

$$
\begin{array}{lll}
t_+ & = & t + h \\
f & = & f(x,t_+) \\
As & = & -f \\
x_+ & = & x + s \\
f_+ & = & f(x_+,t_+) \\
v & = & \left\{ \begin{array}{ll} f + f(x_+,t) & : P \\ f_+ & : K \end{array} \right\} \\
A_+ & = & A + P_{SP}(H v s^T) \\
\|s\| + \|f_+\| & < & \text{eps}
\end{array}
$$

Mit dieser Darstellung liegt ein Update-Verfahren vor, das auch von seiner Datenstruktur her für die Transientenanalyse großer Netzwerke geeignet ist.

Literaturverzeichnis

1   Brayton, Robert; Gustavson, Fred; Hachtel, Gary : A New Efficient Algorithm for Solving Differential-Algebraic Systems Using Implicit Backward Differentiation Formulas. Proceedings of the IEEE, Vol. 60, No. 1, Jan 1972.

2   Georg, Kurt : Zur numerischen Realisierung von Kontinuitätsmethoden mit Prädiktor - Korrektor - oder simplizialen Verfahren. SFB 72 Approximation und Optimierung, Universität Bonn, Preprint No. 526, Juli 1982.

3   Dennis, J., E.; Schnabel, Robert : Numerical Methods for Unconstrained Optimization and Nonlinear Equations. Prentice-Hall, Inc., Englewood Cliffs, New Jersey 07632.

Ueber die Vorteile von Simulationsumgebungen
mit Möglichkeiten zur Formelmanipulation
zur Lösung steifer Differentialgleichungen

K.Tichy, H. Friess, H.J.Halin

ETH Zürich
Institut für Energietechnik
Clausiusstraße 33
CH-8092 Zürich
Tel. (01) 256 46 08

1. Zusammenfassung

Die numerische Behandlung zahlreicher Simulationsprobleme führt auf Systeme steifer
Differentialgleichungen, für deren Lösung besondere Methoden erforderlich sind. Zu
Anwendungen, die durch steife Systeme charakterisiert sind, gehören etwa Kraftwerksi-
mulationen, Schaltkreissimulationen, Simulationen chemischer Reaktionen und Anlagen,
Verbrennungsvorgänge, die Simulation ökologischer Systeme usw.

Methoden zur Integration steifer Differentialgleichungen sind implizit und erfordern
als Teil des Algorithmus die Ermittlung der Jacobi-Matrix des Systems. In der Regel
sind Jacobi-Matrizen nur sehr schwach besetzt, so daß eine direkte analytische Berechnung lediglich der von Null verschiedenen Elemente naheliegend erscheint.

In der vorliegenden Arbeit wird aufgezeigt, mittels welcher Schritte im Simulationspaket PSCSP, das über gewisse Möglichkeiten zur Formelmanipulation verfügt, die
Jacobi-Matrix eines beliebigen Differentialgleichungssystems in analytischer Form
hergeleitet werden kann.

Die Vorteile hinsichtlich Rechenzeit, die sich bei Verwendung einer automatisch hergeleiteten Jacobi-Matrix gegenüber einer herkömmlichen vollnumerischen Approximation
durch Differenzenquotienten ergeben, werden anhand der Lösung eines Systems von zwei
gekoppelten partiellen Differentialgleichnungen demonstriert.

2. Problemstellung

Die Motivation für die vorliegende Arbeit entstand aus dem Wunsch, die Anwendbarkeit
eines vom "Electric Power Research Institute", Palo Aalto, California, USA, entwickelten Pakets MMS (Modular Modeling System) /BABC85/ mittels neu zu entwickelnder,
allgemein verwendbarer Methoden zu verbessern. Das MMS-Paket besteht aus einem Satz
von Modulen, die in der MACRO-Sprache von ACSL /ACSL86/ geschrieben sind, wobei jedes
Modul für sich ein abgeschlossenes und gut validiertes Teilmodell beschreibt. Jedes
Teilmodell wird durch gewöhnliche und oder eine oder mehrere partielle Differentialgleichungen in ortsdiskretisierter Form und somit insgesamt durch zahlreiche gewöhnliche Differentialgleichungen repräsentiert. Um das dynamische Verhalten von nuklearen oder fossilen Kraftwerken zu simulieren, muß ein ACSL-Programm geschrieben werden, in dem geeignete Module miteinander verknüpft sind. Input und Output, das Expan-
dieren der Module in einen meist umfangreichen Fortran-Zwischencode, das Sortieren
der Gleichungen und die Integration geschehen unter Kontrolle von ACSL. Ein typisches
Problem wird durch 100 bis 300 gewöhnliche Differentialgleichungen beschrieben, die
zumeist sehr steif sind.

Die Aufgabe besteht somit darin, die Lösung $Y(x)$ des Anfangswertproblems $\dot{Y}=F(t,Y)$,
$Y(0)=Y_0$, $0 \leq t \leq T$, zu finden, wobei $\dot{Y}=(\dot{y}_1,\dot{y}_2,\ldots,\dot{y}_N)^T$, $F=(f_1(t,Y),f_2(t,Y),\ldots,f_N(t,Y))^T$
und $Y_0=(y_{0,1},y_{0,2},\ldots,y_{0,N})^T$ N-dimensionale Vektoren sind.

Die zur Lösung steifer Probleme geeigneten auf C.W. Gear /GEAR71/ zurückgehenden Methoden sind Mehrschrittverfahren, die die Lösung $Y(t_k)$ an einer Stelle t_k durch den numerischen Lösungsvektor Y_k gemäß

$$Y_k = \sum_{m=1}^{q} \alpha_m \cdot Y_{k-m} + h\beta_0 \cdot \dot{Y}_k$$

approximieren. Hierbei bezeichnen q die Ordnung ($1 \leq q \leq 5$), h die Schreitweite und α_m bzw. β_0 ordnungsabhäninge Koeffizienten. Wegen des impliziten Auftretens des gesuchten Zustandsvektors Y_k muß im Prinzip nach jedem Integrationsschritt ein meist nichtlineares Gleichungssystem gelöst werden, was die Berechnung der N x N Jacobi-Matrix

$$J = \frac{\partial F(t,Y)}{\partial Y(t)} = \frac{\partial f_i(t,Y)}{\partial y_j}$$

sowie eine Dreieckszerlegung (LU-Dekomposition) einer Matrix $I-h\beta_0 \cdot J$ (I = Einheitsmatrix) erforderlich macht.

Werden die Elemente der Jacobi-Matrix eines allgemeinen Systems von N Differentialgleichungen, wie üblich durch finite Differenzen approximiert, so sind hierzu N+1 bzw. 2N Funktionsauswertungen notwendig, je nachdem, ob nach vorwärts oder rückwärts gerichtete oder zentrale Differenzen verwendet werden. Sollen die Elemente der j-ten Kolonne mittels nach vorwärts gerichteter Differenzenquotienten an der Stelle t_k approximiert werden, so erfordert dies die Funktionsauswertungen $F(t_k,y_1,y_2,\ldots,y_j,\ldots y_N)$ und $F(t_k,y_1,y_2,\ldots,y_j+\Delta y_j,\ldots y_N)$, um

$$\frac{\partial F(t_k,Y)}{\partial y_j(t_k)} \approx \frac{F(t_k,y_1,y_2,\ldots,y_j+\Delta y_j,\ldots y_N) - F(t_k,y_1,y_2,\ldots,y_j,\ldots y_N)}{\Delta y_j}$$

zu erhalten. Im allgemeinen hängen die rechten Seiten $f_i(t,Y)$, ($i=1,2,\ldots,N$), der Differentialgleichungen nur von wenigen Zustandsgrößen ab, so daß Jacobi-Matrizen in der Regel nur schwach besetzt sind, da die Ableitung von f_i nach y_j den Wert Null annimmt, sofern f_i keine Funktion von y_j ist. Da für die eigentliche Integration mit einer Gear-artigen Formel ca. 1-2 Funktionsauswertungen des Vektors F pro Schritt erforderlich sind, überwiegen die Funktionsauswertungen zur Berechnung von J bei weitem, selbst wenn berücksichtigt wird, daß eine Neuberechnung von J nur nach etwa 5 bis 6 Integrationsschritten erforderlich ist. Somit ist die vollnumerische Berechnung von Jacobi-Matrizen zwar besonders einfach, jedoch auch besonders rechenintensiv.

Bei sehr großen Differentialgleichungssystemen mit mehreren hundert Zustandsvariablen dominiert allerdings der Zeitaufwand für die LU-Dekomposition, sofern die Struktur der Matrix nicht besonders berücksichtigt wird. Unter Annahme einer durchschnittlichen Zeit zur Auswertung einer Funktion f_i, ($i=1,2,\ldots,N$), und der Annahme einer vollnumerischen Auswertung der Jacobi-Matrix und der LU-Dekomposition einer vollen Matrix gilt für die Zeitkomplexität des Problems folgendes: Der zeitliche Aufwand für die Funktionsauswertungen für die eigentliche Integration ist proportional zu N; die Zeit zur Berechnung der Jacobi-Matrizen wächst proportional zu N^2; die Zeit für die LU-Dekompositionen ist proportional zu N^3.

Was die Berechnung der Jacobi-Matrizen und die LU-Dekompositionen anbelangt, so bieten fortgeschrittene Integrationsprogramme wie die in ODEPACK /HIND83/ enthaltenen FORTRAN-Codes LSODA, LSODAR, LSODE, LSODES, LSODI die Möglichkeit, die Jacobi-Matrix in analytischer Form vorzugeben und bei den Zerlegungen der Matrix $I-h\beta_0 \cdot J$ eine etwa vorhandene bandförmige Struktur, wie sie sich bei der Ortsdiskretiserung partieller Differentialgleichungen ergibt, voll auszunützen. Umfang und Art der im Zusammenhang mit MMS-Anwendungen auftretenden Differentialgleichungen machen jedoch die Vorgabe einer Jacobi-Matrix in analytischer Form viel zu aufwendig, abgesehen davon, daß dies in der Sprache ACSL prinzipiell nicht möglich ist. Auch hinsichtlich der Struktur der Jacobi-Matrix kann von keinen a priori-Kenntnissen hinsichtlich Bandbreite usw. ausgegangen werden, so daß stets der allgemeinste Fall behandelt werden muß.

Das an der ETH entwickelte Simulationspaket PSCSP zeichnet sich durch die ausschließliche Verwendung semianalytischer Methoden in Form automatisch generierter Potenzreihen aus. Die Vorteile solcher Integrationsverfahren wurden ausführlich in /HALI83/ beschrieben.

In der bisherigen Form eignen sich diese expliziten Integrationsverfahren jedoch nicht zur Integration steifer Systeme. Deshalb wurde der aus ODEPACK stammende Code LSODAR in modifizierter Form ebenfalls in PSCSP implementiert. Dieser Code zeichnet sich dadurch aus, daß er selbständig erkennt, ob ein Problem steif ist oder nicht und dann den geeigneten Integrator wählt, d.h. eine Gear-artige Methode im steifen Fall oder ein Adams-Moulton-Verfahren (bzw. PSCSP-Taylor-Reihenentwicklungen) im nichtsteifen Bereich der Lösung. Außerdem bietet LSODAR gleich wie PSCSP /HALI76/ "root finding capabilities", so daß Unstetigkeiten automatisch lokalisiert werden können.

3. Mechanismen der Formelmanipulation in PSCSP

Wie in /HALI83/ beschrieben, bietet PSCSP konzeptionelle Möglichkeiten zur Formelmanipulation, so daß es naheliegend ist, beispielsweise die Berechnung von Jacobi-Matrizen in analytischer Form vorzunehmen. Es sei in diesem Zusammenhang erwähnt, daß bereits andere ältere wohlbekannte Pakete wie beispielsweise MACSYMA /MATH67/ Formelmanipulationen ermöglichen. Gegenüber solchen Paketen weist PSCSP jedoch den Vorteil auf, daß alle Manipulationen erst zur Laufzeit ausgeführt werden, was von interaktiven Möglichkeiten her interessant ist und zudem keinerlei Beschränkungen hinsichtlich der Ausdrücke von Indizes auferlegt. Weiterhin gestattet das Konzept von PSCSP eine einwandfreie automatische Behandlung von Unstetigkeiten, auch bei steifen Problemen, was für andere Simulationssprachen nach Wissen der Autoren bisher nicht zutrifft. Es ist immer noch Standard bisheriger Simulationssprachen, daß nicht einmal "intrinsic functions" wie ABS, SIGN oder MOD als Funktionen erkannt werden, die Unstetigkeiten verursachen können.

Um die wichtigsten Prinzipien der Formelmanipulation in PSCSP zu illustrieren, sei folgendes Beispiel betrachtet:

$$\dot{y} = f(t,y) = y \cdot \exp(a \cdot y) + \sin(y)/(t+5.) - y; \quad y(0) = y_0 \, ,$$

wobei a eine Konstante ist.

Jedes PSCSP Programm weist eine "CONTROL section" und eine "MODEL section" auf. In der "CONTROL section" geschieht die Steuerung des Experiments und Input/Output, während die zu integrierenden Modellgleichungen in einer FORTRAN ähnlichen Schreibweise in der "MODEL section" definiert werden. Die in PSCSP normalerweise zur Anwendung gelangende Methode der Taylor-Reihenentwicklungen erfordern zur rekursiven Berechnung höherer Ableitungen, daß die rechten Seite aller Differentialgleichungen von einem Precompiler so zerlegt werden, daß nur noch einfache arithmetische Ausdrücke mit zwei Operanden und Funktionen mit jeweils einem Operanden vorliegen. Mit neuen automatisch generierten Hilfsvariablen p, q, r, s, t, u, v und w gilt dann:

$p = a \cdot y$	(p = Konstante a · Variable y)	MPYVCO(P,Y,A)
$q = \exp(p)$	(q = Exponentiation der Variablen r)	EXPVOO(Q,P)
$r = y \cdot q$	(r = Variable y · Variable q)	MPYVVO(R,Y,Q)
$s = \sin(y)$	(s = Sinus der Variablen y)	SINVOO(S,Y)
$u = t + 5.$	(u = unabh. Variable t + Konstante 5.)	ADDVCO(U,T,5.)
$v = s / u$	(v = Variable s / Variable u)	DIVVVO(V,S,U)

$$w = r + v \qquad (w = \text{Variable } r + \text{Variable } v) \qquad \text{ADDVVO(W,S,U)}$$
$$\dot{y} = w + y \qquad (\dot{y} = \text{Variable } w - \text{Variable } y) \qquad \text{SUBVVO(YD,W,Y)}$$
$$\qquad\qquad\quad (y = \text{Integral von } \dot{y} \text{ über } t) \qquad \text{INTGRL(Y,YD,YO)}$$

Die rechts stehenden Namen in jeder Zeile bezeichnen Routinen, die später zur Berechnung der Ableitungen der links angegebenen Beziehungen verwendet werden. Der vom Precompiler generierte FORTRAN-Code der "MODEL section" besteht im Wesentlichen aus Aufrufen dieser Routinen. Bei der Ausführung des Programmes wird aus diesen Routinen erst der endgültige Code erzeugt, der später während der Integration abgearbeitet wird. In dieser zweiten Stufe der Codegenerierung geschieht folgendes:

a) Die Adressen der Argumente der Routinen werden in einer Tabelle abgespeichert, zusammen mit einer Kennzahl für die Art der Operation. Ein neuer Tabelleneintrag erfolgt nur dann, wenn nicht schon ein identischer Eintrag vorliegt. Zur weiteren Codeoptimierung werden Multiplkationen von Variablen mit den Konstanten 0., 1. und 2. gesondert behandelt.

b) Nach Abschluß der Liste wird im Normalfall aus jedem Tabelleneintrag direkt in Assembler der Aufruf einer Routine erzeugt, die es ermöglicht, die höheren Ableitungen des Resultates jeder Operation oder Funktion rekursiv in analytischer Weise zu berechnen.

c) Um den Code für die partielle Ableitung $df(t,y)/dy$ zu ermitteln, werden die in der Tabelle stehenden Einträge sukzessive nach y abgeleitet, wobei nötigenfalls neue Einträge zu generieren sind. Werden Ableitungen nach y mit ' bezeichnet, so gelten folgende Regeln: $y'=dy/dy=1.;$ $p'=1.,$ $q'=p'\cdot\exp(p)=q,$ $r'=y'\cdot q+y\cdot q'=q+y\cdot q,$ $s'=y'\cdot\cos(y)=\cos(y),$ $u'=0.,$ $v'=s'/u,$ $w'=r'+v',$ $\dot{y}'=df/dy=w'+y'=w'+1.$ Während der unter b) erwähnte Code für eine "normale" Funktionsauswertung (bzw. deren höhere Ableitungen) ausgewertet wird, kann der zusätzliche Code gesondert ausgewertet werden. Wird diese Technik auf Systeme von Differentialgleichungen angewendet, so läßt sich auf diese Weise Code für die Jacobi-Matrix des Systems erzeugen. Es ist zu beachten, daß für Operationen mit dem Resultat Null, also beispielsweise die Berechnung von u', kein neuer Code generiert wird. Andererseits stehen die Resultate gemeinsamer Teilausdrücke, wie z.B. für u, nach einer "normalen" Funktionsauswertung auch im Code für die Jacobi-Matrix zur Verfügung, ohne daß hierzu Neuberechnungen erforderlich wären.

4. Beispiel

Zur Verdeutlichung der bisherigen Ausführungen sei als Beispiel ein aus /AIKE85/ entnommenes einfaches zweidimensionales Modell für die Bildung von Ozon in der Athmosphäre betrachtet. Dieses reaktionskinetische Modell, das den Transport von atomarem Sauerstoff [O] und von Ozon [O_3] berücksichtigt, wird durch zwei gekoppelte partielle Differentialgleichungen beschrieben. Die unabhängigen Variablen sind die horizontale Position x, die Höhe z (beide in km) und die Zeit t (in Sekunden), wobei

$$0 \leq x \leq 20, \quad 30 \leq z \leq 50, \quad 0 \leq t \leq 86400.$$

Abhängigen Variable sind die atomare Sauerstoffkonzentration $c^1(t,x,z)$ und die Ozonkonzentration $c^2(t,x,z)$ (beide in Anzahl Moleküle pro cm^3). Die Konzentration des molekularen Sauerstoffs [O_2] wird konstant angenommen. Die Modellgleichungen sind:

$$c_t^i = (K_v(z)\cdot c_z^i)_z + K_h\cdot c_{xx}^t + R^1(t,c^1,c^2), \quad (i=1,2),$$

wobei

$$R^1(t,c^1,c^2) = -(k_1+k_2\cdot c^2)\cdot c^1 + k_3(t)\cdot c_2 + 7.4\cdot 10^{16}\cdot k_4(t)$$

$$R^2(t,c^1,c^2) = (k_1-k_2\cdot c^2)\cdot c^1 - k_3(t)\cdot c_2 .$$

Die Indizes t, x und z bezeichnen partielle Ableitungen. Die verschiedenen Koeffizienten sind

$$K_v(z) = 10^{-8}\cdot\exp(z/5), \quad K_h = 4.0\cdot10^{-6},$$

$$k_1 = 6.03, \quad k_2 = 4.66\cdot10^{-16}$$

$$k_3(t) = \begin{cases} \exp[-7.601/\sin(\pi t/43200) & \text{falls } t < 43200 \\ 0 & \text{falls } t \geq 43200 \end{cases}$$

$$k_4(t) = \begin{cases} \exp[-22.62/\sin(\pi t/43200) & \text{falls } t < 43200 \\ 0 & \text{falls } t \geq 43200 \end{cases}$$

Die Anfangsbedingungen sind

$$c_t^i = 10^{6\cdot i} \cdot [1 - 0.01\cdot(x-10)^2 + 0.00005\cdot(x-10)^4]$$
$$\cdot [1 - 0.01\cdot(x-10)^2 + 0.00005\cdot(x-10)^4], \quad (i=1,2).$$

Beide partielle Differentialgleichungen erfüllen homegene Neumann'sche Randbedingungen, das heißt $c_x(t,0,z)=c_x(t,20,z)=0$ bzw. $c_z(t,x,30)=c_z(t,x,50)=0$

Um die Aufgabe numerisch zu lösen, wird die "method of lines" angwendet, wozu das gegebene rechteckige xz-Gebiet in gleich große Maschen mit $M_x\cdot M_z$ Punkten unterteilt wird. Die Randbedingungen lassen sich exakt erfüllen, wenn die Ränder in der Mitte von Zellen verlaufen. Für die Größe der Diskretisierungsintervalle gilt $\Delta x=20/M_x$ und $\Delta z=20/M_z$. Einfache Ableitungen werden wie üblich in der Mitte zwischen zwei Punkten formuliert. Die zweifachen Ableitungen nach x und z werden in jeder Richtung in bekannter Weise durch zentrale Differenzen approximiert.

Alles in allem entsteht ein steifes System von insgesamt $2M_xM_z$ gekoppelten gewöhnlichen Differentialgleichungen.

Auf der CDC-Cyber Anlage des Rechenzentrums der ETH ergaben sich für ein Simulationsdauer von 10h und mit $M_x=8$ und $M_z=8$, d.h. für ein System von 128 Differentialgleichungen, folgende Werte:

	NS	NFA	NJA	ZG	ZFA	ZJA	ZLU	ZR
Fall 1:	459	15538	115	694.13	245.87	0.00	356.05	92.21
Fall 2:	459	825	110	436.19	12.69	10.68	343.88	68.95
Fall 3:	500	5318	138	304.85	83.78	0.00	170.17	50.90
Fall 4:	459	825	110	171.53	12.64	14.79	122.05	35.64

Hierbei bedeuten:

NS	Anzahl der Integrationsschritte
NFA	Anzahl der Funktionsauswertungen (inklusive Funktionsauswertungen für die Jacobi-Matrizen in den Fällen 1 und 3)
NJA	Anzahl der Auswertungen von Jacobi-Matrizen
ZG	Gesamte Rechenzeit (in Sek.)
ZFA	Zeit für Funktionsauswertungen (in Sek.)
ZJA	Zeit für Auswertungen der Jacobi-Matrizen (in Sek.)
ZLU	Zeit für LU-Dekompositionen (in Sek.)

ZR   Restliche Zeit (Schrittweitensteuerung, Koeffizientenberechnung, Berechnung von Matrizennormen u.a.)

Fall 1: intern generierte volle Jacobi-Matrizen und LU-Dekompositionen voller Matrizen

Fall 2: automatisch erzeugte Jacobi-Matrizen und LU-Dekompositionen voller Matrizen

Fall 3: intern generierte bandförmige Jacobi-Matrizen und LU-Dekompositionen bandförmiger Matrizen

Fall 4: automatisch erzeugte bandförmige Jacobi-Matrizen und LU-Dekompositionen bandförmiger Matrizen

Fall 1 entspricht der Situation, wie sie bei der Anwendung von MMS zusammen mit ACSL vorliegt. Fall 2 zeigt die Verbesserung, die sich in PSCSP ergibt, wenn der Code für die Jacobi-Matrix analytisch hergeleitet wird. In den Fällen 3 und 4 wird von der Tatsache Gebrauch gemacht, daß das vorliegende Problem eine bandförmige Jacobi-Matrix mit einer Hauptdiagonalen und $2M_x$ oberen bzw. unteren Nebendiagonalen aufweist. Im Falle numerisch approximierter Jacobi-Matrizen (Fall 3) können M_z Zustandsvariablen gleichzeitig gestört werden, wodurch wesentlich weniger Funktionsauswertungen notwendig sind als im Falle 1. Wie die Ergebnisse von Fall 4 zeigen, ist die Verwendung einer analytisch berechneten Jacobi-Matrix trotzdem zeitlich vorteilhafter.

Die Rechenzeiten zur Lösung steifer Systeme mittels PSCSP/LSODAR können noch wesentlich verbessert werden, wenn die LU-Dekompositionen unter Verwendung der "general sparse matrix"-Routinen des Codes LSODES ausgeführt werden. Dieser Code benutzt außerdem eine Methode, bei der etwa 5 mal weniger Auswertungen der Jacobi-Matrix und anschließende LU-Dekompositionen notwendig sind, so daß die Zeiten im Falle 4 noch deutlich günstiger ausfallen würden.

5. Referenzen

/AIKE85/ Aiken, R.C., Editor, Stiff Computation, Oxford University Press, Oxford, England, 1985

/ACSL86/ "ACSL (Advanced Continuous Simulation Language)", User Guide/Reference Manual, Mitchell and Gauthier, Associates, Inc., Concord, Massachusetts, 1986

/BABC85/ Modular Modeling System (MMS), Computer Code Manual, The Babcock and Wilcox Company, Nuclear Power Division, Lynchburg, Virginia, 1985

/GEAR71/ Gear, C.W., Numerical Initial Value Problems in ODEs, Prentice-Hall, Englewood Cliffs, New Jersey, 1971

/HALI76/ Halin, H.J., "Integration across Discontinuities in Ordinary Differential Equations Using Power Series", SIMULATION, pp. 46-53, 1976

/HALI83/ Halin, H.J., "The Applicability of Taylor Series Methods in Simulation", Proceedings of the 1983 Summer Computer Simulation Conference, Vol. 2 (Supplement on State of the Art Issues in Simulation), North Holland Publishing Company, pp. 1032-1076, 1983

/HIND83/ Hindmarsh, A.C., "ODEPACK A Systematized Collection of ODE Solvers", Numerical Methods for Scientific Computation; R.S. Stepleman, Editor; North Holland Publishing Company, 1983

/MATH67/ Mathlab Group, Project MAC, MACSYMA Reference Manual, Massachusetts Institute of Technology, 1967

Wissensbasierte Simulation

Wissensbasierte Simulation
fertigungstechnischer Abläufe

W. Hardeck
Siemens AG Erlangen

Jedes Simulationsprogramm muß das für die Fragestellung relevante Wissen des zu untersuchenden Systems enthalten. Trotzdem kann man ein konventionelles Simulationsprogramm nicht als wissensbasiert bezeichnen. Wissensbasiert ist ein Simulationsprogramm nur dann, wenn das Wissen unabhängig von der Ablaufstruktur des Simulationsprogramms verwaltet wird. Bei konventionellen Simulationsprogrammen ist das Wissen aber eng mit der Ablaufstruktur verknüpft. Dies hat den Nachteil, daß eine Änderung dieses Wissens nur durch Eingriff in das Simulationsprogramm durchgeführt werden kann. Häufig hat das eine Neuprogrammierung zur Folge.

Bei einer wissensbasierten Simulation kann man das fertigungstechnische Wissen in die folgenden Wissensbasen aufteilen:

1. Das statische Wissen, durch das das Fertigungssystem beschrieben wird. Alle Objekte, die bei der Simulation eines Fertigungssystems eine Rolle spielen, können hier unabhängig voneinander definiert werden.

2. Das Aktionswissen. Hier wird beschrieben, welche Zustandsänderungen möglich sind, und es wird definiert, wie sie eintreten können.

3. Das Zustandswissen wird durch die Simulation selbst erzeugt. Es

beschreibt den Zustand eines Fertigungssystems zur Simulationszeit.

Das Wesentliche hierbei ist nun, daß das Wissen in kleinen
Einheiten beschrieben und unabhängig voneinander in die Wissensbasen eingebracht werden kann. Der Vorteil gegenüber der konventionellen Programmierung besteht in folgenden Punkten:

o   Der Anwender kann unmittelbar neues Wissen einbringen, ohne
    in eine Programmstruktur eingreifen zu müssen.

o   Das zu simulierende Fertigungssystem kann schrittweise
    immer feiner detailliert werden.

o   Ein einmal spezifiziertes Fertigungssystem kann ohne
    Umprogrammierung in die Online-Simulation überführt werden.

o   Die Spezifizierung des Fertigungssystems entspricht bereits
    der Erstellung des Simulationsprogramms. Damit entfällt die
    Phase der Programmverifizierung, bei der zu untersuchen ist,
    ob das Simulationsprogramm dem Simulationsmodell entspricht.

Es gibt verschiedene Sprachkonzepte, die für die wissensbasierte
Simulation in Frage kommen. Einerseits sind dies die deklarativen
Sprachen, die auf der Prädikaten-Logik aufgebaut sind, und andererseits die sogenannten objektorientierten Sprachkonzepte, die
nicht zuletzt durch die Bedürfnisse der Simulation beeinflußt und
entstanden sind wie z.B. SIMULA. Ohne zwischen den vielen Sprachkonzepten bewerten zu wollen, soll im folgenden begründet werden,
warum PROLOG dem wissensbasierten Ansatz recht nahe kommt, und es
wird auf weitere Anwendungsmöglichkeiten dieser Sprache hingewiesen.

Die Simulationsspezifikationssprachen aus dem Bereich der konventionellen Programmierung (z.B. Goldmann/Wile, SMSDL, SSL) stellen
meist eine Zwischenform dar zwischen konzeptionellem Modell und

seiner Implementierung in einer Programmiersprache. Damit können
diese Sprachen die Schwierigkeit bei der Softwareerstellung nicht
beseitigen (Modellverifikation). Im Unterschied hierzu ist PROLOG
eine nicht algorithmische Programmiersprache, die auf der Prädika-
tenlogik erster Ordnung basiert.

Ein PROLOG-Programm besteht aus:

1. Einer Zusammenstellung von Fakten. Dies entspricht in unserem
   Falle der Wissensbasis über das Objektwissen. Die Objekte können
   nach Art des objektorientierten Programmierens in Form von Frames
   definiert werden.

2. Einer Zusammenstellung von Regeln (Hornklauseln). Diese Regeln
   können auf zwei Arten interpretiert werden:

   o als logische Schlußfolgerung, d.h. wenn die Prämisse erfüllt
      ist, dann gilt die Folgerung, oder

   o prozedural, wenn Ereignis A eintritt und die Bedingung B er-
      füllt ist, dann leite Aktion C ein.

   Bei der Simulation wird meist die zweite Art der Interpretation
   vorliegen, wobei die erste nicht ausgeschlossen ist. Die Zusammenfassung dieser Regeln entspricht in unserem Falle dem
   Aktionswissen.

3. Aus Fragen über die Objekte und ihre Beziehungen zueinander.
   Hier ist der Simulationstreiber anzuordnen, der dafür sorgt, daß
   im Ablauf der Zeit die Zustände der Objekte sich ändern. Außerdem kann hier der Anwender Ziele vorgeben, von denen er wissen
   will, ob das spezifizierte Fertigungssystem diese erfüllt, und
   wenn, unter welchen Bedingungen.

Als nicht algorithmische Sprache besitzt PROLOG keine Mittel zur
Ablaufsteuerung, wie z.B. while, if-then-else usw.. Die Anfragen an
die Wissensbasen werden durch die sogenannte Inferenzmaschine bearbeitet. Dieser Inferenzmechanismus leitet durch Suchen in der Wis-

sensbasis und durch Abarbeitung der Fakten und Regeln unter Berücksichtigung des sogenannten Backtracking und des CUT neues Wissen
her, das zur Beantwortung der gestellten Fragen an das System dient.
Folgende Abbildung zeigt beispielhaft das Zusammenwirken der drei
Wissensbereiche eines PROLOG-Programms bei der Simulation.

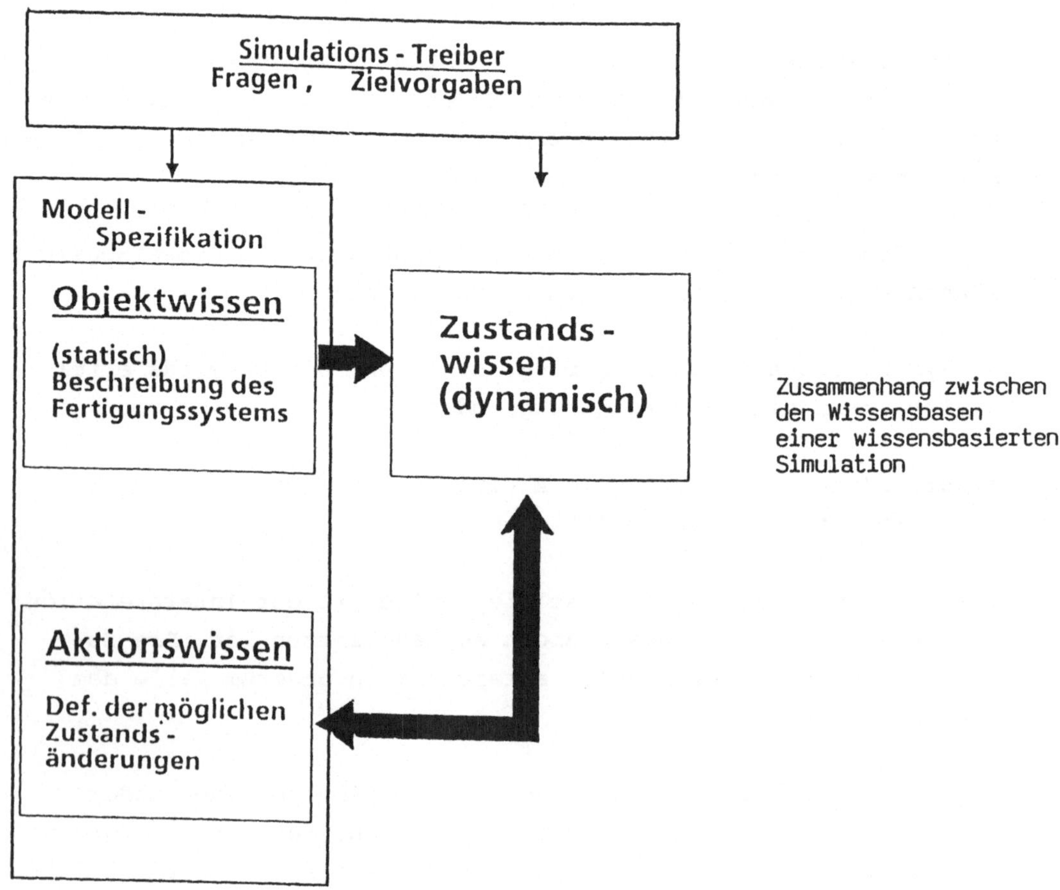

Die Reihenfolge, in der die einzelnen PROLOG-Wissenselemente in die
Wissensbasis eingebracht werden, ist im Prinzip beliebig. Aus Gründen der Übersichtlichkeit und der schnellen Verarbeitung empfiehlt
sich jedoch eine Strukturierung nach dem Klassenprinzip.

Der Ablauf der Simulation geschieht in drei Phasen. In der ersten
Phase ist der Zeitpunkt zu finden, zu dem ein Ereignis eintreten

soll. Die zweite Phase führt dieses Ereignis aus und die dritte
Phase überprüft die bedingten Ereignisse.

Der Inferenzmechanismus von PROLOG gestattet es, direkt an das
spezifizierte Fertigungssystem Fragen zu stellen, und es kann
versucht werden, vorgegebene Ziele zu erreichen. Hierdurch wird es
möglich, die bei der konventionellen Simulation vorliegende strikte
Trennung zwischen Planung und Simulation zumindest teilweise auf-
zuheben.

Bevor bei der konventionellen Simulation ein Simulationslauf durchgeführt wird, müssen die Parameter für die Simulation festgelegt
werden. Bei einer Optimierung werden viele Simulationsexperimente
nacheinander durchgeführt, so daß man sich an das Optimum "heran-
tasten" kann. Eine automatische Parameteränderung ist zwar möglich,
muß aber extra programmiert werden. Man muß daher die Variationsbe-
reiche der Parameter schon vorher kennen. Durch das Backtracking des
Inferenzmechanismus genügt es, das gewünschte Ziel zu formulieren.
Die PROLOG-Simulation sucht automatisch nach einer Parameterkon-
figuration, die dieses Ziel befriedigt.

So ist es z.B. möglich, innerhalb einer Simulation eine weitere
Simulation anzustoßen, durch die mögliche Alternativen in ihrer
kurzfristigen Auswirkung ausgetestet werden.

Den erwähnten Vorteilen bei einer Simulation mit PROLOG stehen
allerdings auch Nachteile gegenüber:

o   Der top-down-Entwurf verlangt vom Planer von Anfang an eine
    logisch einwandfreie Spezifizierung seines Systems.

o   Eine Beherrschung von PROLOG ist wesentlich schwieriger als z.B.
    der Umgang mit SIMAN oder GPSS.

o   Die Laufzeit für ein PROLOG-Programm hängt davon ab, wie das
    Wissen in der Wissensbasis steht.

o   Der Anwender ist in der Wahl seiner Prädikate frei. Hierunter
    leidet die allgemeine Verständlichkeit der Programme.

Zusammenfassend kann man sagen, daß mit PROLOG als Simulationssprache zwar viele Schwierigkeiten, die heute bei der Simulation
fertigungstechnischer Systeme bestehen, beseitigt werden können.
Ein sinnvoller Einsatz für größere Aufgaben wird aber erst dann
zu erwarten sein, wenn die Anwendersschnittstellen dem Wissen des
Planers besser angepaßt sind und wenn die Laufzeiten stark reduziert
werden können.
Letzteres könnte z.B. durch automatische Umsetzung einer PROLOG-
Spezifikation in C geschehen.

Literatur

Ivan Bratko: PROLOG
          Programmierung für künstliche Intelligenz
          Addison-Wesley, Bonn, 1987

P. Schnupp, C.T. Nguyen Huu:
          Expertensystem Praktikum
          Springer-Verlag, 1987

I. Futo: T-PROLOG User Manual
          SZKI 1983, Budapest

ICAD, ein Expertensystem für Netzwerk-Analyse und Synthese
P. L. Pogatzki, T. Dürbaum, E. Froch, A. Akhnoukh, H. J. Schmitt
Institut für Hochfrequenztechnik, RWTH Aachen, Aachen, Melatenerstr. 25

Einleitung

ICAD ist ein neues Netzwerk-Analyse und Synthese-Programmpaket. Es ist
als Expertensystem für Mikrowellenschaltungen realisiert.
Durch ICAD's Aufbau als Expertensystem kann die zur Entwicklung komplexer Schaltungen notwendige Zeit drastisch reduziert werden. Die Funk-
tionsfähigkeit von ICAD wurde anhand praktischer Aufbauten wie hochwer-
tiger Phasenschieber und Dämpfungsglieder überprüft.

Analyse und Optimierung von Netzwerken

Das vorgestellte Programmsystem ist in der Lage, nahezu beliebige Mi-
krostreifenleitungsschaltungen zu analysieren und optimieren. Die Netzwerke dürfen dabei maximal 450 Knoten und maximal 9 Tore aufweisen. Die
Analyse erfolgt mittels eines Streuparameter-Konzepts.
Die einzelnen Elemente einer Schaltung (Unternetzwerke genannt) werden
mittels physikalischer oder geometrischer Parameter (Input) wie Induk-
tivitäten, Kapazitäten, Längen und Breiten beschrieben. Die Simulation
eines jeden Unternetzwerkes liefert für eine gegebene Frequenz f als
Ergebnis (Output) die das elektrische Verhalten beschreibenden Streupa-
rameter sowie die das Rauschverhalten beschreibende Korrelationsmatrix.
Alle so gewonnenen Daten werden dann in den die Gesamtschaltung beschreibenden Diagonalmatrizen zusammengefaßt.
Bei der Netzwerkoptimierung werden dann einzelne Eingabeparameter derart modifiziert, daß das Systemverhalten einem geforderten Verhalten
möglichst gut entspricht. Die zur Optimierung verwendeten Methoden sind
dabei ein reines Zufallsverfahren, ein Fletcher-Powell-Algorithmus
sowie eine Kombination der beiden.

Das Expertensystem

Der große Unterschied zu den bereits existierenden Netzwerk-Analysepro-
grammen ist der, daß ICAD in der Lage ist, zu einem gegebenen Design-
Problem selbständig eine Lösung anzubieten.
Der Weg, der dabei beschritten wird, ist der, daß aus einigen Unter-

netzwerken bestehende Teilnetzwerke (Makros genannt) in Bibliotheken abgespeichert werden können. Jedes Makro wird nun einer Schaltungsgruppe (z. B. Verstärker, Phasenschieber, Anpassung, Bias usw.) zugeordnet. Die Elemente einer solchen Gruppe werden mittels verschiedener Eigenschaften wie Bandbreite, Verstärkung, Rauschzahl usw. beschrieben.

Da innerhalb der Definition eines Makros selbst wieder Makros oder verschiedene Schaltungsgruppen verwendet werden können, ist eine äußerst flexible Schaltungsentwicklung möglich. Als Beispiel sei hier die Definition eines einstufigen Verstärkers angeführt. Die mit "?" gekennzeichneten Zeilen beinhalten dabei den Aufruf einer Schaltungsklasse statt eines fest implementierten Simulationsmodells wie MESFET. Für jede dieser Schaltungsgruppen existieren Definitionen analog zu der hier angegebenen.

```
BLOCK       AMP1ST  2 5
?BIAS       B1        1 3
?ANPASSUNG  A1        3 4
MESFET      M1        4 5
?ANPASSUNG  A2        5 6
?BIAS       B1        2 6
```

Zur Veranschaulichung sei hier noch das entsprechende Blockschaltbild angegeben:

Damit ergibt sich für jedes gestellte Design-Problem ein Entscheidungsbaum. Jedem Element in jeder Ebene des Entscheidungsbaums sind dabei die schon erwähnten Eigenschaften sowie die Erfolgschancen für eine Realisierung zugeordnet.

Als Beispiel für einen solchen Baum sei hier der für einen Verstärkerentwurf vorgestellt.

So gliedert sich die Menge aller Verstärker zunächst in die Untermengen EINSTUFIG und ZWEISTUFIG.

Der einstufige Verstärker läßt sich mittels des Makros AMP1ST realisieren. Dieses wiederum verwendet die Schaltungsgruppen BIAS und ANPASSUNG.

Die Menge der zweistufigen Verstärker beinhaltet die Makros BALANCED und AMP2ST. Diese enthalten in ihren Definitionen Aufrufe der Schaltungsgruppen EINSTUFIG und KOPPLER.

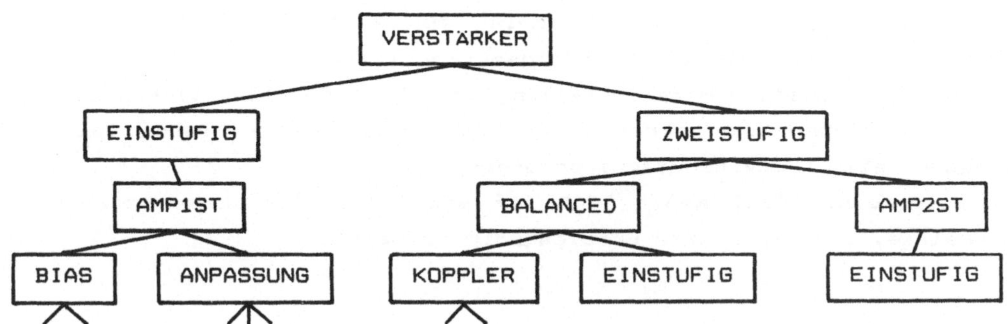

Damit ist anhand des Beispiels leicht zu erkennen , daß der hier verwendete Entscheidungsbaum nicht sequentiell ist. Es existieren auch Verweise auf Nachbarzweige (EINSTUFIG).

Wird ICAD nun eine konkrete Aufgabe gestellt, so sucht es aus verschiedenen Bibliotheken anhand der geforderten Schaltungseigenschaften die bestmöglichen Lösungsvorschläge heraus und listet sie einschließlich ihrer Erfolgschance auf. Wird ein Lösungsvorschlag vom Programmbenutzer akzeptiert, so "merkt" ICAD sich dieses und weist diesem Vorschlag eine höhere Erfolgschance zu. Dieser Vorschlag kann dann noch ggfs. einer weiteren Optimierung unterzogen werden.

Sollte die praktische Realisierung der Schaltung ein anderes Ergebnis zeigen, als durch die Schaltungssimulation vorausgesagt, so kann auch diese Information ICAD mitgeteilt werden. In diesem Fall wird selbstverständlich die Erfolgschance verringert. Nur für den Fall, daß ein neues, ICAD unbekanntes Design-Problem auftritt, muß der Programmbenutzer die sonst übliche Designaufgabe selbst übernehmen. Danach ist jedoch auch dieses Problem einschließlich einer speziellen Lösung ICAD bekannt.

Ein weiteres Problem bei der Entwicklung von Mikrowellenschaltungen ist die Erzeugung eines planaren Layouts. ICAD ist jedoch in der Lage, direkt für den erarbeiteten Lösungsvorschlag ein solches Layout zu generieren.

Auch dabei bedient sich ICAD umfangreicher Bibliotheken, um die geometrischen Strukturen einzelner Unternetzwerke zu realisieren.

Für einige Unternetzwerke kennt ICAD zusätzlich zu den Standardgeometrien auch Alternativen, die im Rahmen einiger Vereinfachungen gleiches elektrisches Verhalten aufweisen. Z. B. im Falle der Mikrostreifenleitung kann die Standardgeometrie Rechteck durch ein Kreisegment ersetzt werden.

Existiert für ein bestimmtes Netzwerk keine Lösung, lassen sich beispielsweise die Tore zweier Unternetzwerke geometrisch nicht miteinander verbinden, so kann der Programmbenutzer ICAD einen Lösungsvorschlag unterbreiten. Führt dieser Vorschlag zum Ziel, so wird er von ICAD abgespeichert und mit einem Erfolgsmerker versehen. Ergibt sich später nochmals die gleiche Problemstellung, so verwendet ICAD diesen Lösungsvorschlag erneut und inkrementiert den Erfolgsmerker. Dabei ist keine Eingabe seitens des Benutzers erforderlich.

Im allgemeinen Fall wählt ICAD für ein bestimmtes Unternetzwerk die Geometrie, die die größte Erfolgsquote aufweist.

Zusammenfassung

Es wurde eine neues Netzwerk-Analyse und Synthese-Programm entwickelt. Dieses als Expertensystem konzipierte Programm-Paket ist z. Z. in seinem Modellvorrat auf Mikrostreifenleitungen beschränkt. Jedoch ist die Programmstruktur so allgemein und flexibel gehalten, daß andere Leitungsformen sich leicht integrieren lassen.

Die Leistungsfähigkeit wurde mit der Entwicklung eines stromgesteuerten Dämpfungsgliedes/Phasenschiebers im Frequenzbereich 3,6GHz bis 4,2GHz ausgiebig getestet. Dabei zeigt sich im Verlauf der Schaltungsentwicklung deutlich der Vorteil von ICAD als Expertensystem gegenüber reinen Analyseverfahren.

Literatur

/1/ R.H. Jansen, "Probleme des Entwurfs und der Meßtechnik von planaren Schaltungen", Teil 1 bis 3, NTZ 34, 1981

/2/ V. Rizolli, A. Lipparini, "The Design of Interdigitated Couplers for MIC Applications", MTT 26, 1978

/3/ D. D. Paolino, "Design More Accurate Interdigitated Couplers", Microwaves, Mai 1976

/4/ W. J. Parris, "PIN Variable Attenuator With Low Phase Shift", MTT 20, 1972

/5/ K. F. Sander, "Microwave Components And Systems", Addison-Wesley Publishing Company, 1987

/6/ Tri. T. Ha, "Solid-State Microwave Amplifier Design", J. Wiley & Sons Inc., 1981

/7/ R. S. Carson, "High-Frequency Amplifiers", J. Wiley & Sons Inc., 1982

Expertensystemgestützte Systemidentifikation

Dipl.-Ing. M. Rychlik
Lehr- und Forschungsgebiet für Verfahren der Prozeßdatenverarbeitung und Prozeßführung an der RWTH Aachen

1. Einleitung

Unter industriellen Bedingungen wird die Auslegung von Automati-
sierungssystemen oftmals ohne den Aufwand an Systemidentifikation, Modellierung und Simulation betrieben, da nach Auffassung
der Applikationsingenieure der Aufwand einer solchen Vorgehensweise den Nutzen der vertieften Kenntnis über den Prozeß nicht
rechtfertigt. Die Ursache einer solchen Beurteilung liegt in
einer Vielzahl von Gründen, die durch die praktische industrielle
Arbeit geprägt sind. Aufzuführen wären etwa

- Modellbildung und Simulation bieten keine vollkommene Beschreibung des Prozesses
  Die praktisch handhabbare Regelungstechnik bezieht sich heute
  noch auf linearisierte Modelle, die einem realen, meist nichtlinearen Prozeß angepaßt werden müssen. Der damit verbundene
  Modellfehler wird um so größer, je weiter sich der reale Prozeß
  vom Linearisierungspunkt entfernt. Somit ist das Modell nur auf
  diesen einen Arbeitspunkt bezogen und nur in einem engen Bereich gültig. Größere Abweichungen, wie sie vor allem durch
  Störungen oder beim An- und Abfahren des Prozesses entstehen,
  werden durch das Modell nicht repräsentiert, sind aber gerade
  bei der Behandlung von Störungs- und Ausnahmesituationen von
  Interesse.

- der Aufwand für eine korrekte Modellbildung ist zu groß
  Die oben beschriebenen Nachteile der linearisierten Modelle
  können durch eine Betrachtung des Prozesses in verschiedenen
  Arbeitspunkten und einer jeweiligen Zuordnung von Prozeßsitua-
  tion und Teilmodell ausgeglichen werden. Die Folge einer solchen Vorgehensweise sind aber auf der einen Seite komplexe, oft
  nur schwer zu handhabende Modelle, zum anderen ein vergrößerter
  Aufwand an Identifizierungsarbeiten in den verschiedenen Situationen des Prozesses. Zudem lassen sich viele Prozesse, vor
  allem im Bereich der Verfahrenstechnik, aufgrund ihrer zeitlich
  oder auch durch andere Prozeßgrößen bedingten Nichtlinearitäten
  nur schwer modellieren. Dieser Punkt berührt die Modellbildung
  selbst, d.h. die Auswahl von erfaßbaren Meß- und Einflußgrößen
  auf der einen und geeigneten Stellgrößen auf der anderen Seite.

- der Abgleich von Parametern vor Ort führt schneller zum Ziel
  Gestützt auf das Erfahrungswissen mit vergleichbaren Prozessen
  werden in der Planungsphase Schätzwerte angesetzt, die bei der
  Inbetriebnahme des Automatisierungssystems dem realen Verhalten
  angepaßt werden. Der Erfolg der Parametereinstellung ist sofort
  erkennbar und kann entsprechend korrigiert werden. Eine
  aufwendige Planungsphase entfällt also zugunsten einer
  einfacher durchzuführenden Versuchs- und Anpassungsphase.

Als Folge dieser pragmatischen Ansätze präsentiert sich die Lage
der Regelungstechnik heute zweigeteilt. Auf der einen Seite liegt
der Schwerpunkt der Forschungsaktivitäten in der Suche nach
neuen, besseren Verfahren zur Beschreibung von Prozessen und
ihrer optimalen Regelung. Dabei werden die Verfahren immer komplexer, aufwendiger und für den einfachen Anwender undurchschau-
barer und unkontrollierbarer. Folglich begegnet die Praxis auf
der anderen Seite diesen Ergebnissen mit einer gewissen Skepsis
und verwendet weiterhin die bekannten und traditionellen P-, PI-
und PID-Strukturen, obwohl der Einsatz neuerer rechnergestützter
Regelalgorithmen ein besseres Ergebnis liefern könnte.

Unter dem Gesichtspunkt der Steigerung der Produktqualität, der Minimierung der Produktionskosten und der Senkung von Umweltbelastungen ist jedoch eine Optimierung der Regelung durchaus wünschenswert. Dies erfordert eine eingehendere Kenntnis über den Prozeß, als mit dem bisherigen pragmatischen Ansatz zu erzielen ist. Vor allem aber die Automatisierung auf höherer, also nicht prozeßnaher Ebene, wie sie z.B. in den Bemühungen der CIM-Aktivitäten zum Ausdruck kommt, erfordert eine möglichst genaue Modellbildung des betrachteten Prozesses. Sie ist erforderlich, um die Effizienz des Gesamtsystems zu sichern.

Somit wird bei zunehmendem Automatisierungsgrad der Prozesse die Frage nach der Systemidentifikation, Modellbildung und Simulation immer dringlicher. In diesem Zusammenhang sind die Überlegungen zu sehen, dem Applikationsingenieur ein Werkzeug zur Verfügung zu stellen, das ihn bei der Planung der Automatisierungsaufgabe unterstützt. Hier ist der erste Schritt nach der Festlegung der für die Automatisierungsaufgaben zur Verfügung stehenden Größen die genaue Untersuchung der Abhängigkeiten der Signale, d.h. des funktionalen Zusammenhangs zwischen dem betrachteten Eingangs- und Ausgangssignal. Dieser funktionale Zusammenhang wird durch die Systemidentifikation beschafft. Ein erster Schritt zu einer Kette von Werkzeugen, die die Beschreibung von Prozessen systematisieren und ihre Analyse erleichtern helfen, ist also in einer Unterstützung der Systemidentifikation zu sehen.

2. Wissensbasierte Expertensysteme

Aufgabe eines solchen Werkzeugs muß es also sein, einerseits dem Ingenieur Vorgang und Verfahren der Systemidentifikation transparent zu machen, damit auch beim "Mann der Praxis" ein gewisser Grad an Akzeptanz erreicht wird, andererseits den Ablauf der Identifikation zu unterstützen, angefangen von der Bereitstellung der notwendigen Algorithmen bis hin zur Hilfestellung bei der

Auswertung der Ergebnisse. Ein Beratungssystem, das diesen hohen Anforderungen entsprechen und gleichzeitig ein hohes Maß an Flexibilität aufweisen soll, läßt sich nach den heutigen Methoden der Softwaretechnologie sinnvoll und effizient z.B. in einem wissensbasierten Expertensystem realisieren.

Bei der Abgrenzung des Aufgabengebiets eines solchen Beratungssystems sollen zunächst folgende Aspekte im Vordergrund stehen (weitere können im Laufe einer Überarbeitung der Wissensbasis hinzugenommen werden):
- Erfassen der zu erwartenden Signalabhängigkeit durch Dialog mit dem Bediener
- Vorschlag und Erläuterung von Identifikationsmethoden
- Begründung des Vorschlags
- Angaben über die zu verwendenden Algorithmen
- Abschätzen von Parametern für die Identifizierungsverfahren
- Hilfe bei der Auswertung der Ergebnisse

Zu diesen inhaltlichen Schwerpunkten ist nun das entsprechende Fachwissen zusammenzutragen. Dabei kann für die Erstellung der Wissensbasis sowohl auf das Lehrbuchwissen, also auf mathematisch-theoretische Grundsatzüberlegungen, wie auch auf das in der industriellen Praxis gewonnene Erfahrungswissen zurückgegriffen werden. Gerade der letzte Punkt stellt einen wichtigen Beitrag zur Akzeptanz des Beratungssystems dar, da hier die Beratung die rein theoretische Ebene verläßt und praktische Hinweise zur Durchführung der Systemidentifikation gibt.

3. Beratungsablauf

Wie aus den obigen Ausführungen bereits deutlich wurde spielt die Dialogkomponente eines Beratungssystems eine entscheidende Rolle bei der Akzeptanz durch den Benutzer. Die Shell eines wissensbasierten Expertensystems, vor allem wenn es auf

Beratungsaufgaben ausgerichtet sein soll, muß daher eine Reihe von Anforderungen erfüllen, die eine Benutzergerechte Schnittstelle ausmachen. Hierzu gehören:
- Dialogführung durch das Beratungssystem
- Verwendung von Klartext
- Erklärung zu Fragestellungen
- Unterstützung der Darstellung komplizierter Sachverhalte durch graphische Abbildungen
- Begründung des Lösungsvorschlags

Zur Realisierung dieser Leistung sind zusätzlich zu den Regeln der Analyse und Schlußfolgerung auch Regeln bezüglich der Fragen des Ingenieurs anzugeben, die sich auf Erklärungen zur Fragestellung oder auf Erläuterungen zum Vorgehen und zum Identifikationsverfahren beziehen. Zur Unterstützung der Aussagekraft können Erklärung, die das System auf Anforderung durch den Benutzer abgibt, durch Einblenden einer graphischen Darstellung des Sachverhalts auch mit nonverbalen Mitteln ergänzt werden.

Die Begründung für eine Entscheidung wird vom System automatisch ausgegeben. Sie kann aber auch im Verlauf des Dialogs vom Benutzer gefordert werden, indem er nach der Begründung der zuletzt gestellten Frage verlangen kann. Dadurch werden kausale Zusammenhänge bei der Entscheidung über die Auswahl von Identifikationsverfahren transparent und dem Ingenieur verständlich gemacht.

Somit leistet das Expertensystem durch seine Erklärungs- und Begründungskomponente auch einen Beitrag zur Schulung im Bereich der Systemidentifikation. Da es einerseits das theoretische Wissen, andererseits die Erfahrung der Ingenieure miteinander verknüpft und kombiniert, ist eine fundierte Entscheidungshilfe gewährleistet. Durch den Umgang mit dem System wird der Ingenieur mit dem Instrumentarium der Identifikation vertraut und erfahren bezüglich des Vorgehens, des Planens und des Einsatzes der entsprechenden Methoden.

4. Ausblick

Mit dem Ansatz eines Expertensystems, das eine Beratungsfunktion bezüglich der Systemidentifikation wahrnimmt, ist erst ein erster Schritt in Richtung auf eine durchgängige rechnergestützte Betreuung der Ingenieurstätigkeit erreicht. Weitere Einsatzgebiete eines Expertensystems in der Systemidentifikation wäre die Koordination der Identifikationsalgorithmen in einem Rechnersystem, d.h. das selbständige Zusammenstellen des Identifikationsprogramms durch Aktivieren der entsprechenden Programmodule, wie dies in /Arzen 86/ vom grundsätzlichen Verfahren her vorgestellt wird. Weiterhin kann an eine expertensystemgestützte Auswertung der Identifikationsergebnisse gedacht werden. Erste Anwendungen auf diesem Gebiet sind in /eee 87/ vorgestellt worden, wobei zunächst auf die Auswertung von Stellgrößensprung und Schwingversuch eingegangen wird. In einer Fortführung dieses Ansatzes kann aber auch an eine Auswertung der graphischen Ergebnisse, wie sie aus der spektralen Untersuchung der zu identifizierenden Strecke resultieren, gedacht werden.

Mit dem Einsatz wissensbasierter Expertensysteme steht also eine Vielzahl von Möglichkeiten offen, die Arbeit des Ingenieurs bei der Systemidentifikation, Modellbildung und Simulation zu unterstützen.

/Arzen 86/   Karl-Erik Arzen:
               Expert Systems for Process Control
               in: Applications of Artificial Intelligence
                  in Engineering Problems
               Springer-Verlag 1986

/eee 87/   n.n.:
               Expertensystem zur Prozeßregelung
               in: eee Nr.18 vom 15. September 1987

Simulationssysteme
Simulationssprachen

Das Konzept der Ereignisbearbeitung in der Modellbeschreibungssprache SIMPLEX-MDL

Peter Eschenbacher
IMMD IV, Universität Erlangen–Nürnberg
Martensstraße 1, D-8520 Erlangen

Übersicht

Es wird die Notation für Ereignisse vorgestellt und die damit gegebenen Möglichkeiten besprochen. Insbesondere wird darauf eingegangen, wie durch eine geeignete Abarbeitung Probleme der Gleichzeitigkeit sowie der Fortpflanzung von Ereignissen zum gleichen Zeitpunkt gelöst wurden. Abschließend werden Parallelen zur Abarbeitung von Differentialgleichungen gezogen und zu einem allgemeinen Konzept der Behandlung von Zustandsübergängen ausgebaut.

1 Einleitung

Unter dynamischer Simulation versteht man eine Abfolge von Zustandsübergängen. Aus einem Anfangszustand werden solange Folgezustände abgeleitet, bis der Endezustand erreicht ist.

$$Z_0 \to Z_1 \to Z_2 \to \ldots \to Z_{i-1} \to Z_i \to \ldots \to Z_E$$

Der Zustand des Modells wird durch die Werte des Zustandsvektors Z bestimmt, der alle Zustandsgrößen zusammenfaßt.

$$Z = \begin{bmatrix} z_1 \\ z_2 \\ \vdots \\ z_M \end{bmatrix}$$

Dabei ist der Zustand Z_i entweder direkt aus dem Zustand Z_{i-1} oder – in bestimmten Fällen – auch aus weiter zurückliegenden Zuständen ableitbar.

Wir unterscheiden zwei Arten von Zustandsübergängen:

1. *Kontinuierliche Zustandsübergänge*
   Diese Zustandsübergänge sind zeitverbrauchend und werden durch Differentialgleichungen beschrieben.

2. *Diskrete Zustandsübergänge*
   Diese Zustandsübergänge verbrauchen keine Zeit und werden durch Ereignisse beschrieben.

Es war unser Ziel, in der Modellbeschreibungssprache SIMPLEX-MDL diese beiden Arten von Zustandsübergängen miteinander in Einklang zu bringen und eine Formulierung und Abarbeitung zu realisieren, die für den Benutzer verständlich, eindeutig und konfliktfrei ist.

2 Die Notation für Ereignisse in SIMPLEX-MDL

Ereignisse in der Modellbeschreibungssprache SIMPLEX-MDL bestehen aus der Auslösebedingung und dem Ereignisrumpf. Der Ereignisrumpf besteht aus dem Teil, der die auszuführenden Zustandsübergänge enthält und - optional - einem davorliegenden prozeduralen Programmabschnitt mit eigenem Deklarationsteil.

Synatx:

```
event_defining_statement  ::=   execution_condition
                                event_body


execution_condition ::=   WHENEVER   expression
                        | ON   indication { OR indication }


indication ::=   ^ expression ^
              | identifier


event_body ::=   [ procedural_part ]
                transitions_part


procedural_part ::=   DECLARE   variable_declaration_part
                      DO PROCEDURE
                          procedural_statement_sequence
                      END


transitions_part ::=  DO [ TRANSITIONS ]
                          transition_statement_sequence
                      END
```

Der prozedurale Ereignisabschnitt ist nur der Vollständigkeit halber angegeben und soll hier nicht weiter besprochen werden.

2.1 Ausführungsbedingungen

Es sind zwei Arten von Ausführungsbedingungen vorgesehen:

1. *Das WHENEVER-Konstrukt*
   Hinter dem Schlüsselwort WHENEVER steht ein logischer Ausdruck, der angibt, ob ein bestimmter Zustand eingetreten ist, der die Ausführung des Ereignisses notwendig macht.

   Beispiel: `WHENEVER   x > 5`

   Immer dann, wenn der Zustand $x > 5$ eingetreten ist, soll das Ereignis ausgeführt werden. Ist nach Ausführung des Ereignisses x immer noch größer 5, wird das Ereignis wiederholt. Der Benutzer muß in diesem Fall selbst dafür Sorge tragen, daß die Ausführung des Ereignisses endet; beispielsweise, indem durch das Ereignis x auf den Wert null gesetzt wird.

2. *Das ON-Konstrukt*
   Hinter dem Schlüsselwort ON folgen eine oder mehrere Indikationen. Dabei handelt es sich entweder um Indikatoren (siehe später) oder um logische Ausdrücke, die in Häkchen '^' eingeschlossen sind. Eine solche Indikation löst ein Ereignis aus, wenn der logische Ausdruck im aktuellen Zustand 'wahr' und im unmittelbar vorausgegangenen Zustand 'falsch' war.

Beispiel: ON   ^x > 5^

> Immer dann, wenn der Zustand x > 5 eingetreten ist und im vorausgegangenen Zustand
> diese Bedingung 'falsch', d. h. x <= 5 war, soll das Ereignis ausgeführt werden. Bleibt
> nach Ausführung des Ereignisses, d. h. im Folgezustand, x > 5, so ist dennoch sicherge-
> stellt, daß das Ereignis nur ein einziges Mal, nämlich beim ersten Eintritt der Bedingung
> x > 5, ausgeführt wird.

Indikationen sind vor allem auch in Verbindung mit Ausführungsbedingungen vorteilhaft, die
die Simulationszeit T enthalten.

Beispiel: ON   ^T = 10^

> Das Ereignis wird bei Erreichen des Zeitpunktes T = 10 genau einmal ausgeführt.

2.2   Anweisungen zur Veränderung von Zustandsgrößen

Im transitions_part dürfen die folgenden Anweisungen auftreten:

1. *Zuweisungen an Zustandsvariablen*

    ```
    identifier '^' ':=' expression ';'
    ```

Hierdurch wird festgelegt, welchen Wert die bezeichnete Zustandsvariable im folgenden Zustand einnehmen soll. Durch das Häkchen hinter dem Bezeichner der Zustandsvariablen soll
verdeutlicht werden, daß die Zustandsvariable erst im Folgezustand den zugewiesenen Wert
annimmt. Die Bedeutung dieser Maßnahme wird an späterer Stelle erläutert.

Beispiel:

```
x^   :=   y;
y^   :=   x;
```

Die Werte der beiden Zustandsvariablen x und y sind im folgenden Zustand vertauscht.

2. *Setzen von Indikatoren*

    ```
    SIGNAL   identifier ';'
    ```

Ein Indikator wird im Folgezustand auf 'wahr' gesetzt. Einen Zustand später ist er bereits auf
'falsch' zurückgesetzt. Ein gesetzter Indikator dient neben den Indikationen zur Auslösung
von ON-Ereignissen.

Beispiel:

```
SIGNAL   Alarm;

ON   Alarm
DO   ...
```

3. *Operationen mit Locations und mobilen Komponenten*
   Da das Verständnis dieser Operationen die Kenntnis des Konzepts der mobilen Komponente
   voraussetzt, sei der Vollständigkeit halber nur erwähnt, daß es sich dabei um das Generieren,
   Vernichten und Bewegen mobiler Komponenten handelt /2/.

3 Gleichzeitige Auslösung von Ereignissen

Tritt ein Zustand ein, bei dem die Ausführungsbedingungen mehrerer Ereignisse 'wahr' sind, so bedeutet das, daß diese Ereignisse gleichzeitig auszuführen sind.

Beispiel:

Aktueller Zustand: $x = 10$, $y = 3$

```
        WHENEVER   x > 5
        DO
          x^ := 0;
        END

        WHENEVER   x > 5   AND   y > 0
        DO
          y^ := x;
        END
```

Folgezustand: $x = 0$, $y = 10$

Die Ausführungsbedingungen sowie die rechte Seite der Zuweisungen beziehen sich auf den aktuellen Zustand. Daher werden beide Ereignisse unabhängig von der Reihenfolge, in der sie im Programmtext stehen, ausgeführt.

Diese Eigenschaft erlangt noch größere Bedeutung, wenn die beiden Ereignisse in verschiedenen Komponenten auftreten. In diesem Fall hätte der Benutzer keine Möglichkeit, sich für eine bestimmte Reihenfolge zu entscheiden.

4 Ereignisfortpflanzung zum gleichen Zeitpunkt

Wir sprechen von Ereignisfortpflanzung, wenn durch die Ausführung eines Ereignisses ein weiteres Ereignis ausgelöst wird.

Enthält die Ereignisbedingung nicht die Simulationszeit T, wird das Ereignis ohne Zeitverzug, also zum gleichen Zeitpunkt ausgeführt.

Beispiel:

Anfangszustand: $x = 10$, $y = 3$

```
        WHENEVER   x > 5
        DO
          x^ := 0;
        END

        WHENEVER   (x = 0) AND (Y > 0)
        DO
          y^ := 0
        END
```

1. Folgezustand: $x = 0$, $y = 3$
2. Folgezustand: $x = 0$, $y = 0$

Wie man an dem Beispiel sieht, können zu einem Zeitpunkt mehrere Zustände durchlaufen werden.

5 Zeitbedingte Ausführung von Ereignissen

Der Simulator SIMPLEX-II verwendet eine Zeitachse, deren Zeitpunkte ganzzahlige Vielfache einer kleinsten Zeiteinheit, der zeitlichen Auflösung TScal, sind.

$t_i = i * TScal, \quad i \epsilon Z$

Beispiel: Die Zeitachse für $TScal = 0.01$

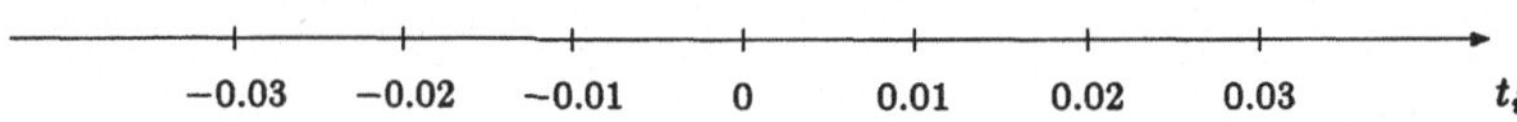

Die zeitliche Auflösung ist vom Benutzer vorgebbar. Ereignisse können nur zu den sich daraus ergebenden diskreten Zeitpunkten stattfinden.

Beispiel: Die beiden Ereignisse

```
        ON   ^T = 10^
    und ON   ^T = 10.001^
```

werden gleichzeitig ausgeführt, wenn TScal = 0.01 ist.

Vergleiche mit der Simulationszeit T dürfen beliebige Ausdrücke enthalten. Nach Ausführung aller Ereignisse zum aktuellen Zeitpunkt T wird der kleinste, noch nicht abgelaufene Zeitpunkt ermittelt und die Zeit zu diesem fortgeschaltet.

Beispiel: T = 10,   x = 5,   y = 10,   z = 12

```
    ON   ^T = 20 ^        DO     ...      END
    ON   ^T = x + y ^     DO z^ := 2;     END
    ON   ^T = z + 10 ^    DO     ...      END
```

Als nächstes Ereignis wird das 2. Ereignis zum Zeitpunkt 15 ausgeführt.

SIMPLEX-MDL kennt daher keine Ereignisliste, in die der Ausführungszeitpunkt eines Ereignisses fest eingetragen wird. Ändert das zweite Ereignis den Wert von z auf 2 wird das 3. Ereignis als nächstes ausgeführt.

6 Die Abfolge von Zuständen in einem Simulationslauf

Wir haben gesehen, daß jeder Zustand seinen Folgezustand bedingt. Es gibt daher eine eindeutige Ordnung der Zustände. Da zu einem Zeitpunkt mehrere Zustände eintreten können, reicht die Zeit als Ordnungsparameter nicht aus. Wir führen daher neben den Zeitpunkten t_i den Takt n ein, um einen Zustand eindeutig zu benennen. Wir verwenden die Notation

$\mathbf{Z}(t_i, n)$ mit $t_i = i * TScal$, $i \epsilon Z$ und $n \epsilon \{0, 1, \ldots, N(t_i)\}$.

$N(t_i)$ bezeichnet den letzten Takt zum Zeitpunkt t_i, d. h. denjenigen Zustand, aus dem sich zum Zeitpunkt t_i kein weiterer Folgezustand ergibt.

Die Folge der Zustände eines Simulationslaufs läßt sich nun aus dem Zustandsfolgediagramm ablesen.

Beispiel für ein Zustandsfolgediagramm:

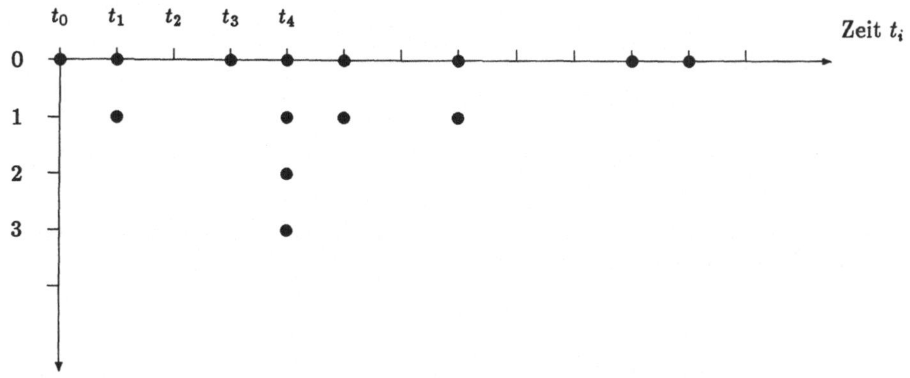

Die fettgezeichneten Punkte zeigen die Lage der aufgetretenen Zustände an.

7 Formale Beschreibung für diskrete Zustandsübergänge

Ein tieferes Verständnis für die Behandlung von Ereignissen erzielt man, wenn man die Abarbeitungsschritte formalisiert. Es wird dabei insbesondere deutlich, daß die Ausführung eines diskreten Zustandsübergangs ganz in Einklang steht mit der Ausführung eines kontinuierlichen Zustandsübergangs, d. h. mit der Integration von Differentialgleichungen. Diese Vereinheitlichung hat es ermöglicht, mit SIMPLEX-MDL eine Sprache zu entwerfen, die keine Unterscheidung zwischen diskreten und kontinuierlichen Komponenten vornimmt, sondern beide Typen von Zustandsübergängen innerhalb einer Modellkomponente zuläßt.

Nehmen wir an, der erreichte Zustand sei $\mathbf{Z}(t_i, n)$.

Ein diskreter Zustandsübergang aus diesem Zustand heraus, wird in zwei Schritten vollzogen:

Schritt 1: a) $\mathbf{Z}^{\wedge}(t_i, n) := \mathbf{f}_{E_1}(\mathbf{Z}(t_i, n))$ für WHENEVER-Ereignis

           b) $\mathbf{Z}^{\wedge}(t_i, n) := \mathbf{f}_{E_2}(\mathbf{Z}(t_i, n), \mathbf{Z}(t_i, n - 1))$ für ON-Ereignis

               mit $\mathbf{Z}(t_i, -1) = \mathbf{Z}(t_{i-1}, N(t_{i-1}))$

Schritt 2: a) $\mathbf{Z}^{\wedge}(t_i, n + 1) := \mathbf{Z}^{\wedge}(t_i, n)$

Die Funktionen f_{E_1} bzw. f_{E_2} werden lokale Überführungsfunktionen genannt. Sie erzeugen zunächst einen neuen, abgeleiteten Zustand $\mathbf{Z}^{\wedge}$, der in einem zweiten Bearbeitungsschritt als Folgezustand übernommen wird.

Zu einem Zeitpunkt werden solange Ereignisse ausgeführt, bis der abgeleitete Zustand $\mathbf{Z}^{\wedge}$ nicht mehr vom aktuellen Zustand $\mathbf{Z}$ abweicht.

Die Funktionen f_{E_1} und f_{E_2} lassen sich am einfachsten darstellen, wenn man jede einzelne Zustandsvariable z_m betrachtet. Für f_{E_1} gilt:

$$z_{\hat{m}}(t_i, n) := \begin{cases} f^{\wedge}(\mathbf{Z}(t_i, n)) & \text{falls} \quad f_{cond}(\mathbf{Z}(t_i, n)) = \text{'wahr'} \\ z_m(t_i, n) & \text{sonst} \end{cases}$$

Für die Funktion f_{E_2} gilt:

$$z_{\hat{m}}(t_i, n) := \begin{cases} f^{\wedge}(\mathbf{Z}(t_i, n)) & \text{falls} \quad f_{cond}(\mathbf{Z}(t_i, n)) = \text{'wahr'} \\ & \text{und} \quad f_{cond}(\mathbf{Z}(t_i, n-1)) = \text{'falsch'} \\ z_m(t_i, n) & \text{sonst} \end{cases}$$

Die Funktion $f^{\wedge}$ liefert aus dem aktuellen Zustand den neuen Wert der Zustandsvariablen, die Funktion f_{cond} ist die Ausführungsbedingung des Ereignisses.

Betrachten wir nun abschließend die Ausführung eines kontinuierlichen Zustandsübergangs, dann stellen wir die gleiche Vorgehensweise fest.

Schritt 1: $\quad \mathbf{Z}'(t_i, N(t_i)) \quad := \quad \mathbf{f}_D(\mathbf{Z}(t_i, N(t_i))) \qquad$ für Differentialgleichungen

Schritt 2: $\quad \mathbf{Z}(t_{i+1}, 0) \quad := \quad \mathbf{Z}(t_i, N(t_i)) + \int\limits_{t_i}^{t_{i+1}} \mathbf{Z}'(t_i, N(t_i)) dt$

Die Funktion f_D repräsentiert die Differentialgleichungen, die aus dem Zustand zum letzten Takt den abgeleiteten Zustand $\mathbf{Z}'$ liefert. Aus diesem wird durch Integration der Folgezustand zum neuen Zeitpunkt (Takt 0) ermittelt.

Werden zu diesem Zeitpunkt Ereignisbedingungen erfüllt, dann werden zunächst die Ereignisse ausgeführt, bevor zum nächsten Zeitpunkt fortintegriert wird.

Kontinuierliche Zustandsübergänge sind demnach mit einer Fortschaltung der Zeit, diskrete Zustandsübergänge mit einer Fortschaltung des Taktes verbunden.

Durch die Bearbeitung der Zustandsübergänge in zwei Schritten wird erreicht, daß der aktuelle Zustand nicht verändert wird, bevor alle Informationen für die Erzeugung des Folgezustands ($\mathbf{Z}^{\wedge}$ bzw. $\mathbf{Z}'$) ermittelt sind. Das dynamische Verhalten des beschriebenen Modells ist daher völlig unabhängig von der Reihenfolge der Anweisungen im Programmtext oder von internen Ausführungsreihenfolgen des Simulators.

Literatur

[1] Eschenbacher, P., Schmidt, B.:
The Model Description Language SIMPLEX-MDL in:
Proceedings of the European Simulation Multiconference, Wien 1987

[2] Eschenbacher, P.:
An Approach to Transaction-Oriented Modelling Based on System Theory in:
Proceedings of the European Simulation Multiconference, Wien 1987

[3] Ören, T.:
GEST - A Modelling and Simulation Language Based on System Theoretic Concepts in:
Simulation and Model-Based Methodologies, Berlin 1984

[4] Pichler, F.:
Mathematische Systemtheorie, Dynamische Konstruktionen;
Berlin 1975

Verwaltung von Experimenten und Simulationsläufen in SIMPLEX–II

Klaus–Jürgen Langer
IMMD IV, Universität Erlangen–Nürnberg
Martensstraße 1, D-8520 Erlangen

Übersicht

Die größte Datenmenge, die im Laufe einer Simulationsstudie anfällt, entsteht üblicherweise beim Experimentieren mit den Simulationsmodellen. Daher ist es von größter Wichtigkeit, diese Datenflut für den Benutzer übersichtlich und gut strukturiert aufzubewahren.
Die logische Datenstruktur des Simulationssystems SIMPLEX-II wird im ersten Abschnitt dieses Vortrages erläutert.

Außerdem sollen möglichst alle Experimente automatisch gesichert werden; andererseits darf das aber nicht zu einer Unmenge teilweise irrelevanter und überholter Daten führen.
Der in SIMPLEX-II implementierte Mechanismus zur Lösung dieses Problems wird im zweiten Abschnitt beschrieben.

Der dritte Abschnitt befaßt sich mit der Reproduzierbarkeit von Experimenten.
Um die Reproduzierbarkeit eines Experiments sicherzustellen, darf es nicht vorkommen, daß die Ergebnisdaten eines Experiments zwar noch vorhanden, der Quellcode des zugehörigen Modells aber mittlerweile so verändert worden ist, daß das Experiment nicht mehr nachvollzogen werden kann.

1 Strukturierung der Daten

Das Simulationssystem SIMPLEX-II soll den Anwender sowohl in der Modellerstellungs- als auch in der Experimentierphase einer Modelluntersuchung unterstützen. Damit der Benutzer nicht die Übersicht verliert, ist ein durchgängiges Konzept zur Strukturierung der anfallenden Datenmenge notwendig. In SIMPLEX-II wurde eine lineare Baumstruktur realisiert, in der sowohl die erstellten Simulationsmodelle als auch die mit ihnen durchgeführten Experimente verwaltet werden.

Auf die Möglichkeiten der Modellerstellungsumgebung und der Modellbeschreibungssprache von SIMPLEX-II soll hier nur kurz eingegangen werden; detaillierte Berichte findet der interessierte Leser in [1], [2] bzw. [3].

Während der Modellerstellung gruppiert der Anwender seine Modellkomponenten in Modellbanken. Eine Modellbank umfaßt dabei sinnvollerweise die Teilmodelle jeweils eines Fachgebiets. Innerhalb einer Modellbank können aus diesen Teilmodellen beliebig komplexe neue Modelle mit Hilfe des Klassenkonzepts und des hierarchischen Modellaufbaus erzeugt werden.

Die Modellbanken eines SIMPLEX-II-Anwenders befinden sich üblicherweise im privaten Modellbanksystem, zu dem nur dieser Anwender Zugang hat. Parallel zu dem privaten Modellbanksystem existiert noch ein öffentliches Banksystem, das allen SIMPLEX-Benutzern einer Rechenanlage die Möglichkeit gibt, untereinander ihre Modelle auszutauschen.

Die bisher beschriebene Struktur der Modellerstellungsumgebung von SIMPLEX-II ist im oberen Drittel von Bild 1 dargestellt. Jeder Anwender kann in seinem privaten Modellbanksystem eine Reihe von Modellbanken anlegen, die jeweils eine Anzahl von Modellkomponenten enthalten.

Nicht eingezeichnet ist die zusätzliche Möglichkeit, zu jeder Komponente eines Simulationsmodells mehrere Quelltextversionen in der Modellbeschreibungssprache SIMPLEX-MDL anzulegen und zu verwalten. Dies gestattet es dem Anwender, unterschiedliche Varianten seiner Modelle zu testen. Da das System aber dafür sorgt, daß innerhalb eines lauffähigen Modells immer nur der Quellcode der gerade aktuellen Versionen aller beteiligten Komponenten enthalten ist, spielt das Versionenkonzept für den logischen Aufbau der in Bild 1 gezeigten Struktur zunächst keine Rolle.

Nachdem ein Modell fertig erstellt und übersetzt worden ist, kann damit experimentiert werden. Der Strukturierung der Experimentdaten liegen die folgenden Verwaltungseinheiten zugrunde:

- *Experiment*

    - wird mit einem bestimmten Modell (bestehend aus einer Liste von Modellkomponenten) ausgeführt
    - verfolgt einen bestimmten Zweck (Optimierung, Sensitivitätsanalyse, etc.)
    - kann mehrere Simulationsläufe umfassen

- *Simulationslauf*

    - enthält Verwaltungsdaten (Statistik, Protokoll, etc.)
    - kann mehrere Laufabschnitte umfassen

- *Laufabschnitt*

    - enthält die wesentlichen Daten über einen Simulationszeitraum
        * Die Modellzustände am Anfang und am Ende des Simulationszeitraums
        * Ergebnisdaten bis zur Endezeit

- *Modellzustand*

    - enthält die wesentlichen Simulationsdaten eines Zeitpunktes
        * aktuelle Simulationszeit
        * aktueller Wert aller Modellgrößen
        * Belegung der Simulator-Steuerparameter
        * Information über die aufgezeichneten Modellgrößen

Um überhaupt Simulationsläufe durchführen zu können, muß der Benutzer von SIMPLEX-II zunächst ein Experiment anlegen. Unter diesem Experiment werden seine gesamten weiteren Tätigkeiten mit dem lauffähigen Simulationsmodell zusammengefaßt.

Ein Simulationslauf kann vom Terminal aus beliebig oft unterbrochen und wieder fortgesetzt werden. Dadurch gliedert er sich auf in entsprechend viele Laufabschnitte. Da an jedem Unterbrechungspunkt interaktive Änderungen am Simulationsmodell möglich sind, muß zu jedem Abschnitt sowohl sein Anfangs- als auch sein Endezustand aufgehoben werden. (Anfangszustand eines Abschnittes muß nicht mit dem Endezustand des vorigen Abschnitts übereinstimmen!). Zusätzlich enthält jeder Laufabschnitt noch die bis zu seinem Endezeitpunkt angefallenen Ergebnisdaten.

Ein einzelner Modellzustand besteht in erster Linie aus den aktuellen Werten aller Modellgrößen, die der Benutzer im Quellcode seines Simulationsmodells angelegt hat. Hierzu kommen noch die Kontrollparameter für den Ablauf der Simulation (z. B. verwendete Integrationsverfahren und Zufallszahlengeneratoren) sowie die Monitordefinitionen, die festlegen, für welche Modellgrößen Zeitreihen während der Simulation erstellt werden sollen.

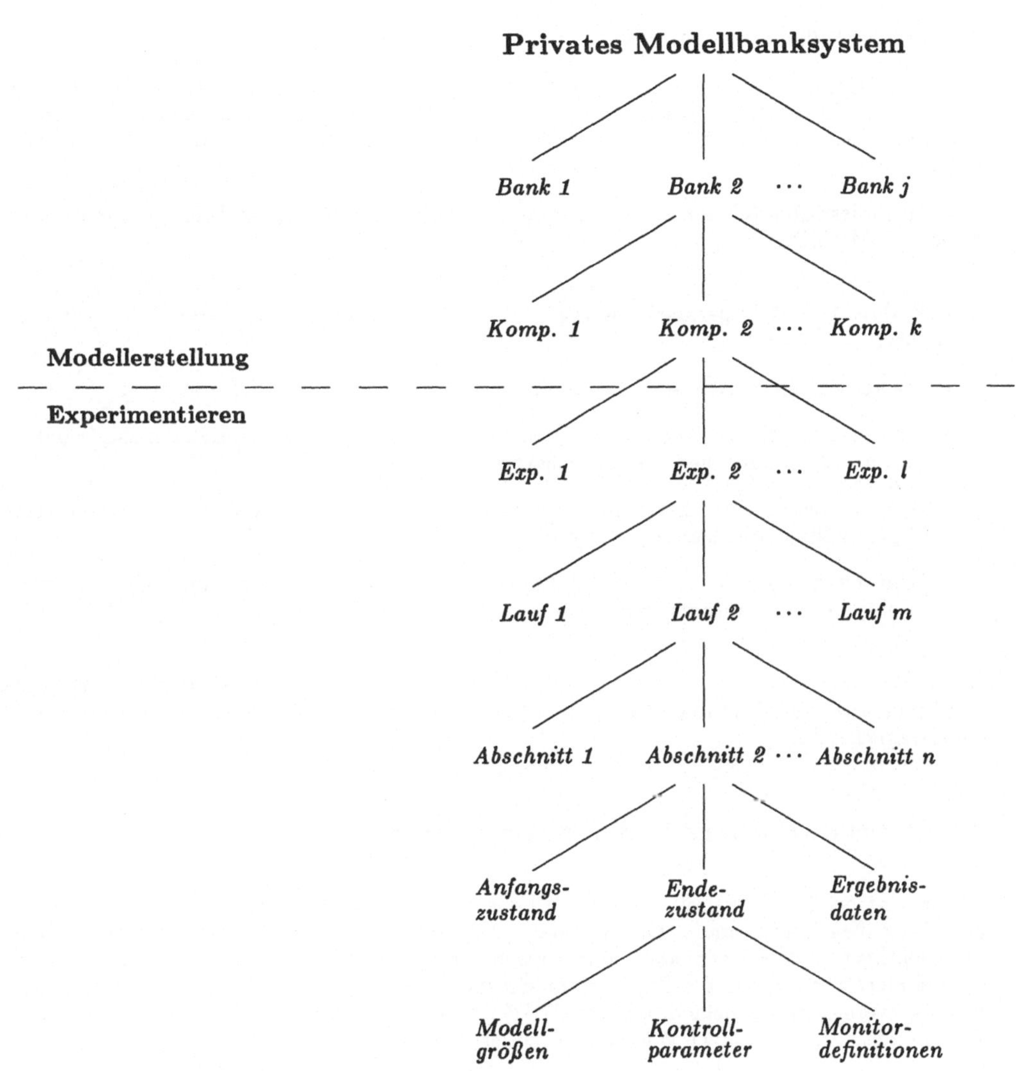

Bild 1: Struktur der Datenverwaltung in Simplex-II

2 Datensicherung

Aus Bild 1 wird ersichtlich, daß im Laufe einer Simulationsstudie eine geradezu beliebig große
Datenmenge entstehen kann. Insbesondere ist dies beim Experimentieren der Fall durch die große
Anzahl von Simulationsläufen, die mit den verschiedenen Modellen ausgeführt werden.

Die in SIMPLEX-II realisierte Baumstruktur der Datenverwaltung ist zwar so gegliedert, daß
ein Anwender schon nach verhältnismäßig kurzer Einarbeitungszeit in der Lage ist, komplexe
Simulationsmodelle mit ihren Experimenten zu überblicken, aber man sollte sich doch die Frage
stellen, ob es denn notwendig ist, alles abzuspeichern. Im Bereich der Modellerstellung ist dies

sicherlich der Fall; die angelegten Modellbanken mit ihren Komponenten müssen gesichert werden.

Auf der anderen Seite werden innerhalb eines Experiments oftmals eine ganze Reihe von Simulationsläufen durchgeführt, die aber nur zum Teil erfolgreich sind und aufgehoben werden sollen. Allerdings steht meist erst am Ende des Experiments fest, welche Simulationsläufe tatsächlich gültig sind.

Diese Anforderungen führten zur Realisierung des folgenden Sicherungskonzepts für Experimentdaten in SIMPLEX-II:

- Während eines Experiments werden zunächst alle durchgeführten Simulationsläufe gespeichert.

- Standardmäßig werden die Laufnamen implizit vergeben (Run1, Run2, ...).

- Mit einem speziellen Kommando kann der Anwender jederzeit Simulationsläufe unter eigenen, explizit vergebenen Namen sichern.

- Beim Verlassen eines Experiments wird dem Benutzer noch einmal Gelegenheit gegeben, implizite Simulationsläufe zu sichern.

- Beim endgültigen Verlassen eines Experiments werden alle noch ungesicherten impliziten Simulationsläufe automatisch gelöscht.

Dieses Konzept verbindet ein Maximum an Benutzerkomfort mit einem Maximum an Datensicherheit bei gleichzeitiger Minimierung des Speicherplatzes und einer Reduzierung der Datenmenge auf ein erträgliches Maß.

3 Reproduzierbarkeit der Experimente

Häufig tritt bei Simulationsstudien der Fall ein, daß auch nach längerer Zeit noch auf Ergebnisse zurückgegriffen werden muß. Oft sind dann zwar noch Ergebnisausdrucke vorhanden, aber die dazugehörigen Simulationsmodelle sind entweder nicht mehr auffindbar oder in der Zwischenzeit so verändert worden, daß die Ergebnisse nicht mehr nachvollziehbar sind. Um diesen unangenehmen Sachverhalt zu vermeiden, verfolgt SIMPLEX-II das Prinzip der *Quellcodekonsistenz*. Dieses Prinzip läßt sich sehr einfach wie folgt formulieren:

> *"Solange zu einem Simulationsmodell noch ein ausgeführtes Experiment existiert, darf der Quellcode keiner Teilkomponente dieses Modells verändert oder gelöscht werden."*

Dieses Prinzip garantiert die Reproduzierbarkeit aller gespeicherten Experimente. Nur wenn der Anwender entscheidet, daß die gewonnenen Daten mittlerweile überholt und wertlos sind und er alle Experimente löscht, an denen eine bestimmte Modellkomponente beteiligt ist, dann kann er den Quellcode dieser Komponente wieder verändern.

Dieses sehr restriktive Prinzip bringt bei konsequenter Anwendung eine Reihe von Unbequemlichkeiten mit sich. Insbesondere in der Anfangsphase einer Simulationsstudie wird man ständig Änderungen an den Modellkomponenten vornehmen wollen. Dann müßte der Anwender nach jeden Simulationsversuch sein eben erst angelegtes Experiment wieder löschen, um in den Quellcode seines Modells eingreifen zu können. Auch kann es durchaus sein, daß man verschiedene Versionen einzelner Teilmodelle ausprobieren möchte, was das Versionenkonzept von SIMPLEX-II ja gestattet.

Diese Überlegungen haben zu zwei Einschränkungen des Prinzips der Quellcodekonsistenz geführt:

1. Die Quellcodekonsistenz bezieht sich immer nur auf die Versionen der Modellkomponenten, die zum Zeitpunkt der Experimentierausführung gerade als aktuelle Versionen im Gesamtmodell eingebunden waren. Andere Versionen der beteiligten Komponenten können also jederzeit geändert werden.

2. Speziell für die Entwicklungsphase von Simulationsmodellen wurde das Arbeitsexperiment *Work* eingeführt, das nicht den Bedingungen der Quellcodekonsistenz unterliegt. Modellkomponenten, mit denen lediglich das Arbeitsexperiment ausgeführt wurde, können problemlos geändert werden.

Diese beiden Einschränkungen der Quellcodekonsistenz erleichtern das Erstellen und Testen komplexer Simulationsmodelle beträchtlich, ohne daß die Reproduzierbarkeit der Ergebnisse nennenswert beinträchtigt wird. Es liegt lediglich in der Verantwortung des Benutzers, daß er nicht alle Simulationsläufe im Arbeitsexperiment ausführt, sondern für die wesentlichen Versuche eigene Experimente anlegt.

4 Bedienoberfläche

Für die gesamte Experimentdatenverwaltung wurden zwei neue Menüs in die Bedienoberfläche von SIMPLEX-II integriert. Während im Menü *Exp* die Organisation der gesamten Experimente stattfindet, sind die Kommandos des Menüs *Run* für die Verwaltung von Simulationsläufen und Modellzuständen innerhalb eines Experiments zuständig. Bild 2 zeigt die wesentlichen Kommandos des Menüs *Exp* und Bild 3 die des Menüs *Run*.

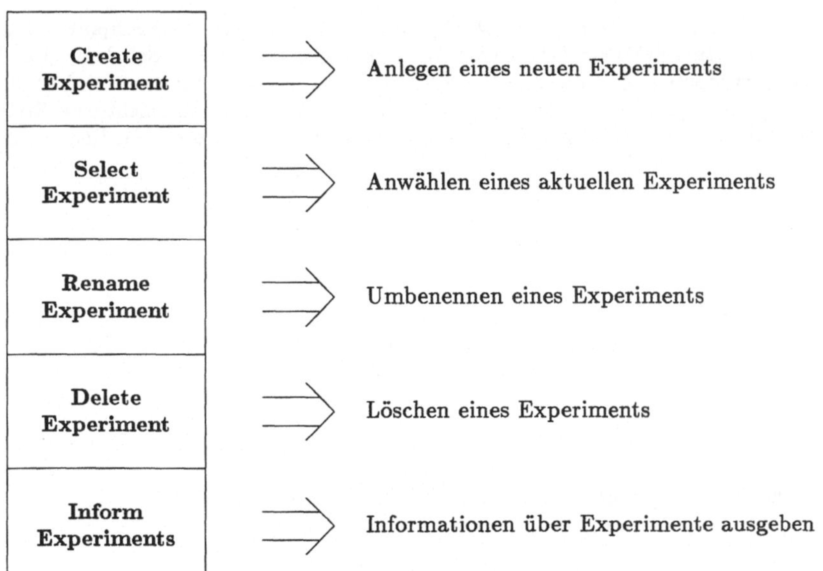

Bild 2: Kommandos des Menüs *Exp*

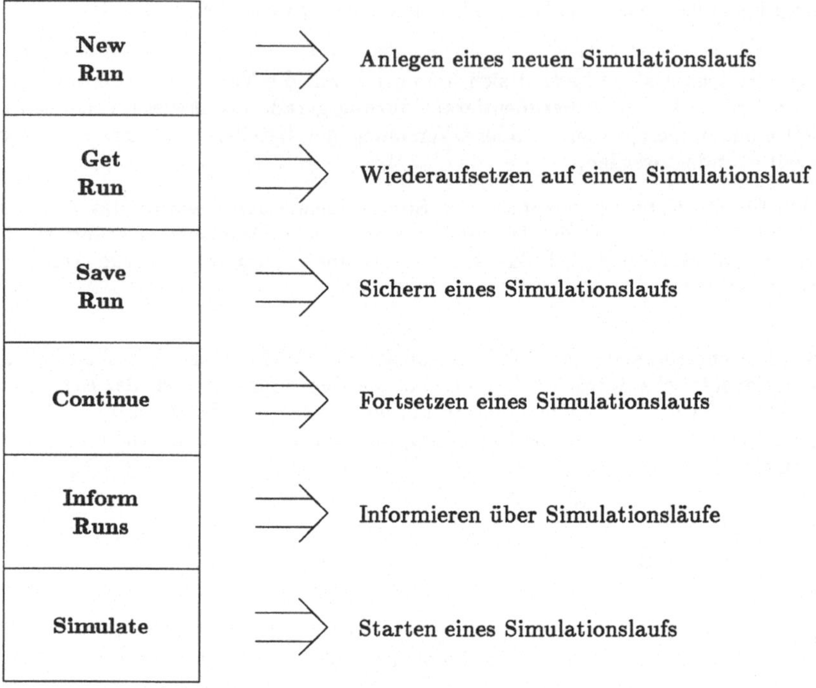

Bild 3: Kommandos des Menüs *Run*

Zusammenfassung:

Die in diesem Vortrag vorgestellten Konzepte und Methoden sind im Frühjahr '88 im Rahmen des Simulationssystems SIMPLEX-II entwickelt und realisiert worden. Seitdem wird das System von Informatik-Studenten in Vorlesungen und Seminaren sowie in Studien- und Diplomarbeiten erfolgreich eingesetzt. Dabei hat sich gezeigt, daß die klare und übersichtliche Strukturierung der Datenverwaltung wesentlich zur leichten Erlernbarkeit und sicheren Bedienung des Systems beiträgt.

Literatur

[1] Eschenbacher, P.:
Entwurf einer allgemeinen Modellbeschreibungssprache in:
Möller, D.P.E. (Hrsg): Simulationstechnik, 3. Symposium, Berlin 1985

[2] Langer, K.-J., Schmidt, B.:
The Simulationsystem SIMPLEX-II, A Model Construction and Experimentation Environment in:
Proceedings of the European Simulation Multiconference, Wien 1987

[3] Eschenbacher, P., Schmidt, B.:
The Model Description Language SIMPLEX-MDL in:
Proceedings of the European Simulation Multiconference, Wien 1987

Graphische Modellierung von Systemstrukturen in SIMPLEX–II

Klaus Dörnhöfer
IMMD IV, Universität Erlangen–Nürnberg
Martensstraße 1, D-8520 Erlangen

Übersicht

Das Simulationssystem SIMPLEX-II besitzt eine integrierte graphische Benutzeroberfläche, die neben den üblichen Darstellungsmethoden für Simulationsergebnisse (Präsentationsgraphik und Animation) auch die Möglichkeit der graphischen Modellerstellung enthält. Die Dynamik eines Modells wird mit einem Texteditor durch den Benutzer in Basiskomponenten definiert. Diese können dann mit graphischen Mitteln in Strukturkomponenten miteinander verbunden werden. Darüberhinaus besteht die Möglichkeit, sich Bibliotheken von Komponenten zu erstellen, die gemeinsam zum graphischen Modellaufbau verwendet werden sollen. Der Funktionsumfang dieser Modellbanken kann jederzeit vom Benutzer sowohl um Basiskomponenten als auch um Strukturkomponenten erweitert werden.

1 Einführung

Ein Simulationssystem sollte den Benutzer in allen Tätigkeiten unterstützen, die zu einer Simulationsstudie gehören. Die Oberfläche muß zu diesem Zweck so gestaltet sein, daß der Benutzer ohne Schwierigkeiten das von ihm gewünschte Kommando ausführen kann. Insbesondere ist es wünschenswert, daß er zu keiner Tätigkeit das Simulationssystem verlassen muß. Somit müssen mathematische Auswerteverfahren, graphische Ergebnispräsentation, Animation und Editoren für die graphische und textuelle Modellerstellung integriert werden. Für die Akzeptanz ist es wichtig, alle Benutzerschnittstellen im System so zu gestalten, daß die Bedienung leicht zu erlernen ist und gleichzeitig ein komfortables und effizientes Arbeiten ermöglicht wird.

In SIMPLEX-II werden die obigen Punkte konsequent beachtet. Dem Benutzer sollen von der Modellerstellung über die Ausführung von Experimenten bis zur Ergebnisauswertung und deren Darstellung an den verschiedensten Ausgabegeräten alle Funktionen zur Verfügung gestellt werden. Die Benutzerführung geschieht über Menüs.

An dieser Stelle soll etwas näher auf die Gestaltung der Werkzeuge zur Modellerstellung eingegeangen werden, die neben Methoden zur graphischen Ergebnispräsentation bereits in SIMPLEX-II integriert sind.

2   Gestaltungsgrundsätze

Bei der Erstellung von Graphikprogrammen, die in Interaktion mit dem Benutzer treten sollen, müssen bestimmte physiologische und psychologische Gegebenheiten berücksichtigt werden /1/, /2/, /3/, /4/. Der Benutzer muß zu jeder Zeit wissen, wo er sich befindet, was er gerade tut und was er als nächstes tun kann. Es bietet sich an, zu diesem Zweck den Bildschirm in verschiedene Arbeitsbereiche zu unterteilen, von denen jeder für einen bestimmten Aufgabenkomplex vorgesehen ist. In Bild 1 ist diese Aufteilung für den Layouteditor von SIMPLEX-II dargestellt. Bei der Ausgestaltung der Arbeitsbereiche muß darauf geachtet werden, daß der Benutzer praktisch keine Fehler in der Bedienug machen kann. Es sollten ihm z. B. nur die Kommandos angeboten werden, die im momentanen Zustand sinnvoll sind; in bestimmten Situationen müssen ihm auch weiterführende Direktiven gegeben werden.

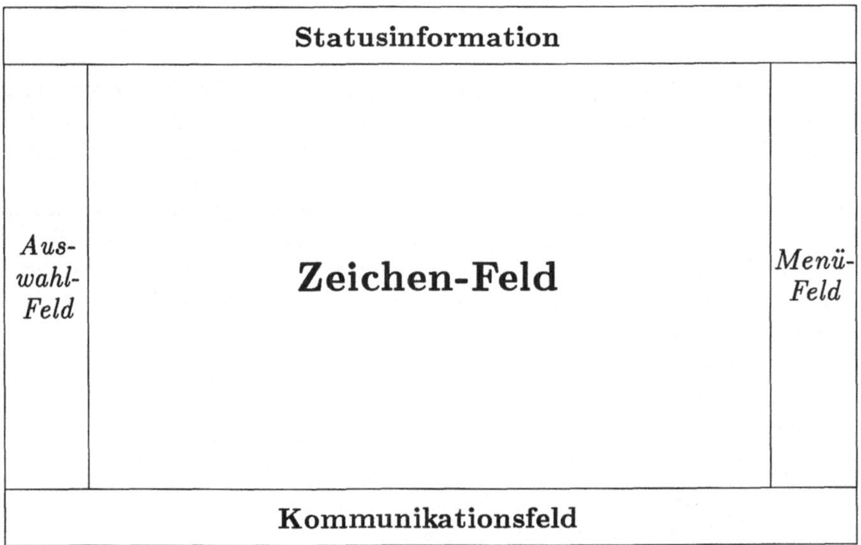

Bild 1

Ein wesentlicher Gestaltungsgrundsatz von SIMPLEX-II ist die Hardwareunabhängigkeit. Graphikprogramme müssen aber immer an bestimmte Ausgabegeräte angepaßt werden, so daß die Hardwareunabhängigkeit hier nicht gewährleistet ist. Um dieses allgemeine Problem zu beseitigen, wurden die wichtigsten graphischen Grundfunktionen in einer Norm definiert, der funktionalen Beschreibung des sog. Graphischen Kern Systems (GKS) /5/. Auf der Basis dieser Norm wurde für SIMPLEX-II eine Schnittstelle geschaffen, auf deren Grundlage eine hardwareunabhängige Programmierung möglich ist. Die Anpassung an das jeweilige graphische Ausgabegerät erfolgt somit außerhalb der Anwenderprogrammme durch die Realisierung der Schnittstelle, die aus Unterprogrammaufrufen besteht, mittels eines genügend leistungsfähigen Graphikpakets.

3 Modellierung in SIMPLEX-II

Praktisch jedes zu modellierende System bestitzt dynamische Eigenschaften und ist in einer gewissen Weise strukturiert. Die Dynamik des Systems wird durch Zustandsübergänge bestimmt; die Struktur legt fest, welche Teile des Systems miteinander in Verbindung stehen, gibt also Leitungen für Informations- und Materiefluß vor. Die Modellbeschreibungssprache SIMPLEX-MDL /6/, /7/ folgt dieser Vorstellungsweise. In sogenannten Basiskomponenten wird die Dynamik der Teilsysteme formuliert. Die Strukturierung des Sytems, also die Verschaltung der Teilsysteme, erfolgt in einer höheren Komponente. Dieses Modell eines komplexen Systems kann nun selbst wieder in einer höheren Komponente eingebaut werden, falls es Teil eines noch komplexeren Systems ist. Es ist also eine hierarchische Modellierung möglich.

Sind mehrere gleichartige Teilstrukturen vorhanden, wäre es nicht sinnvoll, jede neu zu modellieren. Deshalb erzeugt die Definition einer Komponente in SIMPLEX-MDL eine gesamte Komponentenklasse. In einem Modell können dann mehrere Ausprägungen dieser Klasse vorkommen, die sich durch einen vom Benutzer zu vergebenden Namen voneinander unterscheiden, aber die gleichen dynamischen Eigenschaften besitzen. Ihr tatsächliches Verhalten im Modell wird ausschließlich durch die Informationen und Materieströme bestimmt, mit denen sie von ihrer Umgebung versorgt werden.

Alle Komponentenklassen sind in einer Modellbank enthalten /8/. Eine Modellbank ist also eine Art Bibliothek, in der zusammengehörige Komponenten einer Modellklasse abgelegt werden. Es ist nur erlaubt, solche Komponenten in einer höheren Komponente zu verschalten, die der gleichen Modellbank angehören. Man wird also in einer Modellbank diejenigen Elemente zusammenfassen, die zur Modellierung von Systemen eines bestimmten Anwendungsbereichs notwendig sind. Der große Vorteil besteht aber darin, daß jeder Benutzer ohne Schwierigkeiten neue Komponentenklassen definieren und zu einer Modellbank hinzufügen oder ggf. bereits existierende Elemente leicht modifizieren kann.

4 Der Layout-Editor

Verwendet man einen graphischen Editor, so muß man sich über seine Vor- und Nachteile im klaren sein. Er bietet die Möglichkeit, dem Benutzer mehr Hilfestellung schon bei der Modellierung zu geben als dies bei einem Texteditor möglich ist. In der Regel aber geht die bloße Eingabe mit einem Texteditor schneller. Für die Modellierung von Basiskomponenten müßte für jedes Sprachkonstrukt eine äquivalente graphische Repräsentation geschaffen werden. Der Benutzer müßte die gleichen Regeln beachten, wie bei einer direkten Texteingabe und kann auch nur unzureichende Unterstützung bekommen, um Fehler zu vermeiden. Die graphische Unterstützung bietet also praktisch keinen Vorteil, so daß für Basiskomponenten eine graphische Modellierung nicht sinnvoll erscheint.

Ganz anders ist die Situation bei höheren Komponenten, die ja nur die Modellstruktur festlegen. Sie bestehen nur aus Teilsystemen, Verbindungen zwischen diesen und Verbindungen zur Außenwelt, um selbst wieder ein Teilsystem bilden zu können, enthalten also sehr wenige Sprachelemente. Außerdem lassen sich Strukturen am besten durch eine Zeichnung beschreiben, eignen sich also schon deswegen zur graphischen Modellierung. Der Einsatz eines Layout-Editors zur Modellierung höherer Komponenten ermöglicht also eine effiziente Definition der Systemstruktur, da er der Vorstellung des Benutzers vom System an dieser Stelle sehr nahe kommt. Es besteht darüberhinaus auch die Möglichkeit, höhere Komponenten mit einem Texteditor zu erstellen.

Die graphische Modellerstellung gliedert sich in zwei Teile. Zunächst definiert man für jede Komponente einer Modellbank ein Symbol mit einem speziell dafür konstruierten Editor. Dieses Symbol bildet den graphischen Bezeichner für seine Komponentenklasse.

Die Symbole werden im Layout-Editor in einer potentiell unendlich großen Zeichenfläche positioniert und mit individuellen Namen versehen, um die einzelnen Ausprägungen der Komponenten zu identifizieren. Über diese Namen sind die Komponenten dann im gesamten Simulationssystem ansprechbar; sie dienen auch als Bezeichner bei Ergebnisdarstellungen.

Die Ein- und Ausgangsgrößen der Komponenten werden durch Connections verknüpft, die graphisch durch einen vom Benutzer zu definierenden Linienzug repräsentiert werden. Die logische Verbindung zwischen den Variablen der Komponenten wird direkt durch die Angabe der jeweiligen Variablennamen definiert. Ähnlich definiert werden auch die Verbindungen zur Außenwelt, die es ermöglichen, daß die Komponente selbst wieder Teil einer höheren Komponente werden kann. Alle graphischen Eingaben erfolgen menügesteuert über eine Maus.

Ein weiterer großer Vorteil der graphischen Modellerstellung neben der Anschaulichkeit ist hier, daß jeglicher syntaktische Fehler oder Schreibfehler bei der Erstellung der höheren Komponente verhindert werden kann. Es können nur existierende Komponenten eingebaut werden und es läßt sich sicherstellen, daß Connections nur zwischen miteinander verträglichen Variablen gezogen werden.

Die Struktur der Sprachelemente von SIMPLEX-MDL erlaubt es, die graphische Definition direkt in den äquivalenten MDL-Code zu übersetzen und diesen dann für die Simulation zu verwenden. Jedes graphische Symbol entspricht genau einer Anweisung im MDL-Code.
Somit ist es sehr einfach, eine bereits erstellte Komponente zu modifizieren. Bild 2 beschreibt diese Situation.

Durch die leicht erweiterbare Modellbank ist die graphische Modellbeschreibung in SIMPLEX-II nicht auf vorgefertigte Komponenten beschränkt. Der Benutzer entscheidet selbst, ob ihm der Umfang einer bestehenden Modellbank genügt. Diese Entscheidung ist aber nicht endgültig, da er jederzeit die Möglichkeit hat, selbst weitere Komponenten hinzuzufügen und bestehende zu ändern.

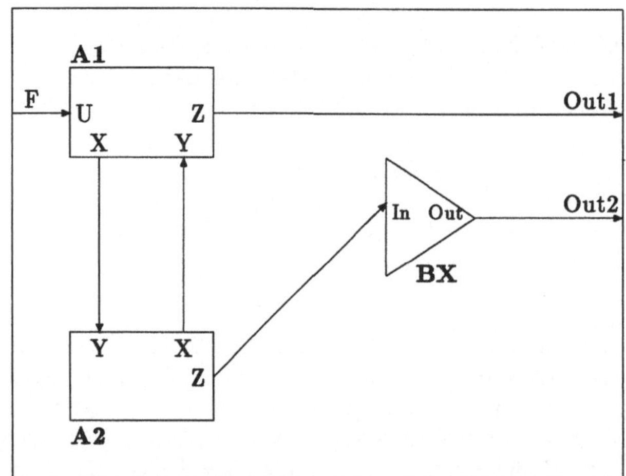

Bild 2

5   Ausblick

Der bisherige Leistungsumfang der graphischen Modellerstellung ist bereits recht mächtig. An einigen Stellen sind aber Erweiterungen durchaus wünschenswert.

Zur Beschleunigung der Modellierung wird es die Möglichkeit geben, einige Variablen einer Komponente zu Bündeln zusammenzufassen. Diese Bündel können dann durch eine einzige Connection verbunden werden.

Die Modellbeschreibung erlaubt, bestimmte Eingänge einfach offen zu lassen; es wird dann mit der internen Vorbesetzung gearbeitet. Dadurch entstehende semantische Fehler lassen sich zu einem gewissen Teil durch das Konzept der Bündelung verhindern. Es wird angestrebt, diesen semantischen Schutz noch weiter auszubauen.

Die effiziente Eingabe von Wegenetzen ist ein weiterer Punkt, der wohl gewisse Erweiterungen und Modifikationen erfordern wird.

Das entstandene Layout soll nicht nur zu Modellierungszwecken dienen, sondern auch die Durchführung der Simulationsstudie unterstützen. So wird es zum Beispiel als Hintergrundbild für eine Modellanimation verwendet. Andere Anwendungen sind durchaus denkbar.

Literatur

[1] Foley J.D., Van Dam A.:
Fundamentals of Interactive Computer Graphics, Addison-Wesley 1982.

[2] Boyd A.:
Techniques of Interactive Computer Graphics, Chartwell-Bratt Studentlitterature 1985

[3] Murch G.M.:
Human Factors of Color Display, in: Advances in Computer Graphics II, ed. Hopgood F.R.A., Hubbold R.J., Duce D.A. 1986, pp 1-27.

[4] Newman W.M., Sproull R.F.:
Principles of Interactive Computer Graphics. McGraw Hill 1979.

[5] DIN 66252,Teil 1: Deutsche Norm: Graphisches Kernsystem GKS, Funktionale Beschreibung, April 1986.

[6] Eschenbacher P.:
Entwurf einer allgemeinen Modellbeschreibungssprache in: Möller D.P.F. (Hrsg.): Simulationstechnik, 3. Symposium, Berlin 1985, S. 220-229.

[7] Eschenbacher P., Schmidt B.:
The Model Description Language SIMPLEX-MDL in:
Proceedings of the European Simulation Multiconference, Wien 1987

[8] Langer K.J., Schmidt B.:
The Simulation System SIMPLEX-II, A Model Construction and Experimentation Environment in: Proceedings of the European Simulation Multiconference, Wien 1987, pp 85 ff.

SLAM II
Erfahrungen mit einer Simulationssprache für Produktion und Logistik

von
Prof. Dr. Thomas Witte, FB Wirtschaftswissenschaften
Universität Osnabrück, Postfach 44 69, 4500 Osnabrück

1. Vorgeschichte

Die Simulationssprache SLAM II (1) wird seit etwa fünf Jahren an der Universität Osnabrück im Fach Produktion für Ausbildungs- und Forschungszwecke eingesetzt. Für die Einführung dieser Sprache waren mehrere Kriterien ausschlaggebend: Die Sprache sollte sich für alle Simulationsaufgaben im Bereich der Produktion besonders eignen. Sie sollte von wirtschaftswissenschaftlichen Studenten, die in der Regel nur Grundkenntnisse in EDV haben, im Verlaufe eines Semesters gelernt werden können. Darüberhinaus sollte sie allgemein verfügbar sein und über eine Schnittstelle zu einer allgemeinen Programmiersprache verfügen. Umfangreichere Erfahrungen lagen mit selbstentwickelten Fortranprogrammen vor, die unter anderem die Simulation von Lagerhaltungspolitiken (2), die Simulation eines innerbetrieblichen Transportsystems (3) und die Simulation der Fertigungssteuerung bei Werkstattfertigung (4) zum Gegenstand hatten. Im folgenden wird erläutert, ob und in welcher Weise sich die Einführung von SLAM II bewährt hat. Dazu wird zunächst die Sprache selber kurz vogestellt.

2. Modellierungskonzepte von SLAM II

SLAM II ist eine Programmiersprache, mit der sowohl diskrete als auch kontinuierliche Änderungen der Zustände des simulierten Systems dargestellt werden können. Für die Erfassung diskreter Änderungen werden dabei sowohl ereignisorientierte als auch prozeßorientierte Konzepte zur Verfügung gestellt. Alle drei Ansätze können bei der Modellierung eines einzigen Systems kombiniert werden. Für die Nutzung zu Ausbildungszwecken ist der prozeßorientierte Ansatz besonders geeignet. Dazu bietet SLAM II die Möglichkeit, ein Fertigungssystem mit Hilfe von Knoten und Pfeilen in Form eines Netzwerkes darzustellen. Durch das Netzwerk werden bewegliche Objekte -allgemein Transaktionen genannt- hindurchgeschleust. Dabei bilden Pfeile die möglichen Wege ab und dienen somit der Lenkung von Transaktionen. Darüberhinaus ermöglichen sie die Modellierung von Bearbeitungsvorgängen, indem sie die zeitliche Dauer durch einen Zeitparameter wiedergeben. Ein solcher Pfeil wird als ACTIVITY bezeichnet. Er beginnt und endet in einem Knoten. Knoten ermöglichen die Bewältigung unterschiedlicher Aufgabenstellungen, wie sie beispielsweise in Abbildung 1 genannt sind.

SLAM II Knoten	Aufgabenbeschreibung	Graphische Symbole
CREATE	Erzeugen einer Transaktion	
QUEUE	Einordnen in eine Warteschlange	
ASSIGN	Zuweisung von Werten	
ACCUMULATE	Zusammenfassen von Transaktionen	
COLCT	Erfassung von Beobachtungswerten	
TERMINATE	Beenden einer Transaktion	

Abbildung 1: Einige wichtige SLAM II - Knoten und ihre Bedeutung

Die angeführten Knoten stellen nur einen kleinen Teil der Möglichkeiten dar, insgesamt gibt es in der Grundversion der Sprache 20 Knoten. Dazu kommen Sprachelemente zur Darstellung von Resourcen und logischen Schaltern, die in der Form von Blocks symbolisiert werden. Die Modellierung wird durch die graphische Darstellung der Problemstruktur stark unterstützt, da sich das Netzwerk aus den graphischen Symbolen konstruieren läßt. Die Knoten werden dann durch die Angabe von Parameterwerten weiter spezifiziert. Die Beschränkung der Sprachelemente auf eine überschaubare Zahl ermöglicht ein einfaches Lernen der Sprache. Das gilt besonders deswegen, weil sich ganze Aufgabengruppen mit einer beschränkten Zahl von Knoten modellieren lassen. Abbildung 2 stellt das SLAM-Netzwerk zur Erfassung eines PERT-Netzes dar, wie es für die Planung einzelner Projekte eingesetzt wird. Es kommt mit vier Knotentypen aus und läßt sich direkt als Vorgangspfeilnetz interpretieren. Zu bemerken ist allerdings, daß im allgemeinen zwischen SLAM-Netzwerken und PERT-Netzen wesentliche konzeptionelle Unterschiede bestehen.

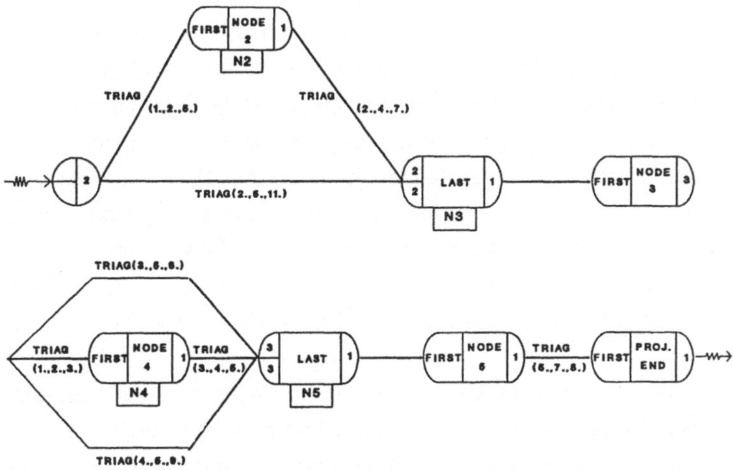

Abbildung 2: SLAM-Netzwerk zur Erfassung eines PERT-Netzes

Um ein Modell mit Hilfe der Simulation weiter zu untersuchen, ist das Netzwerk in ein SLAM-Programm in Form eines Textfiles zu übersetzen, der dann als Eingabe für das SLAM -System dienen kann. Dazu sind die Netzwerkbefehle um Steuerbefehle zu ergänzen. Man kommt mit etwa zehn derartigen Steuerbefehlen aus, die unter anderem dazu dienen, die vorzunehmende Simulation allgemein zu kennzeichnen (GEN-Statement), Speichergrößen festzulegen (LIMITS-Statement), das System zu initialisieren (INIT-Statement) und ähnliche Aufgaben zu erfüllen. Abbildung 3 gibt das vollständige Programm für die Auswertung des PERT-Netzes wieder.

```
GEN, R. Wortmann, Projektplanung,20/5/1986,400, ,NO, ,NO,YES/400;
LIMITS, ,10,700;
NETWORK;                                    Erläuterungen:
    CREATE, , , , ,2;                       Ausgangsknoten 1, Erzeugen
                                            e. Transaktion
    ACT, TRIAG(1.,2.,5.), ,N2;              Vorgang (1,2)
    ACT, TRIAG(2.,5.,11.), ,N3;             Vorgang (1,3)
```

N2	COLCT,FIRST, EREIGNIS 2;	Knoten 2 mit Ereignisstatistik
	ACT, TRIAG(2.,4.,7.), ,N3;	Vorgang (2,3)
N3	ACCUM, 2, 2, LAST;	Knoten 3
	COLCT, FIRST, EREIGNIS 3, ,3;	Ereignisstatistik für Knoten 3
	ACT, TRIAG(3.,5.,6.), ,N5;	Vorgang (3,5)
	ACT, TRIAG(1.,2.,3.), ,N4;	Vorgang (3,4)
	ACT, TRIAG(4.,5.,9.), ,N5;	Vorgang (3,5)
N4	COLCT, FIRST, EREIGNIS 4;	Knoten 4 mit Ereignisstatistik
	ACT, TRIAG(3.,4.,5.), ,N5;	Vorgang (4,5)
N5	ACCUM, 3, 3, LAST;	Knoten 5
	COLCT, FIRST, EREIGNIS 5;	Ereignisstatistik für Knoten 5
	ACT, TRIAG(5.,7.,8);	Vorgang (5,Endknoten)
	COLCT, FIRST, PROJEKTENDE ,20/15/0.5;	Endknoten mit Ereignisstatistik
	TERM;	Beenden der Transaktion
	ENDNETWORK;	Ende des Netzwerkmodells
INIT, , ,NO;		
FIN;		

Abbildung 3: Programm zur Simulation eines PERT-Netzes

Das vorgestellte Beispiel wurde im Rahmen einer Diplomarbeit in Osnabrück entwickelt , in der die Eignung von SLAM II für Aufgaben der Netzplantechnik untersucht wurde (5). Dabei hat sich gezeigt , daß SLAM II auch ein mächtiges Instrument für Aufgaben der Netzplantechnik ist, die stochastische Elemente enthalten. Wenn die Handhabung des Simulators keine technischen Schwierigkeiten mehr bereitet, lassen sich die Studenten leicht an andere Aufgabengruppen heranführen. Als mögliches Aufgabengebiet hat sich die Überprüfung unterschiedlicher Lagerhaltungpolitiken (6) bewährt. Auch hier kommt man mit wenigen Sprachelementen aus.

3. Die Durchführung und Auswertung von Simulationen mit SLAM II

Nachdem ein Netzwerkmodell in Form eines Textfiles mit SLAM-Statements vorliegt, erfolgt die Durchführung und Auswertung einer Simulation in drei Schritten. Der erste Schritt wird vom SLAM II-Inputprozessor durchgeführt. Er besteht im Übersetzen der Statements in eine Version, die vom SLAM II-Executionprozessor verarbeitet werden kann. Dabei werden Syntaxfehler angezeigt. Sie müssen korrigiert werden, bevor fortgefahren werden kann. Liegt ein korrekt übersetztes Simulationsmodell vor, kann der Executionprozessor aufgerufen und die Durchführung einer Simulation versucht werden. Dabei werden Outputfiles angelegt , in denen während des Programmablaufs Statistiken über die Simulationsergebnisse gesammelt werden. Im letzten Schritt werden die Outputfiles mit Hilfe eines Outputprozessors druckfertig aufbereitet. Die Ausgabe besteht standardmäßig in einem Ergebnisüberblick -SLAM II SUMMARY REPORT genannt. In ihm sind statistische Größen wie Durchschnittswerte, Standardabweichungen, Maxima und Minima sowie Auftretenshäufigkeiten für eine Reihe von Systemmerkmalen automatisch erfaßt. Dazu zählen statistische Angaben über Schlangenlängen bei QUEUE-Knoten und Auslastungsgrade bei SERVICE ACTIVITIES. Natürlich werden auch die durch COLCT- Knoten an den entsprechenden Stellen im System erfaßten Beobachtungswerte statistisch aufbereitet und angezeigt. In Abbildung 4 ist der Ergebnisüberblick für das Beispielprogramm wiedergegeben. Dabei handelt es sich nur um Statistiken für beobachtete Größen. Sie geben als Ereignis 2 bis Ereignis 5 Auskunft über die Durchführungsdauer der Vorgänge, die vor den entsprechenden

Knoten liegen. Darüberhinaus ist die Gesamtprojektdauer erfaßt, indem die Zeitdauer vom Projektbeginn bis zum Projektende angegeben ist.

SLAM SUMMARY REPORT

SIMULATION PROJEKT PROJEKTPLANUNG   BY R. WORTMANN
DATE 20/5/1986   RUN NUMBER 400 OF 400
CURRENT TIME   .1859E+02
STATISTICAL ARRAYS CLEARED AT TIME   .0000E+00

** STATISTICS FOR VARIABLES BASED ON OBSERVATION **

	MEAN VALUE	STANDARD DEVIATION	COEFF. OF VARIATION	MINIMUM VALUE	MAXIMUM VALUE	NO. OF OBS
EREIGNIS 2	.262E+01	.870E+00	.332E+00	.101E+01	.498E+01	400
EREIGNIS 3	.755E+01	.143E+01	.190E+00	.398E+01	.113E+02	400
EREIGNIS 4	.951E+01	.149E+01	.157E+00	.582E+01	.136E+02	400
EREIGNIS 5	.140E+02	.163E+01	.117E+00	.992E+01	.195E+02	400
PROJEKTENDE	.206E+02	.172E+01	.835E-01	.160E+02	.256E+02	400

Abbildung 4: Ergebnisübersicht für das Beispielprogramm

In der Übersicht sind die Zahlen in exponentieller Schreibweise angegeben. Zum Beispiel beträgt die mittlere Dauer bis zum Projektende 20,6 Zeiteinheiten. Die kürzeste Projektdauer betrug 16 ZE, die längste 25,6 ZE. Zusätzlich zu den Zahlenwerten lassen sich Histogramme ausgeben. Dies wurde im COLCT-Knoten für das Projektende vorgesehen. In Abbildung 5 ist das entsprechende Histogramm angegeben. Ihm läßt sich zum Beispiel entnehmen, mit welcher Wahrscheinlichkeit eine vorgegebene Gesamtprojektdauer erreicht werden kann, die Gesamtprojektdauer von 19 ZE etwa in 17% der Fälle.

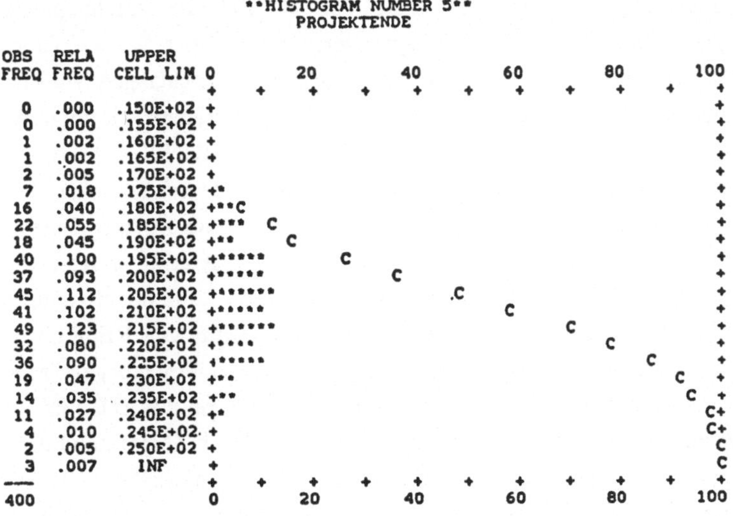

Abbildung 5: Histogramm für das Beispielprogramm

Die schnelle Verfügbarkeit und die automatische Aufbereitung von Ergebnissen wirkt für Studenten erfahrungsgemäß sehr motivierend. Allerdings hat sie auch den Nachteil, daß bei der Freude über den gelungenen Ausdruck leicht die Kritikfähigkeit für die Inhalte der Ergebnisse verloren geht. Es besteht die Gefahr, daß selbst für absurde Ergebnisse plausible Erklärungen gesucht werden. Insgesamt ist festzustellen, daß die Sprachkonzepte in der Grundversion innerhalb eines Semesters mit Hilfe von ausgewählten Beispielen so vemittelt werden können, daß Studenten in der Lage sind, selbstständig zu modellieren. Als wesentlich hat sich dabei die Betreuung durch eine erfahrene Hilfskraft erwiesen, die die Studenten in die Handhabung des Programmpaketes auf einem PC einweist. Hinderlich ist die batchorientierte Auslegung des Programmpaketes. Ein eigener Editor, der die syntaktische Richtigkeit der Statements sofort sicherstellt, wäre hilfreich. Im folgenden soll untersucht werden, inwieweit SLAM II die Aufgabenstellungen in der Produktion abdeckt.

4. Operationale und strategische Simulationsaufgaben und ihre Lösung mit Hilfe von SLAM II

Simulationsaufgaben ergeben sich im Bereich der Produktion auf unterschiedlichen planerischen Ebenen (7). Es gibt operationale, taktische und strategische Probleme. Ein Problem auf der operationalen Ebene ist zum Beispiel die Fertigungssteuerung, bei der im Zeitablauf ständig festgelegt werden muß, welche Aufträge auf freiwerdenden Maschinen als nächste gefertigt werden sollen. Auf dieser Ebene sind Objekte für die Modellierung relevant , wie sie etwa von einem beteiligten Maschinenführer gesehen werden. Das sind zum Beispiel Maschinen, Bedienungspersonal, Werkstücke, Transporteinrichtungen, Läger von Teilen und Material und auch Werkzeuge. Sie sind im Modell darzustellen und ihre gegenseitige Beeinflussung ist entsprechend den physikalischen und logischen Regeln zu erfassen, die auch im realen System gelten. Die Übertragung derartiger Elemente des realen Systems in entsprechende SLAM II-Sprachelemente ist relativ direkt möglich. Grundlegend ist dabei die bekannte Vorstellung von einem Fertigungssystem als Bedienungssystem, das aus Maschinen als Bedienungsstationen und Aufträgen als Kunden besteht. Aufträge werden dann als Transaktionen modelliert , die SERVICE ACTIVITIES durchlaufen. Sie stellen die Bearbeitungsvorgänge dar. Vor den Bedienungsstationen können sich Warteschlangen bilden, sie werden durch QUEUE-Knoten erfaßt. Die Abarbeitung der Warteschlangen läßt sich realitätsgerecht über entsprechende Parameter für die Schlangendisziplin steuern. Aufträge werden mit Hilfe von CREATE-Knoten generiert und können mit Hilfe von ASSIGN-Knoten mit auftragsspezifischen Merkmalen versehen werden. Zum Beispiel läßt sich die Maschinenfolge, die für einen speziellen Auftrag nötig ist , dem Auftrag als Attribut mitgeben. Durch Abfrage dieses Attributes nach Beendigung eines Bearbeitungsvorganges läßt sich dann der Auftrag sachgerecht vor der nächsten Maschine einreihen. Werden im System besondere Einsatzmittel benötigt, die nicht ständig und unbegrenzt zur Verfügung stehen, so lassen sie sich mit Hilfe von RESOURCE- Blocks modellieren. Solche Einsatzmittel können zum Beispiel Transporteinrichtungen, Material und Werkzeuge, aber auch etwa das Bedienungspersonal sein. Mit Hilfe von AWAIT- und FREE-Knoten läßt sich die Nutzung von Einsatzmitteln sachgerecht koordinieren. Gegenstand der Modellierung ist dabei aber nur die Verfügbarkeit der Einsatzmittel. Sollen weitergehende Merkmale oder kompliziertere Zusammenhänge abgebildet werden, etwa das Funktionieren einer automatischen Transporteinrichtung für ein flexibles Fertigungssystem dargestellt werden, so ist das mit den netzwerkbezogenen Sprachelementen der Grundversion von SLAM II nicht ohne weiteres möglich. Entweder muß man sich dann mit einer um Materialhandhabungselemente erweiterten Version auf eine Workstation oder einen Großrechner begeben oder die fehlenden Modellteile als Fortran-unterprogramm selber erstellen. Die Materialhandhabungsknoten von SLAM II sind sehr mächtige Sprachelemente und daher entsprechend komplex. Ein Großteil der Einfachheit und Transparenz, die die Nutzung der Grundversion auszeichnet, geht daher bei der Materialhandhabungserweiterung verloren. Aus dieser kurzen Skizze ist klar, inwiefern die netzwerkorientierten Sprachelemente es erlauben, die Komponenten eines Fertigungssystems für operationale Probleme etwa auf der Werkstattebene nachzubilden. Die Steuerungslogik wird dabei im wesentlichen durch die Struktur des Netzwerkes erfaßt, wobei zum Beispiel unterschiedliche Bearbeitungsreihenfolgen unterschiedlichen Wegen durch das Netz entsprechen. Fließfertigungssysteme lassen sich auf der operationalen Ebene in ähnlicher Weise modellieren. Die dabei entstehenden Netzwerke sind in der Regel einfacher als die bei Werkstattfertigung. SLAM II kann von großer Hilfe beim Austesten unterschiedlicher operationaler Regeln sein, die das sinnvolle Funktionieren eines Fertigungssystems sicherstellen sollen. Erfahrungen in Form von Simulationsfallstudien liegen vor für das Austesten von Prioritätsregeln bei Werkstattfertigung (8), Regeln zur Sicherstellung der Fertigungsqualität, Regeln zur Materialbereitstellung (Lagerhaltungspolitiken) sowie Regeln zur Steuerung eines innerbetrieblichen Transportsystems.

Die gleiche Art von Modellen, die für das Austesten von Regeln auf der operationalen Ebene in Frage kommt , eignet sich für die Beurteilung von Systementwürfen. Die Entwicklung von Entwürfen von Fertigungssystemen, auch Systemdesign genannt, ist strategischer Natur. Durch sie werden die Produktionsmöglichkeiten hinsichtlich der Art und Menge von herzustellenden Gütern langfristig festgelegt. Während auf der operationalen Ebene Simulationsexperimente mit unterschiedlichen Sätzen von Parameterwerten, in denen sich die unterschiedlichen Regeln ausdrücken, durchgeführt werden, geht es bei der Entwurfsplanung um Art , Anzahl und Anordnung von Systemkomponeten. Auch hier hat sich der netzwerkorientierte Ansatz von SLAM II bewährt. Die Zuordnug von Systemkomponenten zu Sprachelementen und die Abbildung der Systemkonfiguration durch die Netzstruktur ermöglicht einfache und schnelle Entwurfsänderungen. Allerdings muß in der Regel bei jeder Entwurfsänderung ein neues Modell erstellt werden. Das bedeutet, daß Programmänderungen vorgenommen werden müssen, die ein neuerliches Übersetzen und Austesten des Programmes notwendig machen. Beispielhaft seien einige Fragestellungen genannt, die mit SLAM II-Modellen bearbeitet wurden: Wie ändert sich die Kapazität des Gesamtsystems, wenn an einzelnen Stellen des Systems etwa durch Verdopplung einzelner Komponeten mehr Kapazität zur Verfügung gestellt wird? Welche Kombination von Containern unterschiedlicher Art und wieviel Fahrwerke sind in einem innerbetrieblichen Transportsystem nötig, um einen schnellen, zuverlässigen und kostengünstigen Transport zu gewährleisten? Wo und in welcher Höhe ist die Möglichkeit für Pufferläger vorzusehen? Die Beantwortung derartiger Fragen erfordert das Auffinden von Schwachstellen und Engpässen des Systems. Dabei wird man durch SLAM II durch die systematische Ausgabe von statistischen Größen wie durchschnittlichen Warteschlangenlängen und durchschnittlichen Auslastungen von Serviceaktivitäten gut unterstützt.

5. Taktische Simulationsaufgaben im Bereich der Produktion und Mängel von SLAM II

Die taktische Ebene ist die Ebene des mittleren Managements. Entsprechend muß nun das Fertigungssystem mit den Augen des mittleren Management gesehen werden. Relevante Elemente sind jetzt nicht mehr einzelne Werkstücke oder einzelne Maschinen wie bei der operationalen Planung, sondern beispielsweise Wochennachfragen, Mengen von Fertigwaren oder Mengen von Zwischenprodukten und Teilen. Die taktische Planung kann in zwei Schritten erfolgen, der Produktionsplannung und und der Flußplanung. Ergebnis der Produktionsplanung könnte zum Beispiel ein Plan sein, der für vorgegebene Zeitperioden die geforderten Mengen der unterschiedlichen Endprodukte festlegt. Liegt die Nachfrage nach Endprodukten für eine bestimmte Woche fest, lassen sich im Rahmen der Flußplanung Stücklisten benutzen, um die daraus resultierenden terminierten Nachfragen nach Material, Teilen und Zwischenprodukten in den Vorwochen zu berechnen. Durch Berechnungen dieser Art für aufeinanderfolgende Wochen läßt sich der gesamte Bruttobedarf für jedes Produkt berechnen. Berücksichtigt man nun Lagerbestände und aufgegebene Bestellungen, läßt sich für jeden Gegenstand ermitteln, ob er neu beschafft oder in Auftrag gegeben werden muß. Dann müssen Losgrößen bestimmt werden. Ferner muß mit Hilfe der Arbeitspläne überprüft werden, ob die Kapazität der einzelnen Abteilungen ausreicht, um die geplanten Aufträge zu erledigen. Falls die Kapazität nicht ausreicht, ist möglicherweise auf Überstunden oder Sonderschichten auszuweichen.

Die skizzierte Planungstechnik ist ein Teil der terminierten Bedarfs- und Kapazitätsplanung. Sie beruht wesentlich auf originären Manegemententscheidungen, die in der Praxis mit Hilfe von Erfahrung und Expertenwissen gefällt werden. Solche Entscheidungen betreffen zum Beispiel die Fertigungslosgrößen auf den unterschiedlichen Fertigungsstufen, die Bestellmengen bei fremdbezogenem Material, die Länge der geplanten Vorlaufzeit oder die Höhe des Sicherheitsbestandes. Diese Entscheidungen können durch Simulationsmodelle unterstützt werden, wenn es gelingt, neben dem Fertigungssystem auf der operationalen Ebene auch noch das entsprechende Informationsverarbeitungssystem auf der taktischen Ebene zu modellieren.Dann können unterschiedliche Politiken für die Entscheidungen ausgetestet und hinsichtlich ihrer Auswirkungen auf der operationalen Ebene untersucht werden. So lassen sich zum Beispiel verschiedene Regeln zur Festlegung von Losgrößen bei vorgegebener Endnachfrage und für ein vorgegebenes Fertigungssystem ökonomisch bewerten, indem zunächst mit ihrer Hilfe alternative Pläne erzeugt werden, die dann dem Fertigungssystem als Vorgabe für Fertigungsaufträge dienen. Für eine Bewertung der Regeln können dann die aufgelaufenen Umrüst- und Lagerhaltungskosten herangezogen werden. In analoger Weise könnte man vorgehen, um unterschiedliche Prognosemethoden für die Erstellung des Masterplanes bei der Produktionsplanung zu bewerten.

Auf der taktischen Ebene unterstüzt SLAM II die Formulierung von Simulationsmodellen nicht durch spezielle Sprachelemente. Solche Sprachelemente müßten es ermöglichen, die Planungsvorgänge zu simulieren, indem etwa für vorgegebene Endnachfragen bei unterschiedlichen Politiken die entsprechenden terminierten Bedarfspläne berechnet werden. Tabellenkalkulationsprogramme halten zum Beispiel das notwendige Instrumentarium dafür bereit. Die Ergebnisse müssen dann an das Simulationsprogramm für die operationale Ebene übergeben werden. Ein ein derartiger Ansatz wurde in Osnabrück im Rahmen eines DFG-Projektes versucht, das die Produktionsplanung bei Kampagnenfertigung in einem mehrstufigen Mehrproduktunternehmen zum Gegenstand hat. Dabei zeigte es sich, daß eine automatische Übergabe dadurch erschwert wurde, daß SLAM eine Initialisierung der Modellparameter innerhalb des eigentlichen Programmcodes für das Simulationsmodell vorsieht und nicht explizit nach einem Datenteil und einem Modellteil trennt. Diese Tatsache führte dazu, daß das Problem nun nicht in SLAM, sondern in der sehr ähnlichen Simulationssprache SIMAN (9) modelliert wurde. In dieser Sprache wird konzeptionell und programmtechnisch zwischen der Auslegung von Simulationsexperimenten und dem eigentlichen Simulationsmodell unterschieden.

6. Zusammenfassung und Ausblick

Zusammenfassend läßt sich sagen, daß sich SLAM II als Simulationssprache für den Lehrbetrieb im Fach Produktion bewährt hat. Für Forschungsaufgaben muß ausgiebig von der Schnittstelle zu Fortran Gebrauch gemacht werden. Wegen des besseren Grundkonzeptes würde ich heute auch in der Lehre auf SIMAN zurückgreifen. Hier stehen schon in der Grundversion Transportelemente zur Verfügung. Bestehen bleiben die Beschränkungen, die sich aus dem Batchbetrieb und der Fortranorientierung ergeben. Neuere Entwicklung und Konzepte wie sie bei objektorientierten Sprachen möglich sind, lassen sich kaum integrieren. In Osnabrück wird daher an einem objektbasierten Simulator für Probleme der Produktion auf der Basis von Modula-2 gearbeitet (10).

Fußnoten

(01) vgl. Pritsker, A. A. B., Introduction to Simulation and SLAM II, 3. ed., John Wiley 1986
(02) vgl. Witte, Th., Simulationstheorie und ihre Anwendung auf betriebliche Systeme, Gabler 1974, S. 18 - 24, S. 209 - 235
(03) vgl. Adam, D., Witte, Th., Ein Modell zur Planung eines Transportsystems für Versorgungs- und Entsorgungsvorgänge in Kliniken, in: Schweitzer, M., Plötzeneder, H. D., Hrsg., Führungssysteme für Universitäten, Stuttgart 1977, S. 249 - 263
(04) vgl. Witte, Th., Die Entwicklung von Zielvorstellungen für die Ablaufplanung bei Werkstattfertigung, Beitrag 8606 des Fachbereichs Wirtschaftswissenschaften der Universität Osnabrück 1986
(05) vgl. ein ähnliches Beispiel bei Pritsker, a. a. O., S. 216 - 221
(06) Witte, Th., Modellierung von Lagerhaltungssystemen mit Netzwerkelementen von SLAM II - Überlegungen zum interaktiven Generieren von Simulationsmodellen, in: Biethan, J., Schmidt, B. (Hrsg.), Simulation als betriebliche Entscheidungshilfe, Springer 1987, S. 200 - 212
(07) vgl. Witte, Th., The Use of Simulation in Production Planning and Control, erscheint in: Proceedings of the Fifth International Working Seminar on Production Economics and Control in Igls 1988, in Vorbereitung
(08) vgl. Witte, Th., Fertigungssteuerung mit Hilfe der Simulation in: Das Wirtschaftsstudium, 15. Jg. Nr. 12 (1986) und Witte, Th., Fallstudie zur Fertigungssteuerung mit Prioritätsregeln, erscheint in: Adam, D., Jacob, H., Schriften zur Unternehmensführung, 1988, in Vorbereitung
(09) vgl. Pegden, C. D., Introduction to SIMAN, Systems Modeling Corporation 1986
(10) vgl. Witte, Th., Grzybowski, R., Objectbased Simulation: Foundations and Implementation in Modula-2, in: Huntsinger, R. C., et al. (Hrsg.): Simulation Environments and Symbol and Number Processing on Multi and Array Process, SCS 1988, S. 193 - 198

DAS SIMULATIONSSYSTEM HYBSYS

D.Solar, F.Breitenecker
Institut für Technische Mathematik
Technische Universität Wien
Wiedner Hauptstrasse 8-10
A-1040 Wien

Kurzfassung. Dieser Beitrag stellt das SIMULATIONSSYSTEM HYBSYS vor, das an der Technischen Universität im Rahmen eines Forschungsprojektes entwickelt wird. Das SIMULATIONSSYSTEM HYBSYS versteht sich nicht als neue Simulationssprache, sondern als Simulationssystem, das auch Modellbildung, Modellidentifikation und -Validierung unterstützt. Nach einer Einleitung werden die Grundlagen dieses neuen Simulationssystems vorgestellt. Im folgenden wird an typischen Simulationsaufgaben gezeigt, wie einfach sehr komplexe Experimente (Iterationen, Optimierungen, Systeme mit verteilten Parametern) in HYBSYS behandelt werden können - grundlegend hierfür ist ein sehr erweitertes Tabellenfunktionen-Konzept.

EINLEITUNG

Die hybride Simulationssprache HYBSYS hat sich sehr gut am Simulationsrechenzentrum der Technischen Universität Wien bewährt. Vor allem die interaktive Modellbildung und die komfortable Experimentierumgebung erlaubten in kurzer Zeit die Analyse komplexer Prozesse. Sie war allerdings gebunden an den Analogrechner EAI PACER 600 bzw. an den neuen Simulationsrechner EAI SIMSTAR (siehe SOLAR et al. 1982 und 1986, sowie EMBLEY 1984).
Bald tauchte daher der Gedanke auf, ein "rechnerunabhängiges, digitales HYBSYS" zu entwickeln. Zu bedenken war dabei natürlich, daß die gesamte Software neu konzipiert werden mußte. Zu diesem Zweck wurde von den Autoren ein Projekt beim Fonds zur Förderung der wissenschaftlichen Forschung beantragt, das Ende 1987 genehmigt wurde (Projekt Nr.P6553, SIMULATIONSSYSTEM HYBSYS). Die Entwicklungsarbeiten begannen im Dezember 1987, derzeit (Juni 1988) steht ein Prototyp auf Basis MS-DOS zum Testen zur Verfügung.

Simulationssprachen gibt es viele, und das SIMULATIONSSYSTEM HYBSYS versucht, nicht eine weitere Simulationssprache zu sein, sondern ein Modellentwicklungssystem, mit dem auch simuliert werden kann. Dazu ist ein modernes Sprach- und Implementierungskonzept nötig. Denn aufgrund der gewachsenen Struktur mit teilweise notwendiger Aufwärtskompatibilität von neuen Versionen und mit teilweise "krampfhaftem" Hinzufügen neuer Simulationselemente haben viele der herkömmlichen Sprachen, darunter vor allem die meistverwendeten und meistverbreiteten (ACSL, CSSL, CSMP,..) eine Reihe von Nachteilen.
Das Konzept des SIMULATIONSSYSTEMS HYBSYS hat aufgrund seiner Struktur all diese Nachteile nicht. grundlegend dabei ist eine Trennung von Modell und Experiment, zusätzlich wird noch die Methode als eigene Ebene (sprachlich und konzeptionell) angesehen (siehe BREITENECKER und SOLAR, 1986). Dabei ist dann das Experiment als Anwendung einer Methode auf ein Modell aufzufassen (z.B.: Methode "Optimierung"+ Modell "Schwingung" → Experiment "Minimierung eines Dämpfungsparameters.

EIGENSCHAFTEN DES SIMULATIONSSYSTEMS HYBSYS

Mit seiner Konzeption ist das SIMULATIONSSYSTEM HYBSYS nun eine Software, die folgende Ebenen der Modellbildung und Simulation durchführt bzw. unterstützt:

 * Modellbildung   * Modellvalidierung   * Modellidentifikation   * Simulation

Die Grundlagen für das Simulationssystem sind die folgenden Eigenschaften, die allgemeine Konzepte, spezielle Eigenschaften und Implementierungsfragen betreffen:

* Allgemeine Eigenschaften:

A1)   Strikte Trennung zwischen Modell, Methode und Experiment
A2)   Interaktive Modelldeklaration und Modelländerungen auf strukturierten Modelldatenbasen mit Teilmodellen und Modellbibliotheken
A3)   Verwendung von geeigneten Datentypen, die eine konsistente Modellbeschreibung ermöglichen (semantische Unterscheidung von Parametern, Variablen, ...) mit einem sehr allgemeinen Datentyp "Tabellenfunktion"
A4)   Trennung von Modell- und Experimentiervariablen unter Zuhilfenahme einer Experimentier-Datenbasis
A5)   Verwendung verschiedener Sprachebenen für Modell-, Methoden- und Experiment-Ebene (funktionale Sprache, prozedurale Sprache, Befehlssprache mit prozeduralen Eigenschaften)
A6)   Offenes System ! (d.h. beliebig erweiterbare Methodenbank, siehe z.B. BREITENECKER, 1986)

* Spezielle Eigenschaften:

S1)   Modellbeschreibung auch mit Vektor- und Matrizenoperationen, auch für Tabellenfunktionen
S2)   Schnittstellen der Modelldatenbasis zu anderen Simulationssprachen wie z.B. ACSL (MITCHELL und GAUTHIER 1986)
S3)   Methoden zur (automatischen) Generierung spezieller Modelle (über Bondgraphen, Compartements, Übertragungsfunktionen, etc.)
S4)   Verwendung moderner Integrationsalgorithmen
S5)   Möglichkeiten zur Behandlung von Unstetigkeiten
S6)   Möglichkeit zur Skalierung des Systems
S7)   Optimierungsmethoden (Rückführung auf Parameteroptimierung)
S8)   Unterschiedliche Methoden zur Dokumentation von Simulationsergebnissen (2D-Plots, 3D-Plots, Tabellen, Plots mit Schichtenlinien) basierend auf der Ergebnisrepräsentation in Tabellenfunktionen
S9)   Eigenwertanalyse und Linearisierung
S10) Frequenzbereichsanalyse (mit numerischen und analytischen Methoden)
S11) Sensitivitätsanalyse
S12) Erweiterungsmöglichkeiten für den Benutzer durch Einbindung eigener spezieller Methoden
S13) Auf Experimentebene komplexe Kontrollstrukturen, wie Befehlsschleifen und bedingte Befehle zum Aufbau komplexer Experimente u.a. mit Hilfe von Tabellenfunktionen
S14) Experimentelle Datentypen mit Durchführung impliziter Simulationsläufe mit/ohne Abspeicherung auf Tabellenfunktionen

* Implementierung:

I1)   auf MS-DOS Ebene und auf UNIX-(XENIX-)Ebene
I2)   Programmierung in C, Benutzererweiterungen auch mit kompatiblen Compilern
I3)   Hardware: AT-PCs mit Graphikerweiterungen, Rechner mit UNIX/XENIX

Verwiesen sei nochmals auf die Punkte A6) und S2), die HYBSYS als offenes System ausweisen und Abbildungen auf andere Simulationssprachen vorsehen. Das SIMULATIONSSYSTEM HYBSYS sieht u.a. seine Stärke in der Modellentwicklung, Modellvalidierung und Modellidentifikation, "Produktions-Simulationsläufe" können bei Bedarf auch dann mit anderen Sprachen fortgeführt werden. Von diesem Punkt aus betrachtet ist HYBSYS auch als Entwicklungssprache für dynamische Modelle zu sehen.

KOMPLEXE EXPERIMENTE IM SIMULATIONSSYSTEM HYBSYS

HYBSYS erlaubt es, sehr komplexe Experimente wie Optimierung, Iterationen, etc. in sehr einfacher Form zu beschreiben. Im folgenden werden an typischen

Anwendungsgebieten diese Möglichkeiten demonstriert. Grundlegend dafür sind eine sehr bequeme und sehr leistungsfähige Modelldatenbasis, die in den Arbeiten von SOLAR und BREITENECKER (1987 und 1988) näher beschrieben wurde. Essentiell ist in dieser Datenbasis ein sehr erweitertes Tabellenfunktionen-Konzept, das zunächst kurz erklärt wird.

Das Tabellenfunktionen-Konzept im SIMULATIONSSYSTEM HYBSYS

Üblicherwiese verwenden Simulationssprachen Tabellen (-funktionen) auf der Ebene der Modellbeschreibung. In HYBSYS haben Tabellenfunktionen auch auf der Experimentierebene wesentliche Bedeutung und einen sehr großen Anwendungsbereich. Ferner begründen sie die Technik der impliziten Simulationsläufe, die die Basis zum einfachen Aufbau komplexer Experimente sind.

Zunächst nun eine kurze Einführung in dieses Konzept: die folgenden Befehle definieren Variable, Parameter und Tabellenfunktionen, die Variablen Y, DY und Z seien dabei Teile eines komplexen Modelles (die Modellbeschreibung erfolgt im übrigen in CSSL-Syntax, in interaktiver Form !!).

<table>
<tr><td>

VAR REAL: Y, DY

PAR REAL: A, B

VAR REAL: Z [1:10]

FUN REAL: F(REAL)

FUN REAL: G(REAL,REAL)

FUN REAL: H [1:10] (REAL)

</td><td>

Mit den nebenstehenden Definitionen von Tabellenfunktionen seien nun einige Beispiele für die Abspeicherung impliziter Simulationsläufe auf Tabellenfunktionen gegeben (die Simulationsläufe werden implizit durch das Experiment "Zuweisung einer Zustandsvariablen auf eine Tabellenfunktion" gestartet); Diese Tabellenfunktionen können dann später z.B. gezeichnet oder in folgenden Simulationsläufen weiterverwendet werden (soferne die Tabellenfunktion auch als "rechte Seite" im Modell auftaucht).

</td></tr>
</table>

<table>
<tr><td>

F = Y (A=1,10,1)

</td><td>

Dieses Experiment liefert eine Kurve; es speichert auf die Tabellenfunktion F als Funktionswerte die Werte der Zustandsvariablen Y zum Zeitpunkt TEND in Abhängigkeit von 10 äquidistanten Argumentwerten des Parameters A ab (es werden 10 Simulationsläufe durchgeführt, die Tabellenfunktion hat 10 Stützpunkte)

</td></tr>
</table>

<table>
<tr><td>

G = Y (T, A=1,10,1)

</td><td>

Dieses Experiment liefert eine Fläche; es speichert auf die zweidimensionale Tabellenfunktion G die Werte der Zustandsvariablen Y in Abhängigkeit von T und des Parameters A ab (10 Simulationsläufe, (NDT+1)*10 Stützpunkte)

</td></tr>
</table>

<table>
<tr><td>

G = Y (A=1,10,1; B=1,0,-.05)

</td><td>

Dieses Experiment liefert eine Parameterfläche; es speichert auf die zweidimensionale Tabellenfunktion G die Werte der Zustandsvariablen Y zum Zeitpunkt TEND in Abhängigkeit der Parameter A und B (10*21 Simulationsläufe und Stützpunkte)

</td></tr>
</table>

<table>
<tr><td>

H = Z

</td><td>

Dieses Experiment liefert 10 Kurven. Auf den Vektor H der 10 eindimensionalen Tabellenfunktionen H wird der zeitliche Verlauf des 10-dimensionalen Zustandsvektors Z abgespeichert (ein Simulationslauf, 10*(NDP+1) Stützpunkte)

</td></tr>
</table>

Iterationen im SIMULATIONSSYSTEM HYBSYS

Oft müssen Simulationsläufe nach bestimmten Gesichtspunkten wiederholt (iteriert) werden, um eine bestimmte Lösung zu erhalten. Am Beispiel der iterativen Lösung einer Integralgleichung soll nun gezeigt werden, wie einfach
dieses Iteration im SIMULATIONSSYSTEM HYBSYS zu beschreiben ist.

Der Kern $K(t,x)$ der Integralgleichung auf dem Intervall $[0,T]$

$$x = \int_0^T K(s,x).x(s)ds$$

möge ein komplexer algebraischer Ausdruck abhängig von x sein.
Derartige Gleichungen können daher nur iterativ gelöst werden (nur in Sonder-
fällen des Kernes kann die Integralgleichung in eine Differentialgleichung
umgewandelt werden).
Diese Iteration startet mit einer Näherung $x_0(t)$, vermöge der dann die weiteren Näherungen $x_i(t)$ für $x(t)$ wie folgt berechnet werden:

$$x_{i+1} = \int_0^T K(s,x_i).x_i ds$$

Mit Hilfe von Tabellenfunktionen kann nun diese Iteration sehr einfach als
Experiment formuliert werden:

PAR REAL: EPS VAR REAL: X, EX FUN REAL: FX(REAL)	Die nebenstehenden Definitionen deklarieren das Iterationsmodell für die Integral-gleichung.
EQU K = f(FX,t)	Die Gleichung EQU K=.. berechnet den Kern mit der alten Näherung FX, die als Ta-bellenfunktion definiert ist; die Gleichung
EQU X = INTEG (K*FX, 0.)	EQU X=... integriert Kern mal alter Näherung zur neuen Näherung X; parallel dazu errechnet sich die Differenz zwischen alter
EQU EX = MAXT(ABS(EX-X))	und neuer Näherung aus EQU EX=...

EX > EPS ! FX = X	Diese einfache Anweisung führt nun das doch komplexe Experiment der Iteration für die Integralgleichung

durch. Das Einzelexperiment FX=X führt einen Simulationslauf durch (eine
Iteration) und speichert die neue Näherung gleich auf die Tabellenfunktion FX um, um bei der nächsten Iteration als alte Iteration zu
dienen. Das Experiment FX=X steht in einer Schleife (angezeigt durch
"!"), die durchgeführt wird, solange EX>EPS gilt - also wird die Iteration solange durchgeführt, bis der maximale Fehler zwischen zwei Iterationen kleiner einer Schranke EPS wird.

Zunächst zeigt dieses Beispiel auch kurz die Modellbeschreibung im SIMULA-
TIONSSYSTEM HYBSYS: der Term "EQU" bedeutet, dass nun eine Modelldefinition
bzw. -Erweiterung erfolgt - und zwar in interaktiver Form auf der Experimen-
tierdatenbasis (siehe SOLAR und BREITENECKER, 1987 und 1988).

Vektorschreibweise im SIMULATIONSSYSTEM HYBSYS

Ein sehr mächtiges Element von HYBSYS ist das Vektorkonzept. Derzeit läßt es
"Vektoren" bis Dimension 3 zu, also Skalare, Vektoren (im eigentlichen Sinn),
Matrizen und Tensoren. Essentiell an diesem Konzept ist die Tatsache, dass mit
jedem Vektor auch jeder seiner Teilvektoren verfügbar ist, bzw. auch ein
elementweiser Zugriff erlaubt ist. Am Beispiel der Simulation von Systeme mit
verteilten Parametern soll nun diese Fähigkeit von HYBSYS demonstriert werden.

HYBSYS ist eine CSSL-Sprache, und daher ausgerichtet auf die Simulation von
Systemen mit konzentrierten Parametern - partielle Differentialgleichungen
müssen daher vorher zu einem System gewöhnlicher Differentialgleichungen
diskretisiert werden. In Vorbereitung ist derzeit ein Modul, der diese Diskretisierung automatisiert.

Als ein neuer Benchmark für Simulationssprachen wurde von R.Huntsinger der
American Coffee Pot - Benchmark vorgeschlagen, beim European Simulation
Meeting (ESM 88) in Nizza (1.-3.6.1988) maßen bereits mehrere Simulationssprachen ihre Kräfte an ihm (SOLAR und BREITENECKER, 1988). Bei diesem
Beispiel wird die Ortsvariable diskretisiert, sodaß ein System von schwach
verkoppelten gewöhlichen Differentialgleichungen für $c_i(t)$, der Kaffee-
konzentration beim i-ten "Schnitt" und für $e_i(t)$, den Anteil des noch nicht
extrahierten Kaffees ensteht:

$$c_i(t) = c_{i-1}(t) - c_i(t) + a_i.e_i(t).(s-c_i(t)), \quad c_i(0)=0$$

$$e_i(t) = -b.e_i(t).(s-c_i(t)), \quad e_i(0)=1$$

In HYBSYS können zur bequemen Modellierung dieses Systems nun Teilvektoren
verwendet werden, die im wesentlichen eine Art Abkürzung der elementweisen
Schreibweise sind (in anderen Sprachen sind oft Schleifen nötig, die dann
Probleme bei der Sortierung ergeben) .

```
VAR REAL C[1:10], E[1:10]
PAR REAL C0[1:10]= 10*0, E0[1:10]=10*1, A[1:10]=10*.2
PAR REAL S=1, B=0.1
EQU C[1]    =INTEG (-C[1] + A[1]*(S-C[1])*E[1], C0[1])
EQU C[2:10]=INTEG (C[1:9]-C[2:10]+A[2:10]*(S-C[2:10])*e[2:10],C0[2:10])
EQU E[1:10]=INTEG (-B*E[1:10]*(S-C[1:10]), E0[1:10])
```

Diese Modelldefinitionen beschreiben ein verkoppeltes System von
Differentialgleichungen. Das Teilvektorkonzept erlaubt das einfache
beschreiben der Verkopplungen zur nächsten Linie. Die ersten drei
Gleichungsbeschreibungen werden elementweise interpretiert, sodaß kein
Typenkonflikt entstehen kann.

```
PAR REAL SH[1:10]=10*1
EQU E=INTEG[-B*E*(S*SH-C),E0)
```
Diese wesentlich kürzere Schreibweise
für die letzte Gleichung interpretiert
die Typen geeignet, der Hilfsparame-
tervektor SH ist allerdings wegen der Typenkonsistenz notwendig - die
Multiplikation von Vektoren wird derzeit elementweise interpretiert.

Häufig sind nach der Diskretisierung allerdings auch Randwertaufgaben zu
lösen, vor allem wenn zweite oder höhere partielle Ableitungen vorliegen bzw.
nach ihnen diskretisiert wurde. Dabei entstehen typische Systeme wie:

$$x_i(t) = a*x_{i-1}(t) + b*x_i(t) - c*x_i(t), \quad x_i(0)=1, \quad x_i(T)=1$$

In HYBSYS ist nun die Modellbeschreibung wiederum ähnlich einfach, allerdings
fehlt der Anfangswert für x_i. HYBSYS hat als Standardmethoden auch
Optimierungsverfahren und Nullstellenverfahren implementiert, die nun zum
Lösen der Randwertaufgabe in iterativer Form verwendet werden konnen. Ein
einfacher Befehl ZERO (der iteriert bzw. opimiert und simuliert) löst diese
Aufgabe.

Die folgenden Definitionen beschreiben wiederum das verkoppelte System. Als
Anfangswerte für die Ableitungen wird der Vektor DX0 verwendet. Die letzte
Gleichung beschreibt die (dynamische) Abweichung vom Endpunkt XT (ABS ist hier
als der skalare Betrag des Differenzvektors (XT-X) zu interpretieren):

```
PAR REAL X0[1:10]=0, DX0[1:10]=10*0.5, XT[1:10]=10*1
PAR REAL A=0.2, B=3., C=-0.3
VAR REAL X[1:10], DX[1:10], ERROR

EQU X          = INTEG ( DX, DX0 )
EQU DX[2:10]   = INTEG (A*X[1:9]+B*X[2:10]-C*DX[2:10], DX0[2:10])
EQU DX[1]      = INTEG ( B*X[1]-C*DX[1], DX0[1])
EQU ERROR      = ABS ( XT - X )
```

ZERO ERROR BY DX0	Dieser einfache Befehl versucht nun die Nullstelle von ERROR durch Variation der Parameter DX(0),DX(1),...,DX(10) zu finden.

Diese Art der Optimierung funktioniert natürlich generell in dieser Form, nicht nur bei Randwertaufgaben.

Abschliessend sei im Zusammenhang mit der Simulation verteilter Systeme noch eine weiter Möglichkeit in HYBSYS erwähnt. In manchen Fallen ist die diskretisierte Variable unbeschränkt, d.h. man braucht unendlich viele Linien $x_i(t)$. Hier bietet sich wiederum das Tabellenfunktionenkonzept an. Eine Tabelle FX tragt die (i-1).te Linie, eine einzige Gleichung berechnet dann die i-te Linie:

FUN REAL: FX(REAL) = {-0,10; 0} PAR REAL: X0=1, DX0=0 VAR REAL: X, DX EQU X = INTEG (DX, DX0) EQU DX= INTEG(A*FX+B*X-C*DX,X0)	Diese Gleichungen beschreiben ein ähnliches System wie vorher. Das Experiment FX=X führt einen impliziten Simulationslauf durch und berechnet damit die i-te Linie und
FX = X	speichert diese auf FX ab, das vorher mit der (i-1).ten Linie belegt war.

LITERATUR

Breitenecker F.: Optimierung in HYBSYS. Interface 22 (1985)
Breitenecker F., Solar D.: Models, Methods, Experiments - Modern aspects of simulation languages. Proc. 2nd European Simulation Conference, Antwerp, Sept.1986, Publ. SCS, San Diego (1986) 195-199
Embley R.W.: The technology behind SIMSTAR, an all new simulation multiprocessor. Informatik-Fachbericht 85, Springer-Verlag, Heidelberg, (1984) 317-327
Solar D., Berger F., Blauensteiner A.: HYBSYS - Interaktive Simulationssoftware für ein hybrides Mehrbenutzersystem. Informatik-Fachbericht 56, Springer-Verlag, Heidelberg (1982) 257-265.
Solar D.: HYBSYS-PTRAN - An experimentation tool for the EAI SIMSTAR Parallel Multiprocessor. Proc. 2nd European Simulation Conference, Antwerp, Sept.1986, Publ. SCS, San Diego (1986), 203-208
Solar D., Breiteneckewr F.: Das Simulationssystem HYBSYS und sein Tabellenfunktionenkonzept. Informatik-Fachberichte 150, Springer (1987) 187-196.
Solar D., Breitenecker F.: The SIMULATION SYSTEM HYBSYS. Proc. European Simulation Multiconference (EMS), Nizza June 1-3, 1988, to appear.

<u>**Das Simulationssystem PROSIGN**</u>

M.M. Rintelen
LINSSEN & BEESE
Software für Forschung und Entwicklung

D-8130 Starnberg, Moosstr. 12

PROSIGN ist ein Werkzeug zum Entwurf, zur Simulation und Optimierung von Prozeßmodellen aus allen Bereichen der Technik. Es wurde speziell entwickelt für Aufgabenstellungen aus dem Bereich der Regelungs- und Verfahrenstechnik, zur Simulation des dynamischen Verhaltens komplexer Systeme, zum Einsatz in Forschung und Lehre.

Features von PROSIGN

PROSIGN koppelt die Fähigkeiten eines CAD-Systems mit denen eines interaktiven Simulationssystems. Die Benutzeroberfläche ist rein graphisch gestaltet, wobei ähnlich wie bei CAD-Systemen die Modelle in graphischer Form eingegeben werden. PROSIGN arbeitet interaktiv, d.h. dem Benutzer ist die Möglichkeit gegeben jederzeit die Simulation zu unterbrechen und Änderungen im Modell oder an Modelldaten vorzunehmen; dies kann auch direkt während der Simulation im Dialog mit entsprechenden Dialog-Bausteinen im Modell erfolgen (siehe Bild 1).

Das System erlaubt die Erstellung von selbstdefinierten Bibliotheken, d.h. jede vom Benutzer definierte Logik kann, falls sie mit entsprechenden Schnittstellen versehen wird, in anderen Logiken bzw. Modellen als Sublogik bzw. Bibliothekselement eingesetzt werden. Durch die Verwendung von Sublogiken und Bibliotheken, sowie der graphische Darstellungsform der Modelle ergibt sich ein gut dokumentiertes und überschaubares hierarchisches Design.

PROSIGN bietet nicht nur die Möglichkeit mit analogen Zahlenwerten oder Vektoren zu arbeiten, sondern erlaubt auch die Verarbeitung von binären Zuständen und digitalen Signalen. Desweiteren besteht die Möglichkeit für die Realisierung von Ablaufsteuerungen mit dem Signaltyp 'Sequenz' zu arbeiten. Alle Signaltypen können mit entsprechenden Bausteinen in eine andere Signalform konvertiert werden.

Die Größe der Modelle ist seitens des Simulationssystems nicht begrenzt; ihr wird allein durch die Größe des auf dem jeweiligen Rechner zur Verfügung stehenden Arbeitsspeichers Grenzen gesetzt.

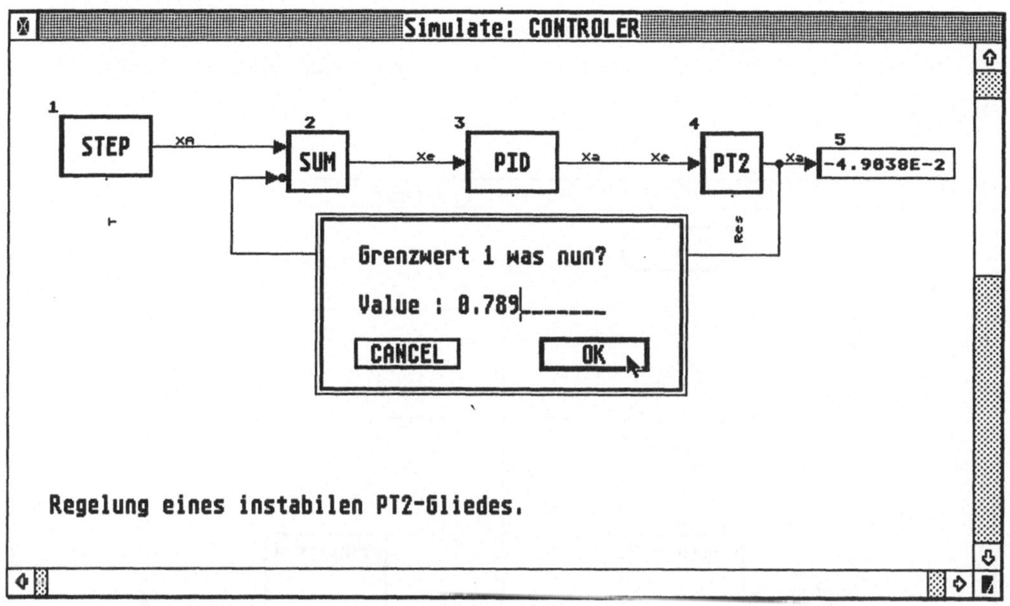

Bild 1: Beispiel für einen Dialog aus einer Sublogik während einer Simulation

Eine Ende dieses Jahres erscheinende Industrieversion von PROSIGN bietet zusätzlich eine Vielzahl weiterer Features. Besonders hervorzuheben wären dabei Funktionen zur Simulationssteuerung, wobei für Sublogiken ein eigener Zeittakt bzw. Rechenschrittweite definiert werden kann, wiederum fest definiert oder variabel in Abhängigkeit von Zuständen des Simulationsmodells. Ein weiteres Feature ist eine konfigurierbare graphische Darstellungsform für selbstdefinierte Sublogiken.

Der wichtigste Punkt allerdings liegt in der Möglichkeit eigene Primitivfunktionen zu generieren ('User Coded Primitives'). Dazu steht eine Modula ähnliche Syntax mit Spracherweiterungen um simulationstechnische Funktionen zur Verfügung, mit der eigene Programme geschrieben und dann in selbstdefinierten Sublogiken zum Ablauf gebracht werden können (siehe auch Funktionsvorrat).

Funktionsvorrat

Der Funktionsvorrat des Simulationssystems besteht aus mehr als 80 Grundfunktionen aus den Bereichen Mathematik, Regelungstechnik, Logik und Ablaufsteuerung. Desweiteren stehen Funktionen zur Signalgenerierung, Signalkonvertierung, Schnittstellenkonfiguration, Dokumentation und zur Simulationsunterstützung zur Verfügung.

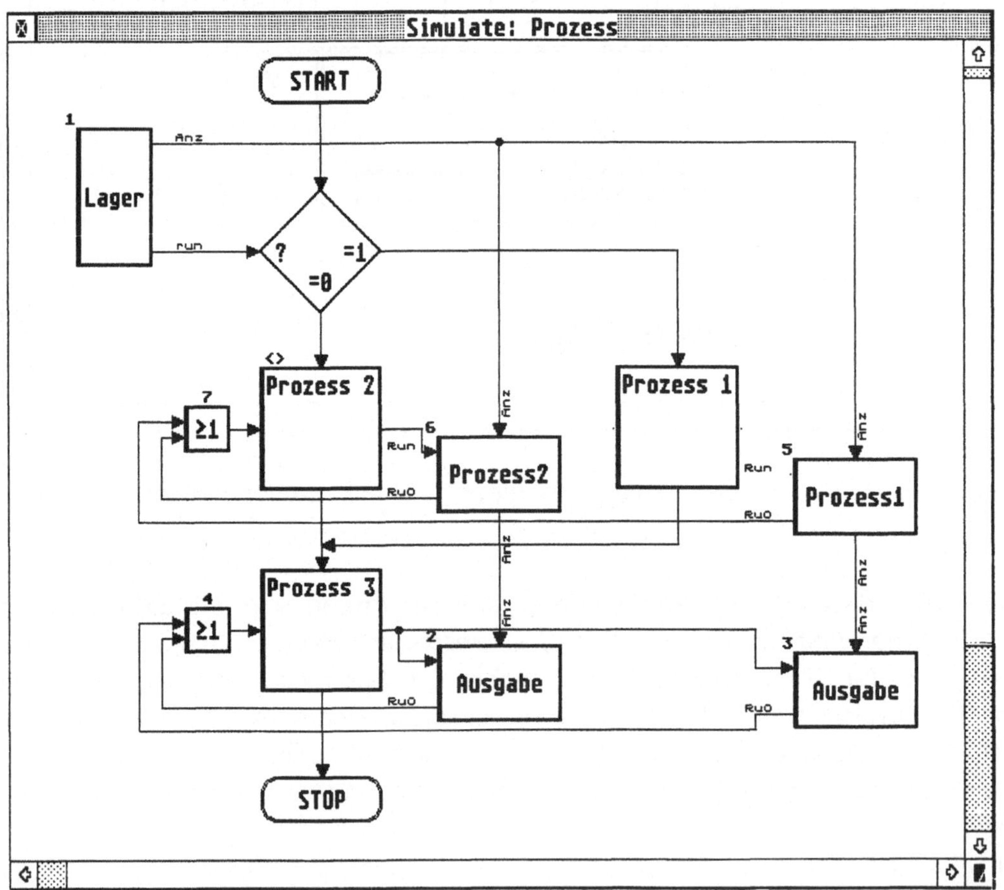

Bild 2: Beispiel für eine Ablaufsteuerung mit PROSIGN

Als Signaltypen sind, wie schon oben beschrieben, analoge Zahlen, Vektoren, binäre, digitale Signale und Sequenzen zugelassen. Freiheitsgrade von Leitungen und Leitungs- bzw. Verbindungsnetzen werden beim Editiervorgang entsprechend überprüft und automatisch eingestellt.

PROSIGN bietet eine Vielzahl von Signalgeneratoren (Oszillator, Ramp, Random, Wave-Generator, Constant, ...). Eine Besonderheit ist ein 'Funktion-Generator', wo Funktionen bzw. Kurvenverläufe mit Hilfe von einzugebenden Stützwerten und verschiedenen Interpolationsverfahren generiert werden können. Als weitere Besonderheit stehen dem Benutzer dem Benutzer Dialog-Bausteine zur Verfügung, die während der Simulation in Abhängigkeit von Modellzuständen oder in bestimmten Intervallen neue Eingabewerte für die Simulation anfordern können (siehe dazu auch Bild 1).

Zu den simulationsunterstützenden Bausteinen zählen Indikatoren, selbstdefinierbare Abbruchkriterien, Message- und Dialog-Bausteine, Parameter-Variation usw.. Besonders erwähnenswert wäre hier die Funktion 'Parameter-Variation', die es ermöglicht jeden variablen Parameter einer Primitvfunktion in Abhängigkeit von Modellzuständen einzustellen.

Arbeiten im Editier-Modus

Das Arbeiten im PROSIGN-Editor besteht im wesentlichen aus dem graphischem Aufbau der Modelle, wobei während des Editiervorganges Initialisierungsparameter (z.B. Anzahl und Art der Eingänge, Interpolationsverfahren bei Integratoren, usw.) abgefragt werden, ebenso werden Syntaxüberprüfungen bei Verbindungen vorgenommen und evtl. Fehler automatisch korrigiert bzw. gemeldet.

Ein angegliederter 'Gate-Face'-Editor ermöglicht eine individuelle Formgebung für selbstdefinierte Logiken. Das Erstellen der Bibliotheken erfolgt automatisch.

Arbeiten im Simulations-Modus

Das Parametrisieren der Modelle kann vor oder während der Simulation im Simulator erfolgen. Durch einfaches Anklicken der zu parametrisierenden Bausteine kann im Dialog die Parametereingabe erfolgen.

Die Simulation kann kontinuierlich ('Simulate') oder in Zeitschritten ('Simulate-Cycle') erfolgen. Interne Berechnungsschritte können durch eine Simulation im 'Single-Step'-Modus sichtbar gemacht werden, wobei im Bedarfsfall auch Dirac-Impulse auffindbar sind. Zur Unterstützung der Simulation stehen neben den unterschiedlichen graphischen Darstellungsformen der Ergebnisse eine Vielzahl von im Modell integrierbaren die Simulation unterstützenden Bausteine zur Verfügung.

Zur Darstellung von Simulationsergebnissen dient ein nachgebildeter Speicheroszillograph (bis zu 24 Kanäle und vier Skalen), welcher durch, in allen Hierarchieebenen frei setzbaren Meßpunkten, mit den Simulationsdaten versorgt wird. Kurvenvrläufe können damit auch noch nachträglich verschoben und weiterverarbeitet werden. Weitere Möglichkeiten Ergebnisse darzustellen bestehen in der direkten Anzeige von Werten durch Indikatoren oder über die Ausgabe an einen Drucker. Bei unterbrochener Simulation kann durch das Anwählen von Leitungen deren Zustand angezeigt und auch editiert werden.

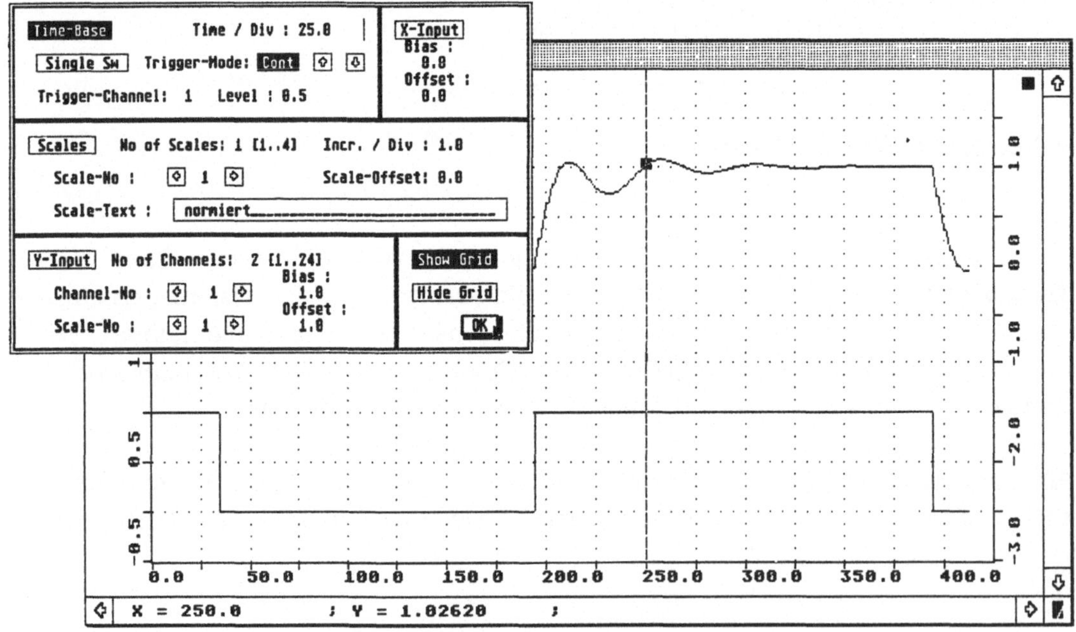

Bild 3: graphische Darstellung mit Hilfe des TREND-Menüs

Ein Wechseln zwischen Simulations- und Editiermodus ist jederzeit möglich, da PROSIGN interpretativ arbeitet und die Modellinformationen nicht compiliert werden müssen. Alle Zustände bleiben während eines Editiervorganges erhalten und die Simulation kann nach einer Modelländerung auf den alten Werten aufsetzen. So können Fehler leicht korrigiert und Modifikationen schnell eingegeben werden.

Ausgabemöglichkeiten und Systemerweiterungen

Die graphische Modellinformation kann als GEM-File abgelegt und mit GEM-Grafik-
programmen weiterverarbeitet und auf einen Drucker oder Plotter ausgegeben werden. Ebenso kann die graphische Auswertung des TREND-Menüs ausgegeben werden. Ein Zusätzliches Dokumentationsprogramm bietet die Möglichkeit sämtliche
Modellinformation und Parametereinstellungen als Listen Im ASCII-Format auf Dis-
kette abzulegen, wodurch ein Transfer von Modelldaten auf unterschiedliche Rechner ermöglicht wird.

Mit der Industrieversion wird auch eine IEC-Bus-Ankoppelung auf den Markt gebracht, welche eine Anbindung von Peripheriegeräten an das Simulationssystem
erlaubt. Über entsprechende Ein-/Ausgabe-Bausteine ist dann ein Einlesen und
Ausgeben von Daten möglich, so daß für langsame Prozeße (Sekunden-/ Minuten-
bereich) ein direktes Regeln ermöglicht wird. Gedacht ist ein solcher Aufbau z.B.
für den Laboreinsatz, wo eine eigene individuelle Regelung einen zu hohen Aufwand darstellen würde.

Systemumgebung und erforderliche Hardware

PROSIGN setzt auf der graphischen Oberfläche von GEM (von der Firma DIGITAL
RESEARCH) auf. Zum Betrieb ist ein IBM-PC (XT oder AT) oder kompatibler Rechner
mit einer von GEM unterstützten Grafikkarte (alle gängigen, auch hochauflösende
Karten), sowie eine Maus erforderlich. Das Arbeiten mit einer Festplatte wird em-
pfohlen. Asgeliefert wird das Programm in zwei Versionen mit oder ohne Unterstützung des jeweiligen Coprozessors. Das Programm ist auch für die ATARI-ST Rech-
nerserie lieferbar. Ende dieses Jahres wird PROSIGN auch auf dem Betriebssystem
UNIX mit X-Windows lieferbar sein.

Das Darstellungs- und Projektionssystem:
Fiber Optic Helmet Mounted Display (FOHMD)
ein Novum in der computer-generierten Umfelddarstellung
E.H. Hinsche, CAE Electronics GmbH, Stolberg

Kurzfassung

Dieser Vortrag beschreibt ein neuartiges Darstellungs- und Projektionssystem für
Außensichtsysteme von Flugsimulatoren, bei welchen besonders hohe Anforderungen an
Auflösung, Sichtfeld und Dynamik gestellt werden. Einleitend wird weiterhin der Aus-
bildungswert von Außensichtsystemen von Flugsimulatoren diskutiert, gefolgt von den
Anforderungen an derartige Systeme in Abhängigkeit von dem zu simulierenden Flugzeug.

Nach einer kurzen Einführung in die Hauptkomponenten eines Außensichtsystems für
Simulatoren wird die wissenschaftliche Basis, welche letztendlich zur Entwicklung
des FOHMD-Systemes geführt hat, erläutert. Auf die Beschreibung des FOHMD-Systemes,
insbesondere im Vergleich mit bestehenden Systemen, folgt ein Ausblick auf weitere
Anwendungsmöglichkeiten des Systems in anderen Bereichen.

Inhaltsverzeichnis

1. Einleitung

Seit über 40 Jahren werden Simulatoren für die Ausbildung von Luftfahrtpersonal im
kommerziellen wie auch im militärischen Bereich eingesetzt. Der Schwerpunkt der
ursprünglichen Simulator-Ausbildung war das Erlernen und Üben von "Blindflug". Das
heißt, alle Phasen des simulierten Fluges, welche nur nach Instrumenten geflogen
wurden, konnten wirklichkeitsnah und mit großem Ausbildungserfolg am Simulator durchgeführt werden. Was übrig blieb waren diejenigen Phasen des Fluges, bei denen die
Sicht nach außen zur Führung des Flugzeuges eine unabdingbare Voraussetzung ist. Dazu

gehören auch die kritischen Phasen, nämlich der Landeanflug und die Landung selbst.
Bereits in den sechziger Jahren hat es deshalb Ansätze gegeben, mit Hilfe von Modell-
landschaften, Fernsehkameras und geeigneten Projektoren eine Außensicht vor dem Simu-
lator-Cockpit zu generieren. Diese Technik war jedoch aufwendig und wenig leistungsfähig. Die Modellandschaft war begrenzt und in den überwiegenden Fällen wurde lediglich eine Schwarz-Weiß-Szene mit völlig unzureichender Intensität projiziert. Erst
mit der Einführung der rechnererzeugten Bilder in Echtzeit und mit Hilfe geeigneter
optischer Einrichtungen wurde die Darstellung einer Außensicht bei Nacht möglich und
wirtschaftlich realisierbar, die zumindestens in der kommerziellen Luftfahrt ein
Üben der Landeanflüge, wenn auch nur mit Sicht in der Nacht, gestattete.

Die ständig steigende Zahl von Ausbildungssimulatoren mit Sichtsytem bei allen großen
Luftfahrtgesellschaften in der jüngsten Vergangenheit beweist am eindrucksvollsten
die Wichtigkeit und den Ausbildungswert von Außensichtsimulation in Flugsimulatoren
für die Ausbildung.

Im Prinzip gibt es zum jetzigen Zeitpunkt keinen Simulator, der von einer Luftfahrt-
gesellschaft für die Ausbildung der fliegerischen Besatzung beschafft wird, der nicht
mit einem Sichtsystem, gleich welcher Art und Ausführung, ausgestattet ist.
Auch hat die Simulation der Außensicht bei militärischen Simulatoren einen hohen
Stellenwert eingenommen, nachdem die Realisierbarkeit und Flexibilität von rechner-
erzeugten Darstellungen (CGI) mit Erfolg demonstriert wurde.
Ein großer Teil des Simulatorbudgets der U.S. Air Force zum Beispiel ist für die
Sichtsimulation bestimmt.

2. <u>Anforderungen an ein Außensichtsystem für Flugsimulatoren</u>

Es ist offensichtlich, daß ein ideales Außensichtsystem für einen Flugsimulator der
Wirklichkeit entsprechen sollte. Dieses ideale System sollte die folgenden Eigenschaften haben:

- Sichtfeld nur durch die Struktur des simulierten Flugzeuges
  begrenzt,
- Auflösung der Darstellung vergleichbar zur Auflösung des
  menschlichen Auges,
- Inhalt und Detaillierungsgrad der Darstellung wie in der Realität,
- Helligkeitsstufen im gesamten Bereich, angefangen von Dunkelheit
  in der Nacht, bis zum hellen Tageslicht.

Dieses ideale System ist zum jetzigen Zeitpunkt auch mit den modernsten technischen
Mitteln nicht realisierbar. Aus diesem Grunde sollten Art und Umfang des Außensichtsystems für Flugsimulatoren den jeweilig notwendigen visuellen Informationen angepaßt
sein, welche der Pilot zur Erfüllung seiner Aufgaben in einer definierten Umgebung
benötigt. Der Pilot eines Verkehrsflugzeuges benötigt zum Beispiel zur Erfüllung
seiner Aufgaben weniger visuelle Informationen als der Pilot eines Kampfflugzeuges.
Deshalb beinhaltet die Simulation der Außensicht bei Simulatoren für Verkehrsflug-
zeuge im Wesentlichen lediglich die Sicht auf die Landebahn sowie die Flugplatzumge-
bung während des Starts, des Anfluges und der Landung. Das konventionelle Sichtfeld

von 48 Grad horizontal und 36 Grad vertikal hat im Prinzip zufriedenstellende Ergebnisse bei der Ausbildung von Luftfahrtpersonal für den Direktanflug ergeben, so daß
die Zulassungsbehörden Simulatoren, welche mit einem derartigen Sichtsystem ausgestattet sind, als vollwertigen Ersatz für die Ausbildungszeit im richtigen Flugzeug
anerkannt haben.

Anders ist es jedoch bei der Simulatorausbildung von Piloten von Kampfflugzeugen. In
diesem Falle werden in Abhängigkeit von den Einsätzen weitaus höhere Anforderungen an
die Simulation der Außensicht gestellt. Die Aufgaben der Piloten von Kampfflugzeugen
in der normalen Einsatzumgebung und damit die notwendigen visuellen Informationen
sind äußerst vielfältig, angefangen von Starts und Landungen auf Flugplätzen mit
normalen Landehilfen über Einsätze auf eilig eingerichteten Landebahnen in unbe-
kanntem Gebiet, über Luftkämpfe bis zu Flügen in Bodennähe sowie Luftbetankung und
Bekämpfung von Erdzielen.

Dieses Einsatzprofil erfordert nicht nur einen hohen Detaillierungsgrad in der Darstellung des Außensichtsystems, sondern auch ein nahezu unbegrenztes Sichtfeld von
360 Grad horizontal und $\pm$ 90 Grad vertikal. Insbesondere die Forderung an das Sichtfeld konnte mit den herkömmlichen Methoden der Außensichtsimulation nicht oder nur
mit einem außerordentlich großen Aufwand erfüllt werden und führte letztendlich zur
Entwicklung des Darstellungs- und Projektionssystemes FOHMD.

3. Die Hauptkomponenten eines Außensichtsystems

Jedes digitale System zur Simulation der Außensicht besteht im Prinzip aus drei
Komponenten, nämlich

- der Datenbasis
- dem Darstellungsgeneriersystem (CGI) und
- dem Projektionssystem.

Die Datenbasis sowie die unterschiedlichen Systeme zur Erzeugung der digitalen Darstellung werden in diesem Vortrag nicht weiter behandelt, da das FOHMD dem Projektionssystem zuzuordnen ist und aufgrund des Konzeptes und des Aufbaus mit jedem herkömmlichen Generiersystem gekoppelt werden kann.

4. Projektionssysteme

Seit Einführung der digitalen Außensichtsysteme in der Flugsimulation hat es bislang
zwei unterschiedliche Systeme zur Projektion der Darstellung gegeben. Das am meisten
verbreitete und konventionelle Projektionssystem besteht aus einer Anzahl von Bild-
röhren, welche mit einer Kollimator-Optik vor den Cockpitfenstern montiert wurden.
Die Nachteile dieses Systems sind das eingeschränkte Sichtfeld, die Dunkelzonen
zwischen den einzelnen Fenstern sowie die optischen Verzerrungen beim Betrachten
der Darstellung außerhalb eines relativ kleinen Bereiches um den sogenannten "Augen-
punkt". Seit einiger Zeit wird außerdem das "Wide Angle Infinity Display Equipment"
(WIDE) angeboten, welches ein ununterbrochenes Sichtfeld von 150 Grad horizontal und

40 Grad vertikal ermöglicht, und dadurch einen Teil der oben beschriebenen Nachteile
ausschließt.
Der Nachteil dieses Systems allerdings ist der relativ voluminöse Aufbau der Anlage
und die niedrige Lichtintensität, die durch den Abstand zwischen Projektor und Projektionsfläche bedingt ist.

Eine weitere Variante für spezielle Anwendungsfälle, wie z.B. Luftkampf, ist die
Halbkugelprojektion. Aber auch hier haben sich der Platzbedarf und die geringe Licht-
stärke als gravierende Nachteile herausgestellt.

5. <u>Fiber-Optic-Helmet-Mounted-Display (FOHMD)</u>

Aus wissenschaftlichen Untersuchungen weiß man, daß das menschliche Auge in der
Lage ist, nur im Zentrum der Retina Abbildungen mit hoher Auflösung wahrzunehmen.
Diese hohe Auflösung liegt in einem Kegel von 3 Grad in der Blickrichtung. In diesem Bereich ist das menschliche Auge in der Lage, Objekte mit einer minimalen Auflösung von ca. 1 Bogenminute zu unterscheiden.
Dieser Kegel ist aber relativ zu dem beweglichen Aufapfel zu sehen, welcher sich in
einem beweglichen Kopf befindet, dieser wiederum befindet sich auf einem beweglichen
Körper. Diese Eigenschaften des menschlichen Sehvermögens erfordern im Prinzip eine
hohe Auflösung im gesamten möglichen Sichtbereich. Konventionelle Außensichtsysteme
erfüllen weder die Forderung hinsichtlich des geforderten Sichtfeldes noch der erforderlichen Auflösung.

Legt man die oben erwähnten Eigenschaften des menschlichen Sehvermögens bei der Konzeption eines Außensichtsystems für Flugsimulatoren zugrunde, liegt es nahe, ein
System zu entwickeln, welches eine Darstellung mit hoher Auflösung im Zentrum der
sogenannten "area of interest" (AOI) enthält und welches alle Bewegungen des Kopfes
mitvollzieht.

Das Fiber-Optic-Helmet-Mounted-Display basiert gerade auf dieser Erkenntnis, indem
die Darstellung der Außensicht mit Hilfe eines am Helm angebrachten Projektionssystemes in unmittelbarer Nähe vor dem Auge des Betrachters projiziert wird.
Bild 1 zeigt die Anordnung der notwendigen Einrichtung am Helm.

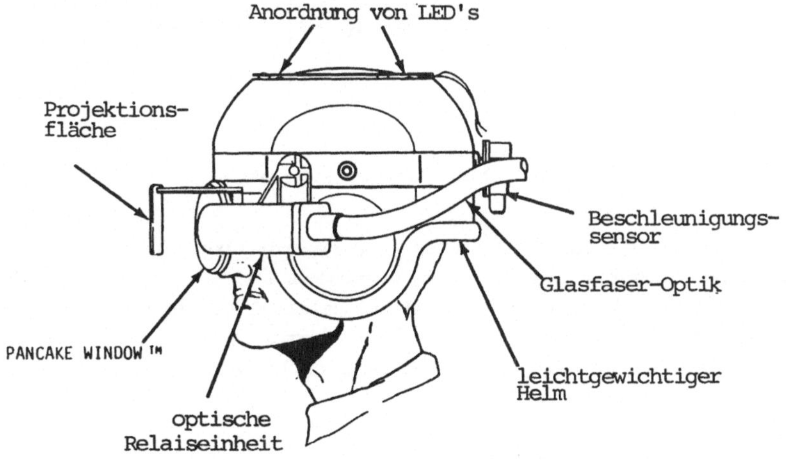

5.1 FOHMD Bilderzeugung

Die ständige Darstellung wird in Relation zur Position des Kopfes des Betrachters
erzeugt und zwar getrennt für das rechte und das linke Auge. Zu diesem Zweck ist es
erforderlich, die Lage des Kopfes im Raum zu überwachen. Das geschieht mit einer
Anordnung von Infrarot-LED's auf der Oberseite des Helmes und 4 optischen CCD-Sen-
soren. Die so gewonnenen Parameter werden dem Bildgenerator-System zugeführt, welches
wiederum die korrekten Darstellungen pro Auge erzeugt. Ein zusätzlich am Helm ange-
brachter Beschleunigungssensor ermöglicht zusammen mit entsprechenden Algorithmen die
Vorausberechnung der Kopfposition bei schnellen Bewegungen.

5.2 Bildprojektion der Hintergrundinformation

Die so erzeugte Hintergrundinformation der Außensicht wird mit einer Auflösung von
5 Bogenminuten für jedes Auge getrennt gemäß dem in Bild 2 dargestellten Sichtfeld
projiziert. Je Auge wird ein Bereich von 82.5 Grad horizontal und 66.7 Grad vertikal
erzeugt. Beide Bereiche überschneiden sich in der Mitte um 38 Grad. Das ergibt ein
ständiges Sichtfeld von 127 Grad horizontal und 66.7 Grad vertikal.

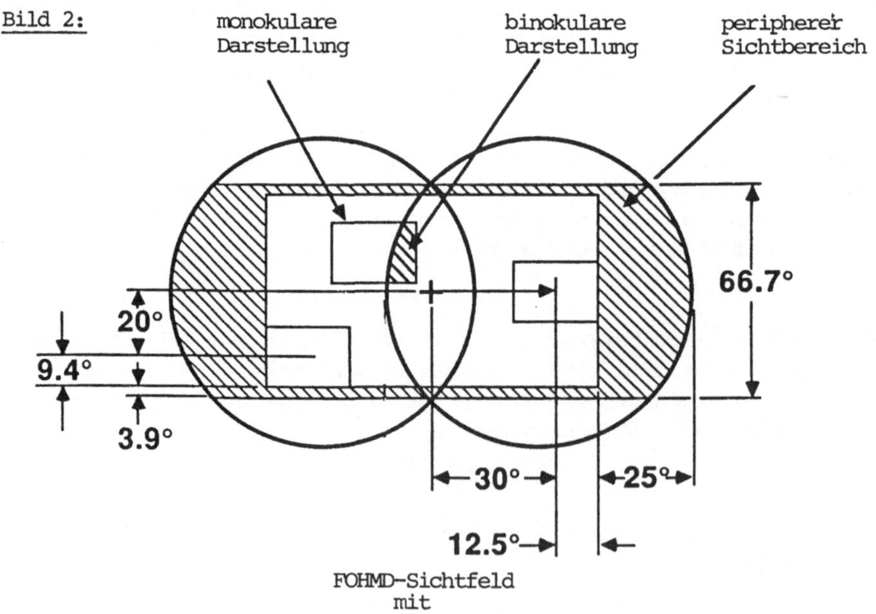

FOHMD-Sichtfeld
mit
beweglicher "Area of Interest"

Das rechnererzeugte Bild wird für jedes Auge separat über einen Projektor mit hoher
Leuchtkraft und einem optischen System, bestehend aus Teleskop-Optiken, hochauflösen-
der Projektionslinse, Glasfaserkabel und der Relais-Optik in unmittelbarer Nähe vor
dem Auge des Betrachters projiziert. Eine Kollimator-Optik (Pancake Window TM)
zwischen dem Auge und der Projektionsfläche parallelisiert die Lichtstrahlen und
erzeugt so die Illusion der räumlichen Tiefe.

5.3 "Area of Interest" Einblendung

Über zwei weitere Video-Kanäle werden wiederum für jedes Auge getrennt Darstellungen
erzeugt und optisch in den Hintergrund eingeblendet, welche einem Sichtfeld von 25
Grad horizontal und 18,8 Grad vertikal entsprechen. Bei einer Zeilenzahl von 800 Zeilen
entspricht das der Auflösung von weniger als 1,5 Bogenminuten und erreicht somit fast
die bereits erwähnte Auflösung des menschlichen Auges von 1 Bogenminute im Zentral-
bereich der Retina. Durch Vermessen der Stellung des Augapfels wird die hochauflösende
Darstellung entsprechend dieser Stellung in dem in Bild 2 gezeigten Bereich projiziert.
Im Bereich der Überschneidung ist außerdem stereoskopische Darstellung möglich, ein
weiterer wesentlicher Vorteil gegenüber herkömmlichen Systemen.

5.4 Cockpitausblendung

Die Projektionsfläche vor dem Auge des Betrachters (Bild 1) besteht aus einem licht-
durchlässigen Material. Die Flächen, auf welche die Außensicht nicht projiziert wird,
erlauben einen ungehinderten Blick durch die Projektionsfläche hindurch. Durch das
Ausblenden der Teile der Außensicht, welche theoretisch durch die mechanische Struktur
des Cockpit verdeckt sind, mit einer elektronischen Maske, wird der Blick auf das
Cockpitinnere, wie z.B. Instrumente, Steuer- und Bedienelemente usw. freigegeben.

6. Schlußfolgerung

Durch die Kombination eines handelsüblichen Bildgenerators (CGI) der höheren Leistungs-
klasse mit dem Fiber-Optic-Helmet-Mounted-Display (FOHMD) ist zum ersten Mal ein Außensichtsystem für Flugsimulatoren erhältlich, welches die Forderungen an ein Außensichtsystem von taktischen Ausbildungsgeräten bezüglich der hohen Auflösung und des praktisch unbegrenzten Sichtfeldes erfüllt.

Es ist offensichtlich, daß dieses Projektionssystem nicht nur eine revolutionäre Entwicklung im Bereich des Außensichtsystems für Flugsimulatoren darstellt, sondern auch
in anderen Simulationseinrichtungen wie z.B. für die Panzer-, Raumfahrt- und Unterwas-
serausbildung Anwendung finden kann. Außerdem sind auch Anwendungen als Sichtsystem
außerhalb der Simulation denkbar, wie Navigation, U-Boot-Sichtsystem, Flugsicherung
und Luftverteidigungssysteme.

Literaturhinweise:

1.   Characteristics of Flight Simulator Visual Systems;
     AGARD Advisory Report No. 164

2.   McKinnon, G.M.
     Current Developments in Visual and Motion Cueing Systems
     for Tactical Simulation

$$\text{DAS SIMULATIONS - BAUKASTENSYSTEM SIMULANT III}$$
$$\text{EIN UNKONVENTIONELLER ANSATZ ZUM AUFBAU DIGITALER SIMULATIONEN}$$

Dr.- Ing. Peter Anders, Institut für Hydraulik und Pneumatik, RWTH Aachen,Deutschland

1. EINLEITUNG

Mit dem Einsatz digitaler Reglerbaugruppen ergeben sich völlig neue Möglichkeiten bezüglich der realisierbaren systemtechnischen Korrekturmaßnahmen. Damit sind auch die Nichtlinearitäten im Übertragungsverhalten technischer Systeme mehr als je zuvor in den Mittelpunkt des Interesses gerückt. Dies gilt besonders für fluidtechnische Systeme. Ihre Merkmale sind neben einer konkurrenzlos hohen Kraftdichte und Eigendynamik ein geringer Dämpfungsgrad sowie ein betriebspunktabhängiges, z.T. ausgeprägt nichtlineares Übertragungsverhalten. Gerade unliebsame nichtlineare Effekte lassen sich mit den angesprochenen Möglichkeiten auf der Signalseite durch gezielte Gegenmaßnahmen bekämpfen. In diesem Zusammenhang kommt der digitalen Simulation eine große Bedeutung zu; einerseits bei der Entwicklung und Untersuchung solcher spezifischer Kompensationsmaßnahmen, andererseits bei grundlegenden Untersuchungen zur Verfeinerung der Modellvorstellungen hinsichtlich der prozeßinternen Abläufe. Beim Einsatz zu diesem Zweck zeigten konventionelle Simulationsprogrammsysteme konzeptionelle Schwachstellen, was Überlegungen zur Entwicklung eines alternativen Simulationskonzeptes motivierte. Das Ergebnis dieser Aktivitäten ist das Baukastensystem SIMULANT.

2. WAS IST SIMULANT ?

SIMULANT ist ein Baukastensystem zum einfachen Aufbau digitaler Simulationsprogramme für dynamische Systeme (gewöhnliche DGL`s). Es wurde konzipiert für technisch - wissenschaftliche Anwendungen und beinhaltet keine strukturelle Ausrichtung bezüglich des Anwendungsgebietes. Durch seinen besonderen Aufbau ermöglicht es gerade in komplizierten Fällen sehr einfache Lösungswege. Das Programmsystem wurde auf Rechnern der IBM PC XT/AT Familie in der Sprache FORTRAN 77 entwickelt und ist somit -bis auf die hardwarespezifischen Graphikmodule- auf jedem Rechner mit einem entsprechenden Compiler lauffähig. Die IBM PC Version benötigt 512 kbyte RAM; ein numerischer Coprozessor sollte vorhanden sein.

3. WIE UNTERSCHEIDET SICH SIMULANT VON ANDEREN SIMULATIONSPROGRAMMEN ?

Für allgemeine dynamische Simulationen sind seit längerem eine Reihe von Programmsystemen verfügbar. Solche Simulationsprogrammpakete weisen heute unter anderem folgende Merkmale auf:

-    Die Formulierung der Simulationsaufgabe erfolgt über eine komfortable, abstrahierte Eingabesprache. Diese problemorientierte Beschreibungsform hat keinen direkt erkennbaren Bezug zu dem eigentlichen mathematisch- numerischen Lösungsalgorithmus. Folglich wird innerhalb des Programms eine Transformationslogik als Bindeglied zwischen der problemorientierten Eingabesprache und der lösungsorientierten Beschreibungsform benötigt.

-    Die Lösung des Differentialgleichungssystems erfolgt über mathematische Berechnungsvorschriften, die auf der Grundidee des Runge - Kutta Verfahrens vierter Ordnung basieren. Gemeinsames Merkmal aller ist, daß ein Zustandsvektor definiert und nach Bestimmung eines geeigneten Inkrementvektors der Zustandsvektor als Ganzes in einem Schritt integriert wird ("zentralisierte Integration" einer nichtlinearen Vektordifferentialgleichung erster Ordnung.)

Beide Merkmale implizieren aber direkt gewisse Grenzen und Probleme, denen man bei der Arbeit mit diesen Programmsystemen in komplizierteren Fällen relativ schnell begegnet. Der Sprachumfang einer Eingabesprache ist endlich und damit ist auch der Rahmen der damit direkt modellierbaren dynamischen Systeme begrenzt. Eine Erweiterung des Sprachumfangs erfordert detaillierte Kenntnisse der Programminterna und unterliegt zudem häufig zahlreichen Restriktionen. Je komfortabler die Eingabesprache, umso komplexer ist auch die Transformationslogik. Es wächst mit zunehmendem Abstraktionsgrad deshalb die Schwierigkeit der Fehlersuche. Gleichzeitig wird es immer schwerer, genau nachzuvollziehen, ob das in einem Sprachbaustein abgelegte Teilmodell in allen Punkten mit der aktuell gewünschten Modellvorstellung übereinstimmt. Die in sich geschlossenen numerischen Lösungsverfahren mit zentralisierter Integration implizieren starre und zudem für den Anwender kaum transparente und zugängliche Ablaufstrukturen. Dies erschwert oder verhindert eine einfache Behandlung vieler Problemfälle, wie z.B. die Simulation steifer Systeme, simultaner ("rein algebraischer") Schleifen oder eine betriebspunktabhängige Änderung der Systemordnung.

Das Programmsystem SIMULANT verfolgt einen unkonventionellen Lösungsansatz. Durch den Verzicht auf eine spezielle Eingabesprache und den Einsatz eines nicht zentralisierten Integrationsverfahrens sollen die oben beschriebenen Probleme umgangen werden.

Grundlage der Systembeschreibung bildet ein aufbereitetes, nichtlineares Blockschaltbild des zu simulierenden Prozesses. Jedem Übertragungsblock wird ein in FORTRAN formuliertes Programmsegment zugewiesen. Dieses besteht im Kern aus einer direkt auswertbaren Gleichungsfolge, die die Signalumsetzung im zugehörigen Übertragungsblock mathematisch beschreibt. Dynamische Signalumsetzungen (z.B. von Integrierern, PT1-, PT2- Gliedern) werden hierbei durch Differenzengleichungen beschrieben (also ebenfalls rein algebraischen Gleichungen), die die Z- Transformierten der jeweiligen (Teil-) Differentialgleichungen mit den aktuellen Koeffizienten sind.

Damit kann man die Signalumsetzung in jedem Übertragungsblock auf einen endlichen Impuls der Dauer Ts hin (Ts=Schrittweite) berechnen. Da sich bei hinreichend kleiner Schrittweite jedes beliebige Eingangssignal als Kette äquidistanter endlicher Impulse darstellen läßt, kann man die zugehörige Signalumsetzung in einem Block durch rekursives Abarbeiten der Differenzengleichung berechnen. Definiert man nun die Ausgangssignale gewisser Blöcke wie durch die Signalpfade des Blockschaltbildes festgelegt als Eingangssignale anderer Blöcke und reiht die Programmsegmente entsprechend der kausalen Wirkreihenfolge des Blockschaltbildes aneinander, so bildet diese Segmentfolge im Kern das zu erstellende Simulationsprogramm. Durch dessen sequentielle Abarbeitung wird die Änderung des Signalzustandes des Systems für einen Rasterzeitschritt auf das vorgegebene äußere Eingangssignal hin berechnet. ("Nichtzentralisierte Integration").

Gegen diese Verfahren mit nichtzentralisierter Integration wird in der Literatur angeführt, daß sie nur bei unvertretbar kurzen Schrittweiten ein brauchbares Ergebnis lieferten und ansonsten sehr schnell numerisch instabil würden. Eine genauere Analyse dieser Zusammenhänge /1/ zeigte, daß dies mit dem sog. Schleifenfehler zusammenhängt, einer zu großen Phasendrehung der rückwirkenden Signals bei Rückführschleifen im Blockschaltbild.

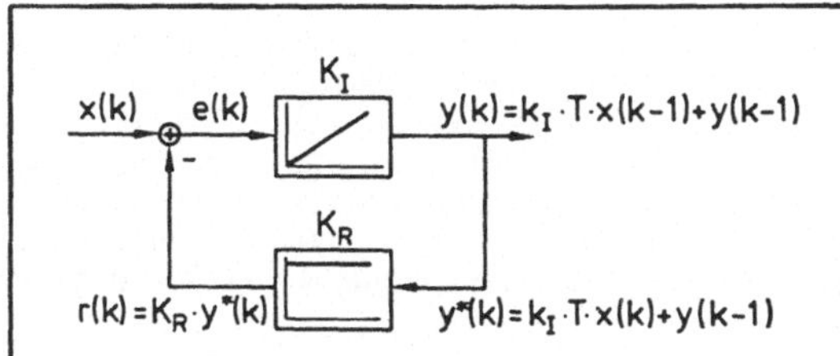

Bild 1 : Schleifenfehler und Look-
        Ahead-Strategie

Dieser kann bei der sequentiellen Berechnung solcher Schleifen - vor allem im Fall einer Schleife mit einem einfachen Integrierer - in der Tat schnell sehr groß werden. Anderseits konnte jedoch auch gezeigt werden, daß durch eine leichte Modifikation des Algorithmus für den Integrierer dieser Phasenfehler recht einfach hinreichend kompensiert werden kann:

Für die Berechnung von Signalumsetzungen in direkt auf einen Integrierer folgenden Rückführzweigen werden vom Integrierersegment (neben dem eigentlichen Signalwert für vorwärtsführende Zweige) auch stets schon die Signalwerte des nächsten Zeitschrittes zur Verfügung gestellt ("Look- ahead"- Strategie). Vergleiche an Testprozessen mit einem Runge -Kutta- Verfahren 4. Ordnung ergaben, daß dieses modifizierte Verfahren hinsichtlich Rechenzeit und Genauigkeit mindestens ebenbürtig, bei ausgeprägt nichtlinearen Systemen sogar überlegen ist.

4. PROGRAMMERSTELLUNG MIT DEM BAUKSTENSYSTEM SIMULANT

Durch Aufstellen dieser Segmentkette mit einem Editor entsteht der gesamte Berechnungskern des Simulationsprogrammes. Zu einem lauffähigen Programm gehören jedoch auch umfangreiche weitere simulationsfallunspezifische Funktionen wie Ablaufsteuerung, Datenverwaltung etc. Alle diese Programmteile wurden bei der Programmierung des Bauskastensystems SIMULANT vom eigentlichen Berechnungskern getrennt, sie bilden das fertig compiliert vorliegende Hauptprogramm. Der Berechnungskern gliedert sich in in fünf prinzipiell gleichberechtigte Teile ("Segmentketten"), die fünf Simulationsmodule (Signalgenerator, Strecke, Regler, Wandler und "Diverses").

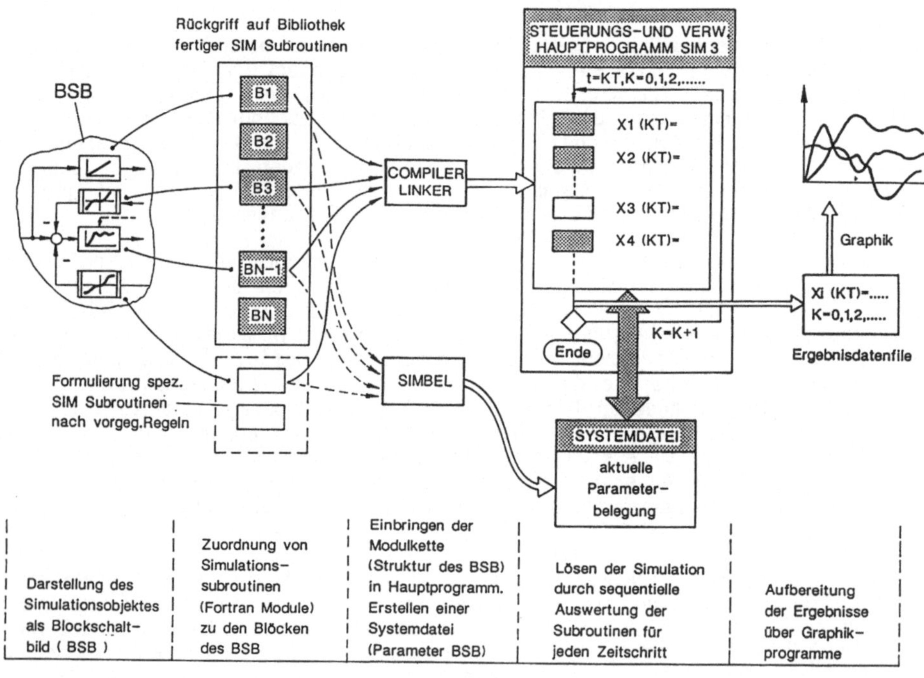

Bild 2 : Programmerstellung und Simulation mit SIMULANT (schematisch)

Um eine reibungslose Verzahnung der fallspezifischen Programmteile mit dem fertigen Hauptprogramm zu gewährleisten, wurde ein einfaches Regelwerk (Namenswahl etc.) für das Erstellen des Berechnungskerns geschaffen, welches keinerlei Restriktionen hinsichtlich der simulationstechnischen Möglichkeiten darstellt. Da die Systembeschreibung über die Zuweisung direkt auswertbarer Berechnungsvorschriften erfolgt und sich somit eine Transformationslogik erübrigt, ist das fertige Simulationsprogramm vollständig transparent. Erweiterungen, Änderungen oder Fehlersuche sind folglich ohne großen Aufwand möglich.

Jedes Programmsegment besteht prinzipiell aus einem Parametrierungsteil und dem eigentlichen Simulationsteil. Wenn die im Parametrierungsteil zu berechnenden Gleichungen nicht von veränderlichen Betriebszuständen abhängig sind, so werden diese Teile zur Rechenzeitersparnis in einem sogenannten Initialisierungsteil zusammengefaßt, der nur einmal zu Beginn der Simulation durchlaufen wird. Die dynamischen Simulationsteile werden für jeden Zeitschritt mindestens einmal ausgewertet.

SIMULANT ist kein in sich geschlossenes Simulationsprogramm, sondern ein Baukasten zur Erstellung eines solchen. Bauelemente sind zum einen das erwähnte Steuerungs- und Verwaltungshauptprogramm sowie Programme zur graphischen Ausgabe. Bezüglich des Berechnungskernes liegen der üblicherweise vorkommende Grundvorrat an Übertragungsblöcken als Subroutinen im Quellcode in Bibliotheken vor. Notwendige Modifikationen oder Neudefinitionen sind auf Grund der Transaparenz und des einfachen Regelwerks problemlos. Darüber hinaus gibt es eine Reihe von sogenannter Rahmenprogramme, das sind fertige Simulationsmoduln zur Darstellung der Prozeßperipherie (z.B. Signalgeneratoren, Meßwertaufnehmer und -umsetzer, Rückwärtsdifferenzierer und Regler, Versuchssteuerung und -überwachung). Diese werden durch Parametrierung, also ohne Programmierarbeit, dem gewünschten Simulationsfall hinsichtlich Struktur und Ankopplung angepaßt. Sie können bei Bedarf jedoch auch individuell erweitert oder verändert werden.

Es ist ratsam, Programmsegmentfolgen, die häufig auftretende Baugruppen (z.B. Ventile, Zylinder etc.) darstellen, zu eigenen Unterprogrammen zusammenzufassen und zu archivieren. Auf diese Weise entsteht mit der Dauer der Anwendung in einem Fachgebiet eine zunehmend vollständige Bausteinbibliothek. Wie die Erfahrung am Institut für Hydraulik und Pneumatik bestätigt hat, verringert sich dadurch und durch die wachsende Programmiererfahrung die Programmerstellungszeit im Lauf der Zeit wesentlich.

Im Simulationsprogramm selbst wird bei SIMULANT nur die Struktur des zugrunde liegenden Blockschaltbildes abgebildet. Alle Daten und Parameterwerte werden in einem zugehörigen Datensatz abgelegt. Diese Datensätze können mit einem ebenfalls zum Baukastensystem dem Hilfsprogramm SIMBEL (SIMulationsdatenBELegung) erzeugt werden. Mit Hilfe vom SIMBEL kann der Benutzer diese Parameter mit mnemonischen und kommentierten Namen versehen, die beim Bildschirmdialog herangezogen werden, während die programminterne Namenswahl teilweise durch das angesprochene Regelwerk vorgeschrieben ist.

Zu Beginn der Simulation muß ein zu dem jeweiligen Programm passender (Start-) Datensatz geladen werden. Dieser kann im Programm interaktiv modifiziert werden. Während der Simulation werden die als Signale definierten Parameter ständig aktualisiert. Der am Ende eines Simulationslaufes vorliegende Datensatz bildet damit wieder einen möglichen (Start-) Datensatz und kann auf Wunsch unter einem vorzugebenden Filenamen abgespeichert werden. Während der eigentlichen Simulation wird eine vom Anwender gewünschte Teilmenge der Systemsignale in einem vorzugebenden Zeitraster zum einen zu Kontrollzwecken auf dem Bildschirm angezeigt und zum anderen unformatiert auf einen Massenspeicher weggeschrieben. Auf diesen Ergebnisdatenfile kann anschließend ein ebenfalls zum Baukastensystem SIMULANT gehörendes graphisches Auswerteprogramm zugreifen.

5. BESONDERE MÖGLICHKEITEN VON SIMULANT

Einige weitere Möglichkeiten von SIMULANT seien hier aufgelistet:

- Mit Hilfe eines speziellen Simulationsmodus kann das Programm weitgehend automatisch homogene Anfangsdatensätze (Gleichgewichtszustände) erzeugen.

- Mit einem anderen Simulationsmodus ist es möglich, stationäre Kennlinien direkt aus dem simulierten dynamischen System heraus zu ermitteln.

- Über die Vorgabe eines Parameterbereiches ist ein Batchbetrieb des Programms vorgesehen, d.h. ausgehend von dem gleichen Systemzustand wird ein Parameter schrittweise verändert. In einer Simulation kann damit eine ganze Kurvenschar erzeugt werden, die den Einfluß dieses Parameters beschreibt.

- Soweit die Modellierung der Prozeßperipherie (Regler, Wandler etc.) über die angesprochenen Rahmenprogramme erfolgt, kann Struktur und Anbindung der Prozeßperipherie durch Parametereingabe (ohne Umprogrammieren!) interaktiv vor jedem Simulationslauf beliebig verändert werden.

- Es können nahezu beliebige Nichtlinearitäten (auch mit nichtparametrischer Beschreibung) verarbeitet werden.

Das einfache, transparente Lösungsverfahren und die Möglichkeit des direkten Zugriffs auf den Berechnungskern eröffnet darüber hinaus überraschend einfache Lösungswege für konventionell problematische Simulationsfälle (steife Systeme, simultane Schleifen, betriebspunktabhängige Änderung der Systemordnung). Beispiele solcher Lösungswege sollen im folgenden kurz angesprochen werden.

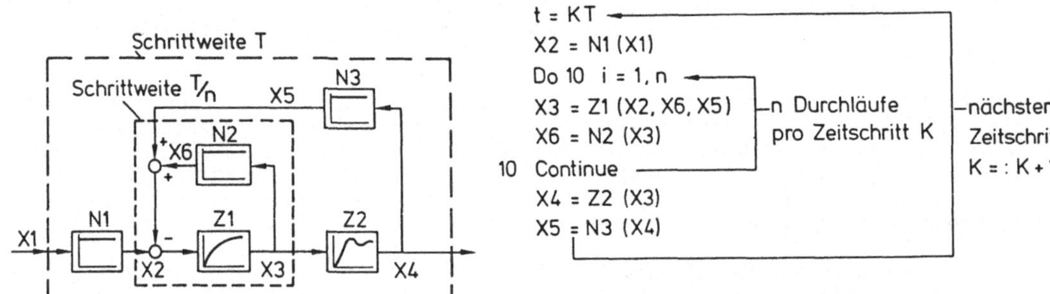

Bild 3 : Behandlung steifer Teilsysteme mit SIMULANT

Recht einfach ist die Lösung von steifen (auch betriebspunktabhängig steifen) Systemen, also solchen, die Teilsysteme von extrem unterschiedlicher Eigendynamik enthalten: Die Programmsegmente des steifen (kritisch schnellen) dynamischen Teilsystems werden in einem Do-Loop zusammengefaßt. Steht im Rahmen der Programmabarbeitung die Berechnung des kritischen Teilsystems an, so wird der betreffende Do- Loop n-mal (n=Schleifenendindex) abgearbeitet, ehe irgenwelche anderen Signaländerungen außerhalb dieses Teilsystems berechnet werden. Aus der Sicht des Teilsystems ändern sich alle anderen Signale so langsam, daß sie in guter Näherung für die Zeit der Untersetzung als konstant angesehen werden können. Dieses "Einfrieren" des gesamten restlichen Systems ist nur bei nichtzentralisierter Integration realisierbar. Bild 3 zeigt schematisch die Behandlung steifer Teilsysteme im Programmablaufplan. In der Praxis ist es nun zum einen möglich, für verschiedene Teilsysteme verschiedene "Untersetzungsfaktoren" für die Schrittweite vorzugeben, zum anderen aber auch, bei veränderlicher, d.h. betriebspunktabhängiger Steifheit der Systeme diese Untersetzungsfaktoren während des Simulationslau-fes zu steuern. Hier kommen zwei verschiedene Steuerungstechniken zur Anwendung: Entweder kann bei bekanntem Zusammenhang eine funktionale Abhängigkeit zwischen einer den Grad der Steifheit indizierenden Kenngröße und dem erforderlichen Untersetzungsfaktor angegeben werden, oder es werden kritische Maximalgradienten für die relevanten Zustandsgrößen vorgegeben, bei deren Unterschreiten der aktuelle Untersetzungsfaktor des betreffenden Teilsystems vergrößert und die Berechnung des Gesamt- Rasterzeitschrittes damit neu gestartet wird. Beim letzeren Verfahren versucht das Programm bei jedem Rasterzeitschritt zunächst, jeden Untersetungsfaktor um eine Stufe herunterzusetzen. Ein Beispiel aus der Praxis zeigt Bild 4: In der Nähe der Endlagen bildet die kleinere Verdrängerkammer des servopneumatischen Zylinderantriebes bezüglich des Druckaufbaus ein steifes Teilsystem. Wird nach einer quadratischen Funktion in diesem kritischen Bereich das Berechnungszeitraster der betreffenden Berechnung untersetzt, so lassen sich die numerisch bedingten Schwingungen in den Signalverläufe vermeiden, die sich bei normaler, d.h. auf den Druckaufbau in mittleren Zylinderstellungen bezogenen Schrittweite ergeben.

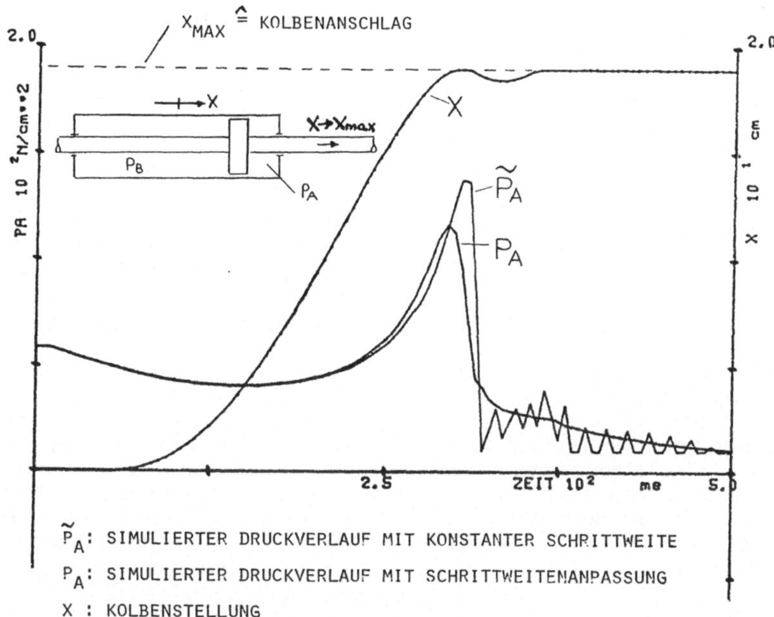

Bild 4 : Vermeidung numerisch bedingter Schwingungen durch Schrittweitensteuerung

Simultane Schleifen erkennt man an geschlossen sprungfähigen Wirkkreisläufen im Blockschaltbild. Sie können im -nichtlinearen- Normalfall nicht analytisch aufgelöst werden; die Implementierung eines numerischen Lösungsalgorithmus für das betreffende (Teil-) Gleichungssystem innerhalb des Programms ist aufwendig und nur dann ein Ausweg, wenn die Konvergenzbedingung für den Algorithmus in allen möglichen Betriebspunkten erfüllt ist, was aber nicht immer a priori gewährleistet werden kann. Statt über Methoden der numerischen Mathematik läßt sich dieses Problem bei SIMULANT sehr einfach und anschaulich unter Ausnutzung der nichtzentralisierten Integration lösen: Der Zustand in der algebraischen Schleife wird zu jedem Zeitpunkt als Endzustand eines -im Vergleich zu allen anderen dynamischen Vorgängen des Systems- unendlich schnellen Übergangsvorganges angesehen. Die programmtechnische Lösung betrachtet diese Schleife folglich auch als "unendlich" steifes Teilsystem: Die betreffende Schleife wird in einen Do -Until- Loop gefaßt und um ein verzögerndes Übertragungsglied erster Ordnung ("Pseudo-PT1-Glied") erweitert. Bei der Simulation werden wieder alle anderen Zustandsgrößen "eingefroren" (nicht berechnet), während mit den aktualisierten Eingangssignalen zunächst der unendlich schnelle Übergangsvorgang in der simultanen Schleife berechnet wird.

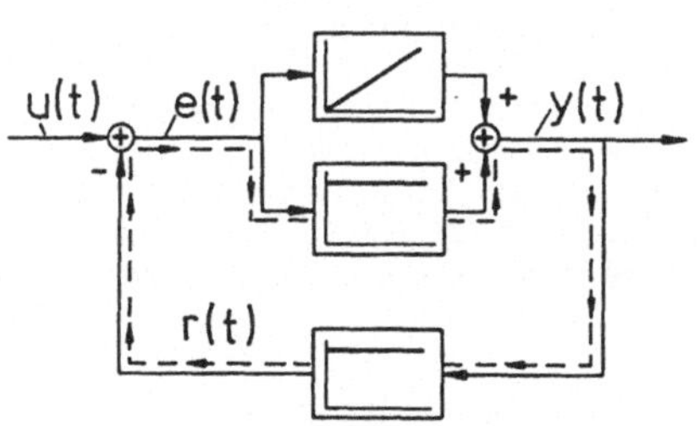

Bild 5 : Einfaches Beispiel einer simultanen Schleife

Ist der abgeschlossen, der Gleichgewichtszustand der Schleife also erreicht, und sind damit die Signalwerte (= Lösung der simultanen Schleife) für diesen Zeitschritt bestimmt, springt das Programm aus dem Do- Loop heraus (Restsystem wird wieder "aufgetaut") und berechnet die übrigen Signalumsetzungen für diesen Zeitschritt. Voraussetzung dieser Lösung ist lediglich, daß zum Startzeitpunkt einmal ein sinnvolles Wertetupel für die Signale der simultanen Schleife vorgegeben werden kann; die ist in der Praxis immer -(notfalls in Form einer trivialen Lösung) möglich.

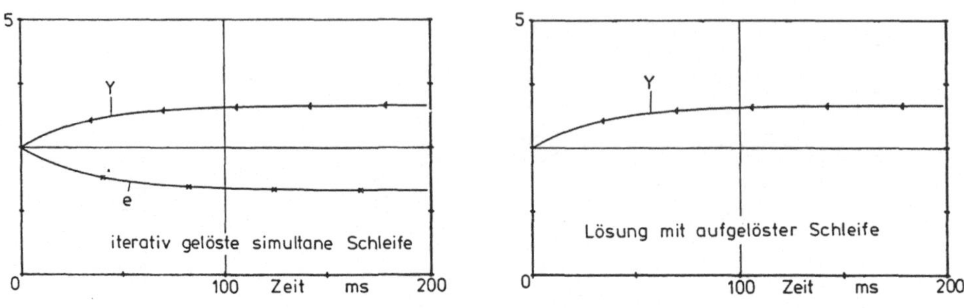

Bild 6 : Lösung   simultaner Schleifen mit SIMULANT

Bild 5 zeigt ein sehr einfaches Beispiel einer simultanen Schleife, welche noch algebraisch aufgelöst werden kann. Bild 6 demonstriert die Tauglichkeit des Ansatzes anhand dieses Beispiels durch den Vergleich der Ergebnisse des beschriebenen Lösungsweges mit der mathematisch exakten Lösung. Ein Beispiel aus der Praxis ist im Rahmen einer Simulation des dynamischen Verhaltens von geregelten Proportionalmagneten in Regelventilen die Berechnung des magnetischen Kreises über ein Reluktanzmodell. Hier bildete der magnetische Kreis die simultane Schleife, wobei nebenbei bemerkt die magnetischen Werkstoffkennwerte als Kennlinien numerisch im Programm abgelegt waren.

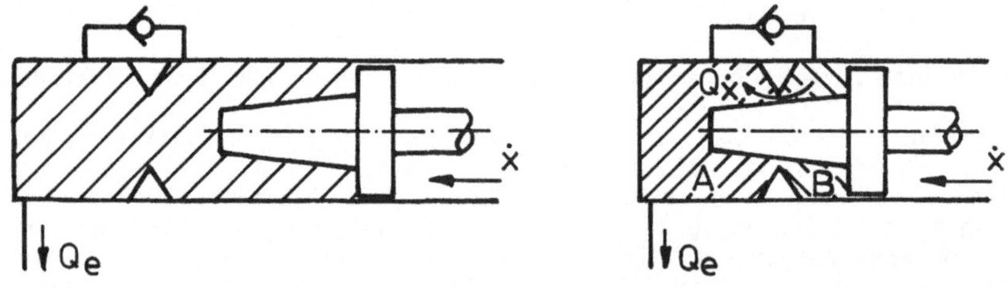

Bild 7 : Wechsel der Systemordnung im Fall einer Endlagendämpfung

Ein weiteres Problem soll hier nur kurz anhand eines praktischen Beispiels angesprochen werden. In manchen Simulationsfällen kann sich die Ordnung des zu simulierenden Systems betriebspunktabhängig ändern. Ein Beispiel ist die Endlagendämpfung eines hydraulischen Zylinders in Bild 7. In der Mittelstellung (Bild 7 links) kann der gesamte schraffierte Verdrängerraum als eine einzige hydraulische Kapazität mit gemeinsamen Druckaufbau beschrieben werden. im Bereich der Endlage hängt es von den fließenden Volumenströmen und der Kolbengeschwindigkeit ab, ob signifikante Druckunterschiede zwischen den Räumen "A" und "B" auftreten können (2 Kapazitäten) oder nicht (1 Kapazität). Da zu jeder Kapazität eine eigene Differentialgleichung für den Druckaufbau gehört, ändert sich die Systemordnung betriebspunktabhängig; d.h. je nach Betriebspunkt ist plötzlich statt mit einer mit zwei Differentialgleichungen (samt physikalisch sinnvoller Anfangsbedingungen) zu rechnen bzw. umgekehrt. In konventionellen Simulationsprogrammsystemen bildet die Systemordnung im Normalfall eine fest vorzugebende Größe. Bei SIMULANT konnte dieses Problem recht einfach der physikalischen Anschauung folgend gelöst werden und lieferte zusammen mit einer (auf Maximalgradienten basierenden) automatischen Schrittweitenanpassung, s. oben, sehr gute Ergebnisse.

6. SCHLUSSBETRACHTUNG

Der vom SIMULANT- Baukastensystem gebotene Verfahrensspielraum eröffnet auch in komplizierteren Simulationsfällen recht anschauliche, pragmatische und überraschend effiziente Möglichkeiten der Lösung. Während der verfahrens- bzw. programmtechnische

Schwierigkeitsgrad bei der Bewältigung solcher Aufgaben mit konventionellen Simulationsprogrammen sehr schnell ansteigt, lassen sich bei SIMULANT solche Lösungs- ansätze wegen der hohen Transparenz und der nahezu uneingeschränkten Flexibilität mit mit einfachen Mitteln entwickeln, programmieren und testen. Hat der Anwender einmal das einfache Verfahrensprinzip verstanden, so braucht er zur effizienten Anwendung von SIMULANT neben gewissen grundlegenden Kentnissen vom Umgang mit FORTRAN und einem Editor nur -wie bei jeder Simulation- etwas Einfühlungsvermögen in die physikalisch- technischen Zusammenhänge. Dies haben alle bisherigen Anwendungen von SIMULANT in der Praxis auch bestätigt.

8. Literatur:

1.Anders,P.   Auswirkungen der Mikroelektronik auf die Rege-
                                   lungskonzepte fluidtechnischer Antriebe und der
                                   Einsatz von Personal Computern als Auslegungs-
                                   werkzeug, Dissertation, RWTH Aachen, 1986

2.Anders,P.   Handbuch zum SIMULANT- Baukastensystem
  Nied-Menninger,T.   (c/o. Fluidtechnischer Softwarepool am IHP),
  Lodewyks,J.   Aachen, 1987
  Fleischer,G.

SIC – ereignisorientierte Simulation in C
mit Parallelverarbeitungsfähigkeit

B. Kluth   H. Tuchel

Lehrstuhl für Allgemeine Elektrotechnik und Datenfernverarbeitung
der RWTH Aachen

Kurzfassung

Es werden die wichtigsten Sprachelemente des SIC-Systems vorgestellt. Der prozeßorientierte Ansatz der ereignisorientierten Simulation ermöglicht dem Benutzer, seine Simulationsprogramme problemnah zu formulieren. Parallelverarbeitung wird zur Geschwindigkeitssteigerung durch die Aufteilung in getrennt ablauffähige Teilaufgaben wie Zufallszahlenerzeugung, Simulationssteuerung und statistische Auswertung auf einer Multiprozessor-Hardware angewendet, ohne daß das Benutzerprogramm dies berücksichtigen muß.

1   Einleitung

Bei der diskreten, ereignisorientierten Simulation sind allen Untersuchungen dieser Art bestimmte Grundoperationen eigen. Ihre Bedeutung ließ Simulationswerkzeuge entstehen, die solche Operationen bereits anbieten und so den Modellierer von der stets neuen Formulierung und Codierung entbanden. Solche Werkzeuge sind z.B. SIMULA, GPSS, SIMSCRIPT, die alle in den sechziger und siebziger Jahren entstanden und als große, komplexe Systeme für Großrechner konzipiert sind. Aufsetzend auf den damals existenten Programmiersprachen oder selbst als solche Sprachen definiert, bieten sie dem Benutzer zwar eine reiche Fülle von Formulierungsmöglichkeiten an, die Effizienz der dabei erzeugten Objektprogramme ist jedoch aus heutiger Sicht verbesserbar. Gerade die hohen Ausführungszeiten, die Simulationsprogramme kennzeichnen, machen eine möglichst kompakte und effiziente Codierung besonders wichtig. Unter dem Gesichtspunkt der Effizienz der erzeugten Objektprogramme erscheint die Sprache C geeignet für die Programmierung von Simulationsproblemen. Auch die stark zunehmende Verbreitung, die C mit dem Aufkommen der UNIX-Systeme erfährt und die daraus resultierende Verfügbarkeit sprechen für eine solche Wahl.

C als Basis von Simulationsprogrammen bedeutet aber, verglichen mit SIMULA, daß gleichzeitig die Vorteile, die diese Sprache von der Programmiermethodik her bot, aufgegeben werden. Das mit SIMULA eingeführte Klassenkonzept brachte erstmals durch sog. *Oberklassen* die Möglichkeiten der Vererbung in eine Programmiersprache ein. Eingeführt wurde damit eine der Grundlagen der objektorientierten Programmierung, die als Methode zur strukturierten Programmierung derzeit starke Aufmerksamkeit genießt. Eine Kombination beider Vorteile, der Effizienz von C und SIMULA-ähnlicher Strukturierungsmöglichkeiten bietet C++. Aufbauend auf C wird hier als Erweiterung objektorientiertes Programmieren ermöglicht, zwar ohne den vollen SIMULA-Sprachumfang zu erreichen, aber auch ohne gegenüber C nennenswert Effizienz einzubüßen.

Aufbauend auf den Erfahrungen aus zwei Projekten im Bereich der Simulationstechnik [1], [3], [4] wurde am Lehrstuhl für Allgemeine Elektrotechnik und Datenfernverarbeitung der RWTH Aachen das System SIC[1] in der Sprache C konzipiert, das auf die Anforderungen einer heutigen hierarchischen Rechner-Infrastruktur hin ausgerichtet ist und die Vorteile moderner Parallelrechnersysteme nutzen kann.

---

[1] SIC: <u>S</u>imulation <u>i</u>n <u>C</u>

2 Sprachelemente von SIC

Um dem Benutzer die Formulierung von stets anfallenden Routinearbeiten bei der Programmierung von Simulationen abzunehmen, bietet SIC solche Funktionen direkt an. Dem Benutzer soll ermöglicht werden, sein Problem in einer Form darzustellen, die möglichst nahe an seiner Sicht des Modells liegt. In der Literatur werden zwei Ansätze zur Modellbeschreibung unterschieden: der *ereignisorientierte* und der *prozeßorientierte*.

Die Simulationsumgebung für die ereignisorientierte Version unterstützt den Benutzer lediglich bei einigen in Simulationsprogrammen sich häufig wiederholenden Tätigkeiten. Es werden dabei folgende Funktionen zur Verfügung gestellt:

Die Ereignislistenverwaltung stellt dem Benutzer Aufrufe zur Verfügung, mit denen er Ereignisse zu bestimmten Zeiten planen, die aktuelle Simulationszeit abfragen und das nächste Ereignis aus der Liste entnehmen kann. Außerdem liefert die Ereignislistenverwaltung eine „Grundstatistik" über den Ablauf der Events in der Simulation.

Die Warteschlangenverwaltung bietet Funktionen, die das Anlegen von Warteschlangen und Aktivitäten bei deren Benutzung unterstützen: Einfügen und Entnehmen eines Elementes am Anfang oder Ende der Queue, Auswählen eines „current"-Elementes und Zugriff relativ zu diesem sowie Abfragen der aktuellen Warteschlangenlänge. Darüber hinaus werden üblicherweise auch hier Grundfunktionen der Simulationsstatistik zur Verfügung gestellt: so können nach dem Simulationslauf Werte wie mittlere Warteschlangenlänge, mittlere Leerzeit, mittlere Wartezeit usw. angegeben werden. Um während der Simulation aufwendige dynamische Speicherverwaltung zu vermeiden, werden die Warteschlangenelemente in einer *Free-list* verwaltet. Die Free-list wird in der Initialisierungsphase in einem wählbaren Speicherbereich entsprechend der Größe der Elemente partitioniert.

Zufallsgeneratoren sind für Simulationen von zentraler Bedeutung, da mit ihrer Hilfe das stochastisch beschriebene Verhalten des Modells nachgebildet wird. Das sind zunächst Standardverteilungen wie Gleich- und Normalverteilung und die in der Verkehrstheorie wichtige Negative Exponentialverteilung. Genauere Nachbildungen gemessenen Modellverhaltens ermöglichen Generatoren, die empirische Verteilungen approximieren. Diese Funktion erbringen z.B. Phasenverteilungen wie Cox- oder Erlangverteilungen. Gerade detaillierte Nachbildungen solcher Verteilungen erfordern aber einen beträchtlichen Rechenzeitaufwand bei der Zufallszahlengenerierung. Tabellengeneratoren erlauben eine ebenso detaillierte Nachbildung bei wesentlich reduzierter Generierungszeit. Ihr relativ großer Speicherplatzbedarf ist bei modernen Rechensystemen kein Hindernis mehr für ihren Einsatz.

Die Qualität der benutzten Basis-Gleichverteilungsgeneratoren ist bei Simulationen von entscheidender Bedeutung. Insbesondere ist die statistische Unabhängigkeit der erzeugten Zahlen Voraussetzung für den Wert der gewonnenen Daten. Um hier den Anforderungen verschiedener Modelle nachkommen zu können, werden in SIC verschiedene Pseudo-Zufallsgeneratoren sowie alternativ ein aus physikalischem Zufall gewonnener Tabellengenerator [2] angeboten.

Über die Möglichkeiten der Ereignisverwaltung hinausgehende Unterstützung bietet der *prozeßorientierte* Simulationsansatz. Aufbauend auf deren Mitteln ermöglicht er dem Benutzer, seine Simulationsprogramme wesentlich problemnäher zu formulieren. Hier werden die Aktivitäten einzelner Komponenten des zu simulierenden Systems zu Prozessen zusammengefaßt. Darin sind sämtliche mit einer solchen Komponente assoziierten Aktivitäten enthalten, die neben Manipulationen an Prozeßdaten auch Anweisungen, die den „Zeitverbrauch" des Prozesses beschreiben, umfassen. Solche Anweisungen werden in einem prozeßorientierten Simulationssystem auf die oben beschriebenen Funktionen zur Ereignissteuerung abgebildet.

In SIC wird die prozeßorientierte Modellbeschreibung unterstützt. Die folgende Auswahl soll die zur Verfügung gestellten Hilfsmittel illustrieren.

Prozesse werden mittels der Definition *process* eingeführt. Sie unterscheiden sich von einfachen Prozeduren dadurch, daß sie die unten beschriebenen Konstrukte zur Zeitsteuerung enthalten können. Unter Benutzung dieser Zeitsteuerung zeigen Prozesse das Verhalten von Koroutinen. Ihr Ablauf kann damit, im Gegensatz zu dem von Prozeduren, quasiparallel sein.

Mittels der Definition durch *process* wird lediglich ein Muster (Template) eines Prozesses geschaffen. Erst durch *new()* wird die Inkarnation eines Prozesses nach dem Muster erzeugt. Verschiedene Inkarnationen können durch Parametrierung variiert werden. Dies ist insbesondere nützlich bei Modellen, in denen mehrere ähnliche Stationen enthalten sind.

Mithilfe der prozeßorientierten Beschreibungsmittel stellt sich in SIC ein Prozeß eines Simulationsmodelles als Folge von Anweisungen wie in Abb. 1 dar.

```
process <name>
{
        <Variablen-Deklarationen>
                ⋮
        <Aktionen>
        <Zeitverbrauch>
        <Aktionen>
                ⋮
        <Zeitverbrauch>
                ⋮
}
```

Abb. 1:   Aufbau einer *Process*-Beschreibung in SIC

Der Aufbau der Deklaration eines *Process*es in SIC unterscheidet sich nicht wesentlich von dem bei einer Prozedur in C gewohnten. In der Tat werden die Variablen-Deklarationen und die Aktionen in C-Syntax spezifiziert. Ausschließlich in einer als *Process* deklarierten syntaktischen Einheit dürfen allerdings die Anweisungen benutzt werden, die den Zeitverbrauch in der Simulation darstellen. Während in den Aktionen wie gewohnt Prozeduren verwendet werden können, dürfen diese Prozeduren selbst keine Zeitverbrauchs-Anweisungen enthalten.

Zeitsteuerung ermöglicht Unterbrechungen von Prozessen, um in der Simulation, z.B. durch *hold(*time*)* Zeit verstreichen zu lassen oder um, durch *wait(*flag*)*, auf ein (asynchrones) Ereignis zu warten. Die Flags ermöglichen, in Ergänzung zu den z.B. aus *SIMULA* bekannten *activate/passivate*-Aufrufen eine besser strukturierte Methode, um die Prozeßsynchronisation abzubilden.

Die Resourcenverwaltung kann durch Resource-Queues, in die durch *wait(*resource*)* ein Prozeß eingetragen wird, modelliert werden. Das Scheduling kann dann von der Prozeßsteuerung vorgenommen werden, sobald die betreffende Resource verfügbar ist.

Der Interprozeßkommunikation dienen Warteschlangen, die durch doppelt verkettete ringförmige Listen realisiert werden, die ein schnelles Ein-und Ausketten von Elementen nach den Grundprozeduren FIFO und LIFO sichern und mit denen auch komplexere Prozeduren nachgebildet werden können. Die Elemente werden in der Programmiersprache "C" durch *struct*-Anweisungen beschrieben und die Attribute durch die *member* einer *struct*-Anweisung definiert. Mit "C++" lassen sich ferner durch das *class*-Konzept die Queue-Eigenschaften der doppelt verketteten Liste vererben und der Zugriff auf einen abstrakten Datentyp „Liste" sicher gestalten. Es können unterschiedliche *struct* Elemente in den Listen gekettet werden.

Statistische Auswertung der Simulationsdaten dient dazu, die Ergebnisse der Simulationen greifbar zu machen.. Die standardmäßige Ermittlung von Mittelwerten verschiedener Zufallsvariablen bei Warteschlangen wurde schon oben erwähnt. Ein weiteres allgemeines Statistikprogramm bietet die Erfassung und Auswertung von Zufallswerten beliebig definierter Zufallsvariablen. Der Aufruf der Form *pick(*`Zufallsvariable, Wert`*)* in einer Prozeßbeschreibung liefert einen Wert zur statischen Auswertung. Die konventionelle Auswertung einer Zufallsvariablen ergibt wahlweise Mittelwert, grösten/kleinsten Wert, Streuung und Verteilungsfunktion mit Vertrauensintervallen.

Alternativ dazu werden neue Auswerteverfahren mit objektivem Fehlermaß verwendet, darunter der *LRE*-Algorithmus [5] für korrelierte Zufallssequenzen, bei dem, über eine vorgegebene Fehlerschranke die Versuchsanzahl und damit die Simulationsdauer gesteuert werden kann.

Testhilfen sind in der ersten Phase der Modellbildung zur Validierung des Modells erforderlich. Einfache Systeme überlassen dem Programmierer durch Kontrollausgaben in der Prozeßbeschreibung die Validierung.

Das Testsystem von SIC bietet einerseits Standardkontrollausgaben der Prozeßwechsel an, als eine wesentliche Aussage der richtigen Prozeßfolge. Andererseits wird ein dialogorientiertes Testsystem angeboten, das auf der Basis logischer Namen der Modellelemente von Warteschlangen, Systemlisten, Elemente und ihren Attributen, die gewünschten Werte der im Dialog abgefragten Elemente anzeigt. Voraussetzung sind entsprechende Aufrufe des Testsystems in der Prozeßbeschreibung. Zur Identifizierung der Aufrufstelle bei mehreren Aufrufen, wird als Parameter ein Name als Ort des Aufrufes an das Testsystem übergeben, der beim Aufruf dann angezeigt wird.

3 Parallele Simulation

Verschiedene Projekte haben sich in der Vergangenheit mit der Parallelisierung von Simulationen beschäftigt. Die meisten dieser Konzepte machten den Ansatz, die Aufteilung der einzelnen Prozesse entsprechend der Struktur des Modells vorzunehmen („Modellteilung"). Dieser Ansatz verspricht zwar potentiell den höchsten Grad an Parallelität, leidet aber am Overhead durch Synchronisationsaufwand, so daß der „Speedup" solcher Implementierungen niedrig blieb. Denn obwohl bei der prozeßorientierten Simulation quasiparallele Prozesse das Modell repräsentieren, erschwert gerade die Asynchronität in deren Ablauf *hier* die Kontrolle der Simulation. Die Schwierigkeiten folgen aus dem Unterschied zwischen Realzeit, in der die Modellprozesse im Programm ausgeführt werden, und Simulationszeit, bezüglich derer die Aktionen der einzelnen Prozesse zueinander in Relation gestellt werden. Es ist z.B. in der Regel entscheidend, ob, hinsichtlich der Simulationszeit, ein Prozeß A *vor* oder *nach* einem Prozeß B eine bestimmte Aktivität beendet hat. Die Beantwortung dieser Frage ergibt sich bei zentraler Prozeßverwaltung von selbst, da hier die Prozeßreihenfolge gleich der Reihenfolge ihrer Ausführung ist. Bei dezentralisierten Modellprozessen muß der Zusammenhang zwischen der Prozeßreihenfolge und ihrer Ablauffolge in der Realzeit durch zusätzlichen Kommunikationsaufwand hergestellt werden. Um dabei Deadlock-Situationen zu vermeiden, werden in großem Umfang zusätzliche Nachrichten erforderlich. Da der Anteil solcher „Synchronisationsmeldungen" mit der Anzahl der beteiligten Prozessoren steigt, ist mit einer derartigen Architektur bisher ein zufriedenstellender Speedup von Simulationen nicht erreicht worden.

Am Lehrstuhl für Allgemeine Elektrotechnik und Datenfernverarbeitung der RWTH Aachen wurde daher mit dem Projekt DESC[2] [1], [3] ein anderer Ansatz verfolgt. Die oben genannten Synchronisationsprobleme sind hier dadurch vermieden, daß die Ereignisliste zentral geführt wird. Hier wird die *Aufgabe* Simulation in die parallel ausführbaren Teilaufgaben

---

[2]DESC: Discrete Event Simulation Computer

- Zufallszahlenerzeugung (RNG: <u>R</u>andom <u>N</u>umber <u>G</u>enerator),

- Ausführung und Kontrolle des eigentlichen Simulationsprogramms sowie Listenverarbeitung (ELU: <u>E</u>xecution and <u>L</u>ist processing <u>U</u>nit),

- statistische Auswertung (SAU: <u>S</u>tatistical <u>A</u>nalysis <u>U</u>nit) und

- graphische Darstellung der Ergebnisse (GDU: <u>G</u>raphical <u>D</u>isplay <u>U</u>nit)

zerlegt wird. Abbildung 2 zeigt die Struktur des Simulators DESC. Hier wurde der obengenannte

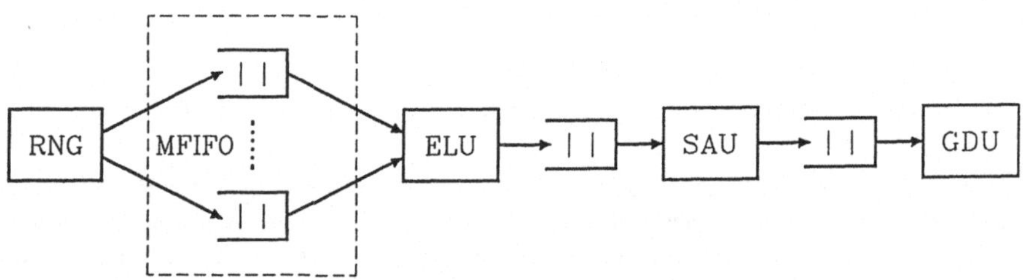

Abb. 2:   **Struktur des Multiprozessor-Simulators DESC**

Ansatz zuerst verwirklicht. Grundidee ist, den Prozessor, der das eigentliche Simulationsprogramm ausführt, von möglichst vielen Arbeiten zu entlasten. Der Informationsaustausch zwischen den beteiligten Prozessoren erfolgt hier über puffernde FIFO-Koppeleinheiten. Neben der Gewährleistung asynchronen Arbeitens fangen diese Kopplungen Variationen des Durchsatzes der beteiligten Prozessoren ab und verbessern so den Gesamtdurchsatz. Bei Simulationen werden üblicherweise verschiedene Zufallszahlenverteilungen benötigt. Das Interface vom Zufallsgenerator, die MFIFO (<u>M</u>ultiple <u>FIFO</u>), ist deshalb dafür ausgelegt, verschiedene Pools von Zufallszahlen parallel dem Verbraucher anzubieten. Über die Schnittstelle zur statistischen Auswertung muß lediglich ein linearer Datenstrom übertragen werden. Deshalb ist hier eine einfache Kopplung ausreichend. Der statistischen Auswertung werden hier Tupel aus Sample-Werten der Simulation und Kennzahlen zu deren Zuordnung übergeben. Auf einer solchen Architektur läuft zu einem Zeitpunkt genau ein Simulationsprogramm. Dessen Bedarf an verschieden verteilten Zufallszahlen sowie seine Anforderungen an die statistische Auswertung sind zur Compilationszeit bekannt. Genau dann werden vom SIC-System Konfigurationstabellen erzeugt, die zur Parametrierung der (vordefinierten) Programme für Statistik und Zufallszahlenerzeugung dienen.

Für SIC soll dieser Ansatz auf einen Shared-Local Memory Multiprozessor übertragen werden. Bei dieser Architektur, die in Abb. 3 schematisiert dargestellt ist, arbeiten die einzelnen Prozesso-

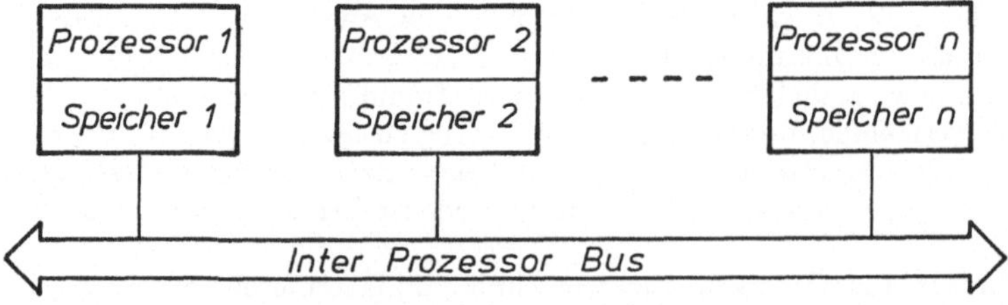

Abb. 3:   **Shared-Local-Memory Multiprozessor**

ren ohne sich gegenseitig zu beeinflussen, solange nur Zugriffe auf ihren eigenen Speicher erfolgen. Die zur Zusammenarbeit aber andererseits nötigen Interprozessor-Speicherzugriffe müssen so kontrolliert werden, daß minimale Störungen erfolgen. Für die Seite der statistischen Auswertung ist das dadurch erreichbar, daß hier Daten gesammelt und im Block zum Auswertungsprozessor übertragen werden, indem ein Shared-Memory-Segment übergeben wird. Die Übergabe von Zufallszahlen muß mehrere logische Blocks parallel anbieten. Damit hier der Verbraucher nicht zu lange darauf warten muß, daß ein leerer Block wiedergefüllt wird, zeigt dieser durch Semaphoren an, welcher Zufallszahlentyp benötigt wird, wodurch ein sofortiger Austausch der Blocks veranlaßt wird. Damit dabei auch evtl. unvollständig gefüllte Blocks ausgetauscht werden können, ist die Anzahl der enthaltenen Zahlen n_i im Block vermerkt. Zufallszahlen werden bei dieser Strategie sowohl auf Seiten des Generators als auch des Verbrauchers in mehreren Blocks gepuffert. Abb. 4 verdeutlicht dieses Schema. Die im Benutzerprogramm enthaltenen Aufrufe an statistische Aus-

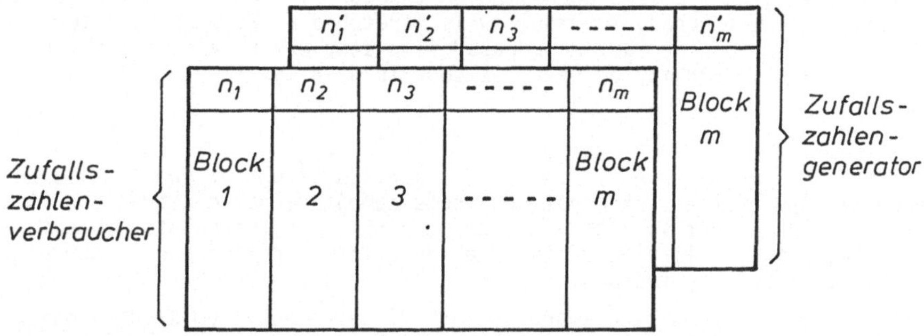

Abb. 4:   **Aufteilung des Datenbereichs zum Zufallszahlenaustausch**

wertung bzw. Zufallszahlenerzeugung werden in der Multiprozessorversion von SIC auf Aufrufe an o.g. Prozeßkommunikations-Schnittstellen umgesetzt.

4 Zusammenfassung

Die Allgemeinheit des hier gezeigten Ansatzes gestattet seine Anwendung bei allen Fällen der Discrete Event Simulation; eine Änderung der Interprozessor-Kommunikationsstruktur für verschiedene Modelle ist nicht erforderlich.

Mußte dieser Ansatz vor einigen Jahren noch auf spezieller selbstentwickelter Hardware realisiert werden [1], [3], so ist es heute möglich, kommerziell verfügbare Multiprozessorsysteme die nach obigem Schema aufgebaut sind, zu verwenden. Unter Ausnutzung der Inter-Process-Communication Facilities von UNIX SystemV.2 werden SIC-Simulationsprogramme auf solchen Systemen die o.g. Teilaufgaben parallel ablaufen lassen. Für Einzelprozessor-UNIX-Systeme laufen die Teilaufgaben des gleichen Programms als quasi parallele Prozesse ab. Darüber hinaus soll das Simulationssystem SIC die gleiche Anwenderschnittstelle auch auf einer weiten Klasse von Einzelprozessor-Rechnersystemen anbieten, die über einen C-Compiler verfügen.

Literaturverzeichnis

[1] Barel, M.: A Flexible, High-Performance Multiprocessor for Data Network Simulation
Proceedings 10th International Teletraffic Congress Montreal, June 83

[2] Gude, M.: Ein quasi-idealer Gleichverteilungsgenerator basierend auf physikalischen Zufallsphänomenen;
Dissertation RWTH Aachen 1987

[3] Kluth, B.; Görg, C.: Performance Evaluation of a Cost-Effective Multiprocessor for Teletraffic Simulation
Proceedings 12th International Teletraffic Congress Torino, June 88

[4] Kochan, M.; Görg, C; Tuchel, H.; Niebert, N.: Simulation in PASCAL; Interner Bericht
Lehrstuhl für Allgemeine Elektrotechnik und Datenfernverarbeitung der RWTH Aachen

[5] Schreiber, F.: Effective Control of Simulation Runs by a new Evaluation Algorithm for Correlated
Random Sequences; Proceedings 12th International Teletraffic Congress Torino, June 88

AN ENVIRONMENT FOR ILL-DEFINED SYSTEMS RESEARCH

G.C. Vansteenkiste
University of Ghent
Ghent, Belgium

E.J.H. Kerckhoffs
Delft University of Technology
Delft, The Netherlands

ABSTRACT

Ill-defined systems like in environmental, biomedical and biotechnological studies pose several challenging problems when studied through simulation. The impact they have on simulators are touched. Methodology is stretched as well as computer hard- and software needs come into play. A proposed simulator environment currently under investigation at the University of Ghent is described in detail.

1. INTRODUCTION

The simulation of a large-scale system poses a serious amount of problems to be overcome. The complexity of the system not only sets computational constraints, it also requires an enormous effort to find and enter the relevant components, models, parameters and data. The overall view of the problem often gets lost and interpretation of the results becomes very tedious.

This paper introduces a promising approach for ill-defined system studies based on simulation.

2. NEED FOR ADVANCED INFORMATION PROCESSING CAPABILITIES

Over the past 25 years several solid techniques have been developed for the analysis of systems using simulation. Mathematical formalisms constituted the widest used computer models. The extension of simulation from engineering applications towards the soft sciences in environmental, biomedical applications however, created a need for a less mechanistic deduction.
In the mid-seventies, systems analysts studying water resources and environmental systems started to realize that the kind of systems they were involved in were difficult to describe in precise mathematical terms. Furthermore, a final description did not always turn out to be useful for practical means. In the field of mathematical modelling methodology the concept of *grayness* or *softness* was introduced. It was realized that the *background* knowledge available in certain scientific disciplines in order to build a mathematical representation might be less adequate and that the lack of suitable a priori information entailed the need for extensive experimentation. These findings were and still are certainly applicable to the whole spectrum of biosystems in general, ranging from biochemical, microbiological and physiological systems to animal-plant systems and environmental phenomena. Later-on, still other limitations became evident. In that respect, the terminology of ill-definition and ill-defined systems was chosen as an indication for the overall problems that arise when a mathematical description for phenomena belonging to the *soft* fields had to be developed.

Every abstract model represents an attempt to logically rationalize the behavior and perhaps even the mechanism of one or other system under study. The successes of representation showed to be very different according to the nature of the system, mostly because our mental constructs are too meager.

Although almost unlimited raw computing power became available, eventually shaped in specialized tools, one must be able to construct models using entirely the language and thought patterns of the specialized field under study. Enormous benefits both qualitatively and quantitatively result when interactive tools are made available. The future is to incorporate valid models into the structure of the reasoning.

It should be noted at this point that the concept of captured intelligence is extreme-
ly useful for raising the previously discussed man-machine interface to a useful level
for most users. Computer-based graphics and statistics as well as data base management
and networking should be specifically designed supporting the simulationist. The interactive environment fundamentally changes the way the data are perceived and the way
the modeller behaves during problem analysis and model design.

Furthermore, the complexity of the computer model is dynamic in the sense that its
content is continuously updated the more knowledge and data about the system under
study are detected. In order not to degrade computer response time by increasing the
model complexity, the processor architecture for advanced simulators should be capable
to perform parallel information processing.

In ill-defined system investigations, an experimental study by simulation requires
the creation and testing of an extensive variety of candidate model structures[SPRI82].
As a consequence, a simulator for ill-defined systems must be able not only to implement and update data bases, but also to utilize the data base for modelling in a
methodology supported way [STAN82]. Simulation methodology should provide algorithms
among others for :
- selecting from the class of available models some candidates having features relevant to a certain experiment ; the model candidates may originate from a priori
  studies or they may come from automated model aggregation in relation to the features
  present in the available data.
- validating a candidate model according to the particular experiment (or vice versa)
  when the candidate model did not belong to the considered class ; some aspects of
  validation are found in [SARG82].

3. PROPOSED SIMULATION ENVIRONMENT

As described in previous section, one of the main activities, peripheral to modelling
and model implementation, is the management of data involved in large-scale simulation
studies. A prototype simulation information-base management system (PROCCIS,[DEBU83])
is developed at the University of Ghent through a collaboration with the Delft University of Technology. This information-base forms the central structure for the proposed
simulation environment (figure 1).

The advantages of this approach are manifold :
- First of all, the programs for different aspects of the system analysis may be implemented independently of each other, and communicate with each other through the
  information-base.
- It's easier to represent the trajectory of one variable for several runs.
- It's easier to compare the trajectory of a variable from both simulation and real
  experiment.
- It's easier to manipulate models and submodels to create an entire new model (using
  building blocks - primitive models).

3.1. *Information-base*

PROCCIS (Productivity Control Information System) is a simulation information-base
management system focussed on continuous systems simulation. It allows the data management and control of arbitrary multiple input/multiple output processes. Through
the use of this information-base, it is possible to store in a high structural way
a lot of information such as :
- à priori knowledge of the real world system and the gathered à posteriori information.
- the models (model descriptive data + model parameters) constructed for estimation
  of the model-parameters and the validation of the model.
- descriptive and quantitative information about model validation.
- descriptive data with respect to the various simulation experiments performed,
  as well as the simulation results.

From the viewpoint of simulation, a methodology-based approach has been chosen, ana-
loguous to the one suggested by B.P. Zeigler [NILS84],[DOBB86]. To store descriptive
information about experiments in both the real world and simulation domain, the con-

cepts *cosystem* and *type of experiment* are used. A *cosystem* is defined as an additional system for measuring and controlling purposes and postprocessing the measured data. A *type of experiment* determines the experimental constraints in both the real world and simulation domain and encloses a considerable number of concrete measurements and simulation experiments.

3.2. *Real-time process*

At the University of Ghent the large-scale system studied is the process of microbial fermentation in a controlled fermentor [DEWA86]. The objectives of the setup are the control and optimization of these processes. The first step in the study is the sampling of the process variables at the various measurement points. Most measurements can be taken on-line. However some measurement procedures are complex and take such a (relatively) long time that they can only be done off-line. The data-acquisition system converts the physical variables from the fermentor in numbers. These raw data are filtered, processed and stored in the information-base. The measured physico-chemical variables don't provide precise information on the physiological state of the fermentation process itself. They are used as inputs to programs ("net-effect sensors") calculating on-line process state variables. These computed variables are also stored in the information-base.

3.3. *Simulator*

Another important tool in the process interaction is the use of a simulator as model processor. The user can select a parametrized model from the information-base and specify the parameters and the experimental frame. This experimental frame specifies the conditions, trajectories of the inputs of the model, and output variables to be calculated and stored in the information-base during the simulation experiment. As was discussed in previous section, the simulator is based on a parallel processor.

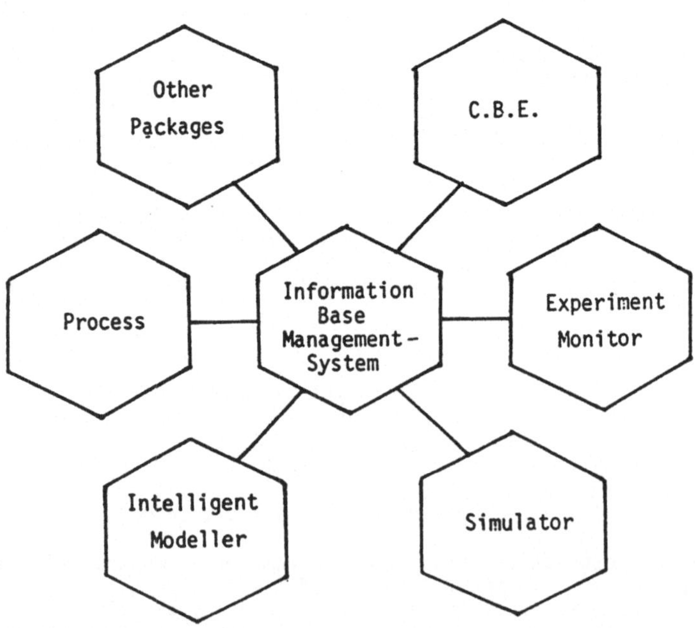

Figure 1 : Proposed simulation environment

3.4. *Experiment monitor*

All relevant process data must be visualized on-line so that the experimenter can appreciate the state of the process at a glance. Another function of the monitoring system is to filter the data and alert the experimenter on important events. The user has the choice between a numerical and graphical representation of the information. The numerical choice gives a display of the instantaneous values of the distinct variables in a diagram form. This display represents a snapshot of the process and illustrates the relationship between the variables. Not only the physical variables are displayed but also the important physiological variables that give the operator a better view of the actual state of the process.
The graphical representation is a more flexible one and has zooming facilities (different levels of details). Another feature is the possibility to represent the trajectory of a variable from several experiments (done on the real world process as well as on the simulator or on a mixture of both).
The experimenter has also the possibility to generate a report from an experiment containing the model description, the data, the systemparameters and the input and output data (numerically or graphically represented).

3.5. *Computer Based Educational System (C.B.E.)*

Running a fermentation process is a very complex activity not only due to the complexity of the process set-up and the strict operation instructions (maintaining the sterility of the vessel under all conditions) but also due to the unpredictable behaviour of the micro-organisms.

As an aid to the operator, to the students and users of the fermentor a C.B.E. system is developed, that is linked to the information-base. The main objectives are :
- provide an efficient use of the different valves and switches on the fermentor
- the user should be able to conduct a total fermentation process.
The educational program consists of three distinctive parts.
First a tutorial part. It transfers the knowledge from the process specialist (microbiologist) to the student.
The second part makes use of the simulator capabilities of the environment. Instead of experimenting on a fermentation process, the user can experiment on several models (included in the information-base) using the simulator. To get acquainted with the functionings of a fermentation process, the user can observe the trajectories of the different variables using the experiment monitor module. He can compare the results of different experiments with each other and the influence of the distinct environmental conditions can be accessed. The impact of the interventions of the operator on the process can be evaluated.
The third part consists of a computer guided execution of the distinct steps of the fermentation process. In this lesson becomes the link between the process and the information-base naturally activated. If the process variables are not between acceptable limits, the student is given appropriate feedback to check all over again. If unacceptable conditions occur an alarm is set and intervention of an experienced operator is required.

3.6. *Intelligent modeller*

The intelligent modeller is an aid in the design and modelling of fermentation studies. It provides the required information in interaction with the end user, non expert in simulation. The modeller should help the user in the formulation of his problem and filters the raw data from the simulator. Several problem types are possible : prediction, optimization, detection of functional relations, design or functional analysis. Most of these require and iterative cycle of model selection and simulation. The user should be able to ask an explanation of the solution presented by the system. This consists of steps what have been used to obtain the solution and why they have been used. He must also have the possibility to ask the definition of unfamiliar terms and relations.

The intelligent guidance in simulation through model synthesis aid forms an *expert system* for modelling. In such a way a simulator becomes essentially a knowledge-based expert system utilizing a combination of symbolic reasoning and data-processing.

It requires for expert performance on problems, heuristic knowledge to be combined with the facts of the discipline. Through *expertise modelling* human expert knowledge is transferred to computer programs. *Expert systems* used in the context of simulation should contain in addition to à priori information, a modelbase, an experimental frame base and a database with experimental results : the so-called extended knowledge base.

3.7. *Other packages*

Such as for instance statistical packages, etc.

Figure 2 summarizes the functional lay-out built around the previous considerations.

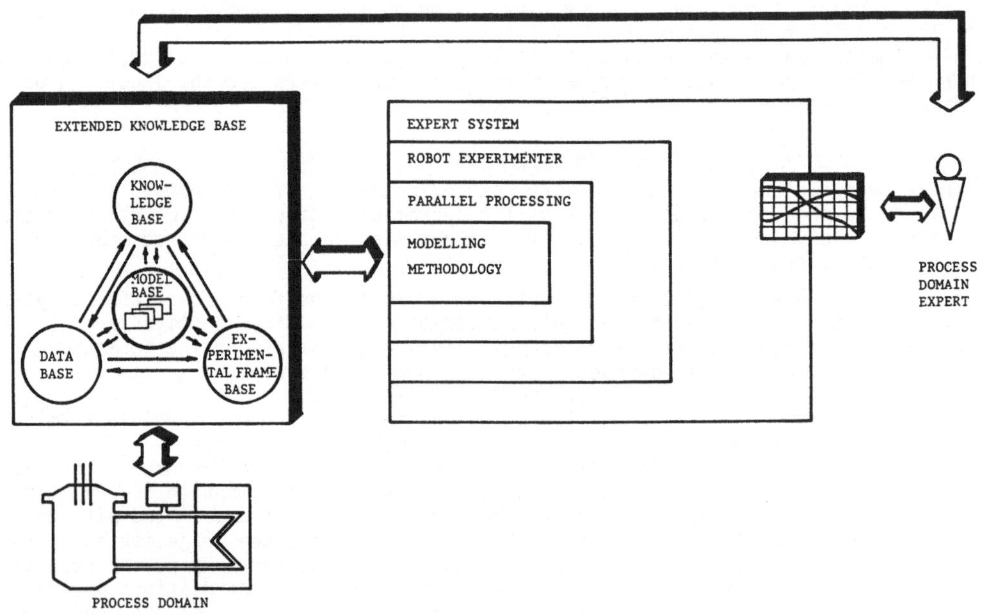

Figure 2 : Simulation methodology for ill-defined system study

4. HARDWARE CONSIDERATIONS

To support the proposed simulation environment, there is a need for adapted hardware :
- process computer
- number cruncher
- workstation environment.
Figure 3 shows the advanced simulator configuration at the University of Ghent.

4.1. *Process computer*

The process computer samples the process variables and controls the process under study.

4.2. *Number cruncher*

In response to the complexity of large scale systems and the need for high speed simulation several parallel architectures have been developed. An example of such a machine is the Applied Dynamics AD 10 . Through the use of a multi-processor system (connected to a hostcomputer) and an optimized design of the different processors, the AD 10 is very suitable for time-critical simulations.

Some of the features of this special purpose simulation computer are :
- specially designed to solve differential equations.
- many high speed I/O channels.
- many multivariable functions having large amounts of table data.
- large spread in dynamic frequency.

This powerful simulation computer has an architecture that is different from tradi-
tional computers. To make the computation power available to the user, requires the
constructions of an interface that hides the architectural details and talks in terms
of the problem language of the user. The multi-processor is therefore linked to the
information-base through a high level CSSL (Continuous System Simulation Language)
interface. This gives several advantages :
- the multi-processor becomes available for non-AD 10 experts.
- models are more understandable and readable to any simulation expert.
- models can be developed on other systems and then eventually be run on the AD 10
  without modifications.
- the access is not only easier for the human being but also for an automated process.
At the University of Ghent a prototype of a CSSL, based on CSSL-IV [NILS84], is developed to be run on the AD 10 . This prototype, translates CSSL-IV models to MPS10,
the modular programming language of the AD 10 . In this way the models can be tested
and adapted in CSSL IV after which the processing power of the multi-processor is
used for the final implementation.

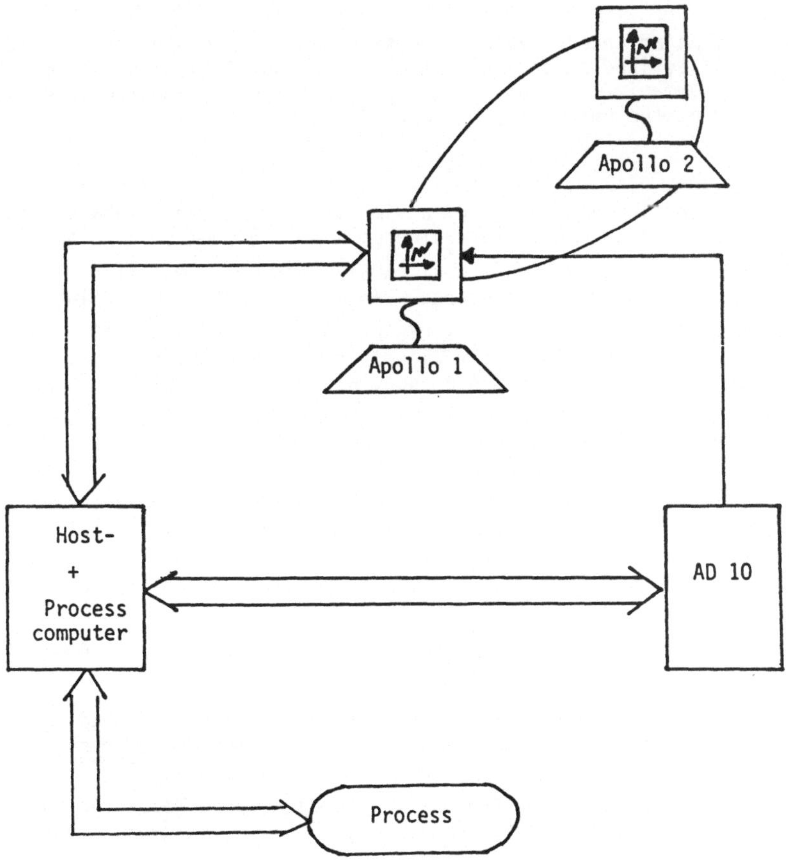

Figure 3 : Advanced simulator configuration

4.3. *Workstation environment*

The workstation environment gives the simulationist the advantages of modern computing and engineering tools :
- graphical system with high resolution and the possibility for *concurrent windowing*
  (parallel running of tasks in different *windows*)
- powerful processor for each user.
- the possibility to share resources (such like memory, disks) in a transparent way.
  This supposes a high-performance LAN (local area network) that connects the different stations supported by a *distributed operating system*. So through the integration of the workstations in the LAN, the differences between local and remote loca-
  tion to the simulator are unimportant.
At the University of Ghent the Apollo workstations of the "DOMAIN" environment (Distributed Operating Multi Access Interactive Network) are used to implement the information-base (figure 3). (Note that a direct link is made from the AD 10 to one of the
workstations. This permits runtime graphics to be generated on the display of the
workstation. The IOCS interface board on the AD 10 will be used for this purpose).
The proposed set-up provides the users with access to all parts of the simulation
system (using different windows), like running a simulation experiment, access to the
information-base, obtaining a model by use of the intelligent modeller, etc.. Even
monitoring of the real world process by the use of the experiment monitor can be done
in parallel.

5. CONCLUSION

The architecture of an advanced simulation environment is dictated by the problems
encountered when ill-defined systems are studied through simulation. The main pecu-
larities are first summarized. Solutions are proposed and implemented in an advanced
simulation facility at the University of Ghent.

REFERENCES

[CALU86] CALU, J. : The implementation of a simulation oriented database management
          system. Dr. thesis in Computer Science, sept. 86 (Dutch language).

[DEBU83] DE BUYSER, D., L. DE WAEL and G.C. VANSTEENKISTE : Simulation - Aid to pro-
          cess interaction. IMACS Conference, Nantes, May 1983, pp.103-108.

[DOBB86] DOBBELAERE, B., L. DE WAEL, L. STRYBOL and G.C. VANSTEENKISTE : Introducing
          an advanced simulator in a userfriendly simulation environment.
          Summer Computer Simulation Conference, Reno, Nevada, july 1986, pp.978-981.

[DEWA86] DE WAEL, L. and L. STRYBOL : A knowledge-based approach to an advanced simu-
          lation environment for fermentation process study. Proceedings of the ESC 86,
          Antwerp, sept. 1986, pp. 338-346.

[KERC86] KERCKHOFFS, E.J.H. and G.C. VANSTEENKISTE : The impact of advanced informa-
          tion processing on simulation - An illustrative review. Simulation, 46, 1,
          1986, pp.17-26.

[NILS84] NILSEN, R.N. : CSSL-IV Reference Manual. Simulation Services Chatsworth
          Ca., 1984.

[OREN79] OREN, T.I. and B.P. ZEIGLER : Concepts for advanced simulation methodologies.
          Simulation, 32, 3, 1979, pp.69-82.

[SARG82] SARGENT, R.G. : Verification and validation of simulation models. Progress
          in Modelling and Simulation (F.E. Cellier, Ed.), Academic Press, 1982,
          pp. 159-169.

[SPRI82] SPRIET, J.A. and G.C. VANSTEENKISTE : Computer Aided Modelling and Simulation.
          International Lectures Series in Computer Science, Academic Press, London,
          1982.

[STAN82] STANDRIDGE, C.R. and A.A.B. PRITSKER : Using Database Capabilities in Simu-
          lation. Progress in Modelling and Simulation (F.E. Cellier, Ed.), Academic
          Press, 1982, pp.347-365.

[STRY86] STRYBOL, L. : The integration of a multiprocessor system in a userfriendly
          simulation environment. Thesis in Control Engineering, 1986 (in Dutch lan-
          guage).

SIMUL_R - EINE SIMULATIONSSPRACHE
MIT SPEZIELLEN BEFEHLEN ZUR
MODELLDARSTELLUNG UND -ANALYSE

Ronald Ruzicka
Technische Universität Wien

Wiedner Hauptstraße 6-10
A-1130 Wien

SIMUL_R ist eine Compiler-orientierte Simulationssprache für kontinuierliche Systeme. Sie bietet unter anderem Möglichkeiten zur Verwendung mehrerer Modelle in einem Programm, discrete-events, Tabellenfunktionen, automatisches Lösen von algebraischen Schleifen und das Abspeichern und Wiederladen des gesamten Systemzustandes oder Teilen davon. Der Runtime-Interpreter besitzt Möglichkeiten zur dynamischen Deklaration von Tabellenfunktionen und Matrizen, diverse Meta-Kommandos, Makros und Unterprogramme (auch rekursiv). Die SIMUL_R-Grafik-Library umfaßt unter anderem 3D- und bewegte Bilder. Das Ende dieser Arbeit nehmen kurze Beschreibungen der Simulations-Preprozessoren BAPS für Bondgraphen und CAPS für Compartements ein.

1. MOTIVATION

Die meisten heutzutage analysierten Systeme besitzen oft sehr komplexe Strukturen, sind sehr rechen-intensiv und fordern ihrem Analysator all seine Raffinessen ab - doch fehlen diesem oft die nötigen Werkzeuge. Dies führt zu erhöhtem Zeitverbrauch und schließlich zur oft beobachteten Kostenexplosion. Moderne Systeme erfordern deshalb Modularisierung, bequeme Analyse- und vielfältige (auch graphische) Darstellungsmethoden für Resultate.

Bei vielen komplexen Systemen ist schon die Modellierung alleine ein großes Problem - man kann nicht gleich *das* richtige Modell finden (falls ein solches überhaupt existiert) und muß mehrere Ansätze testen. Dies wurde bislang in den meisten Fällen durch Übereinanderlegen von Plots und Vergleichen von Zahlenkolonnen durchgeführt.

Andererseits muß man größere Modelle modularisieren, um deren Struktur und eventuell vorhandene Fehler besser und schneller erkennen zu können. *Warum* sollte man also nicht mehrere Modelle in einem Simulationsprogramm - nebeneinander und hintereinander - verwenden?

Sehr oft treten Teilmodelle mit impliziter Struktur auf. Diese müssen häufig, soweit möglich, von Hand aus aufgelöst und - mit speziellen numerischen Verfahren umgeben - "ausprogrammiert" werden. *Warum* sollte man diesen Vorgang nicht der Simulationssprache überlassen und das System einfach in impliziter Form anschreiben?

Das vierte Argument für die Entwicklung einer neuen Simulationssprache ist die Manigfaltigkeit der heutigen Probleme: man benötigt in diversen Anwendungsgebieten die unterschiedlichsten Methoden - und daraus entstehen oft "handgestrickte" Simulationsumgebungen, die spezifischen Erfordernissen der einzelnen Anwender Rechnung tragen. Die für alle Gebiete benötigten gleichen Grund-Mechanismen der Simulation werden jedoch vernachläßigt. Deshalb benötigt man ein *offenes* Simulationssystem, daß dem Anwender die Möglichkeit des Hinzufügens neuer Befehle und Algorithmen gibt.

Dies kann in SIMUL_R einfach durch Entwerfen neuer Unterprogramme, die in der SIMUL_R-Bibliothek gegebene Funktionen zur Analyse einer Kommando-Zeile verwenden, geschehen. Diese Unterprogramme können unter Verwendung der Programmiersprache C (diese ist auch die "Host"-Sprache für SIMUL_R; so wie FORTRAN für andere Simulationssysteme) oder auch FORTRAN oder anderer Hoch-Sprachen programmiert werden. C als Host-Sprache bewährt sich in Hinblick auf die Verwendung in modernen Betriebssystemen, wie z.B. UNIX™.

2. DER SIMUL R-COMPILER

Der SIMUL_R-Compiler übersetzt den Programmtext in ein C-Programm, welches danach mit der SIMUL_R-Runtime-Library zusammengebunden wird.

Wie es der CSSL-Standard vorschreibt, ist ein Teilmodell eines SIMUL_R-Programms aus drei Teilen aufgebaut: Anweisungen, die zu Beginn jedes Simulationslaufes durchgeführt werden sollen; die System-definierenden Gleichungen; und Anweisungen, die am Ende jedes Simulationslaufes ausgeführt werden.

Differentialgleichungen – auch in Vektor- und Matrizenform (bis zu 16 Dimensionen) – können genauso definiert werden wie Tabellenfunktionen (mit konstanter oder linearer Interpolation zwischen den Stützstellen) oder diskrete Ereignisse. Letztere können als einmal, periodisch oder zum Eintritt eines bestimmten Ereignisses durchzuführend definiert werden (Zeit-Scheduling ist auch zur Laufzeit möglich).

2.1 Algebraische Schleifen

Wie oben erwähnt, unterstützt SIMUL_R auch die automatische Lösung von impliziten Systemen. Betrachtet man z.B. die Gleichungen (in dieser Form stehen sie auch im SIMUL_R-Programm)

$$x = x*x + t \qquad \text{und} \qquad y = y*y + x$$

die über x und y für $t \in [1;2]$ gelöst werden sollen, so kann man den Compiler mit dem Flag "-a" aufrufen und im Runtime-Interpreter die Simulation über [1;2] ablaufen lassen – fertig!

2.2 Mehrere Modelle in einem Programm

Ein SIMUL_R-Programm kann mehr als ein Modell enthalten (mehrere Modelle können auch gemeinsame Variablen besitzen). Sei z.B. ein nichtlineares und ein lineares Modell ein und desselben Systems vorhanden, so können beide in ein SIMUL_R-Programm geschrieben werden. Zur Laufzeit kann man das zu simulierende Modell anwählen (z.B. zuerst das nichtlineare, dann das lineare) und Modellvergleich betreiben.

Man kann auch mehrere Modelle "gleichzeitig" ablaufen lassen, wobei jedes Teilmodell einen Modul der oben geforderten Modularisierung darstellt.

2.3 Meta-Befehle

Der SIMUL_R-Programmtext kann auch Metabefehle enthalten: z.B. "while", "until", "for", "if", macros, include-files. Deren Verwendung erleichtert die Erzeugung von gut les- und überschaubaren Programmen, auch und gerade bei komplexen Systemen.

3. DER SIMUL R-RUNTIME-INTERPRETER

Wie allgemein bekannt, hängt die Verwendbarkeit einer Compiler-orientierten Simualtionssprache primär von der "Rechen-Stärke" ihres

Runtime-Interpreters ab.

Der SIMUL_R-Runtime-Interpreter unterstützt alle üblichen Kommandos, wie "start", "continue", Verändern und Anzeigen von Variablen und Konstanten (unter Verwendung beliebiger algebraischer Ausdrücke inklusive Funktionen, wie sin, cos, log, exp, ...).

3.1 Schleifen- und Metabefehle

Der Interpreter bietet die gleichen Metabefehle wie der Compiler an. Dadurch können Schleifen und bedingte Anweisungen, Makros und Inkludieren von Files (letzteres kann als das Starten von Batchfiles oder als das Aufrufen von Unterprogrammen gesehen werden!) zur Laufzeit dynamisch programmiert werden. Alle Befehle können verschachtelt und rekursiv verwendet werden. Man kann solche Unterprogramme auch vom Runtime-Interpreter aus mittels Editor neu schreiben und ausbessern.

Des weiteren gibt es einige nützliche Befehle zur Behandlung von Tabellenfunktionen: die gegenseitige Zuweisung von Tabellen und den "assign"-Befehl. Mittels *assign* wird einer Tabellenfunktion eine Variable zugeordnet. Während der nächsten Simulationsläufe wird der Verlauf der Variablen in der Tabelle gespeichert und kann dann z.B. in anderen Modellen verwendet werden.

Im übrigen können Tabellenfunktionen und Matrizen zur Laufzeit neu angelegt (also definiert) und wieder gelöscht werden.

Die Meta- und die Tabellenfunktions-Befehle bieten starke Werkzeuge für komplexe Aufgaben, wie Integral-Gleichungen, Totzeit-Probleme, Optimierung von Steuerfunktionen.

3.2 Optimierung, Nullstellensuche

SIMUL_R ist ein offenes System. Das bedeutet, daß der Benutzer seine eigenen Runtime-Interpreter-Kommandos entwerfen kann (und zwar nicht nur in Form von Makros oder Batch-Files, sondern als echte Befehle). Einige solcher "neuen Kommandos" sind vordefiniert, wie z.B. Optimierung (mit Parameter-Beschränkungen), Nullstellensuche, Berechnung der Jacobi-Matrix und Ermittlung von Eigenwerten und -vektoren.

Ein einfaches Beispiel kann das Zusammenspiel all dieser Möglichkeiten demonstrieren: man betrachte das oben erwähnte lineare und nichtlineare Modell. Man startet nun mit dem nichtlinearen und rechnet bis zu einem bestimmten Punkt, ermittelt hier die Jacobi-Matrix und verwendet dieselbe im linearen Modell weiter - ohne Verlassen der Simulation und ohne zusätzlichen Programmieraufwand.

SIMUL_R ist auch insoweit ein offenes System, als durch einfaches Angeben des Namens und durch Dazubinden neue Integrations- und Nullstellenalgorithmen verwendet werden können.

Kommandos zum Abspeichern und Lesen von Tabellenfunktionen, Matrizen oder des gesamten Systemzustandes runden die Befehlspalette ab.

4. SIMUL R-GRAPHIK

Die Grafik-Bibliothek umfaßt nicht nur Funktionen für "normale" Plots mit Achsen-Beschriftungen (in beliebigem Winkel und mit veränderbaren Skalen und Abständen). Es werden auch Möglichkeiten zum Zeichnen von 3D- und bewegten Bildern, von Schichtenlinien und von Tabellenfunktionswerten geboten. Weiters sind Drucker- und Plotter-Treiber zur Ausgabe der Grafiken vorhanden.

Eine Besonderheit sind die sogenannten "cross"- oder "Diagonal"-Plots, bei welchen nicht der Wert einer Variablen über einer anderen, sondern die Werte mehrere Variabler zugleich nebeneinander angezeigt und mit Linien verbunden werden. Man denke z.B. an die Diskretisierung einer partiellen Differentialgleichung für die Wellenbewegung einer schwingenden Saite. Dieses Modell enthält Variablen, die an bestimmten Stellen die momentane Auslenkung der Saite von einer Null-Linie darstellen. Verwendet man nun die genannte Zeichenart, so erhält man eine Vorstellung von der Bewegung der Saite.

Diese Vorstellung kann man noch verbessern, indem man die sich ergebenden Linien nicht auf einmal sondern hintereinander zeichnet - ein Simulations-Film! Eine andere Art der Bewegungsdarstellung ist die in untenstehendem Beispiel (Fadenpendel) anwendbare "Ein-Linien"-Bewegung, bei der von einer Kurve jeweils Punkt und Tangente dargestellt werden.

4.1 Ein SIMUL R-Beispiel: Fadenpendel mit (Überschlag)

Dieses Beispiel zeigt das Umschalten zwischen Modellen zur Laufzeit. Ein Fadenpendel kann als 2-Modell-System gesehen werden: ein zirkulares und eines mit freiem Fall. Abb. 1 zeigt eine Möglichkeit der Laufzeit-Kommandos, Abb. 2 den Plot y über x.

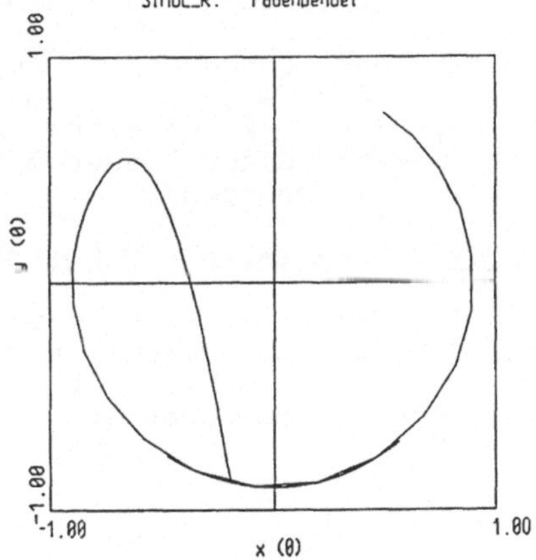


```
act_mod=pendel_circular;
start;
#while t<tend #
   act_mod = pendel_fall;
   tO=t; xO=x;   yO=y;
         vxO=vx; vyO=vy;
   start;
   act_mod = pendel_circular;
   tO=t; phiO=phi; vphiO=vphi;
   start;
#end
```

Abb. 1   Laufzeit-Kommandos   Abb. 2   Fadenpendel

5. PREPROZESSOREN: BAPS, CAPS

Sehr oft sind Systeme nicht explizit in Gleichungsform, sondern implizit in Diagrammen dargestellt. Es ist dann Zeit-aufwendig die Gleichungen abzuleiten, um sie simulieren zu können. Aus diesem Grund wurden Preprozessoren entwickelt, die es gestatten, diese Diagramme in Computer-lesbare Notationen zu bringen, und so dem Anwender, also dem Fach-Wissenschafter und dem Ingenieur, ermöglichen, "seine" gewohnten Schreibweisen zu verwenden.

Hier sollen zwei Preprozessoren zur Bondgraph- und zur Compartement-Verarbeitung vorgestellt werden. Beide sind als Preprozessoren für SIMUL_R, das Simulationssystem HYBSYS und für ACSL vorhanden bzw. geplant.

5.1 BAPS - Bondgraph Analyse und Programm Synthese

BAPS ist ein Preprozessor für Bondgraphen. Diese stellen eine universelle Beschreibungsmethode für elektrotechnische, mechanische, thermodynamische und interdisziplinäre Systeme dar /KARN75/. BAPS übersetzt einen Bondgraphen, beschrieben in einer leicht erlernbaren Eingabe-Sprache, in z.B. ein SIMUL_R- oder ein HYBSYS-Programm (im übrigen ist es aufgrund der allgemeinen Konzeption von BAPS leicht möglich, in andere Simulationssprachen zu übersetzen).

BAPS verarbeitet auch nichtlineare Bondgraphen /RUZI87/. Diese Nichtlinearitäten können verschiedener Natur sein:

Elementkonstanten (z.B. OHMsche Widerstände oder Massen) können beliebige algebraische Ausdrücke sein; jedes Element kann eine nichtlineare, konstituierende Gleichung aufweisen; logische Schalter können definiert und in Ausdrücken verwendet werden. Die Schalter können auch verwendet werden, um sogenannte *tdj-junctions* aufzubauen; dies sind Element-Verbindungen, die sich zur Laufzeit ändern (d.h. man kann die Topologie eines Systems dynamisch verändern!). Ebenso können Tabellenfunktionen verwendet werden.

BAPS analysiert einen Bondgraph und sucht nach algebraischen Schleifen (auch bei den Nichtlinearitäten). Auf Wunsch kann eine Liste der Elemente und Verbindungen, sowie der zugewiesenen Kausalitäten ausgegeben werden.

BAPS unterstützt die Modell-Entwicklung mit der Möglichkeit der Verwendung mehrerer Teilmodelle und noch nicht näher bekannter Abschnitte des Bondgraphen (von letzteren müssen nur die benötigten Eingänge, die erzeugten Ausgänge und die ungefähren funktionellen Abhängigkeiten bekannt sein). Der BAPS-Text kann auch die oben erwähnten Meta-Befehle zur besseren Strukturierung enthalten (Anwendung z.B. bei Diskretisierungen).

5.2 Ein BAPS-Beispiel: Schwingkreis

Als Beispiel sei hier ein einfacher Schwingkreis, bestehend aus einer Spannungsquelle, einem Kondensator und einem Abnehmer (Widerstand), gewählt. Abb. 3 zeigt den Schaltplan, Abb. 4 den entsprechenden Bondgraphen und Abb. 5 das BAPS-Programm.

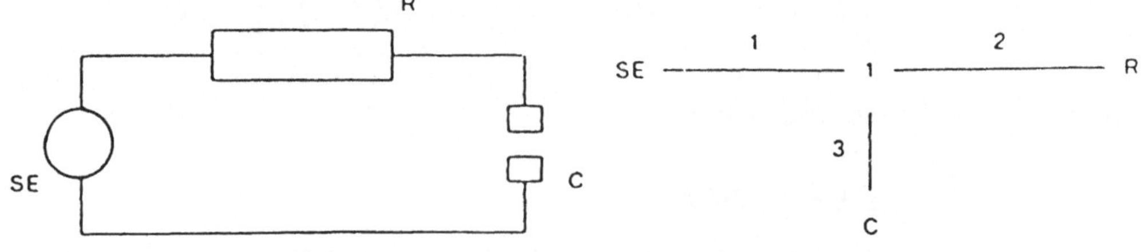

Abb. 3 RC-Kreis   Abb. 4 Bondgraph-Beschreibung

```
RC_Kreis:

SE 1; 1 1 2 3; R 2; C 3;      {

CONSTANT TEND=0.05, f = 50*2*3.1416, ampl=220;
EXTERN SIN(1), t;
TERMINATE t>=TEND;

SE 1: SE1 = ampl*sin(t*f);
R  2: R2  = 100;
C  3: C3  = 0.0001;
     q03 = 0;          "Anfangswert für Ladung"          }
```

Abb. 5 BAPS-Programm

5.3 CAPS - Compartement Analyse und Programm Synthese

CAPS ist ein Preprozessor für Compartements /SAUB87/. Es wandelt eine Compartement-Modellbeschreibung in den Sourcetext einer Simulationssprache (z.B. ACSL) um. CAPS verarbeitet nichtlineare und lineare Modelle und bietet Möglichkeiten der Optimierung und der statistischen Analyse. Eine weitere Besonderheit von CAPS ist die automatische Umwandlung von Compartement- in Volterra-Systeme.

Compartements werden zur Beschreibung biologischer Systeme, chemischer Prozesse, in Pharmakokinetik und -kinematik, genauso wie zur Modellierung von Epidemien und Wachstums-Vorgängen verwendet.

Ein CAPS-Programm kann Konstanten-Definitionen, Tabellen, Compartements, nichtlineare Blöcke, Infusionen und Raten enthalten. Ebenso können Makros und Meta-sprachliche Befehle verwendet werden.

5.4. Ein CAPS-Beispiel: Tollwut bei Füchsen

Das untenstehende Modell der Ausbreitung von Tollwut bei Füchsen kann als Netzwerk von Knoten verstanden werden, wobei jeder Knoten eine Region in einem Land darstellt. Jeder Knoten (Abb. 6) enthält ein Compartement für gesunde (x), kranke (y) und tote (z) Füchse, mit gewissen Übergangsraten. Abb. 7 zeigt einen Makro für einen Knoten. Das Wachstum der Population kann hier auf zwei Arten beschrieben werden: kontinuierlich im Jahr (dann wird inc1.cap inkludiert) oder einmal (z.B. im Frühjahr, inkludieren von inc2.cap) /TIMI84/.

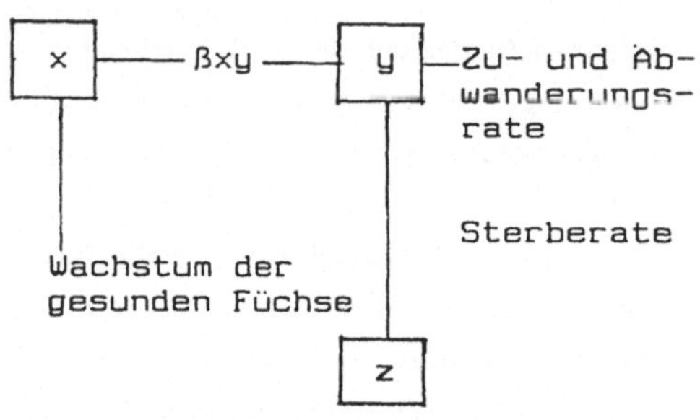


```
MACRO knod(x,y,xicw,yicw)
CONST xic = xicw, yic = yicw;
COMP x(xic), y(yic);
BLOCK inf_x;
inf_x = beta*x*y;
RATE xout, yin, yout;
xout = x, inf_x, 1;
yin  = inf_x, y, 1;
yout = y, EMPTY, gamma;
IF inc1 INSERT <inc1.cap>;
IF inc2 INSERT <inc2.cap>;
END;
```

Abb. 6 Compartement-System für
        Tollwut bei Füchsen

Abb. 7 CAPS-Programm

6. LITERATUR

/KARN75/ D. Karnopp, R. Rosenberg, *System Dynamics: A Unified Approach*, Willey-Interscience, New York, 1975, 402 Seiten

/RUZI87/ R. Ruzicka, *Eine Methode zur theoretischen und praktischen Darstellung und Analyse von Bondgraphen unter besonderer Beachtung von Nichtlinearitäten*, Dissertation TU Wien, 1987, 273 Seiten

/SAUB87/ A. Sauberer, *Darstellung, Analyse und Simulation von Kompartmentsystemen unter Berücksichtigung von Nichtlinearitäten*, Dissertation TU Wien, 1987, 320 Seiten

/TIMI84/ W. Timischl, "Influence of Landscape on the Spread of an Infection", *Bull. of Mathematical Biology*, Vol. 46, No. 5/6, Pergamon Press, 1984, pp 869-877

Einsatz des Simulationswerkzeuges QNAP2
zur Leistungsbewertung von Kommunikationsprotokollen

Thomas Welzel

Lehrstuhl für Informatik IV,

Rhein.-Westf. Techn. Hochschule Aachen

Ahornstr. 55, 5100 Aachen

Zusammenfassung

Die Modellierung und Analyse technischer Systeme stellt ein wichtiges Instrument zur Beurteilung ihrer Leistungsfähigkeit dar. Dies gilt für bereits existierende Systeme aber auch insbesondere für Konzepte im Entwicklungs- und Erprobungsstadium und dient der Schwachstellenanalyse ebenso wie Tuning-Zwecken. Viele Probleme lassen sich dabei durch Warteschlangennetze modellieren und analysieren. Zu diesem Zweck wurden Software-Pakete entwickelt, die auf die Modellierung und Bewertung solcher Netzwerke zugeschnitten sind. Neben verschiedenen Verfahren mathematischer Analyse werden auch Hilfsmittel zur Simulation zur Verfügung gestellt. In diesem Beitrag wird ein solches Programmpaket mit der Bezeichnung QNAP2 vorgestellt und gegen andere existierende Systeme abgegrenzt. Am Beispiel eines Medienzugangs-protokolls für Lokale Hochgeschwindigkeitsnetze werden Möglichkeiten der Modellierung mittels QNAP2 im Hinblick auf eine simulative Leistungsbewertung aufgezeigt.

1. Einleitung

Simulationen mit digitalen Computern stellen einen wichtigen Bestandteil bei der Untersuchung und Beurteilung technischer Systeme dar. Bei der Leistungsbewertung werden sie speziell dort eingesetzt, wo andere Methoden, z.B. mathematische Analysen, nicht mehr greifen. Ferner dienen sie zur Validierung von Aussagen, die auf andere Art und Weise erzielt wurden.

Simulationen erlauben einen nahezu unbegrenzten Genauigkeitsgrad bei der Modellierung, der allerdings mit einem entsprechend hohen Aufwand für die Durchführung der Simulation erkauft werden muß. Ferner erfordern Sensitivitätsanalysen, die Abhängigkeiten von Ergebnisgrößen bei Variation von Eingangs-parameter aufzeigen sollen, eine Vielzahl von Simulationsläufen. Mittels Simulationen ist die Wieder-holung von Experimenten bei identischen Anfangsbedingungen möglich, sowie das Anhalten eines Laufes, um den momentanen Systemzustand sichtbar zu machen. Darüber hinaus ermöglichen Simulationen Zeit-komprimierungen von Prozessen, die evtl. Monate oder Jahre dauern, auf Stunden oder Minuten bzw. zeitgedehnte Darstellungen von Abläufen, die sich einer Betrachtung in Echtzeit entziehen. Eine gute Einführung in die Problematik von Simulationen vermittelt [BRA83].

Die Problembearbeitung mittels Simulation sollte dabei folgenden Phasen folgen [KOB 78]:

1) Formulierung eines Modells und Implementation in einer geeigneten Repräsentationsform

2) Validierung des Simulationsmodells

3) Entwicklung von Experimenten (Wahl der Eingabeparameter)

4) Durchführung der Simulation

5) Analyse der erhaltenen Ergebnisse.

Obwohl meist auf die Punkte 1), 3) und 5) das Hauptaugenmerk gelegt wird, erscheinen die erhaltenen Resultate ohne die Validierung des Simulationsmodells sowie die Interpretation und Aufbereitung der Ergebnisse [FIS 78] von zweifelhaftem Wert.

Viele Systeme lassen sich durch Warteschlangennetze modellieren und analysieren. Zu diesem Zweck sind Software-Pakete entstanden, die auf die Modellierung und Analyse von Warteschlangennetzen zugeschnitten sind. In diesem Beitrag soll QNAP2 (Queueing Network Analysis Package) vorgestellt sowie die Möglichkeiten der Modellierung und Analyse exemplarisch erläutert werden. Ferner wird QNAP2 gegenüber einigen anderen artverwandten Programmsystemen abgegrenzt .

2. Das Analysewerkzeug QNAP2

QNAP2 [QNA84, POT84] ist ein von INRIA (Institut National de Recherche en Informatique et en Automatique) in Zusammenarbeit mit Bull entwickeltes Programmpaket zur Beschreibung und Analyse von Warteschlangennetzen. Es umfaßt im wesentlichen drei Komponenten:

- eine objektorientierte Beschreibungssprache (Control Language) zur Modelldefinition, Simulations- kontrolle und Festlegung der automatisch zu ermittelnden Leistungsmaße. Sie umfaßt eine Menge von Befehlen zur Deklaration von Objekten, Spezifikation von Netzwerk-Stationen etc.
- eine algorithmische Sprache (Algorithmic Language), die sich an PASCAL und SIMULA anlehnt und in ihrer Funktionalität einer höheren Programmiersprache entspricht.
- eine Menge von Lösungsalgorithmen. Sie umfassen exakte/approximative mathematische Methoden sowie diskrete, ereignisgesteuerte Simulationen.

Die Modellierung des zu betrachtenden Netzwerkes durch oben erwähnte Beschreibungssprache wird erleichtert durch folgende verfügbare Objekttypen:

- Warteschlangen und zugehörige Bedieneinheiten (Stationen). Hierzu kann unter verschiedenen Server-Typen (single, multiple, infinite etc.) und Bedienstrategien (FIFO, LIFO etc.) gewählt werden. Ferner können kontextsensitive Verweildauern im Server sowie Transitionen zu anderen Stationen nach Beendigung der Bedienung spezifiziert werden.
- vordefinierte "Kunden" (CUSTOMER) bzw. entsprechende selbstdefinierte Objekte, die das Warte- schlangennetzwerk nach vorgegebenen Regeln durchlaufen. Diese Objekte können parametrisiert werden, um unterschiedliche Bedienprozeduren für verschiedene Klassen von Kunden in den Stationen zu realisieren (z.B. Prioritäten).

Die Beschreibungssprache erzwingt durch die bereitgestellten Elemente auf natürliche Weise einen modularen Programmaufbau und gewährleistet eine relativ einfache Modifikation bzw. Erweiterung eines Modells. Der für die Simulation genutzte Zufallszahlengenerator ist in [LEW73] beschrieben.

Bei dem in QNAP realisierten Simulationsmodul handelt es sich um ein ereignisgesteuertes Verfahren. Das System verwaltet hierzu eine interne Systemzeit. Alle aktiven Prozesse (z.B. Bedienprozeß eines Kunden an einer Station) werden durch QNAP2 "parallel", d.h. sequentiell mit identischer Systemzeit, bearbeitet. Die Deaktivierung eines Prozesses kann durch Kommandos erfolgen, die das Verstreichen einer Zeitspanne bewirken. Der Endzeitpunkt wird vermerkt und der Prozeß stillgelegt. QNAP2 bearbeitet nun andere aktive Prozesse bzw. rückt die Systemzeit bis zum Zeitpunkt der Aktivierung des nächsten Prozesses vor, falls kein Prozeß momentan aktiv ist. Eine Aktivierung bzw. Deaktivierung von Prozessen kann ebenfalls mittels Flagges (flags) oder durch Beginn bzw. Beendigung der Bedienung eines Prozesses an einer Station erfolgen.

Sämtliche Aktionen innerhalb eines Simulationslaufes können nur von in der Bearbeitung befindlichen Kunden durchgeführt werden, das Modell des Warteschlangennetzes selbst ist passiv.

Zur Leistungsbewertung stellt QNAP neben oben erwähnten Standard-Metriken auch zugehörige Gütemaße (Konfidenzintervalle) zur Verfügung. Der Benutzer ist ferner in der Lage, nicht automatisch bereitgestellte Maße zu definieren und entsprechende Algorithmen zu deren Berechnung zu implementieren. QNAP2 unterstützt keine benutzerfreundliche Ergebnisaufbereitung in Form von z.B. Graphiken. Die Präsentation der Resultate obliegt dem Anwender.

QNAP2 ist in Fortran geschrieben und erlaubt die Einbindung von Fortran-Prozeduren. Die Verfügbarkeit einer Vielzahl von Modellierungshilfsmitteln und umfangreicher Fähigkeiten bei Analyse und Simulation wird jedoch mit längeren Programmlaufzeiten als bei einem für ein spezielles Problem entwickelten Simulationsprogramm erkauft. Durch die Realisierung in Fortran ist QNAP2 relativ leicht portierbar und auf vielen Maschinen einsetzbar. Darüberhinaus wird QNAP2 für Hochschulen zu Forschungszwecken unentgeltlich zur Verfügung gestellt.

3. Abgrenzung zu anderen Werkzeugen zur simulativen Leistungsbewertung

Neben QNAP existieren noch weitere Programmpakete, die eine Anwendung von Simulationen durch geeignete Hilfsmittel unterstützen. Hier sollen Gemeinsamkeiten und Unterschiede erwähnt werden, um die Programmsysteme gegeneinander abzugrenzen. Zu diesem Zweck werden exemplarisch RESQ und HIT vorgestellt und kurz erläutert. Zu einem genaueren Studium dieser Werkzeuge sei auf die angegebene Literatur verwiesen.

<u>RESQ:</u> Das Research Queueing Package (RESQ) [RESQ 84a, RESQ 84b, SAU83] wurde von IBM entwickelt und bietet wie QNAP2 die Möglichkeit, durch eine Beschreibungssprache Warteschlangennetze zu spezifizieren und zu analysieren. Hierzu stehen ebenfalls mathematische Lösungsalgorithmen sowie Simulationen zur Verfügung. Die Möglichkeit, Untermodelle zu definieren, erlaubt RESQ eine weitergehende Modularität und Hierarchie innerhalb des Programms. Insgesamt entspricht der Leistungsumfang in etwa dem von QNAP. Allerdings unterstützt RESQ die Ergebnispräsentation.

<u>HIT:</u> Das System HIT (HIerarchical evaluation Tool) [BEI85] wurde an der Universität Dortmund entwickelt. Es dient der Modellierung und Analyse von Rechensystemen und bietet eine vertikale (hierarchische Modellschichten) wie auch horizontale Strukturierung (wechselseitig abgeschottete Moduln) durch die bereitgestellte Modellierungssprache. Auch hier können mathematische Verfahren und Simulationen eingesetzt werden (eine hybride Analyse ist ebenfalls möglich). Eine Last besteht aus Prozessen unterschiedlicher Typen, die Dienste von Modellkomponenten in Anspruch nehmen. HIT ist in SIMULA geschrieben und generiert aus der Modellbeschreibung ein lauffähiges SIMULA-Programm, das anschließend bearbeitet werden kann. Durch diese Tatsache wird wie bei QNAP2 die Portabilität erleichtert.

Neben diesen Systemen dürfen Programmiersprachen wie z.B. SIMULA [LAM82], GPSS [IBM71] oder Simscript [KIV75] nicht unerwähnt bleiben, die ebenfalls Eigenschaften zur Unterstützung von Simulationen aufweisen. Die Aufzählung ist keineswegs vollständig und ließe sich fast beliebig fortsetzen.

4. Anwendungsbeispiel: Analyse von Kommunikationsprotokollen

Zur Verdeutlichung der Arbeitsweise von QNAP werden im folgenden QNAP-Programmsequenzen vorgestellt und erläutert, die einem Warteschlangenmodell zur Bewertung eines Medienzugangsprotokolls aus dem Bereich lokaler Hochgeschwindigkeitsnetze (HSLANs, i.e. Netze mit nominellen Datenraten von mindestens 100Mbit/s und geographischen Ausdehnungen von einigen Kilometern) entnommen sind. Sie sollen die Modellierungstechnik veranschaulichen.

4.1 Das Multiple Token Ring Medienzugangsprotokoll

Bei dem Multiple Token Ring (MTR) handelt es sich um ein paketvermittelndes Netz mit einem Token-Passing-Medienzugang, das auf einem physikalischen Ring operiert. Dieses Verfahren wird im folgenden kurz erläutert:

Ein spezielles eindeutiges Bitmuster, das sog. "Freie Token", zirkuliert auf einem Ring mit unidirektionaler Übertragungsrichtung. Der Medienzugang der angeschlossenen Stationen wird dezentral organisiert, indem jede sendewillige Station auf den Erhalt eines freien Tokens wartet. Ein eintreffendes freies Token berechtigt die Station zur Übertragung einer eigenen Nachricht. Nach Beendigung der Übertragung wird ein neues freies Token generiert und an den Nachfolger im Ring übertragen. Nicht sendewillige Stationen leiten das freie Token lediglich weiter. Dieses Verfahren wird "Multiple Token Ring" genannt, da zu einer Zeit mehrere belegte Token, aber höchstens ein freies Token auf dem Ring koexistieren können. Zu dieser Strategie sind mehrere Varianten in Bezug auf die Anzahl von Paketen, die pro Tokenerhalt gesendet werden dürfen, denkbar. Bekannte Verfahren sind hierbei das BWN (Backbone Wideband Network) [VYN85] und FDDI (Fiber Distributed Data Interface) [ANSI86].

4.2 Modellierung des Kommunikationssystems durch ein Warteschlangennetzwerk

Die zur Modellierung des Warteschlangennetzes benötigten Komponenten und Variablen sind in einem separaten Block (/DECLARE/) explizit zu deklarieren. Hierunter fallen z.B. Variablen, Prozeduren, Warteschlangen, Objekte oder Attribute.

Das Kernstück dieses Modells ist das Medienzugangsprotokoll (Abbildung 1). Das zirkulierende freie Token kann durch eine Bedieneinheit modelliert werden, die zyklisch die an den Ring angeschlossenen Stationen auf Sendewünsche abfragt (Single Cyclic Server). In diesem Beispiel ist das Konzept des BWN modelliert, das pro Tokenerhalt die Übertragung von höchstens einem Paket gestattet. Die Station wird mit einem Kunden vorbesetzt (INIT=1), dessen einzige Aufgabe darin besteht, daß eine WHILE-Schleife für die Dauer der Simulation durchlaufen wird. Beginnend mit Station 1 wird nun abgefragt, ob der Sendepuffer der Station leer ist. Ist dies nicht der Fall, wird über Flaggen die Sendeberechtigung an die Station erteilt und auf die Beendigung des Sendevorgangs gewartet. Anschließend wird die nächste zu bedienende Station ermittelt (zyklisch). Vor Beginn der Bedienung der nächsten Station wird eine konstante Zeit (CST) durchlaufen, deren Dauer durch den Wert des Parameters angegeben wird und die Signallaufzeit des Tokens zur nächsten Station repräsentiert.

In den Abbildungen sind die Kommandos der objektorientierten Beschreibungssprache durch jeweils ein "/" vor und hinter dem Kommandowort gekennzeichnet, Kommentare sind durch "&" kenntlich gemacht.

```
/STATION/
        NAME=single_cyclic_server;
        INIT=1;
        SERVICE=
            BEGIN
                aktuelle_Station:=1;
                WHILE true_condition DO BEGIN          & Abfrage der aktuellen Station
                                                       & und Freigabe der Übertragung
&
                   IF Sendepuffer_leer(aktuelle_Station)=FALSE THEN
                      BEGIN
                         SET(Übertragung(aktuelle_Station));
                         RESET(fertig);
                         WAIT(fertig)
                      END;
                   aktuelle_Station:= aktuelle_Station + 1;   & Übergang zur nächsten Station
                   IF aktuelle_Station>letzte_Station THEN aktuelle_Station:=1;
&
                   CST(Signallaufzeit_nächste_Station);
                END;
            END;
```

Abbildung 1: Modellierung eines einzelnen zyklischen Servers

Die zyklische Bedieneinheit kommuniziert mit identisch operierenden Stationen, die von "1" bis
"letzte_Station" indiziert seien. Abbildung 2 zeigt das Modell einer HSLAN-Station. Hierbei wartet ein
Paket (=Kunde) auf das Senderecht, das von der zyklischen Bedieneinheit über das Setzen von Flaggen
gewährt wird (vgl. Abbildung 1). Anschließend wird das Paket übertragen und der Zähler der wartenden
Pakete dekrementiert. Das Medium wird durch Setzen der fertig-Flagge freigegeben. Nach Ablauf der
Signallaufzeit zur Zielstation ist die Bedienung abgeschlossen. Durch den TRANSIT-Befehl wird das Paket
in die Empfangswarteschlange der Zielstation eingereiht, deren Modell wegen der starken Ähnlichkeit zur
HSLAN-Station hier nicht angegeben wird. Sobald ein Paket die Station verlassen hat, kann die
Bearbeitung eines neuen Paketes beginnen.

```
/STATION/
        NAME=HSLAN_Station;
        SERVICE=
            BEGIN
                Länge_Paket(StationsNr):=Paketlänge;
&
                WAIT(Übertragung(StationsNr));              & Warten auf den Medienzugang
                RESET (Übertragung(StationsNr));
&
                CST(Länge_Paket(StationsNr)/Datenrate);  & Übertragung des Paketes
&
                Paketzähler(StationsNr):=Paketzähler(StationsNr)-1;
                IF Paketzähler(StationsNr)=0 THEN
                     Sendepuffer_leer(StationsNr):=TRUE;
&
                SET(fertig);                                & Freigabe des Mediums
&
                CST(Signallaufzeit_Zielstation);           & Laufzeit des Paketes zur Zielstation
            END;
        TRANSIT(Empfangs_Queue(Zielstation));
```

Abbildung 2: Modellierung einer Station des Token Ringes

Die Pakete, die das Warteschlangennetz durchlaufen, werden von Stationen generiert (TYPE=SOURCE), die keine eigenen Warteschlangen besitzen, aber kontinuierlich Kunden bedienen. Mit Hilfe dieses Stationstyps können unterschiedliche Ankunftsprozesse von Paketen modelliert werden.

Die Bearbeitung des Gesamtprogramms wird durch ein /EXEC/-Kommando gesteuert, dessen zugehöriger Programmblock Initialisierungen, Auswertungen etc. enthält und in dem die eigentliche Simulation angestoßen wird (Befehl SIMUL). Die Simulation kann durch einen /TEST/-Block in periodischen Abständen oder ereignisgesteuert unterbrochen und anschließend fortgeführt werden.

5. Schlußbemerkung

Dieser Beitrag hat einen Überblick über Fähigkeiten und Funktionsumfang von QNAP2 gegeben, wobei die hier beschriebenen Funktionalitäten den Leistungsumfang nicht erschöpfend wiedergeben. Dies gilt insbesondere für die lediglich erwähnten Möglichkeiten exakter und approximativer mathematischer Analyse. QNAP2 hat sich in der laufenden Anwendung als ein geeignetes Werkzeug zur Leistungsbewertung von Warteschlangennetzen erwiesen. Die Vielfalt der von QNAP2 bereitgestellten Möglichkeiten werden selten von einem einzigen Programm ausgeschöpft.

Simulationsergebnisse des oben exemplarisch angegebenen Modells zur Bewertung des Multiple Token Ringes können u.a. in [MAR88a-c,WEL87] nachgelesen werden.

Literatur

[ANSI 86] ANSI, "FDDI Token Ring Media Access Control (MAC)", Draft Proposed American National Standard X3T9.5, Februar 1986

[BEI 85] Beilner H., Scholten H., "Strukturierte Modellbeschreibung und strukturierte Modellanalyse: Konzepte des Modellierungswerkzeuges HIT", Messung Modellierung und Bewertung von Rechenanlagen, Informatik Fachberichte Nr. 110, Springer-Verlag, 1985, pp. 65-81

[BRA 83] Bratley P. et al., "A Guide to Simulation", Springer-Verlag 1983

[IBM 71] "General Purpose Simulation System V, Users Manual", 2. Ausgabe, Nr. SH20-0851-1, IBM New York 1971.

[KIV 75] Kiviat P.J. et al., "Simsript II.5 Programming Language", CACI Inc., Los Angeles 1975

[KOB 78] Kobayashi H., "Modeling and Analysis: An Introduction to System Performance Evaluation Methodology", *Addison Wesley*, 1978

[LAM 82] Lamprecht G., "Einführung in die Programmiersprache SIMULA", Vieweg-Verlag, 1982

[LEW 73] Lewis, T.G., Payne W.H., "Generalized Feedback Shift Register Pseudorandom Number Algorithm", *Journal of the Association for Computer Machinery*, Vol. 20, July 1973, pp. 456-468

[MAR 88a] Martini P., Welzel Th., "Modelling and Analysis of a High Speed Token Ring Backbone Network for a Realistic Scenario", *Proc. of IEEE International Zurich Seminar on Digital Communications*, Zürich, 8.-10. März 1988, pp. 155-161

[MAR 88b] Martini P., Welzel Th.,"The Analysis of a Token Ring Backbone", *Proc. of IEEE INFOCOM '88*, New Orleans, IEEE 1988, pp. 467-476

[MAR 88c] Martini P., Spaniol O., Welzel Th., "File Transfer in High Speed Token Ring Networks: Performance Evaluation by Approximate Analysis and Simulation", erscheint in *Joint Issue of IEEE Journal on Selected Areas in Communications and IEEE Journal of Light Wave Technology*, Ausgabe Juli 1988

[POT 84] Potier D., "New Users Introduction to QNAP2", *INRIA Rapports Techniques No. 40*, Oktober 1984

[QNA 84] "QNAP2, Reference Manual, version V03", INRIA and Bull, May 1984

[RESQ 84a] "Research Queueing Package, Version 2, CMS User's Guide", IBM Program Offering, SB11-5899-0, 1984

[RESQ 84b] "Research Queueing Package, Version 2, Introduction and Examples", IBM Program Offering, SB11-5969-0, 1984

[VYN 85] Vyncke E., Danthine A., "Broad Site Local Wideband Communication System, Medium Access Control Specification", ESPRIT Project 73, University of Liège, 1985

[WEL 87] Welzel T., "Simulation of a Multiple Token Ring Backbone", *Proc. of the IFIP TC6/WG6.4 Workshop on High Speed Local Area Networks*, Aachen, North-Holland 1987, pp. 99-113

Anwendungen mit ACSL

OPTIMIERUNG VON STEUERUNGEN UND REGELUNGEN IN ACSL

F. Breitenecker
Institut für Technische Mathematik
Technische Universität Wien
Wiedner Hauptstrasse 8-10
A-1040 Wien

__Kurzfassung.__ Der vorliegende Beitrag beschäftigt sich mit der Integration der Berechnung optimaler Steuerungen und Regelungen in die Simulationssprache ACSL. Prinzipiell wird dabei die Möglichkeit der Integration von Steuerungs- und Regelungs-Synthese in Simulationssprachen angeschnitten. Zunächst wird gezeigt, wie durch (automatisierte) Erweiterung der Modellbeschreibung klassische Reglersynthese in ACSL integriert werden kann. Dann wird die Optimierungsumgebung GOMA vorgestellt, die weitestgehend modellunabhängig ist und sowohl (Regler-) Parameter als auch Steuerungen (Regelungen) optimieren kann. Abschließend wird gezeigt, wie in der Modellbeschreibung von ACSL in automatisierter Form die Lösung des linear-quadratischen Optimal-Control-Problems integriert werden kann.

EINLEITUNG

Die Simulation technischer Systeme hat den Zweck, das Verhalten des Systems durch Analyse (und Rechnersimulation) eines mathematischen Modells dieses Systems zu untersuchen. Im Rahmen der Simulation taucht dann sehr bald die Frage nach "optimalen" Systemparametern (in gewissen Grenzen frei wählbare Konstante wie z.B. Zeitkonstanten von Reglern, etc.) und optimalen Steuerungen im Falle von geregelten bzw. gesteuerten Systemen (eine auf Parameter- optimierung rückführbare Frage) auf. Optimierung ist daher eine notwendige Ergänzung der Simulation. Vermerkt sei hier das Bemühen von Simulationssprachen, auch die Frequenzbereichsanalyse zu unterstützen, und andererseits die Einbindung von Zeitbereichssimulation in regelungstechnische Analyse- und Syntheseprogramme.

Prinzipiell stehen vier Möglichkeiten zur Verfügung, Optimierung in Simulationssprachen einzubinden, nämlich Erweiterung des Runtime-Interpreters der Sprache, Programmierung der Optimierung in der Modellbeschreibung, Programmierung in der Host-Language-Ebene auf geeigneter Schnittstelle (in ACSL im Simulationshauptprogramm in FORTRAN) und Mischformen mit/ohne Eingriff in tiefere Ebenen. Für die erste Möglichkeit muß der Source Code der Sprache vorliegen, was allerdings fast nie der Fall ist; diese Möglichkeit ist aber auch deswegen ungünstig, weil damit die Portabilität der Sprache verlorengeht.

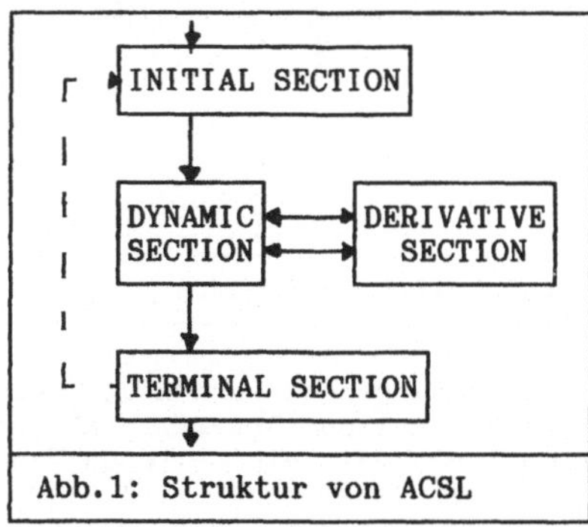

Abb.1: Struktur von ACSL

Die einfachste Möglichkeit zur Optimierung in Simulationssprachen vom CSSL-Typ ist, die Parameteroptimierung im Modell zu definieren (zu beschreiben). Die Struktur ist ja nach der CSSL-Norm 1968 streng festgelegt (Abb.1.). Parameteroptimierung ist implementierbar, indem in der TERMINAL SECTION Parameter abhängig von Werten der Gütemaße geeignet geändert (=optimiert) werden und dann ein Rücksprung in die INITIAL SECTION erfolgt (Abb.1, unterbrochene Linie); dann wird ein Simulationslauf mit den neuen Parametern durchgeführt,.. Diese Methode ist nur sehr beschränkt brauchbar, da der Optimierungsalgorithmus selbst programmiert werden muß: es kann keine Opti-

mierungsroutine einer Bibliothek verwendet werden, da derartige Algorithmen die Berechnung von Gütefunktionen (in diesem Fall ein Simulationslauf) in einem externen Unterprogramm verlangen - was hier unmöglich ist.
Durchaus sinnvoll allerdings ist es, für klassische Methoden des Reglerentwurfes - der ja im Prinzip auch nichts anderes ist als die Bestimmung optimaler Parameter, z.B. die TERMINAL SECTION geeignet durch Aufruf von Unterprogrammen zu erweitern, die mit klassischen Einstellregeln arbeiten. Ebenso ist es sinnvoll, für den Sonderfall der linear-quadratischen Regelung die Optimierung in die Modellbeschreibung automatisiert zu programmieren. Im Rahmem eines vom Österreichischen Fonds zur Förderung der wissenschaftlichen Forschung geförderten Projektes (Projekt S32-07 - Praktische Berechnung optimaler Steuerungen und Regelungen) werden unter anderem diese drei "Optimierungsvarianten" in die CSSL-Sprache ACSL eingebaut.

KLASSISCHE REGLERSYNTHESE IN ACSL

In der klassischen Regelungstechnik werden sehr oft die "klassischen" Reglertypen PI-, PID- Regler, etc., eingesetzt. Die Struktur des Reglers steht fest, die Parameter sind jedoch geeignet zu wählen. Es gibt nun eine Menge sogenannter Einstellregeln, die abhängig vom Streckenmodell die Parameter auslegen. Diese Einstellregeln erfordern oft die Kenntnis der Wendetangente des offenen Regelkreises (unter Erregung durch den Einheitssprung). Dazu muß also zunächst ein Simulationslauf für den offenen Kreis durchgeführt werden - dann können Reglerparameter optimal eingestellt werden.
Ein ACSL-Modell für eine beliebige Strecke (TRAN-Funktion) mit wahlweisem P-, PI- oder PID-Regler wurde nun in der TERMINAL SECTION um diesen Reglerentwurf erweitert, eine FLAG in der DERIVATIVE SECTION schaltet zwischen der Simulation des offenen Kreises und des geschlossenen Kreises um.


```
REGLERAUSWAHL

 1 PID NCH ZIEGLER
 2 PI N.ZIEGLER
 3 P N.ZIEGLER
 4 PI N.CHIEN, APER.,FUEHRUNG
 5 PI N.CHIEN, APER.,STOERUNG
 6 PID N.CHIEN, APER.,FUEHRUNG
 7 PID N.CHIEN, APER.,STOERUNG
 8 PI N.CHIEN, 20% UEBERS.,F.
 9 PI N.CHIEN, 20% UEBERS.,ST.
10 PID N.CHIEN, 20% UEBERS.,F.
11 PID N.CHIEN, 20% UEBERS.,ST.
12 PI MIT EINGEGEBENEN KOEFF.
13 PID MIT EINGEGEBENEN KOEFF.
```

Abb.2: Reglerauswahl,Auslegung

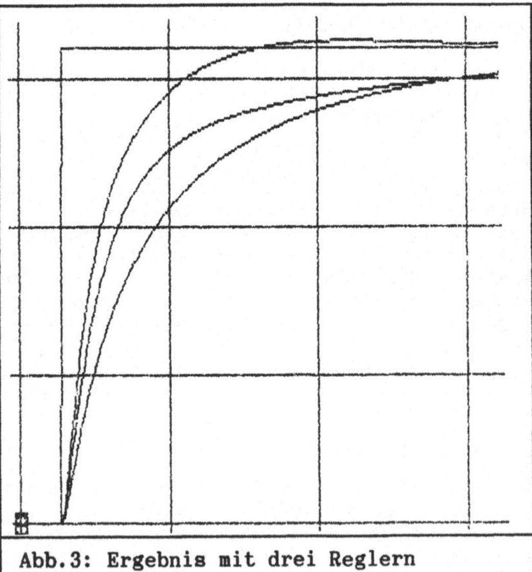

Abb.3: Ergebnis mit drei Reglern

Mit dem Aufruf der Simulation (START) wird zunächst die offene Strecke durchsimuliert und die Wendetangente (bei Erregung durch den Einheitssprung) berechnet (durch Vergleiche in der DYNAMIC SECTION). In der TERMINAL SECTION wird nun in einem Menü abgefragt, welcher Regler verwendet werden und nach welchen Regeln seine Parameter eingestellt werden sollen (Abb.2). Nach der Berechnung der Reglerparameter (FORTRAN- Subroutine) fragt ein weiteres Menü nach der gewünschten Erregung des Systems (Sprung, Schwingung, ...); durch Sprung in die INITIAL SECTION wird die gewählte Situation simuliert, bevor in der TERMINAL SECTION wieder die Menüs die weitere Simulation erfragen. Abb.3 zeigt das Ergebnis der Simulation für eine einfache Strecke mit den Reglern "1", "6" und "10". Dieses "erweiterte Modell" wird hauptsächlich für die Lehre eingesetzt; ein Preprocessor für verschiedene Streckenmodelle ist in Arbeit.

DIE OPTIMIERUNGSUMGEBUNG GOMA

Die Simulationsumgebung GOMA ist die allgemeinste Form der Optimierungs-
implementierung. Sie ist modellunabhängig und auch fur allgemeine Optimierung
von Parametern und Funktionen verwendbar. GOMA beruht auf einer allgemein
implementierbaren und effiziente Methode zur Parameteroptimierung, der Erweiterung des Simulations-Hauptprogramms, wie es CSSL-Sprachen erzeugen Diese
Methode, in einer Arbeit von BAUSCH-GALL (1982) in Grundzügen vorgestellt und
von BREITENECKER (1984, 1985, 1987, 1988) und GRAEFF (1986) weiterverfolgt,
ermöglicht Parameteroptimierung und auf Parameteroptimierung zurückgefuhrte
Funktionenoptimierung in ACSL.

Im Prinzip wird bei dieser Methode das Simulations-Hauptprogramm, das der
ACSL-Precompiler erzeugt und das in einer Schleife den Runtime-Interpreter
(ZZEXEC) und eine Simulation (ZZSIML) aufruft, um eine Optimierungsroutine
OPTIM (z.B. aus einer Programmbibliothek) erweitert, die ihrerseits zur
Auswertung der Gütefunktionen Simulationsläufe (ZZSIML) aufruft; sinnvoll ist
weiters eine Abfrage, die zwischen "normaler" Simulation und Optimierung
auswählt; Abb.3 zeigt diese Erweiterung. Die Parameterübergabe zwischen Optimierung OPTIM, Simulation ZZSIML und
dem Simulations-Hauptprogramm kann
dabei über den von ACSL erzeugten
COMMON BLOCK,der alle Variablen enthält und auch extern zugänglich ist,
erfolgen. Allerdings treten einige
Probleme bzw. Unbequemlichkeiten
auf: Der Benutzer muß das Simulations-Hauptprogramm selbst ändern,
er muß in FORTRAN umfangreiche Para-
meterübergaben programmieren; das
Modell selbst muß um die Berechnung
der Gütefunktionen erweitert werden;
im Falle einer Steuerungsoptimierung
sind komplexe ACSL-Tabellen von
FORTRAN aus aufzubauen und im Modell
etwaige Interpolationen vorzusehen,
das Problem der Synchronisation von
Integrationsschrittweite und Unstetigkeiten der Steuerungen zu lösen;
es kommt zu jeder Menge von Seiteneffekten, da ja nicht bekannt ist,
welche Variable die Simulation generiert und welche die Optimierung.

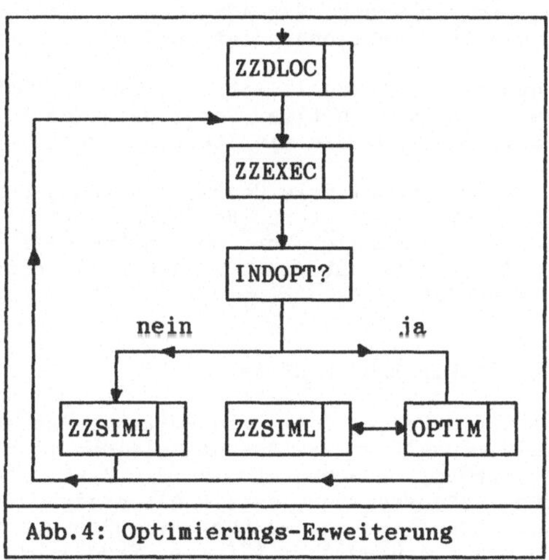

Abb.4: Optimierungs-Erweiterung

In Vorarbeiten wurde nun nun ein genaues Konzept entwickelt, das die obigen
Probleme löst. Es wird dem Benutzer ein "genormtes" um Optimierung erweitertes
Simulations-Hauptprogramm zur Verfügung gestellt, das bereits die notwendigen
Aufrufe zur Optimierung enthält. Zu ergänzen sind dann nur noch Routinen für
die Parameterübergabe; diese Routinen "maskieren" die zu übergebenden Varia-
blen und Parameter, um die Gefahr von Seiteneffekten zu vermindern.

Die Optimierungsumgebung GOMA (siehe auch SAUBERER et al., 1987 und BREITEN-
ECKER et al., 1988) automatisert nun diese Erweiterungsschritte und verhindert
alle Seiteneffekte. GOMA generiert automatische das um Optimierung erweiterte
ACSL-Simulations-Hauptprogramms, erweitert automatisch das Modell zur Auswertung der Gütefunktion, legt automatisch Felder für parametrisierte Steuerungen
an, synchronisiert Integration und Unstetigkeiten der Steuerungen durch automatische Generierung von DISCRETE SECTIONS im ACSL-Modell und vermeidet alle
Seiteneffekte zwischen Simulation und Optimierung durch Verwendung von
Routinen, die alle Parameter zwischen Simulation und Optimierung "maskiert"
übertragen.
GOMA ist in PASCAL geschrieben und verwendet als Optimierungsprogramm derzeit
die Routine E04VCF der NAG-Library. GOMA löst Parameteroptimierungsaufgaben
und auch Probleme der Funktionenoptimierung (durch Rückführung auf Parameteroptimierung mit Beschränkungen unter besonderer Berücksichtigung von

Steuerfunktionen der Regelungstechnik). Weitere Optimierungsalgorithmen sind in Vorbereitung.
Die Optimierungsaufgabe hat der Benutzer nun nach analytischer Aufbereitung in einem Benutzerfile in Form einer Optimierungsbeschreibung (diese Eingabe kann auch interaktiv erfolgen) zur Verfügung zu stellen. Die Eingabe hat folgende spezifische Form:

A1) Anzahl der Steuerfunktionen u_i: m
A2) Anzahl der Stützstellen für die Parametrisierung
A3) Typ der Steuerung (Parametrisierung): KONSTANT,LINEAR,KUBSPLINE,BANGBANG
     (die u_i können also als stückweise konstante, lineare, kubische Spline-
     oder vom Benutzer vorgegebene Funktionen parametrisiert werden).
A4) Name des Gütefunktionals (im ACSL-Modell definiert)
A5) Angabe, ob t_f eine freie oder feste Endzeit darstellt. Ist die Endzeit
     frei so ist diese ein weiterer Parameter der Optimierung.
A6) Anzahl der linearen Beschränkungen
A7) Angabe der Endbedingungen g_i (nach (2))
A8) Angabe der nichtlinearen Beschränkungsfunktionen
A9) Ist der Typ BANGBANG: Angabe der BANGBANG-Funktionen
A10) zu optimierende Parameter

Punkt A1) bis A3) tritt nur bei der Optimierung von Steuerfunktionen auf,. Punkt A10) nur bei "reiner" Parameteroptimierung. Ein ACSL-Modell mit den Modellgleichungen und der Auswertung des Gütefunktionals ist in der üblichen Form zu schreiben.
Der Generator GOMA erzeugt daraus nun ein ACSL-Modell mit einem in FORTRAN geschriebenen Simulationshauptprogramm, das alle nötigen Vereinbarungen für die Steuerungen enthält, und eine DISCRETE SECTION, die die Steuerung zeitlich updatet.
Nun kann mit ACSL weitergearbeitet werden, wobei beim Übersetzen anzugeben ist, daß das Simulationshauptprogramm vom Benutzer zur Verfügung gestellt wird. Im Runtime-Interpreter ist dann nur noch anzugeben, ob ein "normaler" Simulationslauf durchgeführt werden soll, oder ob optimiert werden soll (eine dementsprechende Flag wird automatisch generiert).

LÖSUNG DER LINEAR-QUADRATISCHEN OPTIMAL-CONTROL-PROBLEMES IN ACSL

Viele technische Prozesse können in erster Näherung durch ein zeitinvariantes lineares System x=A.x+B.u (Zustandsgleichung), y=C.x (Ausgangsgleichung) um einen Arbeitspunkt herum beschreiben werden; x bedeutet hier den Zustandsvektor, u den Steuerungsvektor und y den Ausgangsvektor,jeweils mit geeigneter Dimension. Eine häufig auftretende Regelungsaufgabe ist es nun, eine Steuerung u zu finden, die einen Zustand in einen anderen überführt ("fester Rand") bzw. von einer festen Auslenkung wiederum zur Ruhelage regelt ("freier Rand") und dabei möglichst wenig Energie verbraucht und deren resultierende Bewegung der Zustände möglichst glatt ist. Man spricht dann vom linear-quadratischen Optimal-Control-Problem, wobei die Forderung nach Energieminimierung und Glattheit der Bewegung wie folgt formuliert wird:

$$J_1(u) = \int_0^T (x'.Q.x + u'.R.u)dt \quad bzw. \quad J_2(u)= x_f.L.x_T + J_1(u)$$

(dabei sind Q, R und L geeignete Gewichtungsmatrizen). Anwendung des Maximumprinzipes von Pontryagin führt diese Aufgabe auf eine instabile Randwertaufgabe zurück, die aus regelungstechnischer Gründen unbrauchbar ist. Vereinfachungen führen zur Matrixriccatigleichung, einer zu lösenden (nichtlinearen) algebraischen Gleichung für eine Matrix M, die dann die Steuerung als Funktion des Zustandes darstellt ($u=R^{-1}B'M.x$). Diese klassische Methode hat allerdings Nachteile: das Problem des festen Randes kann nicht behandelt werden, bei Änderung von Randbedingungen muß die Riccatigleichung erneut gelöst werden, die Ruhelage wird erst für $t \to \infty$ erreicht.
In BREITENECKER, 1985 ist nun ein Verfahren angegeben, das diese Nachteile nicht hat. Dieses Verfahren, das sogenannte "Erweiterte Invariante Einbetten", beruht auf folgenden Matrixdifferentialgleichungen:

$$\dot{W} = A.W + W.A' + W.Q.W - B.R^{-1}.B' \quad bzw. \quad \dot{\overline{W}} = - A.\overline{W} - \overline{W}.A + \overline{W}.B.R^{-1}.B'\overline{W} - Q$$

$$\dot{G} = (A+W.Q).G, \quad \dot{F} = -G'.Q.G \quad bzw. \quad \dot{\overline{G}} = (-A+\overline{W}.B.R^{-1}.Q').\overline{G}, \quad \dot{\overline{F}} = -\overline{G}'.B.R-1.B'.\overline{G}$$

Die Gleichungen haben verschiedenes Stabilitätsverhalten (abhängig von A+A'). Die Nullmatrix (W, W, F, F) und die Einheitsmatrix (G, G) sind die Anfangswerte für diese Gleichungen. Sie stehen in Zusammenhang mit dem Zustand $x(t)$ und dem Kozustand $p(t)$ über die Einbettungsgleichungen zusammen (die Werte zum Zeitpunkt t=0 sind x_0 und p_0, x_T und p_T zum Zeitpunkt t=T):

$$x(t) = W(t).p(t) + G(t).x_0 \quad bzw. \quad p(t) = W(t).x(t) + G(t).p_0$$

$$p_0 = G'(t).p(t) - F(t).x \quad bzw. \quad x_0 = \overline{G}'(t).x(t) - \overline{F}(t).p_0$$

Diese Gleichungen bilden nun den Grundstein für lineare Gleichungssysteme, die die fehlenden Randwerte errechnen und Zustand und Steuerung in jedem Zeitpunkt t_k ($u(t)=R^{-1}.B'.p(t)$).

Das Verfahren kann nun in der Modellbeschreibung von ACSL sozusagen durch unterschiedliche Durchläufe durch die SECTION-Struktur implementiert werden: der erste löst die Matrixdifferentialgleichungen (MDG) und speichert die Werte auf einer "Reglerdatenbasis" ab, der zweite und die folgenden lösen nur mehr lineare Gleichungssysteme (LGS) zur Bestimmung von Zustand und Steuerung bei interaktiver Eingabe von Randwerten. Im einzelnen besteht das Verfahren aus folgenden Schritten (siehe auch Abb.5):

1. Eingabe der Systemmatrizen A, B und C und der Matrizen R und Q Auswahl der "stabilen" MDGn W oder W durch Eigengenwertanalyse (INITIAL SECTION, erster Lauf)
2. Integration der MDGn auf dem maximalen Intervall [0,T_{max}] und Abspeichern der Werte zu diskreten Zeitpunkten t_k auf eine Reglerdatenbasis (DYNAMIC SECTION, erster Lauf)
3. Eingabe von Anfangs- und Endwert bzw. der Auslenkung und der Zeitdauer T, Berechnung von Anfangs- und Endwert des Kozustandes durch Lösen eines LGS (verwendet als Koeffizienten Werte aus der Reglerdatenbasis; DYNAMIC SECTION, Folgelauf)
4. Berechnung von Zustand x(t) und Steuerung (Regelung) u(t) zu diskreten Zeitpunkten t_k durch Lösen von LGS, die Werte aus der Reglerdatenbasis verwenden (DYNAMIC SECTION, Folgelauf).

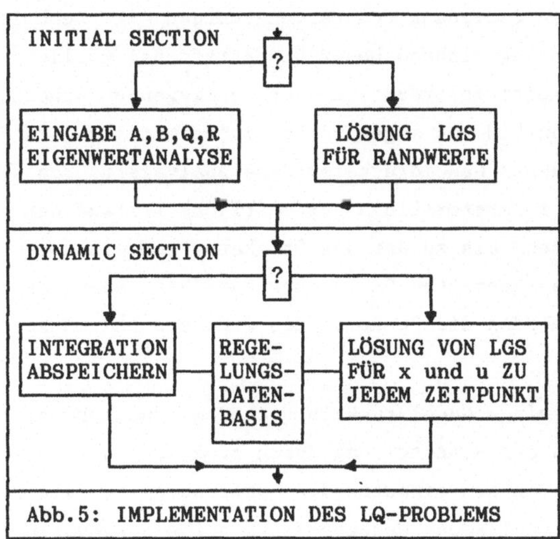

Abb.5: IMPLEMENTATION DES LQ-PROBLEMS

LITERATUR

Bausch-Gall I.: Parameteroptimierung bei technischen Modellen mittels einer kontinuierlichen Simulationssprache, Informatik-Fachb.56, Springer (1982)
Breitenecker F.: Optimierung in kontinuierlichen Simulationssprachen - Aspekte bei Modellen technischer Systeme, Informatik-FB.85, Springer (1984), 656-660
Breitenecker F.: Simulation des linear-quadratischen Regelungspro- blemes. Informatik-Fachberichte vol.109(1985), 273-278.
Breitenecker F.:Optimization in simulation packages and languages for continuous processes. In A. Sydow, M. Thoma, R. Vichnevetsky (eds.): System Analysis and Simulation '85, vol.II, Math.Res.vol.28 (1985) Akad.-Verlag, Berlin, 78-81
Breitenecker F., Troch I., Ruzicka R., Sauberer A.: GOMA - an optimization environment for automatic control in CSSL-type simulation languages. Proc.IMACS World Conf., Paris, July 1988
Gräff M., Breitenecker F., Troch I.: Praktische Parameteroptimierung in ACSL, Interface 23 (1986)
Sauberer A.,Ruzicka R.,Breitenecker F.,Troch I.: Implementation der Optimierungsumgebung "GOMA" in ACSL. Informatik-Fachb.150, Springer(1987), 222-231.

SIMULATIONSMODELLE FÜR NADELDRUCKERSYSTEME

EINE ANWENDUNG VON ACSL

H.Springer
Technische Universität Wien

M.Ullrich
Mannesmann Tally GmbH, Elchingen

Es werden Nadeldruckersysteme untersucht, die nach dem Tauchanker- oder nach dem Speicherenergie-Prinzip arbeiten. Die mathematisch mechanischen Modelle für die Simulation dieser Systeme werden beschrieben. Bei vorgegebenem Steuerstromverlauf können die veränderlichen Bewegungsgrößen der Drucknadel sowie der zeitliche Druckkraftverlauf zwischen der Nadelspitze und dem System Farbträger-Papier-Druckwalze simuliert werden. Der Druckkraftabfall, die Stabilitätsgrenze der gewünschten, synchron-periodischen Nadelbewegung, oder der Synchronisationsverlust bei steigender Frequenz der Bestromung können berechnet werden. Die Simulation ist auf einem Personalcomputer ausführbar und wird durch Messungen sehr gut bestätigt.

1. EINLEITUNG

Nadeldrucker sind hochpräzise elektromechanische Systeme, die zur Ausrüstung jeder modernen EDV-Peripherie gehören. Sie sind höchsten thermischen Beanspruchungen und mechanischen Dauerschwingbelastungen ausgesetzt. Neben hoher Lebensdauer, niedrigen Anschaffungskosten sowie Einfachheit in Bedienung und Wartung werden in technischer Hinsicht ein stabiler Druckvorgang mit ausreichend hoher Druckkraft bei möglichst hoher Druckfrequenz (Arbeitsgeschwindigkeit) gefordert. In der vorliegenden Arbeit werden auf der Basis einer ACSL-Simulation [1] von sogenannten Minimalmodellen,[2] die dynamischen Charakteristiken verschiedener Nadeldruckersysteme analysiert. Von den dynamischen Eigenschaften interessieren in erster Linie der zeitliche Verlauf der Nadeldruckkraft und die Höhe der Grenzfrequenz bis zu der das Druckersystem einen gewünschten stabilen Grenzzyklel synchron zur aufgeprägten Bestromung ausführen kann. Druckabfall oder Synchronisationsverlust gefährden die Funktion des Druckers und müssen vermieden werden.

Bild 1 zeigt den schematischen Aufbau eines Nadeldruckers nach dem Tauchankerprinzip. Der die Nadel tragende Anker 1 wird in der Ruhestellung durch eine Schraubenfeder 3 gegen das Dämpfersystem 4 gedrückt. Durch den einsetzenden Spulenstrom i, Bild 3,wird im magnetischen Kreis Anker-Primärluftspalt-Joch-Gehäuse-Flußscheibe-Sekundärluftspalt eine Magnetfeld erzeugt. Die im Primärluftspalt 9 wirksame magnetische Zugkraft beschleunigt den Anker in Richtung Papier und bewirkt den Druckvorgang. Nach Reflexion der Nadel am System Farbträger-Papier-Druckwalze wird der Tauchanker vom Dämpfersystem "abgefangen", und der Vorgang wiederholt sich im Takte der Bestromungsfrequenz. Bild 2 zeigt das Schema eines Speicherenergiesystems. Hier erzeugt ein Dauermagnet 6 im Luftspalt 9 eine magnetische Haltekraft und preßt, unter Vorspannung der Blattfeder 3, die Ankerzunge 1 in der Ruhestellung an den Pol 5. Nach Einschalten des Stroms i, Bild 3, wird durch die Spule 8 ein Gegenmagnetfeld erzeugt, der Anker löst sich vom Pol, und die in der Blattfeder gespeicherte potentielle Energie dient zur Beschleunigung der Nadel und bewirkt den Druckvorgang. Nach Abschalten des Stroms und Reflexion der Na-

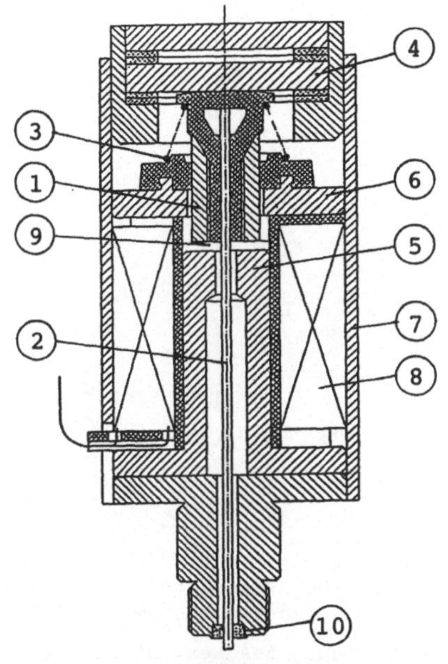

Bild 1. Schema des Tauchankersystems

1 = Tauchanker, 2 = Nadel, 3 = Rückstell-
feder, 4 = Dämpfermasse, 5 = Joch,
6 = Flußscheibe, 7 = Gehäuserohr, 8 = Spulenkörper, 9 = Primärluftspalt,
10 = Nadelführung.

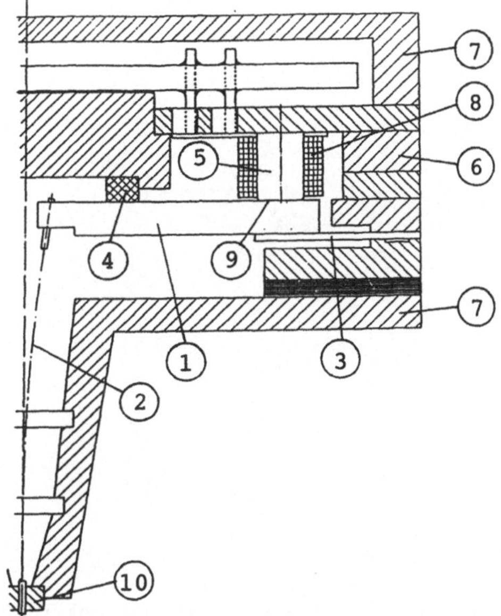

Bild2. Schema des Speicherenergiesystems

1 = Ankerzunge, 2 = Nadel, 3 = Blattfeder
4 = Dämpferring, 5 = Pol, 6 = Dauermagnet
7 = Gehäuse, 8 = Spulenkörper, 9 = Primärluftspalt, 10 = Nadelführung

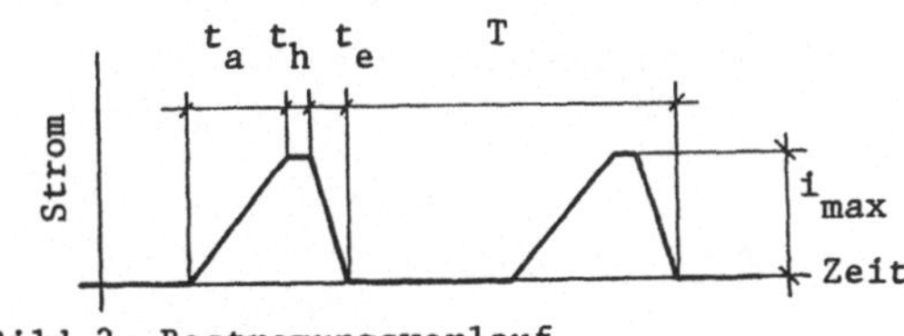

Bild 3. Bestromungsverlauf

T = Druckperiode, t_a = Anstiegszeit

t_h = Haltezeit, t_e = Abfallzeit

del an der Druckwalze wird der Anker vom Permanentmagneten wieder in die ursprüngliche Position zurückgeholt, und der Vorgang wiederholt sich im Takte der Bestromung. Für beide Drukkersysteme stellt sich die Frage, bis zu welcher Frequenz das Ankersystem dem Takt der Bestromung bei gleichbleibend hoher Druckkraft folgen kann.

2. MECHANISCHE MODELLBILDUNG, BEWEGUNGSGLEICHUNGEN

Die Bilder 4 und 5 zeigen die mechanischen Modelle für die untersuchten Druckersysteme. Es handelt sich um sogenannte Minimalmodelle, das heißt, es werden eine Reihe von Idealisierungen und Vereinfachungen getroffen, ohne daß qualitativ wesentliche Merkmale der Systeme verlorengehen. So wird etwa das Tauchankersystem, Bild 4, als diskreter 2-Massen-Oszillator abgebildet. Die kontinuierlichen Longitudinalschwingungen in der Nadel und im Anker werden hierbei als klein und hochfrequent im Vergleich zu den sonstigen Hubbewegungen bzw. Schwingungsfrequenzen vernachlässigt. Hingegen sind beim Speicherenergiesystem, Bild 5, die Biegeschwingungen der Blattfeder und der Ankerzunge

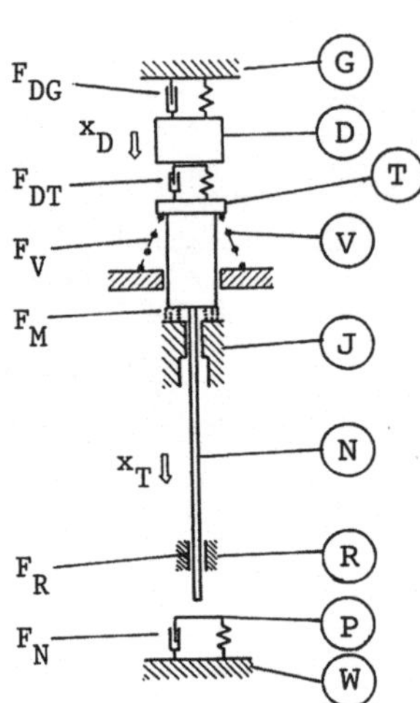

Bild 4. Simulationsmodell für das Tauchankersystem

G=Gehäuse, D=Dämpfer, T+N=Tauchanker
V=Rückstellfeder, P=Farbträger+Papier
W=Druckwalze, R=Nadelführung
x_D,x_T=Verschiebungsgrößen, F_j=Kräfte

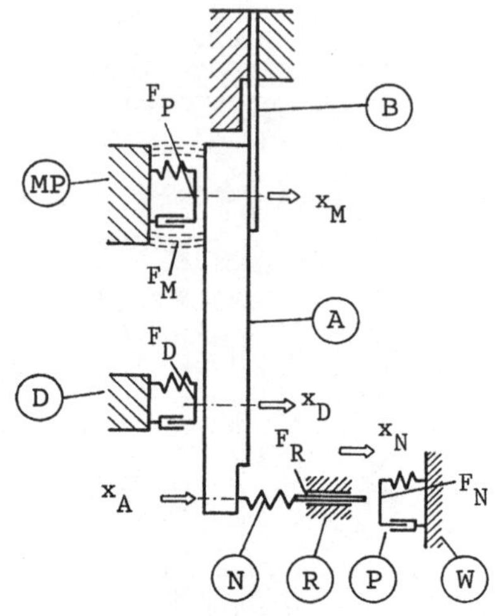

Bild 5. Simulationsmodell für das Speicherenergiesystem

B=Blattfeder, A=Anker, MP=Magnetpol,
D=Dämpferring, N=Nadel, R=Nadelführung,
P=Farbträger+Papier, W=Druckwalze
x_M,x_D,x_A,x_N=Verschiebungen, F_j=Kräfte

bis zu einer Frequenz von etwa 30 kHz zu berücksichtigen, um ausreichend genaue Übereinstimmung zwischen Messung und Simulation zu erzielen. Zur Abgrenzung und Parameter-
identifikation der Minimalmodelle sind deshalb eine Reihe von Schwingungsmessungen an
Prototypen erforderlich, auf die hier nicht näher eingegangen werden kann.

a) Tauchankersystem

Die Bewegungsgleichungen haben mit Bild 4 die Form

$$m_T\, x_T'' = - F_{DT} + F_V + F_M + F_R + F_N \quad \text{und} \quad m_D\, x_D'' = F_{DG} + F_{DT} \,. \tag{1}$$

Hierin wird die Dämpferkraft F_{DG} als linear-viskoelastische Kraft und die Ankerkräfte
F_{DT} und F_V werden stückweise linear-viskoelastisch mit geknickter Kennlinie angesetzt.
Der Kennlinienknick ist im Simulationsprogramm als sogenannte Zugabschaltung zu formulieren, das heißt, die Kontaktkräfte F_{DT}, F_V, F_N können nur Druckkräfte sein, oder
sie sind Null zu setzen. Die Reibungskraft in der Nadelführung wird in der Form
$F_R = |F_R|\,\mathrm{sgn}(x_T')$ angesetzt. Die Modellierung des Farbträger-Papier-Systems erfolgt mit
guter Näherung über eine stückweise linear-viskoelastische Kennlinie mit Zugabschaltung. Daraus läßt sich die Nadeldruckkraft berechnen. Die beim Druckvorgang anteilig
mitbewegten Papier- und Farbbandmassen werden vernachlässigt. Zur Identifikation der
Steifigkeits- und Dämpfungsparameter für mehrlagiges Papier wurden umfangreiche Versuche durchgeführt. Verbesserungen in der Papiermodellierung lassen sich durch Einführung einer nichtlinearen Druckkraftkennlinie mit Zugabschaltung erzielen, [3].

Die magnetische Luftspaltkraft wird für das Tauchankersystem in der Form

$$F_M(s,t) = F_{Mo} \, [i(t)/i_o]^2/[1 + s(x_T)/s_o]^\alpha \qquad (2)$$

angesetzt. Hierin ist $s(x_T)$ die vom Ankerhub x_T abhängige augenblickliche Breite des Primärluftspalts, und $i(t)$ ist der zeitliche Stromverlauf in der Spule. Die Parameter F_{Mo}, i_o, s_o, α sind durch Messungen zu bestimmen.

<u>b) Speicherenergiesystem</u>

Die zwischen Pol und Ankerzunge wirksame magnetische Luftspaltkraft hat für das Speicherenergiesystem die Form

$$F_M(s,t) = F_{Mo} \, [1 - i(t)/i_o]^2/[1 + s(x_M)/s_o]^\alpha \qquad (3)$$

mit s als dem Luftspalt zwischen Anker und Pol und $i(t)$ als dem eingeprägten Strom. Die übrigen Parameter werden aus Versuchen am Prototyp bestimmt. Die Pol- und Dämpferaufschlagskräfte F_P bzw. F_D sind wie beim Tauchankersystem als stückweise lineare Kennlinien mit Zugabschaltung einzuführen. Die Modellierung des Papiers ist die gleiche wie oben, und analoges gilt für die Reibungskräfte der Nadelführung. Um Eigenfrequenzen des Simulationsmodells im 100 kHz-Bereich und damit höhere Rechenzeiten zu vermeiden, wird die Nadel annähernd als masselose Feder abgebildet. Gemäß Bild 5 werden die Ankerzunge A und die Blattfeder B als linear-elastische Balken mit veränderlicher Biegesteifigkeit modelliert. Hier erweisen sich finite Bernoulli-Euler-Elemente als ausreichend. In Abstimmung mit der erreichbaren Meßgenauigkeit werden im vorliegenden Fall drei Eigenformen des Ankers zwischen 1 kHz und etwa 25 kHz in der modalen Darstellung berücksichtigt. Die Bewegungsgleichungen des Ankers haben dann die Form, [4],

$$\underline{z}'' + 2\underline{\Lambda}\,\underline{z}' + \underline{\Omega}^2\underline{z} = \underline{\Phi}^T\underline{H}^T\underline{F}$$

$$\underline{F} = \{F_P(x_M,x_M') + F_M(x_M,t),\; F_D(x_D,x_D'),\; F_N(x_N,x_N') + F_R\}^T \qquad (4)$$

$$\underline{w} = \underline{H}\,\underline{\Phi}\,\underline{z} = \{x_M,\; x_D,\; x_A\}^T$$

mit $\underline{z}$ als den modalen Ankerkoordinaten und $\underline{w}$ als den Ankerquerverschiebungen am Pol, am Dämpferring und am Nadelfußpunkt. Die in diesen Punkten übertragenen magnetischen bzw. viskoelastischen Kräfte sind im Vektor $\underline{F}$ zusammengefaßt. $\underline{H}$ ist eine Formfunktionsmatrix, $\underline{\Phi}$ die verkürzte Modalmatrix des Ankers, und $\underline{\Lambda}$ repräsentiert die inneren Ankerdämpfungen. Die Integration der Bewegungsgleichungen erfolgt in den Koordinaten $\underline{z}$, da die Gl.(4) in den modalen Beschleunigungen $\underline{z}''$ entkoppelt sind,[5]. Die Bewegungsgleichungen (1) und (4) für die betrachteten Druckersysteme repräsentieren hochgradig nichtlineare Stoßoszillatoren mit mehreren Freiheitsgraden und periodischer Zwangserregung. Solche Systeme zeigen schon bei einem Freiheitsgrad der Bewegung ein sehr komplexes dynamisches Verhalten. Anstelle des erwünschten synchronen Grenzzykels können subharmonische Resonanzen oder sogar chaotische Nadelbewegungen auftreten,[6].

3. SIMULATIONSERGEBNISSE, VERGLEICH MIT MESSUNGEN

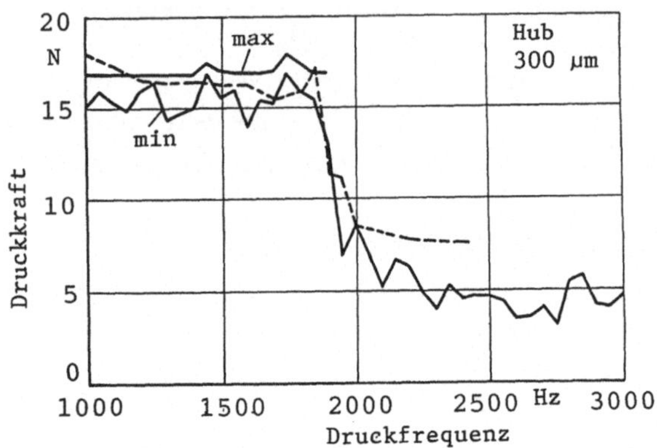

Bild 7. Druckkraftspitzen über der Druckfrequenz
——— Simulationsergebnis
- - - - Messung (gemittelt über 4 Nadeln)

ACSL-PROGRAMM NDK.CSL

<table>
<tr><td rowspan="5">INITIAL</td><td>READ
Papierparameter
Integr.Parameter</td></tr>
<tr><td>READ
Druckerdaten</td></tr>
<tr><td>READ
Anker-FE-Daten</td></tr>
<tr><td>FE-Analyse Anker
Modale Kondensation</td></tr>
</table>

Bild 6. Programmschema für die Simulation des Speicherenergiesystems

Die Berechnungen werden mit der digitalen Simulationssprache ACSL durchgeführt,[1], mit einem RUNGE-KUTTA-Verfahren 4.Ordnung als Integrationsalgorithmus. Mit Integrationsschrittweiten zwi 1 μs und 5 μs ist eine hinreichend genaue Auflösung der auftretenden Stoßvorgänge möglich.Bild 6 zeigt ein Schema des Programmablaufs für das Speicherenergiesystem. Bild 7 zeigt die Höhe der berechneten Druckkraftspitzen(max und min) für das Speicherenergiesystem über der Frequenz der Bestromung. Bei etwa 1,9 kHz beginnt ein steiler Abfall der Druckkraftspitzen auf unzulässig kleine Werte. Im Vergleich dazu sind die gemessenen Kraftspitzen, gemittelt über vier Nadelsysteme, aufgetragen. Die Übereinstimmung ist sehr zufriedenstellend, die Abweichungen liegen im Rahmen der Meßgenauigkeit und innerhalb der Streuung von gleich gefertigten Nadelsystemen.

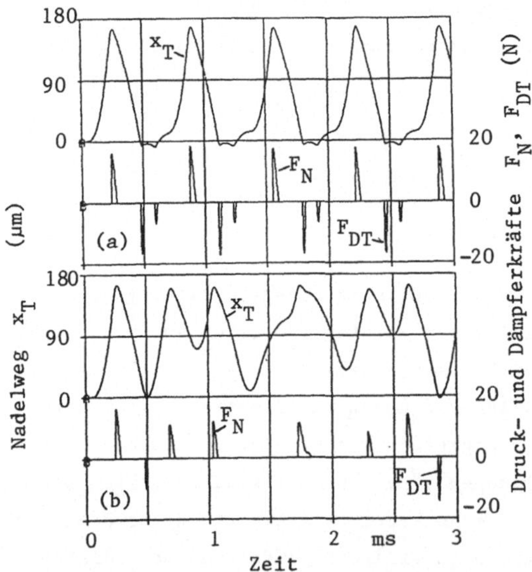

Bild 8. Simulation des Tauchankersystems
Papier 1-lagig, Nadelhub = 150 μm
Bestromungsfrequenz (a)=1,5 kHz,(b)=2,5 kHz

Für das Tauchankersystem zeigt Bild 8 den zeitlichen Verlauf des Nadelwegs

x_T sowie den Druckkraftverlauf F_N und die Gegenschläge F_{DT} am Dämpfer bei einer Frequenz von 1,5 kHz. Man erkennt, daß das System vom Start weg praktisch modulationsfrei synchronisiert. Wird die Bestromungsfrequenz auf 2,5 kHz erhöht, so geht die Synchronisation verloren, es kommt zu unregelmäßigen Nadelbewegungen, die auch nach über 30 Bestromungszyklen noch keine Periode (weder synchron noch subharmonisch) erkennen lassen. Eine nähere Untersuchung, ob möglicherweise Chaos vorliegt, wurde jedoch nicht durchgeführt. Dies liegt nicht primär im Interesse des Anwenders, da das System hier nicht mehr funktionsfähig ist.

Bild 9 zeigt typische Simulationsergebnisse für ein Speicherenergiesystem. Bei 1,5 kHz liegt einwandfreie Synchronisation vor, mit ausreichend hoher Druckkraftspitze. Bei 2,5 kHz geht zwar die Synchronisation noch nicht verloren, die Schwingungsmittellage der Nadel verlagert sich jedoch immer mehr in Richtung Papier, und es tritt ein für den praktischen Betrieb unzulässig hoher Druckkraftverlust auf, siehe auch Bild 7.

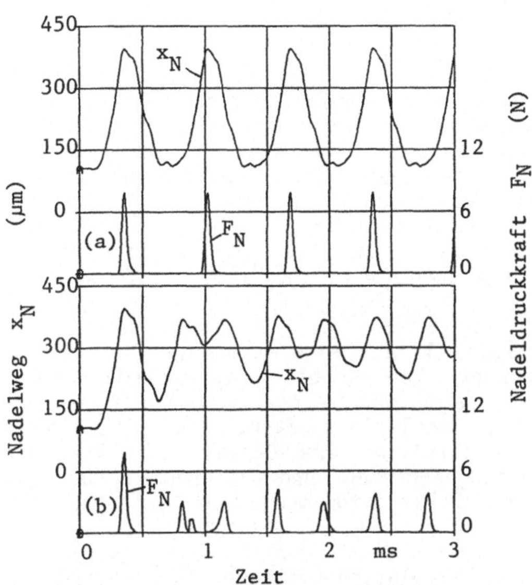

Bild 9. Simulation des Speicherenergiesystems.
Papier 1-lagig,   Nadelhub = 200 μm
Bestromungsfrequ. (a)=1,5 kHz, (b)=2,5 kHz

4. ZUSAMMENFASSUNG

Durch Bildung von Minimalmodellen, entweder direkt in den anschaulichen Lagekoordinaten, wie etwa beim Tauchankersystem, oder durch FE-Diskretisierung mit nachfolgender modaler Kondensation, wie beim Speicherenergiesystem, ist es möglich, eine Simulation von Nadeldruckersystemen auf dem PC mit vergleichbar geringem Aufwand und in kurzer Zeit durchzuführen. Dies ermöglicht die Einsparung wesentlicher Entwicklungskosten.

LITERATUR

1. Advanced Continuous Simulation Language (ACSL), Reference Manual, 4th Edition. Mitchel and Gauthier Associates, Concord 1986.
2. Holzweßig,F., Dresig,H., Lehrbuch der Maschinendynamik. Springer-Verlag Wien, New York 1979.
3. Louis,H.P., Bührmann,G., Vortrag im Lehrgang "EDV-Drucker", Technische Akademie Esslingen 1985.
4. Springer,H., Dynamik des Matrixdruckers NDK8/24. Interner Berechnungsbericht, Mannesmann Tally GmbH, Ulm/Elchingen.
5. Craig Jr.,R.R., Structural Dynamics. John Wiley & Sons, New York 1981.
6. Thompson,J.M.T., Stewart,H.B., Nonlinear Dynamics and Chaos. John Wiley & Sons, New York 1986.

<u>**ANWENDER SIMULATIONSSYSTEME AUF ACSL GRUNDLAGE**</u>

<u>W A HAVRANEK</u>

<u>RAPID DATA LTD</u>

<u>WORTHING, WEST SUSSEX, UK</u>

<u>EINFÜHRUNG</u>

Bis vor Kurzem war Computersimulation immer mit Schwierigkeiten, hohen Kosten oder beiden Nachteilen verbunden. Ergebnisse entsprachen nicht immer Erwartungen. Analog und Hybrid Rechner ergaben sehr imponierende Ergebnisse in der Raumfahrt und ähnlichen Gebieten aber ihr allgemeines Anwendungsbereich hat sich auf sehr besondere Echtzeit, on-line Anwendungen beschränkt, da der Haupttrend der Computerentwicklung durch viel stärkere Nachfrage nach den geschäftlichen Anwendungen der Digitalsysteme bestimmt worden ist. Das Vorhanden von Simulations-sprachen auf Digitalrechnern hat die Anwendung von Simulation auf weiterer Basis verbreitet.

ACSL (Advanced Continuous Simulation Language) (1) ist eine solche weitverbreitete Simulationssprache welche auf Universalrechnern von PC bis Cray verwendet wird, um nichtlineare Systeme zu simulieren. Abgesehen von seiner normalen Verwendung als eine leicht anwendbare kontinuierliche Simulationssprache, ist ACSL jetzt auch mit Interfaces zu anderen Systemen erhältlich, zum Beispiel zu Pre- und Postprocessoren, wissenschaftlichen Ingenieurprogrammen und Programmpaketen für Reglerentwicklung. Auf diese Weise, können Workstationumgebungen auf PC, Mini und Mainframe Rechnern verwicklicht werden.

Ausserdem wurde ACSL von Entwicklern von Simulationssoftware für spezifische Anwendungen verwendet, um es Ingenieuren und Wissenschaftlern zu ermöglichen, ohne ausführliche Programmierkenntnisse Simulationen durchzuführen. Dies ist durch die Verwendung von ACSL im Zusammenhang mit MACROS und FORTRAN Unterprogrammen und anderen Systemen ermöglicht worden und daraus hat sich ein höheres Niveau von Spezialsoftwarepaketen entwickelt. Bedeutend unter diesen Programmen, sind das neulich auf dem Markt erhältliche System der Dow Chemical Co, SIMUSOLV, das sich aus DACSL (einer Erweiterung von ACSL von Dow Chemical Co) entwickelt hat, und das Modular Modelling System (MMS) von Babcock und Wilcox.

<u>VERWENDUNG VON ACSL MIT PRE-PROCESSORS UND REGLERSYSTEM ENTWICKLUNGSSOFTWARE</u>

ACSL beinhaltet einige nützliche Eigenschaften für Reglersystemanalyse und enthält nützliche Befehle für die Analyse des Modells, z. B. ANALYZ und JACOB.

Im linearizierten Modell

$$X = (A) \, X + (B) \, (U)$$
$$Y = (C) \, X + (D) \, U$$

werden (A) (B) (C) (D) Mx in einer File gespeichert und sind durch eine Regler-entwicklungssoftware wie zum Beispiel, CTRL-C oder PC MATLAB für

FREQUENZ VERHALTEN
ROOT LOCUS
OPTIMALEN REGLERENTWURF

verfügbar.

Version 9 von ACSL wird auch BODE, NICHOLS, NYQUIST und invertierte Nyquist Plots für kontinuierliche Systeme beinhalten.

ACSL ist im Zusammenhang mit Programmpaketen für Reglerentwicklung benutzt worden und ein Interface ist für CTRL-C und ACSL entwickelt worden, um ACSL Datenblöcke zu lesen. Eine Option im CTRL-C load command ermöglicht, dass man ACSL Zeitverlauf Datenblöcke leicht lesen kann. Das Lesen der linearisierten System Matrizen, die durch den ACSL ANALYZ Befehl errechnet wurden, ist auch einfacher.

Integrierung der PC Workstation

Der ACSL Programm Enhancer (APE) mit seiner zusätzlichen Software, (APE-PLUS), stellt eine integrierte Softwareumgebung zur Durchführung auf ACSL beruhenden Simulationen zur Verfügung. Es benutzt Menues und schnell aufgebrachte Bild-flächen, um den Anwender leicht durch die verschiedenen Schritte zu führen, die ein Simulationsmodell mit EASE+ACSL erzeugen, das Modell auf ACSL übersetzen und durchführen, und mit der Control System Toolbox von PC-MATLAB Matrizen und Kontrollanalyse vollbringen.

Das APE hat reichendes Potential, Modelle und zusammenhängende Datenblöcke, durch die einfache Wahl von Optionen und Datenblöcknamen, auszusuchen, ohne dass der Anwender sich an irgendwelche System- oder Softwarekonfiguration erinnern muss. APE-PLUS ombiniert ACSL/PC, EASE+ACSL und PC-MATLAB (mit Control System Toolbox) durch die ursprüngliche APE, ACSL2MAT, MAT2ACSL und CANPAC (Interface zwischen ACSL und PC-MATLAB) in ein unabhängiges System, um die Softwarepakete zu integrieren. Das Ergebnis ist ein leicht installiertes, anwenderfreundliches System.

EASE+ACSL beinhaltet ein flexibeles Anwenderinterface für ACSL mit einer integ-rierten Auswahl von strukturierten Menues, abgestimmten Ikonen und buntfarbigen, grafischen Bildern, um ein Simulationsproblem aufzubauen. Es kann auch mit ACSL auf einem entfernten Rechner benutzt werden und das auf Wunsch erhältliche EASE+TOOLS beinhaltet Möglichkeiten für besondere Darstellung von Ikonen für spezifische Benutzeranwendungen.

ANWENDUNG VON ACSL IN DER CHEMIE UND DER TECHNIK

Seit den spät sechziger Jahren, ist bei Dow eine Vielfalt von verschiedenen Softwareprogrammen für Modellierung, Simulation und Optimierung benutzt worden. Diese auf FORTRAN beruhenden Pakete waren schwer zu benutzen und benötigten ein bedeutendes Niveau von Sachkenntnissen bezüglich Rechnerprogrammierung. Im Jahre 1979, fing die Entwicklung eines Programmes an, das gemacht wurde, um die Leistungfähigkeit der qualifizierten Modelliers zu verbessern und nicht-rechnerorientierte Untersucher dazuzubringen, von guten Möglichkeiten der rechnergesteuerten Modellierungsmethoden Gebrauch zu machen. Diese Programm, genannt DACSL (Dows Advanced Continuous Simulations Language), wurde 1983 fertiggestellt. Mehr als 100 Leute von Dow, aus solchen anscheinend unterschied-lichen Bereichen, wie des Ingenieurwesen, der Toxikologie, der Pharmakologie, der Umweltwissenschaften und der Landwirtschaftsforschung, haben seitdem das Produkt nutzbringend verwendet. Infolge von Anfragen von Interessanten von ausserhalb Dow und, um den explosiven Entwicklungen von Computerfähigkeiten zu dienen, ist SIMUSOLV aus dem ursprünglichen DACSL Programm entwickelt worden.

SIMUSOLV ist ein integriertes multifunktionelles Paket, so konstruiert, um das Verhalten der Systeme zu simulieren. Es ist zur Zeit auf IBM, Amdahl, NAS und DEC Rechner erhältlich und wird demnächst auf SUN Rechner übertragen. Die Chemotechnische Abteilung von Delft und Twente sowie ICI und die irische Elektrizitätsgesellschaft testen SIMUSOLV zur Zeit in Europa und ETH Zürich benutzt es schon seit einiger Zeit. SIMUSOLV, sowie MMS benützen MACROS und FORTRAN

Unterprogramme für die besondere Anwendungen, die von der ACSL Sprache nicht
erfasst sind, worauf es aufgebaut ist.

SIMUSOLV verwendet die fortgeschrittende Advanced Continuous Simulation Language,
um es Leuten mit beschränkter Programmierenerfahrung zu ermöglichen, komplizierte
Modelle bestehend aus Algebraisch- und Differentialgleichungen zu entwickeln.
Jedoch können geschickte Programmierer, Anwendungen durch die Verwendung von
ACSLs leistungsfähiger Makrosprache, FORTRAN Unterprogrammen und raffinierten
Programmierenmethoden, entwickeln. Die mathematischen Modelle werden dadurch
gelöst und optimiert, indem man die folgenden, state-of-the-art, numerischen
Analysealgorithmen benutzt.

> LSODE (Lawrence Livermore Solver for Ordinary Differential Equations)
> Runge-Kutta Integrations Methoden
> Generalized Reduced Gradient (GRG II) Optimizierungsprogramm
> Komplex direkt Such Optimizierungsprogramm

Die Struktur der SIMUSOLV modellbauenden Eigenschaften ist durch folgende Abbildung
dargestellt.

MODEL BUILDING WITH *SimuSolv*

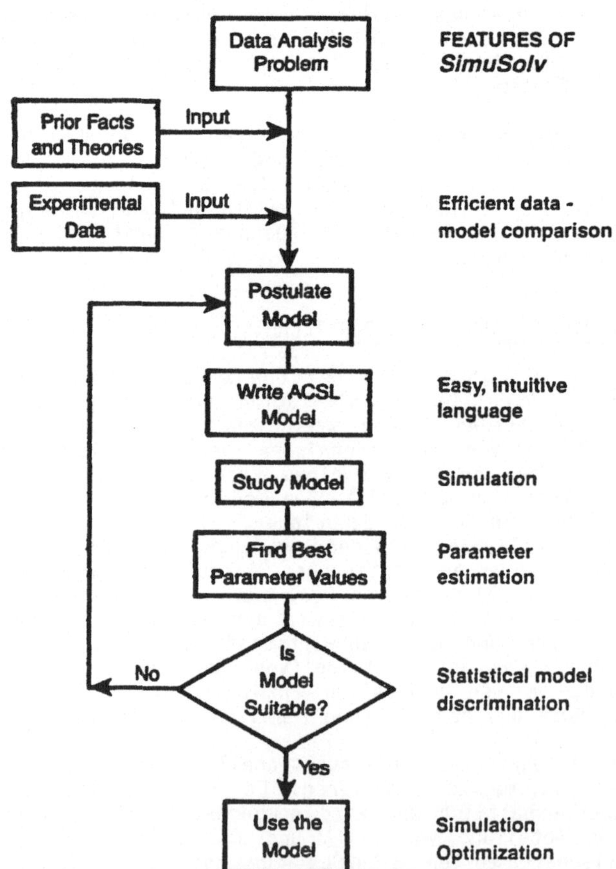

Chemische Anwendungen

Ingenieure haben in den letzten Jahren eifrig leistungsfähige Softwarepakete verwendet, um noch grössere Probleme, in immer steigendem Tempo zu lösen. Im Allgemeinem, haben sie jedoch versucht, ihre Probleme immer auf eine klassische Weise zu lösen und es hat relativ wenige Berichte über spezifische Methode gegeben, Probleme zu lösen, die durch diese Pakete möglich gemacht wurden. Das SIMUSOLV Computerprogramm kann dazu verwendet werden, die Funktion einer chemischen Einheit auf eine kreative Weise zu studieren, zu entwickeln und zu optimieren, die wesentlich anders ist, als die konventionelle Methode.

In typischen Chemiwerken, stehen Verfahrenentwicklungsingenieure, die ein Problem auf eine systematische, quantitative Weise angehen möchten, aus folgenden Gründen einer sehr schweren Aufgabe gegenüber:

1. Das reaktionkinetische Programm ist kompliziert und häufig schlecht verstanden oder quantifiziert.

2. Der physische Werk ist kompliziert und ein mathematisches Modell davon, muss Hitze und Materialflüsse und Trennungsverfahren, sowie Chemokinetic und dergleichen einschliessen.

3. Viele Verfahren, inbesonders für Spezialitätschemikalien, laufen nicht in einem stationären Zustand.

4. Die finanziell interessante objektive Funktion für Optimierung ist eine sehr komplizierte, wirtschaftliche Angelegenheit.

5. Es gibt viele Beschränkungen, wie zum Beispiel, maximale Unreinheitsniveaus, sichere Anwendungsumstände, maximale Kapazitäten von Hitzeübertragung und so weiter.

6. Die Ingenieure selbst sind nicht mit den komplizierten numerische Methoden vertraut, die nötig sind, ein detailliertes nicht stationäres Modell von einem solchen System zu behandeln.

Ausserdem, haben sie wenige veröffentlichte Beispiele zum Studieren zur Verfügung, worin Computermethode auf das ganze Problem angewandt sind, ohne bedeutende Vereinfachungen und ohne komplizierte Überlegungen über raffinierte numerische Methoden. SIMUSOLV wurde zum Teil entwickelt, um solchen Ingenieuren bei der Modellierung sehr komplzierter, dynamischer Systeme zu helfen, ohne dass sie Fachmänner für numerische Methode werden müssen.

SIMUSOLV kann von aktiven Entwicklungsingenieuren mit keiner Kenntniss von numerischen Methoden verwendet werden, um die Leistungsfähigkeit eines chemischen Reaktionssystem zu maximieren. Die Modellierung, anstatt zur Optimierung des Verfahrens eines bestehenden Werks verwendet zu werden, wird bei der Entwurfsphase gemacht, um die Faktoren zu untersuchen, die die Wirtschaftlichkeit eines Werkes beeinflussen. Ein Beispiel, von Dow benutzt, umfasste eine komplizierten Reaktionsplan, mehrere Beschränkungen, ein realistisches Modell des physischen Werkes und eine detaillierte wirtschaftliche objektive Funktion zur Maximierung. Viele Hauptfaktoren, die die Entwicklung beinflussen, wurden berücksichtigt. (2)

Die Verwendung von SIMUSOLV in dieser Anwendung bewies, dass es ein ausgezeichnetes Werkzeug für die folgenden Funktionen ist:

- Die Entwicklung von gültigen Modellen von dynamischen, physikalischen Systemen.

- Die Schätzung von Modellparametern.

- Die Entwicklung von Verfahrenssystemen, einschliesslich Reglerstrategien.

- Der Gewinn von Einblicken über die Eigenschaften von Verfahren.

- Die Optimierung von Anwendungsstrategien.

Pharmakologie und Toxikologie Anwendungen

Zwei sehr wichtige Anforderungen in der Pharmakologie und Toxikologie sind Effectivrisikos einzuschätzen, und die Wirksamkeit von Drogen zu quantifizieren. Um solchen Anforderungen gerecht zu werden, ist es nötig, die Wege und das Tempo von Drogen und Chemikalien zu kennen, die sich durch einen lebenden Organismus bewegen, und zu verstehen, wie und wie schnell die Verbindungen matabolisiert werden. Dow arbeitet seit vielen Jahren intensiv in diesen Gebieten und hat festgestellt, dass die Modellierungsmethode ausserordentlich wertvoll ist. SIMUSOLV wurde dabei ein unvermeidliches Werkzeug in diesem Modellierungsstudien.

Ökologie und Agronomie Anwendungen

Es ist sehr wichtig zu wissen, was mit Chemikalien passiert, wenn sie in unserer Umwelt freigelassen werden, ob sie absichtlich, wie im Fall von Agrochemikalien, oder nachweislich, wie im Fall des Verschüttens von Chemikalien, freigelassen werden. Mathematische Modellierung wird auch benötigt, wenn wir diese Art von Kenntnis besitzen sollen, aber Modellierung wird durch die Kompliziertheit des Ecosystems und die Schwierigkeit, die richtige Art von Daten zu bekommen, erschwert.

In einem Fall, wo ein Schiffsunfall verursachte, dass ein Lastkahn seinen Kargo von Lösungsmittel in einem grossen Fluss vergoss, wurden genügende Daten gesammelt, um die Entwicklung und Verwirklichung eines Modelles zu ermöglichen, das das Schicksal von Chemikalien in fleissenden Wassermassen voraussagen konnte. DACSL, der Vorläufer von SIMUSOLV, wurde ein notwendiges Werkzeug für diese Modellierungsaufgabe.

Das Modell ist in anderen unfallfolgenden Risikoeinschätzungensuntersuchungen benutzt worden und zur Entwicklung von Strategien, die Schaden durch Verunreinigung verringern.

Die Analyse durch SIMUSOLV von den schlimmsten Fällen, hat die Entwicklung von sicherer Verfahrensweisen zur Behandlung und zum Transport von Chemikalien ergeben.

Bei einem anderen Anwendungsbeispiel, wurde SIMUSOLV verwendet, um Fische Biokonzentration zu analysieren. (4)

ANWENDUNG VON ACSL IN DER SIMULATION VON KRAFTWERKEN

Um ein wirksames wirtschaftliches Programmsystem anbieten zu können, um eine Kraftwerk Verfahrensanalyse durchzuführen, wurde ein Modular Modelling System (MMS) von Bechtel und Babcock mit Beratung vom Electric Power Research Institute (EPRI) entwickelt. (5, 6)

MMS wurde entwickelt, um jedes Problem direkt angehen zu können, welches EPRI für ein Hindernis zur weiteren Verwendung von dynamischer Simulation gehalten hat. Das MMS enthält eine Sammlung von pre-konstruierten, mathematischen Modellen (genannt Modulen) für jeder Hauptart von Komponenten in einem Kraftwerk. Jede Module ist im voraus geprüft und getestet, um Zutrauen an den Ergebnissen zu gewährleisten. Detaillierte Anweisungen zeigen dem Anwender, wie man diese Modulen in ein völlig beschriebenes Modell des Werks verwandelt. Simulation und Analyse werden danach durch komplizierte, in dem MMS eingebautene, numerische Analyseprogramme durchgeführt und durch ein vielseitiges Ein- und Ausgabeprogramm unterstützt.

In Europa, die Delfter Universität der Technologie in den Niederländern, verwendet MMS, um die dynamische Reaktion von gasbefeuerten, industriellen Dampfkesseln auf grossen Anfragewechslungen zu modellieren. Andere Organisationen, die neulich MMS eingeführt haben, schliessen Sydkraft in Schweden, Laborelec in Belgien und KEMA (NV tot Keuring van Elektrotechnische Materialen) in den Niederländern ein.

ANDERE AUF ACSL BERUHENDEN SYSTEME UND ABSCHLUESSE

MMS und SIMUSOLV sind kurz als Beispiele der Verwendung von ACSL in leicht anwendbaren, komplexen Simulationssystemen angeführt worden. Es gibt davon auch andere Beispiele, wie zum Beispiel ECSTACY, welches durch UMIST (University of Manchester Institute of Science and Technology) mit Finanzierung von SERC (Scientific Engineering Research Council) entwickelt wird oder die CAE Workstation auf dem IBM PC. Mit der Verbreiterung der Verwendung von ACSL in allerlei Gebieten, erwarten wir, dass dieser Trend in Zukunft andauern wird.

LITERATUR

1. ACSL Reference Manual, Fourth Edition 1986, Mitchell & Gauthier Associates, Concord MA.

2. Chemical Reactor Design and Analysis with SIMUSOLV: part 1, Batch Reactors, Gary E Blau, Gary L Agin, Kay E Kuenker, Edwin C Steiner, Session on Design and Analysis at the ALCHE Meeting, New York, November 1987.

3. Dealing with Uncertainty in Pharmacokinetic Models Using SIMUSOLV, Drinking Water and Health, Volume 8, National Academy Press, Washington DC 1987.

4. The Use of SIMUSOLV to analyse Fish Bioconcentration Data, W B Neely, G E Blau and G L Agin, Elsevier Science Publishers, Chemometrics and Intelligent Laboratory Systems, Amsterdam.

5. Adopting a Modular Approach to Modeling, W A Havranek, P S Bartells, Nuclear Engineering International, October 1986.

6. Modular Modelling System finds new users and applications, G Westmacott, R L Trent, and P S Bartells, Nuclear Engineering International, May 1988.

<u>SIMULATION DES DYNAMISCHEN VERHALTENS EINES MEHRGLIEDRIGEN</u>
<u>INDUSTRIEROBOTERS MIT ACSL</u>

R. Hittmair
Universität Linz
Systemtechnik - Automatisierung
A-4040 Linz, Austria

<u>KURZFASSUNG</u>: An einem mathematischen Modell eines in der Praxis häufig
eingesetzten Industrieroboters mit sechs Drehfreiheitsgraden wird
mittels der digitalen Simulationssprache ACSL am PC-XT das dynamische
Bewegungsverhalten simuliert und der Einfluß von praktischen
Modellparamtern genauer untersucht. Die bei der Programmerstellung und
Modellsimulation auftretenden Probleme und Erkenntnisse werden
erläutert. Weiters werden Simulationsergebnisse dargstellt.

1. PROBLEMSTELLUNG

Ein Hindernis für die verstärkte Einführung von Industrierobotern in
industrielle Fertigungsbereiche ist die Diskrepanz zwischen den für
die praktische Anwendung erforderlichen und den derzeit verfügbaren
Robotereigenschaften. Dadurch sind Verbesserungen auf den Gebieten der
mechanischen Konstruktion, der Regelung und der Programmierung von
Industrierobotern und bei den Arbeitsgeschwindigkeiten und Wieder-
holgenauigkeiten erforderlich. Optimierungen und Verbesserungen können

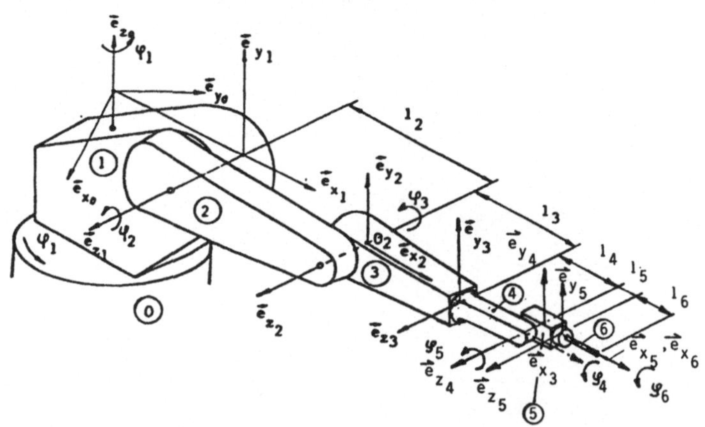

Abb.1: Industrieroboter mit sechs Drehfreiheitsgraden

entweder durch Versuche am Roboter selbst oder effizienter durch Simulationen am Rechner durchgeführt werden.

Die Simulationsergebnisse hängen aber wesentlich von den verwendeten Modellen ab. Wegen der Komplexität der Bewegungsgleichungen von Industrierobotern wurden bisher meist nur vereinfachte Modelle mit bis zu drei Freiheitsgraden erstellt. In dieser Arbeit wird hingegen ein mathematisches Modell eines Industrieroboters mit sechs Drehfreiheitsgraden, unter besonderer Berücksichtigung der Antriebsmotoren und der Reibung, zugrunde gelegt (Abb.1). Die mit der digitalen Simulationssprache ACSL durchgeführten Simulationen sollen konkrete Aussagen über das dynamische Bewegungsverhalten, über den Einfluß praktischer Parameter und über die Modellgüte liefern.

2. MODELLGLEICHUNGEN DES INDUSTRIEROBOTERS

Je nach der vorgegebenen Aufgabenstellung, ob für die dynamische Simulation des Bewegungsverhaltens, Reglerentwurf, Bahnplanung oder CAD-unterstützte Robotersimulation, können Modelle unterschiedlicher Komplexität eingesetzt werden. Folglich wird ein möglichst exaktes Robotermodell mit sechs Drehfreiheitsgraden und ein vereinfachtes Modell, bestehend aus einem dreigliedrigen Greiferführungsgetriebe mit drei Drehgelenken und einer punktförmigen Masse als Ersatz für den dreiliedrigen Greifer, ohne Relativbewegung zum letzten Glied des Greiferführungsgetriebes, betrachtet /2/.

Die mathematische Beschreibung der Robotermechanik erfolgt durch die Bewegungsgleichungen, auch Drivegleichungen genannt, die ein stark nichtlineares und verkoppeltes Differentialgleichungssystem in allgemeiner Form wie folgt bilden:

$$\underline{F} = \underline{M}(\underline{p})\,\ddot{\underline{p}} + \underline{H}\,\dot{\underline{p}} + \underline{f}(\underline{p},\dot{\underline{p}}) + \underline{g}(\underline{p}) \tag{1}$$

Für die Beschreibung des Gesamtsystems "Roboter" sind auch die Modelle für die Antriebseinheit, bestehend aus Antriebsmotor und Getriebe, mitzuberücksichtigen (Abb.2). Die Drehung des Greifergliedes 6 um die

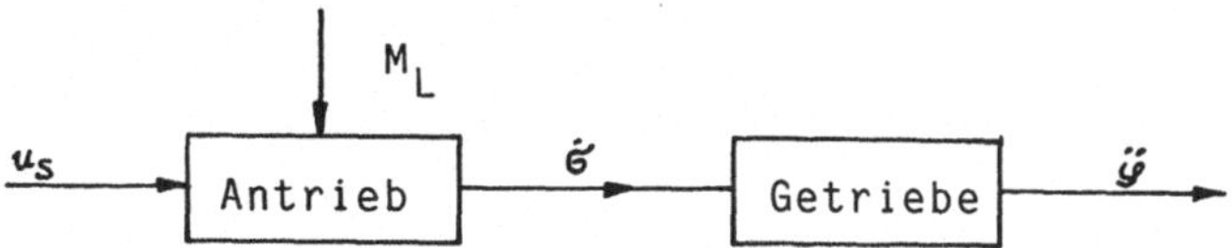

Abb.2: Blockschaltbild der Antriebseinheit

eigene Achse kann vernachlässigt werden, sodaß sich das sechsgliedrige System auf ein fünfgliedriges System reduziert /2/.

Die nach der Methode von Newton-Euler /1/ mit Schwerpunktsatz und Drallsatz hergeleiteten Gleichungen liefern die erforderlichen Motorantriebsmomente /2/:

$$
\begin{Bmatrix}
\nu_{11}(M_{A1}-M_{GGt1}) \\
\nu_{12}(M_{A2}-M_{GGt2}) \\
\nu_{23}(M_{A3}-M_{GGt3}) \\
\nu_{44}(M_{A4}-M_{GGt4}) \\
\nu_{45}(M_{A5}-M_{GGt5})
\end{Bmatrix}
=
\begin{bmatrix}
m_{11}(\varphi_2,\varphi_3,\varphi_4,\varphi_5) & m_{12}(\varphi_2,\varphi_3,\varphi_4,\varphi_5) & m_{13}(\varphi_2,\varphi_3,\varphi_4,\varphi_5) & m_{14}(\varphi_2,\varphi_3,\varphi_4,\varphi_5) & m_{15}(\varphi_2,\varphi_3,\varphi_4,\varphi_5) \\
m_{21}(\varphi_2,\varphi_3,\varphi_4,\varphi_5) & m_{22}(\varphi_3,\varphi_4,\varphi_5) & m_{23}(\varphi_3,\varphi_4,\varphi_5) & m_{24}(\varphi_3,\varphi_4,\varphi_5) & m_{25}(\varphi_3,\varphi_4,\varphi_5) \\
m_{31}(\varphi_2,\varphi_3,\varphi_4,\varphi_5) & m_{32}(\varphi_3,\varphi_4,\varphi_5) & m_{33}(\varphi_4,\varphi_5) & m_{34}(\varphi_4,\varphi_5) & m_{35}(\varphi_4,\varphi_5) \\
m_{41}(\varphi_2,\varphi_3,\varphi_4,\varphi_5) & m_{42}(\varphi_3,\varphi_4,\varphi_5) & m_{43}(\varphi_4,\varphi_5) & m_{44}(\varphi_5) & m_{45}(\varphi_5) \\
m_{51}(\varphi_2,\varphi_3,\varphi_4,\varphi_5) & m_{52}(\varphi_3,\varphi_4,\varphi_5) & m_{53}(\varphi_4,\varphi_5) & m_{54}(\varphi_5) & m_{55}
\end{bmatrix}
\begin{Bmatrix}
\ddot\varphi_1 \\ \ddot\varphi_2 \\ \ddot\varphi_3 \\ \ddot\varphi_4 \\ \ddot\varphi_5
\end{Bmatrix}
+
$$

$$
+
\begin{bmatrix}
I_{R1}\nu_{11}{}^2+2I_{R1}\nu_{11}\cos\beta_1 & I_{R2}\nu_{12}\cos\beta_2 & I_{R3}\nu_{23}(S_2\cos\alpha_3+C_2\cos\beta_3) & I_{R4}\nu_{44}S_{23}\cos\alpha_4 & I_{R5}\nu_{45}S_{23}\cos\alpha_5 \\
I_{R2}\nu_{12}\cos\beta_2 & I_{R2}\nu_{12}{}^2 & I_{R3}\nu_{23}\cos\gamma_3 & 0 & 0 \\
I_{R3}\nu_{23}(S_2\cos\alpha_3+C_2\cos\beta_3) & I_{R3}\nu_{23}\cos\gamma_3 & I_{R3}\nu_{23}{}^2 & 0 & 0 \\
I_{R4}\nu_{44}S_{23}\cos\alpha_4 & 0 & 0 & I_{R4}\nu_{44}{}^2+2I_{R4}\nu_{44}\cos\alpha_4 & I_{R5}\nu_{45}\cos\alpha_5 \\
I_{R5}\nu_{45}S_{23}\cos\alpha_5 & 0 & 0 & i_{R5}\nu_{45}\cos\alpha_5 & I_{R5}\nu_{45}{}^2
\end{bmatrix}
\begin{Bmatrix}
\ddot\varphi_1 \\ \ddot\varphi_2 \\ \ddot\varphi_3 \\ \ddot\varphi_4 \\ \ddot\varphi_5
\end{Bmatrix}
+
$$

$$
+
\begin{Bmatrix} n_1 \\ n_2 \\ n_3 \\ n_4 \\ n_5 \end{Bmatrix}
+
$$

$$
\begin{aligned}
&I_{R3}\nu_{23}(C_2\cos\alpha_3-S_2\cos\beta_3)\dot\varphi_2\dot\varphi_3+I_{R4}\nu_{44}\cos\alpha_4\dot\varphi_2\dot\varphi_4+I_{R5}\nu_{45}\cos\alpha_5\dot\varphi_2\dot\varphi_5+I_{R5}\nu_{45}\cos\alpha_5\dot\varphi_3\dot\varphi_5+ \\
&-I_{R3}\nu_{23}(C_2\cos\alpha_3-S_2\cos\beta_3)\dot\varphi_1\dot\varphi_3-I_{R4}\nu_{44}\cos\alpha_4{}_{23}\dot\varphi_1\dot\varphi_4-I_{R5}\nu_{45}C_{23}\cos\alpha_5\dot\varphi_1\dot\varphi_5-I_{R6}\nu_{46}\cos\alpha_6\dot\varphi_1\dot\varphi_6 \\
&-I_{R4}\nu_{44}C_{23}\cos\alpha_4\dot\varphi_1\dot\varphi_4-I_{R5}\nu_{45}C_{23}\cos\alpha_5\dot\varphi_1\dot\varphi_5-I_{R6}\nu_{46}C_{23}\cos\alpha_6\dot\varphi_1\dot\varphi_6+I_{R3}\nu_{23}(C_2\cos\alpha_3-S_2\cos\beta_4)\dot\varphi_1\dot\varphi_2 \\
&I_{R4}\nu_{44}C_{23}\cos\alpha_4\dot\varphi_1\dot\varphi_2+I_{R4}\nu_{44}C_{23}\cos\alpha_4\dot\varphi_1\dot\varphi_3 \\
&I_{R5}\nu_{45}C_{23}\cos\alpha_5\dot\varphi_1\dot\varphi_2+I_{R5}\nu_{45}C_{23}\cos\alpha_5\dot\varphi_1\dot\varphi_3
\end{aligned}
$$

$$
+I_{R4}\nu_{44}\cos\alpha_4\dot\varphi_3\dot\varphi_4+I_{R6}\nu_{46}C_{23}\cos\alpha_6\dot\varphi_2\dot\varphi_6+I_{R6}\nu_{46}C_{23}\cos\alpha_6\dot\varphi_3\dot\varphi_6
\quad
+
\begin{Bmatrix} M_{g1} \\ M_{g2} \\ M_{g3} \\ M_{g4} \\ M_{g5} \end{Bmatrix}
+
\begin{Bmatrix} M_{GR,1} \\ M_{GR,2} \\ M_{GR,3} \\ M_{GR,4} \\ M_{GR,5} \end{Bmatrix}
\qquad (2)
$$

Die für das Gesamtsystem benötigten Gleichungen für die Antriebe lauten (Laufvariable k für die Antriebsrotoren):

$$
M_{Ak}= c\cdot\Psi\cdot i_{Ak}
$$

$$
\dot u_{Ak}= -\frac{u_{Ak}}{T_s} + \frac{K_s}{T_s}\cdot u_{sk}
\qquad (3)
$$

$$
\dot i_{Ak}= -i_{Ak}\frac{R_A}{L_A} + \frac{1}{L_A}\cdot u_{Ak} - \frac{c\cdot\Psi}{L_A}\cdot\sigma
$$

Die Gleichungen (2) und (3) bilden die Grundlage für die Implementierung des mathematischen Gesamtmodells am Rechner.

3. SIMULATION MIT ACSL

ACSL (Advanced Continuous Simulation Language) ist eine gleichungsorientierte Simulationssprache zur Beschreibung von kontinuierlichen Systemen. Sie ist ein Softwareprodukt der Mitchell and Gauthier Associates, Concordia, Mass. und steht an der TU-Wien am Großrechner (CYBER 860) und seit einiger Zeit für Industrie-standard-kompatible PCs in zwei Versionen zur Verfügung /5/.
Für die nachfolgenden Simulationen stand ein kompatibler XT-Rechner mit 8087-Prozessor, 640KB Hauptspeicher und 20MB Festplatte zur Verfügung. Bei der gegebenen Aufgabe ist wegen der Größe des zu beschreibenden Systems die erweiterte PC-Version mit dem PROFESSIONAL FORTRAN Compiler erforderlich.

3.1 MODELLAUFBEREITUNG FÜR DIE SIMULATION

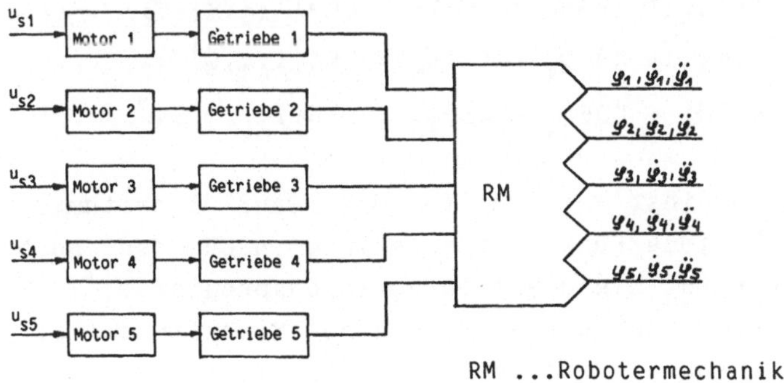

Abb.3: Modularer Modellaufbau für ACSL

Durch die Modellgleichungen (2) und (3) ergibt sich ein modularer Modellaufbau, bestehend aus Motoren, Getriebekopplungen und der Roboterdynamik. Dieser Aufbau kann auch mit der Simulationssprache ACSL beibehalten werden, um einzelne Programmteile (Modellteile) leicht auszutauschen. Die Robotermechanik muß wegen der Kopplungen jedoch als Einheit betrachtet werden (Abb.3).
Nach der Modellerstellung liegen die Gleichungen der Roboterdynamik in folgender Form vor:

$$I_{R1}\dot{\sigma}_1(\ddot{\varphi}_1) = M_{A1}(i_{A1}) - M_{L1}(\ddot{\varphi}_1,\ddot{\varphi}_2,\ddot{\varphi}_3,\ddot{\varphi}_4,\ddot{\varphi}_5, \ldots)$$

$$I_{R2}\dot{\sigma}_2(\ddot{\varphi}_2) = M_{A2}(i_{A2}) - M_{L2}(\qquad\qquad\qquad)$$

$$I_{R3}\dot{\sigma}_3(\ddot{\varphi}_3) = M_{A3}(i_{A3}) - M_{L3}(\qquad\qquad\qquad) \qquad (4)$$

$$I_{R4}\dot{\sigma}_4(\ddot{\varphi}_4) = M_{A4}(i_{A4}) - M_{L4}(\qquad\qquad\qquad)$$

$$I_{R5}\dot{\sigma}_5(\ddot{\varphi}_5) = M_{A5}(i_{A5}) - M_{L5}(\qquad\qquad\qquad)$$

Allerdings kann diese implizite Darstellung der höchsten Ableitungen von ACSL nicht verarbeitet werden. Die gleichungsorientierte Simulationssprache ACSL verlangt die Auflösung der zu programmierenden Gleichungen nach den höchsten Ableitungen /4/. Kann diese Aufbereitung bei einem vereinfachten dreigliedrigen System /3/ noch händisch erfolgen, ist dies beim vorliegenden komplexen fünfgliedrigen System nicht mehr möglich.

Vorerst muß die Gleichung (4) in das Differentialgleichungssystem mit konstanten Koeffizienten (5) umgeformt werden.

$$KA1\,\ddot{\varphi}_1 + KB1\ddot{\varphi}_2 + KC1\ddot{\varphi}_3 + KD1\ddot{\varphi}_4 + KE1\ddot{\varphi}_5 = KF1(i_{A1},\dot{\varphi}_2^2,\dot{\varphi}_3^2, \ldots)$$

$$KA2\,\ddot{\varphi}_1 + KB2\ddot{\varphi}_2 + KC2\ddot{\varphi}_3 + KD2\ddot{\varphi}_4 + KE2\ddot{\varphi}_5 = KF2(i_{A2},\dot{\varphi}_1^2,\dot{\varphi}_3^2, \ldots)$$

$$KA3\,\ddot{\varphi}_1 + KB3\ddot{\varphi}_2 + KC3\ddot{\varphi}_3 + KD3\ddot{\varphi}_4 + KE3\ddot{\varphi}_5 = KF3(i_{A3},\dot{\varphi}_1^2,\dot{\varphi}_2^2, \ldots) \qquad (5)$$

$$KA4\,\ddot{\varphi}_1 + KB4\ddot{\varphi}_2 + KC4\ddot{\varphi}_3 + KD4\ddot{\varphi}_4 + KE4\ddot{\varphi}_5 = KF4(i_{A4},\dot{\varphi}_1^2,\dot{\varphi}_2^2, \ldots)$$

$$KA5\,\ddot{\varphi}_1 + KB5\ddot{\varphi}_2 + KC5\ddot{\varphi}_3 + KD5\ddot{\varphi}_4 + KE5\ddot{\varphi}_5 = KF5(i_{A5},\dot{\varphi}_1^2,\dot{\varphi}_2^2, \ldots)$$

Ein Fortran-Unterprogramm löst mit Hilfe des Gauß-Algorithmus das Gleichungssystem (5) für jede Funktionsauswertung nach den höchsten Ableitungen auf und übergibt diese dem Integrationsprogramm.

Durch das Unterprogramm und durch die hohe Nichtlinearität des mathematischen Modells sind sehr kleine Berechnungsintervalle (CINT) erforderlich. Diese bewirken jedoch sehr lange Berechnungszeiten für einen Simulationslauf bis zu dreißig Minuten.

3.2 SIMULATIONSERGEBNISSE

Als Simulationsergebnisse liegen die Zeitverläufe der Systemgrößen der relativen Roboterkoordinaten, wie Drehwinkel, Winkelgeschwindigkeiten und -beschleunigungen und die Ankerströme der Antriebsmotoren vor. Durch Vergleich der Simulationsschriebe nach Parameteränderungen kann der Einfluß der Drallrotoren, der Greiferdynamik und der Reibungseinfluß auf das dynamische Gesamtverhalten des Roboters dargestellt werden. Die Abbildung 4 zeigt Ergebnisse von Simulationen mit dem mathematischen Modell des Industrieroboters /2/.

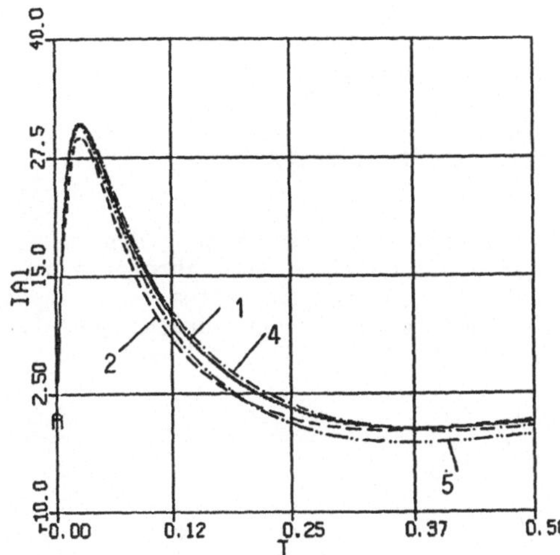

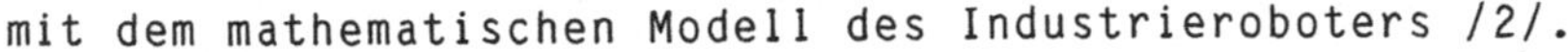

Abb.4: Abweichungen im Ankerstrom i_{A1} bzw. Motormoment M_{A1}

4. ZUSAMMENFASSUNG

Mit Hilfe der digitalen Simulationssprache ACSL werden an einem XT-Rechner computerunterstützte Untersuchungen des dynamischen Verhaltens an einem mathematischen Modell eines Industrieroboters mit sechs Drehfreiheitsgraden durchgeführt. Es können damit exakte Aussagen über den Einfluß verschiedener Modellparameter, wie Reibung, Greiferdynamik oder Dralleinfluß der Antriebsrotoren gemacht werden. Der Aufbau von ACSL ermöglicht Programmänderungen und Programmerweiterungen (Unterprogramme) durchzuführen und interaktiv Parameter abzuändern. Wegen der Komplexität des Modells und der daraus resultierenden Zeitintensität der Simulationsstudien ist ein AT-PC empfehlenswert.

5. LITERATURVERZEICHNIS

/1/ Desoyer, K; Kopacek, P.; Troch, I.: Industrieroboter und Handhabungsgeräte. R. Oldenbourg Verlag, München-Wien 1985
/2/ Hittmair, R.: Dynamische Modellbildung eines mehrgliedrigen Industrieroboters und Untersuchung der Einflüsse verschiedener Modellparameter mittels digitaler Simulation. Dissertation, TU-Wien 1988
/3/ Thalhammer, H.: Vergleich von Regelalgorithmen für Industrieroboter mit Hilfe digitaler Simulation. Dissertation, TU-Wien 1986
/4/ Breitenecker, F; Hummer, H.: ACSL Users Guide, TU-Wien 1984
/5/ Advanced Continuous Simulation Language (ACSL): Reference Manual. Mitchell and Gauthier Associates, Concord, Mass., 1986

SIMULATION INSTATIONÄRER FAHRMANÖVER EINES MOTORRADES MIT ACSL

Horst Ecker
TU-Wien, Inst. f. Maschinendynamik und Meßtechnik

Bernhard Hödl
ACT Hochleistungskunststofftechnik, Ternitz

Zusammenfassung: Dieser Beitrag beschreibt ein eher einfaches Modell des mechanischen Systems Motorrad-Fahrer mit Hinblick auf die Simulation von Fahrmanövern. Auf die Programmierung der teilweise computergestützt generierten systembeschreibenden Gleichungen mittels ACSL wird eingegangen. Mit dem Modell werden verschiedene Fahrmanöver wie die Auswirkung einer Seitenwindbö und der Spurwechsel mit und ohne Querneigung des Fahreroberkörpers simuliert.

1. Einleitung

Während Stabilitätsuntersuchungen von einspurigen Fahrzeugen schon seit langem durchgeführt werden und in der Literatur umfangreich vertreten sind, nimmt die Simulation von Fahrmanövern solcher Fahrzeuge nur bescheidenen Raum ein. Demgemäß sind nur wenige Modelle bekannt, die sich für die Beschreibung von instationären Fahrzuständen mit großen, nicht linearisierbaren Sturzwinkeln eignen und die auch Brems- und Beschleunigungsmanöver erfassen.

Umfangreiche Modelle finden z.B. in Fahrsimulatoren Anwendung /1/. Weniger spezielle Modelle /2/ eignen sich u.a. für die Beantwortung von fahrdynamischen Fragestellungen, wie sie etwa auch im Zuge einer forensischen Tätigkeit gestellt werden. Nichtzuletzt können durch instationäre Modelle die verschiedenen Möglichkeiten der Einflußnahme des Fahrers auf das mechanische System Motorrad einzeln studiert werden. Dies ist deshalb interessant, weil die Fahrerbewegungen beim Lenken eines Motorrades vielfach unbewußt ablaufen und auch meßtechnisch schwer erfaßbar sind, wie etwa die Schwerpunktsverlagerung des Fahrers.

Bei der vorliegenden Arbeit stand der Wunsch nach einem "Minimalmodell" im Vordergrund, es sollte aber alle relevanten Komponenten für fahrdynamische Studien in einem größeren Geschwindigkeitsbereich aufweisen. Die Implementierung in ACSL wurde wegen der bequemen Bedienbarkeit des Modells und der möglichen Installierung auf einem PC gewählt.

2. Modell und Bewegungsgleichungen

Das Ziel, ein einfaches, aber für die Beschreibung von Fahrmanövern noch ausreichendes Modell zu finden, führt bei einspurigen Fahrzeugen, wie einem Motorrad, zu folgenden Hauptschwierigkeiten.

*) Das Modell muß, im Gegensatz zum Automobil, auch im einfachsten Fall drei-dimen-
sional sein und hat auch ohne Rad- und Reifenfederung mindestens 6 Freiheitsgrade der Lage.

*) Die Geometrie des Lenksystems stellt sich bei näherer Betrachtung als relativ
kompliziert heraus.

*) Die analytische Beschreibung der Reifenkräfte, besonders der instationären
Anteile zufolge Längsschlupf, Sturz- und Schräglaufwinkel, ist noch nicht befrie-
digend gelöst.

Das verwendete Modell basiert auf einer Arbeit von Sharp /3/ und wurde in einigen
Punkten erweitert, siehe /4/. Es besteht aus fünf starren Komponenten, die drehbar
miteinander verbunden sind. Es sind dies das Hauptrahmensystem, das Lenksystem, die
Räder und der Fahreroberkörper. Im Hauptrahmen- und im Lenksystem ist je ein ideal
scheibenförmiger Rotor starr gelagert und repräsentiert jeweils ein Rad. Die Kreiselmomente, besonders des Vorderrades, sind bei Fahrmanövern von ausschlaggebender
Bedeutung. Demgegenüber können die Einflüsse einer beweglichen Radaufhängung sowie
von Reifenelastizitäten als gering angesehen werden und im Sinne eines "Minimalmo-
dells" wie auch in /3/ vernachlässigt werden. Damit das passive Fahrerverhalten
berücksichtigt werden kann, wird der Fahreroberkörper als eigene drehbar gelagerte
Masse eingeführt; darüberhinaus agiert der Fahrer über ein Lenkmoment zwischen Lenksystem und Hauptrahmen sowie durch ein Körpermoment zwischen Oberkörpermasse und
Hauptrahmensystem.

Das Modell weist grundsätzlich 8 Freiheitsgrade der Lage auf, die in einem Vektor
der verallgemeinerten Koordinaten q zusammengefaßt werden können.

$$q = [x,y,\psi,\phi,\phi_F,\delta,\chi_h,\chi_v]^T \tag{1}$$

Es bedeuten, wie in Abb.1 dargestellt, x und y die Koordinaten des Rahmenschwerpunktes
S in die Richtungen e_{01} bzw. e_{02} des Inertialsystems O, ψ der Gierwinkel, ϕ und ϕ_F
die Sturzwinkel von Hauptrahmen bzw. Fahreroberkörper und δ der Lenkwinkel. Die
Winkelpositionen der beiden Räder χ_h bzw. χ_v treten im weiteren nicht mehr auf.

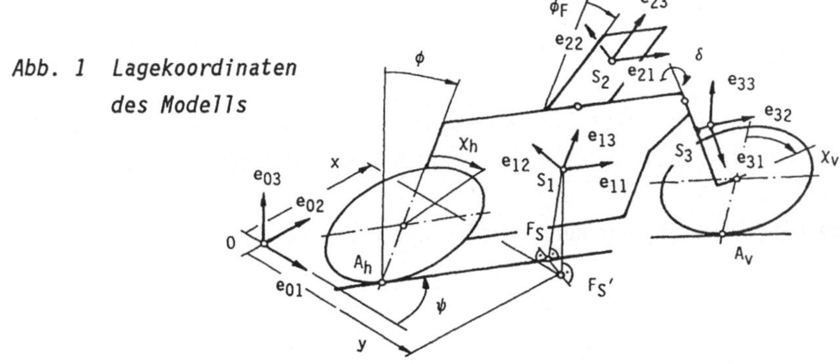

Abb. 1 Lagekoordinaten des Modells

Dabei wurde die holonome Zwangsbedingung

$$A_h{}^T\ e_{03} = 0 \qquad\qquad (2)$$

verwendet, welche bedeutet, daß der Ortsvektor A_h des hinteren Radaufstandspunktes in der x-y-Ebene liegt. Für das Vorderrad angewendet, würde diese Bindung zu sehr umfangreichen nichtlinearen geometrischen Beziehungen führen. Diese vereinfachen sich, wenn man den stets kleinen Nickwinkel des Hauptrahmensystems, d.h. die Drehung um die e_{12}-Achse, vernachlässigt. Im Rahmen dieses ungefederten Modells ist diese Vereinfachung vertretbar.

Die Räder unterliegen den zwei nichtholonomen Abwälzbedingungen

$$\omega_i = ||v_{Ai}||\cos(\alpha_i)/R_i \quad i=v,h \qquad\qquad (3)$$

mit der Raddrehzahl ω, der Geschwindigkeit des Radaufstandpunktes v_A, dem Schräglaufwinkel α und dem Rollradius R des jeweiligen Rades. Dadurch reduziert sich die Anzahl der Freiheitsgrade der Geschwindigkeit auf sechs.

Auf das Modell wirken äußere und innere Kräfte bzw. Momente ein, siehe Abb.2, in der auch die Kreisel(schein)momente der Räder M_{ji} angedeutet sind. Die äußeren eingeprägten Kräfte sind

*) Gewichtskräfte $m_i g$
*) Luftkräfte L_i, und
   -momente LM_i
*) Reifenkräfte P_j, U_j, S_j
   und -momente M_{Sj}, $M_{\phi j}$
mit i=1,2,3 bzw. j=v,h.

Die Luftkräfte und -momente müssen für instationäre Seitenwindsimulationen unbedingt berücksichtigt werden. Die Reifenaufstandskräfte P sind Zwangskräfte, die sich aus dem Beschleunigungszustand des Systems ergeben. Sie werden für die Berechnung der eingeprägten Reifenkräfte S und M_S benötigt.

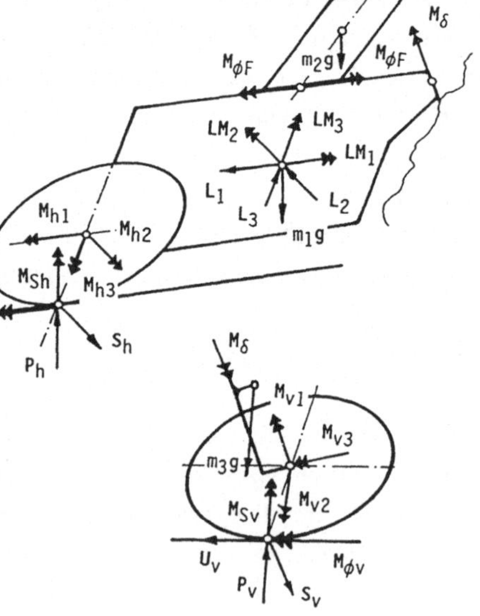
Abb.2 Kräfte und Momente

Für die Seitenkräfte S und das Rückstellmoment M_S müssen instationäre Ansätze gewählt werden. Dazu wurde das für Stabilitätsuntersuchungen in /5/ verwendete Modell erweitert, siehe /4/.

Man erhält je eine Differentialgleichung 1.Ordnung von der Form

$$\frac{\sigma}{v_A}\ \frac{dF}{dt} + F = f(\alpha,\phi,\kappa,P,U) \qquad (F = S,\ M_S) \qquad\qquad (4)$$

mit σ als der Reifeneinlauflänge und κ als der Krümmung der Radspur.

Mit dem Moment M_ϕ kann der Einfluß des Reifenkranzradius berücksichtigt werden; es wirkt für das geneigte Motorrad stets aufrichtend.

Als innere eingeprägte Kräfte wirken das Lenkmoment M_δ und das Fahreroberkörpermoment $M_{\phi F}$ wechselseitig auf die jeweiligen Massen und lassen sich darstellen als

$$c_f \, f + k_f \, \dot{f} + M_{ft} = M_f \qquad f = \delta, \, \phi_F \tag{5}$$

Die beiden ersten Terme stellen das passive Fahrerverhalten durch Rückstellmoment und Dämpfung dar, M_{qt} dagegen sind beliebig vorgebbare Zeitfunktionen, welche die Lenkaktionen des Fahrers beschreiben.

Die Bewegungsgleichungen werden in symbolischer Form mit dem Programm NEWEUL generiert und wie folgt ausgegeben:

$$\mathbf{M}(q)\ddot{q} + \mathbf{K}(q,\dot{q},t) = \mathbf{Q}(q,\dot{q},\ddot{q},t) \tag{6}$$

$\mathbf{M}(\psi,\phi,\phi_F,\delta)$ ist die nahezu vollbesetzte Massenmatrix, $\mathbf{K}$ der Vektor der verallgemeinerten Kreiselkräfte und $\mathbf{Q}$ der Vektor der verallgemeinerten eingeprägten Kräfte. $\mathbf{Q}$ ist hier u.a. eine nichtlineare Funktion von $\ddot{q}$, weil die eingeprägten Seitenkräfte nichtlinear von den Radaufstandskräften (=Zwangskräften) in Glg.(5) abhängen und letzere durch den Beschleunigungszustand bestimmt werden.

3. Implementierung des Modells in ACSL

Für die Anwendung von ACSL müssen die Differentialgleichungen in der höchsten Ableitung explizit vorliegen, dies kann in (6) aber nicht erreicht werden. Ein Ausweg ist die Lösung des entsprechenden Gleichungssystems (6) in der höchsten Ableitung durch einen passenden Gleichungslöser. Dieser wird über eine FORTRAN-Subroutine in der DERIVATIVE-Section aufgerufen und liefert als Lösungsvektor die zu integrierenden Beschleunigungen. Der hier hinderliche Sortieralgorithmus der DERIVATIVE-Section muß mittels PROCEDURAL-Anweisung unterbunden werden, oder es werden die wesentlichen Teile des Modells ebenfalls in FORTRAN-Subroutinen ausgelagert. Bei der Vorgabe von zeitabhängigen Funktionen wie Lenkmoment, Bremskraft, Seitenwind, etc. wird die TABLE-Funktion verwendet.

4. Simulationsergebnisse

Als erstes Beispiel soll der Einfluß einer Seitenwindbö auf ein geradeaus fahrendes Motorrad ohne Fahrerreaktionen gezeigt werden. In diesem Beispiel beträgt die Fahrgeschwindigkeit v=160 km/h und die Seitenwindgeschwindigkeit v_{SW}=80 km/h über eine Strecke von 50 m (entspricht 1.13 s Dauer). Abb.3 zeigt den Verlauf des Sturzwinkels ϕ über der Zeit t. Man erkennt das nahezu lineare Anwachsen der Neigung des Motorrades ϕ gegen die Windrichtung trotz fehlender Fahrerreaktion. Diese Bewegung wird primär durch die Kreiselmomente des Hinterrades eingeleitet. Die seitliche Abweichung Y des Schwerpunktes S_1 aus der ursprünglichen Richtung ist in Abb.4 zu sehen. Am Ende der Bö nach 1.13 s beträgt der Seitenversatz ca. 1.2 m und wächst durch die nun einsetzende Kreisfahrt auf bis zu 1.9 m an.

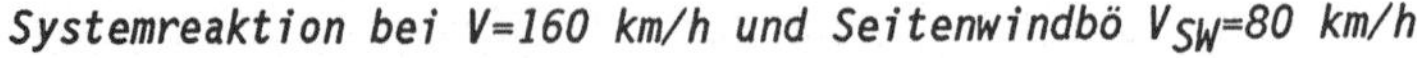

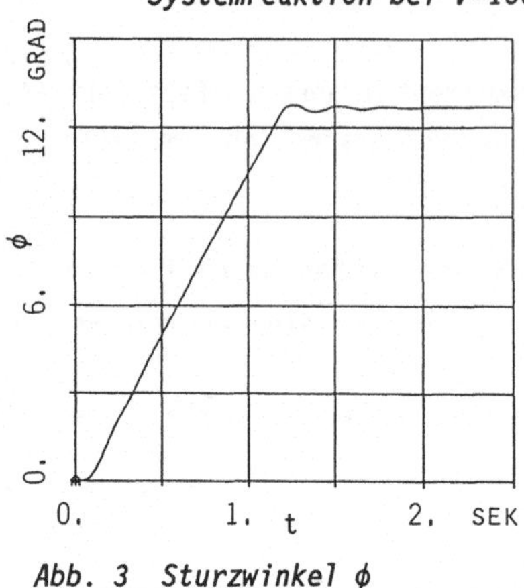

Abb. 3 Sturzwinkel ϕ

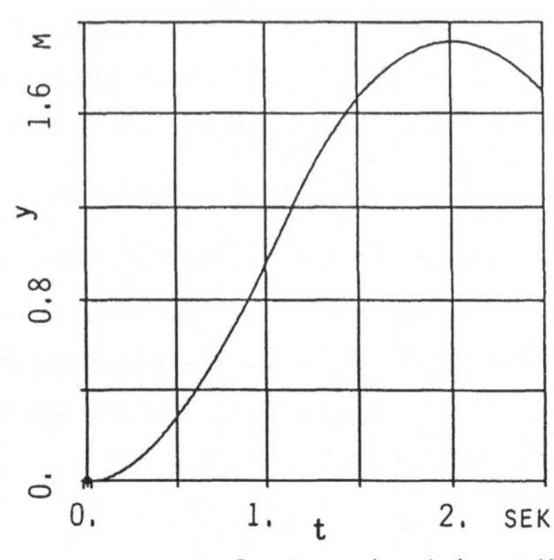

Abb. 4 Seitl. Spurabweichung Y

Auch die aus der Praxis bekannte Erscheinung des Aufrichtens des Motorrades beim Bremsen in der Kurve kann mit dem Modell verifiziert werden. Als weiteres Beispiel sollen zwei verschiedene Möglichkeiten der Einleitung eines Ausweichmanövers gegenübergestellt werden; zuerst ausschließlich durch die Bewegung des Fahreroberkörpers. Abb.5 zeigt dessen Neigung ϕ_F relativ zum Hauptrahmensystem über der Zeit t. In Abb.6 sind die Koordinaten XFS und YFS des Punktes F_S aus Abb.1 über t aufgetragen. Trotz der relativ großen Oberkörperneigung von maximal 20° nach links beträgt die seitliche Abweichung in die gleiche Richtung nach 2 Sekunden (ca. 28 m) nur 0.6 m.

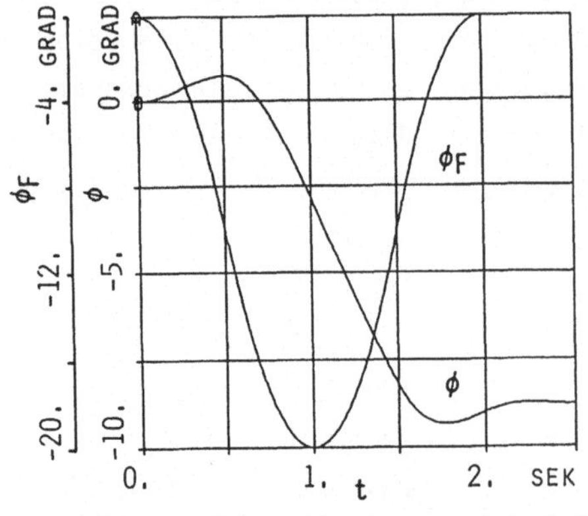

Abb. 5 Fahreroberkörperwinkel ϕ_F
und Sturzwinkel ϕ

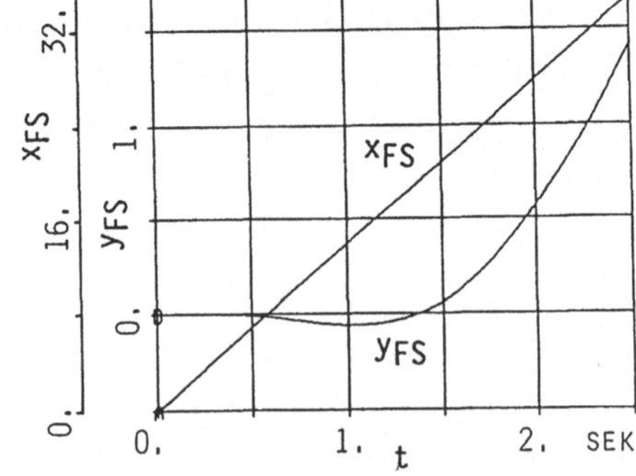

Abb. 6 Fahrstrecke XFS
und seitl. Abweichung YFS

Wird hingegen der Ausweichvorgang alleine durch ein Lenkmoment eingeleitet, so wird nach ebenfalls 2 s eine Abweichung von 5.0 m erreicht, siehe Abb.8. Für dieses Fahrmanöver wurde der in Abb.7 dargestellte Lenkmomentenverlauf verwendet. Es fällt auf, daß anfangs ein Moment entgegen der beabsichtigten Ausweichbewegung aufgebracht werden muß. Dies ist durch die Kreiselmomente des Vorderrades zu erklären. Der dabei kurzzeitig auftretende negative Fahrspurversatz in Abb.8 wird durch den Aufbau der nötigen Schräglage des Motorrades hervorgerufen und kann, wie auch der Lenkmomentverlauf, durch Messungen in /2/ bestätigt werden.

Einleitung eines Ausweichvorganges durch ein Lenkmoment bei v=50 km/h

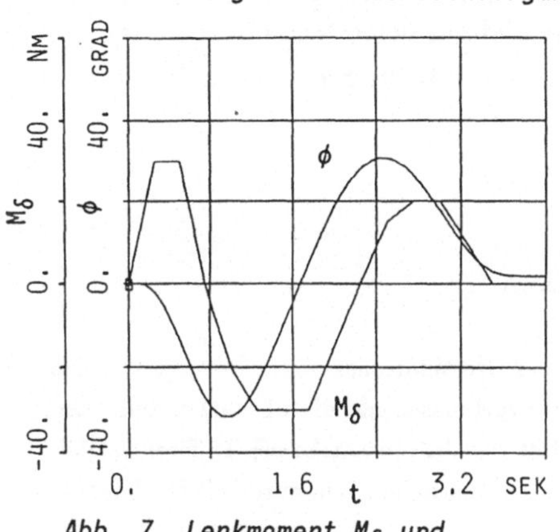

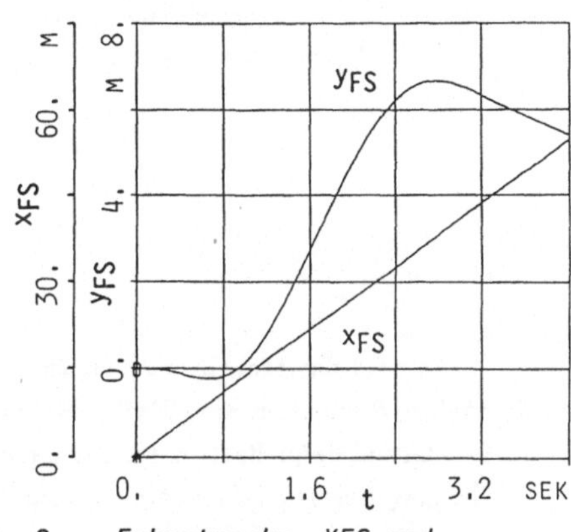

Abb. 7   Lenkmoment M_δ und
            Sturzwinkel ϕ

Abb. 8   Fahrstrecke XFS und
            seitl. Abweichung YFS

Abschließend sei erwähnt, daß das vorgestellte Fahrzeugmodell bei der Simulation einer Störung von stationären Fahrzuständen Ergebnisse liefert, welche mit solchen von Stabilitätsuntersuchungen vergleichbar sind.

5. Literatur

/1/   Born K.P.; Peters O.H.: Realisierung und Anwendungsmöglichkeiten eines Motorradfahrsimulators, 4.Symp. Simulationstechnik, Zürich, Sep. 1987.

/2/   Watanabe Y.; Yoshida K.: Motorcycle Handling Performance for Obstacle Avoidance, 2.Int. Congress on Automotive Safety, San Francisco, July 1973.

/3/   Sharp R.S.: The Stability and Control of Motorcycles, Journ. of Mechanical Engineering Science Vol.13 (1971), No.5.

/4/   Hödl B.: Simulation von Fahrmanövern eines Motorrades, Diplomarbeit Techn. Univ. Wien, 1987.

/5/   Pacejka H.B.; Koenen C.: Vibrational Modes of Single Track Vehicles in Curves, Proc. 6.th Symposium Int. Association for Vehicle System Dynamics 1979.

Simulation einer Destillationskolonne - Modellierung mit SIMCOS und Vergleich der Ergebnisse von ACSL und SIMSTAR Simulationen

W. Kleinert[*], M. Gräff[*], R. Karba[‡] und B. Zupančič[‡]

[*] Technische Universität Wien, Simulationsrechenzentrum
[‡] Edvard Kardelj Universität Ljubljana, Fakultät für Elektrotechnik

Zusammenfassung

Es wird das Modell einer kontinuierlich arbeitenden Destillationskolonne vorgestellt. Die analoge Simulation am SIMSTAR führt zu anderen Ergebnissen als die digitale Simulation. Der Grund dafür liegt in der numerischen Singularität der Jacobimatrix des Differentialgleichungssystems und dem damit verbundenen Verlust der numerischen Eindeutigkeit der Lösung.

1. Problemstellung

Destillation ist ein typischer Energie verbrauchender Prozeß. Sogar für eine binäre (2-stufige) Destillationskolonne kann die erfolgreiche Kontrolle der Zusammensetzung des Produkts am oberen und unteren Boden zu einem erheblichen Gewinn führen, da die Betriebskosten reduziert und die Operatorüberwachung eingespart werden kann.

In der chemischen Industrie werden zur Trennung von Komponenten mit unterschiedlichen Kondensationspunkten verschiedene Arten der Destillation verwendet [1,2]. Im Falle kleiner Produktionen und oft wechselnder Mischungen ist die Verwendung von Batch-Destillation sehr geeignet. In manchen Fällen kann dieser Destillationstyp durch die Verwendung von Semibatch- anstatt Batch-Rektifikation verbessert werden [2]. Im Unterschied zur Batch-Destillation wird hier der Siederaum mit dem gleichen Zufluß versorgt wie der Akkumulator.

Für industrielle Anwendungen ist jedoch die kontinuierliche Destillation am weitesten verbreitet. Hier wird die Mischung kontinuierlich an einer durch die Eigenschaften der Mischung vorgegebenen Stelle der Kolonne zugeführt.

Der Prozeß, den wir im folgenden betrachten, ist in Abb. 1 dargestellt. Der Siederaum oder Sumpf stellt einen näherungsweise konstanten Dampffluß sicher. Der Dampf steigt durch die Kolonne empor, gibt an jedem Boden einen Teil seiner Energie ab und unterstützt so die Verdunstung der flüchtigeren Komponente. Die Aufgabe der Destillationskolonne besteht in einer derartigen Trennung der Mischung, daß die Destillationsflußrate eine vorgebene Konzentration erreicht. Im Kondensator muß der Wärmeaustausch derart erfolgen, daß der gesamte Dampf kondensiert ohne das Destillat zu kühlen, da Teile der Flüssigkeit an den Beginn der Kolonne zurückgeführt werden, wobei der Rückfluß mit einer Temperatur nahe dem Siedepunkt stattfindet. Die Anlage ist für eine Destillation mit konstanter Güte des Destillationsproduktes ausgelegt. Ein Rücklaufregler läßt einen Teil der Flüssigkeit vom Kondensator in die Kolonne zurückfließen, während ein anderer Teil als Endprodukt abgeleitet wird.

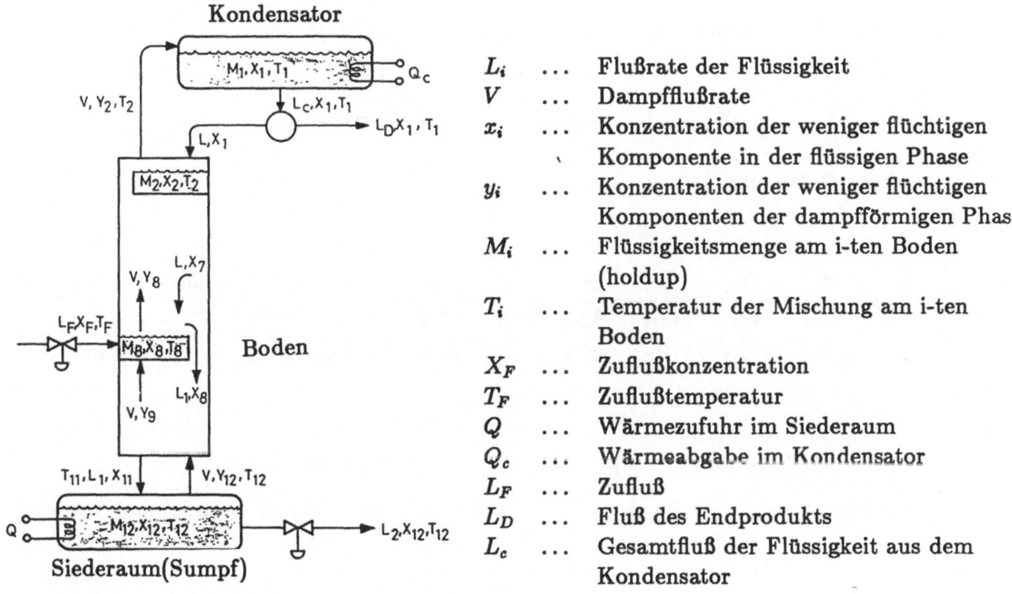

Abbildung 1: Schematische Darstellung

Die Destillationskolonne stellt eine Betriebsanlage mit multi-variablen Eigenschaften dar, die in der Modellbildung nicht vernachlässigt werden können. Die Gleichungen für das dynamische Modell können aus den Materialbilanzgleichungen und den Gleichgewichtsbedingungen abgeleitet werden. Folgende Voraussetzungen müssen dabei getroffen werden:

- die Dampfmengen am i-ten Boden sind zu vernachlässigen,

- vollständige und sofortige Mischung an allen Böden,

- Dampf und Flüssigkeit sind an jedem Boden im Gleichgewicht,

- im Kondensator findet eine vollständige Konsierung statt,

- die Verzögerung im Flüssigkeitsstrom ist zu vernachlässigen,

- die Flüssigkeitsmengen an jedem Boden sind konstant,

• der Kondensator und der Sumpf werden durch Veränderung der Flüssigkeitsraten gesteuert.

Das Modell einer 12-bödigen Labor-Versuchsanlage zur Trennung von Trichlor- und Tetrachloräthylen, die beim 8. Boden gespeist wird, wird durch 12 nichtlineare Differentialgleichungen erster Ordnung beschrieben.

$$
\begin{aligned}
dx_1/dt &= (Vy_2 - (L + L_D)x_1)/M_1 \\
dx_i/dt &= (V(y_{i+1} - y_i) + L(x_{i-1} - x_i))/M_i & i = 2,\ldots,7 \\
dx_8/dt &= (V(y_{i+1} - y_i) + Lx_7 + LX_F - (L + L_F)x_8))/M_8 \\
dx_i/dt &= (V(y_{i+1} - y_i) + (L + L_F)(x_{i-1} - x_i))/M_i & i = 9,10,11 \\
dx_{12}/dt &= (-Vy_{12} + (L + L_F)x_{11} - (L_F - L_D)x_{12}))/M_{12}
\end{aligned}
\tag{1}
$$

Die notwendigen Daten sind durch

i	1	2	3	4	5	6	7	8	9	10	11	12
M_i	1000	28.02	28.09	28.02	28.39	28.65	28.99	32.91	33.29	33.81	34.36	14380
$x_i(0)$	0.886	0.791	0.661	0.518	0.394	0.306	0.251	0.230	0.135	0.072	0.036	0.017

und

$$V = 281.81, \quad L_F = 164, \quad L_D = 79.043, \quad X_F = 0.47$$

gegeben. Die Konzentrationen y_i hängen von den x_i durch die folgende experimentell gemessene Beziehung (siehe auch Abb. 2) ab.

x	0	.028	.075	.1	.162	.175	.217	.25	.252	.308	.336	.348	.394	.416
$y(x)$	0	.071	.178	.228	.338	.386	.42	.468	.496	.537	.572	.615	.627	.681

x	.434	.487	.55	.554	.614	.67	.699	.729	.769	.861	.875	.965	.987
$y(x)$	.699	.742	.756	.79	.8	.856	.87	.885	.888	.949	.95	.988	.996

2. SIMCOS als Modellierungswerkzeug

Die digitale Simulationssprache SIMCOS (Simulation of Continous Systems) wurde an der Edvard Kardelj Universität in Ljubljana (Fakultät für Elektrotechnik und Jozef Stefan Institut) entwickelt [3]. Die Sprache basiert auf dem CSSL Standard, erzeugt FORTRAN Module und läuft u.a. auch auf IBM PC's. SIMCOS unterstützt alle elementaren Funktionen und Blöcke und bietet darüberhinaus auch einige Möglichkeiten, die man sonst nur bei Hybridrechnern finden kann. Das gilt z.B. für die Kontrolle der Integratoren als auch für die Möglichkeit, bestimmte diskrete

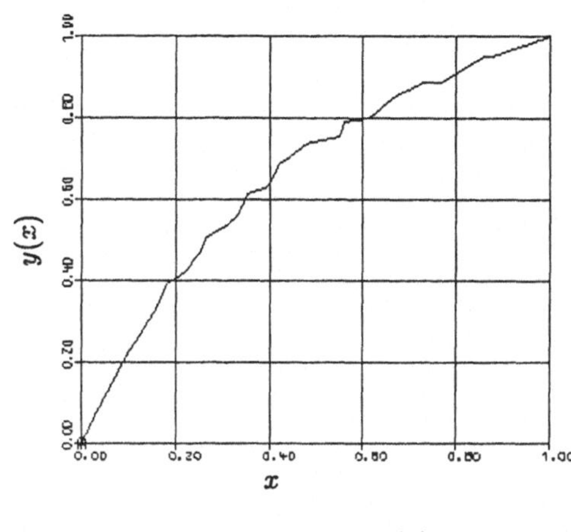

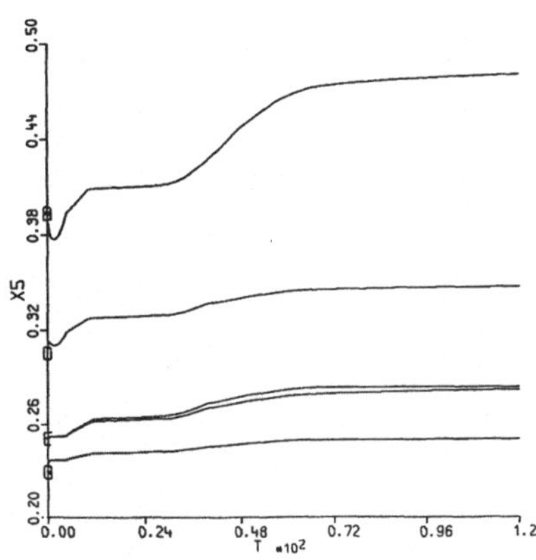

Abbildung 2: $y(x)$ Abbildung 3: Einfluß der Linearisierung

Steuerungen zu simulieren, wofür spezielle, vorübersetzte diskrete Blöcke verwendet werden. Das erlaubt eine elegante Simulation sogar für Steuerungen mit mehrfachen Abtastraten.

Das durch das Gleichungssystem (1) beschriebene mathematische Modell wurde zuerst mit SIM-COS simuliert und die Simulationsergebnisse wurden mit experimentellen Daten verglichen. Wegen der aufgetretenen Differenzen in den gemessenen und simulierten Konzentrationen wurden die einzelnen M_i variiert, bis eine optimale Annäherung gefunden wurde. Die Optimierung erfolgte per Hand und erforderte wegen der geringen Anzahl dafür notwendiger Versuchsläufe nicht die Anwendung von Optimierungsverfahren.

3. Teilweise Linearisierung

Auf dem für den Vergleich der Simulationen vorgesehenen EAI-SIMSTAR der TU Wien standen nur 6 nichtlineare Funktionsgeber zur Darstellung der 11 Konzentrationsbeziehungen ($y(x_i), i = 2, \dots, 12$) zur Verfügung. Die Analyse der nichtlinearen Beziehung $y(x)$ weist auf die Möglichkeit der Linearisierung bei niedrigen Konzentrationen ($x < 0.2$) hin. Die Simulation der Prozeßdynamik in Abhängigkeit der gewählten Anfangsbedingungen $x_i(0)$ und gegebenem Eingangsfluß L_F zeigte, daß die Konzentrationsprofile (x_i) für die letzten fünf Differentialgleichungen im linearisierbaren Bereich liegen. Deshalb wurden für $y(x_8)$ bis $y(x_{12})$ lineare Funktionen der Konzentrationen angesetzt. Der Vergleich der Simulationsergebnisse zwischen linearisiertem und Original-Modell bestätigten unsere Annahmen (Abb. 3). Nur beim 7. Boden kann eine Abweichung augenscheinlich beobachtet werden, doch beträgt diese nicht mehr als 1.6%.

4. Ergebnisse und numerische Probleme

Im folgenden werden die Ergebnisse der Simulationen des teilweise linearisierten Modells mit ACSL [4] in 64-Bit-Arithmetik (CDC Cyber 180-860) und 32-Bit-Arithmetik (Gould 32/27) und mit HYBSYS/PTRAN [5] auf einem Analogrechner EAI-SIMSTAR diskutiert.

Abb. 4 zeigt den Unterschied der Lösungen der ACSL- und SIMSTAR-Simulationen. Unterschiede fallen im transienten Teil vor allem an den Stellen $t \approx 0$ und $t \approx 40$ auf.

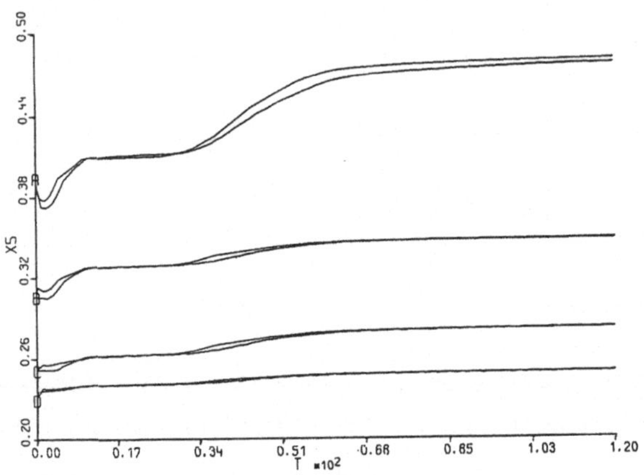

Abbildung 4: SIMSTAR- und ACSL-Lösungen

Das Differentialglichungssystem (1) ist wegen der linearen Interpolation der Funktionstabellen stückweise linear; für das lokale Lösungsverhalten ist daher die Struktur der Jacobimatrix J entscheidend.

Die Eigenwerte von J (Abb. 5) sind alle reell und negativ. Zum Zeitpunkt $t = 0$ sind die betragsmäßig größten und kleinsten Eigenwerte auf -200 und -0.007, bei $t = 40$ sind sie -50 und -0.005, in der Gleichgewichtslage sind sie -0.01 bzw. -50. Es handelt sich also um ein steifes System. Daher wurde als Integrationsalgorithmus in ACSL der Gear-Stiff Solver gewählt.

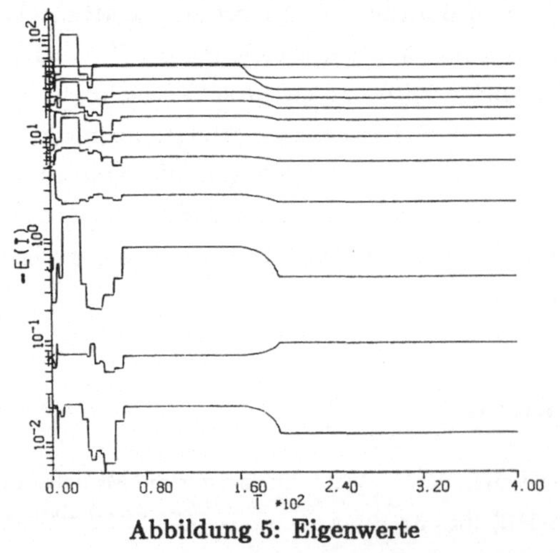

Abbildung 5: Eigenwerte

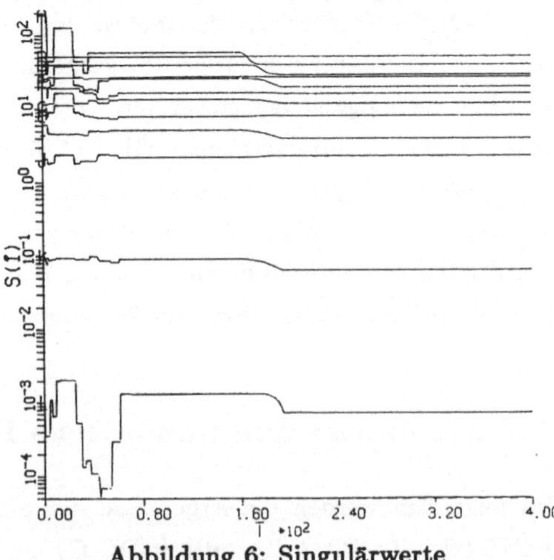

Abbildung 6: Singulärwerte

Die Struktur der Singulärwerte von J (Abb. 6) ist ähnlich, bloß der kleinste Singulärwert ist etwa um den Faktor 100 kleiner als der betragsmäßig kleinste Eigenwert. Die Konditionszahl (der Quotient aus größtem und kleinstem Eigenwert) der Jacobimatrix an der Gleichgewichtslage ist daher $\kappa_2(J(\infty)) = \frac{50}{0.001} = 50000$; die Konditionszahl von J bei $t = 40$ ist $\kappa_2(J(40)) = \frac{50}{0.00005} = 1000000$. Die numerische Regularität der Jacobimatrix (ist gegeben wenn der Reziprokwert der Konditionszahl größer als die Maschinengenauigkeit ist) ist eine notwendige Bedingung für die Invertierbarkeit von J und damit für die Eindeutigkeit der Lösung der Differentialgleichung. Weder auf dem SIMSTAR noch auf Rechnern mit 32-Bit-Arithmetik ist diese Bedingung erfüllt. Eine Analyse der Ergebnisse auf den verschiedenen Rechnern zeigt, daß 32-Bit- und 64-Bit-Arithmetik zumindest für die Zustandsvariablen optisch nicht unterscheidbare Ergebnisse bringen.

Ein weiteres numerisches Problem ist die Berechnung der rechten Seite des Differentialgleichungssystems (1). Bei den Summen treten extreme Auslöschungen auf. Eine Umskalierung dergestalt, daß aus allen Zustandsgrössen und Tabellenfunktionen konstante additive Anteile abgezogen werden (d.h. es werden die Grössen auf ihren wirklichen Wertebereich skaliert) verbessert das Auslöschungsverhältnis um bis zu den Faktor 1000; die SIMSTAR-Simulation dieses Modell stimmt nun auch mit der digitalen Simulation gut überein.

Literatur

[1] M. Atanasijević, R. Karba, F. Bremšak, Semibatch Distillation Modelling and Control Design, Proceedings des 3. Symposiums Simulationstechnik, Bad Münster am Stein-Ebernburg, Sept. 1985, S. 464–486, Springer.

[2] M. Šega, M. Atanasijević, R. Karba, M. Milanović, Computer Aided Design of Semibatch Distillation Column Control, Proceedings des 2. Euroean Simulation Congress, Antwerpen, Sept. 1986, S. 528–534.

[3] B. Zupančič, D. Matko, R. Karba, M. Šega, SIMCOS–Digital Simulation Language with Hybrid Capabilities, Proceedings des 4. Symposiums Simulationstechnik, Zürich, Sept. 1987, S. 205–212, Springer.

[4] ACSL Reference Manual, Ed. 4.1, Mitchell & Gauthier Assoc., Concordia, Mass.

[5] D. Solar, HYBSYS/PTRAN – An Experimental Tool for the EAI Simstar Parallel Multiprocessor, Proceedings des 2. Euroean Simulation Congress, Antwerpen, Sept. 1986, S. 449–451.

Graphische Simulation

DIPL. ING. A. EHLEN UND DR. ING. P. MAUSBACH
ECKARD DESIGN GMBH, ROBERT-BOSCH-STR. 10. 5000 KÖLN 71

Einführung:

Die Auswahl und Positionierung von Schweißzangen zum Punktschweißen von Fahrzeugkarosserien und Karosserieteile ist wegen der komplexen Geometrie der Fahrzeugstruktur vollständig im dreidimensionalen Raum zu simulieren. Das gleiche gilt für Bördelaggregate, die zum Umlegen von Bördelflanschen an Karosserieteilen verwendet werden. In aufwendigen Bördel- und Schweißstudien untersucht der Ingenieur, inwieweit Kollisionen des betreffenden Aggregates mit den Produktionsteilen oder mit benachbarten Aggregaten auftreten. Hinterschnitte, Spann- und Justiereinrichtungen für die Produktionsteile, sowie der komplette Bewegungsraum von Schweißzangen und Bördelaggregaten müssen dabei berücksichtigt werden. Diese Untersuchungen werden heute vom Ingenieur ausschließlich am Zeichenbrett durchgeführt, wobei er auf die mit CAD-Systemen erzeugten Geometriedaten der Produktionsteile zurückgreift. In Zusammenarbeit mit den FORD-Werken AG, Köln wurde von der Firma ECKARD DESIGN ein Programm entwickelt, daß es ermöglicht, die oben skizzierten Untersuchungsabläufe zu simulieren. Die entwickelten Module wurden in das FORD eigene FIXTURE-DESIGN-SYSTEM/BODY CONSTRUCTION (FIDES/BC) integriert.

Wegen des begrenzten Raumes wollen wir uns hier auf die Beschreibung der Simulation und Positionierung von Bördelaggregaten beschränken. Das parallel entwickelte Simulationssystem für die Schweißzangen entspricht in den prinzipiellen Aspekten der Simulation und Positionierung von Bördelaggregaten.

Im folgenden Abschnitt wird die Funktion von Bördelaggregaten erklärt, sowie die Problemdefinition mit mathematischer Formulierung gegeben. Das anschließende Kapitel beinhaltet Erläuterungen zu Systemroutinen und zum Systemaufbau (Menüstruktur), wobei die Benutzerschnittstellen und interaktive Eingriffsmöglichkeiten diskutiert werden. Ergebnisse der Simulation sind im letzten Abschnitt anhand ausgewählter Beispiele dargestellt.

Funktion und Problemdefinition

Karosserieteile wie Türen, Heckklappen, Kofferdeckel und Motorhauben werden im Fahrzeugbau, mit den zur Verstärkung benutzten Innenblechen, an den Außenkanten durch eine Bördelung miteinander verbunden. Hierzu muß der Bördelflansch des Außenbleches um das zugehörigen Innenblech umgelegt werden.

Der Bördelvorgang erfolgt durch Aggregate wie in <u>Abb. 1.a</u> gezeigt. Die Produktionsteile werden in der Vorrichtung in Kontursteinen aufgenommen und justiert, sowie mittels Spannsystemen, die an einem Grundrahmen befestigt sind, gehalten. Die Bördelaggregate sind über einen Aufnahmebock ebenfalls am Grundrahmen befestigt. Mittels eines Schiebers wird der Bördelstein über den Bördelflansch des Außenbleches bewegt. Durch das Umlegen des Bördelflansches wird die Verbindung vom Außenblech zum Innenblech bewirkt. Die Bewegung des Schiebers erfolgt über einen Pneumatikzylinder, dessen Kraft mit Hilfe eines Hebelssystems auf den Schieber übertragen wird. Die konstruktive Aufgabe ist es, das Bördelaggregat an einem Bördelpunkt P_0 für eine definierte Raumlage des Produktionsteiles zu positionieren.

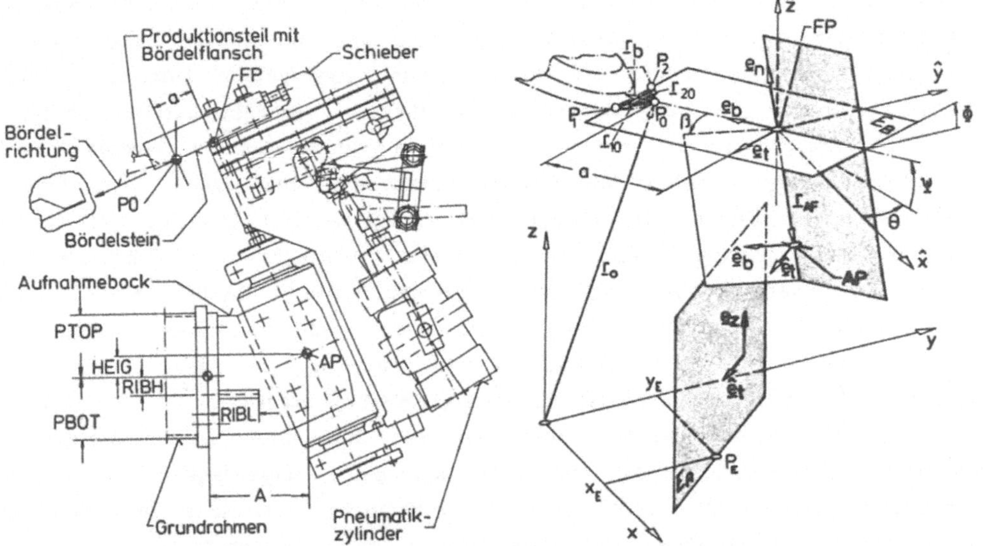

<u>Abb. 1</u>: Bördelaggregat zum Bördeln von Karosserieteilen im Fahrzeugbau.

      (a) Aufbau und (b) Positionskoordinatendefinition

Die Positionierung wird durch Angabe eines Verschiebungsvektors und der Orientierung der Bördelebene (E_B) definiert (<u>Abb. 1.b</u>). Wenn die Kontur des Produktionsteiles durch eine allgemeine Flächengleichung

$$F(x,y,z) = 0 \text{ im } \mathbb{R}^3 \tag{1}$$

gegeben ist, kann eine 'gute' Orientierung von E_B gefunden werden, indem die Abstände $d(\underline{p}, \underline{q})$ ($\underline{p} \in E_B$, $\underline{q} \in F$) in einer Umgebung um P_0 minimiert werden:

$$|\underline{q} - \underline{p}_0| = \min_{\underline{p} \, \in \, E_B} |\underline{q} - \underline{p}| \tag{2}$$

Eine technisch hinreichende Lösung wäre sicher durch die Tangentialebene

$$(\underline{e}_n - \underline{r}_0) \, \partial_u \underline{r} \, \partial_v \underline{r} = 0 \tag{3}$$

im Punkt P_0 gegeben, $\underline{e}_n$ ist dabei der Normalenvektor der Fläche in P_0. Da aber die notwendigen Differenzierbarkeitbedingungen von F in P_0 nicht generell

aggregates können über die Menüpunkte RB, TB, NB und ROT_PO Relativ-

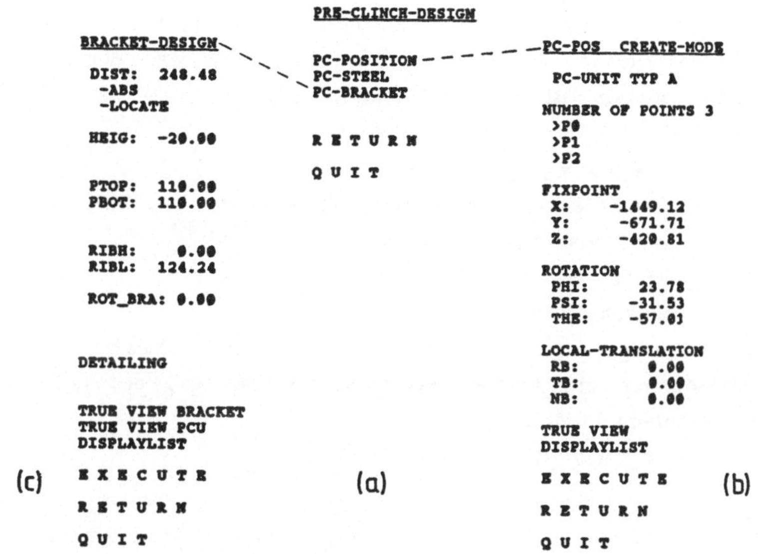

Abb. 2: Anwenderschnittstelle, Haupt- und Untermenüs zur Positionierung und Simulation von Bördelaggregaten

positionen simuliert werden. Mit einem hier nicht aufgeführten Basismenü können Ansichten unter beliebigen Winkeln definiert werden, die es erlauben eine erste räumliche Vorstellung der später zu konstruierenden Vorrichtung zu erhalten. Die Konstruktion eines Aufnahmebockes, mit dem das Bördelaggregat am Grundrahmen befestigt wird, geschieht über ein Menü wie in Abb. 2.c gezeigt. Hierin kann der Ingenieur über eine Reihe von Konstruktionsparameter (PTOP, PBOT, DIST, HEIG, RIBL, RIBH) die Gestalt des Aufnahmebockes simulieren und letztendlich festlegen.

Ausgewählte Fallbeispiele

Abb. 3 und Abb. 4. zeigen die räumliche Positionierung und Simulation von Bördelaggregaten am Beispiel einer Motorhaube und einer Tür. Zusäzlich ist in Abb. 4.b die Positionierung von Schweißzangenaggregaten gezeigt. Die Programme laufen zur Zeit auf Prime Rechner im Verbund mit Lundy Graphikbildschirmen. Dies bedingt, daß lediglich eine Drahtmodell (Wire-frame) Darstellung der Aggregate möglich ist. Zukünftige Konzepte sehen die Übertragung der Programme auf leistungsfähige farbgraphische Workstations vor. Mit diesen Workstations ist eine realistische 3D-Solid-Modell-Darstellung möglich. Optische Kontrollmöglichkeiten (gerade auch im Hinblick auf Kollisionuntersuchungen) werden damit wesentlich erleichtert.

(z.B. bei Charakterlinien) vorausgesetzt werden können und aus konstruktiven Gründen eine 'ideale' Positionierung oft noch abgeändert wird, wählten wir den folgenden praxisnahen Weg. Neben dem Bördelpunkt $P_0(r_0)$ werden durch den Benutzer die zusätzlichen Punkte $P_1(r_1)$ und $P_2(r_2)$ am Bördelflansch gesetzt (siehe Abb. 1.b). Mittels dieser drei Punkte P_0, P_1, P_2 ist die Bördelebene definiert.

$$\text{EB:} \quad \underline{x}_B = \underline{r}_0 + \lambda\,\underline{r}_{10} + \mu\,\underline{r}_{20} \quad (\lambda, \mu \in R) \tag{4}$$

Die Bördelrichtung, in die der Bördelstein zu bewegen ist, soll in Richtung der Winkelhalbierenden der beiden Vektoren

$$\underline{r}_{i0} = \underline{r}_i - \underline{r}_0 \quad (i=1,2) \tag{5}$$

verlaufen und ist gegeben durch

$$\underline{r}_b = \underline{e}_1 + (\underline{e}_2 - \underline{e}_1)/2 \quad (\text{mit } \underline{e}_1 = \underline{r}_{10}/|\underline{r}_{10}|). \tag{6}$$

Mit diesen Größen ist ein lokales Koordinatensystem $(\underline{e}_b, \underline{e}_t, \underline{e}_n)$ zu definieren. $\underline{e}_n$ wird über das äußere Produkt

$$\underline{e}_n = \underline{r}_{20} \times \underline{r}_{10}/|\underline{r}_{20} \times \underline{r}_{10}|, \tag{7}$$

$\underline{e}_b$ mit

$$\underline{e}_b = \underline{r}_b/|\underline{r}_b| \tag{8}$$

und $\underline{e}_t$ über

$$\underline{e}_t = \underline{e}_n \times \underline{e}_b \tag{9}$$

bestimmt. Dieses lokale Koordinatensystem liegt im körperfesten Fixpunkt (FP) des Bördelaggregates, der um eine Distanz 'a' entgegen der Bördelrichtung zu P_0 verschoben ist

$$\underline{r}_{FP} = (\hat{x}, \hat{y}, \hat{z}) = \underline{r}_0 - \underline{e}_b \cdot a. \tag{10}$$

Die Orientierung (Θ, ψ, ϕ) von E_B bestimmt sich über die inneren Produkte

$$-\underline{e}_x \cdot \underline{r}_{b,xy} = |\underline{r}_{b,xy}|\cos\Theta \tag{11}$$

und

$$-\underline{e}_z \cdot \underline{r}_b = |\underline{r}_b|\cos\psi \tag{12}$$

und

$$\cos\phi = \underline{e}_{b,x}\cos\Theta\sin\psi + \underline{e}_{b,y}\sin\psi\cos\Theta + \underline{e}_{B,z}\cos\psi \tag{13}$$

Ausgehend von dieser 'idealen' Position sollen dann verschiedene Relativpositionen für das Bördelaggregat simuliert werden können.

Translatorische Verschiebungen $\underline{r}^*_{FP} = \underline{r}_{FP} + \delta_b\,\underline{r}_b + \delta_t\,\underline{e}_t + \delta_n\,\underline{e}_n$ sind über die Parameter δ_b, δ_t, δ_n in entsprechenden Richtungen simulierbar. Zusätzlich wird eine Rotation des Bördelaggregates um eine Drehachse in P_0 und parallel zu $\underline{e}_n$ ermöglicht. Ist dann die Position des Bördelaggregates bestimmt, so wird automatisch vom System ein Aufnahmebock zur Befestigung des Aggregates am Grundrahmen konstruiert (Abb. 1.a). Der Aufnahmebock ist an einem drehbaren Bolzen im Aufnahmepunkt (AP) fixiert und ist im allgemeinen gegenüber $\underline{e}_b$ um den Winkel β weggedreht (Abb. 1.b). AP ist gegenüber FP um $\underline{r}_{AF}$ verschoben. In AP wird ein lokales Koordinatensystem $(\hat{\underline{e}}_b, \hat{\underline{e}}_t, \underline{e}_n)$ bezüglich des Aufnahmebockes definiert. Die Befestigungsebene am Rahmen (E_R) ist durch einen Punkt

P$_E$ (x,y) und der Forderung, daß sie senkrecht auf der (x,y)-Ebene steht, definiert. P$_E$ könnte z.B. ein Eckpunkt des Grundrahmens sein. Aus konstruktiven
Gründen muß $\hat{e}_t$ in E$_R$ liegen, so daß

$$E_R : \underline{x}_R = \underline{r}_E + \xi\,\hat{e}_t + \eta\,\underline{e}_z \qquad (\xi, \eta \in R) \qquad (14)$$

gilt. Zur Konstruktion des Aufnahmebockes muß der wahre Winkel γ zwischen
der Rahmenebene E$_R$ und der Ebene die durch ($\hat{e}_t$, $\underline{e}_n$) aufgespannt wird, und
der wahre Abstand (A) von AP zu E$_R$, berechnet werden. γ bestimmt sich über
das innere Produkt

$$\hat{e}_b \cdot (\underline{e}_z \times \hat{e}_t) = \cos\gamma \qquad (15)$$

und A wird aus

$$A = (\underline{r}_{FP} + \underline{r}_{AF} - \underline{r}_E) \cdot \underline{e}_r \qquad (16)$$

bestimmt, mit

$$\underline{e}_R = (\cos\alpha, \sin\alpha, 0). \qquad (17)$$

α, die Orientierung von E$_R$, ist wiederum durch das innere Produkt $\underline{e}_x \cdot \hat{e}_{t,xy}$
bestimmt. Mit diesen Parametern wird ein sogenannter 'Default'- Aufnahmebock
konstruiert. Verschiedene Varianten hierzu können über die Parameter
(Abb. 1.a) PTOP, PBOT, HEIG, RIBH und RIBL simuliert werden.

Benutzerschnittstellen, Menüs und Implementierung

Die in diesem Aufsatz vorgestellten Simulationsmodule sind Bestandteile des
FIDES/BC-Systems, das die Macro-Sprache PDL II zum 3D-Solid-Modelling enthält
(PDL - Parametric-Design-Language). Weitere Routinen zur Datenverarbeitung,
geometrischen Darstellung und Zeichnungsausgabe bilden Basismodule dieses
Systems. Die für den Ingenieur wichtigen konstruktiven Parameter, als auch die
Parameter zur Positionierung und Simulation können über Auswahlmenüs angewählt und eingegeben werden. Sie erlauben zunächst eine schnelle Ausgangs-
positionierung am Produktionsteil durchzuführen. Veränderungen einiger Parameter ermöglichen dann die Varianten der Positionierung zu simulieren, die
sofort graphisch am Bildschirm kontrollierbar sind. Abb. 2.b zeigt das Menü für
die Positionierung und Konstruktion eines Bördelaggregates. Der Einstieg in das
Positionierungsmodul geschieht im Hauptmenü (Abb. 2.a) unter PC-POSITION. Die
Vorgehensweise ist dabei folgende: Zuerst werden nacheinander die Positi-
onspunkte P$_i$ (i=0,1,2) gesetzt. Dazu werden jeweils P0, P1, und P2 im Menü
'gepickt' und anschließend mit einem Fadenkreuz in der Nähe einer Linie des
Produktionsteils digitalisiert. Der entsprechende Punkt auf der Linie des Produktionsteils wird mittels der System-Routine GEO_EXAMINE ermittelt. Nachdem
alle drei Punkte gesetzt wurden, kann mit EXECUTE eine 'Default'-Position
bestimmt werden. Die ermittelten Werte für FP und die Winkel werden aktualisiert und angezeigt. Nun können diese Werte nach eigenem Belieben verändert
werden, wobei nach einem erneuten EXECUTE das Bördelaggregat in der neuen
Position dargestellt wird. Ausgehend von der so ermittelten Lage des Bördel-

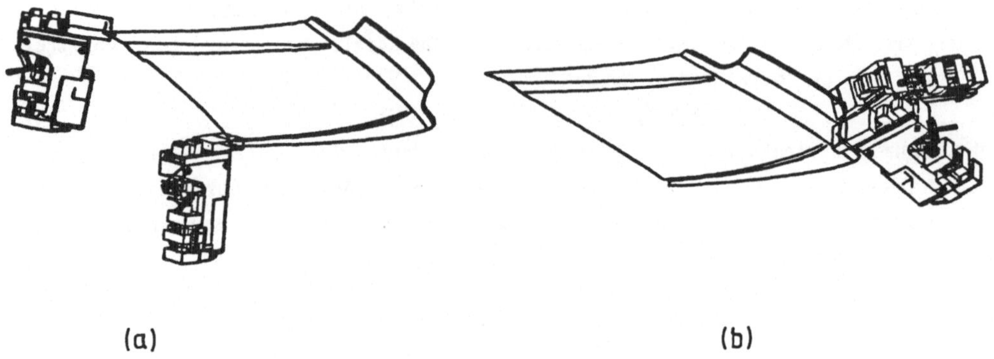

(a)   (b)

<u>Abb. 3:</u>   Beispiel Motorhaube. (a) zeigt einfache Bearbeitungstellen;
(b) die komplexe 3D-Positionierung und Simulation von
zwei Bördelaggregaten.

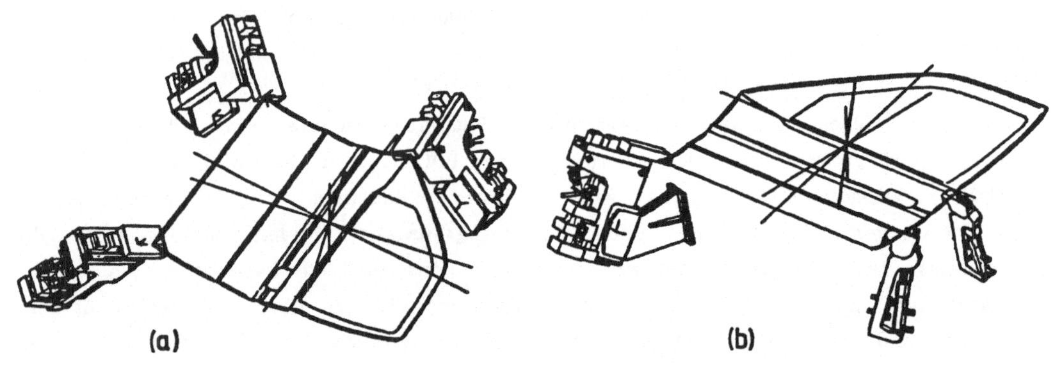

(a)   (b)

<u>Abb. 4:</u>   Beispiel Tür. (a) zeigt mehrere Bördelaggregate im Raum;
(b) zeigt ein Bördelaggregat sowie zwei Schweißzangenaggregate

Danksagung

Die Autoren möchten sich bei den FORD-Werken AG, Köln für die freundliche Genehmigung der Veröffentlichung der in den Abb. 1a, 3 und 4 gezeigten Bilder bedanken. Ein besonderer Dank gilt der Abt. System-Office, ohne deren Systemroutinen die hier vorgestellte Arbeit nicht möglich gewesen wäre. Ebenfalls sprechen wir der Abt. NF/FF-21 unseren Dank aus, die in vielen Diskussionen zur Konstruktionssystematik der Bördel- und Schweißzangenaggregate uns zur Verfügung standen.

Graphische Simulation als Werkzeug für die on-line Kollisionsvermeidung bei Handhabungssystemen

M. a Campo; W. Ameling

Rogowski Institut für Elektrotechnik
RWTH Aachen, Schinkelstr. 2, D-5100 Aachen

1. Einleitung

Die vorliegende Arbeit beschreibt ein Robotersimulationssystem, mit dem Hard- und Softwarekomponenten einer modernen Robotersteuerung entwickelt und getestet werden können. Als Ausgabemedium dient ein Graphiksystem nach der Norm GKS-3D, auf dem die Bewegungen der Roboter in Echtzeit verfolgt werden können. Am Beispiel der Entwicklung einer Kollisionsvermeidungsstrategie wird der Einsatz dieses Systems gezeigt.

2. Die Notwendigkeit der Robotersimulation

Um universelle Verfahren zur Robotersteuerung zu entwickeln, ist eine entsprechende universelle Umgebung erforderlich. Mit einem solchen System muß es möglich sein, neue Methoden nicht nur für alle vorhandenen Robotertypen, sondern auch für noch nicht existierende Roboter zu implementieren und zu testen. Da die Anschaffung bzw. der Bau dieser Roboter einen riesigen Maschinenpark und große Kosten zur Folge hätte, bietet sich hier die Simulation als Entwicklungswerkzeug an. Außerdem befreit sie von der Notwendigkeit, sich mit den schwer zugänglichen Unterlagen der Hersteller zur Steuerung ihrer Roboter auseinanderzusetzen. Schnittstellenprobleme zwischen den neu entwickelten Komponenten und der gekauften restlichen Steuerung werden von vornherein vermieden.

3. Das Simulationssystem

Das Robotersimulationssystem besteht aus einer Datenbank zur Beschreibung der Roboter, einem Satz Grundoperationen für ihre Bewegung, Funktionen zur Definition und Manipulation von Objekten im Arbeitsraum (z.B. Hindernissen) sowie der graphischen Ausgabe.

3.1 Die Datenbank zur Beschreibung der Roboter

Hier ist die kinematische Struktur der Roboter mit den DH-Para-

metern a,d,α und Θ abgelegt. Diese Daten werden insbesondere für
die inverse Koordinatentransformation (Umrechnung von Position
und Orientierung des Greifers in Gelenkstellungen) benötigt.
Außerdem ist hier der physikalische Aufbau der Roboter gespeichert (Abmessungen der Glieder, maximale bzw. minimale Gelenkstellungen, maximal zulässige Gelenkgeschwindigkeiten etc). Diese
Angaben werden durch Daten zur Darstellung der Roboter auf dem
Bildschirm (Farbe, Linienstärke etc) ergänzt. Da sich die bisherigen Untersuchungen auf orthogonale sechsachsige kinematische
Strukturen beschränkten (DH-Parameter α ist stets ein ganz-
zahliges Vielfaches von $\pi/2$), sind in der Datenbank momentan die
sich aus dieser Einschränkung ergebenden 20 möglichen Robotertypen gespeichert (/SCHOP87/). Diese 20 Typen umfassen alle auf dem
Markt verfügbaren Roboter. Neue Datensätze zur Beschreibung weiterer Roboter können interaktiv generiert und editiert werden.

3.2 Grundoperationen der Roboter

Alle Operationen der Roboter setzen sich aus den folgenden
Grundoperationen zusammen:

- Move_To_Next_Point: Ein oder mehrere Roboter bewegen ihre
  Effektoren in vorher angegebene Positionen und Orientierungen;
- grip/ungrip: Ein Gegenstand wird gegriffen bzw. losgelassen;
- swap: Zwei Roboter tauschen zwei Objekte aus;

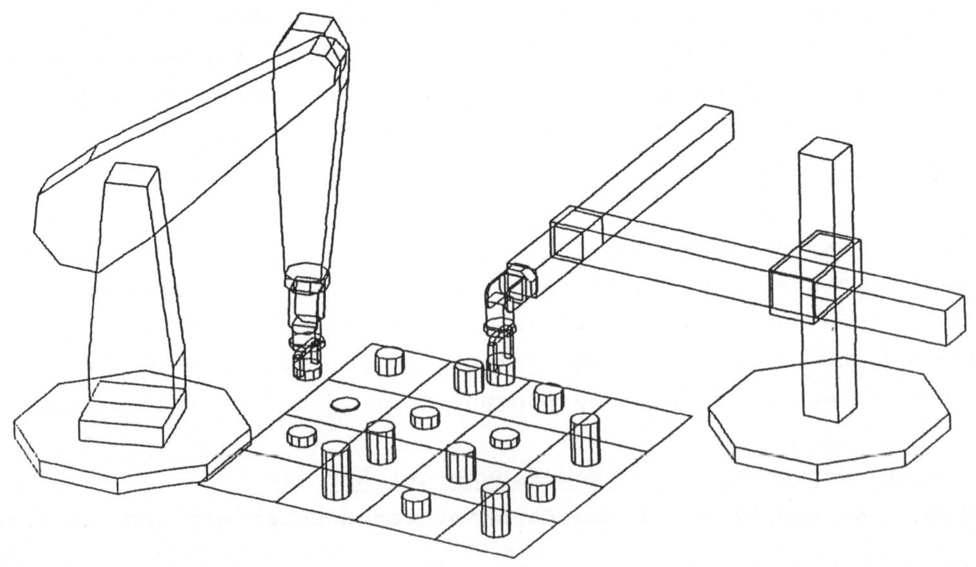

<u>Bild 1</u> Quicksort

Die letzte Grundoperation wurde geschaffen, um das besonders anschauliche Beispiel von Sortieroperationen mittels des Quicksortalgorithmus zu implementieren (Bild 1). Die Steuerung der Roboterbewegungen findet mittels einer einfachen Punkt zu Punkt-Steuerung statt, wobei im Normalfall im kartesischen Raum auf einer Geraden zwischen Start- und Zielpunkt linear interpoliert wird und nur in Ausnahmefällen (z.B. in der Nähe von singulären Stellen) auf die Interpolation auf Gelenkebene umgeschaltet wird.

3.3 Definition und Manipulation von Objekten

Mit diesen Funktionen können feste und bewegliche Objekte im Arbeitsraum definiert werden. Außerdem kann ein bewegliches Hindernis mittels einer Programmierkugel mit sechs Freiheitsgraden willkürlich im Arbeitsraum bewegt werden.

3.4 Graphische Ausgabe

Die Implementierung des Graphiksystems erfolgte nach der Norm GKS-3D. Die Vorteile von GKS liegen in der völligen Unabhängigkeit des Programmierers von der Hardware. Die Glieder der Roboter sowie die Objekte im Arbeitsraum werden dabei als Segmente definiert (Bild 2). Diese Segmente sind nach ihrer Definition unveränderlich, ihre Position und Orientierung im kartesischen Raum wird durch die Segmenttransformationsmatrix gegeben.

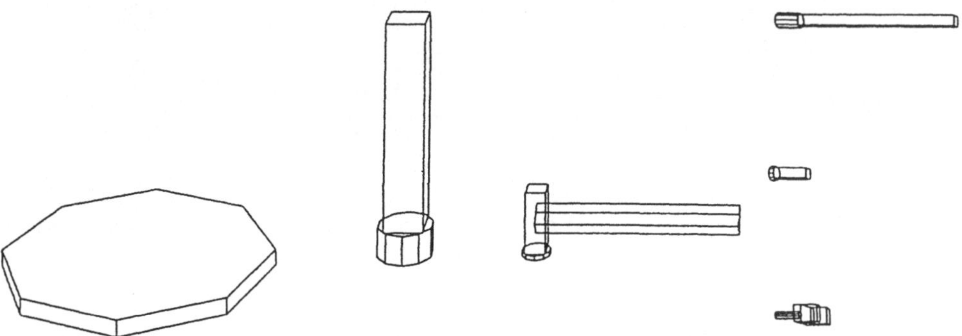

Bild 2 Definition eines Roboters unter GKS

Vor der Ausgabe eines neuen Bildes wird deshalb für jedes Segment die entsprechende Matrix berechnet, um einen Bewegungsablauf zu generieren (Bild 3). Aus Gründen einer schnellen graphischen Ausgabe wurde auf die Implementierung eines vollen "hidden line" Algorithmus vorerst verzichtet. Nur die vom Objekt selbst verdeckten eigenen Kanten werden durch ein einfaches Verfahren entfernt (Richtung der Flächennormalen). Die damit erzielte Darstellung ist jedoch schon wesentlich übersichtlicher als bei einem reinen Drahtmodell. Die Bildwiederholrate ist stark abhängig von der Komplexität der dargestellten Szene und schwankt zwischen 25 Bildern pro Sekunde und ca. 3-4 Bildern pro Sekunde.

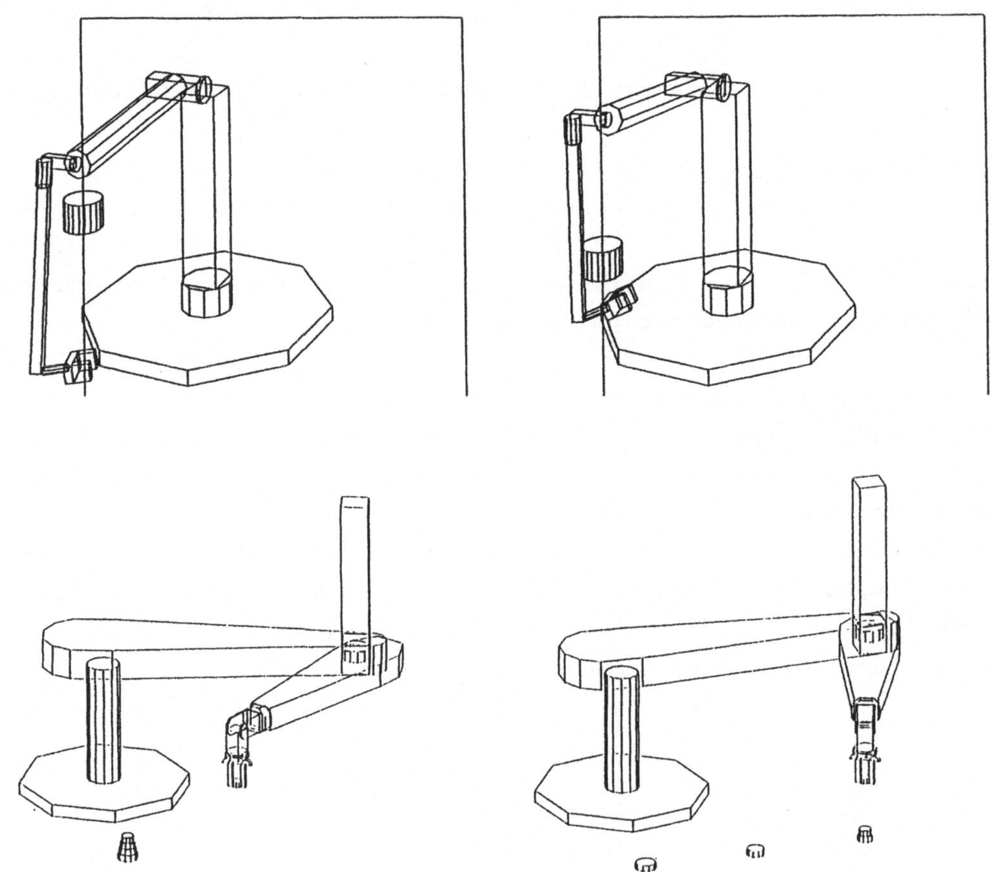

<u>**Bild 3**</u> Beispiele für die Darstellung von Bewegungsabläufen unter GKS

4. Kollisionsvermeidung durch schrittweise Verfeinerung

In der Literatur finden sich zahlreiche Verfahren zur Kollisionsvermeidung, die sich aber auf zwei grundlegende Strategien reduzieren lassen. In den Verfahren, die auf den Ideen von Lozano-Perez basieren (z.B. /LOZA87/) wird der Roboter durch seinen Konfigurationsraum beschrieben. Der Konfigurationsraum ist ein Koordinatensystem, dessen Achsen durch die Gelenkvariablen der Robotergelenke gegeben sind. Transformiert man nun die Hindernisse in diesen Konfigurationsraum, kann dort mit entsprechenden

Algorithmen nach einer Ausweichbahn gesucht werden. Da die entsprechende Transformation aber sehr rechenintensiv ist, sind bisher nur Implementierungen für Roboter mit drei Achsen erfolgt (/GERK85/). Alle anderen Verfahren basieren auf einer Beschreibung von Roboter und Hindernissen im kartesischen Raum. Das bisher allgemeinste Verfahren ist das in /FREU86/ beschriebene, welches eine gleichartige Behandlung von Robotern und Hindernissen aufweist. Die mit dieser Methode erfaßbare Menge an Roboterkinematiken ist allerdings eingeschränkt. Außerdem liegt momentan nur die Implementierung für den zweidimensionalen Fall vor.

Für ein allgemeines Verfahren zur Kollisionsvermeidung ergeben sich einige grundlegende Forderungen:

- Roboter <u>und</u> Hindernisse müssen erfaßbar sein;
- eine möglichst große Klasse von Robotern soll erfaßt werden, insbesondere geschlossene kinematische Ketten (hohe mechanische Stabilität bei relativ geringem konstruktiven Aufwand) sowie kinematisch redundante Roboter, die um Hindernisse "herumgreifen" können;
- die verwendeten Algorithmen/Datenstrukturen sollten möglichst wenig von der Kinematik der Roboter abhängen;
- Echtzeitfähigkeit;
- Kollisionsvermeidung im 3-dimensionalen Raum.

Grundlage des im folgenden beschriebenen Verfahren bildet die in /GOUZ84/ beschriebene Methode zur off-line Transformation von ortsfesten Hindernissen in den Konfigurationsraum. Die dort vorgestellte Idee einer hierarchischen geometrischen Beschreibung des Roboters findet hier Anwendung.

Gegeben sei ein Roboter mit beliebiger kinematischer Struktur. Weiterhin sollen sich in seinem Arbeitsraum beliebige ortsfeste und bewegliche Hindernisse sowie andere Roboter befinden. Um eine schnelle Überprüfung des Roboters auf Kollision zu erreichen, wird dieser durch eine Datenstruktur beschrieben, die ihn auf einfache geometrische Strukturen reduziert:

- Körper C_{j-n} enthält als Teilmenge die Vereinigungsmenge aller Raumpunkte, die der Roboter mit den Armen j bis n bei allen möglichen Stellungen der Gelenke j bis n einnehmen kann;

- Körper C_j enthält als Teilmenge das Volumen, das vom Arm j eingenommen wird.

(j läuft jeweils von 1 bis n)

Im Idealfall sollten die Körper C_{j-n} und C_j genau gleich den oben erwähnten Volumina sein, doch müssen hier Kompromisse zwischen Genaugkeit der Beschreibung und Schnelligkeit der Verarbeitung geschlossen werden. So werden z.B. die Arme des Roboters zu Zylindern oder Säulen vereinfacht. Trotzdem besitzen insbesondere die C_{j-n} für einen Roboter mit beliebiger Kinematik meist noch eine komplizierte Struktur. Schränkt man aber die Klasse der betrachteten Roboter auf orthogonale Typen ein, ergeben sich einfache geometrische Formen. Diese Einschränkung ist in der Praxis ohne Bedeutung. Die Kollisionsvermeidung findet nach dem im folgenden etwas vereinfacht dargestellten Algorithmus statt (hier: Kollision mit einem Hindernis):

<u>Voraussetzungen:</u>
- Kollisionsfreiheit für Gelenk j ist garantiert für $0 \leq t \leq t_{jreak}$, wobei t_{jreak} eine vorgegebene Reaktionszeit für Gelenk j ist (Startbedingung);
- die Abtastrate des Systems ist so hoch, daß auch schnelle Bewegungen der Objekte, die zu Kollisionen führen können, erkannt werden;
- das Hindernis wird durch einen "Roboter" mit dem Freiheitsgrad 1 beschrieben: $H_{1-1} = H_1$.

<u>Algorithmus:</u>
1) j=1;
2) Bilde die Schnittmenge von $C_{j-n}(t+t_{jreak})$ und $H_{1-1}(t+t_{jreak})$, besteht keine Kollisionsgefahr (leere Menge), ist der Algorithmus beendet;
3) Überprüfe Kollision von $C_j(t+t_{jreak})$ mit $H_{1-1}(t+t_{jreak})$ und korrigiere Gelenkgeschwindigkeit q_1', falls nötig;
4) Positioniere Gelenk j für die weitere Berechnung auf $q_j = q_j + q_j' \cdot t_{jreak}$ (nur fiktiv);
5) j=j+1;
6) IF $j \neq n+1$ THEN GOTO 2).

Die Überprüfung zweier Roboter auf Kollision erfolgt analog, wobei in Schritt 3) auch der zweite Roboter in seine ihn beschreibenden Volumina zerlegt wird.

Ein Beispiel ist in Bild 4 gegeben. Durch die hier beschriebene schrittweise Verfeinerung läßt sich nach _spätestens_ n Schleifendurchläufen eine Kollision vermeiden. Diese maximale Anzahl von Schritten wird aber nur in den seltenen Fällen benötigt, in denen für den Effektor Kollisionsgefahr besteht. Im Normalfall ist der Algorithmus schon nach einer geringeren Zahl von Schritten beendet.

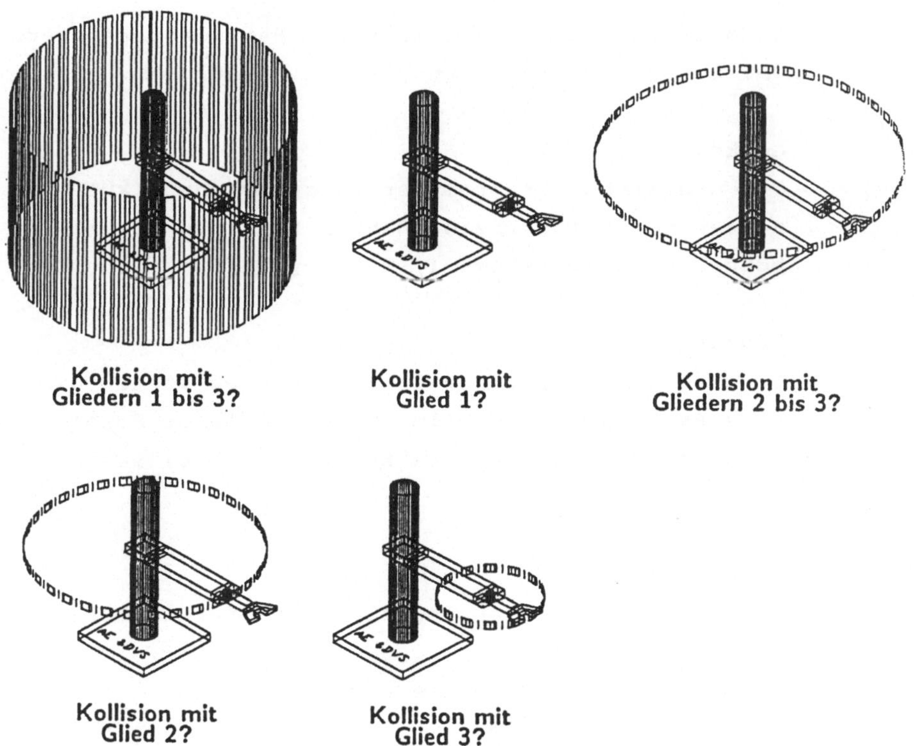

Bild 4 Kollisionsvermeidung durch schrittweise Verfeinerung

5. Ergebnisse der Simulation

Der oben beschriebene Algorithmus wurde in einer Softwareversion implementiert und mit dem Robotersimulationssystem getestet. Dabei verfuhren sechsachsige Roboter mit unterschiedlichen Kinematiken eine vorgegebene Bahn und wurden dabei von einem bewegli-

chen Hindernis "gestört". Die Kollisionsfreiheit wurde durch den
Algorithmus unter den in Kapitel 4 gemachten Voraussetzungen garantiert, doch ergaben sich aufgrund der Lokalität der Kollisionsvermeidungsstrategie große Abweichungen von Effektor und Ge-
lenkpunkten im kartesischen Raum gegebüber den ursprünglich geplanten. Deshalb erstrecken sich die momentanen Arbeiten an diesem Projekt auf Erweiterungen, die über eine globale Optimie-
rungsfunktion im kartesischen Raum einen glatteren Bahnverlauf
ermöglichen.

6. Literatur

/FREU86/   Freund, E./Hoyer, H.
                  Automatische Bahnbestimmung für Mehrrobotersysteme
                  VDI Bericht Nr. 598, pp 395-412, 1986

/GERK85/   Gerke, W.
                  Die dynamische Programmierung zur Planung kür-
                  zester kollisionsfreier Bahnen für Industriero-
                  boter, Robotersysteme 1/1985, pp 43-52

/GOUZ84/   Gouzenes, L.
                  Strategies for Solving Collision-free Trajecto-
                  ries Problems for Mobile and Manipulator Robots
                  Int. Journal of Robotics Research, No.4/1984
                  pp 51-65

/LOZA87/   Lozano-Perez, T.
                  A Simple Motion-Planning Algorithm for General
                  Robot Manipulators
                  IEEE Journal of Robotics and Automation
                  Juni 1987 pp 224-238

/SCHO87/   Schopen, M.
                  Die Auswahl von Handhabungsgeräten aufgrund der
                  charakteristischen Merkmale ihrer kinematischen
                  Strukturen
                  VDI Fortschrittberichte, Reihe 2 Band 127, 1987

Simulation und Computergraphik

Prof. Dr.-Ing. Dipl.-Wirt.-Ing. W. Eversheim
Dipl.-Ing. H. G. Thome

1. Einleitung

Die Erfolge der Simulationstechnik in den letzten Jahren sind
sehr eng mit den Fortschritten der Computertechnik verknüpft. Die
Verbesserung von Hard- und Software eröffnet der Simulationstechnik neue Anwendungsgebiete. Einen wichtigen Beitrag zu dieser
Entwicklung liefert die Computergraphik. Sie hat die Aufgabe eines Mittlers zwischen Nutzer und Computer übernommen und unterstützt den Nutzer sowohl bei der Steuerung umfangreicher Simulationsprogramme als auch bei der Darstellung komplizierter Zusammenhänge und Abhängigkeiten. Dabei stellt die Normung der Graphik
in Form des "Graphischen Kernsystems (GKS)" einen wichtigen Beitrag zum Aufbau von geräteunabhängiger Software dar.

2. Computergraphik
2.1 Grundlagen der Computergraphik

Zwischen den Erfolgen der Simulationstechnik und der enormen Leistungssteigerung der Hardware besteht ein kausaler Zusammenhang.
Der Einsatz von Computergraphik auf Personal-Computern (PC) und
Workstations steht erst in seinen Anfängen und wird in den nächsten Jahren weiter ansteigen. Computergraphik wird auch den Simu-
lationslaien den Zugang zum Werkzeug Simulation eröffnen. Für die
Gestaltung und den Aufbau dieser Mensch-Computer-Schnittstelle
sind eine Vielzahl unterschiedlicher Aspekte zu berücksichtigen.

Der Entscheidungsprozeß in einem Unternehmen läuft auf den verschiedenen Unternehmensebenen nach sehr unterschiedlichen Regeln
ab. In Abhängigkeit von der Anwendung in verschiedenen Unterneh-
mensbereichen werden unterschiedliche Anforderungen an das Werkzeug Simulation gestellt. Bei der Gestaltung des Dialogs zwischen
Mensch und Maschinen muß dieser Aspekt berücksichtigt werden, da
die Akzeptanz der Software vom Aufbau des Informationsaustausches
abhängt. Es gelten dabei folgende Grundsätze:

- Die Programm- bzw. die Dialogstruktur muß unter Berücksichtigung der Problemlösungsstrategie des Nutzers erfolgen.
- Es sind Help-Bildschirme, Window-Multitasking-Techniken einzusetzen.
- Der Aufbau der Dialogführung muß software-ergonomische Erkenntnisse berücksichtigen.
- Der Informationsaustausch zwischen Benutzer und Computer muß
  verständlich und klar interpretierbar sein.

2.2 Aufbau des "Graphischen Kernsystems" (GKS)

Die gesamte Computertechnik befindet sich in einem permanenten
technologischen Wettstreit. Kennzeichen sind die extrem kurz auf-
einanderfolgenden Innovationsschübe. Dies ist besonders ausgeprägt im Bereich der Computergraphik. Die Folge ist ein verständliches Zögern bei Softwareentwicklern und -käufern, da sie be-
fürchten, daß bereits nach wenigen Monaten ein neues Hardwaresy-
stem mit erheblich verbesserten Leistungsdaten auf dem Markt er-

hältlich sein wird. Zudem besteht die Gefahr, daß die dann neue
Hardware zur gekauften Applikation inkompatibel sein könnte. Die
Unterschiede können bestehen im Aufbau:

- des verwendeten Betriebssystems,
  (VMS, MS-DOS, Unix, ...),
- der verwendeten internen Dekodierung
  (dem Aufbau des Graphik-Prozessors),
- dem Steuerbefehlssatz für den Graphik-Prozessor,
- des verwendeten Bildschirmaufbaus und der Anzahl gleichzeitig
  darstellbarer Farben.

Mit GKS wurde erstmals eine Norm für ein geräte- und applika-
tionsunabhängiges Basisgraphiksoftwaresystem entwickelt. In dieser Norm (DIN 66252 ISO) wird eine einheitliche Schnittstelle
zwischen Anwenderprogrammen und der Computergraphik definiert. Im
Gegensatz zu anderen Graphik-Systemen ist in GKS ein programmier-
sprachenunabhängiger Kern definiert /1/. Zur Anwendung innerhalb
einer Programmiersprache muß der GKS-Kern so in die jeweilige
Sprache eingebettet werden, daß die Konventionen der Programmiersprache beachtet werden. Für alle wichtigen Sprachen wurde daher
in Zusatznormen festgelegt, wie GKS innerhalb dieser Programmiersprache zu verwenden ist. Diese Normung der Graphiksoftware bietet folgende Vorteile:

- problemlose Portabilität von Anwendungsprogrammen,
- Geräteunabhängigkeit,
- einheitliches Graphikmodell,
- Referenzsystem für neue Entwicklungen und
- Richtschnur für Hardware-Hersteller.

Die GKS-Entwicklung ging davon aus, daß jedes Computerbild mit
sechs Sprachelementen beschreibbar ist.

Diese Sprachelemente sind:

- Polymarker
  Symbolische Markierungen an einer Reihe von Punkten
- Polyline
  Linienzug aus aneinanderliegenden geraden Strecken
- Fillarea
  Eine durch ein Polygon begrenzte Fläche wird mit einem be-
  stimmten Muster gefüllt
- Cellarray
  Eine Fläche wird durch ein Raster von verschiedenfarbigen
  Rechtecken bedeckt
- Text
  Schrift in verschiedener Form, Richtung und Ausführung
- GDP (Generalized Drawing Primitive)
  GDP dient zum Aufruf geräteabhängiger Funktionen, wie z. B. dem
  Zeichnen von Kreisen und Ellipsen /2/.

Zusätzlich zur Normung von Sprachelementen verwaltet GKS das für
die hardwareunabhängige Darstellung von Computergraphik notwendige Koordinatensystem. Der Graphik-Programmierer beschreibt seine
jeweilige Problemstellung in systemunabhängigen Weltkoordinaten.
Die Weltkoordinaten werden von GKS auf das "Normalisierte Geräte-
koordinatensystem" abgebildet. Die dazu notwendigen Transformationen werden durch den jeweiligen Ausschnitt in beiden Koordina-

natensystem ist geräteunabhängig. In einem weiteren Schritt werden die Koordinaten dann in die entsprechende "Gerätekoordination" transformiert. Der Zwischenschritt über die normalisierten
Gerätekoordinaten ist notwendig, um die geräteunabhängige Speicherung von Bildinformationen zu ermöglichen.

3. Beschreibung von Simulationsmodellen mit Hilfe der Computergraphik
3.1 Wege zur Beschreibung von Simulationsmodellen

Prinzipiell besteht die Möglichkeit, jedes reale System beliebig
genau in einem Modell abzubilden. Mit steigender Abbildungsgenauigkeit nimmt jedoch die Anzahl der zu detaillierenden Systemkomponenten zu, die sowohl bezüglich ihres Eigenverhaltens als auch
bezüglich ihrer Interdependenzen zu beschreiben sind. Die Nutzung
von Computern macht die Umwandlung der Modellbeschreibung in ein
Steuerprogramm notwendig. Der Umsetzungsvorgang kann auf verschiedenen Wegen erfolgen. Einen wesentlichen methodischen Anhaltspunkt für die verschiedenen Vorgehensweisen bei der Umsetzung von der Idee zum Rechnerprogramm liefert der jeweils verfolgte Weg.

Die Anfänge der rechnergestützten Simulationstechnik waren geprägt von der sofortigen Abstraktion des Modells und einer nach
Gesichtspunkten der Hardwarekonstellation ausgerichteten Modellbeschreibung. Dies bedeutete, daß schon im Ideen-Stadium technische Details des Rechners zu beachten waren. Erst dann erfolgte
der häufig mühsame Weg in Richtung auf ein voll ausformuliertes,
funktionstüchtiges und zuverlässiges Programm.

Mit der Entwicklung von speziellen Simulationssprachen änderte
sich das Vorgehen in der Weise, daß nicht mehr die Hardware, sondern die jeweils verwendete Sprache den Detaillierungsgrad des
Modells bestimmt.

Der Weg, der sich in den letzten Jahren als der zuverlässigste
und damit als anzustrebender herausstellte, ist nicht die kürzeste Verbindung von Modell zum Steuerprogramm, sondern derjenige,
bei dem auf einem möglichst hohen Abstraktionsgrad die Formalisierung des Modells vorgenommen und erst dann die Umsetzung in
den Binärcode realisiert wird. Dabei wird versucht, eine möglichst formale Problembeschreibung zu erstellen, ehe die spezifischen Fragen der technischen Realisierung und der Umsetzung in
ein lauffähiges Programm behandelt werden. Die Vorteile dieser
Vorgehensweise sind um so überzeugender, als es sich bei der Simulation nicht um ein sequentielles, sondern um ein iteratives
Vorgehen handelt.

3.2 Sprachorientierte Modellbeschreibung

Computersprachen gehören zur Gruppe der künstlichen Sprachen und
dienen der Mitteilung von Aufgabenstellungen und Parametern an
die Rechenanlage. Sie sind charakterisiert durch:

- die Menge der möglichen Wörter,
- die Grammatik, die aus der Menge der möglichen Wörter formal
  richtige Sätze (die sogenannten Programme) bildet und
- die Interpretation, d. h. die Zuordnung von Wörtern und Sätzen
  in den "Gegenstandsraum", über den Aussagen gemacht werden
  sollen.

(Gegenstandsraum = mathematische Struktur, die beschreibt, was mit der Sprache ausgedrückt werden kann.)

Die in den letzten Jahren entwickelten Simulationssprachen basieren entweder auf der Erweiterung von konventionellen Computersprachen, wie z. B. Fortran, C und Algol, oder sie sind als selbständige Sprachen entstanden, wie z. B. GPSS.

Ein Beispiel für eine Simulationssprache, die auf Fortran beruht, ist die Ende der siebziger Jahre in den USA entwickelte "Sprache" SLAM. Sie besteht aus einer Bibliothek von Fortran-Unterprogrammen für jeweils spezielle Simulationsfunktionen, wie z. B. Simulationssteuerung, Aufbau und Verwaltung von Ereignislisten usw.

Zur Zeit stehen 24 verschiedene Sprachelemente zur Verfügung, die zur Vereinfachung der Programmierung auch graphisch dem Programmierer präsentiert werden. Den wenigen Vorteilen direkter Beschreibung, wie z. B. der hohen Flexibilität, stehen eine Reihe gravierender Nachteile entgegen.

3.3 Symbolorientierte Modellbeschreibung

Die ersten Grundgedanken zur Beschreibung von Systemen auf der Basis einer symbolorientierten Modellbeschreibung wurden vor mehr als 20 Jahren von C. A. Petri, einem Mitarbeiter des GMD (Gesellschaft für Mathematik und Datenverarbeitung), entwickelt. Die Absicht war, eine begriffliche und theoretische Grundlage zu entwickeln, die möglichst viele Problemstellungen bei der Informationsübertragung und Informationswandlung in einheitlicher und exakter Weise beschreibt. Was im Laufe der Zeit unter der Bezeichnung "Petri-Netze" entstand, ist eine Vielzahl von Systemmodellen, Vorgehensweisen, Darstellungsmustern und Techniken. Alle Netzformen haben die Gemeinsamkeit, daß sie aus drei Arten von ortsfesten Elementen bestehen:

- Passive Komponenten
  Die passiven Komponenten können Dinge lagern, speichern oder sichtbar machen, sie können sich auch in bestimmten Zuständen befinden.

- Aktive Komponenten
  Die aktiven Komponenten können Dinge erzeugen, transportieren oder verändern.

- Pfeile
  Ein Pfeil stellt keine Systemkomponente dar, sondern immer eine abstrakte, gedankliche Beziehung zwischen den passiven und den aktiven Komponenten /3/.

  Ursprünglich berücksichtigten Petri-Netze kein Zeitverhalten. Um sie auch für die Beschreibung techischer Vorgänge verwenden zu können, wurden die Petri-Netze um Zeitmechanismen (timed Petri-Nets) erweitert.

Parallel zur Entwicklung der Petri-Netze wurden auch im Bereich der Ingenieurwissenschaften Versuche unternommen, Abläufe in Fertigungssystemen mit Hilfe von Funktionssymbolen darzustellen und gegebenenfalls zu simulieren:

- Der ASME-Vorschlag beschäftigte sich mit der Analyse und Auslegung von Fertigungssystemen auf der Basis von Ablaufplänen.

- Dies gilt auch für die VDI-Richtlinie 3300, wobei der Trans-
  portvorgang in Transportieren und Handhaben untergliedert wurde.

- Dolezalek berücksichtigt neben Bearbeiten und Kontrolle auch
  die Montage als selbständige Funktion.

- Die Symbole der VDI-Richtlinie 2860 wurden für die Beschreibung
  im Bereich der Montage und Handhabungstechnik entwickelt.

- Der Funktionsumfang von IMMS und MOSYS unterscheidet sich nur
  im Bereich der Montage. Beide Programme erlauben die Simulation
  von Produktionssystemen, wobei die Beschreibung in verschiedenen Detaillierungsstufen erfolgen kann. IMMS- und MOSYS-
  Anwender führen die Simulation an einem graphischen Arbeits-
  platz durch /4, 5/.

Der Vorteil einer funktionsorientierten Beschreibung resultiert
aus den vielfältigen Einsatzmöglichkeiten. Dabei muß auf eine nur
geringe Anzahl von unterschiedlichen Modellelementen zurückgegriffen werden. Nachteilig ist der Umstand, daß die Modellbeschreibung relativ abstrakt ist und daher ausgebildetes Personal
voraussetzt. Ungünstig ist zudem, daß bestimmte Techniken zum
Darstellen von Simulationsergebnissen, wie z. B. Gantt-Diagramme
und Animation, nur mit relativ großer Abstraktion übertragbar
sind.

Eine andere Form der Simulationsmodellbeschreibung orientiert
sich an den Objekten bzw. den Einrichtungen in einer Produktions-
anlage. Der Anwender muß nun nicht mehr den funktionellen Hintergrund einer Anlage kennen, sondern nur noch deren Aufbau. Die Modelle werden aus einer Reihe von speziellen Menüelementen mit
niedrigem Abstraktionsgrad aufgebaut. Bei dem Simulationspro-
grammsystem GISA (Graphisch Interaktive Simulation und Animation)
beschreibt der Benutzer auf der Basis eines graphisch interaktiven Dialogs die Problemstellung. Spezielle Programmier-und Simu-
lationskenntnisse sind nicht erforderlich. Der Benutzer wählt die
erforderlichen Elemente zur Beschreibung des Simulationsmodells
aus dem Menüvorrat aus, der auf dem Bildschirm angeboten wird.
Die dabei verwandte Symbolik der Elemente ähnelt den Blockdia-
grammen von Layout-Skizzen. Im Anschluß an die Layout-Erstellung
ist jedes Menüelement alphanumerisch zu beschreiben. Dazu ist in
Abhängigkeit von gewählter Layoutstruktur und gewähltem Menüelement ein spezifischer Fragenkatalog im Dialog mit dem Computer zu
beantworten. Die realisierte dialogorientierte Beschreibung auf
der Basis von Fertigungsobjekten macht das Programm sehr benutzerfreundlich. Diese einfache Handhabung versetzt somit auch den
Nicht-Simulationsexperten in die Lage, anspruchsvolle Problemstellungen sicher und schnell in Simulationsmodelle umzusetzen
/6, 7/. Nachteilig ist lediglich der Umstand, daß von Nicht-
Simulationsexperten nur solche Problemstellungen abbildbar sind,
die mit den angebotenen Menüelementen beschrieben werden können.
Dem Anwender müssen deshalb eine Reihe variantenreicher Menüele-
mente zur Verfügung stehen.

Für die Darstellung der Simulationsergebnisse stehen verschiedene
graphische Hilfsmittel zur Verfügung. Die Abläufe im Fertigungs-

system können sowohl durch die Ausgabe von Ganttdiagrammen als auch durch Kennwerte und Animation bewertet werden.

4. Darstellung von Simulationsergebnissen mit Hilfe der Computergraphik
4.1 Business-Graphik

Die Ergebnisse einer Simulation können nur dann effektiv genutzt werden, wenn sie das Verständnis der internen Abläufe in einem Modell, bzw. die Konsequenzen bestimmter Handlungsalternativen deutlich machen. Ein Werkzeug zur Darstellung von Simulationsergebnissen ist die sogenannte "Business-Graphik". Die Aufgabe der Business-Graphik ist die bildliche Präsentation von Vorgängen, die sich anhand von Kennzahlen darstellen lassen. Dem Anwender dieser Graphik-Programme stehen dazu eine Reihe unterschiedlicher Darstellungsformen zur Auswahl: Dies können z. B. Linien- und Balkendiagramme einzelner Werte, Summenkurven oder Verteilungs-diagramme in Form von Kuchen- oder Balkendiagrammen sein. Zur zielgerichteten Ableitung von Aussagen über komplexe Zusammenhänge innerhalb eines Produktionssystems müssen diese Diagramme entsprechend interpretiert werden. Zur Unterstützung dieser Bemühungen wurden Hilfsmittel, wie z. B. die "interaktive Slide-Show" entwickelt. Dabei wird durch Eingabe am PC die Reihenfolge der Diagramme festgelegt. Noch weitergehende Planungen sehen "interaktive Video-Shows" vor. Hier arbeitet der Berichterstatter mit echten Videos, in die computererzeugte Graphiken eingebunden sind und die über die PC-Tastatur gesteuert werden.

4.2 Dynamische Darstellung von Simulationsergebnissen

Nicht zuletzt die gewaltige Steigerung der Rechnerleistung hat zu der Entwicklung einer völlig neuartigen Darstellungsform für Simulationsergebnisse geführt, der Animation. Die Erfolge der Filmindustrie mit beweglichen Computerbildern haben gezeigt, daß auch schwierige technische Abläufe einem Laien transparent und realitätsnah vor Augen geführt werden können. Bewegliche Bilder sind häufig erst der Schlüssel für das Verständnis der Abläufe in einem System. Es gibt eine Reihe unterschiedlicher Formen von Animation.

In der einfachsten Form werden für jeweils diskrete Ereignisse die entsprechenden Bilder gezeichnet, d. h. dem Beobachter werden die Ergebnisse nur zu bestimmten diskreten Zeitpunkten gezeigt. Es werden aber keine Aussagen über die Zwischenzustände gemacht. Eine Verbesserung wird durch die Darstellung von Zwischenzuständen erreicht. Der Beobachter hat dabei die Möglichkeit, den Fluß der einzelnen Teile im System zu verfolgen. Diese Form der Darstellung der Bewegung in Form von kleinen diskreten Bewegungen erfolgt unter Nichtbeachtung der Zeitachse. Die Zeitdauer von Bild zu Bild wird in diesem Fall durch die Rechnerleistung bestimmt. Die Zeitabschnitte, an denen nur wenige Ereignisse stattfinden, werden sehr schnell abgearbeitet. Zeitabschnitte mit einer Vielzahl von Ereignissen werden infolge unzureichender Rechnerleistung nur sehr langsam abgearbeitet. Nachteilig ist hier der Umstand, daß die Relationen zwischen den Funktionen Transportieren, Lagern, Bearbeiten usw. nicht eingehalten werden. Dem Zuschauer wird somit ein zeitlich verzerrtes Bild der realen Vorgänge vorgestellt.

Eine weitere Verbesserung der Animation stellt die Kopplung mit
der Zeitachse dar. Erst dadurch wird dem Beobachter ein unver-
zerrtes Bild der realen Abläufe gezeichnet.

Eine weitere Steigerung der Qualität hinsichtlich der Klarheit
der Darstellung von Abläufen stellt die Erhöhung der Anzahl der
Zwischenschritte dar. Der Übergang auf 18 bzw. 24 Bilder je Sekunde erlaubt die Darstellung eines quasi-kontinuierlichen Flus-
ses von Objekten (Aufträge, Fahrzeuge usw.) in einem vorgegebenen
Fertigungssystem. Leider sind zur Zeit solche Darstellugen nur
auf Großrechnern bzw. speziellen Graphik-Workstations möglich.
Ein Blick auf den Markt für Computerspiele zeigt aber, daß in ab-
sehbarer Zeit auch für die Simulationstechnik solche Rechnerleistungen preiswert zur Verfügung stehen werden. Die Kopplung von
Simulation und Animation ermöglicht dann dem Planer oder Betrei-
ber einer Fabrik, die möglichen Abläufe graphisch zu analysieren
und entsprechende Alternativen zu bewerten.

5. Technisch-wirtschaftliche Bewertung des Einsatzes der Computergraphik

Die Computergraphik hat sich zu einem wichtigen Bestandteil von
Anwendungsprogrammen entwickelt. Zuwachsraten von über 30 Prozent
pro Jahr deuten auf eine explosionsartige Entwicklung hin. Bei
einer derart großen Nachfrage wird geräteunabhängige Graphiksoftware immer wichtiger, um hohe Investitionen in Manpower und Hardware bei der Programmimplementierung und -nutzung rentabel zu machen. Bei einem europäischen Markt von fast 1,9 Milliarden US-
Dollar 1986 allein für die Computergraphik, ist der Zwang zur
Normung wirtschaftlich begründet /8/. In diesem Zusammenhang ist
zuallererst GKS zu nennen. Die Entwickler von Simulationsprogrammen werden sich diesem Trend nicht auf Dauer widersetzen können.
Wichtiger wäre, daß man die spezifischen Anforderungen der Simulationstechnik an die Graphik definiert und in die Norm ein-
bringt. Eine echte Konkurrenz zu GKS stellt das Graphik-System
CORE dar, das insbesondere in den USA hohe Installationszahlen
aufweist. Der zeitliche Vorsprung von CORE (welches im Gegensatz
zu GKS keine Norm ist) gegenüber GKS und die Möglichkeit zur Beschreibung von dreidimensionalen Graphiken führen dazu, daß GKS
noch nicht alle Graphikanwender überzeugt. Wichtig ist jedoch,
daß mit GKS als erstem Standard in der graphischen Datenverarbeitung ein Grundstein für die Konzepte aller weiteren Entwicklungen
gelegt ist.

6. Zusammenfassung

Die Qualität der Benutzeroberfläche ist ein wichtiger Faktor, der
sich auf die Effizienz des Einsatzes von Simulationsprogrammen
auswirkt. Durch den verstärkten Einsatz von Computergraphik läßt
sich hier noch vieles an den bestehenden Programmen verbessern.
Die Nutzung der Simulationstechnik hängt von der sinnvollen Einbindung der Programme in den betrieblichen Entscheidungsprozeß
und der Dialogfähigkeit des Systems ab. Ein wichtiger Beitrag zur
Reduzierung des Aufwandes zur Integration der Simulation ist der
Aufbau von hardwareunabhängiger Graphik. GKS ist hier ein wichtiger Ansatz, der bei weiterem Ausbau wichtige Impulse liefern
kann.

Literaturliste

/1/ Berlage, Th.   Graphik Standards für Mikrocomputer
                                 Microcomputer Praxis 2/84,
                                 Seite 16 - 21

/2/ Bechlars, J.   GKS in der Praxis
    Buhtz, R.   Springer-Verlag
                                 Berlin, Heidelberg, New York, 1985

/3/ Reisig, W.   Systementwurf mit Petri-Netzen
                                 Computer-Magazin 3/86
                                 Seite 81 - 91

/4/ Engelke, H.   Structured Modelling of Manufactur-
    Grotrian, J.   ing Processes
    Scheuing, C.   Tampa: Proceeding of the 16th Annual
    Schmackpfeffer, A.   Simulation Symposium 1983
    Solf, B.

/5/ Wieneke-Toutaoui, B.   Rechnerunterstütztes Planungssystem
                                 zur Auslegung von Fertigungsanlagen
                                 Diss TU Berlin 1987

/6/ Eversheim, W.   Graphisch interaktive Simulation von
    Thome, H. G.   Fertigungssystemen
                                 VDI-Z, Bd. 129 (1987) Nr. 5, Mai
                                 Seite 71 - 75

/7/ Eversheim, W.   Simulation in der Werkstatt
    Thome, H. G.   CIM-Management 2/88
                                 Seite 9 - 15

/8/ Enderle, G.   Interview mit Professor Encarnacao
    Kunz, R.   Software-Magazin 12/85
    Neumann, Th.

Simulationsmodelle
in der
Bildverarbeitung

$$\text{Simulationsmodelle zum datenflußorientierten Transfer von Bilddaten}$$

P. Jensch, Th. Dennert, W. Ameling

Rogowski-Institut für Elektrotechnik, RWTH Aachen

Zusammenfassung: In einem Bildauswertesystem können viele Abläufe in Form eines kontinuierlichen Datenstroms organisiert werden. Sie sind schritthaltend, wenn die Zeitbedingungen von Datenquelle und -senke beachtet werden. Schöpft der eigentliche Datentransfer an Datenquelle und -senke die gesamte Systemleistung nicht aus, können die Reservezeiten zur integrierten Bearbeitung von Bilddaten verwendet werden. Die an Quelle und Senke gebundenen Transferzeiten sind aber von der Architektur der jeweiligen Interface-Einrichtungen und von Bereichen der Architektur des Auswertesystems abhängig, die zwischen den Interface-Einrichtungen wirken. Um sie beurteilen zu können, wird über Modellierung und Simulation von Interface-Einrichtungen berichtet. In entsprechenden datenflußorientierten Modellen werden asynchrone und synchrone Transfers erfaßt, wobei sich zusätzlich Varianten für Realisierungen mit Zwischenpuffern, Wechselpuffern, Dual-port-Speichern und FIFO-Speichern ergeben. Die Modellierung für komplexere Transferstrecken ist hierarchisch und modular, so daß auch die Auswirkungen von gemischten Puffer-Anordnungen entlang der Transferstrecke untersucht werden können.
Die Simulation dieser Modelle führt zu Aussagen über das Zeitverhalten und insbesondere zu Hinweisen, welche Zeiten nicht transferbedingt sind. Diese können genutzt werden, um Berechnungen datenstrombegleitend durchführen zu können. Sowohl zur formalen Beschreibung der Modelle als auch zur Simulation wird PROLOG verwendet.

1. Einleitung

Die typische Eingangsbelastung von Bildverarbeitungssystemen ist durch einen anhaltend konstanten oder intervallweise konstanten Datenstrom gegeben. Letzteres ist z.B. bei einer Zeilenabtastung gegeben. Um eine Weiterverarbeitung und Speicherung der Daten nicht starr an ein Geschwindigkeitsprofil zu koppeln und um freier bei der Auswahl der im System zu verwendenden Hardwareelemente zu werden, können die anfallenden Daten in verschiedenen Pufferanordnungen zwischengespeichert werden. Gleichzeitig soll oft - ohne Geschwindigkeitssenkung bei der Datenabnahme an der Datenquelle - eine Verarbeitung der Daten im Verlauf der Transportpipeline zur Datensenke möglich sein. Um hierbei verschiedene Möglichkeiten darzustellen und zu testen, eignen sich Petri-Netze zur Modellierung und als Basis einer Simulation.

Als Beispiel für ein Bildauswertesystem wird eine Rechnerarchitektur betrachtet, die die mit feststehendem Takt abgetasteten Bilddaten eines Scanners oder einer Kamera auswertet. Das Petri-Netz zum Gesamtsystem zeigt Bild 1. Die Bildaufnahme-Einheit erzeugt von einem realen Bild ein elektronisches Bild, dessen analoge Signale mit Hilfe eines D/A-Wandlers abgetastet werden. Die vom Scanner mit vorgegebener Geschwindigkeit erzeugten Daten werden von den anderen Komponenten des Systems mit den ihnen eigenen Geschwindigkeiten verarbeitet. Zur Synchronisation dieser unabhängigen sequentiellen Prozesse dient als Zwischenpuffer der Linienspeicher, der bis zu einer Linie (Zeile) des aufgenommenen Bildes abspeichern kann. Da die Hardware natürlich keinen gleichzeitigen Zugriff von

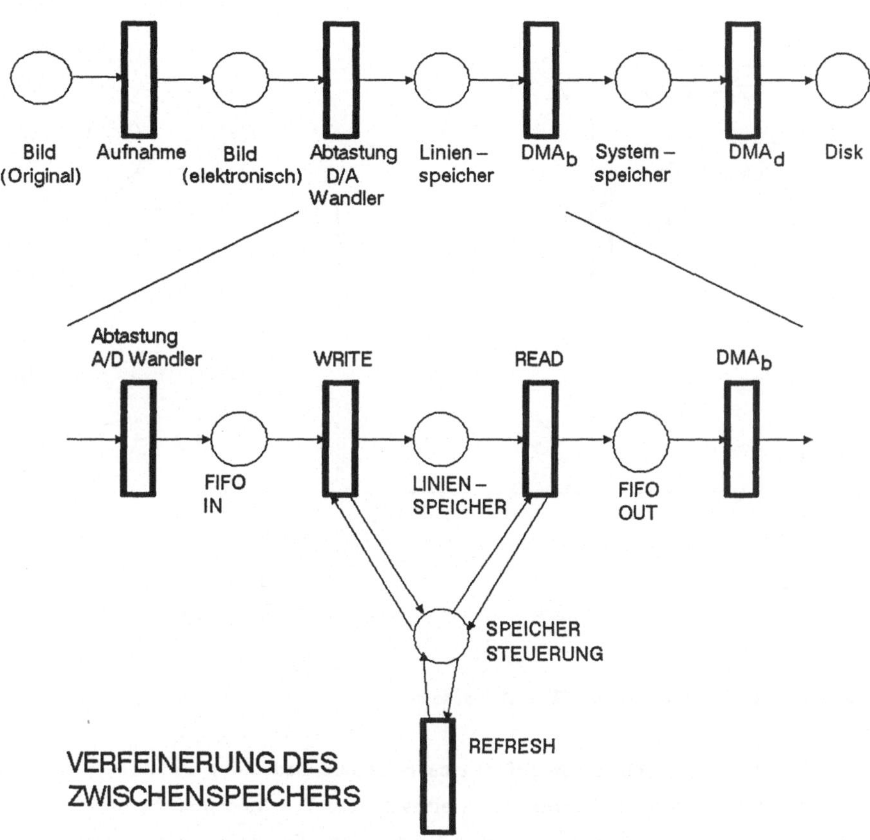

Bild 1: a) Datenflußgraph des Gesamtsystems - von der Bildaufnahme bis zur Bildarchivierung

b) Verfeinerung des Datenflußgraphen zur Modellbildung des asynchronen Zeitverhaltens von ankommenden Abtast-Datenstrom und DMA-Datenentgegennahme im DV-System

schreibendem Erzeuger und lesendem Verbraucher erlaubt, und da ein Linienspeicher in der Regel aus dynamischen Speicherelementen besteht, die einen Refreshzyklus benötigen, muß der Linienspeicher am Eingang und Ausgang um zwei asynchron arbeitende Datenpuffer erweitert werden. Hierzu eignen sich FIFO-Elemente. Eine Verfeinerung des Netz-Modells in Bild 1 zeigt die strukturellen Beziehungen zwischen den FIFOs und dem Refresh-Generator. Die FIFO-Zwischenpuffer ermöglichen es, gleichzeitig (nebenläufig) Abtastinformationen aufzunehmen und Daten dem Systemspeicher abzugeben. Für ein reibungsloses Funktionieren des Abtastprozesses am Eingang ist es also nur nötig, daß auch bei maximalem Zeitaufwand für Refresh und Auslesen des Linienspeichers der Eingangs-FIFO-Speicher groß und schnell genug konzipiert ist, um ohne Verzögerung neue Abtastdaten abzunehmen. Entsprechende Forderungen sind an den Ausgabevorgang zu stellen. Ausgehend von der Modellierung der Speicher und zugehörigen Kontrollogik als Petri-Netz läßt sich hierfür sowohl eine anschauliche Systembeschreibung wie auch die Grundlage für eine Simulation des Datenstroms zur Ermittlung qualitativer Leistungsdaten erbringen.

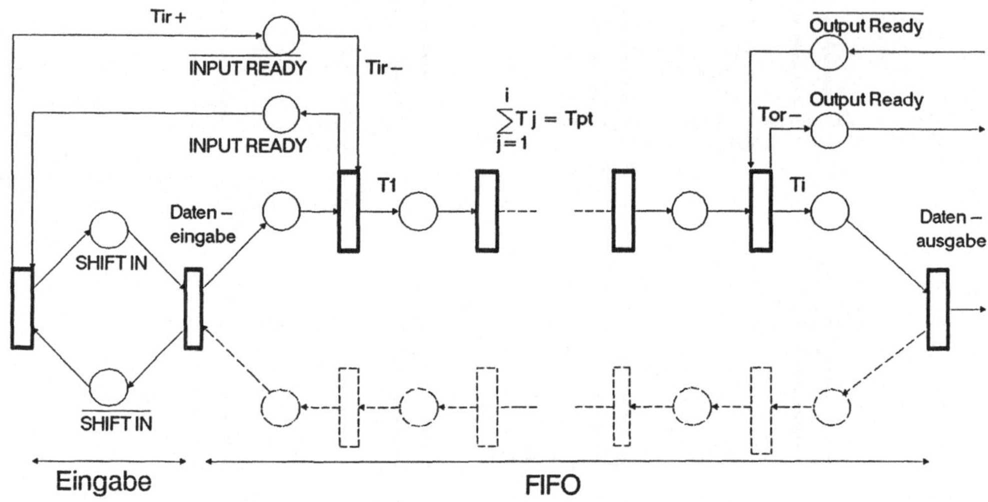

Bild 2:   FIFO als Stellen/Transitionsnetz

2. Modellierung eines FIFO als Stellen/Transitionsnetz

In dem Modell nach Bild 1 kommt den FIFOs eine besondere Bedeutung zu. Zur Verdeutlichung der Funktion zeigt Bild 2 das Stellen/Transitionsnetz eines FIFOs. Die Modellierung orientierte sich dabei streng am hardwaremäßigen Aufbau eines solchen Bauelements. Das zugrundeliegende Bauelement (hier Fairchild Am3341) besteht aus hintereinandergeschalteten 4-Bit Registern und einer Kontrollogik, die das Durchschieben der Datenbits regelt. Durch das Signal INPUT READY signalisiert diese die Aufnahmebereitschaft des FIFOs und ermöglicht somit den externen Einheiten mit dem Signal SHIFT IN Daten aufzunehmen. Die hierbei zu beachtenden Zeiten sind im Zeitdiagramm (Bild 3) und im Modell aufgenommen. Ähnlich wird die Ausgabe des Fifos über die Signale OUTPUT READY und SHIFT OUT geregelt. Ebenfalls aufgenommen ist die Durchlaufzeit eines Datums durch das leere FIFO, die als 'ripple through time' Tpt angegeben ist. Das Modell beinhaltet also Kontroll- und Zeitlogik ebenso wie die Darstellbarkeit jedes einzelnen Datums als Marke in den Stellen, wobei die Stellenanzahl der Kapazität des FIFOs entspricht.

3. Modellierung eines FIFO als Prädikat/Transitionsnetz

Das Stellen/Transitionsnetz kann zwar die funktionalen Zusammenhänge des FIFOs erläutern, eignet sich aber mit der Vielzahl an Stellen und Transitionen nicht für die angestrebte Simulation. Deshalb wird eine Abstraktion zu einem Prädikat/Transitionsnetz vorgenommen, wie es das Bild 4 zeigt. Hierbei werden keine individuellen durch einzelne Marken dargestellte Daten verwendet, sondern nur die Intensität des

Datenstroms und die Ansammlung von Daten über Zählerprädikate erfaßt. Das FIFO als Prädikat/Transitionsnetz verwendet nur je zwei Transitionen für Kontroll- und Datenfluß am Ein- und Ausgang. Es kann jetzt nicht mehr nur als Darstellung des oben erwähnten speziellen FIFOs gesehen werden, sondern auch eine allgemeinere FIFO-Struktur symbolisieren. Ob das FIFO durch Aneinanderreihung von Registern oder durch eine entsprechende Ringpufferverwaltung eines linearen Speicherraumes mit Ein- und Ausgangszeigern entsteht, ist nicht wesentlich. So kann der zuvor beschriebene Linienspeicheraufbau hiermit ebenso beschrieben werden wie die darin enthaltenen FIFOs. Solange die Linienspeicheranlage nicht zu schwach ausgelastet ist, zeigt sie dasselbe Verhalten wie das hardwaremäßig aufgebaute FIFO-Element.

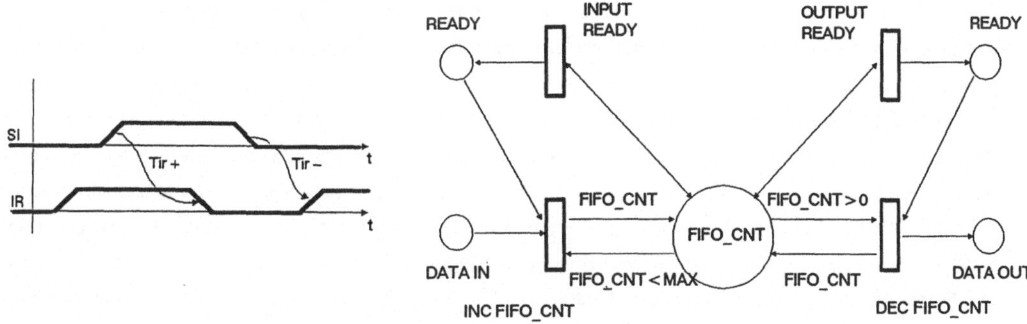

Bild 3: Zeitdiagramm zur Datenaufnahme ins FIFO
(IR = Input ready, SI = Shift in)

Bild 4: FIFO als Prädikat/Transitionsnetz

4. Datentransfer

Sollen die Bilder auf einer Festplatte aufgezeichnet werden, so wird der Datenstrom vom Ausgangs-FIFO an einen Rechner weitergegeben. Auch hier bilden Annahme der Daten und Abspeichern auf das Speichermedium (Disk) getrennte Prozesse (Bild 1), die von zwei selbstständigen, nur über den Systemspeicher gekoppelten, Prozessoren bearbeitet werden.

Um nebenläufige Aufgaben abzuarbeiten, wird einem zentralen Prozessor ein spezialisierter DMA_d-Prozessor zugeordnet. Zentralprozessor und DMA_d-Prozessor arbeiten an einem zentralen Bus. Daneben spricht der DMA_b-Prozessor über einen lokalen Bus ein Dual Port Ram an, das ebenfalls am zentralen Bus hängt. Somit kann ein Datentransport aus dem Linienspeicher zum Dual-Port-Ram stattfinden, während der Hauptbus der CPU für andere Aufgaben zur Verfügung steht. Während ein Teilbereich des Dual-Port-Speichers mit Daten gefüllt wird, lassen sich die Daten eines anderen Bereichs bereits weiterverarbeiten oder über den Hauptbus zur endgültigen Datensenke, einer Festplatte oder einem Magnetband weiterleiten. Beim Transfer eines Bildes zwischen zur Festplatte erhält der DMA_b-Prozessor jeweils den Auftrag, einen von zwei Datenpuffern zu füllen. Zu Beginn einer jeden Bildzeilenabtastung wird ebenfalls ein Transport schon abgetasteter Bildpunkte einer Linie vom Ausgangs-FIFO des

Linienspeichers über den DMA$_b$-Prozessor zum Dual-Port-Ram angestoßen. Ist ein Puffer mit einer entsprechenden Anzahl Bildzeilen gefüllt, holt sich der DMA$_b$-Prozessor die Startadresse des nächsten Puffers. Den Beginn des Schreibvorgangs auf den neuen Puffer signalisiert der DMA$_b$-Prozessor der CPU über eine Semaphore, deren Status mit einer Abfrageschleife im CPU-Programm überwacht wird. Wird das Setzen der Semaphore entdeckt, gibt die CPU dem Plattenkontroller (DMA$_d$) den Auftrag, den gefüllten Puffer über den zentralen Bus auf eine Spur der Festplatte zu transferieren. Währenddessen füllt der DMA$_b$-Prozessor den zweiten Puffer.

Diese Ablauforganisation setzt voraus, daß das Abspeichern eines Puffers vor dem Füllen des anderen Puffers beendet ist. Auch hier kann die Beschreibung durch ein Petri-Netz Grundlage für eine Simulation sein, die die Einhaltung dieser Forderungen überprüft und mögliche Schwachstellen aufdeckt. Um hier die Auswirkungen verschiedener Speicheranordnungen und Festplattensysteme zu erfassen, wurde ein Modell erstellt, bei dem die verschiedenen verbindenden Bussysteme durch die Stellen eines Prädikat/Transitionsnetzes dargestellt sind, während die Komponenten zunächst Transitionen bilden, die später beliebig durch ein inneres Prädikat/Transitionsnetz verfeinert werden können. Diese Bauelementtransitionen können dann für die Simulation mit den jeweils gewünschten Elementen ausgefüllt werden, ohne daß das restliche Modell geändert werden muß. Mit solchen Modellen läßt sich zum Beispiel der Einfluß verschiedener Festplatten auf die Transfergeschwindigkeit überprüfen. Für die Ausführung einer Festplatte gibt es verschiedenen Möglichkeiten; auch hier kann ein FIFO im Inneren des Festplattencontrollers für größere Unabhängigkeit der einzelnen Prozesse sorgen. Zum Beschreiben der Festplatte wird zunächst ein internes FIFO-Element über den Bus soweit gefüllt, daß mindestens ein Sektor zur Übertragung bereit steht. Um die Leistung der Festplatten ausschöpfen zu können, wird jeweils von einem Puffer ein Vielfaches der Spurgröße übertragen. Hierbei sollte eine Umdrehung zur lückenlosen Aufzeichnung einer Spur ausreichen. Als Zwischenpuffer im Plattenkontroller eignet sich auch ein ebenso großer FIFO-Speicher. Eine weitere Geschwindigkeitserhöhung kann aber auch durch einen abwechselnden Datentransfer auf zwei oder mehrere an sich langsame Festplatten von einem Speicher aus sein. Diese aufgezeigte alternativen Anordnungen lassen sich aufgrund einer Simulation des Datenstromes vergleichen.

5. Ergebnisse

Die Ergebnisse der Simulation des Datenstromes von den Zwischenpuffern über den Bus zu zwei Festplattenkontroller mit lokalen FIFOs demonstriert Bild 5. Nach der regelmäßigen Füllung der Zwischenspeicher beginnt jeweils ein Datentransfer zum Festplattenkontroller. Dieser ist nach oben begrenzt durch die Transportkapazität des Busses sowie durch die Größe der Kontroller-FIFOs. Das Minimum bildet die Schreibgeschwindigkeit der Festplatte. Im Beispiel erhält das Kontroller-FIFO des zweiten niederpriorisierten Laufwerks die Daten nicht schnell genug, um die Daten fortlaufend auf die Platte zu schreiben; die untere Grenze wird durchbrochen (Bild 5a). In Bild 5b ist die zugehörige Bus-Auslastung dargestellt.

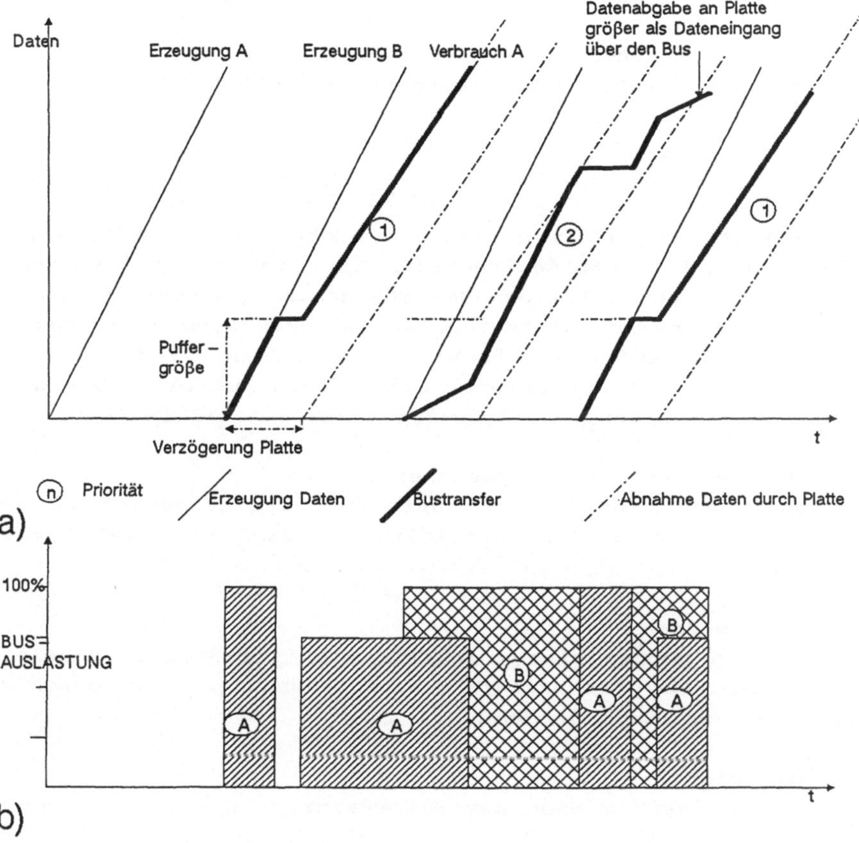

Bild 5: Einfluß von Transfergeschwindigkeit des Laufwerks und der Puffergröße

Die durchgängige Modellierung erlaubt die Darstellung von kausalen Abhängigkeiten, die sich besonders deutlich an Unterschieden in der Systemkonfiguration zeigen. Bei dem betrachtetem Vorgang der zeitkritischen Erzeugung und Abspeicherung von Bilddaten mit typischerweise hohen Datenmengen zeigen sich die Vorteile einer Entkopplung der einzelnen Prozesse über Zwischenpuffer.

Zur Simulation wurde die Programmiersprache PROLOG unmittelbar auf die Netz-Modelle angewendet.

6. Literatur

[1]   Belli Fevzi: Einführung in die logische Programmierung mit PROLOG
        Bibliographisches Institut, Mannheim, 1986
[2]   W. Reisig: Systementwicklung mit Netzen, Springer-Verlag, 1979
[3]   P. Wisskirchen, S. Niehuis, F. Victor: Ein rechnergestützter Bürosimulator auf der Basis von PrT-
        Netzen und Prolog, Angewandte Informatik 5/84

<u>Modellierung von Bildverarbeitungskomponenten durch
parallele, kommunizierende Prozesse</u>

A. Meisel, R. Föhr, W. Ameling
Rogowski-Institut für Elektrotechnik, RWTH Aachen

<u>Einführung</u>

In der industriellen Bildverarbeitung, insbesondere im Bereich der
Vorverarbeitung und Merkmalsextraktion, ist eine parallele Verarbeitung der Bilddaten zur Erfüllung des Echtzeitanspruches unumgänglich.
Die in den meisten Fällen stark reguläre Struktur der Algorithmen ermöglicht dabei eine auf diese Problemklasse zugeschnittene Hardware-
struktur. Zur Erlangung der erforderlichen Parallelität haben sich im
wesentlichen drei Konzepte durchgesetzt (/REEV82/, /REEV87/):

- festprogrammierte Verarbeitungseinheiten
   Die Algorithmen sind bis zur untersten Operatorebene direkt in
   Hardware realisiert. Die Parallelität findet hier auf Operator-
   ebene statt.

- Pipeline Prozessoren
   Die Bilddaten werden einer Pipeline von Prozeßstufen zugeleitet.
   Die Funktion jeder Prozeßstufe kann datenabhängig bzw. durch einen
   Hostrechner gesteuert werden.

- Array Prozessoren
   Die Bilddaten werden nach dem SIMD-Prinzip (single instruction -
   multiple data) in einer Matrix gleicher Prozessorelemente (PE's)
   verarbeitet. Zwischen benachbarten PE's ist dabei Datenaustausch
   möglich.

Die Entwicklung und der Aufbau solcher Vorverarbeitungseinheiten ist
aufgrund der geringen Anzahl derzeit verfügbarer Komponenten starken
Einschränkungen unterworfen. Das Angebot beschränkt sich bei festpro-
grammierten Einheiten auf wenige, relativ häufig benötigte Operatoren
(Kantenoperatoren, Template Matching Filter, Faltungsoperatoren, Rang-
ordnungsfilter), während programmierbare Systemkomponenten aufgrund
der geringen Komplexität der PE nur für einfache Operatoren geeignet
sind. Die Modellierung und Simulation ist daher ein unabdingbares
Entwurfshilfsmittel bei der Konzeption fortschrittlicher Bildverarbeitungseinheiten (/AMEL82/). Grundvoraussetzung für eine effektive Modellierung von Bildverarbeitungskomponenten ist eine Hardwarebeschrei-
bungssprache, welche die Regularität und hohe Parallelität solcher
Komponenten auf einfache Weise beschreibbar macht. Im vorliegenden
Beitrag wird die gute Eignung der Sprache OCCAM für das beschriebene
Problem gezeigt.

Das OCCAM-Konzept

OCCAM erlaubt die Implementierung beliebig vieler, parallel arbeitender und miteinander über Kanäle kommunizierender Prozesse. Im folgenden beschreibt jeder Prozeß das Verhalten einer Komponente, und jeder Kanal stellt eine direkte, unidirektionale Verbindung zwischen genau zwei Komponenten dar. Grundlage von OCCAM sind drei Elementarprozesse:

v := e	Zuweisung des Ausdruckes e zur Variable v
c ! e	Ausgabe des Ausdruckes e auf dem Kanal c
c ? v	Eingabe auf dem Kanal c an die Variable v

Prozesse lassen sich in Form von vier Konstrukten miteinander verknüpfen:

SEQ	Sequentielle Abarbeitung der Prozesse
IF	Bedingungsabhängige Bearbeitung der Prozesse
PAR	Parallele Bearbeitung der Prozesse
ALT	Alternative Prozeßbearbeitung, in Abhängigkeit vom angesprochenen Eingabekanal

Kommunikation zwischen parallelen Prozessen ist ausschließlich über Kanäle möglich und darf nicht über gemeinsame Variablen abgewickelt werden. Sie erfolgt synchronisiert, d.h. die beiden an der Kommunikation beteiligten Prozesse halten an, bis die Kommunikation stattgefunden hat.

Durch schrittweise Zerlegung übergeordneter Prozesse in Unterprozesse entsteht eine hierarchische Prozeßstruktur, die einen übersichtlichen Top-Down-Entwurf unterstützt. Von besonderer Bedeutung für die gestellte Aufgabe sind Arrays und Replikatoren. Neben den in anderen Sprachen üblichen Variablenarrays erlaubt OCCAM zusätzlich Arrays von Kanälen, was insbesondere bei der Beschreibung hochparalleler Verbindungsstrukturen eine erhebliche Vereinfachung darstellt. Die Verwendung von Replikatoren ermöglicht darüber hinaus die Vervielfachung von Konstrukten (/MAY87a/, /MAY87b/).

Modellierung von Bildverarbeitungskomponenten

Im vorliegenden Beispiel wird die Modellierung eines Hough-Transformators zur Bestimmung linienförmiger Bildstrukturen aus Grauwertbildern vorgestellt. Grundlage der Houghtransformation ist die Hesse'sche Normalform der Geradengleichung ($r = x \cdot \cos \theta + y \cdot \sin \theta$). Zu jedem Bildpunkt (x, y) werden alle Geraden (r, θ) berechnet, deren Bestandteil der Punkt sein könnte (Geradenhypothesen). Mehrfach auftretende, gleiche Hypothesen sind ein Hinweis auf kollineare Bildpunkte.

Zur Modellierung des Houghtransformators werden auf der obersten Prozeßebene 3 Komponenten definiert:

r.Element   Jedes r.Element berechnet genau für ein θ die zu
einem Bildpunkt (x,y) gehörende Geradenhypothese
(r,θ). Jeder Hypothese ist ein Speicher zugeordnet,
dessen Inhalt im Falle des Zutreffens um den Grauwert (gw) erhöht wird.

Pixelbus   Eingabebus für x,y und gw zu den r.Elementen

Houghbus   Ausgabebus für das Ergebnis der Houghtransformation

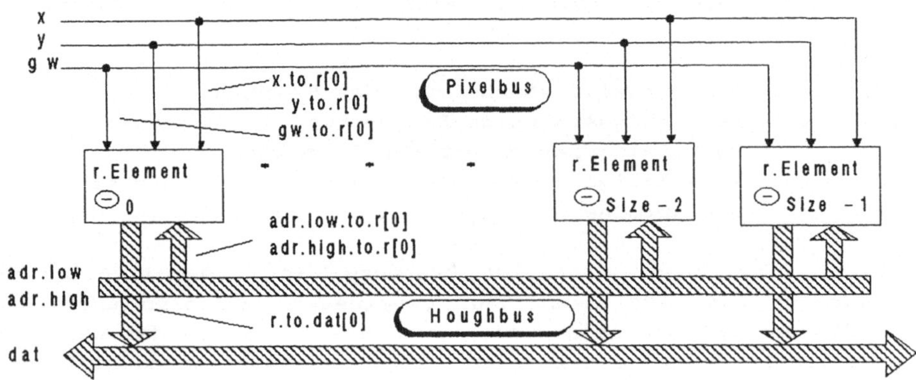

Bild 1: Oberste Prozeßebene des Houghtransformators

Die entsprechende OCCAM-Prozeßstruktur läßt sich daraus direkt ablei-
ten:

```
-- Kanaldefinitionen

CHAN OF BYTE    gw  :
CHAN OF INT16   x,  y,  adr.low, adr.high :
CHAN OF INT     dat :

[Size] CHAN OF BYTE  gw.to.r  :
[Size] CHAN OF INT16 x.to.r, y.to.r, adr.low.to.r, adr.high.to.r :
[Size] CHAN OF INT   r.to.dat :

-- Prozeßstruktur

PAR
  PAR i=O FOR Size
    r.Element (x.to.r[i], y.to.r[i], gw.to.r[i],
               adr.low.to.r[i], adr.high.to.r[i], r.to.dat[i],
               INT16 i                                         )
  Pixelbus (x.in, y.in, gw.in, x.to.r, y.to.r, gw.to.r)
  Houghbus (adr.low, adr.high, dat,
            adr.low.to.r, adr.high.to.r, r.to.dat)
```

Bild 2: Prozeßstruktur in OCCAM

Die Vereinbarung von Bussystemen als Prozeß erscheint ungewöhnlich, ist aber notwendig, da OCCAM-Kanäle immer Punkt-zu-Punkt-Verbindungen zwischen zwei Prozessen sind. Eingabebusse lassen sich jedoch durch Anwendung des replizierten PAR exakt nachbilden:

```
PROC Eingabebus (CHAN OF INT input, [Size]CHAN OF INT output)
  INT x :
  WHILE TRUE
    SEQ
      input ? x
      PAR i=O FOR Size
        output[i] ! x
  :
```

Bild 3: Prozeßstruktur eines typischen Eingabebusses

Analog werden Ausgabebusse durch replizierte Anwendung des ALT-Konstruktes modelliert:

```
PROC Ausgabebus ([Size]CHAN OF INT input, CHAN OF INT output)
  INT x :
  WHILE TRUE
    ALT i=O FOR Size
      input[i] ? x
        output ! x
  :
```

Bild 4: Prozeßstruktur eines typischen Ausgabebusses

Das r.Element läßt sich, dem Prinzip der schrittweisen Verfeinerung entsprechend, in drei Unterkomponenten zerlegen:

Adr.Gen	Berechnet aus den Koordinaten x und y des Bildpunktes die Geradenhypothese (r, θ) und gibt die Adresse des zu dieser Hypothese gehörenden Speicherelementes aus.
Houghakku	Speicherfeld, in dem das Wahrscheinlichkeitsmaß für das Zutreffen der Hypothesen abgelegt wird.
Addierer	

Der weitere Aufbau der Komponenten sowie die Verbindungen untereinander sind in Bild 5 dargestellt. Der Adreßgenerator (Adr.Gen) besteht aus zwei Look-up-Tabellen, deren Ausgabe $(x \cdot \cos \theta, y \cdot \sin \theta)$ addiert, gerundet und normiert wird. Negative Ausgabewerte werden in eine nicht benutzte Adresse umgewandelt. Mit der vom Adreßgenerator ausgegebenen Adresse wird derjenige Speicher des Houghakkumulators adressiert, zu dessen Inhalt der Grauwert des Bildpunktes addiert werden soll. Über den ebenfalls am Houghakkumulator anliegenden Houghbus kann das Ergebnis für die Weiterverarbeitung ausgelesen werden.

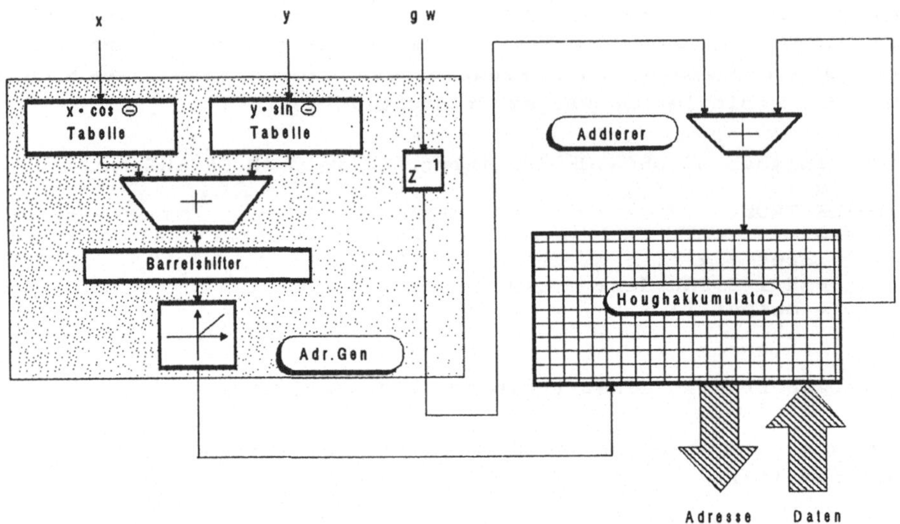

Bild 5: Prozeßstruktur eines r.Elementes

Wie weit die Verfeinerung der Komponenten fortgesetzt wird, ist von
der Zielsetzung abhängig. Hilfskomponenten für die Simulation (z.B.
Sendeprozeß für Testmuster, Kontrollprozesse u.ä.) werden im allgemeinen nur dem Verhalten nach simuliert, während die zu modellierenden
Komponenten in ihrer Struktur, bis hinab auf Operatorebene, nachgebildet werden. Die so modellierten Komponenten lassen sich leicht in miteinander kommunizierende, endliche Zustandsautomaten entwickeln, wobei
die Kommunikation sowohl taktgesteuert als auch durch 'hand shaking'
möglich ist. Bei Verwendung geeigneter Compiler ist das OCCAM-Programm
direkt in ein entsprechendes VLSI-Design überführbar (/MAY87b/).

Simulation von Bildverarbeitungskomponenten

Die in OCCAM modellierten Hardwarekomponenten können auf einem Trans-
puternetz als Simulationsprogramm implementiert werden. Die Zahl der
benötigten Prozessoren wird dabei von mehreren Faktoren bestimmt:

- Der erforderliche Speicherraum wächst mit der Komplexität und
  Anzahl der simulierten Komponenten. Dies kann insbesondere bei
  der Simulation hochparalleler Hardwarestrukturen zu Speichereng-
  pässen führen.

- Die Simulationsgeschwindigkeit sinkt mit der Zahl der parallel
  auf einem Transputer arbeitenden Prozesse.

Bei der Aufteilung der Prozesse auf eine geeignete Anzahl von Transpu-
tern besteht das Problem darin, ein geeignetes Koppelnetzwerk zu fin-

den. Dabei sind folgende, sich zum Teil widersprechende Sachverhalte
zu berücksichtigen:

- Jeder Transputer verfügt nur über vier bidirektionale Hardwarekanäle (Links). Der Prozeßgraph ist möglichst so auf das Koppelnetzwerk abzubilden, daß die Linkkommunikation minimal ist.

- Im allgemeinen ist die Zahl der Transputer sehr viel kleiner als die Zahl der zu verteilenden Prozesse. Die vorhandenen Prozesse sind so auf die Transputer zu verteilen, daß sich eine gleichmäßige Lastaufteilung einstellt.

- Der pro Transputer benötigte Speicherbedarf muß innerhalb der Grenzen des vorhandenen Speicherraumes zur Verfügung stehen.

Neben den modellierten Hardwarekomponenten müssen Simulationshilfsmittel (z.B. Testmustergenerator) zur Verfügung gestellt werden, die in einer Werkzeugbibliothek zusammengefaßt werden können. Zusätzlich installierte Überwachungsprozesse erlauben die Ausgabe von Kontrollausgaben auf virtuellen, einzelnen Prozessen zugeordneten Terminals.

Zusammenfassung

Die Modellierung und Simulation ist ein wichtiges Entwurfshilfsmittel bei der Entwicklung fortschrittlicher Bildverarbeitungseinheiten. Die Sprache OCCAM ist hierfür ein geeignetes Hilfsmittel, da das der Sprache zugrunde liegende Konzept der parallelen, kommunizierenden Prozesse direkt der Struktur der Hardwarekomponenten entspricht. Die Modellierung erfolgt Top-Down und ist hierarchisch gegliedert. Die modellierten Komponenten lassen sich leicht in endliche Zustandsautomaten entwickeln oder, bei Verwendung entsprechender Compiler, in ein VLSI-Design überführen.

Literatur

/AMEL82/ Ameling, W.: Mehrrechnersysteme zur Simulation
         Inf.-Fachber.: Simulationstechnik, 1982, Springer-Verlag
/MANO85/ Mano, T. et. al.: OCCAM to CMOS
         Comp. Hardw. Descr. Languages and their Applic., 1985, IFIP
/MAY87a/ May, D.: Communicating processes and OCCAM
         Inmos, Technical note 20, 1987
/MAY87b/ May, D., Keane, C.: Compiling OCCAM into silicon
         Inmos, Technical note 23, 1987
/REEV82/ Reeves, A.: Parallel Comp. Architectures for Image Proc.
         Comp. Vision, Graphics, and Image Proc., 1984, Vol.25
/REEV87/ Reeves, A.: Highly Parallel Comp. Arch. for Scientific Appl.
         Intelligent Autonomous Systems, Int. Conf. Amsterdam, 1987

Simulation von Regel- und Steuerungssystemen

SIMULATION – Ein Werkzeug für CACE?

Inge Troch
Technische Universität
Karlsplatz 13   A-1040 Wien

KURZFASSUNG. Die Betrachtung typischer Aufgaben der Steuerung und Regelung führt auf einige sich von Benutzerseite ergebende Forderungen an Simulations-Software und zeigt Nachteile existierender Software auf.

1) EINLEITUNG

Bei Überlegungen hinsichtlich der Forderungen an Systeme für rechnerunterstütztes "control engineering (CE)" muß man sich zunächst Rechenschaft über die Aufgaben eines auf diesem Gebiet tätigen Ingenieurs geben. Hiebei ist zu beachten, daß heute Regelung und Steuerung nicht mehr in jener Trennung zu sehen sind wie noch vor wenigen Jahren, sondern beide vielfach neben- und miteinander bestehen, sodaß koordiniertes Zusammenwirken an Bedeutung gewinnt. Außerdem treten die im Rahmen des CE zu lösenden Aufgaben zumeist in Zusammenhang mit allgemeineren Fragestellungen der Automatisierung auf, was zunächst an einem aktuellen Beispiel des Einsatzes von Industrierobotern in einer Fertigung kurz illustriert sei.

Bei der Aufgabe des Schweißens einer Autokarosserie ist
    (1) die Aufgabenverteilung auf m (= ?) Stationen mit insgesamt
        n (= ?) Robotern und
    (2) die Aufteilung der in einer Station zu schweissenden Punkte
        auf k (= ?) in dieser Station arbeitende Roboter vorzunehmen.
Es folgen
    (3) die Festlegung der Reihenfolge der Schweißpunkte für jeden der
        Roboter und
    (4) die Festlegung der geometrischen Roboterbahn in kollisionsfreier Weise, welche anschließend
    (5) als Sollbahn bezüglich der Zeit zu parametrisieren ist, wobei
        die erforderlichen Koordinatentransformationen nicht vernachlässigt werden dürfen. Abschließend folgt
    (6) die eigentliche Positionsregelung und Steuerung der Antriebe.

An diesem Beispiel sind folgende durchaus allgemein gültigen Zusammenhänge deutlich zu erkennen:

    * Die **Teilprobleme** sind nicht **unabhängig** voneinander lösbar, vielmehr sind die auf verschiedenen Ebenen auftretenden Probleme eng miteinander verknüpft.
    * Die Problemlösung erfordert mehr als Simulation im gewöhnlichen Sinn, nämlich den Einsatz von Hilfsmitteln, die als **wissenschaftliches Rechnen** beschrieben werden.

Die zweite Beobachtung gilt nicht nur für die Lösung von Automatisierungsaufgaben im gesamten, sondern auch für die Lösung von Steuerungsproblemen im engeren Sinn wie sie beispielhaft im Teilproblem 6 angesprochen wurde. Weiters erfordert z.B. die oben angeführte Planung einer Roboterbahn bei Punktschweißaufgaben die vorherige Aufteilung der Schweißpunkte auf die einzelnen Stationen und Roboter, letztere sollte jedoch unter Kenntnis des Zeitbedarfes für mögliche Bahnen einzelner Roboter erfolgen. Dies bedeutet eine enge Vermaschung und in weiterer Folge, daß CIM, CAE usw., aber auch CE, wenn sie in einem umfassenden Sinn verstanden werden, hohe Anforderungen an wissenschaftliches Rechnen auf verschiedensten Ebenen stellen - lineare Algebra wird ebenso benötigt, wie - um nur einige Beispiele zu nennen - Laplace-Transformation und Operatorenrechnung, Distributionstheorie, ganzzahlige Optimierung und diskrete oder kontinuierliche Simulation.

Nun führt diese Gesamtschau auf Automatisierungsaufgaben im Großen sicher in Richtung Experten- oder Beratungssysteme, wie sie für technische Aufgabenstellungen z.B. in [1] diskutiert werden. Beschränkt man sich auf das "Detailproblem" des "klassischen" CE, so findet man jedoch bei nur etwas genauerer Betrachtung dort ganz ähnliche Probleme. Insbesondere ist als nachteilig zu vermerken, daß zwar für die Lösung einzelner Teilaufgaben - u.a. für Simulation des Zeitverhaltens - effektive, vielfach auch sehr komfortable Software zur Verfügung steht, diese Programme jedoch nicht gleichzeitig verwendet werden können, da jedes Programm seine individuelle, von den übrigen abweichende Problembeschreibung erfordert.

Nicht zuletzt in diesem Zusammenhang sollte die Tatsache gesehen werden, daß zahlreiche Regelungstechnikinstitute eigene Software-Entwicklung betreiben, die auch Simulationsprogramme umfaßt. Dies geschieht fast nie aus unmittelbarem Interesse an einer Software-Herstellung selbst, sondern aus dem großen Bedürfnis heraus, geeignete und zweckmäßige Software zur Unterstützung bei der Lösung der eigentlich interessierenden Probleme zur Verfügung zu haben.

2) Aufgaben des CE

Eine formalisierte Bearbeitung von REGELUNGS- bzw. STEUERUNGSPROBLEMEN ist unter anderem dadurch gekennzeichnet, daß einzelne Schritte mitunter mehrfach ausgeführt werden müssen, bis man zu einer allen Gegebenheiten in einigermaßen befriedigender Weise Rechnung tragenden Problemlösung gelangt. Dies gilt für die Problemlösung im gesamten ebenso, wie für die Teilaufgaben "Modellbildung" und "Entwurf". Ein typischer Vorgang weist folgende Schritte auf:

* PROBLEMANALYSE und MODELLBILDUNG, einschließlich Parameteridentifikation
* ANALYSE DES MODELLS (der Strecke)
* ENTWURF der Regelung bzw. Steuerung
* ANALYSE des geregelten (gesteuerten) Systems mit dem Ziel der Klärung der Frage, ob und inwieweit das ursprünglich gestellte
* PROBLEM tatsächlich GELÖST wurde.

Kommt es durch Unzulänglichkeiten bei der Modellbildung oder durch Wahl eines ungünstigen Entwurfsverfahrens bzw. ungeeigneter Entwurfsparameter zu einer Verneinung der zuletzt genannten, vielfach mittels Simulation beantworteten Frage, so muß man zu einem früheren Schritt zurückkehren und den Vorgang entsprechend wiederholen. In schwierigen Situation, wie sie bei vermaschten Systemen gar nicht so selten anzutreffen sind, kann dies durchaus mehrfach erforderlich sein.

In [12] wurden einige **Aufgaben des CE** etwas genauer ausgeführt, hier seien besonders wichtig scheinende Gesichtspunkte zusammengefaßt. Der

typische **Modellbildungsprozeß** beinhaltet den Aufbau eines Gesamtmodells aus Teilmodellen, die sowohl für sich als auch in ihrem Zusammenspiel validiert werden müssen. Charakteristisch ist vielfach das
Auftreten von **Rückkopplungen**, [5], [3], die bei Simulationen Schwierigkeiten verursachen können, da implizite Gleichungen und somit algebraische Schleifen resultieren. Derartige Systeme lassen sich vielfach
relativ leicht auf dem "guten, alten" Analogrechner nachbilden und
können dort mit sehr kurzen Rechenzeiten untersucht werden, allerdings
mit dem Nachteil der begrenzten Hardware. Für Digitalrechner vorgeschlagene Maßnahmen wurden in [9] kritisch diskutiert. Eine echte
Problemlösung (von noch effektiverer Hardware abgesehen) können wohl
nur grundsätzlich NEUE Wege bringen, allerdings fehlt hier derzeit
noch der zündende Funke. Aus Sicht des Benutzers wäre jedenfalls die
Erhaltung der Systemstruktur während der Rechnungen wünschenswert,
ohne daß deswegen lange Rechenzeiten in Kauf genommen werden müssen.

Aspekte wie die Identifizierbarkeit der im Modell auftretenden Parameter und die Handhabbarkeit des resultierenden Gesamtmodelles führen
häufig zu Versuchen einer Modellvereinfachung und damit zu der eingangs erwähnten wiederholten Durchführung der Modellbildung, wobei
Simulationen des Zeitverhaltens i.a. eine wichtige Rolle zukommt. Beim
Vergleich mehrerer Modellierungsmöglichkeiten möchte sich der Modell-
ersteller nicht um "Kleinigkeiten" sorgen müssen, wie z.B. um mögliche
Konfusionen durch Namensgleichheiten von verschiedenen Größen in unterschiedlichen Teilmodellen oder aber von ihrer Natur nach gleiche
Größen in verschiedenen, nebeneinander zu bearbeitenden und miteinander zu vergleichenden Modellen.

Im Hinblick auf das eigentliche Entwurfsproblem ist es weiter wünschenswert, nicht an die in gängigen Simulationssprachen üblichen
Modelle (zumeist Differentialgleichungen erster Ordnung) gebunden zu
sein, sondern z.B. direkt Übertragungsfunktionen als Grundlage von
Simulationen verwenden zu können.

Auf diese Analyse- und Modellbildungsfragen folgt als zentrale Aufgabe
des Regelungstechnikers der eigentliche ENTWURF der Regelung oder
Steuerung, dem normalerweise eine mehr oder weniger aufwendige

Analyse der Systemeigenschaften auf Grund des Modells vorangeht. Hiezu
gehört die Untersuchung von **Eigenschaften** wie steuerbar, beobacht-
bar, invertierbar, stabilisierbar, linearisierbar, entkoppelbar
(durch Zustands- bzw. durch Ausgangsrückführung) identifizierbar,
ordnungsreduzierbar usw.

Der eigentliche **Entwurf der REGELUNG bzw.** STEUERUNG benutzt entweder
klassische Entwurfsverfahren wie Einstellregeln für PID-Regler und
Ortskurvenmethoden oder in modernerer Weise Zustandsraumverfahren
wie LQ- bzw. LQG-Entwurf, Polzuordnung usw. Hiezu kommen immer wieder neue Methoden wie z.B. die derzeit viel beachteten H^{∞}-Metho-
den, [6].

Die **ANALYSE des geregelten/gesteuerten Systems** untersucht Eigenschaften wie Stabilität, Qualität, Robustheit bzw. Empfindlichkeit bezüglich Modellierungsfehlern und Störungen, den Einfluß der Art der
Realisierung der Regelung/Steuerung (z.B. digital statt wie angenommen analog), den Einfluß von Modellvereinfachungen usw. Hier
sind wiederum Simulationen des Zeitverhaltens ein wertvolles Hilfsmittel.

An dieser Stelle seien einige Bemerkungen zum Entwurfsproblem angebracht. Viele der neueren Methoden basieren auf **OPTIMIERUNGS-PRINZIPI-
EN,** wie sie etwa beim Entwurf verbrauchsoptimaler Steuerungen für

Satelliten oder zeitoptimaler Steuerungen für die Punkt-zu-Punkt-Bewegung von Industrierobotern eingesetzt werden. Häufig treten hiebei Interessenskonflikte auf (wie z.B. bei der Steuerung eines Wasserspeichers, der gleichzeitig der Energieerzeugung und dem Hochwasserschutz dienen soll), was zum Einsatz von Vektoroptimierung geführt hat.

Die Theorie zum Entwurf optimaler Steuerungen ist zwar relativ gut entwickelt (Maximumprinzip), jedoch ist die praktische Durchführung häufig zu aufwendig, vor allem bei Vorliegen von Zustandsbeschränkungen. Abhilfe sucht man häufig in der Vorgabe einer geeignet scheinenden Reglerstruktur (z.B. lineare Zustands- oder Ausgangsrückführung, PID- Regler), wobei die Reglerparameter dann unter Gesichtspunkten wie Stabilität, Robustheit, Optimalität usw. festgelegt werden.

Auch hier ist wieder eine **iterative** Vorgehensweise typisch, [10]. Diese ist unabhängig davon, ob es sich um die Anwendung von Optimierungsprinzipien, von Polzuordnungsverfahren oder von klassischen Entwurfsverfahren handelt: auf den eigentlichen Entwurf folgt die Analyse des geregelten/gesteuerten Systems. Zeigt diese keine in jeder Hinsicht befriedigenden Resultate, muß der Entwurf, z.B. mit neuer Lage der vorzugebenden Pole wiederholt werden.

3) SIMULATIONEN

Fragen einer möglichen Modellvereinfachung oder die Analyse eines geregelten Systems werden vielfach und zweckmäßig mit Hilfe von Simulationen bearbeitet. Nun ist eine **Simulation** grundsätzlich das **Experimentieren mit einem Modell**, wobei der Charakter des Modells keine Rolle spielt - es kann auch ein physikalisches Modell wie z.B. ein Windkanal sein.

Spricht man heute von Simulation, so denkt man vor allem an Rechnersimulationen und hier wiederum an Untersuchungen des Zeitverhaltens eines Prozesses. Allerdings zeigt eine nur etwas genauere Betrachtungsweise, daß nicht immer nur Zeitabläufe im Vordergrund stehen. So dienen z.B. in der Robotik Simulationen vor allem zur Klärung der Kollisionsfrage. Hiebei stützt man sich meist auf frühere Berechnungen und nimmt streng genommen lediglich eine Veranschaulichung der Bewegung vor, bei der auch die in Bezug auf Kollisionen relevante Umwelt dargestellt wird. In diesem Zusammenhang ist es auch interessant, sich über den Aufwand für die eigentlichen Rechnungen bei vielen diskreten Simulationen und jenen für die Animation Gedanken zu machen!

Im Rahmen der Regelungs- und Steuerungstechnik wird heute der Begriff Simulation vor allem in Zusammenhang mit der Untersuchung des Zeitverhaltens eines Prozesses eingesetzt, wobei primär kontinuierliche Vorgänge im Rahmen solcher Simulationen untersucht werden. Entsprechend groß ist die Bedeutung kontinuierlicher Simulationssprachen für CE.

Bekennt man sich jedoch zu der oben angegebenen Definition einer Simulation und engt diesen Begriff nicht auf die Untersuchung z.B. des Zeitverhaltens ein, dann kann auch der **gesamte Entwurfsvorgang** als eine solche **Simulation im weiteren Sinn** aufgefaßt werden. Vor allem eine solche ist wertvolles Werkzeug des CACE - oder könnte es zumindest sein! Denn, wie weiter oben ausführlich diskutiert wurde, ist sowohl die eigentliche Problemlösung als auch die Lösung von Teilaufgaben wie Modellbildung oder Steuerungsentwurf i.a. iterativ . Jeder Schritt kann daher als ein Experiment etwa im Rahmen der Modellbildung oder des Entwurfes interpretiert werden.

Die Notwendigkeit, die Aufgabe "SIMULATION" etwas allgemeiner zu
sehen, als dies derzeit in den gängigen Simulationssprachen geschieht,
wurde bereits früher, [7], zumindest angedeutet und hat zur Entwicklung neuer Konzepte geführt, die in [8] zunächst für den Bereich
"Modellentwicklung" ausgeführt werden sollen. Für das Gebiet "Optimierung" ist Ähnliches in der Optimierungsumgebung GOMA für ACSL geschehen, [2]. Diese verallgemeinerte Auffassung des Begriffes SIMULATION"
wird in [8] sehr schön durch die Trennung von "Modell" und "Experiment" unter Einführung einer dritten Ebene "Methode" charakterisiert,
wodurch stets ein Experiment als Anwendung einer Methode auf ein
Modell aufgefaßt werden kann und man zu der eingangs erwähnten Definition des Begriffes Simulation gelangt.

4) FORDERUNGEN AN SIMULATIONS-SOFTWARE

Die Notwendigkeit, einzelne Vorgänge mehrfach auszuführen, kann unterschiedliche Ursachen haben, wie nicht ausreichende oder nicht adäquate
Modellbildung oder ungünstige Wahl eines Entwurfsverfahren. Sie erfordert aber jedenfalls, daß dem Problembearbeiter das gesamte Spektrum
an Analyse- und Entwurfsinstrumenten des CE (wie es eingangs skizziert
wurde) **gleichzeitig und interaktiv** zur Verfügung steht.

Aus diesen Ausführungen ergibt sich fast zwangsläufig die Forderung
der Schaffung **koordinierter und kombinierbarer** Software. Diese sollte
es dem Benutzer ermöglichen, mit einer EINZIGEN Problembeschreibung
alle diese verschiedenen **Analyse-, Entwurfs-** und **Simulationsaufgaben**
(im engeren Wortsinn) zu bewerkstelligen, und zwar einschließlich der
- leider nur zu oft vernachlässigten - Dokumentation!

Dies führt bei der Verwendung von herkömmlichen Simulationssprachen -
und zwar unabhängig davon, ob es sich um kontinuierliche oder diskrete
handelt - zu ernsten Schwierigkeiten, da diese ausschließlich auf die
Untersuchung des Zeitverhaltens abgestimmt sind, jedoch keine Hilfen
für die eigentliche **Problemlösung** - und nur an dieser ist der Rege-
lungstechniker interessiert - bieten und darüber hinaus eine sehr
spezielle Modellbeschreibung verlangen, die häufig für Analyse- oder
Entwurfsaufgaben ungeeignet ist. Dies bedeutet insbesondere, daß solche **PROBLEMLÖSUNGSORIENTIERTE SOFTWARE** auch die Möglichkeit der
Modelltransformation beinhalten muß, also z.B. die Transformation von
Blockschaltbildern in Differentialgleichungen usw. Denn es ist für den
an der Problemlösung interessierten Benutzer nicht einzusehen, warum
er ein- und dasselbe System mehrfach modellieren soll oder aber alle
notwendigen Rechnungen selbst programmieren soll (insbesondere dann,
wenn es gut getestete und effiziente Routinen etwa für Optimierung,
für Polzuordnung, für Stabilitätsanalyse usw. bereits gibt) oder aber
warum er die Infrastruktur für komfortable Simulationen zur Untersuchung des Zeitverhaltens selbst schaffen soll.

Kurz- und mittelfristig sind daher im Rahmen des CE vor allem folgende
Forderungen zu sehen:

* Klassische und moderne Verfahren der Systemanalyse und des
  Regler- bzw. Steuerungsentwurfes gleichzeitig mit Simulationen nutzen können
* Zwischen verschiedenen Modellen etwa für die Strecke bequem
  wechseln und so jenes wählen zu können, das für die gerade
  untersuchte Frage am geeignetsten erscheint.

Dieser Modellwechsel sollte ohne Eingriff des Benutzers allein durch das System möglich sein und darüber hinaus auch die Möglichkeit der Kombination verschiedenartiger Modellbeschreibungen beinhalten. In diesem Zusammenhang sei nochmals an die Notwendigkeit von Modellvergleichen erinnert und die sich durch mögliche, vielfach wünschenswerte (Modellvergleiche!) Namensgleichheit verschiedener Größen ergebenden Probleme.

Längerfristig ist dieser Wunsch, unterschiedliche Systembeschreibungen gleichzeitig zur Verfügung zu haben, jedoch auch noch in anderem Zusammenhang zu sehen. Wie eingangs angedeutet, gehört zu den Aufgaben des CE die Durchführung unterschiedlichster Automatisierungsaufgaben, wie sie in jenen Bereichen anzutreffen sind, die nicht der klassischen Regelungstechnik sondern eher dem, was man heute unter CIM zusammenfaßt, zuzuordnen sind. Gerade das in der Einleitung gegebene Beispiel der Fertigungsstraße mit Robotereinsatz (vgl. auch [12]) macht deutlich, daß die hiebei auftetenden Probleme nicht wirklich unabhängig voneinander sind und eine echte Problemlösung eine übergeordnete und gleichzeitige Betrachtung der Einzelprobleme erfordert. Sicher wird man noch längere Zeit nicht das für eine wirkliche Gesamtlösung notwendige mathematische Instrumentarium in der Art zur Verfügung haben, daß mit vertretbarem Aufwand und innerhalb akzeptabler Zeit eine weitgehende automatisierte Gesamtlösung in optimaler Weise erfolgen kann. Jedoch sollte es im Rahmen von rechnergestützten Lösungen möglich sein, ohne großen Aufwand zwischen den einzelnen Problembetrachtungen zu wechseln und sozusagen "zwischendurch" Teilprobleme zu untersuchen bzw. zu lösen und diese Kenntnisse dann wieder in die Betrachtung übergeordneter Planungsaufgaben einzubringen.

Dies erforert noch in weit höherem Maße Kombinierbarkeit von Software-Paketen als dies bei der engeren Betrachtung von "klassischen" Aufgaben des CE der Fall ist. Allerdings scheint es bereits "5 vor 12" zu sein, soll mit erträglichem Aufwand eine Problemlösung mittels Simulation entwickelt werden, die von Benutzern unterschiedlichster Sparten verwendet werden kann. Hier wären wohl Absprachen und gewisse Normungen (etwa von Schnittstellen) aller Programme, die im Rahmen des CACE Bedeutung haben oder erlangen können (auch Theorie und Methodik machen laufend Fortschritte) ein wesentlicher Schritt vorwärts.

5) ZUSAMMFASSUNG

Betrachtet man Wünsche von Benutzern von Simulationssystemen, so erkennt man Bedürfnisse wie

* Theoretische Hilfsmittel (Wurzelortskurven, Stabilitäts- und andere Kriterien, Optimierungsverfahren) OHNE Zusatzaufwand verwendbar
* Bequemer Wechsel von "theoretischen Untersuchungen" zu den Simulationsläufen im Zeitbereich
* Kombination von Teilmodellen zu einem Gesamtmodell ohne mühevolle Evidenthaltung von Namen oder Sorge für eine explizite Struktur
* Möglichkeit des wertenden Vergleiches UNTERSCHIEDLICHER Modelle zur Lösung EINER Aufgabe ohne kompliziertes Datensichern oder Probleme mit Namensgleichheiten

Diesen Bedürfnissen kann weitgehend durch Erfüllen der **FORDERUNG** nach einer einzigen **Eingabe für VERSCHIEDENE Programme und Sprachen** Rechnung getragen werden. Freilich muß hiebei bedacht werden, daß diese

Sprachen und Programme so konzipiert sein müssen, daß Benutzer zwar in verschiedenen Abschnitten (z.B. in Teilmodellen oder zwecks Modellvergleiches) u.a. gleiche Variablennamen verwenden können, jedoch hierdurch keine Fehler auftreten.

Längerfristig ist außerdem der Wunsch zu sehen, daß einmal erstellte Simulations- und andere Programme **erweiterungsfähig** und in einem noch höheren Maße **kombinationsfähig** sein sollten, damit z.B. die Lösung übergeordneter strategischer Probleme bei gleichzeitiger Lösung von Teilaufgaben (wie bei dem eingangs angeführten Beispiel des Schweißens einer Autokarosserie) mit einer einzigen Sprache erfolgen kann.

Diese Forderungen stehen in engem Zusammenhang mit einer universelleren Sicht des Begriffes **Simulation**, insbesondere Rechnersimulation, nämlich als **Experimentieren mit einem Modell**. Ein derartiges Experimentieren tritt nicht nur - wie in den derzeit erhältlichen Simulationssprachen angenommen - bei der Untersuchung des zeitlichen Verhaltens von Prozessen auf, sondern bei Aufgaben des CE unterschiedlichster Art, insbesondere auch bei der Modellbildung sowie bei Entwurfs- und Optimierungsaufgaben. Darüber hinaus können mitunter "klassische" Aufgaben des CE als Experimente im Rahmen übergeordneter Probleme bei Automatisierungsaufgaben (wie man sie etwa im Rahmen von CIM betrachtet) gesehen werden.

6) LITERATUR

[1] D.Böhme, J.Wernstedt, Entwurfskonzepte für Beratungssysteme zur Lösung kybernetischer Aufgaben. MSR 30 (1987), 535-539.
[2] F.Breitenecker, I.Troch, R.Ruzicka, A.Sauberer, GOMA - An Optimisation Environment for Development of Automatic Control in CSSL-Type Simulation Languages. Prepr. 12th IMACS World Congress, Paris 1988.
[3] R.J.Diependaal et al., Numerical Methods for Solving One-Dimensional Cochlear Models in the Time Domain. J.Acoust.Soc. Am.82 (1987), 1655-1666.
[4] B.N.Farah, Expert Systems: An Application in Flexible Manufacturing. J.Intelligent and Robotic Systems 1 (1988), 73-88.
[5] P. Landauer: Efficient Application of the SIMSTAR Non-Homogeneous Multiprocessor to Large-Scale Simulation Studies. Prepr.11th IMACS Congress, Oslo, 1985, vol.3, 199-202.
[6] L.Ljung (ed.), Control Theory 1984-1986. A Progress Report from IFAC's TC on Theory. IFAC, 1987.
[7] D.Solar, F.Breitenecker, Das Simulationssystem HYBSYS und sein Tabellenfunktionen-Konzept. Proc. 4.Symposium Simulationstechnik (Ed.: J.Halin) Inf.FB 150, Springer, Berlin, 1987, 187-176.
[8] D.Solar, F.Breitenecker, Das Simulationssystem HYBSYS. Proc. 5.Symposium Simulationstechnik, Aachen, 1988.
[9] I.Troch: There is a Need for Simulation Based on Implicite Models. Proc.2nd European Simulation Congress, Antwerpen, 1986,157-162.
[10] I.Troch, Simulation and Optimisation. Proc.European Congress on Simulation, Prag 1987 (Ed.: V.Hamata), vol.B, 315-321.
[11] I.Troch, F.Breitenecker, P.Kopacek, K.Desoyer: Models for the Control of Robots and Path Prediction - An Expert System for Simulation Studies. In: Applied Modelling and Simulation of Technological Systems (Eds.: P.Borne, S.G. Tzafestas) North-Holland, Amsterdam, 1987, 459-466
[12] I.Troch, Simulation regelungstechnischer Systeme. ASIM-Mitteilungen 9 (1988).

Erfahrungen mit Hardware-in-the-Loop-Simulation an
der Workstation XANALOG XA-1000

Alfred Schmidt, MAN-Technologie München
Frank Scheider, MAN-Technologie München

Zusammenfassung:

Die Leistungsfähigkeit der Simulations-Workstation XANALOG XA-1000 wurde anhand
eines komplexen ICE-Reisezugwagenmodells überprüft und mit Hybridrechenanlagen und
Simulationspaketen verglichen. Dabei zeigte sich, daß das System sowohl herausra-
gende Rechengeschwindigkeiten bietet als auch die Handhabung durch die Menue-
führung in kürzester Zeit erlernbar ist. Zudem eröffnet die zugrundegelegte Methode der graphischen Modelleingabe eine neue Dimension zum Verständnis der physikalischen Realität der simulierten rückgekoppelten Strukturen.

1. Einleitung

Erhebliche Fortschritte bei der Leistungsfähigkeit von Elektronikhardware sowie
darauf aufbauende Konzepte bedienungsfreundlicher Software sind die Basis für
neuartige kompakte Simulationssysteme. Früher bildeten Großrechenanlagen mit vielen Benutzern und Batchbetrieb oder umfangreich ausgestattete Hybridrechner mit
Echtzeitfähigkeit die Grundlage für die Simulation von dynamischen Systemen. Viele
Anwendungen im Prüfstands- oder Entwicklungsbereich mit Hardware-in-the-Loop-
Konfiguration erforderten speziell zurechtgeschneiderte Digitalrechner, weil nur
so nichtlineare Systeme flexibel genug realisiert werden konnten.

Infolge der Miniaturisierung der Bauelemente und des Preisverfalls werden zunehmend Workstations auf dem Markt angeboten, die auf standardisierten Hard- und
Softwarekomponenten aufbauen und für Spezialanwendungen (z.B. CAD) durch zusätzliche Beschleunigerhardware optimiert sind. Ein solches System ist die Workstation
XANALOG XA-1000, die seit 1987 auf dem Markt ist und sich durch besondere Benutzerfreundlichkeit und hohe Rechengeschwindigkeit trotz kompakten Aufbaus auszeichnet und daher für viele Anwendungsfälle gut geeignet ist.

2. Aufbau und Eigenschaften der Workstation

2.1. Hardwareaufbau

Das Herz der Workstation bildet ein PC/AT mit Koprozessor 80287 und hochauflö-
sendem Bildschirm unter MS-DOS. Bereits diese Konfiguration ist voll ausreichend
für die Erstellung von Simulationsmodellen und ihre Ausführung entsprechend der
vorhandenen Rechenleistung. Für Hardware-in-the-Loop Anwendungen wird dieses System entsprechend Abb. 1 durch einen Array-Prozessor und ein E/A-Erweiterungschas-
sis mit A/D-, D/A- und digitalen Ein-/Ausgabeschnittstellen ergänzt, so daß insgesamt drei Komponenten von jeweils der Größe eines üblichen PC vorhanden sind (vgl.
Abb. 2). Mit dieser Hardwareausstattung wird die Rechengeschwindigkeit um einen
Faktor 100 - 200 erhöht sowie die Möglichkeit geschaffen, mit externen Hardwarekomponenten (z.B. Mikrorechnerreglern) Regelkreise zu schließen und unter Echtzeitbedingungen zu untersuchen.

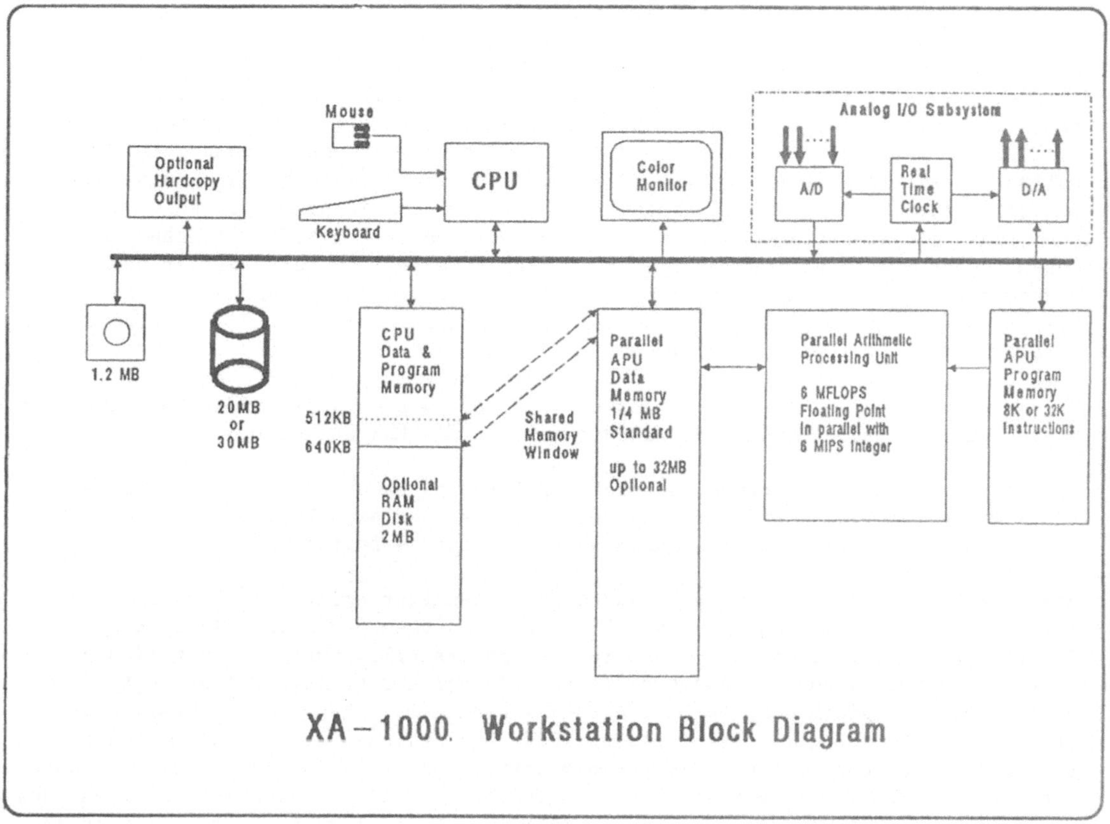

Abb. 1: Blockschaltbild der Workstation XANALOG XA-1000

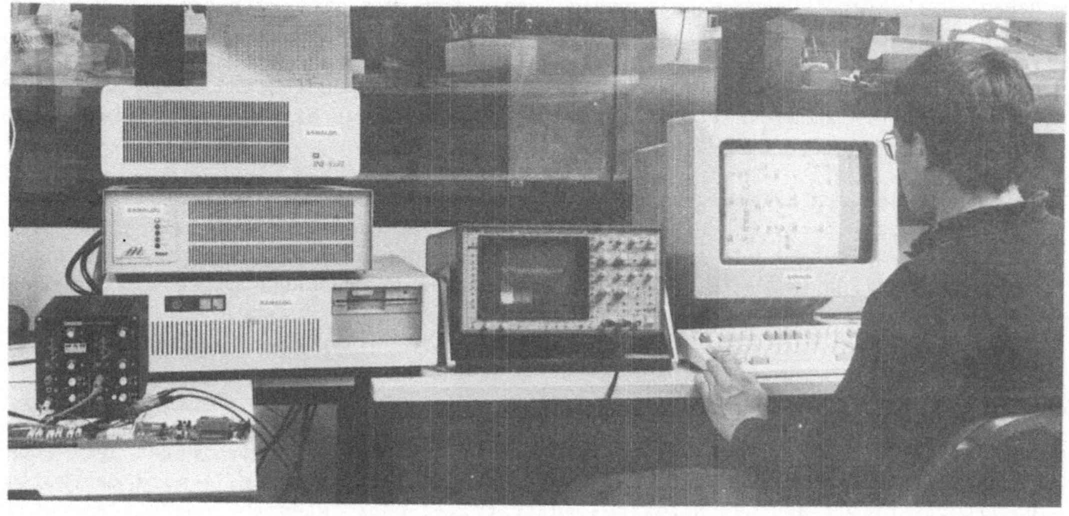

Abb. 2: Aufbau der Workstation XANALOG XA-1000 bei MAN-Technologie

2.2. Erstellung von Simulationsmodellen

Neben der reinen Rechenleistung ist jedoch auch die praxisgerechte Handhabung solcher Simulationssysteme von entscheidender Bedeutung. Wer je auf einem Analogrechner gearbeitet hat, weiß, daß erhebliche Mühen auf Skalierung und Dokumentation der Schaltung zu verwenden waren, wenn Verlaß auf die Rechenergebnisse sein sollte. Spezielle Sprachen wie ACSL zur Modellbeschreibung und entsprechende Compiler zur Umsetzung auf lauffähige Digitalprogramme oder auch auf die Verschaltung von parallelen analogen Rechenkomponenten (z.B. SIMSTAR) haben uns das Leben erheblich erleichtert. Bei der Workstation XA-1000 wurde dieser Weg nicht beschritten, sondern die graphische Modelleingabe gewählt. Diese Vorgehensweise bietet den Vorteil, daß die Rückkopplungsstrukturen und damit die physikalischen Parallelitäten des Simulationsmodells sichtbar bleiben und nicht in sequentielle Befehlsfolgen mit willkürlicher Reihung umgesetzt werden müssen. Die Beibehaltung dieser parallelen (natürlichen) Denkweise ist oft von entscheidender Bedeutung für ein wirklich tiefgreifendes Verständnis der dynamischen Strukturen.

Im Gegensatz zum Analogrechner stehen allerdings nahezu unbegrenzt viele Rechenkomponenten zur Verfügung; außerdem muß keinerlei Skalierung durchgeführt werden, da das System mit Gleitkommazahlen (32-bit) arbeitet.

Bei der Modellerstellung werden system- oder benutzerdefinierte Funktionsblöcke, sog. Icons, mit der Maus auf den Bildschirm gezogen und nach einer geeigneten Positionierung miteinander verdrahtet. Schnittstellen zur Außenwelt bilden die Eingänge (imports) und die Ausgänge (exports). Solcherart abgeschlossene Systemmodelle sind nach einem Compilerlauf direkt ausführbar, aber auch in übergeordneten Modellen mit beliebiger hierarchischer Tiefe als Submodelle verwendbar. Dies ist vor allem bei umfangreichen Systemen wichtig, um Übersichtlichkeit zu bewahren (genauso wie bei Verwendung von Unterprogrammen in Digitalprogrammen). Neben den "primitiven" Icons wie Integration, Summation, Multiplikation usw. gibt es auch Funktionstabellen (max. 3 Eingänge mit mehreren Ausgängen), die stückweise interpoliert werden. Beliebige arithmetische Ausdrücke können als benutzerspezifische Algorithmen eingegeben werden.

Neben der graphischen Modelldarstellung erhöht die menuegeführte Auswahl des Arbeitsablaufes auf GEM-Basis entscheidend die Benutzerfreundlichkeit. Dies gilt insbesondere für Anwender, die mit vielen verschiedenen Betriebssystemen zu tun haben und nicht dauernd vor die Frage gestellt werden wollen: "Wie heißt der Befehl heute??" In den Pulldown-Menues werden immer nur die Arbeitsschritte angeboten, die im Moment sinnvoll sind.

Aufgrund eigener Erfahrung und auch bei der Einführung des Simulationssystem bei MAN-Technologie hat sich gezeigt, daß nach einer Einweisungsdauer von einem halben bis ganzen Tag alle wesentlichen Funktionen beherrscht wurden und selbständiges Arbeiten möglich war. Einzige Voraussetzung sind Grundkenntnisse in der Regelungstechnik bzw. Systemdynamik.

2.3. Simulationsausführung

Bei der Durchführung von Simulationsläufen ist der Bedienkomfort neben der Transparenz der Parameter von entscheidender Bedeutung. Zur Laufzeit wird festgelegt, ob Importvariable aus den Hardwareschnittstellen oder internen Funktionsgeneratoren gespeist werden. Alle Exportvariablen und Zustandsgrößen können auf dem Bildschirm wie auf einem 6-Kanal-Schreiber dargestellt werden; alle Exportvariablen können zusätzlich an einem der Hardwareausgänge nach außen geleitet werden. In allen Fällen ist die Normierung frei wählbar.

Alle Parameter des Simulationsmodells können beliebig geändert werden. Ist eine Einstellung gefunden (inklusive aller Einstellungen für die Ein- und Ausgabe), die für das weitere Arbeiten hilfreich ist, kann diese einfach auf eine Datei gerettet und jederzeit wieder eingespielt werden.

3. Vergleich

Bei MAN-Technologie werden seit langem Untersuchungen zur Rad/Schiene-Dynamik durchgeführt, die schließlich zur Entwicklung des neuartigen ICE-Koppelrahmen-drehgestells führten und im Mai 1988 einen neuen Weltrekord bei 406 km/h für schienengebundene Fahrzeuge ermöglichten.

Für die Analyse des Laufverhaltens eines Reisezugwagens bei hohen Geschwindig-keiten auf gestörter Trasse (Verlegungsfehler im Bereich weniger Millimeter) wurden im Lauf der Zeit mehrere Rechenverfahren angewandt. Mit Hilfe des fir-meneigenen LINSYS wurde das linearisierte Modell untersucht, die Eingabe erfolgte durch formatierte Eingabedateien für die Lage und Größe der einzelnen Starrkörper sowie ihrer Verkopplungen mittels Feder- und Dämpfungselementen. Begleitend dazu wurde auf dem Hybridrechner mit drei EAI-8800 ein Simulationsmodell erstellt, das die systembestimmenden Nichtlinearitäten des Rad/Schiene-Kontakts (Geometrie- und Sättigungseinflüsse) detailliert nachbildete. Aufgrund des Modellumfangs für ein Einzelrad war es unumgänglich, ein solches Einzelrad (wie ein Unterprogramm) durch Multiplextechnik insgesamt achtmal zu verwenden, was mit einem erheblichen organisatorischen Schaltungsaufwand verbunden war, vgl. /SCHM83/. Insbesondere der Einbau der Nichtlinearitäten (Multiplikationen, Kreisfunktionen und Funktionsgene-ratoren) brauchte sehr viele Komponenten und machte die Rechenschaltung sehr aufwendig.

Später kam das äußerst umfangreiche Programmpaket MEDYNA hinzu, das speziell für die interaktive dynamische Analyse von Mehrkörpersystemen konzipiert ist und zusätzlich den Einbau von nichtlinearen Systemteilen erlaubt.

In neuester Zeit wurden diese Verfahren ergänzt durch das firmeneigene Programm BLOCKSIM, das interpretativ die über eine Eingabedatei definierten Blöcke abarbei-tet. Jeder Block wird beschrieben durch die Nummer der Ausgangsvariablen und ihrer Bezeichnung, der Angabe des Blocktyps, den Nummern der Eingangsvariablen und ihren Vorzeichen sowie den Nummern der Parameter. Die Zusammenfassung von Modellteilen zu Submodulen ist möglich. Nichtlineare Funktionen werden über eine Fortran-Subroutine hinzugefügt. Modelle lassen sich inhaltlich gleich wie auf der XANALOG-Workstation aufbauen.

3.1. Modellerstellung

Für die Bewertung von Simulationssystemen ist zunächst der Aufwand und Komfort für die Modellerstellung und ggf. -änderung von entscheidender Bedeutung. Bei glei-chungsorientierten Simulationssprachen wie ACSL werden direkt die Gleichungen notiert; abgesehen von der Gleichungsherleitung ist keine Umformung notwendig. Beim herkömmlichen Analogrechner ist klar, daß er wegen der Notwendigkeit zur Skalierung aller Zwischengrößen und dem fehlerträchtigen Zusammenstecken der Schaltung sehr schlecht abschneidet (vgl. Tab. 1). Die Verfahren BLOCKSIM und

XANALOG sind gut vergleichbar, da in beiden Fällen Verknüpfungslisten (in Tabellenform bzw. graphisch) hergestellt werden. Welchem von beiden der Vorzug zu geben ist, hängt sowohl von der Vorliebe des Modellerstellers als auch von der Verflechtung des Modells ab. Bei der Workstation mit seinen vorgefertigten Menuefunktionen kommt als Nachteil hinzu, daß evtl. hilfreiche Zusatzprogramme wie z.B. automatische Modellerstellung oder Optimierungsverfahren derzeit nicht ohne weiteres hinzugepackt werden können (dies ist bei selbstgestrickten Programmen einfacher). Allerdings sind Schnittstellen zum Programmpaket Matrix-X für die lineare Systemanalyse bereits heute vorhanden.

```
   \   Krite-|       Zeitaufwand für             |Übersicht-  |
    \   rium|          |         Modell-          |lichkeit der|
 System  \  |Einarbeitung|-erstellung | -änderung |Dokumentation
-------------+------------+------------+-----------+-------------

 Sim.-sprache|   mittel   |   gering   |   gering  |    gut      |

 Analogrechn.|  sehr hoch |  sehr hoch |  sehr hoch|    (1)      |

 BLOCKSIM    |   gering   |   gering   |   gering  |   mittel    |

 XANALOG     |   gering   |   gering   |gering/hoch|gut/schlecht |
             |            |            |    (2)    |    (3)      |
-------------------------------------------------------------------
```

    (1)   sehr zeitaufwendig; Dokumentation unabhängig vom Simulationsmodell (evtl. Diskrepanzen!)

    (2)   hoher Aufwand, wenn Modell neu erstellt werden muß, weil Platz für Verdrahtung nicht ausreicht

    (3)   abhängig von Modellgröße und/oder Güte der Strukturierung des Modellerstellers

Tab. 1: Vergleichende Bewertung des Aufwand für die Modellerstellung mit verschiedenen Simulationssystemen

3.2. Ausführungsgeschwindigkeit

In der Simulation wurde die laterale Rad/Schiene-Dynamik eines ICE-Wagens mit Koppelrahmendrehgestell untersucht, der mit gemessenen Gleisstörungen (Gleislagefehler horizontal (alignment), Spurweitenfehler, Gleiswankwinkel (cross level)) beaufschlagt wurde. Da auch Beschleunigungs- und Kraftmessungen für dieses Gleisstück vorliegen, kann die Aussagefähigkeit des Rechenmodells überprüft werden.

Das Modell setzt sich aus vier Modulen mit der entsprechenden Vielfachheit zusammen: 8 Räder, 4 Radsätze, 2 Drehgestelle und 1 Wagenkasten. Dabei wurden folgende Freiheitsgrade berücksichtigt, die in der Summe 48 Zustandsgrößen ergeben:

   Radsatz: Querverschiebung, Drehung Hoch- und Querachse, Torsion
   Drehgestell: Querverschiebung, Drehung um Hoch- und Längsachse
   Wagenkasten: Querverschiebung, Drehung um Hoch- und Längsachse

Aus Funktionstabellen werden in Abhängigkeit der Querverschiebung relativ zum Gleis bestimmt:

6 Werte für jedes Rad (Winkel Berührebene, Rollradiusänderung,
horizontaler Berührpunktsabstand, 3 Koeffizienten zwischen
Schlüpfen und Kräften);

3 Werte für jeden Radsatz (Ableitung Vertikalverschiebung und
Wankwinkel nach Querverschiebung, Wankwinkel) infolge der
geometrischen Zwangsbedingungen.

(Das sind insgesamt 60 Zugriffe auf Funktionstabellen mit ca. 20 nicht äquidistant
liegenden Stützstellen pro Zeitschritt.)

Die drei Störgrößen werden in einer äquidistanten wegabhängigen Funktionstabelle
eingebracht und über 3*3 Totzeitblöcke auf jeden der nachlaufenden Radsätze umge-
rechnet.

| \\ Krite-
\\ rium
System \\ | Zeitaufwand für | | | Ergebnis-
dokumentation
Postprozessor |
	Compilieren und Linken	Simulations- lauf	Parameter- änderung	
Sim.-sprache	?	?	ca. 20 sec	gut
Analogrechn.	entfällt	100 sec (1)	ca. 100 sec	entfällt
BLOCKSIM	30 sec	7276 sec (2)	ca.20sec(3)	sehr gut (4)
XANALOG	570 sec	75 (+85) sec (5)	ca. 20 sec	mittel (6)

(1) 10-fach längere Rechenzeit aufgrund der wegen des
     Multiplexverfahrens notwendigen Zeittransforma-
     tion (Integrationsintervall 1.0 ms); für das Ab-
     speichern der Simulationsergebnisse auf eine Da-
     tei wurden nochmals ca. 60 sec gebraucht
(2) reine CPU-Rechenzeit auf einer VAX 11/750 mit Floating-
     point-Accelerator; wegen Mehrbenutzerumgebung längere
     Wartezeit auf die Ergebnisse
(3) da die Ergebnisse im Batchbetrieb errechnet wer-
     den, wären unsinnige Parameterkombinationen wegen
     der langen Rechenzeit besonders ärgerlich
(4) benutzer- und modellspezifisch angepaßt
(5) 75 s ist die reine Rechenzeit; weitere 85 s wer-
     den für das Abspeichern der Ergebnisse (alle 10
     ms 27 Werte) auf die Harddisk verbraucht
(6) mit dem systemeigenen Postprozessor relativ aufwendig und
     unflexibel;ungenügend automatisiert; da die Aus-
     gabedatei jedoch ASCII-Format hat, können die Da-
     ten beliebig überspielt und weiterverarbeitet werden

Tab. 2: Vergleichende Bewertung der Leistungsfähigkeit ver-
         schiedener Systeme für die Simulation des Laufs eines
         Rad/Schiene-Reisezugwagens auf gestörtem Gleis (10 s,
         1.0 ms Schrittweite mit Runge-Kutta-4)

Abb. 3 zeigt das Simulationsmodell "RADSATZ.MDL" eines Radsatzes mit den beiden Submodellen "RAD.MDL" für das linke bzw. rechte Rad, wie es auf der XANALOG-Workstation verwendet wird. Infolge der Verkleinerung gegenüber dem Bildschirm, der eine Fenstertechnik benutzt, sind die Signalnamen an den Anschlüssen sehr schwer zu identifizieren.

Tab. 2 gibt eine vergleichende Übersicht über die wesentlichen Aspekte der Simulationsdurchführung. Dabei wird deutlich, daß die Workstation eine sehr hohe Rechenleistung erzielt, die auch bei einem so komplexen Modell den interaktiven Betrieb noch sinnvoll macht. Bemerkenswert ist, daß selbst der Analogrechner aufgrund der Multiplextechnik kaum mithalten konnte. Und vollkommen parallel wäre ein nichtlineares Modell dieser Größenordnung auf dem Analogrechner nicht darstellbar.

4. Erfahrungen mit Hardware-in-the-Loop Anwendungen

Die Rad/Schiene-Simulation konnte auf der Workstation aus ersichtlichen Gründen nicht mehr im Echtzeitbetrieb durchgeführt werden. In einigen weiteren Fällen (Aeroman-Windenergieanlage, elektronisch spurgeführter Bus, Hebezeug, Bühnensteuerung) wurden jedoch mit vollem Erfolg externe Komponenten wie Regler und schwer zu modellierende Systemteile in den Regelkreis einbezogen. Dabei wurde selbst bei komplexeren Modellen die Grenze der Leistungsfähigkeit der XANALOG-Workstation nicht angetastet. Insgesamt stehen 16 Analogeingänge, 10 Analogausgänge und 40 digitale Kanäle zur Verfügung.

Da MAN-Technologie weltweit der erste Benutzer der Hardware-in-the-Loop Konfiguration war, wurden zwangsläufig in der Anfangsphase Softwaremängel aufgedeckt, die jedoch umgehend beseitigt wurden. Zusätzlich wird von XANALOG mit Nachdruck an Funktionserweiterungen gearbeitet, um ein breites Anwendungsspektrum (insbesondere bei der Linearisierung) abdecken zu können.

Sehr bald erwies es sich, daß selbst Simulationsneulinge innerhalb kürzester Zeit sehr gute Ergebnisse erzielen konnten. Die Erfahrungen eines halben Jahres mit der neuen Workstation haben uns veranlaßt, die Hybridrechenanlage mit drei Analogrechnern EAI-8800 und einem Prozeßrechner HP21MX in Zukunft nicht mehr zu verwenden und auszumustern. Dies ist sowohl ein Beitrag zur Senkung der Gemeinkosten (Raummiete und Wartung) als auch zur Energieeinsparung.

5. Abschließende Bewertung

Die graphische Modelleingabe bietet Vorteile bei kleinen oder gut strukturierten Modellen, kann aber bei größeren und komplex vermaschten Systemen sehr unhandlich werden und die Dokumentation erschweren. Die Bedienung ist voll auf den interaktiven Betrieb abgestimmt; mit Batchbetrieb vergleichbare Automatisierungsmöglichkeiten werden derzeit nicht geboten. Hinsichtlich der Rechenleistung im Simulationsbetrieb schneidet die Workstation hervorragend ab. Sie ist vorteilhaft sowohl im Bereich von komplexen Echtzeitanwendungen wie auch für interaktive Simulationsaufgaben einsetzbar.

Literatur

/SCHM83/   Schmidt, A.; Mauer, L.: Hybrid Simulation of the
            Nonlinear Dynamics of High Speed Railways; 1st Euro-
            pean Simulation Congress, Springer 1983

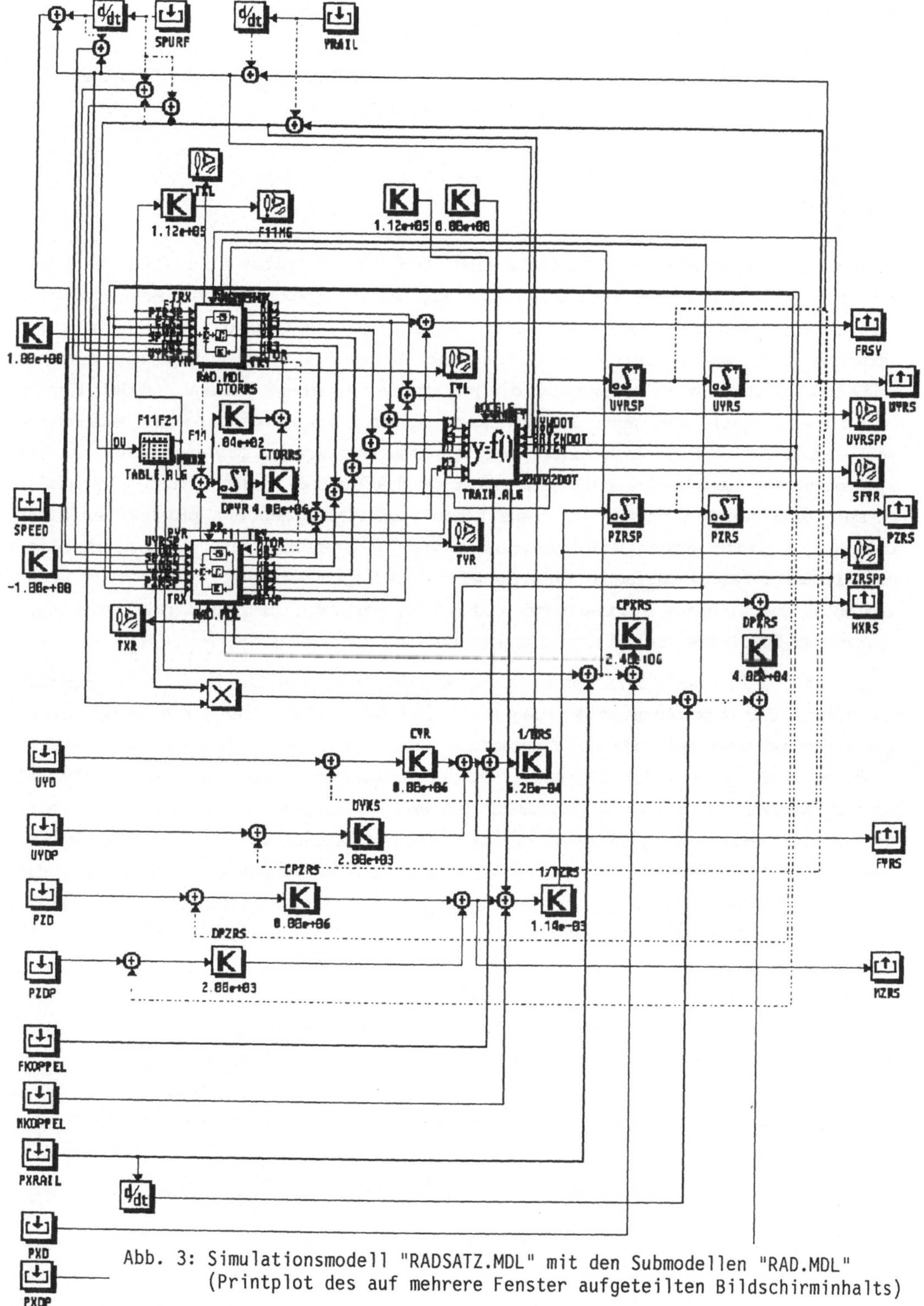

Abb. 3: Simulationsmodell "RADSATZ.MDL" mit den Submodellen "RAD.MDL"
(Printplot des auf mehrere Fenster aufgeteilten Bildschirminhalts)

<u>**PSIMOS - Ein Softwarepaket zur rechnergestützten Modellbildung und zum Reglerentwurf**</u>

H. Stahl

ITK - Ingenieurbüro für Technische Kybernetik und Energietechnik, S. Delzer
7850 Lörrach, West-Germany

1. Übersicht

Aussagekräftige mathematische Modelle einer technischen Anlage bilden die Grundlage für realistische Simulationsstudien und für einen systematischen Reglerentwurf. Derartige Modelle sind aber meist hoher Ordnung, so daß im praktischen Einsatz mit verschiedenartigen Nachteilen zu rechnen ist. Beispielhaft seien hier die erhöhten rechentechnischen Anforderungen und die numerischen Probleme genannt. Modelle hoher Ordnung erschweren aber auch die Anwendung moderner Regelungskonzepte. Bekanntlich ist beispielsweise beim Zustandsreglerentwurf die Ordnung des Reglers direkt mit der Systemordnung verknüpft; d.h. bei hoher Systemordnung ergibt sich ein Regler entsprechend hoher Ordnung. Da diese hohen Reglerordnungen aus praktischer Sicht unerwünscht sind, werden Modellvereinfachungen durchgeführt. Das Ziel hierbei ist es, lineare, zeitinvariante Ersatzmodelle niedriger Ordnung für lineare oder zumindest quasilineare Systeme hoher Ordnung zu gewinnen, die das Ein-/Ausgangsverhalten der Originalsysteme bestmöglich nachbilden.

PSIMOS stellt in dieser Hinsicht ein Programmpaket dar, das die in /1,2/ beschriebene Methode der Gütevektoroptimierung realisiert und dadurch den Anwender in vielen Bereichen der **Modellbildung** (Systemidentifikation, Modellvereinfachung nichtlinearer Systeme, Ordnungsreduktion linearer Systeme) unterstützt. Ein wesentliches Merkmal dieser Methode ist, daß im Gegensatz zu anderen Verfahren nicht unbedingt eine analytische Beschreibung für das Originalsystem vorliegen muß. Ist diese vorhanden, lassen sich innerhalb von PSIMOS auf einfache Weise geeignete Daten bestimmen, die dann die Grundlage für die gewünschte Modellvereinfachung bilden. Im anderen Fall, wenn ausschließlich Meßdaten zur Verfügung stehen, ist es mit PSIMOS möglich, ein analytisches Modell niedriger Ordnung zu berechnen. Diese Meßwerte können sowohl das Ergebnis einer Simulation auf der Grundlage eines Modells hoher Ordnung sein, als auch Daten, die direkt durch Messung des Ein-/Ausgangsverhaltens an der realen Anlage bestimmt wurden. Die direkte Vermessung der realen Anlage ist zum Beispiel dann notwendig, wenn ein analytisches Modell nicht vorliegt oder wenn es nicht bzw. nur mit unverhältnismäßig hohem Aufwand bestimmbar ist. Konkrete praktische Beispiele hierzu sind in /3,4/ nachlesbar.

In beiden Fällen liefert PSIMOS als Ergebnis eine Übertragungsfunktion, die das Ein-

/Ausgangsverhalten des zugrundegelegten Systems beschreibt und sowohl für Simulationszwecke als auch zum Reglerentwurf geeignet ist.

PSIMOS unterstützt aber nicht nur die Modellbildungsseite, sondern ermöglicht auch einen systematischen **Reglerentwurf.** Der Entwurfsmethode liegt die gleiche Optimierungstechnik (Gütevektoroptimierung) wie bei der Modellbildung zugrunde. Im Vergleich zu anderen Reglerentwurfsmethoden ist es mit PSIMOS möglich, stets die **vollständige Regelkreisdynamik** zu betrachten. Forderungen an den geschlossenen Regelkreis, die vom Anwender zu definieren sind, werden hierbei während des Optimierungsprozesses berücksichtigt. Die Sicherung der Stabilität des geschlossenen Regelkreises ist stets gewährleistet.

Dadurch daß beim Reglerentwurf die vollständige Regelkreisdynamik berücksichtigt wird, ergeben sich im Vergleich zu anderen Verfahren hervorragende Eigenschaften. Viele Entwurfsmethoden liefern die gesuchten Reglerkoeffizienten erst nach zeitintensivem Probieren oder erfordern sehr viel Erfahrung in deren Anwendung. Dieser Nachteil ist darin begründet, daß man nur auf **indirekte** Weise auf das gewünschte Regelkreisverhalten (Führungs-/Störverhalten) Einfluß nehmen kann. Beispielhaft hierfür seien die in einigen Programmpaketen verfügbaren Verfahren genannt: das Wurzelortskurven-Verfahren, die Riccati-Optimierung oder auch der Zustandsreglerentwurf durch Polvorgabe. Ganz anders bei der in PSIMOS realisierten Methode: Zunächst hat man die gewünschte Reglerstruktur zu wählen. Hierbei ist es möglich, beispielsweise die Struktur eines PID-Reglers oder auch eines Zustandsreglers vorzugeben; jede andere Struktur ist unter Beachtung von Realisierbarkeitsbedingungen ebenfalls zulässig. Während des Optimierungsvorganges werden dann stets die sich im geschlossenen Regelkreis ergebenden Ein-/Ausgangsbeziehungen (Frequenzgangfunktionen oder Sprungantworten) berechnet, so daß eine **direkte** Berücksichtigung des gewünschten Führungs- oder Störverhaltens möglich wird. Als Ergebnis des Optimierungsprozesses erhält man schließlich die gesuchten Reglerkoeffizienten.

Neben der Unterstützung bei der Modellbildung und beim Reglerentwurf stellt PSIMOS eine Reihe von Modulen bereit, mit deren Hilfe sich Standardfragen der Regelungstechnik lösen lassen. Hierzu zählen:

* grafische Darstellung von Sprungantworten und Frequenzkennlinien
* Durchführung von Zeitnormierungen und Z-Transformationen
* Transformation von Zeitbereichsdaten in Frequenzbereichsdaten
* Berechnung/grafische Darstellung von Regelkreissignalen (z.B. Stellsignal)

Zur Veranschaulichung der Leistungsfähigkeit sei im Rahmen dieses Beitrags ein Beispiel für **eine mögliche** Anwendung von PSIMOS dargestellt. Weitere, in der Praxis häufig vorkommende Anforderungen (z.B. Berücksichtigung von Vorinformationen) lassen sich mit PSIMOS ebenfalls verarbeiten. Aus Platzgründen kann hier allerdings nicht näher darauf eingegangen werden.

2. Modellbildung mit PSIMOS

PSIMOS realisiert die in /1,2/ ausführlich beschriebene Methode der Gütevektoroptimierung zur Modellbildung und zum Reglerentwurf. Im Rahmen der Modellbildung wird dieses Optimierungsverfahren eingesetzt, um beispielsweise aus gegebenen Frequenzgang- oder Sprungantwortstützstellen eine Übertragungsfunktion der Form

$$F(s) = \frac{b_0 + b_1 s + \ldots + b_m s^m}{a_0 + a_1 s + \ldots + a_n s^n} \cdot e^{-sT_t} \qquad , \; m \leq n \qquad (1)$$

zu berechnen.

Das folgende Beispiel zeigt, daß es mit Hilfe von PSIMOS gelingt, aus 30 Frequenzgangstützstellen eine analytische Beschreibung der Form (1) zu gewinnen. Die Stützstellen sind im Bode-Diagramm (Bild 1) als Rauten grafisch dargestellt.

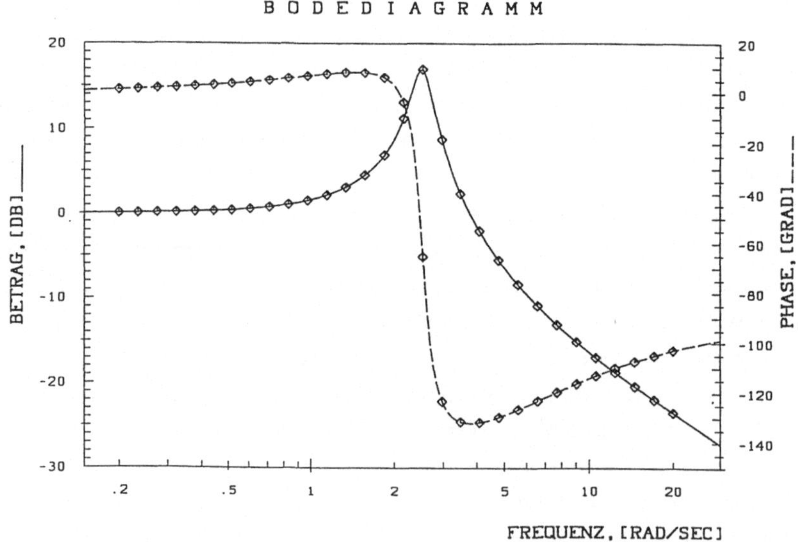

Bild 1: Bode-Diagramm zu (2) und Frequenzgangstützstellen.

Zur Ermittlung einer approximierenden Übertragungsfunktion ist die gewünschte (bzw. erforderliche) Zählerordnung m und die Nennerordnung n vorzugeben. Wählt man diese hier zu m=2 und n=3, und sucht man eine totzeitfreie Übertragungsfunktion, so liefert PSIMOS aufgrund der offenbar zu hoch angesetzten Ordnungen eine Funktion mit einer Pol-/Nullstellenkompensation. Dies stellt aber kein Problem dar. Nach der programmgesteuerten Elimination des entsprechenden Pol-/Nullstellenpaares ergibt sich die gesuchte Modellübertragungsfunktion zu

$$F(s) = \frac{1.28 \ (s + 5)}{(s + 0.2+2.522j)(s + 0.2-2.522j)} \qquad (2)$$

Die zugehörige Bode-Diagramm-Darstellung ist ebenfalls in Bild 1 als durchgezogene Linie für den Amplitudengang und als strichlierte Linie für den Phasengang eingetragen. Die Güte des Ergebnisses ist bei Vergleich mit den zugrundegelegten Stützstellen (Rauten) offensichtlich. Weder im Amplitudengang noch im Phasengang sind Abweichungen erkennbar. Der Vollständigkeit halber ist auch das Zeitbereichsverhalten des identifizierten Systems in Form einer Sprungantwort in Bild 2 angegeben.

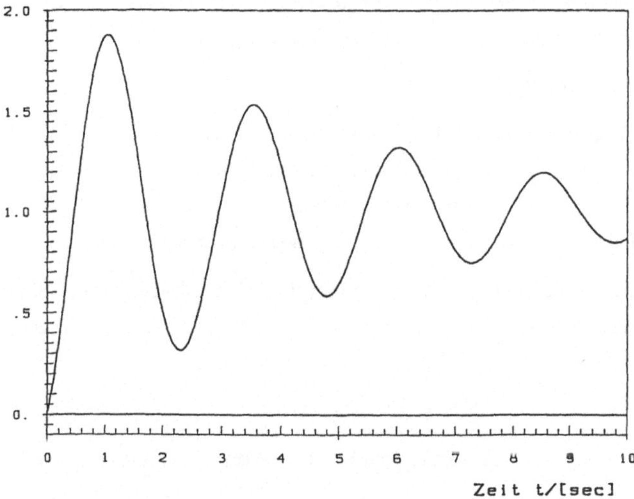

Bild 2: Sprungantwort für das Systemmodell (2).

3. Reglerentwurf mit PSIMOS

Einem Reglerentwurf mit PSIMOS liegt die in Bild 3 dargestellte allgemeine Regelkreisstruktur zugrunde.

Bezeichnungen:

F(s)   – Streckenübertragungsfunktion
F_{St}(s) – Störübertragungsfunktion
F_{RW}(s) – Führungsgrößenformer
F_R(s) – Reglerübertragungsfunktion
w   – Sollwert
z   – Störgröße
u   – Stellgröße
y   – Regelgröße

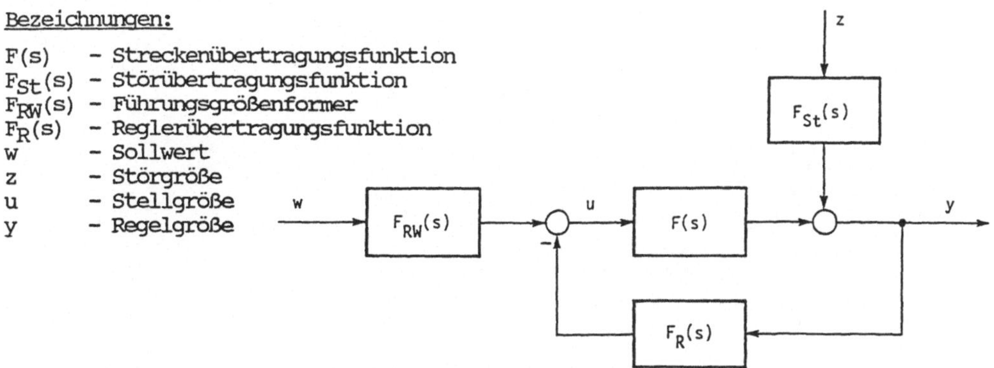

Bild 3: Allgemeine Regelkreisstruktur mit einem Eingang und einem Ausgang.

Durch Verwendung der Gütevektoroptimierung ist es möglich,

* die Stabilität des geschlossenen Regelkreises sicherzustellen (Vorgabe rechter
  Polschranken),

* Anwenderanforderungen hinsichtlich des gewünschten Führungs- oder Störverhaltens
  im geschlossenen Regelkreis zu berücksichtigen (z.B. Regleroptimierung durch
  Dynamikvorgaben)

und

* die Modellgüte des zugrundegelegten Streckenmodells in den Entwurf einzubeziehen
  (Vorgabe linker Polschranken und Vorgabe von Mindestdämpfungen).

Einzelheiten hierzu sind in /1,2/ nachzulesen.

Zur Veranschaulichung der Vorgehensweise wird für die in Abschnitt 2 modellierte
Regelstrecke ein PI-Regler zur Störunterdrückung entworfen. Die gewählte Reglerstruktur stellt von vornherein sicher, daß sprungförmige Störungen am Streckeneingang ausgeregelt werden. Für den dynamischen Übergang sei gefordert, daß

die maximale Regelgrößenabweichung auf eine sprungförmige Störung der Höhe 1 am
Streckeneingang dem Betrage nach 5% der stationären Streckenverstärkung nicht
überschreitet

und

störungsbedingte Regelgrößenabweichungen nach 2 Sekunden nahezu vollständig
abgebaut sind.

Um diese Anforderungen im Entwurfsprozeß berücksichtigen zu können, wird die Regleroptimierung mit Hilfe von Dynamikvorgaben im Zeitbereich durchgeführt. Durch

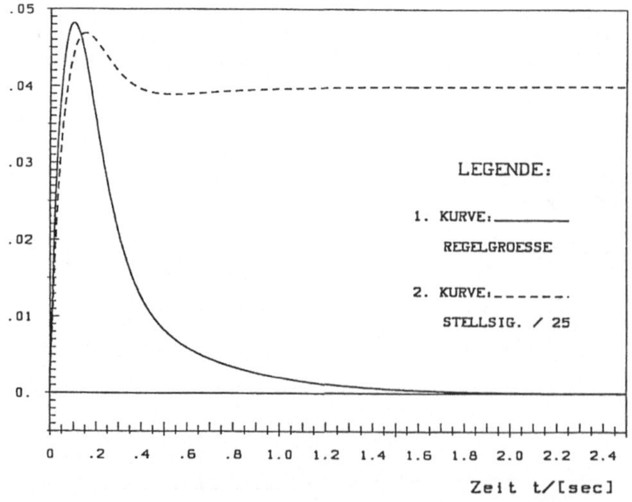

Bild 4: Störsprungantwort im geschlossenen Regelkreis und zugehöriges Stellsignal

interaktive Veränderung von Polschranken, Einführung einer Mindestdämpfung und Variation der Dynamikvorgaben gelingt es, in nur drei Optimierungsläufen die Koeffizienten des PI-Reglers zu berechnen. Die Proportionalverstärkung ergibt sich zu K_{PR} = 18.47 und die Nachstellzeit zu T_N = 0.297sec. In Bild 4 ist die resultierende Störsprungantwort als durchgezogene Linie dargestellt; der sich ergebende Stellsignalverlauf ist ebenfalls in Bild 4 eingetragen (strichlierte Linie). Es ist offensichtlich, daß die an den geschlossenen Regelkreis gestellten Anforderungen vollständig erfüllt werden.

4. Zusammenfassung

PSIMOS ist ein Programmpaket, das im Dialogbetrieb arbeitet. Neben der Bearbeitung von Standardfragen der Regelungstechnik kann der Anwender auf der Grundlage einer einheitlichen Optimierungsmethode sowohl Probleme der Modellbildung lösen als auch einen systematischen Reglerentwurf durchführen. Im Gegensatz zu anderen Verfahren erlaubt PSIMOS im Rahmen der Modellbildung, nicht nur bereits vorhandene analytische Beschreibungen zu vereinfachen, sondern es ist ebenfalls möglich, ausgehend von Meßdaten eine analytische Beschreibung zu berechnen. Beim Reglerentwurf ist die direkte Vorgehensweise hervorzuheben, bei der Anwenderanforderungen hinsichtlich einer gewünschten Regelkreisdynamik im Entwurfsprozeß berücksichtigt werden. Die Sicherung der Stabilität des geschlossenen Regelkreises ist Bestandteil des Verfahrens.

Literaturverzeichnis

/1/ STAHL, H.: Modellbildung, Modellvereinfachung und Reglerentwurf für Ein- und Zweigrößensysteme mit Hilfe der Gütevektoroptimierung. Universität Erlangen-Nürnberg: Dissertation 1987.

/2/ STAHL, H.: Modelling and Controller Design by Performance Vector Optimization. Proceedings of the 12th IMACS World Congress on Scientific Computation, Paris, July 1988.

/3/ WALTER, C. und STAHL, H.: Reglerentwurf für eine Füllkörperkolonne bei fehlendem Streckenmodell. Automatisierungstechnik 36 (1988), S. 55-60.

/4/ STAHL, H. und MOSSMEIER, P.: Identifikation und Regelung eines magnetischen Schwebelagers. Automatisierungstechnik, 35 (1987), S. 270-274.

Technische Anwendungen

Funktional-elektrische Simulation analoger Schaltungen und Systeme

W. Borutzky
Gesellschaft für Mathematik
und Datenverarbeitung (GMD)
Postfach 1240
D-5205 St. Augustin 1

Zusammenfassung

Blockdiagramme werden in den verschiedensten Disziplinen zur Beschreibung kontinuierlicher Systeme eingesetzt. Vergleichbar mit der Register-Transfer-Darstellung und dem Logikplan bei digitalen Schaltungen eignen sie sich auch zur Unterstützung einer systematischen Top-Down-Vorgehensweise beim Entwurf analoger Schaltungen, indem sie die Lücke zwischen mathematischer Systembeschreibung und elektrischer Realisierung auf Transistorebene schließen. Durch (automatische) Umsetzung des Blockdiagramms in ein Netzwerk unter Verwendung von funktionsäquivalenten Teilnetzwerken für Grundblöcke ist es auf einfache Weise möglich, das funktionale Verhalten eines Systementwurfs bereits vor der Umsetzung in ein Transistornetzwerk mit einem Schaltkreissimulator wie etwa *Spice* schnell zu überprüfen. Dieser Ansatz wird z.Z. implementiert. Darüber hinaus wird gezeigt, wie sich die blockorientierte Simulation kontinuierlicher Systeme mit der Schaltkreis-Simulation koppeln läßt.

1 Einleitung

Vergleicht man die Vorgehensweise beim Entwurf integrierter analoger Schaltungen mit der bei digitalen ICs, so zeigt sich z.Z. noch ein wesentlicher Unterschied. Bei digitalen Schaltungen hat die technologische Fähigkeit, integrierte Schaltungen enorm gestiegener Komplexität herzustellen, zur Entwicklung von Beschreibungssprachen sowie entsprechenden Simulationsprogrammen geführt, die einen systematischen Top-Down-Ansatz von der Systembeschreibung über die Register-Transfer-Darstellung und den Logikplan bis hin zur Realisierung als Transistornetzwerk auf allen Abstraktionsebenen sowie auch ebenenübergreifend unterstützen. Demgegenüber werden analoge Schaltungen zumeist direkt auf der Transistorebene (unter Verwendung von Bibliotheksschaltungen) entworfen und simuliert. Zwar wird eine Systemstrukturierung in Funktionsblöcke gedanklich durchgeführt, doch wird diese Information über das System in der Regel nicht weiter systematisch genutzt, nicht zuletzt, weil die heutige Entwurfssoftware eine solche Vorgehensweise nicht unterstützt. Dem entspricht, daß kommerziell angebotene Workstations für den Entwurf analoger Schaltungen üblicherweise mit einer firmeneigenen Version von *Spice* und einer vom Anbieter gepflegten, ständig wachsenden Bibliothek analoger Bausteine und Teilschaltungen ausgestattet sind. Darüber hinaus wird von kommerziellen Anbietern vor allem eine komfortable Benutzeroberfläche als wichtig angesehen. Was den Simulator angeht, so stützt man sich dagegen, von einigen Neuentwicklungen wie etwa SABER abgesehen, im wesentlichen auf tradierte Programme wie *Spice*.

Ein derartiger flacher Entwurfsstil hat jedoch zwei wesentliche Nachteile:

- Eine schnelle Verifikation des Systemkonzepts, wie sie etwa DAPACO bei digitalen Schaltungen erlaubt, ist nicht möglich. Aufgrund eines hohen Detaillierungsgrads in einem frühen Entwurfsstadium können alternative Systementwürfe in ihrem funktionalen Gesamtverhalten, wenn überhaupt, nur mit hohem Rechenaufwand untersucht werden. Andererseits ist in den ersten Stadien des Entwurfsprozesses die Genauigkeit einer Schaltkreisanalyse überhaupt nicht erforderlich.

- Übliche Simulationsprogramme wie *Spice* sind von den implementierten Verfahren her bekanntlich nur für die Analyse von Schaltungen mit bis zu einigen hundert Transistoren konzipiert.

2 Funktionale Simulation mit einem Schaltkreisanalyseprogramm

Von der Unterstützung eines systematischen Top-Down-Entwurfsstils einmal abgesehen, lassen sich die Grenzen der Leistungsfähigkeit klassischer, universeller Schaltkreissimulatoren wie *Spice* oder ASTAP dadurch umgehen, daß entweder nur Teilschaltungen eines Gesamtsystems für sich simuliert werden, was eine gute a priori Abschätzung des elektrischen Klemmenverhaltens der Teilsysteme erfordert, oder aber Teilschaltungen werden zuvor in ihrer Komplexität weitgehend vereinfacht, was in das Gebiet der Makromodellierung führt [4], [3], [2]. Letztere läßt sich nun, was eine systematische Top-Down-Vorgehensweise beim funktionalen Entwurf analoger Schaltungen angeht, in einfacher Weise wie folgt nutzen: Entsprechend der Register-Transfer-Darstellung digitaler Schaltungen mit ihrem in der Praxis fließendem Übergang zum Logikplan, läßt sich das funktionale Verhalten analoger Schaltungen zunächst durch ein Blockdiagramm (Signalflußplan) beschreiben. So wie beim Übergang von der Register-Transfer-Darstellung zur nächst tieferliegenden Logikebene Bausteine wie Register, Multiplexer, ALUs usw. aus Logikgattern aufgebaut werden, so setzen sich größere Funktionsblöcke in Signalflußplänen letztlich aus Grundbausteinen wie Summierern, Proportionalgliedern, Integratoren, Begrenzern, Tiefpaßgliedern usw. zusammen. Werden nun für diese grundlegenden Bausteine funktionsäquivalente Netzwerke bereitgestellt, die wenige, ideale Halbleiterelemente enthalten, dann kann eine funktionale Systembeschreibung in Form eines Blockdiagramms nach der Umsetzung in ein Netzwerk mit Hilfe eines gewöhnlichen Schaltkreissimulators analysiert werden. Wird die Transformation zudem automatisch von einem Preprozessor bewerkstelligt, dann kann die Netzwerkdarstellung aus der Sicht des Systementwurfs zunächst einfach als ein Zwischenformat angesehen werden, das für den Designer transparent bleiben kann, wenn er es will, so daß er sich ganz auf die Dekomposition einer vorgegebenen globalen Systemfunktion in Teilfunktionen konzentrieren kann. Ist das Systemkonzept erst einmal verifiziert, dann kann in einem weiteren Entwurfsschritt die elektrisch nachgebildete ideale Funktion einzelner Blöcke entweder durch ein Makromodell ersetzt werden, das über das rein funktionale Verhalten auch schon elektrische Eigenschaften wie z.B. den Eingangswiderstand eines Ports berücksichtigt, oder sofern vorhanden und von der Fragestellung her sinnvoll, direkt durch eine Implementierung auf Transistorebene ausgetauscht werden. Auf diese Weise wird eine schrittweise Verfeinerung in der Modellierung von einer zunächst rein funktionalen Beschreibung bis hin zur Realisierung auf Transistorebene und dem fließenden Übergang einer gemischt funktional-elektrischen Beschreibung ermöglicht. Z.B. kann es durchaus sinnvoll sein, einen Funktionsgenerator, der für sich bereits entworfen wurde, als Bestandteil einer größeren, zu entwickelnden analogen Schaltung nicht auf Transistorebene, sondern nur rein funktional zu modellieren, um somit bei der Simulation der Gesamtschaltung Rechenzeit (ohne signifikanten Genauigkeitsverlust) einzusparen. Die Umsetzung der gemischt funktional-elektrischen Beschreibung in eine einheitliche Netzwerkdarstellung vor Beginn der Simulation ist dabei aus der Sicht des Systementwurfs zunächst sekundär. Betrachten wir zur Veranschaulichung ein Beispiel, indem wir uns die Aufgabe stellen, funktional einen einfachen Sinus-Cosinus-Generator zu entwerfen.

3 Funktionaler Entwurf eines Sinus-Cosinus-Generators

Ein möglicher Ausgangspunkt für eine schrittweise Schaltungsrealisierung eines solchen Generators ist die Tatsache, daß die beiden trigonnometrischen Funktionen sin und cos Lösung der Differentialgleichung

$$\ddot{x} = -\,\omega^2 \cdot x$$

sind. Die beiden der obigen Differentialgleichung äquivalenten Integralgleichungen

$$z(t) : \ = \ -\,\omega \left(\int_0^t x(\tau)d\tau - \frac{1}{\omega^2}\,\dot{x}(0)\,\right)$$

$$x(t) \ = \ -\left\{ -\,\omega \left(\int_0^t z(\tau)d\tau - \frac{1}{\omega}\,x(0)\,\right)\right\}$$

werden offensichtlich durch das Blockdiagramm der Abb. 1 dargestellt. Die Integrierer mit dem nachgeschalteten Proportionalglied lassen sich nun in bekannter Weise elektrisch durch einen als invertierenden

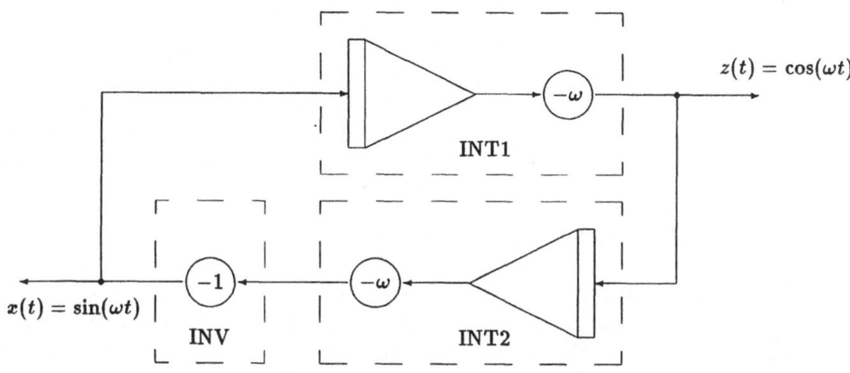

Abbildung 1: Blockdiagramm eines Sinus-Cosinus-Generators

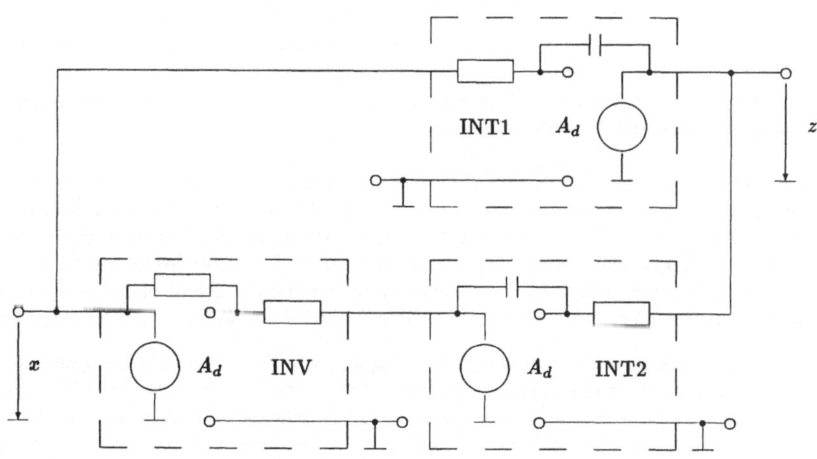

Abbildung 2: Funktionsäquivalentes Netzwerk

Integrator beschalteten Operationsverstärker realisieren (Zeitkonstante $\tau = RC = 1/\omega$), während die Invertierung des Signals $-x$ elektrisch z.B. durch einen mit zwei gleichen Widerständen beschalteten Operationsverstärker nachgebildet werden kann. Für eine Schaltkreis-Simulation zur Überprüfung des rein funktionalen Verhaltens genügt es nun, zunächst einen idealen Operationsverstärker anzunehmen und diesen einfach durch eine spannungsgesteuerte Spannungsquelle (VCVS) mit genügend hoher Verstärkung A_d zu modellieren. Damit ergibt sich das in Abb. 2 dargestellte funktionsäquivalente elektrische Netzwerk.

Wird die gesteuerte Spannungsquelle in einem letzten Schritt hin zu einer tatsächlichen Schaltungsrealisierung z.B. durch das bekannte Device Modell des $\mu A741$ ersetzt, dann ist die Rechenzeit der Schaltkreis-Simulation bei gleichen Ergebnissen dagegen knapp 200 mal so hoch wie bei der rein funktionalen Simulation.

Das Beispiel zeigt, wie man von einer (mathematischen) Systembeschreibung mit Hilfe einer Blockdiagramm-Darstellung zu einer Schaltkreisrealisierung gelangen und bereits vor dieser das Systemverhalten durch funktionale Simulation schnell überprüfen kann. Der erste Schritt von einer zunächst verbalen Systembeschreibung über ein streng formales mathematisches Modell zu einer funktionalen Beschreibung in Form eines Blockdiagramms wird sicherlich weiterhin der Erfahrung des Entwicklers vorbehalten bleiben und nur in eingeschränktem Umfang durch Software zu unterstützen sein. Dagegen kann die Umsetzung eines Blockdiagramms in die Netzlistenbeschreibung eines Schaltkreis-Simulators automatisch geschehen. In einem ersten Schritt hin zur Verwirklichung dieses Ziels wurden für einige grundlegende Funktionsbausteine einfache Makromodelle entwickelt und ein *Spice*-Preprozessor geschrieben, der die Verwendung von parametrisierbaren Teilschaltungen (*Spice*-Eingabeformat: .SUBCKT) erlaubt, so daß z.B. ein einmal definierter Integrator mehrfach mit verschiedenen Zeitkonstanten und Anfangswerten aufgerufen werden kann.

4 Gemischt funktional-elektrische Simulation

Bei der Modellierung von allgemein zeitkontinuierlichen Systemen ist es seit langem in den verschiedensten Disziplinen üblich, Blockdiagramme zu verwenden und für die Simulation entsprechende blockorientierte Programme wie z.B. CSMP [5] einzusetzen. Ausgehend von einer gemischt funktional-elektrischen Beschreibung einer analogen Schaltung liegt es nun nahe, die funktionale Beschreibung unkritischer Teile nicht erst in ein funktionsäquivalentes, einfaches Makromodell umzusetzen, sondern direkt auf herkömmliche Weise durch blockorientierte Simulation zu berechnen, während die Bausteine und Teilsysteme, die bereits detaillierter modelliert sind und in ihrem elektrischen Verhalten genauer untersucht werden sollen, mit Hilfe eines Schaltkreis-Simulators analysiert werden. Damit stellt sich die Aufgabe, Methoden der Simulation kontinuierlicher Systeme mit denen der Schaltkreisanalyse zu koppeln. Dies bietet die Chance, die Vorteile beider Wege zu vereinen. Bevor wir auf das Problem der Kopplung eingehen wollen, seien zuvor einige der Vorteile angeführt:

- Blockdiagramme repräsentieren Interaktionen zwischen Signalen unabhängig davon, ob es sich um Spannungen, Temperaturen oder mechanische Größen handelt. Eine gemischt funktional-elektrische Simulation bietet daher die Möglichkeit, analoge Schaltungen, die über (integrierte) Energiewandler mit ihrer nichtelektrischen Umgebung kommunizieren, auf einfache Weise als ein analoges Gesamtsystem zu analysieren, ohne daß zuvor Peripheriebausteine der Schaltung unter Zuhilfenahme einer Analogie zwischen nichtelektrischen und elektrischen Größen als Netzwerk modelliert werden.

- Im Gegensatz zu klassischen Schaltkreis-Simulatoren wie *Spice*, die über feste Modelle lediglich für die grundlegenden Halbleiterelemente verfügen, bieten Programme zur Simulation kontinuierlicher Systeme dem Anwender einen umfangreichen Satz von Funktionsbausteinen, aus denen sich komplexere Abbildungen zwischen Ein- und Ausgangsvariablen eines größeren Subsystems synthetisieren lassen.

- Darüber hinaus lassen sich Funktionsbausteine mit unstetiger Charakteristik oder mit einer Kennlinie, deren Ableitung unstetig ist, oft leichter gleichungsmäßig bzw. mit elementaren Funktionsblöcken beschreiben als elektrisch funktionsäquivalent mit Hilfe von idealen Dioden nachbilden.

- Zwar sind analoge Schaltungen spezielle zeitkontinuierliche Systeme, dennoch wird man das genaue elektrische Einschwingverhalten kaum mit einem blockorientierten Simulator analysieren, weil diesem die speziellen Halbleitermodelle fehlen. Für die Simulation des zunächst funktional modellierten analogen Gesamtsystems, vergleichbar einer Simulation auf Register-Transfer-Ebene, eignet er sich jedoch durchaus.

- Im Gegensatz zu Mixed-Level-, Mixed-Mode-Simulatoren für digitale Schaltungen gibt es bisher nur wenige vegleichbare Ansätze, die den Top-Down-Entwurf analoger Schaltungen unterstützen. Zwar wurde bei dem von Analogy Inc. kürzlich entwickelten Simulator SABER der bereits in älteren Programmen wie SCEPTRE, NAP2 oder ASTAP verwirklichte Weg wieder aufgegriffen, Modelle und Simulatorkern voneinander zu trennen, um so dem Benutzer die Möglichkeit zu geben, eigene Modelle in einer Hochsprache zu definieren, doch hat dieser Ansatz den prinzipiellen Nachteil, daß selbst kleine Änderungen der Systemstruktur bereits ein zeitaufwendiges erneutes Übersetzen und Binden erfordern. Im Gegensatz dazu erlaubt die Kombination eines blockorientierten, interpretativen Simulationsprogramms mit einem Schaltkreis-Simulator wie z.B. *Spice* ein interaktives Ändern der Struktur. (Bei der blockorientierten Simulation ist nur die Rechenfolgeliste zu aktualisieren.)

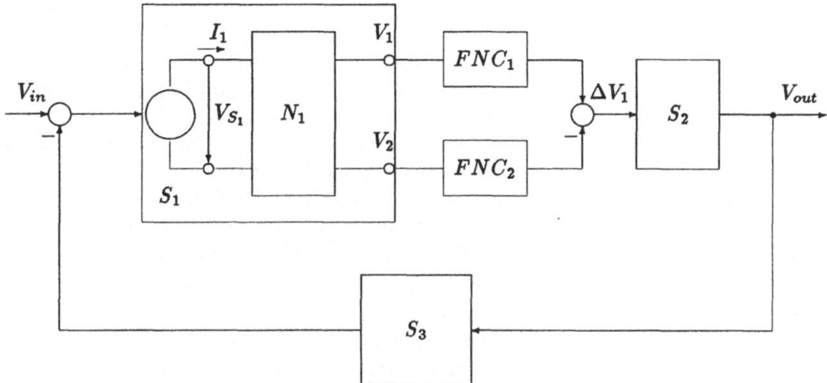

Abbildung 3: Kopplung von Blockdiagramm und Netzwerk

5 Kopplung von blockorientierter Simulation und Netzwerkanalyse

Im Gegensatz zu dem Problem der Konvertierung zwischen wertdiskreten Ergebnissen einer ereignisgesteuerten Logiksimulation und zeitkontinuierlichen, analogen Ergebnissen der Schaltkreis-Simulation, wie es sich bei der Simulation digital-analoger Schaltungen stellt, ist es wesentlich einfacher, die blockorientierte Simulation mit der Schaltkreis-Simulation zu koppeln.

Nehmen wir an, daß ein zu entwerfendes analoges System sich als Regelkreis mit zwei Teilsystemen S_1 und S_2 im Vorwärtszweig und einem Subsystem S_3 in der Rückführung darstellen läßt und daß das dynamische Verhalten bereits auf funktionaler Ebene überprüft wurde. Tauschen wir nun die Blockdiagramm-Beschreibung etwa von S_1 gegen ein Netzwerk-Modell N_1 aus, dann können wir das Blockdiagramm, wie in Abb. 3 dargestellt, über eine zeitabhängige Quelle V_{S_1} mit stückweise linearer Kennlinie an das Netzwerk N_1 ankoppeln. Wird der Zeitverlauf dieser Quelle nun durch blockorientierte Simulation des übrigen Regelkreises berechnet, dann kann die Netzwerkrealisierung von S_1 durch übliche Schaltkreis-Simulation berechnet werden. Damit sind dann aber auch die Spannungen V_1 und V_2 am Ausgang des Netzwerks bekannt. Die umgekehrte Kopplung vom Netzwerk N_1 zum Blockdiagramm läßt sich dadurch erreichen, daß die Spannungen V_1 und V_2 jeweils als Ausgang eines Kennliniengeberblocks FNC verwendet werden. Für eine blockorientierte Simulation des Gesamtsystems ist es nun unerheblich, ob ein Funktionsblock durch Abarbeiten einer Rechenfolgeliste von Unterfunktionsblöcken oder durch Netzwerkanalyse berechnet wird. Dabei kann die Schaltkreis-Simulation durchaus Integrationsschrittweiten verwenden, die nötigenfalls kleiner sind als der jeweilige Zeitschritt der blockorientierten Simulation.

Wird die Blockdiagramm-Darstellung des Gesamtsystems in ein funktionsäquivalentes Netzwerk transformiert, das sowohl aus Teilnetzwerken als auch aus rein funktional beschriebenen Mehrtoren bestehen kann, dann wird durch die Funktionsblöcke des Blockdiagramms eine Partitionierung des Netzwerks induziert. In einer Relaxationsschleife können dann Teilnetzwerke und rein funktional beschriebene Mehrtore (über ein gemeinsames Zeitfenster) in einer Reihenfolge entsprechend den Signalflüssen im Blockdiagramm entweder durch Schaltkreis-Simulation oder durch blockorientierte Simulation berechnet werden. Für die Relaxation ist es dabei ohne Bedeutung, ob die Knotenspannungen an den Ausgängen der einzelnen Teilsysteme rein funktional oder durch Schaltkreisanalyse berechnet wurden.

Kann ein System durch ein Blockdiagramm dargestellt werden, dann bedeutet dies, daß Rückwirkungen zwischen Blöcken vernachlässigt werden können. Aus Konsistenzgründen sollte dies auch nach der Transformation in eine Netzwerkdarstellung gelten. Wird z.B. in dem Blockdiagramm des Sinus-Cosinus-Generators, Abb. 1, das Proportionalglied INV elektrisch durch eine spannungsgesteuerte Spannungsquelle modelliert, dann läßt sich die Rückwirkungsfreiheit auf den im Sinne des Signalflusses vorangehenden Baustein durch eine Stromquelle mit dem Wert Null am Eingang erreichen.

Der Übergang zu einer elektrischen Simulation, die Rückwirkungen erfaßt, ergibt sich einfach dadurch, daß man anstelle der Stromquelle mit dem Wert Null eine endliche Eingangsimpedanz zuläßt. (Von deren Wert hängt es dann ab, ob der am Eingang rückwirkende Strom i_1 vernachlässigt werden kann oder nicht.) Das aber heißt für die Kurvenrelaxation, daß das Netzwerk so partitioniert wurde, daß zwischen den Teilnetzwerken nur schwache Rückkopplungen bestehen. Da zudem jedes Subsystem aufgrund interner Speichereffekte Zeitverzögerungen aufweist, sind globale Rückkopplungschleifen meist zeitverzögert. Somit sind bei einem Top-Down-Ansatz ausgehend von einer Blockdiagramm-Darstellung i. allg. ähnliche Voraussetzungen für die Konvergenz der Kurvenrelaxation gegeben wie bei MOS-Schaltungen mit wenigen schwachen globalen Rückwirkungen. Die Konvergenzgeschwindigkeit kann jedoch gering sein, wenn Zeitverzögerungen von Rückkopplungen klein sind, da das für alle Subsysteme gemeinsame Zeitfenster kleiner als die kleinste Zeitverzögerung sein sollte. Enthält ein Teilsystem starke *lokale* Rückkopplungen, so bedeutet das für die Kurvenrelaxation nur, daß die gekoppelten Differentialgleichungen des entsprechenden Untersystems simultan gelöst werden müssen, was bei einer funktionalen, blockorientierten Simulation gegeben ist.

Werden in einer ersten Blockdiagramm-Darstellung eines Systems noch Blöcke mit mehreren Ausgängen verwendet, so sind die damit verbundenen Rückwirkungen vor der blockorientierten Simulation separat zu modellieren, indem der entsprechende Block weiter zerlegt wird. Existiert für den Funktionsblock dagegen eine Netzwerk-Darstellung und wird das gesamte Blockdiagramm in ein Netzwerk umgesetzt, dann ist das Netzwerk des betreffenden Blocks für die Kurvenrelaxation mit denen benachbarter Blöcke so zusammenzufassen, daß unidirektionale Signalflüsse gegeben sind.

6 Abschließende Bemerkungen

Der vorgestellte Ansatz zur Unterstützung eines hierarischen Top-Down-Entwurfs komplexer analoger Schaltungen und Systeme von einer mathematischen Systembeschreibung bis hin zu ihrer elektrischen Realisierung auf Transistorebene greift wesentlich auf die in vielen Ingenieurbereichen üblichen Blockdiagramme zur Modellierung zeitkontinuierlicher Systeme zurück. Als wichtigste Vorteile sind zu nennen:

- Die Möglichkeit der Überprüfung von gesamten Systementwürfen bereits in der konzeptionellen Phase durch funktionale Simulation

- Reduzierung des Rechenzeitaufwands gegenüber der üblichen Schaltkreis-Simulation durch vereinfachte (rein funktionale oder elektrische) Modellierung von Bausteinen oder Teilsystemen.

Eine einfache Realisierung dieses Ansatzes ergibt sich durch Umsetzung der Blockdiagramm-Beschreibung in ein funktionsäquivalentes Netzwerk unter Verwendung von Teilnetzwerken für grundlegende Funktionsblöcke. Darüber hinaus wurde gezeigt wie sich blockorientierte Simulation und Schaltkreis-Simulation über Funktionsgeberblöcke einerseits und Polygonquellen andererseits koppeln lassen.

Literatur

[1] *Borutzky, W.:* Mixed Level Functional-Circuit Simulation of Analog Systems - A Conceptual Study - GMD Studien Nr. 145, April 1988

[2] *Boyle, G.R.; Cohn, B.M.; Pederson, D.O.; Solomon, J.E.:* Macromodeling of Integrated Circuit Operational Amplifiers IEEE Journal of Solid-State Circuits, Vol. SC-9, No. 6, Dec. 1974, pp. 353 - 363

[3] *Heydemann, M.H:* FUNCTIONAL MACROMODELING OF ELECTRICAL CIRCUITS Proc. of the 1978 International Symposium on Circuits and Systems, Macromodeling Session II: Systems, New York City, May 17-19, 1978, pp. 532-5

[4] *Rabbat, N.B.G.; Ruehli, A.E.; Mahoney, G.W.; Coleman, J.J.:* A SURVEY OF MACROMODELING IEEE Proc. '75 ISCAS, pp. 139-42

[5] *Speckardt, F.; Green, W.L.:* A Guide to Using CSMP - The Continuous System Modeling Programm Prentice Hall, Inc., Englewood Cliffs, N.J., 1976

Karl Michael Eickhoff, Heinz K. Dirks
Institut für Theoretische Elektrotechnik
RWTH Aachen

VLSI Schaltkreissimulation mit einem MOS-Tabellenmodell auf der Basis numerischer Bauelementsimulationen

1. Einleitung

Die Zuverlässigkeit und die Genauigkeit der Simulation von MOS Transistornetzwerken wird entscheidend bestimmt von der Gültigkeit und der Genauigkeit der verwendeten Transistormodelle. Herkömmlicherweise werden in der Schaltungssimulation analytische Bauelementmodelle eingesetzt, die auf der "gradual channel approximation" basieren. Die Genauigkeit dieser "klassischen" analytischen Modelle nimmt jedoch beim Fortschreiten der Bauelementtechnologien mehr und mehr ab, da das Bauelementverhalten in zunehmendem Maße von parasitären Effekten, z.B. Kurzkanaleffekten, beeinflußt wird. Bei den immer kleiner werdenden Bauelementabmessungen verlieren die Modellparameter dieser analytischen Modelle ihre ehemals physikalische Bedeutung und degenerieren zunehmend zu bloßen "Fitting" Parametern, was zur Folge hat, daß die Modelle ihre Vorhersagefähigkeit bezüglich geometrischer (z.B. Kanallänge) und technologischer (z.B. Kanalprofil) Änderungen verlieren. Dennoch wurden - und werden auch noch - Anstrengungen unternommen, um diese klassischen Modelle zu verbessern.

Diese unbefriedigende Situation kann am besten durch sog. "numerische" Modelle überwunden werden, welche die zugrundeliegenden partiellen Differentialgleichungen des Bauelements lösen. Der Einbau derartiger numerischer Bauelementmodelle in ein Netzwerksimulationsprogramm ermöglicht die integrierte Bauelement-/Netzwerkanalyse [1] . Ausgehend von geometrischen und technologischen Bauelementdaten erlaubt dieser Ansatz die direkte Bauelement- und Schaltungsanalyse ohne die Notwendigkeit, die Modellparameter analytischer Modelle an das gemessene Bauelementverhalten anzupassen. Darüber hinaus ermöglicht diese Vorgehensweise, den Einfluß von technologischen Änderungen auf das Bauelement- und das Schaltungsverhalten zu simulieren.

Numerische MOS Modelle mit hinreichender Genauigkeit müssen mindestens zwei Dimensionen (2D) berücksichtigen. Der sich daraus ergebende Rechenaufwand begrenzt die Anwendung der integrierten Bauelement-/Netzwerkanalyse auf die Analyse lediglich kleiner Grundschaltungen. Für größere wird ein anderer Ansatz benötigt. Eine mögliche Lösung besteht in der Anwendung von Tabellenmodellen, ähnlich wie sie bereits von Chawla et al. [2] bei der Timingsimulation verwendet wurden. Hierbei werden die einzelnen Bauelemente direkt durch ihre Klemmenströme und quasistatischen Klemmenladungen charakterisiert, die in Tabellen für diskrete Arbeitspunkte abgespeichert sind. Für dazwischenliegende Arbeitspunkte werden die Ströme und Ladungen durch geeignete Interpolation bestimmt. Der Vorteil dieser Tabellenmodelle liegt neben der Reduktion der zur Modellauswertung im Netzwerksimulator erforderlichen Rechenzeit vor allem in ihrer hohen Flexibilität, die die Anpassung kompakter Bauelementmodelle an neue Technologien überflüssig werden läßt.

Die erforderlichen Tabellendaten können durch Messungen oder durch numerische Bauelement-simulationen bestimmt werden. Im folgenden wird vornehmlich die zweite Möglichkeit betrachtet, da hierbei die numerische Bauelementsimulation den Einfluß geometrischer und technologischer Daten auf das elektrische Schaltkreisverhalten zu analysieren ermöglicht. Durch den automatischen Tabellengenerator TOSHIE, der ein numerisches 2D-MOS-Modell beinhaltet, werden stationäre Transistorklemmenströme und -ladungen berechnet und in Tabellen abgespeichert. Diese dienen als Bauelementcharakterisierung für ein flexibles Tabellenmodell, das in das Netzwerk-simulationsprogramm MEDUSA implementiert ist. Dieses System, das in Fig. 1 dargestellt ist, ermöglicht die transiente Analyse großer Schaltungen unter Ausnutzung der Genauigkeit und Voraussagefähigkeit numerischer Transistormodelle.

2. Der Tabellengenerator

Die Aufgabe des Tabellengenerators besteht darin, die Datentabellen für das Tabellenmodell zu erstellen. Der Kern des Tabellengenerators besteht aus einem effizienten 2D-MOS-Bauelement-simulator [3]. Mit diesem Modell werden stationäre Bauelementsimulationen durchgeführt für ein Gitter von Arbeitspunkten, die durch die Klemmenspannungen charakterisiert sind. Die resul-tierenden Klemmenströme und -ladungen werden in mehrdimensionalen Tabellen gespeichert. Diese werden automatisch durch das Einfügen weiterer Arbeitspunkte solange verfeinert, bis eine vom Benutzer bestimmte Genauigkeitsschranke erreicht ist. Für alle Transistoren mit unterschied-licher Kanallänge wird so ein individueller Satz von Tabellen bestimmt und in der Modell-bibliothek abgelegt.

2.1 Das numerische MOS Modell

Die Charakterisierung des zu simulierenden MOS Transistors umfaßt die Spezifizierung der zwei-dimensionalen Geometrie des Bauelementquerschnitts sowie der ortsabhängigen Dotierungskonzen-tration. Auf dem so definierten Gebiet werden die Poisson-Gleichung sowie die Kontinuitäts-gleichung für die Majoritätsträger numerisch gelöst. Als Randbedingung für diese partiellen Differentialgleichungen werden die Potentiale am Gate und an den Ohmschen Kontakten des Bauelements eingeprägt. Die wesentlichen physikalischen Effekte wie Sättigung der Trägerdrift-geschwindigkeit und Beweglichkeitsreduktion an der Siliziumoberfläche werden berücksichtigt. Bezüglich der Einzelheiten dieser numerischen Bauelementsimulation wird auf die Spezialliteratur verwiesen (z.B. [4]).

2.2 Die automatische Spannungsgitterverfeinerung

Der Tabellengenerator berechnet die Klemmengrößen des MOS-Transistors - stationärer Drainstrom sowie Drain-, Gate- und Sourceladung - für eine Reihe von DC Arbeitspunkten, die durch die Klemmenspannungen V_{ds}, V_{gs} und V_{bs} des Bauelements charakterisiert sind. Diese Arbeitspunkte bilden ein nichtäquidistantes, dreidimensionales, orthogonales Gitter im Raum der Klemmenspannungen.

Aus den vom Tabellengenerator erstellten Tabellen berechnet das Tabellenmodell im Netzwerksimulator die Transistorklemmengrößen für den jeweiligen Arbeitspunkt. Dabei wird wahlweise multilineare Interpolation oder quadratische B-Spline Approximation verwendet. Der Interpolations- bzw. Approximationfehler bestimmt die Genauigkeit des Transistormodells. Seine Größe hängt ab von den Intervallen der Klemmenspannungen und verschwindet für unendlich dichte Tabellen. Die Aufgabe der automatischen Steuerung besteht somit darin, Datentabellen von ausreichender Dichte zu erzeugen.

Dazu werden zunächst die stationären Lösungen für das vom Benutzer vorgegebene Grundgitter von Arbeitspunkten berechnet. Für die sich so ergebende Drainstromtabelle wird der Interpolationsfehler abgeschätzt. Falls dieser das vorgegebene Fehlerkriterium verletzt, werden neue zusätzliche Arbeitspunkte in die Tabelle aufgenommen und die Lösungen für sie berechnet. Dieser Prozeß wird bis zur Erfüllung des Fehlerkriteriums fortgeführt.

3. Das Tabellenmodell

MOS Transistoren sind Bauelemente mit 4 Klemmen, so daß ihre stationären Klemmenströme als Funktionen von drei linear unabhängigen Klemmenspannungen dargestellt werden können, z.B. V_{ds}, V_{gs} und V_{bs}. Daher sind für das Tabellenmodell i. allg. dreidimensionale Tabellen für die abhängigen Variablen erforderlich. Bei Vernachlässigung stationärer Gate- und Substratströme braucht nur der Drainstrom in einer dreidimensionalen Tabelle gespeichert und durch Interpolation bzw. Approximation berechnet zu werden:

$$I_d^{DC} = T_o(V_{ds}, V_{gs}, V_{bs})$$

$$I_s^{DC} = - I_d^{DC}$$

$$I_g^{DC} = I_b^{DC} = 0.$$

Für die Simulation transienter Vorgänge muß dieses stationäre Modell erweitert werden. Hier wird die quasistatische Approximation verwendet, bei der die zeitabhängigen Klemmenströme in einen stationären Anteil (s.o.) und eine transiente Komponente, die als zeitliche Ableitung einer Klemmenladung dargestellt wird, zerlegt werden:

$$I(t) = I^{DC}(V(t)) + \frac{\partial Q(V(t))}{\partial t} .$$

Für diesen Ansatz wird vorausgesetzt, daß die Ladungsverteilung innerhalb des Bauelements lediglich eine Funktion der augenblicklichen Klemmenspannungen ist, d.h. daß die inneren Verteilungen den sich ändernden Klemmenspannungen in der gleichen Weise folgen wie unter stationären Bedingungen. Die quasistatische Approximation ist solange gültig, wie die Zeitkonstanten des Netzwerks gegenüber den intrinsischen Transistorschaltzeiten überwiegen. Dies ist gewöhnlich keine starke Einschränkung für die Simulation von MOS Schaltungen, da die Geschwindigkeit der Schaltung durch Belastung der Transistoren (z.B. durch Lastkapazitäten von Leitungen, Anschlußgebieten und Gate-Elektroden) zumeist unter die intrinsische Transistorgeschwindigkeit reduziert wird.

Für das Tabellenmodell werden drei unabhängige Ladungen in dreidimensionalen Tabellen gespeichert und ebenfalls durch Interpolation bzw. Approximation berechnet, während sich die vierte Ladung aus der Ladungsneutralität des Gesamtbauelements ergibt:

$$Q_d = T_1 (V_{ds}, V_{gs}, V_{bs}),$$

$$Q_s = T_2 (V_{ds}, V_{gs}, V_{bs}),$$

$$Q_g = T_3 (V_{ds}, V_{gs}, V_{bs}),$$

$$Q_b = - (Q_d + Q_s + Q_g).$$

4. Beispiel

In Fig. 2 ist eine statische CMOS RAM Zelle mit 6 Transistoren dargestellt, die eine Kanallänge von $1.4\mu m$ haben. Die Spannung auf der Wortleitung wird durch eine Rampenfunktion zeitlich von 0 auf 5 Volt verändert, wobei durch die an den Bitleitungen anliegenden Signale der logische Zustand der Speicherzelle invertiert wird. Das zeitliche Verhalten der Schaltung wurde einmal mit numerischen Modellen für die MOS Transistoren simuliert (integrierte Bauelement-/ Schaltungssimulation), zum anderen mit dem Tabellenmodell. Die Tabellen wurden mit einer Interpolationsfehlergrenze von 10% (n-Kanal) bzw. 5% (p-Kanal) berechnet. Die Potentiale einiger Knoten der Schaltung sind in Fig. 3 für die beiden Fälle dargestellt. Nimmt man die Zeitverzögerung zwischen Aussteuern und "Kippen" der Schaltung als das interessierende Ergebnis, so liegt die Abweichung des Tabellenmodells gegenüber der Simulation mit dem numerischen Modell bei ca. 4%. Dieser Fehler ist zum großen Teil durch den Interpolationsfehler im Tabellenmodell bestimmt. Dies ist daraus ersichtlich, daß für Tabellen mit jeweils 1% Interpolationsfehler (980 Punkte für den n- bzw. 495 Punkte für den p-Kanal-Transistor) der "Timing"-Fehler auf unter 2% zurückgeht.

5. Literatur

[1]   H.K. Dirks, K.M. Eickhoff, "Numerical models and table models for MOS circuit analysis", Proc. of the Fourth Int. Conf. on the Num. Analysis of Semiconductor Devices and Integrated Circuits (NASECODE IV), pp. 13-23, 1985.

[2]   B.R. Chawla, H.K. Gummel, P. Kozak, "MOTIS - An MOS timing simulator", IEEE Trans. on Circuits and Systems, vol. CAS - 22, No. 12, pp. 901 - 910, 1975.

[3]   A. Kampmann, R. Erwe, W.L. Engl, "Circuit simulation with two-dimensional MOST models", Extended Abstracts of the 16th (1984 Int.) Conf. on Solid State Devices and Materials, pp. 253-256, 1984.

[4]   W.L. Engl (Hrsg.), "Process and device modeling", North-Holland, Amsterdam, 1986.

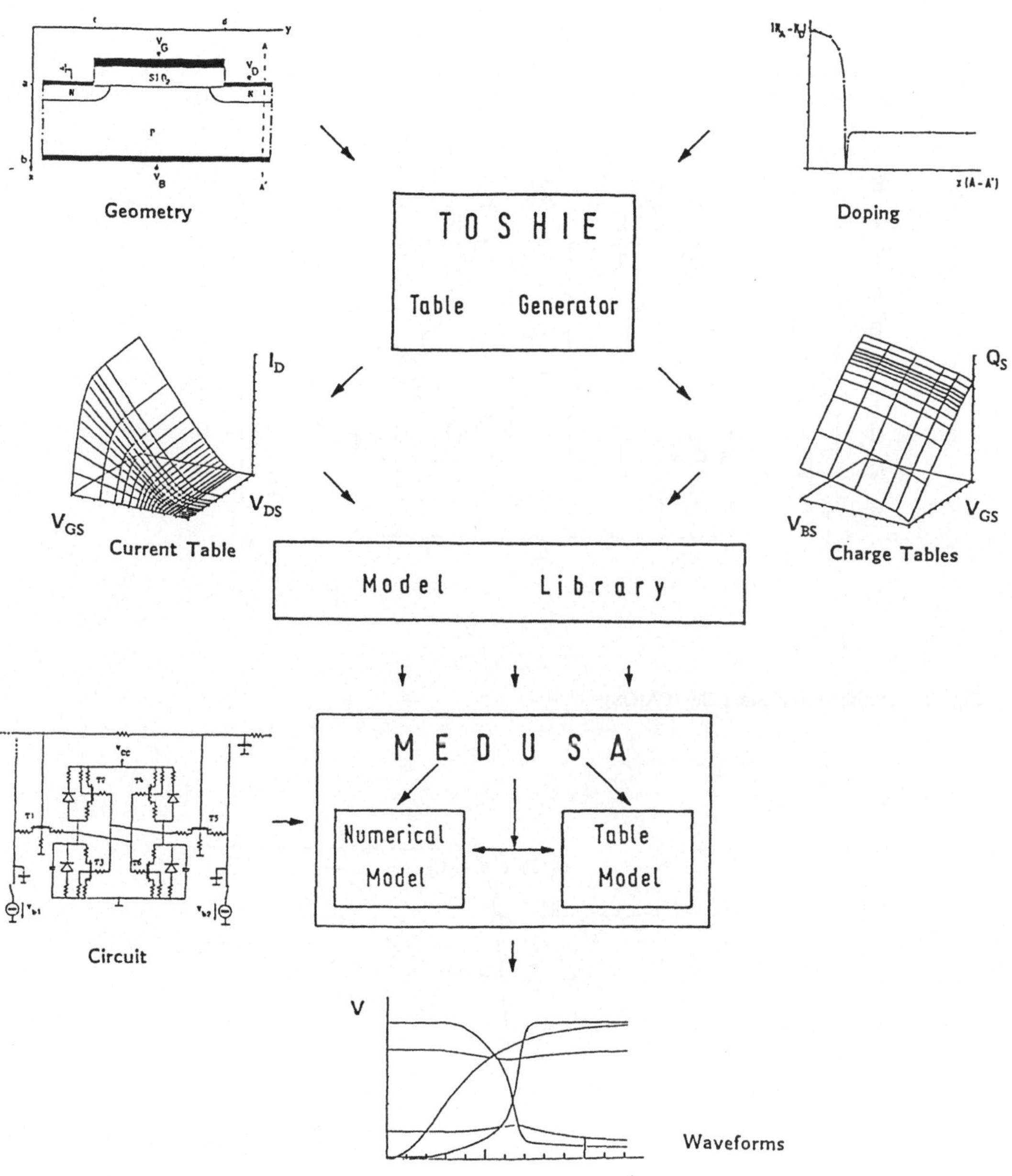

Fig. 1:   Systemübersicht

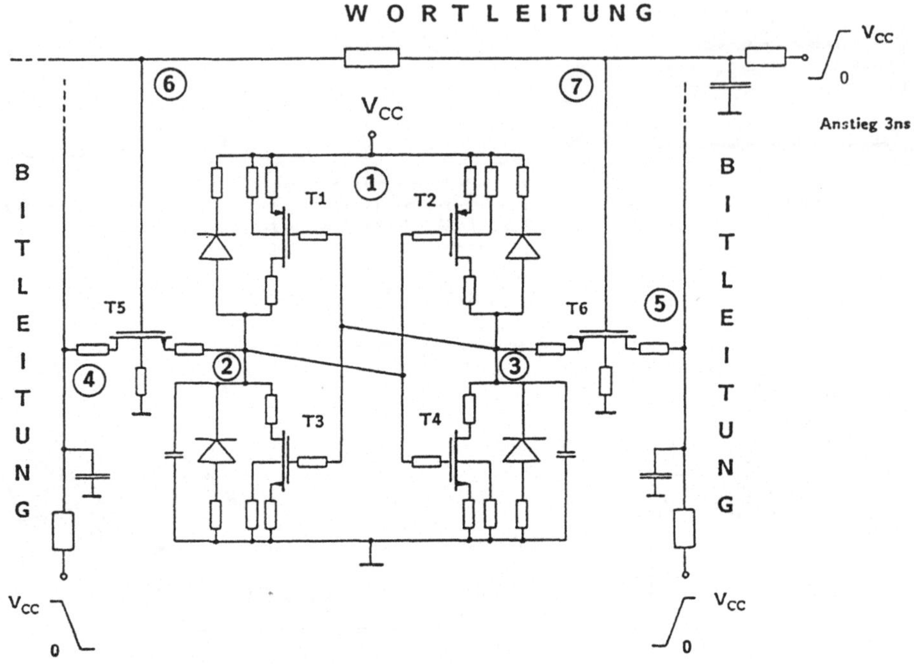

Fig. 2: Statische Speicherzelle (CMOS)

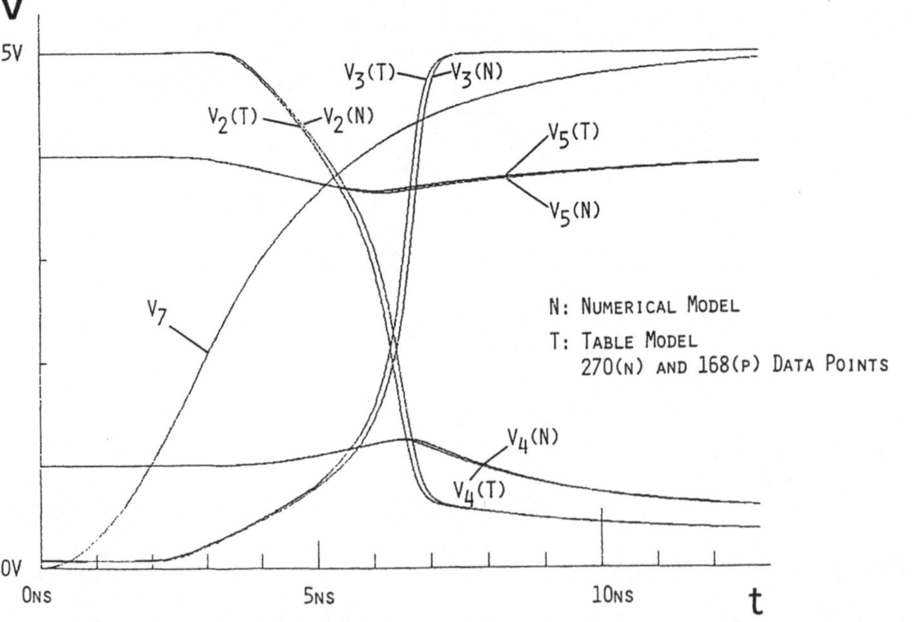

Fig. 3: Simulationsergebnisse der Speicherzelle

SIMULATION DER OMEGA/CReStA-MASCHINE

cand. ing. Volker Heck
Dipl.-Ing. Heinz-Willi Wyes
Lehr- und Forschungsgebiet für Verfahren der Prozeßdaten-
verarbeitung und Prozeßführung (pdv) der RWTH Aachen
Beverstraße 46
D-5100 Aachen

Zusammenfassung

Gegenstand dieses Beitrags ist ein Programm, das die Funktion eines
neuartigen RISC-Prozessors (Reduced Instruction Set Computer) simuliert. Es werden die grundlegenden Merkmale dieses Programms erläutert: Benutzeroberfläche in Fenstertechnik, auf Veränderung und Erweiterungen ausgelegte Programmstruktur, Weiterentwicklung der Simulation
zum Meßwerkzeug.

1.   Problemstellung

Am pdv wird seit Februar 1986 ein für Echtzeitaufgaben optimierter
RISC-Prozessor, die Omega/CReStA-Maschine, entwickelt, welche sich
durch die folgenden Merkmale auszeichnet: 32 Bit Wortbreite, Drei-
Adreß-Struktur, sowie eine für jede Prozedur neu konfigurierbare Anzahl von Registern. Ein Teil dieser Register kann jeweils als Stapel
benutzt werden /WyP187, Wyes88/.

Als Entwicklungswerkzeug sollte schon in einem relativ frühen Stadium
eine Software-Simulation des Prozessors erstellt werden. Mit ihr sollten Fehler und Unstimmigkeiten im Entwurf möglichst schnell entdeckt
werden. Außerdem sollte sie die Möglichkeit bieten, Software für den
neuen Prozessor lange vor der Funktionstüchtigkeit der Maschine zu
entwickeln. Als Gastrechner sollte ein IBM PC AT eingesetzt werden.

2.   Anforderungen an die Simulation

Die wichtigste Forderung an die Simulation war größtmögliche Flexibilität: Die eigentliche Simulation der Maschine sollte zu erwartenden
Änderungen des Konzepts bzw. Schaltungsänderungen schnell und übersichtlich anzupassen sein. Außerdem wurde von Anfang an daran gedacht,
in einem späteren Stadium der Entwicklung das Programm zu einem
Meßwerkzeug am realen Prozessor zu machen. Die Simulation sollte also
ein "mitwachsendes Entwicklungswerkzeug" werden. Aus diesen Überlegungen leiteten sich zwei Hauptforderungen ab:

1.) Erarbeiten einer übersichtlichen, erweiterbaren Benutzeroberfläche.

2.) Übersichtliche, modulare Struktur des Programms mit der Möglichkeit, schnell auch größere Änderungen vornehmen zu können.

Die erste Forderung resultierte in der Entscheidung für eine Benutzeroberfläche in Fenstertechnik. Diese erlaubt es, für jede neue Erweiterung der Simulation ein neues Fenster einzurichten. Damit sind
keine Beschränkungen wie bei einer festen Bildschirmaufteilung zu erwarten. Die Grundlage zur Programmierung der Fensteroberfläche bildete
/Sieg86/. Gleichzeitig war so eine Gliederung des Programms entstanden, die es ermöglicht, allen Bedienprozeduren einen grundsätzlich
gleichen äußeren Aufbau zu geben.

Während eines Simulationslaufs wird sich der Benutzer im wesentlichen
mit dem Verhalten des Prozessors, d. h. mit den Registerinhalten, be-
schäftigen. Das sogenannte "Prozessorfenster" in der Simulation ist
daher die wichtigste Schnittstelle zwischen Benutzer und dem simulierten Prozessor; im folgenden wird ein Eindruck von seiner Bildschirmdarstellung gegeben.

```
HILFE     DEBUGGER SPEICHER PROZESSOR  DATEI     ENDE            v4.23
┌Prozessor──────────────────────────────────────────────────────────
 Adresse    Befehl    Mnemo                       IR     nsjir    PHASE
                                               E1E047C4  00I00      E

 00000840  E1E047C4  J     5004H
 00005004  2F1A8015  CMP*  U,+21
 00005008  E0A00084  JA    508CH
 0000500C  62F00000  ALC   T$


    BP        SP       LIM      TP          BAMLSPOCVNZTUI Lvl Msk
   0000       04      0000     00000        00000000000000  0   0

   SAB       SDB       RAB      RDB       ABus      BBus     CBus      DBus
 00005004 2F1A8015 00000000 00000000   00000844 00000000 00000844 00000000


           G1        G2       G3        G4        G5       G6        G7
         00000000 00000000 00000000 00000000 00000000 00000000 00000000

 PROZEDURREGISTER
     000068D9 00004711 00000023 00000012 00000014

                                          00000012 00000014
 F1=Hilfe F3=Phase F4=Zyklus F6=frei F5=EDIT F9=INTR ShF2=Reset F2=Sound aus
```

Bildschirmdarstellung des Prozessorfensters

Das Prozessorfenster dient zum Anzeigen des Prozessorzustands (Taktphase und Zyklusart), der Arbeits- und Spezialregister sowie des letzten, aktuellen, nächsten und übernächsten Befehls in disassemblierter
Form. Ferner können die Inhalte der dem Programmierer zugänglichen
Register verändert werden. Zum Testen von Programmen besteht die Möglichkeit, den Prozessor im Freilauf arbeiten zu lassen. Ebenso ist es
aber auch möglich, Befehl für Befehl einzeln zu simulieren (single

step); bei Bedarf können auch die einzelnen Phasen der Befehlsausführung beobachtet werden.

3. Aufbau des Programms

Die erste Formulierung der Simulation des Prozessors lautete: "Simuliere, bis eine Abbruchbedingung vorliegt". Die Abbruchbedingung richtet sich dabei nach der Betriebsart (befehlsweise, Freilauf usw.). Die Aufgabe konzentriert sich damit auf das Erstellen der Prozedur "Simulation" und der Funktion "Abbruch" in einer geeigneten Form. Die verhältnismäßig geringe Komplexität des zu simulierenden RISC-Prozessors erklärt die Tatsache, daß für eine erste Fassung der Simulation nicht mehr als etwa 130 Arbeitsstunden benötigt wurden.

3.1 Blockschaltbild als Leitlinie

Diese erste Fassung der Simulation wurde geschrieben, als noch nicht viel mehr zur Verfügung stand als ein Blockschaltbild der Maschine und eine Beschreibung der Befehle. Es lag daher nahe, sie am Blockschaltbild auszurichten. Dementsprechend wurden in einem ersten Ansatz jedem Block eine Prozedur zugeordnet, und diese Prozeduren zyklisch nacheinander aufgerufen.

Bei der weiteren Beschäftigung mit diesem Ansatz zeigte sich allerdings, daß auf diesem Wege eine sinnvolle Koordination der Komponenten nicht möglich ist. Der Grund dafür liegt in dem wesentlichen prinzipiellen Unterschied der Simulation zur Hardware: Während in der Schaltung des Prozessors viele derKomponenten parallel arbeiten (hierauf beruht ja gerade die hohe Rechenleistung), kann das Simulationsprogramm nur eine Komponente nach der anderen nachbilden. Die Lösung des Problems zeigt sich bei näherer Betrachtung der Arbeitsweise der realen Maschine.

3.2 Simulieren der Parallelität

Im realen Prozessor erfolgt die Koordination aller Aktionen über die Flanken des Taktsignals. Ausschließlich bei Taktflanken werden Operationen angestoßen. Die bei einer Taktflanke ausgelösten Operationen sind sämtlich unabhängig voneinander in dem Sinn, daß keine von ihnen Daten benötigt, die eine andere "zur selben Zeit" noch berechnet. Das bedeutet aber, daß diese Aktionen durch voneinander unabhängige Prozeduren beschrieben werden können. Die Reihenfolge, in der diese Prozeduren aufgerufen werden, ist frei wählbar. Anders liegen die Dinge bei solchen Operationen, die während Taktphasen ablaufen. Diese Operationen können sehr wohl voneinander abhängig sein.

<u>Beispiel</u>: Mit einer Taktflanke übernimmt die ALU ihre Operanden. Danach wird innerhalb dieses Bausteins das Ergebnis ermittelt und steht nach einer gewissen Zeit am Ausgang an. Jetzt erst können die

Null- und die Negativ-Flaggen entsprechend dem Ergebnis gesetzt werden. Dieser Vorgang läuft in einer Zeitspanne ab, die garantiert kleiner als eine Taktphase ist, und so steht am Ende der Taktphase das korrekte Ergebnis samt Flaggen zur Verfügung. Die Reihenfolge der Operationen ist nun aber nicht beliebig; es wäre unsinnig, die Flaggen zu setzen, bevor das Ergebnis bekannt ist.

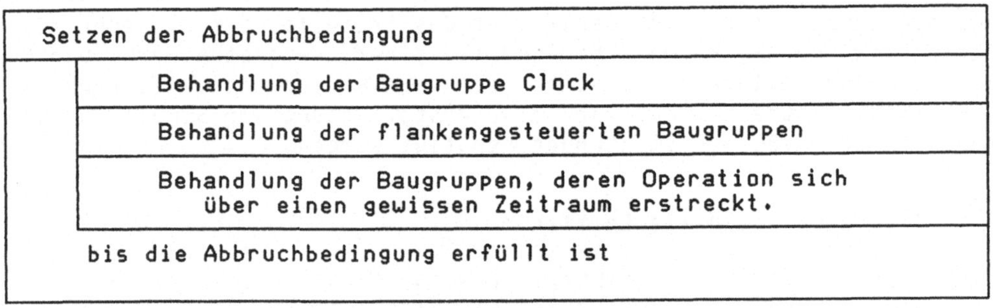

```
┌─────────────────────────────────────────────────────────────────┐
│ Setzen der Abbruchbedingung                                       │
│   ┌─────────────────────────────────────────────────────────────┐│
│   │ Behandlung der Baugruppe Clock                              ││
│   ├─────────────────────────────────────────────────────────────┤│
│   │ Behandlung der flankengesteuerten Baugruppen               ││
│   ├─────────────────────────────────────────────────────────────┤│
│   │ Behandlung der Baugruppen, deren Operation sich            ││
│   │        über einen gewissen Zeitraum erstreckt.             ││
│   └─────────────────────────────────────────────────────────────┘│
│ bis die Abbruchbedingung erfüllt ist                              │
└─────────────────────────────────────────────────────────────────┘
```

Struktogramm der Simulation

Als Konsequenz aus dieser Beobachtung wird die Prozedur "Simulation" aufgeteilt: Im ersten Teil der Simulation einer Taktphase werden diejenigen Aktionen aller Baugruppen nachgebildet, die mit einer Taktflanke ausgelöst werden. Ihre Reihenfolge ist, wie schon gesagt, beliebig. Dann folgt im zweiten Teil dieser Prozedur die Nachbildung der Operationen, die während der simulierten Taktphase ablaufen. Hier gibt es die oben erläuterten Abhängigkeiten, und es gelingt nicht immer sofort, eine solche Ordnung zu finden, die für alle möglichen Situationen den geforderten Abhängigkeiten gerecht wird. Jedoch muß es mindestens eine Lösung für dieses Problem geben, wenn das Konzept und die es realisierende Hardware fehlerfrei sind; bei der Realisierung der Simulation wurde denn auch stets eine Lösung gefunden.

4. Weiterentwicklung der Simulation

Inzwischen wird - unter Beibehaltung der Aufteilung des Programmtextes nach Baugruppen - ein großer Teil der Hardware des Prozessors nachgebildet. Durch die Verwendung vieler programmierbarer Logikbausteine (PALs) in der Hardware wird dies erleichtert. Die Beschreibungssprache, mit der diese Bausteine programmiert werden, kann ohne größere Schwierigkeiten in einen Pascal-Text umgeformt werden.

4.1 Kopplung mit der Hardware

Die weitere Entwicklung geht dahin, daß die Simulation mit der Omega/CReStA-Maschine Daten austauschen kann. So ist es möglich, auf dem IBM-PC ein Omega/CReStA-Programm zu entwickeln, es unter Kontrolle der Simulation zu testen und dann in den Speicher der realen Maschine

zu übertragen, um es dort laufen zu lassen. Eventuelle Unterschiede im
Verhalten geben dann Hinweise auf Fehlfunktionen. Ebenso ist es möglich, Speicherbereiche aus dem Arbeitsspeicher der realen Maschine in
den Speicher des Simulationsprogramms zu laden, den Inhalt beispielsweise zu disassemblieren, zu modifizieren und wieder zurückzu-
schreiben.

4.2 Zugriff auf Ein-/Ausgabe-Geräte

Meldungen, die ein Maschinenprogramm auf einen Bildschirm ausgeben
soll, werden in der Simulation auf ein sogenanntes "Benutzerfenster"
umgeleitet. Es wird bei Bedarf während eines Simulationslaufs angezeigt und steht auch nach einem Programmstop zu Kontrollzwecken zur
Verfügung. Ausgaben in das Benutzerfenster werden so dargestellt wie
Ausgaben an ein Terminal. Falls ein Programm Tastatureingaben fordert,
wird ihm dafür die Tastatur des Personal-Computers zur Verfügung gestellt. Ebenso ist es denkbar, daß ein simuliertes Programm auch Dis-
ketten- und Festplattenlaufwerke des PC nutzen könnte.

4.3 Kompensation von Unterschieden zwischen Hardware und Simulation

Zur Steuerung der Zugriffe auf die Peripherie wurde ein Verfahren gewählt, das dem Aufruf von Betriebssystemroutinen unter CP/M oder MS-
DOS nachempfunden ist: über eine standardisierte Schnittstelle werden
dem kontrollierenden Programm (hier Simulation, dort Betriebssystem)
nach einem bestimmten Schema Daten übergeben, die die gewünschte Operation veranlassen: Die Omega/CReStA-Maschine verfügt über einen Be-
triebssystemaufruf-Mechanismus mittels programmierter Unterbrechungen
(software traps).

Dieses Verfahren bietet den entscheidenden Vorteil, daß beim Schreiben
von Omega/CReStA-Programmen nicht berücksichtigt werden muß, in welcher Umgebung dieses Programm laufen soll. Der Programmierer braucht
sich nicht um hardwarespezifische Probleme zu kümmern; er benutzt immer denselben Mechanismus. Die Unterschiede werden durch die jeweilige
Bedienroutine für diese spezielle Software-Unterbrechung ausgeglichen.
Diese existiert einmal in einer Fassung für die Benutzung auf der
realen Maschine und einmal für die Benutzung auf der Simulation. Je
nachdem, ob ein Programm auf der Simulation oder auf dem Prototyp laufen soll, findet es verschiedene Bedienroutinen vor, die aber eine
exakt gleiche Schnittstelle besitzen, so daß das Benutzerprogramm in
aller Regel keinen Unterschied feststellen kann.

5. Bewertung

Rückblickend kann man sagen, daß diese Simulation sowie die ihr zu-
grunde liegenden Überlegungen sich bewährt haben. Insbesondere bei der
Abstimmung der Entwicklung von Hardware und Software innerhalb der
Arbeitsgruppe leistete sie gute Dienste. Die Vermutung, daß im Lauf

der Entwicklung größere Änderungen nötig sein könnten, wurde voll und
ganz bestätigt; das Ändern von Befehlsabläufen, das Hinzufügen neuer
Baugruppen sowie die Umstellung von vier Taktphasen pro Befehl auf
zwei konnten stets ohne größere Schwierigkeiten nachvollzogen werden.
Dabei konnte im allgemeinen die Verarbeitungsgeschwindigkeit stetig
gesteigert werden und liegt heute bei etwa 80 bis 100 Befehlen pro
Sekunde, gemessen auf einem IBM-AT bei 6 MHz Taktfrequenz. Dieser
relativ hohe Durchsatz sowie die Übersichtlichkeit des Programms sind
sicherlich zu einem wesentlichen Teil eine Folge des RISC-Konzepts,
das nicht nur eine hohe Prozessorleistung, sondern auch schnelle und
preiswerte Entwicklung neuer, für bestimmte Aufgabenbereiche optimierter Prozessoren verspricht.

Literatur

/Sieg86/   Siegert, A.: Pop-Up-Menüs für Turbo Pascal. PC Magazin 10, 26. Februar
             1986.

/WyPl87/   Wyes, H.-W.; Pleßmann, K. W.: Omega: A RISC Architecture for Real-time
             Applications. In: 10th World Congress on Automatic Control Preprints Vol.
             4, 43-47. München: International Federation of Automatic Control, 1987.

/Wyes88/   Wyes, H.-W.: Die Omega/CReStA-Maschine: Eine RISC-Architektur für die
             Echtzeit-Datenverarbeitung (D82 Diss. TH Aachen). Heidelberg: Hüthig,
             1988.

(Dieser Beitrag entstammt einem Forschungsvorhaben, das von der Deutschen Forschungsgemeinschaft unter den Kennzeichen Pl 87/9-1 und Pl 87/9-2 mit einer Sachbeihilfe
unterstützt wird.)

<u>Anwendung von höheren Optimierungsverfahren in der Umformtechnik</u>

M.Becker, R.Kopp
Institut für Bildsame Formgebung der RWTH Aachen
Intzestr. 10, D-5100 Aachen

1. Einleitung

Die Rechnerunterstützung bei der Planung und Auslegung von Umformprozessen beschränkte sich bisher auf die Entwicklung von Simulationswerkzeugen. Mit diesen Simulationsprogrammen und den heutigen hohen
Rechnerleistungen liegt eine erste Basis zur Anwendung von höheren
Optimierungstechniken vor. Erste Erfolge, aber auch Probleme (insbesondere Rechenzeiten) wurden in /4/ dargestellt.

2. Optimieren mit Hilfe der Simulation

Die rechnergestützte Simulation von Umformprozessen geschieht entweder
mit Hilfe der elementaren Plastizitätstheorie zur Berechnung globaler
Größen wie Kraft, Arbeit, Geometrie oder der starr-/elastisch-plasti-
schen FEM zur Ermittlung lokaler Eigenschaften.
Mit diesen Simulationsprogrammen ist der Ingenieur in der Lage, eine
Optimierung manuell durch wiederholte Variation der Prozeßparameter,
Simulation und Bewertung der Ergebnisse durchzuführen.
Die Hauptaufgabe bei dieser "Handoptimierung" besteht in der Bewertung
der Simulationsergebnisse hinsichtlich gewünschter Zielgrößen (z.B.
Kraftminimierung, Temperaturintervalle usw.) sowie der daraus resul-
tierenden Änderung der Prozeßparameter.

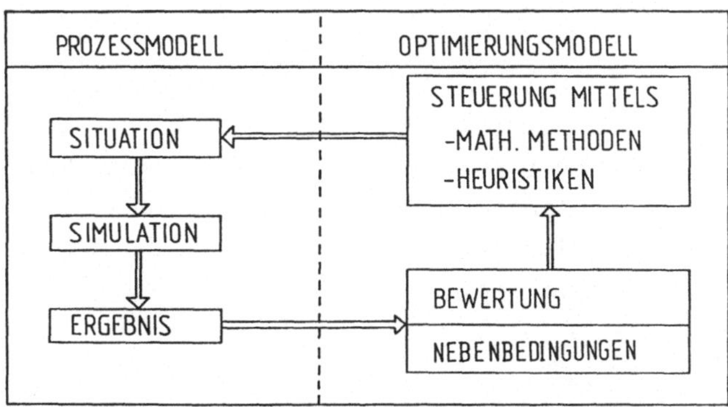

Bild 1:   Prinzip der algorithmischen Optimierung

Die formale Optimierung von Umformprozessen mit Hilfe von klassischen mathematischen Verfahren (Zielfunktion, Restriktionen durch Gleichungen und Ungleichungen) erwies sich bisher wegen der hohen Komplexität der Prozeßmodelle und der Einschränkungen der einzelnen Optimierungsverfahren als schwierig, teilweise sogar unmöglich.

Durch die Entwicklung von neuen Optimierungstechniken in den Bereichen Operations Research und Informatik /3/5/ ließ sich jedoch eine an den oben dargestellten Ablauf orientierte Automatisierung des manuellen "Probierens" implementieren (siehe Bild 1).

Ausgehend von einer bestimmten Anfangsprozeßauslegung werden die Parameter eines Prozeßmodells variiert. Dieses Prozeßmodell muß als Simulationsprogramm vorliegen (deshalb die Bezeichnung "algorithmisch").

Die Variation der Parameter kann systematisch, zufällig (Monte Carlo), gewichtet (Lernsystem) oder heuristisch (Erfahrungsregeln) ausgeführt werden.

Das Ergebnis der Variation wird entweder am gewünschten Ergebnis oder mit anderen Ergebnissen aus vorhergehenden Variationen verglichen. Durch Einführung von Straffunktionen (Penalty Functions) können Restriktionen beliebiger Art eingehalten werden. Die Variationen werden durchgeführt bis keine Verbesserung mehr erzielt wird.

Die Erfahrung und Intuition des Ingenieurs, welche Parameter für eine Verbesserung wie zu ändern sind, werden dabei einerseits durch Rechenleistung, andererseits durch auf Erfahrung beruhende Gewichtung der Straffunktionen ersetzt.

Die wesentlichen Grundverfahren zur Steuerung des Ablaufs /3/ unterscheiden sich lediglich in der Anzahl der gleichzeitig berücksichtigten Parametersituationen:

    -Branch and Bound   : alle
    - Best-of-N Methode   : N
    - Greedy-Methode ("Hill Climbing")   : eine

Da sich in anderen Anwendungsgebieten (wie Operations Research /5/, Mathematik /6/, Sollwertadaption beim Grobblechwalzen /7/) die Greedy-Methode als erfolgreichste erwiesen hat, wurde sie in den folgenden Beispielen zugrunde gelegt.

3. Beispiel Flachwalzen

Als Simulationsmodell wird das am Institut entwickelte CAPS-System verwendet /8/. Es beruht auf der elementaren Plastizitätstheorie.

Beispielhaft wurde die Optimierung des folgenden Walzprozesses durch-
geführt: eine 4-gerüstige HV-Walzstraße soll ein Quadrat 100 x 100 auf
Quadrat 70 x 70 bei gleichmäßiger Gerüstauslastung produzieren.
Dies ist eine typische Polyoptimierungsaufgabe, denn die

- Endgeometrie muß in 4 Stichen erreicht werden, und die
- Leistung soll in allen 4 Stichen gleich groß sein, und die
- Gerüstgrenzen hinsichtlich Leistung, Kraft und Drehmoment dürfen
  nicht überschritten werden.

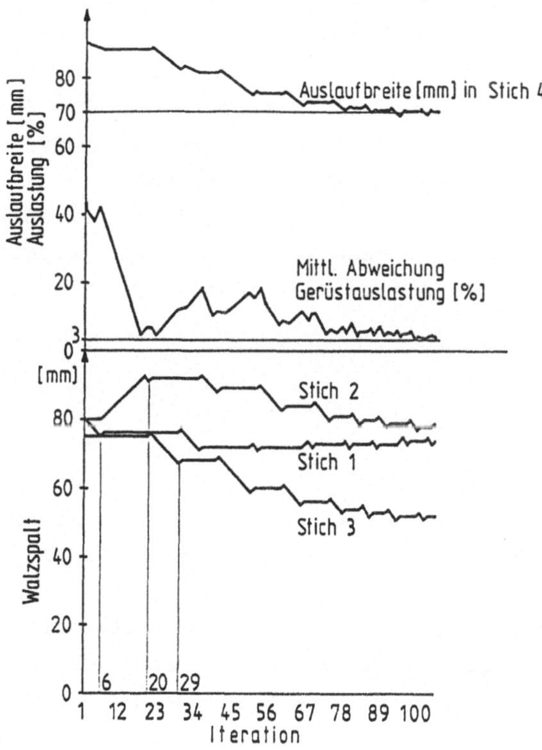

Bild 2:   Zielfunktionen und Variation der Walzspalte

Als Optimum für die Walzspalteinstellung wurde gefunden:
     Stich 1 (horizontal) : 74 mm
     Stich 2 (vertikal)   : 78 mm
     Stich 3 (vertikal)   : 52 mm
     Stich 4 (horizontal) : 70 mm

Die mittlere Abweichung in der Gerüstauslastung betrug ca. 3.5%, als Auslaufbreite wurde 70.13 mm erreicht. Die Rechenzeit hierfür betrug auf einer IBM-4381-Anlage ca. 10 sec.

Der Optimierungslauf läßt sich an Bild 2 verfolgen.

Der untere Teil des Bildes verdeutlicht anschaulich die Reihenfolge und Richtungssuche bei der Variation der Walzspalte in den Stichen 1 - 3. Im oberen Teil ist die kontinuierliche Abnahme der Zielfunktionen aufgetragen: als Auslaufbreite wird 70 mm angestrebt, die Abweichung in der Gerüstauslastung soll möglichst klein werden.

Der Vorteil der Greedy-Methode bei aufeinander abgestimmtem Zusammenspiel von Parametervariation und Bewertung der Zielgrößen läßt sich ermessen, wenn man die Anzahl aller möglichen Kombinationen von Walzspalten im Vergleich zu den tatsächlich berechneten 104 Iterationen in diesem Beispiel betrachtet: sie beträgt bei den hier erlaubten Intervallen ca. 75,000. Diese Zahl erhöht sich explosionsartig auf ca. 75 Mio. bei einer Schrittweite von 0.1 mm statt 1 mm. Die Greedy-Methode benötigt in diesem Fall nach eigenen Rechnungen 674 Iterationen, wobei das Ergebnis gegenüber der gröberen Schrittweite noch geringfügig verbessert wurde.

4. Beispiel Gesenkschmieden

Die grundsätzliche Eignung des Greedy-Verfahrens zur Anwendung mit einem FEM-System wurde anhand des Programmsystems FINEL /1/ für das axialsymmetrische Gesenkschmieden überprüft.

Dabei sollte folgendes technologisches Problem analysiert werden: welche Vorform ist (z.B. durch Gießschmieden) einzustellen, um im nachfolgenden Schmiedeprozeß eine bestimmte Formänderungsverteilung (ε_v) zu erreichen.

Als Beispiel wurde der in Bild 3 links oben dargestellte Gesenkschmiedefall gewählt, wobei wegen des Rechenaufwandes zunächst mit Haften gerechnet wurde. Ausgehend von einem Zylinder ergab sich die links unten gezeigte Verteilung der örtlichen ε_v-Werte.

Das Optimierungsziel war, im gesamten Werkstück ein ε_v von 0.45 ± 20% zu erreichen. Bild 3 rechts zeigt, daß dieses für ca. 90% des Volumens erreicht werden konnte. Lediglich am Haftrand sind noch zu große Formänderungen zu verzeichnen, allerdings in wesentlich geringerem Maße als bei der zylindrischen Ausgangsvorform.

Insgesamt 255 FEM-Rechnungen waren erforderlich, die Rechenzeit betrug ca. 7000 sec auf dem FPS 264 des Instituts.

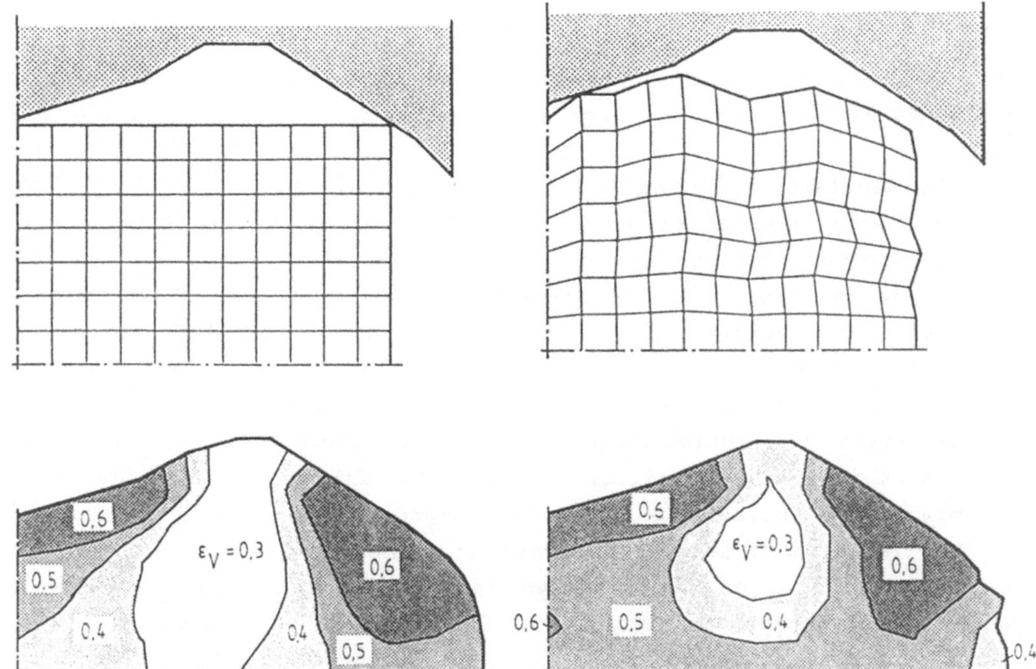

Bild 3: Beispiel für axialsymmetrisches Gesenkschmieden und mit FEM berechnete ε_V-Verteilung, links vor Optimierung, rechts nach Optimierung

Die bisherigen Untersuchungen haben gezeigt, daß die Kombination der algorithmischen Optimierung mit der FEM-Methode möglich ist und zu guten Resultaten führen kann.

Allerdings sind bis zu einem Einsatz als Standardhilfsmittel noch einige zum Teil schwierige Probleme zu lösen:

- Der hohe Rechenaufwand, insbesondere unter Berücksichtigung exakter Randbedingungen (z.B. Reibung), muß durch die Erforschung weiterer Suchstrategien (siehe /3/) verringert werden.

- Zur Vermeidung von Netzentartungen ist ein dynamisches, automatisches Remeshing während der FEM-Simulation erforderlich, da im Gegensatz zur nicht automatischen oder interaktiven Simulationsrechnung keine Kontrolle durch den Anwender stattfinden kann.

- Die Aufnahme weiterer Restriktionen wie die Vermeidung von zu hohen Spannungen am Rand oder im Kern ist demgegenüber einfach durchzuführen.

5. Ausblick

Die Erfahrungen mit der Greedy-Methode haben gezeigt, daß sie in vielen Fällen erfolgreich eingesetzt werden kann. Voraussetzungen sind dabei:

- Ein Simulationsprogramm ist vorhanden. Die Qualität der Optimierung kann maximal so hoch sein wie die von diesem Programm erreichte Genauigkeit.
- Bei mehrstufigen Umformprozessen (z.B. Walzen oder Reckschmieden) müssen die Umformstufen vorgegeben werden, z.B. Stichanzahl und Kant-/Dreh-Reihenfolge beim Walzen oder die Stich- und Kantfolge beim Freiformschmieden. Die jetzige Fassung des Greedy-Verfahrens ist dann zur Optimierung und Feinabstimmung des Stichplans geeignet. Selbstverständlich kann es auch analog zum manuellen Optimieren mit Hilfe eines Simulationsprogramms als Hilfsmittel zum Vergleich verschiedener Umformpläne dienen.

Bei Prozessen, deren Stufenzahlen optimiert werden sollen, ist eine neue Optimierungsstrategie hinsichtlich Parametervariation, Simulation und Bewertung zu entwickeln.

6. Schrifttum

/1/   Cho,M.L.: Bewertung der Anwendbarkeit der Finiten Elemente Methode für die Umformtechnik, Düsseldorf: Verlag Stahl und Eisen, 1987

/2/   Krug,W.,Schönfeld,S.: Rechnergestützte Optimierung für Ingenieure, Berlin: VEB Verlag Technik, 1981

/3/   Pearl,J.: Heuristics, Intelligent Search Strategies for Computer Problem Solving, Addison Wesley, 1984

/4/   Kopp,R.,Arfmann,G.,Becker,M.: Optimierungsstrategien in der Umformtechnik, Darmstadt: Vortrag auf dem UKD, 1988

/5/   Müller-Merbach,H.: Optimale Reihenfolgen, Berlin/Heidelberg/New York: Springer-Verlag, 1970

/6/   Syslo,M.M.,Deo,N.,Kowalik,J.S.: Discrete Optimization Algorithms, New Jersey: Englewood Cliffs, 1983

/7/   Czlapinski,W.,Ziegenhagen,A.: Optimierungsstrategie und Modellbildung für das Grobblechwalzen, Düsseldorf: Stahl und Eisen Nr. 1, S.25-46, 1988

/8/   CAPS - System zur Planung und Simulation von Umformprozessen, Unveröffentlichte Arbeit, IBF 1987

Entwicklung und Anwendung von Macros in Simulationssprachen

Ingrid Bausch-Gall, München

Kurzfassung: Bei der Anwendung von Simulationssprachen zur Modellierung komplexer kontinuierlicher Systeme ist es sinnvoll, Modellteile getrennt zu kodieren und zu testen. Simulationssprachen stellen dafür ein Macrokonzept zur Verfügung. Dieser Beitrag beschreibt die Eigenschaften von Macros und zeigt deren Einsatz. Auf Mängel des seit 1967 bestehenden Konzepts wird eingegangen und ein Vorschlag zur Erweiterung der Macrosprache zur Diskussion gestellt.

1. Einleitung

Bei der Definition der Standards für Sprachen zur Simulation kontinuierlicher Systeme /SCI67/ wurden Macros zur Unterstützung bei der Modularisierung großer Modelle vorgesehen. Die heute verbreitesten Sprachen ACSL, CSMP und CSSL-IV stellen dem Anwender eine Macrosprache zur Verfügung, die auf diesen Standards aufbaut. Obwohl Macros ein nützliches Hilfsmittel bei der Entwicklung von Simulationsmodellen sind, werden sie bisher nur selten eingesetzt.

2. Was ist ein Macro ?

In der Assemblerprogrammierung werden Macros seit langem verwendet, um mehrfachen Kode zu vermeiden, Programme übersichtlich zu gestalten und den Assemblerbefehlssatz um praxisgerechte Anweisungen zu erweitern. Diese Technik wurde in die erwähnten Standards übernommen. Die genannten Sprachen stellen eine Vielzahl von Operatoren zur Verfügung, die selbst als Macros vorliegen. Durch Entwicklung von Macros kann auch jeder Anwender eine Simulationssprache an sein spezielles Aufgabengebiet anpassen.
Bei der Modellierung taucht oft die Frage auf, ob ein Macro oder ein FORTRAN-Unterprogramm zur Realisierung eines Modellteils besser geeignet ist. In der folgenden Tabelle werden daher zunächst Macros mit FORTRAN-Unterprogrammen hinsichtlich ihrer Definition, ihres Aufrufs, der Kommunikation mit dem rufenden Simulationsmodell und des erzeugten Kodes verglichen.

Macro	FORTRAN-Unterprogramm
Definition	
* durch Macrokopf, Macrokode Endeanweisung	* durch Unterprogrammkopf, FORTRAN-Kode und Endeanweisung
* Anweisungen zur Steuerung der Expansion beginnen mit dem Schlüsselwort MACRO	
* alle Operatoren der Sprache sind erlaubt	

<table>
<tr>
<td>

* Übersetzer der Simulations-
  sprache:
  - bearbeitet die Macrodefinit.
  - speichert Macrodefinitionen
  - sucht in Macrobibliotheken

</td>
<td>

* Übersetzer der Simulation-
  sprache übergibt Kode der
  FORTRAN-Unterprogramme an
  den FORTRAN-Kompiler

</td>
</tr>
</table>

──────────────── Aufruf ────────────────

<table>
<tr>
<td>

* als Funktion:
    z.B. Y = K*REALPL(P,YP,YIC)
  oder als Operator
    z.B. VECADD(A=B,C)
* globale Namen können beim
  Aufruf erzeugt werden
* Macroargumente werden als
  Zeichenkette interpretiert

</td>
<td>

* als Funktion:
    z.B. Y = A*FCN(YP,B,C)
  oder als Unterprogrammaufruf
    z.B. CALL NAME(......)

* Argumente werden an den
  FORTRAN-Kompiler übergeben

</td>
</tr>
</table>

──────────────── Kommunikation ────────────────

<table>
<tr>
<td>

* offen und intern für das
  rufende Modell
* globale Kommunikation mit dem
  rufenden Simulationsmodell

</td>
<td>

* geschlossen und extern für
  das rufende Modell
* Kommunikation nur über Para-
  meterlisten und COMMON-Blöcke

</td>
</tr>
</table>

──────────────── Kodegenerierung ────────────────

<table>
<tr>
<td>

* Übersetzer der Sprache erzeugt
  - Kode der Simulationssprache
    vor der Sortierung
  - Kode bei Aufruf abhängig
    von den Macroanweisungen
    und den Übergabeparametern
  - Namen für interne Variable

</td>
<td>

* FORTRAN-Kode, der vom
  Kompiler übersetzt wird
* Maschinenkode wird einmalig
  erzeugt und zum Modellkode
  hinzugebunden

</td>
</tr>
</table>

Beispiel: ACSL-Macro zur Addition zweier Vektoren mit je 3 Elementen

```
Definition:                    Aufruf:
    MACRO VECADD(SUM,A,B)          ARRAY BER(3), S(3), V(3)
    PROCEDURAL(SUM=A,B)            VECADD(BER=A+S,FAC*V)
    SUM(1) = A(1) + B(1)       Expansion:
    SUM(2) = A(2) + B(2)           PROCEDURAL(BER=A+S,FAC*V)
    SUM(3) = A(3) + B(3)           BER(1) = A+S(1) + FAC*V(1)
    END                            BER(2) = A+S(2) + FAC*V(2)
    MACRO END                      BER(3) = A+S(3) + FAC*V(3)
                                   END
```

Im Unterschied zum FORTRAN-Kompiler erkennt der Übersetzer der Simulationssprache, ob Übergabeparameter als einfache Variable oder als Vektoren deklariert sind. Ausgabegrößen des Macros werden beim Aufruf
durch "="-Zeichen von Eingabegrößen getrennt.

3. Das Macrokonzept in ACSL

ACSL /ACS86/ folgt den Standards für Simulationssprachen und erlaubt
die Anweisungen:

```
MACRO ASSIGN Name                  MACRO Sprungmarke..CONTINUE
MACRO INCREMENT Wert                MACRO PRINT Zeichenkette
MACRO DECREMENT Wert                MACRO EXIT
MACRO MULTIPLY Wert                 MACRO REDEFINE Name,...
MACRO DIVIDE Wert                   MACRO RELABEL Name,...
MACRO IF(Wert=Wert) Sprungmarke     MACRO STANDVAL Name=Wert,...
MACRO GOTO Sprungmarke
```

3.1 Beispiel eines Macroaufrufs als Funktion

Das ACSL-Macro CMPXPL modelliert einen Pol zweiter Ordnung
$1/(p*s^2+qs+1)$. Die zugehörige Differentialgleichung lautet:

$$p*\ddot{y}(t)+q*\dot{y}(t)+y(t) = x(t) \quad \text{oder} \quad \ddot{y}(t) = (x(t)-y(t)-q*\dot{y}(t))/p$$
mit den Anfangsbedingungen: $\dot{y}(0)=ic1$, $y(0)=ic2$.

```
Definition:
    MACRO CMPXPL(Y,P,Q,X,IC1,IC2)
    MACRO STANDVAL IC1=0.0, IC2=0.0
    MACRO REDEFINE YDOT
    YDOT = INTEG(((X) - (Y) - (Q)*YDOT) / (P), IC1)
    Y    = INTEG(YDOT,IC2)
    MACRO END
Aufruf:
    a)  X = K2 * CMPXPL (A,B,XP)
    b)  XO= CMPXPL(AO+CO, BO+CO, 3.*XPP+2.*K2*X, AB1, AB2)
Expansion für a):
    Z09997=INTEG(((XP)-(Z09998)-(B)*Z09997)/(A),0.0)
    Z09998=INTEG(Z09997,0.0)
    X      =K2*Z09998
```

Bei nur einer Ausgabegröße, die als erste in der Parameterliste auf-
tritt, läßt sich das Macro als Funktion Y=CMPXPL(P,Q,X) aufrufen. Als
Übergabeparameter sind arithmetische Ausdrücke erlaubt. Um eine
eindeutige Verarbeitung zu ermöglichen, werden die Parameter bei der
Definition des Macros mit Klammern umschlossen. Die Expansion für den
Aufruf b) enthält z.B. dann die Zeile:

```
Z09997=INTEG(((3.*XPP+2.*K2*X)-(Z09998)-(BO+CO)*Z09997)/(AO+CO),AB1)
```

Die Anweisung MACRO STANDVAL ... besetzt hier die Anfangsbedingungen
mit Null vor. Der Aufruf a) nutzt diese Vorbesetzung aus, b)
überschreibt sie dagegen. Vorbesetzungen verbessern die Lesbarkeit des
Modells und sollten daher so oft wie möglich verwendet werden.
REDEFINE und RELABEL definieren die internen Variablen und Sprungmar-
ken des Macros. Der ACSL-Übersetzer erzeugt dafür bei jedem Aufruf
neue Namen (Z0....).

3.2 Macroanweisungen zur Steuerung der Expansion

Die ASSIGN-Anweisung erlaubt Zugriff auf die Größe, die die Anzahl der
Parameter im Macrokopf zählt. INCREMENT, DECREMENT, MULTIPLY, DIVIDE
wirken auf diese Größe. Damit und mit den Anweisungen IF, GOTO,
Marke..CONTINUE kann man die Expansion eines Macros steuern.

Ein Anwendungsbeispiel ist das ACSL-Macro TRAN zur Modellierung einer
allgemeinen Übertragungsfunktion (siehe Abb. 1 unten).
OUT ist die Ausgangsgröße, NN der Grad des Zählerpolynoms, ND der des
Nennerpolynoms. Die Felder P und Q enthalten die Koeffizienten des
Zähler-, bzw. Nennerpolynoms. IN ist die Eingangsgröße.
Zuerst muß geprüft werden, ob der Grad des Zählerpolynoms größer als
der des Nennerpolynoms ist. Da die ACSL-Macrosprache nur die IF-Ab-
frage auf Gleichheit zweier Variablen erlaubt, muß dies mit einer
Kombination von Anweisungen geschehen.
Zunächst weist ASSIGN N der Variablen N die Argumentanzahl der Para-
meterliste zu und erlaubt Zugriff auf N. MULTIPLY 0 multipliziert den
Wert in N mit Null, INCREMENT NN erhöht den Wert in N um NN. N enthält

nun den Grad des Zählerpolynoms NN. 10..IF(N=ND) 20 prüft, ob der Wert
in N gleich dem Grad ND des Nennerpolynoms ist und führt die Expansion
bei 20..CONTINUE fort, falls dies zutrifft. Ist NN größer als ND, so
tritt dieser Fall nie ein. Ist jetzt N ungleich ND, dann prüft
(N=1000) 999, ob N=1000 ist. Falls ja, so wird die Anweisung
999..PRINT ... ausgeführt, andernfalls erhöht INCREMENT 1 den Wert in
N um 1 und GOTO 10 führt die Expansion bei 10..CONTINUE fort.
Das Macro TRAN erzeugt also nur dann ein Differentialgleichungssystem,
falls NN kleiner oder gleich ND ist.

Das Beispiel zeigt, daß man mit diesen Macroanweisungen auch komplexe
Modellteile flexibel modellieren kann, die Kodierung jedoch nicht sehr
anwenderfreundlich ist. In Abschnitt 6 wird daher ein Vorschlag für
eine komfortablere Macrosprache vorgestellt.

3.3 Erzeugen einer Familie von Namen

Das Unterstreichungszeichen (_) grenzt formale Argumente bei der
Macrodefinition ab. Aus einem Übergabeparameter kann damit eine
Familie von Namen, die im Simulationsmodell global zur Verfügung
stehen, erzeugt werden. Als Beispiel generiert das folgende Macro
Variablennamen, die auf einer Wurzel basieren (NAME) und weist den
erzeugten Variablen Werte zu:

```
Definition:                          Aufruf:
    MACRO TRUNC(NAME,SIZE)              a) TRUNC(DAC,8)
    INTEGER L_NAME                      b) TRUNC(ADC,10)
    ARRAY NAME(SIZE), S_NAME(SIZE)   Expansion für a):
    CONSTANT L_NAME=SIZE                INTEGER LDAC
    CONSTANT S_NAME=SIZE*1.0            ARRAY DAC(8), SDAC(8)
    MACRO END                          CONSTANT LDAC=8
                                       CONSTANT SDAC=8*1.0
```


3.4 Bearbeiten von Feldern

Eine zweite Art der Macrodefinition erlaubt mehr Flexibilität bei der
Bearbeitung von Feldern. Hier beginnt der Macrokopf mit MACRO MACRO
und hat bei der Definition bis zu vier Argumente. In das erste
Argument werden beim Aufruf die zu ersetzenden Namen übernommen, in
das zweite die erste Dimension der Felder. Falls benötigt, enthält das
dritte Argument die zweite Dimension der Felder und das vierte die
dritte Dimension der Felder. Der Übersetzer erkennt die Dimension der
Felder bei der Expansion. Als Beispiel schreiben wir das Macro VECADD
so, daß zwei Vektoren beliebiger Länge addiert werden können:

```
Definition:                          Aufruf:
    MACRO VECADD(P,Q)                    ARRAY C(6), D(6), E(6)
    MACRO RELABEL LOOP                   VECADD(C=D,E)
    MACRO REDEFINE I
    PROCEDURAL (P(1)=P(2),P(3))      Expansion:
    INTEGER I                            PROCEDURAL (C=D,E)
    DO LOOP I=1,Q(1)                     INTEGER Z09999
    P(1)(I)=P(2)(I)+P(3)(I)              DO 9989 Z09999=1,6
LOOP..CONTINUE                           C(Z09999)=D(Z09999)+E(Z09999)
    END                          9989..CONTINUE
    MACRO END                            END
```

4. Entwurf von Macros

Durch die Verwendung von Macros kann man Kodierung, Verifikation und Validierung eines Simulationsmodells vereinfachen und beschleunigen, sowie Stabilität und Wartbarkeit verbessern. Beim Modellentwurf ist zu entscheiden, welche Modellteile man als Macros und welche als FORTRAN-Unterprogramme kodiert.

Dabei muß man folgende Kriterien beachten:
  a) ein Modellteil soll verständlich und nützlich sein und
     direkt einem Bauteil entsprechen (z.B. Pumpe, Ventil,...)
  b) möglichst wenige, klar definierte Übergabeparameter sollen
     benutzt werden; Vorbesetzungen sind vorteilhaft
  c) der Entwurf muß Änderungen des Simulationsmodells erleichtern

Macros sollte man verwenden, falls:
  a) Operatoren der Simulationssprache benötigt werden
  b) integriert werden muß
  c) Variablennamen zu erzeugen sind
  d) Kode abhängig von den Übergabeparametern erzeugt werden soll
  e) bei Matrizen- und Vektoroperationen die Dimensionen der Felder
     nicht angegeben werden sollen.

FORTRAN-Unterprogramme sollte man verwenden, falls:
  a) prozeduraler Kode (viele IF, DO, GOTO) überwiegt
  b) aufwendige numerische Rechnungen mit Feldern nötig sind
     (z.B. Inversion von Matrizen, Approximation von Meßdaten)

5. Macrobibliotheken

Es hat sich als zweckmäßig erwiesen, häufig benötigte Modellteile oder Operatoren, die die Simulationssprache nicht bereitstellt, in Macrobibliotheken zu sammeln. Der Übersetzer der Simulationssprache hilft bei der Verwaltung der Bibliotheken, indem er nach Macros sucht, die im Modell gerufen werden und auf Wunsch Macros zu bestehenden Bibliotheken hinzufügt.
Bei der Gliederung der Bibliotheken sollten Macros, für grundlegende Teile und solche, die anwendungsspezifische Teile modellieren, in getrennte Kapitel aufgenommen werden. Eine Macrobibliothek könnte wie folgt aufgebaut werden:

1) **Mathematische Grundlagen:** lineare Operatoren; Polynomoperatoren; Arithmetik mit reduzierter Wortlänge; logische Operatoren; Fouriertransformationen; Approximation und Interpolation von Daten
2) **Operatoren zur Erweiterung des Sprachumfangs:** lineare Übertragungsfunktionen; Signalgeneratoren; nichtlineare Operatoren; Z-Transformationen; diskrete Operatoren; Modelle gängiger Prozessoren
3) **Anwenderspezifische Macros:** Modellierung spezieller Bauteile, die häufig verwendet werden, vgl. z.B. /DIV82/.

6. Weiterentwicklung des Macrokonzepts

Seit 1967 haben sich Macros als nützliche Modellierungshilfen erwiesen. Bedingt durch die primitive Macrosprache unterblieb ihr Einsatz jedoch auch in Fällen, wo er sinnvoll gewesen wäre.
Die Definition von Macros könnte durch die Einführung weiterer Anweisungen vereinfacht werden. Insbesondere die Anweisungen

IF/ELSE/ENDIF und WHILE/ENDWHILE wären hilfreich. Ein Vorschlag für
neue Macroanweisungen ist (Erweiterung von /GAU84/):

```
MACRO IF(logischer Ausdruck) THEN            MACRO ELSE
MACRO ELSE IF (logischer Ausdruck) THEN      MACRO ENDIF
MACRO WHILE (logischer Ausdruck) THEN        MACRO ENDWHILE
MACRO SET Name=Wert,....                      MACRO GOTO Sprungmarke
MACRO Sprungmarke..CONTINUE                   MACRO RETURN Name=Wert,...
MACRO IF(logi. Ausdr.) GOTO Sprungmarke      MACRO PRINT Meldung
MACRO LOCAL Argumentliste                     MACRO END
MACRO STANDVAL Name=Zeichenkette,....
```

ACSL-Macro TRAN /ACS86/:	TRAN mit neuer Macrosprache:

```
MACRO TRAN(OUT,NN,ND,P,Q,IN)            MACRO TRAN(OUT,NN,ND,P,Q,IN)
MACRO ASSIGN N
MACRO REDEFINE I,Z,ZD,ZIC               MACRO LOCAL I,Z,ZD,ZIC,L1.L2
MACRO RELABEL L1,L2
MACRO MULTIPLY 0                        MACRO IF(NN.GT.ND) THEN
MACRO INCREMENT NN                      MACRO PRINT Numerator (NN)...
MACRO 10..IF(N=ND)20                    MACRO RETURN OUT=0.
MACRO IF(N=1000) 999                    MACRO ENDIF
MACRO INCREMENT 1
MACRO GOTO 10
MACRO 20..CONTINUE
ARRAY Z(ND),ZD(ND),ZIC(ND)                ARRAY Z(ND),ZD(ND),ZIC(ND)
CONSTANT ZIC=ND*0.0                        CONSTANT ZIC=ND*0.0
INTEGER I                                 INTEGER I
PROCEDURAL(ZD=P,Q,IN)                     PROCEDURAL(ZD=P,Q,IN)
ZD(1)=IN-Z(1)*Q(2)                        ZD(1)=IN-Z(1)*Q(2)
MACRO IF(ND=1)25                        MACRO IF (ND.NE.1) THEN
DO L1 I=2,ND                              DO L1 I=2,ND
ZD(1)=ZD(1)-Z(I)*Q(I+1)                   ZD(1)=ZD(1)-Z(I)*Q(I+1)
L1..ZD(I)=Z(I-1)                          L1..ZD(I)=Z(I-1)
MACRO 25..CONTINUE                      MACRO ENDIF
ZD(1)=ZD(1)/Q(1)                          ZD(1)=Z(1)/Q(1)
END                                       END
MACRO DECREMENT NN                     MACRO IF (NN.EQ.0) THEN
MACRO IF(NN=ND)26                        PROCEDURAL(OUT=P,Z)
PROCEDURAL(OUT=P,Z)                        OUT=(P)*ZD(ND)
MACRO IF(NN=0)30                       MACRO GOTO 30
OUT=P(1)*Z(N)                          MACRO ELSE IF(NN.EQ.ND) THEN
MACRO GOTO 27                             PROCEDURAL(OUT=P,Z,ZD)
MACRO 26..CONTINUE                         OUT=P(1)*ZD(1)
PROCEDURAL (OUT=P,Z,ZD)                 MACRO ELSE
OUT=P(1)*ZD(1)                            PROCEDURAL(OUT=P,Z)
MACRO 27..CONTINUE                         OUT=P(1)*Z(N)
DO L2 I=1,NN                           MACRO END
L2..OUT=OUT+P(I+1)*Z(I+N)                 DO L2 I=1,NN
MACRO GOTO 40                            L2..OUT=OUT+P(I+1)*Z(I+N)
MACRO 30..CONTINUE                     MACRO 30..CONTINUE
OUT=(P)*ZD(ND)
MACRO 40..CONTINUE
END                                       END
Z=INTVC(ZD,ZIC)                           Z=INTVC(ZD,ZIC)
MACRO EXIT                             MACRO RETURN OUT
MACRO 999..PRINT NUMERATOR ...
MACRO END                              MACRO END
```

Abb. 1

Dieses Beispiel zeigt, wie sich die Definition durch Anwendung der
neuen Macroanweisungen vereinfachen ließe.
Die Anweisung LOCAL ersetzt dabei REDEFINE und RELABEL, SET ersetzt
ASSIGN, INCREMENT, DECREMENT, MULTIPLY und DIVIDE und erlaubt zusätzlich die Definition mehrer Variablen zur Steuerung der Expansion.

Zusammenfassung: Beim Entwurf von Simulationsmodellen muß entschieden
werden, welche Teile sich getrennt vom Gesamtmodell entwickeln lassen
und ob diese Modellteile als Macro oder als FORTRAN-Unterprogramm zu
entwickeln sind. Getestete Macros sollten dokumentiert und in Macrobibliotheken abgelegt werden, um sie für spätere Anwendungen zur Verfügung zu haben. Diese Technik verbessert die Lesbarkeit und die
Wartbarkeit der Modelle.
Allerdings ist die Anwendung von Macros kein Ersatz für ein Teil-
modellkonzept in Simulationssprachen /CRO82/, welches die schrittweise
Entwicklung von Untermodellen als Teile eines Gesamtmodells zuließe.

Literatur:

/SCI67/ The SCi Continuous System Simulation Language
        Simulation 9, (1967), S. 281-303
/ACS86/ Advanced Continuous Simulation Language (ACSL)
        Reference Manual, 1986
/CSS84/ CSSL-IV Continous System Simulation Language -Version four
        Reference Manual, 1984
/CRO82/ **Crosbie Roy E; Hay John L.:** Towards new standards for
        continuous system simulation languages
        Proceedings SCSC (1982), S. 186 ff
/DIV82/ **Divakaruni S.M., Long A.B., Armor A.F.:** The EPRI Modular
        Modelling System for Power Plant Transient Simulation
        Proceedings SCSC (1982), S. 363 ff.
/NIL82/ **Nilsen R.N.:** Macros make more meaningful models
        Proceedings SCSC (1981), S. 17 ff.
/GAU84/ **Gauthier J.S.:** Macros in Simulation
        Proceedings Eastern Simulation Conference (1984)

Simulation in der Fertigungstechnik - das Ziel heißt Integration

Rolf Schmidt
Fraunhofer-Institut für Transporttechnik und Warendistribution
Institutsleiter: Prof. Dr.-Ing. Reinhardt Jünemann
Emil-Figge-Str. 75, 4600 Dortmund

1 Einführung

Die Häufigkeit und Intensität des Einsatzes der Simulation in der Fertigungstechnik, in Produktion und Logistik, nimmt weiter zu. Simulationsanwendungen konzentrieren sich dabei noch immer auf die verschiedenen Disziplinen der Systemplanung. Insbesondere die Planung Flexibler Fertigungs- und Montagesysteme sowie logistische Systemplanungen und die Fabrikplanung laufen heute häufig simulationsgestützt ab. Verhältnismäßig selten sind bisher Anwendungen im Bereich der Prozeßunterstützung, d.h. in der Fertigungssteuerung und der Ablaufsteuerung logistischer und fertigungstechnischer Prozesse.

Allen Anwendungen gemeinsam scheint ein Defizit zu sein: die Simulationsinstrumente sind nicht in die Planungs- und Prozeßabläufe integriert; "Insellösungen" herrschen vor. Simulationsprogramme, die der Planungsunterstützung dienen, werden parallel zu anderen rechnergestützten Planungsinstrumenten eingesetzt, ohne mit diesen zu kommunizieren. So können derzeit beispielsweise Programmsysteme zur rechnergestützten Datenanalyse wohl Planungseingangsdaten liefern, jedoch nicht die Lastbeschreibungen für Simulationsmodelle. Bestehende Modelle von Produktions- und Logistiksystemen, die während einer simulationsgestützten Systemplanung erstellt wurden, können anschließend nicht zur Prozeßunterstützung herangezogen werden, da sie mit der Steuerungs- bzw. Leitstandssoftware keine gemeinsame Sprache finden. Zwar wird die Simulation zur funktionalen Verifikation von Steuerungssoftware herangezogen, jedoch erst, nachdem der Entwicklungsprozeß dieser Software bereits abgeschlossen ist. Der Aufwand zur Systemanalyse und Fehlerbehebung während der Planung und Realisierung der Systeme vervielfacht sich hierdurch.

In der vorliegenden Ausarbeitung soll an Hand dreier Beispiele erläutert werden, wie die Integration der Simulation in rechnergestützte Planungsabläufe und Systeme zur Prozeßführung erreicht werden kann:

- Integration der Simulation in ein Konzept zur durchgängig rechnergestützten Planung von Logistiksystemen
- Integration der Simulation in Fertigungs- und Logistikleitstände
- Integration der Simulation in den Entwicklungsprozeß von Steuerungssoftware.

Durch derartige Integrationsbemühungen ist es zum einen möglich, den Aufwand für die Erstellung und Validierung von Simulationsmodellen erheblich zu senken, zum anderen wird ein fehlerfreier

Planungsvorgang einschließlich der Erzeugung von vorgetesteter, auf ihre Funktionalität hin über-
prüfter Steuerungssoftware ebenso unterstützt wie der optimierte Betrieb des realisierten Systems. Die
Kosten, die bei Planung, Realisierung und Betrieb komplexer Fertigungssysteme anfallen, können
damit bedeutend vermindert werden.

2   Die Simulation ist noch eine Insel

Gegenwärtige und in Zukunft denkbare Felder der Simulationsanwendung in der Fertigungstechnik
betreffen

- die Gestaltung von Produktions- und Logistiksystemen (Fabrikstrukturplanung, Systemplanung, Detailgestaltung, Entwicklung von Steuerungsstrategien)
- die Realisierung von Produktions- und Logistiksystemen (Entwicklung von Steuerungssoftware, Test von Steuerungssoftware)
- den Betrieb von Produktions- und Logistiksystemen (Optimierung der Prozeßablaufplanung,
  Ressourcenallokation, Störfallbehandlung, Training von Betriebspersonal).

Diese Zusammenstellung von Anwendungsfeldern zeigt, daß die Simulation in den Kontext von
Planung, Realisierung und Betrieb von Fertigungs- und Logistiksystemen eingebettet ist. Dabei ist die
Simulation nicht das einzige rechnergestützte Hilfsmittel auf dem Weg von der Idee über Planung und
Realisierung hin zum Betrieb. Vielmehr existieren daneben eine Vielzahl weiterer Instrumente, die
beispielsweise der Datenanalyse (Analyseinstrument zur Feststellung der Planungsdatenbasis), der
Strukturplanung (Instrument für die inner-/außerbetriebliche Layoutplanung), der Konzeptfindung
(Expertensystem für die Auswahl von Fertigungsverfahren oder Transportmitteln), der Feinplanung
(Hilfsmittel zur Lagerplanung) und dem Betrieb von Fertigungs- und Logistiksystemen (Leitstand)
dienen. Einige dieser Instrumente besitzen gleiche Informationsbedarfe (z.B. benötigen Simulations-
und Feinplanungssysteme beide die Eingabe von Layoutspezifikationen), in anderen Fällen ist der Output des einen Instruments der Input eines anderen (z.B. wird die sich bei einer rechnergestützten
Datenanalyse ergebende Datenbasis sowohl für Grob- und Feinplanung als auch für die Simulation
gebraucht). Beide Sachverhalte verlangen nach einer Integration dieser rechnergestützten Instrumente.

Integration kann dabei auf zweierlei Weise verstanden werden: Zusammenfassung unterschiedlicher
planungs- und betriebsunterstützender Instrumente oder Zusammenfassung zusammengehörender
bzw. aufeinander aufbauender Unterstützungsfunktionen in einem Instrument. Beide Ansätze beinhalten die Forderung nach der Kommunikationsfähigkeit der Instrumente bzw. der Funktionseinheiten
und nach der Konsistenz der Planungsabläufe. Die zu erwartenden Nutzeffekte betreffen Auf-
wandsverminderungen für die Eingangsdatenbeschaffung, die Systemanalyse, die Planungs- und
Realisierungsaktivitäten, Konsistenzprüfungen, Fehlerbehebung und Inbetriebnahme. Gegenwärtig
liegt das Ziel einer so verstandenen Integration noch in weiter Ferne. Was muß unternommen werden,
um es zu erreichen?

3 Problemfelder auf dem Weg zur Integration

Problemfelder auf dem Weg zur Integration rechnergestützter Planungs-, Realisierungs- und Betriebsinstrumente sind:

1. welche Funktionen in Planung, Realisierung und Betrieb von Produktions- und Logistiksystemen können sinnvollerweise rechnergestützt ablaufen?
2. welche Funktionen lassen sich sinnvollerweise zu Instrumenten zusammenfassen?
3. wie sind die Schnittstellen zwischen diesen Instrumenten nach Struktur und Inhalt sinnvollerweise beschaffen?

Obwohl diese Problemfelder allgemeine Gültigkeit haben in Bezug auf planungs-, realisierungs- und betriebsunterstützende Rechnerinstrumente, sollen sie im folgenden auf die Integration der Simulation in ein rechnergestütztes Planungsumfeld eingeschränkt werden.

Zu 1.: Die durch Rechnerinstrumente zu unterstützenden Funktionen sind dadurch gekennzeichnet, daß sie nicht-kreative, algorithmierbare Inhalte aufweisen. Ihr Inhalt und Umfang ist aus der Praxis weitgehend bekannt. Durch Fortschritte in der Hardware- und Softwaretechnik (z.B. KI-Methoden) wird ihr Umfang jedoch ständig erweitert.

Zu 2: Sinnvoll erscheint die Zusammenfassung unmittelbar zusammengehörender, einander ergänzender Funktionen in einem einheitlichen Instrument. Welche Einzelfunktionen zusammengefaßt werden, hängt dabei vom Aussageziel ab. Im Falle der Simulation zur Unterstützung der Systemplanung (Feinplanung) sind in der Regel Funktionen zur Modellbeschreibung, Lastgenerierung und Ablaufsteuerung zusammengefaßt.

Zu 3: Die Integration mehrerer Instrumente bzw. Funktionseinheiten erfordert die Definition von Schnittstellen nach Struktur und Inhalt. Die Schnittstellenproblematik hat ihrerseits auch Rückwirkungen auf die Zusammenfassung von Funktionen zu Funktionseinheiten bzw. Instrumenten. Diese Zusammenfassung muß darauf abzielen, Schnittstellen "schmal", d.h. mit möglichst geringem erforderlichen Informationsinhalt, zu halten.

"TOP" (Technical Office Protocol) kann als erster derartiger Integrationsansatz angesehen werden. Allerdings stellt TOP lediglich eine Struktur für die Kommunikation zwischen unterschiedlichen Rechnern bzw. den darauf implementierten Anwendungen zur Verfügung. Die Inhalte der ausgetauschten Informationen sind spezifisch für die miteinander kommunizierenden Instrumente.

Im folgenden sollen einige Beispiele für die im obigen Sinne verstandene Integration der Simulation in ein rechnergestütztes Planungs- und Betriebsumfeld angegeben werden.

4   Beispiele

4.1 Integration der Simulation in ein Konzept zur rechnergestützten Planung von Logistiksystemen (Instrumentenintegration)

Am Fraunhofer-Institut für Transporttechnik und Warendistribution wurde eine Analyse durchgeführt, welche rechnergestützten Instrumente in Planung, Realisierung und Betrieb von Fertigungs- und Logistiksystemen als sinnvoll erachtet werden können, welche bereits am Institut vorhanden oder in Entwicklung begriffen sind, welche anderswo vorhanden oder in Entwicklung sind, welche noch entwickelt werden müssen und wie alle diese Instrumente zu einem durchgängig rechnergestützten System zur Planung, Realisierung und Betrieb von Fertigungs- und Logistiksystemen zusammengefaßt werden könnten. Das Ergebnis dieser Überlegungen ist in Bild 1 dargestellt. Den Phasen der Konkretisierung von Vorhaben, von der Zielfindung bis zum Betrieb, sind in diesem Bild die Instrumente zugeordnet worden, durch die die jeweiligen Aufgaben unterstützt werden. Die möglichen on-line-Verbindungen zum Datenaustausch sind angedeutet.

Die Simulation ist hier zu finden im Bereich des Strategischen Decision Support ("Logistik-Studio"), der Grobplanung/Konzeptfindung (FAD) und der Feinplanung (DOSIMIS/DOSIMIS 3). Darüber hinaus existiert ein Entwicklungsprojekt CREATE!; dieser Simulator soll in allen Phasen von der Feinplanung bis zum Betrieb einsetzbar sein. Insbesondere soll CREATE! neben einem Planungshilfsmittel auch eine Entwicklungs- und Testumgebung für Steuerungssoftware zur Verfügung stellen und nach Inbetriebnahme der realen Anlage als Leitstandsunterstützung einsetzbar sein. Dadurch soll die Notwendigkeit einer mehrfachen Systemanalyse für Planerstellung, Simulation und Steuerungsentwicklung beseitigt werden.

Das in Bild 1 dargestellte Gesamtkonzept stellt zunächst lediglich eine Bestandsaufnahme dar. Daher sind in ihm keinerlei Optimierungsansätze enthalten, die auf eine geeignete Zusammenfassung bzw. Umverteilung von Funktionen auf Instrumente zur Erreichung schmaler Schnittstellen abzielen. Im folgenden werden zwei Aspekte aus dem Gesamtkonzept herausgegriffen und kurz näher beleuchtet.

4.2 Integration der Simulation in Fertigungs- und Logistikleitstände (Funktionenintegration)

Die Funktionen, die eine Simulationskomponente innerhalb eines Produktions- bzw. Logistikleitstandes wahrnehmen könnten, sind in Bild 2 zusammengestellt. Ziele des Simulationseinsatzes sind die kostengünstige Gestaltung des Prozeßablaufes, seine Stabilisierung gegenüber Störungen sowie die Schulung des Betriebspersonales zur Erzielung einer sicheren Beherrschung des Prozesses. Letzteres wird erreicht durch die Vermittlung einer detaillierten Kenntnis des dynamischen Prozeßverhaltens, die durch das Betreiben eines Simulationsmodelles möglich ist (Analogie: Flugsimulator). Die Anforderungen an einen solchen Simulator, insbesondere im Hinblick auf seine Integration in ein Betriebsumfeld, sind folgendermaßen zu beschreiben:

- Prozeßschnittstelle zur on-line-Übernahme des realen Systemzustandes (Realisierung durch BDE-Terminals sowie durch Kommunikation mit untergeordneten Steuerungsinstanzen: "on-line-Simulation") ist erforderlich
- der Echtzeitfaktor, verstanden als Verhältnis zwischen der Prozeßablaufgeschwindigkeit innerhalb des Simulators und der Ablaufgeschwindigkeit des realen Prozesses, muß wesentlich größer 1 sein, damit Optimierungsspielräume für den Prozeßablauf verbleiben.
- es muß eine Zustandsarchivierung zu definierten Zeitpunkten möglich sein, um eine gezielte Systeminitialisierung durchführen zu können.
- der gezielte Zugriff auf Modellparameter und -zustände muß möglich sein.

Eine in diese Richtung gehende Entwicklung ist das am Fraunhofer-Institut für Transporttechnik und Warendistribution entwickelte Simulationssystem SIGRES ("Simulationsgestützte Reihenfolge- und Engpaßsteuerung").

Bild 2: Funktionen einer Simulationskomponente innerhalb eines Produktions- bzw. Logistikleitst.

4.3 Integration der Simulation in den Entwicklungsprozeß von Steuerungssoftware (Funktionenintegration)

Der gegenwärtige Ablauf bei der Planung und Realisierung von Fertigungs- und Logistiksystemen läßt sich folgendermaßen skizzieren:

Systemanalyse 1 - Simulation - Aussagen über Funktionalität der Anlage
Systemanalyse 2 - Pflichtenheft für Steuerungssoftware - Programmierung - Implementation - Fehlerbehebung in der Anlaufphase des realen Prozesses - Betrieb

Die doppelte Systemanalyse und die kostspielige Fehlerbehebung am "lebenden Objekt" kann einge-spart werden durch die Verwendung der Simulation als Test- und Entwicklungsumgebung für Steue-rungssoftware. Ein Simulationsmodell dient dabei zunächst zur Funktionalitätsprüfung während der Planungsphase. Während der Realisierungsphase wird dieses Modell als Entwicklungsumgebung für die Steuerungssoftware benutzt; dabei werden die bereits zur Erstellung des Modells entwicklelten Steuerungsalgorithmen weiterverwendet. Zugleich wird die korrekte Funktion der Steuerung an Hand des Prozeßmodells getestet. Die Steuerungssoftware wird nach Fertigstellung aus dem Simula-tionsmodell (im Sinne einer funktionalen Beschreibung) herausgelöst und auf dem Leitrechner imple-mentiert. Diese Software ist dann bereits getestet, wodurch sich die kostspielige Inbetriebnahmephase verkürzt.

An den Simulator erwächst hieraus die Anforderung, nicht nur die Funktion, sondern auch die Struktur realer Systeme im Modell nachbilden zu können. Insbesondere bezieht sich diese Forderung auf die Kommunikationsstruktur der Modellelemente untereinander, was die Verwendung eines objektorien-tierten Modellierungsansatzes nahelegt.

5 Zusammenfassung

Die Integration der DV-gestützten Instrumente zu Planung, Realisierung und Betrieb von Fertigungs-und Logistiksystemen im funktionalen und softwaretechnischen Sinn ist gegenwärtig noch Zukunfts-musik. Es ist jedoch erforderlich, heute die Integrationskonzepte zu erarbeiten und sie in den nächsten fünf Jahren in die Realität umzusetzen. Dies ist umso mehr von Bedeutung, als die Integration der Abläufe auf der Prozeßebene im Rahmen der CIM-Bestrebungen (MAP) intensiv vorangetrieben werden. Analoge Ansätze für das Technische Büro werden durch TOP geliefert. Sie müssen in Zukunft durch ablauforientierte Integrationsansätze ergänzt werden, da diese bislang fehlen.

6 Literatur

Noche, B. und U. Hoppe, M. Boenke: Integration of CAD and Simulation for the Planning of Material Flow Systems; European Simulation Multiconference, Wien 1987

Schürholz, A.: Application of a Simulator for the Development and Check of Controlling Software; European Simulation Multiconference, Wien 1987

Schmidt, R.: Einsatzmöglichkeiten der Simulation in der Werkstattsteuerung; 4. Symposium Simulationstechnik, Zürich 1987

SIMULATION DES DYNAMISCHEN VERHALTENS EINER UMWICKELSTATION

W. Bär, Erlangen
U. Schnell, Frankfurt/M.

Zusammenfassung: Um wellenerzeugende Kriechvorgänge während der Lagerung von Aluminiumcoils möglichst weitgehend zu vermeiden, muß die Haspelspannung beim Umwickeln in Abhängigkeit vom aktuellen Wickelradius geeignet variiert werden. Es wird daher zunächst kurz auf ein mathematisches Modell für den Umwickelvorgang von bandförmigem Material eingegangen. Nach der Begründung der Systemgleichungen des mechanischen und elektrischen Teils der Umwickelstation werden Ergebnisse einer hybriden Echtzeitsimulationsanordnung gezeigt, bei der die Automatisierungsfunktionen von einem handelsüblichen Automatisierungsgerät vorgenommen werden.

1.   Einleitung

Bandförmiges Walzgut wie Bleche und vor allem Folien, für die höchste Genauigkeitsanforderungen gelten, werden bei der Qualitätskontrolle vor der Lagerung bzw. der Auslieferung an den Endverbraucher in einer speziellen Umwickelstation auf Oberflächenbeschaffenheit, insbesondere Welligkeit, geprüft. Bei Materialien wie z. B. Aluminium, die zu irreversiblen Verformungen ("Kriechen") neigen, kommt diesem Arbeitsprozeß eine besondere Bedeutung zu, da der Haspelvorgang die Verwendbarkeit des dünnen Bandmaterials mitbestimmt (Bild 1). Nach dem Umwickeln werden die Coils gelagert. Es zeigt sich bei der Herstellung von Aluminium, daß

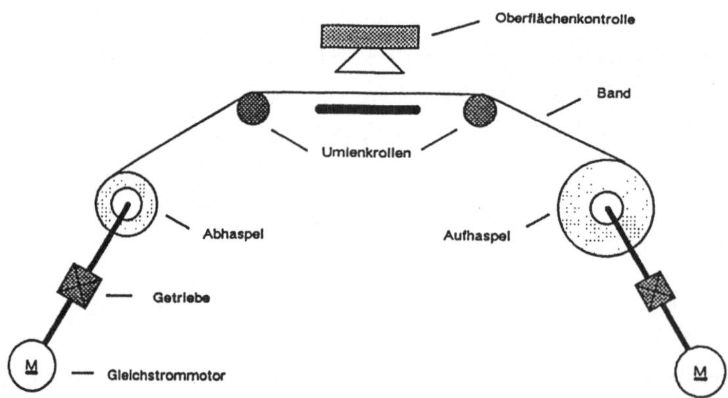

Bild 1: Schematische Darstellung einer Umwickelstation mit Oberflächenkontrolle

Coils, die vor der Lagerung plan waren, danach entweder mitten- oder randwellig sind: der Teil des Bleches, der sich im Coil in der Nähe der Hülse befand, weist Randwellen auf; der übrige Teil des Bandes ist dagegen in der Mitte wellig (Bild 2). Insbesondere der Teil des Bleches, der am Rand Wellen aufweist (bis zu 1/3 des Coils) ist für die Weiterverarbeitung ungeeignet

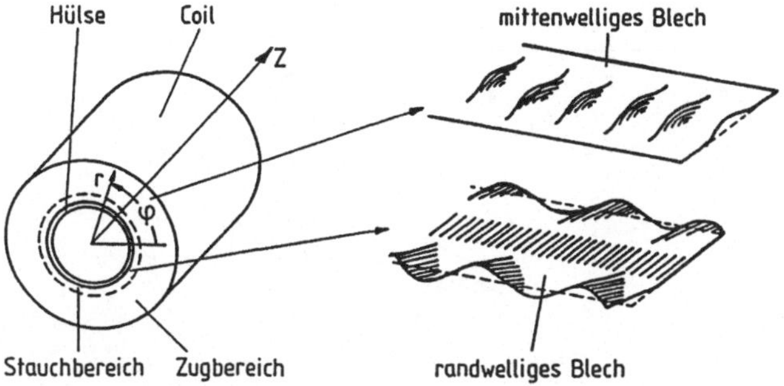

Bild 2: Welliges Aluminiumblech nach der Lagerung [2]

und muß deshalb wieder eingeschmolzen werden. Nach [1] dürften Stauchungen aufgrund der Spannungsverhältnisse im Aluminiumcoil die Ursache für die Welligkeit sein. Diese zunächst elastischen Verformungen werden im Laufe der Lagerung irreversibel, weil Aluminium schon bei Raumtemperatur kriecht. Dieses Kriechen ist in der Blechmitte stärker ausgeprägt, weil der Rand durch Besäumen intensiv kaltverformt und damit verfestigt wurde. Nach der Lagerung sind deshalb die Randfasern des Bleches, das sich im Coil in der Nähe der Hülse befand (Stauchbereich), länger als die mittleren Fasern: im abgewikkelten Band entstehen dadurch Randwellen. In [1] wird gezeigt, daß dieser Effekt weitgehend vermieden werden kann, wenn mit zunehmendem Radius die Wickelspannung verringert wird. Die geringere Wickelspannung im äußeren Bereich des Coils bewirkt nämlich, daß die darunter liegenden Lagen nicht unnötig gestaucht werden. Die hohe Wickelspannung beim Haspeln der unteren Lagen im Coil ist erforderlich, damit eine Widerstandsfähigkeit gegen die Stauchwirkung der oberen Lagen vorhanden ist. Das Wickeln, d. h. die Vorgabe der Wickelspannung und der Umwickelgeschwindigkeit, muß daher unter Berücksichtigung des veränderlichen Radius und damit zeitabhängig erfolgen. Das Ziel der folgenden Überlegungen besteht darin, eine Echtzeitsimulation des Haspelvorganges aufzubauen, wobei die system- und materialgerechte Steuerung durch ein industrielles Automatisierungsgerät realisiert werden soll.

2. Mathematische Modellierung der Umwickelstation

Bild 3 zeigt die schematische Darstellung der Umwickelstation. Unter Anwendung des Drallsatzes auf die vier Einzelsysteme und unter Berücksichtigung der zeitvariablen Trägheitsmomente der Haspeln (die Trägheitsmomente der Umlenkrollen sind konstant) sowie mit den Trägheitsmomenten , die an den Haspeln wirksam sind (Motor plus Getriebe), liegt der mechanische Teil der Haspelstation fest (Bild 4). Die Drehmomente M_{M1} bzw. M_{M2}, die auf die Haspeln der Umwickelstation wirken, werden durch fremderregte Gleichstrommaschinen mit Getriebe erzeugt, die über einen Gleichrichter mit Steuersatz gespeist werden (Bild 5).

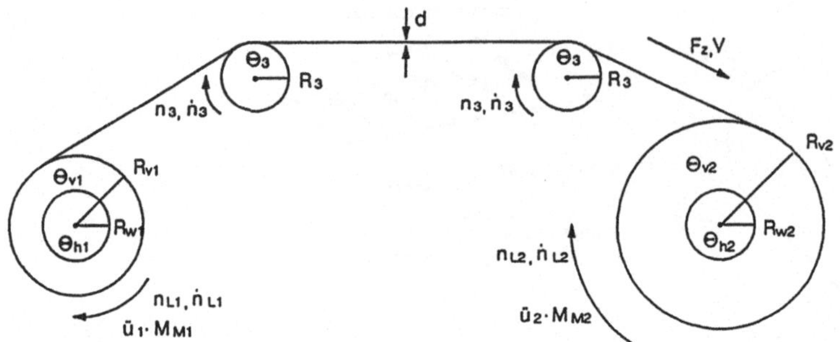

Bild 3: Schematische Darstellung der Umwickelstation mit physikalischen Größen

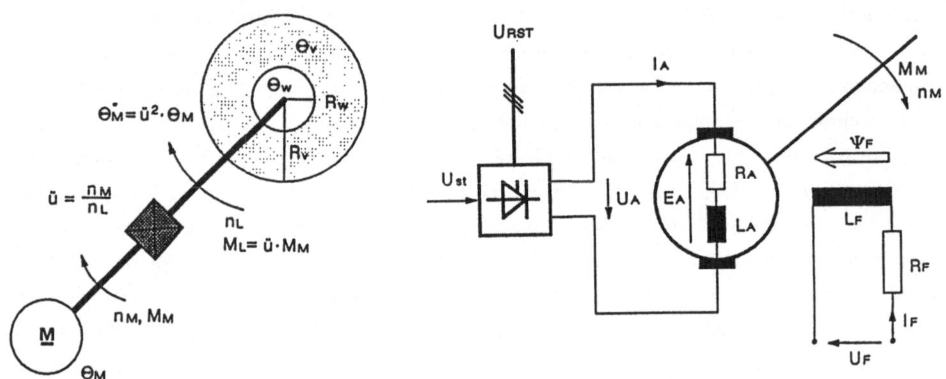

Bild 4: Trägheitsmomente an einer Haspel   **Bild 5: Prinzipschaltplan der Gleichstrommaschine**

Nach einigem Rechnen lassen sich die folgenden Systemgleichungen angeben:

$$\dot{n}_{L2} = \frac{\ddot{u}(M_{M1}(R_{v2}/R_{v1}) + M_{M2}) - 2\pi \cdot d \cdot R_{v2} \cdot n_{L2}^2(k_R + \Theta_k(R_g^2/R_{v1}^4))}{2\pi(k_R \cdot R_{v2}^2 + \Theta_k(R_g/R_{v1})^2)}$$

$$R_{v1}^2 = R_g^2 - R_{v2}^2 \qquad \dot{R}_{v2} = + d \cdot n_{L2} \qquad V = 2\pi \cdot n_{L2} \cdot R_{v2} = 2\pi \cdot n_{L1} \cdot R_{v1}$$

$$F_z = \frac{\ddot{u} \cdot M_{M2} - 2\pi \cdot \dot{n}_{L2}(\Theta_k + k_D \cdot R_{v2}^4)}{R_{v2}} - k_v \cdot V^2$$

(1)

$$T_A \cdot \dot{I}_A + I_A = \frac{1}{R_A}(U_A - E_A)$$

$$M_M = c_2 \cdot \Psi_F \cdot I_A \qquad E_A = c_1 \cdot \Psi_F \cdot n_M \qquad T_F \cdot \dot{\Psi}_F + \Psi_F = T_F \cdot U_F$$

$$M_M = \frac{1}{\ddot{u}} \cdot M_L \qquad n_M = \ddot{u} \cdot n_L$$

3. Reglerauslegung

Bevor auf Besonderheiten der Simulation eingegangen wird, sollen einige Ausführungen zur Reglerauslegung gemacht werden. Aufgabe der speicherprogrammierbaren Steuerung ist es, die

Haspeln der Umwickelstation so zu beeinflussen, daß das Band nach den in [1] ermittelten technologisch optimalen Haspelspannungskennlinien gewickelt wird; darüberhinaus soll die Bandgeschwindigkeit beim Umwickeln einem Sollverlauf folgen. Bei der Reglerauslegung steht also das Führungsverhalten im Vordergrund: In Abhängigkeit vom gemessenen Radius des Wikkels auf der Aufhaspel sind die Sollwerte für die Bandgeschwindigkeit und für die Haspelspannung vorzugeben. Dabei wird wie folgt vorgegangen [1]:

1. Entwurf von unterlagerten Stromregelkreisen für die Gleichstrommaschine;

2. Vereinfachung des nichtlinearen, zeitvarianten Modells der Umwickelstation [Gl. 1]: Regelungsmodell der Umwickelstation;

3. Näherungsweise Entkopplung von Geschwindigkeits- und Kraftregelung;

4. Auslegung der Regelung aufgrund dieses vereinfachten Modelles; Unterscheidung zwischen Anfahren und Betriebspunkt.

4. Simulation

Ziel der Studie war es, nachzuweisen, daß die vorgeschlagene Wickelstrategie mit dem vorhandenen Automatisierungsgerät (AG) realisierbar ist. Daher war eine Echtzeitsimulation der Umwickelstation erforderlich. Aufgrund des ermittelten dynamischen Verhaltens der Anlage wurde wie folgt vorgegangen (Bild 6):

mechanischer Teil: Analogrechner EAI 680

elektrischer Teil incl. Stromregelung: Analogrechner EAI 2000.

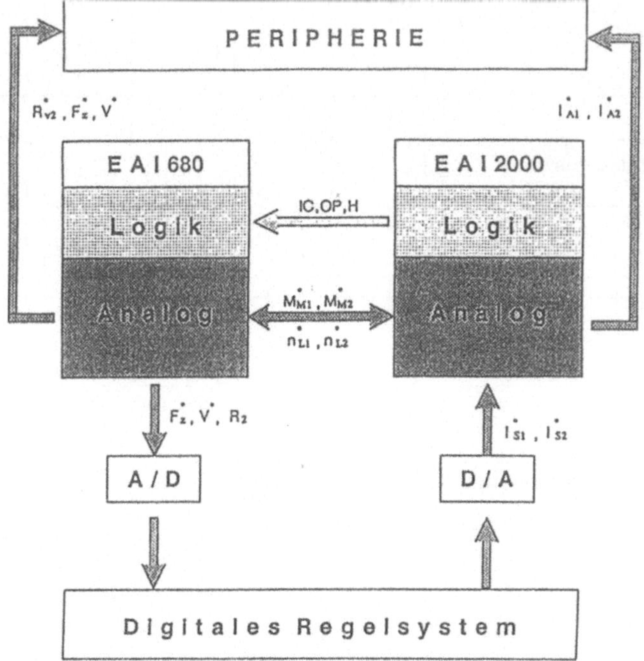

Bild 6: Simulationsanordnung

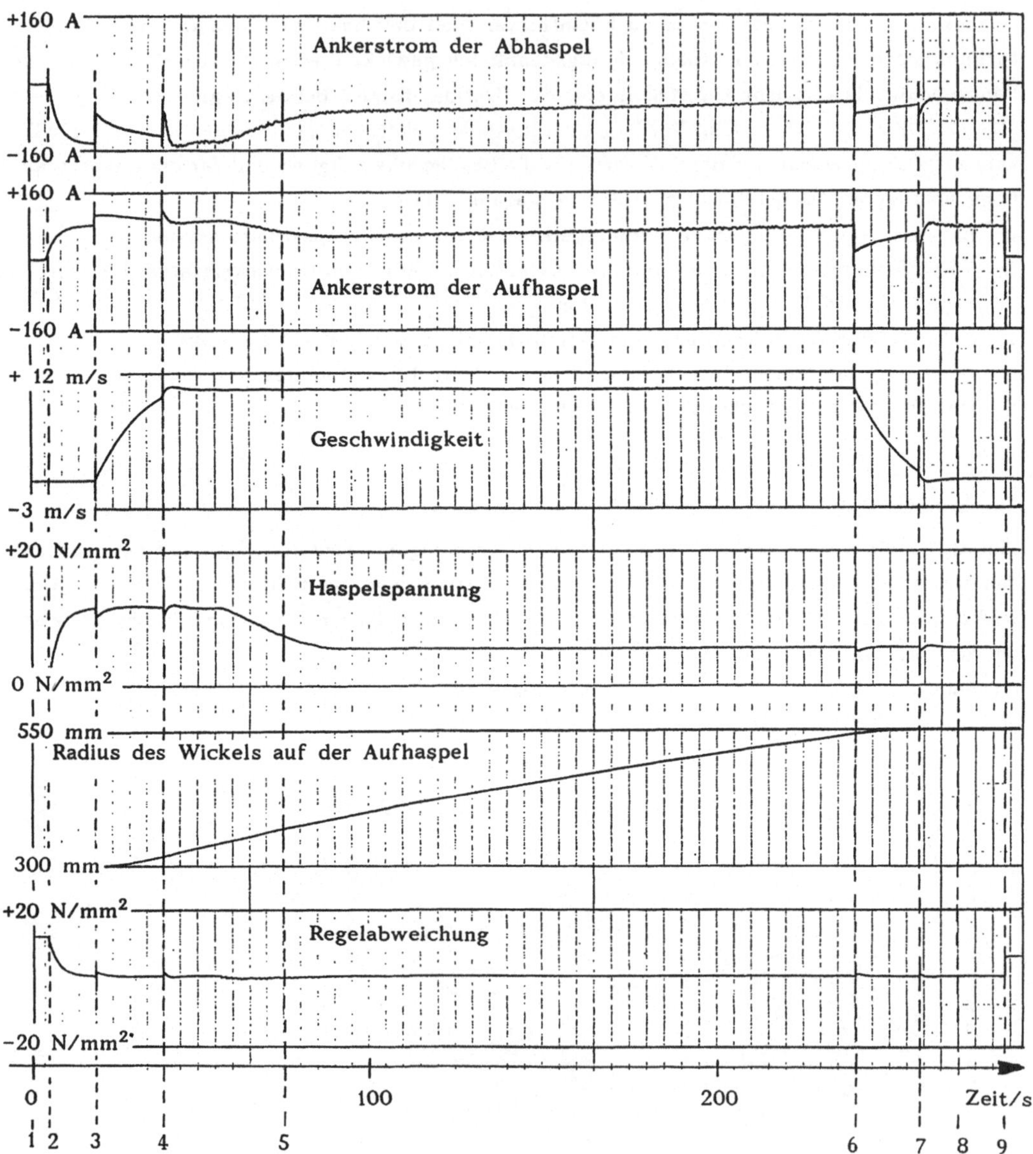

Bild 7: Simulationslauf mit vorausberechneten Reglerkennwerten

Dazu mußten sämtliche Gleichungen auf technologisch/betriebsmäßig bedingte Maximalwerte normiert werden [3].

Bild 7 zeigt beispielhaft einen Simulationslauf mit einem Satz gewählter/berechneter Reglerkennwerte.

Am Anfang (1) ist die Regelung ausgeschaltet; die unterlagerten Stromregelkreise erhalten vom AG als Sollwert 0 A. Die Antriebe entwickeln deshalb keine Drehmomente, so daß die Bandgeschwindigkeit 0 m/s und die Haspelspannung 0 N/mm^2 beträgt. Der Außenradius des Wickels auf der Aufhaspel beträgt anfangs 300 mm. Nach dem Einschalten der Regelung (2) wird zunächst eine Bandgeschwindigkeit von 0 m/s vorgegeben bis das Band nahezu den Sollwert der Haspelspannung erreicht hat (3); der Radius der Bandgeschwindigkeit ändert sich noch nicht. Dann wird der Geschwindigkeitsregelkreis mit einem Sollwertsprung von 10 m/s beaufschlagt. Beim Beschleunigen der Wickel sinkt der Ankerstrom des Abhaspelantriebs betragsmäßig, während derjenige der Aufhaspel zunimmt; Bandgeschwindigkeit und Radius des Wickels nehmen zu. Dabei bricht die Haspelspannung kurzzeitig etwas ein, da Geschwindigkeitsregelkreis und Haspelspannnungskreis tatsächlich verkoppelt sind. Nachdem die Sollgeschwindigkeit des Bandes nahezu erreicht ist (4), werden die Reglerparameter des Geschwindigkeitsreglers umgeschaltet. Der Strom der Abhaspel sinkt dem Betrage nach erneut, während der der Aufhaspel zunimmt, um die Wickel stärker zu beschleunigen. Aufgrund der Verkopplung zwischen Geschwindigkeits- und Kraftregelkreis erfolgt auch hier ein kurzzeitiges Absinken der Haspelspannung. Die Geschwindigkeit erreicht nach kurzem Überschwingen den Sollwert von 10 m/s. (5) zeigt den eigentlichen Umwickelvorgang: die Bandgeschwindigkeit bleibt konstant, während die Haspelspannung dem aktuellen Wickelradius nachgeführt wird. (6), (7), (8) und (9) zeigen das Abfahren der Anlage.

5. Zusammenfassung

Ausgehend von der Beschreibung der Umwickelstation wurde eine hybride Echtzeitsimulation entwickelt. Es konnte gezeigt werden, daß ein handelsübliches Automatisierungsgerät die vorgeschlagene Wickelstrategie problemlos realisieren kann. Damit ist es möglich, den in [4] mit ca. 30 % angegebenen Ausschuß bei der Produktion von Aluminiumfolien deutlich zu reduzieren.

6. Literatur

[1] Schnell, U., Zur Verminderung wellenerzeugender Kriechvorgänge während der Lagerung von Aluminiumcoils. Dissertation, Universität Erlangen–Nürnberg, 1987.

[2] Schnell, U., Bär, W., Zur Erklärung der Welligkeit von Aluminiumblech nach der Lagerung in einem Coil. Metall 40 (1986).

[3] Bergmann, K., Simulation des dynamischen Verhaltens einer Umwickelstation. Studienarbeit am Institut für Regelungstechnik der Universität Erlangen–Nürnberg, 1987.

[4] McAvoy, J. C., Calderbank, I. G., Tucker, G. E. G., A Mathematical Model of Coiled Strip, ALCAN, interner Bericht (1983).

<u>Simulation einer Bleibatterie mit nichtlinearen Effekten</u>

Dipl. Ing. Peter Lürkens, Inst. f. Stromrichtertechnik u.
elektr. Antriebe, RWTH Aachen

In dieser Arbeit wird die Computersimulation einer Bleibatterie
entwickelt. Das Systemmodell wird aufgrund einer Plausibili-
tätsüberlegung während der Simulation umstrukturiert. Dadurch
lassen sich schnell ablaufende Algorithmen einsetzen, die die
Durchführung mit Einschränkungen auch auf kleinen Rechnern
gestattet.
Mit Hilfe der Simulation können das Verhalten schwer oder nicht
meßbarer Systemgrößen und Auswirkungen von Konstruktions-
varianten verhältnismäßig leicht untersucht werden.

1. Einleitung

Die wesentlichen Bestandteile des Bleiakkumulators sind Blei-
schwamm (Pb) bei der negativen und Bleidioxid (PbO_2) bei der
positiven Elektrode sowie verdünnte Schwefelsäure als Elektro-
lyt. Transportvorgänge von der Oberfläche ins Innere der
Elektroden bestimmen das Verhalten des Systems wesentlich mit.
Als Ansatz für die Simulation wird das Porenmodell gewählt, wie
es im Wesentlichen bereits in verschiedenen Arbeiten (Stein
[2], Runge [4], Horváth u.a. [5], Kappus und Bohmann [7]) beschrieben wird.

2. Elektrochemische Grundlagen

2.1 Porenmodell

Zur Durchführung einer solchen Berechnung ist ein Modell der zu
untersuchenden Struktur not-
wendig, das eine hinreichende
Nachbildung der wesentlichen
Effekte, in diesem Fall
Säureverarmung und Passivie-
rung der aktiven Masse,
erwarten läßt.
Berücksichtigt wurde dabei
zunächst nur die positive
Platte. Dazu wurde die unre-
gelmäßige Struktur durch
zylinderförmige Poren angenähert (Bild 1). In der vor-

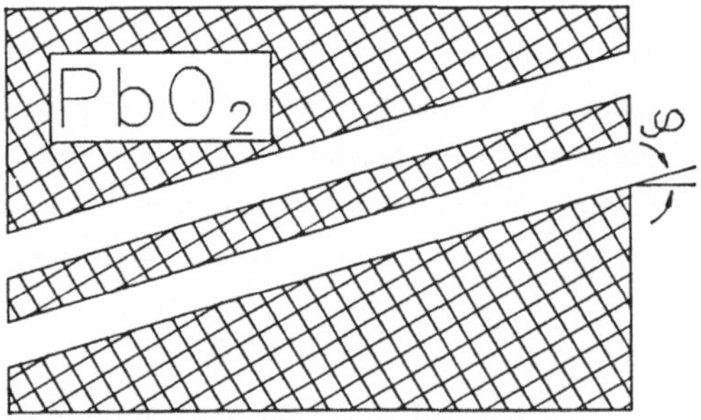

Bild 1: Idealisierte Porenstruktur

liegenden Arbeit wird ein Umwegverhältnis t_F von $1/\cos = \pi/2$
angenommen. Die übrige Porenstruktur wird so festgelegt, daß
die meßbaren Materialkonstanten Porösität p (0.5) und mittlerer
Porenradius R_p ($1 \cdot 10^{-6}$m) erhalten bleiben.

2.2 Elektrisches Ersatzschaltbild

Die zylinderförmige Pore wird längs ihrer Achse in N Scheiben
mit der Dicke l_p/N aufgeteilt, die als kleinstes Element für

die Diskretisierung benutzt werden. Für jedes dieser Elemente
wird nun ein Längswiderstand, der den Spannungsfall aufgrund
der Längsstromdichte in der Säure repräsentiert, und ein Quer-
widerstand für die Überspannungen bei der Reaktion und beim
Stromeintritt in die Elektrodenoberfläche definiert (Bild 2).
Außerdem enthält jedes Element eine Spannungsquelle, die die
Polarisationsspannung an der Doppelschicht Elektrolyt/Elektrode
und Teile der Reaktionsüberspannungen darstellt.

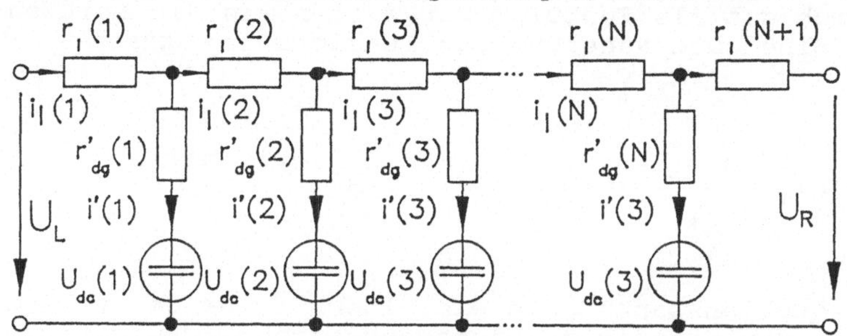

Bild 2 : Elektrisches Ersatzschaltbild

Aus der Literatur (z.B. Bode [8]) entnimmt man einen Verlauf
des spezifischen Ionenleitwiderstandes der Schwefelsäure der
sich bei 25°C gut durch eine Parabel annähern läßt. Für den auf
die Stromdichte bezogenen Widerstand eines Porenelementes gilt
dann:

$$r_1 = \frac{l_p}{N}\ 1.2\ \text{Ohm cm}/(1-(1-\frac{c}{3.6\ \text{mol/l}})^2) \qquad (2.1)$$

Aus der Butler-Volmer-Gleichung läßt sich folgende vereinfachte
Ersatzfunktion für die Durchtrittsüberspannung entwickeln.
Hierin bezeichnet i die Stromdichte auf der mikroskopischen
Oberfläche, α den Durchtrittskoeffizienten und z die Wertigkeit
der chemischen Reaktion.

$$\Delta U = \frac{U_T}{\alpha \cdot z} \cdot \ln(\ 1 + \alpha\ \frac{i}{i_0}\ ) \qquad (2.2)$$

Dabei ergeben sich i_0 zu 3.9 mA/cm^2, α zu 0.5 und $\alpha \cdot z$ zu 1
[4,5].
Als Passivierungsmechanismus wird ein Verhalten angenommen, bei
dem die Grenzstromdichte, nicht aber die Austauschstromdichte,
proportional mit der Restladung abnimmt. Das Überspannungsver-
halten einer solchen Reaktion ist für $\alpha \cdot z = 1$ charakterisiert
durch [6]:

$$U_{gr}(i)\ =\ U_T \cdot \ln\ (\ 1 - \frac{i}{i_{gro}(1-q)}) \qquad (2.3)$$

In Versuchen wurde i_{gro} zu -2.65 A/m^2 ermittelt. Der Entladegrad q gibt das Verhältnis von bereits entnommener zu
theoretisch insgesamt entnehmbarer Ladung an.
Für den jeweiligen Arbeitspunkt eines Porenelementes läßt sich
somit ersatzweise eine Durchtrittsleerlaufüberspannung und ein
Widerstand, hier bereits auf die Stromdichte bezogen, angeben.

$$r_{dg}(q,i) = \frac{U_T}{2 \cdot i_o - i} + \frac{U_T}{i - i_{gro} \cdot (1-q)} \qquad \text{für } i < 0 \tag{2.4}$$

$$U_{do}(i) = U_d(i) + U_{gr}(i) + r_{dg}(i) \cdot i \tag{2.5}$$

Die Konzentrationsüberspannung der positiven Elektrode läßt sich ähnlich gut als Funktion darstellen wie die Leitfähigkeit der Säure. Eine gute Näherung stellt die Beziehung

$$U_C = 0.035 \text{ V} \cdot \left(\frac{c}{mol/l} - 5 \right) - 0.2 \text{ V} \cdot e^{\frac{c}{0.21 \text{ mol/l}}} \tag{2.6}$$

dar [3].

Die Ersatzquellenspannung im einzelnen Porenelement setzt sich nun aus der Konzentrationsüberspannung und der Durchtrittsleerlaufüberspannung zusammen.

$$U_{dc} = U_{do} + U_C \tag{2.7}$$

Die Einflüsse von Temperatur und elektronischen Längsspannungsfällen in der Elektrode sowie Verengung der Poren infolge von Sulfatbildung werden nicht berücksichtigt.
Bei Anwendung der Finite-Elemente-Methode trägt eine Reaktionsstromdichte i mit dem Betrag i' zur Verminderung der Längsstromdichte im Porenverlauf bei. Eine entsprechende Umrechnung muß für r'_{dg} erfolgen.

$$i' = i \frac{2 \cdot l_p}{N \cdot R_p} \tag{2.15} \qquad\qquad r'_{dg} = r_{dg}(q,i) \frac{N \cdot R_p}{2 \cdot l_p} \tag{2.8}$$

2.3 Diffusion und Strömung

Für den quasistationären Fall mit N diskreten Elementen läßt sich eine Differenzengleichung formulieren. Dabei werden für die Strömung die linken Differenzen verwendet. Die Konzentrationen von Elementen mit Indizes k > j können nämlich auf die Konzentrationsänderung des Elementes j keinen Einfluß über die Strömung haben, da sie weiter in Strömungsrichtung liegen. Man erhält für die Konzentrationsänderung im Volumenelement j:

$$\frac{\Delta c_j}{\Delta t} = \frac{D \cdot N^2}{l_p^2} \cdot (c_{j-1} - c_j) + \frac{D \cdot N^2}{l_p^2} (c_{j+1} - c_j)$$

$$- \frac{v \cdot N}{l_p} (c_j - c_{j-1}) + F_V \cdot i \frac{2}{R_p} \tag{2.9}$$

Der Verdünnungsfaktor F_V, von Stein mit $6.67 \cdot 10^{-6}$ Mol/As angegeben [2], beschreibt den äquivalenten Entzug von H_2SO_4 aus der Säure in Abhängigkeit von der umgesetzten Ladung.

2.4 Vereinfachtes Modell für die negative Platte, freies Elektrolytvolumen und elektronischer Widerstand der Gitter

Diffusions- und Transporteffekte sowie der nichtlineare Durchtrittsspannungsfall bleiben bei der negativen Elektrode unberücksichtigt. Die Massepassivierung wird dadurch mit ein-bezogen, daß die Reaktionszone linear mit zunehmender Entladung in die Platte hineinwandert. Bei vollständiger Entladung liegt sie in der Mitte der Platte. Die hierfür wesentlichen Parameter Umwegfaktor, Masseausnutzung und Porösität werden von der positiven Platte übernommen.
Im Separatorraum wird der konzentrationsabhängige ionische Wi-derstand des Elektrolyten und des Separators berücksichtigt.

3. Durchführung der Berechnung

Solange keine Porenelemente ihren Grenzstrom erreichen, wird zunächst das Stromverteilungsproblem um einen geschätzten Ar-beitspunkt linearisiert. Als Startwert wird eine gleichmäßige Verteilung auf die ganze Porenlänge vorausgesetzt. Die ketten-förmige Struktur gestattet nun eine besonders einfache Berechnung der Stromverteilung nach dem Überlagerungsprinzip.
Erreichen einzelne Porenelemente den Grenzstrom, ist eine an-dere Art der Berechnung vorteilhafter. Bei hohen negativen Überspannungen sind die Ströme der begrenzten Porenelemente nur noch schwach vom Potentialverlauf in der Pore abhängig. Die Ab-hängigkeit der Stromdichte von der Überspannung ergibt aufge-löst nach i :

$$i = \frac{1 - e^{\frac{U}{U_T}}}{\frac{1}{i_{gro}(1-q)} - \frac{\alpha}{i_o} e^{\frac{U}{U_T}}} \tag{3.1}$$

Im Bereich großer negativer Überspannungen geht die Stromdichte i gegen die Grenzstromdichte $i_{gro}(1-q)$. Daher wird bei diesen Porenelementen der Strom zunächst als eingeprägt betrachtet und die Elemente r_{dg} und U_{dc} im Ersatzschaltbild 2 durch eine ent-ladegradabhängige Konstantstromquelle mit der Grenzstromdichte ersetzt. Mit Berücksichtigung dieser Änderung läßt sich wiederum die kettenförmige Struktur leicht berechnen.
Im nächsten Schritt werden die so erhaltenen Ströme der einzel-nen Porenelemente mit den auftretenden Spannungen in den Quer-zweigen des Ersatzschaltbildes nach Bild 2 verglichen und mit Gl. (3.1) korrigiert.
Bei der Berechnung des Transportproblems darf die Schrittweite der zeitlichen Abtastung nicht zu groß werden, da sonst die Stabilität nicht mehr gegeben ist. Die kritische Abtastzeit

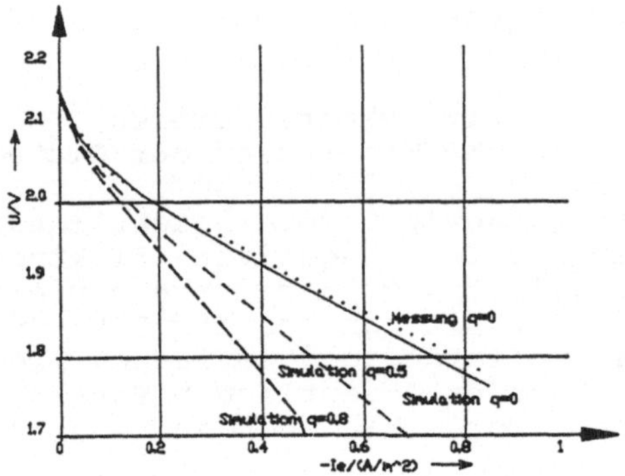

Bild 3 : Vergleich der Einschaltspannungen

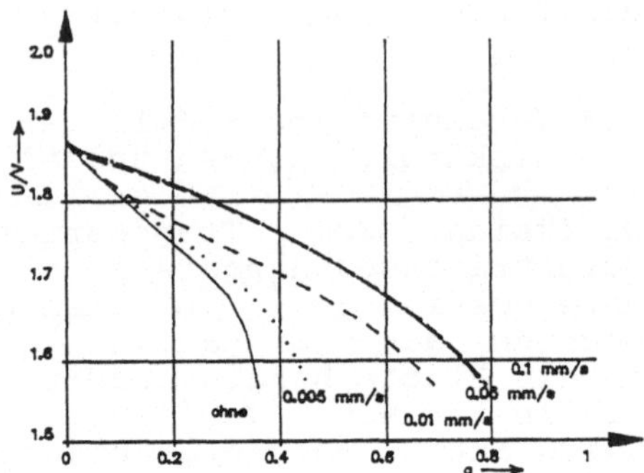

Bild 4 : Simulation mit Durchströmung
I_m = 110 A/kg

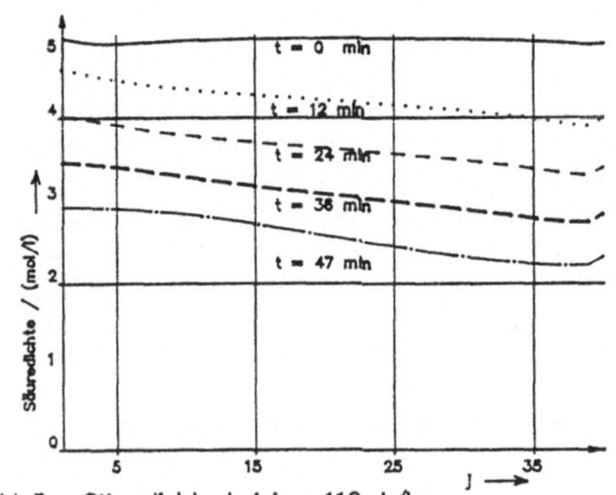

Bild 5 : Säuredichte bei I_m = 110 A/kg
v = 0.05 mm/s

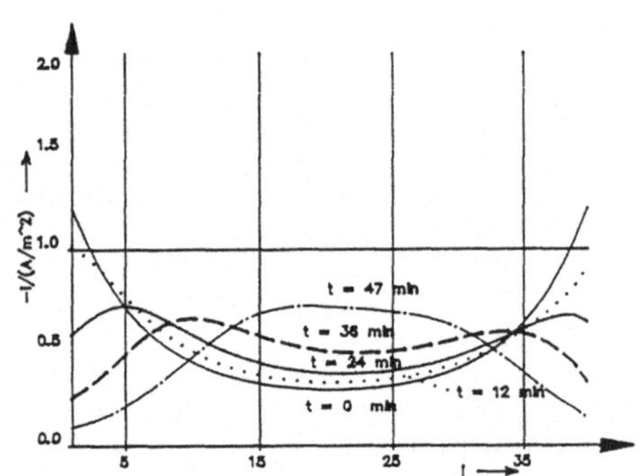

Bild 6 : Stromverteilung bei I_m = 110 A/kg
v = 0.05 mm/s

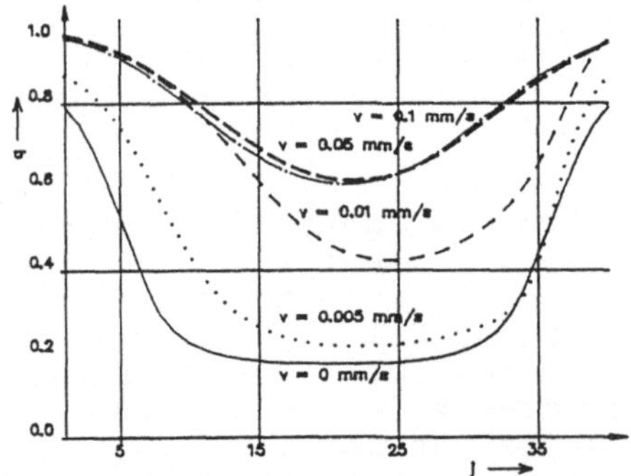

Bild 7 : Entladegrad bei I_m = 110 A/kg

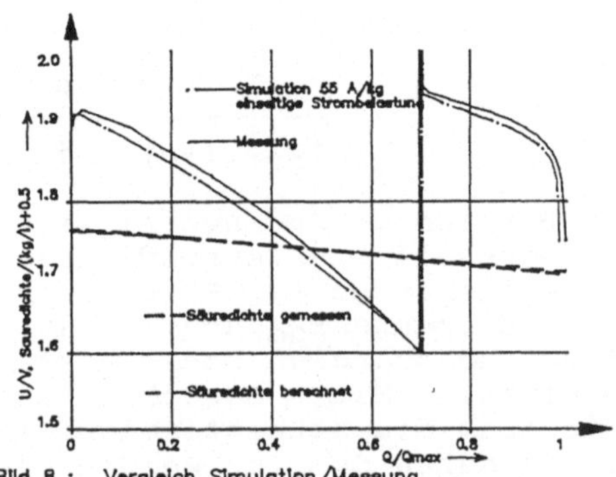

Bild 8 : Vergleich Simulation/Messung
I=4.09/0.9 A

fällt quadratisch mit der Feinheit der Diskretisierung. Die
Berechnung des Strömungseinflusses mit Hilfe der Gleichung
(2.24) ist nur zulässig, solange die in der Abtastzeit zurück-
gelegte Strecke kleiner als das Längenelement ist. Das führt
dazu, daß auch mit der Strömungsgeschwindigkeit der Rechenaufwand steigt.

4. Ergebnisse

Da zunächst nur ein Tischrechner zu Verfügung stand, wurde die
Pore wegen der Rechenzeit in zehn Elemente, später mit einem
Minirechner in vierzig Elemente zerlegt.
Es wurden nun mit dem Computermodell Entladungen bei verschiedenen Strömen und Durchströmungsraten simuliert. Bild 3 zeigt
zunächst die Stromspannungskurve im Vergleich mit einer realen
Zelle. Bild 4 zeigt Ergebnisse für einen Strom von 110 A/kg bei
Durchströmungsraten von 0 bis 0.1 mm/s. Hierbei stellt sich
aber schon eine merkliche Verdünnung im Porenverlauf (Bild 5)
ein. Eine unsymmetrische Stromverteilung und damit eine
ungleichmäßige Masseausnutzung ergibt sich bei Strömungsraten
unter 0.05 mm/s (Bild 7). Damit erweist sich, daß eine einmalige Umsetzung der Säure bei einer Entladung nicht ausreicht,
um eine optimale Masseausnutzung zu erhalten. Bild 8 zeigt zum
Abschluß den Spannungsverlauf einer simulierten Entladung im
Vergleich mit einer realen Zelle.

Literaturhinweise

[1] : Dolezalek, F. : Die Theorie Des Bleiakkumulators, 1901
[2] : Stein, W. : Die physikalischen Vorgänge in den Poren
      von Masseplatten bei der Entladung eines Bleisamm-
      lers mit großen Stromdichten, Dissertation Aachen 1959
[3] : Schleuter, W.: Ein Beitrag zur Beschreibung des
      elektrischen Verhaltens von Blei, Nickel-Cadmium und
      Nickel-Eisen Akkumulatoren, Dissertation, Aachen 1983
[4] : Runge, W.: Berechnung und Deutung des stationären und
      dynamischen Verhaltens von Bleiakkumulatoren
      Dissertation, Aachen 1974
[5] : P. Horváth, Mrs. P. Jedlovszky, M. Benedek : A Study Of
      The Discharge Charakteristics Of Lead-Acid Batteries,
      J. of Power Sources, 8 (1982)
[6] : Vetter, Klaus J.: Elektrochemische Kinetik; Springer-
      Verlag, Berlin 1961
[7] : W.Kappus, J.Bohmann: The Influence Of Acid Diffusion On
      The Performance Of Lead-Acid Cells, J. of Power Sources,
      10, (1983)
[8] : H. Bode : Lead-Acid Batteries, John Wiley &,Sons, Inc.
      1977

Simulation intensitätsmodulierter
optischer Übertragungssysteme

J. Hein, Institut für Nachrichtenübertragung der Universität Stuttgart

Zusammenfassung

Es wird ein Programmsystem zur Simulation von intensitätsmodulierten digitalen optischen Datenübertragungssystemen vorgestellt. Das Programm ist modular aufgebaut und erlaubt die Berechnung und Optimierung des Übertragungsverhaltens bei Verwendung unterschiedlichster Systembaugruppen. Zwei Anwendungsbeispiele zeigen den Einfluß der Stufenhöhenoptimierung bei mehrstufiger Intensitätsmodulation und die Berechnung der maximal erreichbaren Übertragungslänge in Abhängigkeit der Schrittgeschwindigkeit bei einer vorgegebenen Fehlerwahrscheinlichkeit. Die Qualität der Simulation wird in einem Vergleich von berechneten mit den an einem realen Übertragungssystem ermittelten Werten demonstriert.

1. Einleitung

In digitalen Übertragungssystemen ist die bei einer bestimmten Übertragungslänge I zu erwartende Fehlerwahrscheinlichkeit P_F die wesentliche Systemkenngröße. Die präzise meßtechnische Bestimmung dieser Systemkenngröße bedingt einen extrem hohen zeitlichen und apparativen Aufwand. Zur Optimierung der Übertragungseigenschaften eines digitalen Übertragungssystems unter Berücksichtigung der meist sehr großen Anzahl von Systemparametern ist daher eine praktische, auf ein reales Labormodell abgestützte Vorgehensweise nicht geeignet. Wesentlich vorteilhafter ist es, die realen, elektrischen und optischen Eigenschaften der Baugruppen des Übertragungssystems durch geeignete Programmbausteine zu beschreiben und den Entwurf, wie auch die Optimierung des Systems anhand der Simulation auf einer Rechenanlage vorzunehmen.

Der vorliegende Beitrag stellt Konzept und Struktur des Programmsystems OTSS (*Optical Transmission Simulation System*) vor, das am Institut für Nachrichtenübertragung der Universität Stuttgart im Rahmen einer vom BMFT geförderten Zusammenarbeit mit der Firma Standard Elektrik Lorenz AG entwickelt wurde, und zeigt in einigen Anwendungsbeispielen die hiermit gewonnenen Ergebnisse.

2. Aufbau des Simulationssystems und Vorgehensweise

Bild 1 zeigt den modularen Aufbau des Simulationssystems. Jeder Baugruppe des Übertragungssystems entspricht ein Programmmodul mit standardisierten Schnittstellen. Als Programmiersprache wurde Standard FORTRAN-77 gewählt, um das System auf einer möglichst großen Zahl von Rechenanlagen installieren zu können. Bisher wurde OTSS auf Großrechenanlagen der Firmen Cray, IBM und Cyber implementiert und (mit reduziertem Leistungsumfang) auf einige Arbeitsplatzrechner portiert. Die Bibliothek aller Programmmodule stellt sämtliche für eine vollständige Systemsimulation erforderlichen Unterprogramme zur Verfügung. Vom OTSS-Anwender muß lediglich ein Hauptprogramm erstellt werden, das die benötigten Module aufruft.

Im OTSS wird das ursprünglich zeitkontinuierliche Signal unter Beachtung des Abtasttheorems von Nyquist abgetastet und somit durch eine endliche Anzahl N von Abtastwerten (z.B.: $N = 2^{12}$) dargestellt. Diese Darstellungweise ist für die gliedweise Berechnung der Teilübertragungsfunktionen auf digitalen Rechenanlagen besonders geeignet [1]. Jede Baugruppe wird durch ein möglichst einfaches Modell im Zeit- oder Frequenzbereich beschrieben, wobei die schnelle Fourier-Transformation (FFT) den Übergang zwischen Zeit- und Frequenzbereich erlaubt.

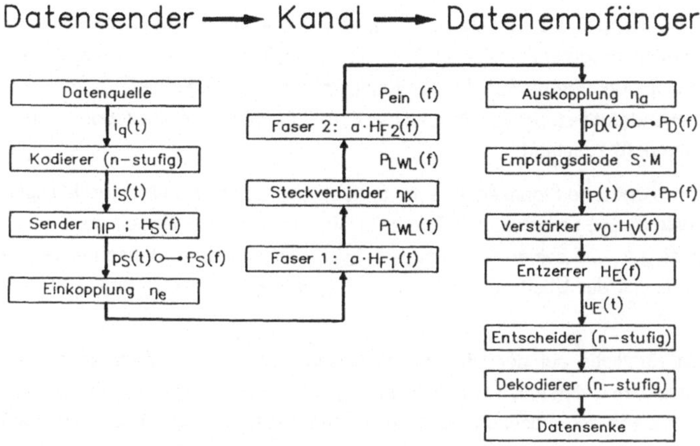

<u>Bild 1:</u> Basisbandmodell eines digitalen optischen Übertragungssystems

Die Übertragung von Signalen auf Lichtwellenleitern mit Hilfe von Lichtstrahlen, die in ihrer Leistung moduliert sind, kann, wie Personick [2] gezeigt hat, als linearer Prozeß angesehen werden, wenn:

- die Lichtleistung in der Faser unterhalb eines Grenzwertes bleibt, ab dem infolge von Feldverzerrungen die Feldkomponenten nicht mehr senkrecht zueinander angeordnet sind und

- die im Signal enthaltenen Modulationsfrequenzen klein gegenüber der Frequenz der durch den Lichtimpuls gebildeten elektromagnetischen Welle sind.

Beide Voraussetzungen sind für übliche Lichtwellenleiterübertragungssysteme gegeben, da die Ausgangsleistungen typischer Halbleiteremitter bei einigen 10 Milliwatt und die Modulationsfrequenzen zwischen 0 und 10 GHz liegen. Dieser Frequenzbereich wird als Basisband bezeichnet. Die Wellenlängen der optischen Signale, die als Träger für die Basisbandsignale dienen, liegen hauptsächlich im nahen infraroten Bereich. Die Trägerfrequenz dieser Strahlung überstreicht demnach einen Bereich von 190 THz (für Sender mit $\lambda_0 = 1{,}6 \mu$m) bis etwa 500 THz ($\lambda_0 = 0{,}6 \mu$m). Daher kann das Übertragungsverhalten von Lichtwellenleitern vollständig im Basisband beschrieben werden. Die Faser wird dabei als linearer Kanal betrachtet, in dem das zu übertragende Signal gedämpft und infolge der endlichen Bandbreite linear gefiltert wird. Die optischen Signale werden in diesem Modell durch ihre Momentanleistungen beschrieben, wobei von idealer Intensitätsmodulation ausgegangen wird. Dies bedeutet, daß der Einfluß der Modulation auf die örtlichen und zeitlichen Kohärenzeigenschaften des optischen Signals vernachlässigt wird.

Entsprechend dem realen System liefert im Simulationsmodell die Datenquelle den binären Datenstrom $i_q(t)$, der (bei Bedarf) vom Kodierer in den Sendestrom $i_S(t)$ umgeformt wird. Vom optischen Sender wird dieser Strom entsprechend seines Strom-Lichtleistungswirkungsgrades η_{IP} in das ideal leistungsmodulierte optische Signal $p_S(t)$

1   W. Andexser, H.-T. Hagmeyer, W. Kaiser, K. Klotzbücher, W. Schmidt:
Simulation von Impulsübertragungssystemen
NTZ Band 31 (1978) Heft 1, S.56-62

2   S.D. Personick:
Baseband Linearity and Equalization in Fiber Optic Digital Communication Systems
Bell Systems Technical Journal, Bd. 52, Nr.7, Sept. 1973, S.1175-1194

umgewandelt, wobei das dynamische Verhalten des Senders durch dessen frequenzabhängige Übertragungsfunktion $\underline{H}_S(f)$ berücksichtigt wird.

Die seitens des Senders verfügbare optische Momentanleistung wird mit dem Einkopplungswirkungsgrad η_e in den Lichtwellenleiter eingekoppelt. Der Einfluß des Übertragungsmediums wird durch dessen Dämpfung σ und die normierte Basisband-Übertragungsfunktion $H_F(f)$ beschrieben. Auf der Strecke werden eventuell vorhandene Faserkoppler oder -spleiße durch deren Kopplungswirkungsgrad η_K berücksichtigt. Von der am Lichtwellenleiterende zur Verfügung stehenden Leistung $p_{LWL}(t)$ wird der Fotodiode über den Auskoppelwirkungsgrad η_a die optische Momentanleistung $p_D(t)$ zugeführt.

In der Fotodiode wird das optische Signal entsprechend der Diodensteilheit S und dem Multiplikationsfaktor M in den (Nutzsignal-) Fotostrom $i_P(t)$ umgewandelt. Dieser Strom wird vom Empfänger, der durch seine Transimpedanz R_T, seine Verstärkung v_0 und seinen Frequenzgang $\underline{H}_V(f)$ beschrieben wird, nach einer geeigneten Gewichtung durch den Entzerrer mit der Übertragungsfunktion $\underline{H}_E(f)$ in die Signalspannung $u_E(t)$ umgesetzt und dem Entscheider zugeführt.

Parallel hierzu werden sämtliche auf der Übertragungsstrecke und in der Empfängerschaltung auftretenden Rauschleistungen ermittelt. Im Unterschied zur Übertragung auf Kupferleitungen entstehen dabei in den Fotodioden Rauschleistungen, die von der optischen Momentanleistung $p_D(t)$ abhängig sind, so daß am Entscheider die *zeitabhängige* Gesamtstörleistung $N_{Ges}(t)$ zu berücksichtigen ist [3].

Aus der Signalspannung $u_E(t)$ und der zeitabhängigen Gesamtstörleistung $N_{Ges}(t)$ am Entscheider kann die auf der Strecke zu erwartende Anzahl von Übertragungsfehlern berechnet werden. Aus diesem Grund genügt zur Berechnung der Fehlerwahrscheinlichkeit per Simulation die Übertragung weniger Zeichen, die die wesentlichen Signalzustände repräsentieren, weshalb auch die Beschreibung und Simulation der real notwendigen Baugruppen Scrambler und Descrambler entfallen kann. Nach der Dekodierung werden die Empfangsdaten schließlich der Datensenke zugeführt.

3. Beispiele für Programmodule implementierter Baugruppen

3.1 Fasern

Das Programmsystem beinhaltet Modelle für Lichtwellenleiter auf der Basis von *Polymethylmethacrylat* (Plexiglas) und *Quarzglas*, die als *Stufenindex-*, *Gradienten-* oder *Einmodenfasern* ausgeführt sein können. Abhängig von der Emissionswellenlänge λ_0 des Senders wird die optische Strahlung in der Faser hauptsächlich infolge der Rayleigh-Streuung gedämpft. Dieser Verlust an Lichtleistung wird durch die Dämpfungskonstante σ (Einheit dB/km) charakterisiert:

$$a(\lambda_0) = 10^{-\frac{\sigma(\lambda_0)\cdot l}{10}} \tag{1}$$

Die Kanalbandbreite von Lichtwellenleitern wird im wesentlichen durch die Modendispersion (bei Vielmodenfasern) und die Materialdispersion begrenzt. Während die Materialdispersion proportional zur Länge der Faser wächst, ist dieser Zusammenhang in Bezug auf die Modendispersion nur bis zur Koppellänge l_k gegeben. Oberhalb von l_k nimmt die Modendispersion näherungsweise nur noch proportional zur Wurzel der Faserlänge zu. Die verschiedenen dispersiven Effekte werden im OTSS getrennt berechnet und daraus die insgesamt resultierende Übertragungsfunktion $H_F(f)$ der Faser ermittelt. Das folgende <u>Bild 2</u> illustriert diese Vorgehensweise.

---

3   Siehe Vortrag R.-P. Mathes, K.-H. Reschke:
"Simulation und Optimierung optischer Übertragungssysteme unter dem Einfluß systemspezifischer Störungen"

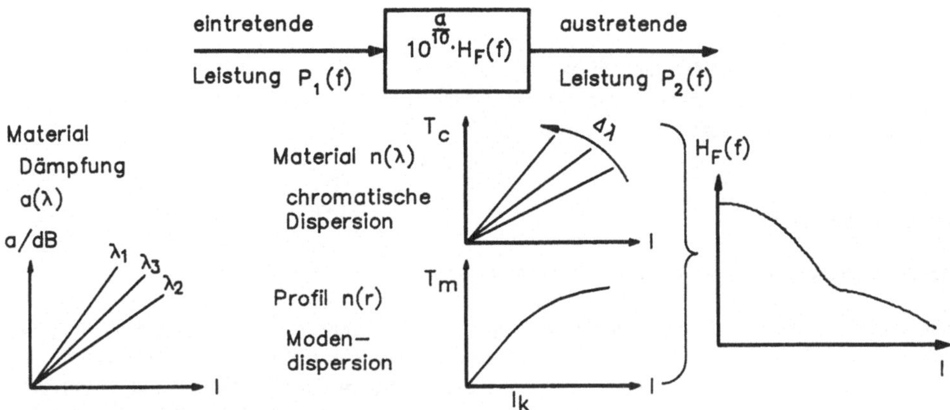

Bild 2: Lichtwellenleiter im OTSS

3.2 Sendeelemente

Im OTSS sind Lumineszenzdioden (LED) und Laserdioden (LD) als Sendeelemente implementiert. Die optische Ausgangsleistung dieser Elemente wird direkt durch den Injektionsstrom i_S mit dem Strom-Lichtleistungswirkungsgrad η_{IP} moduliert. Bild 3 veranschaulicht die prinzipiellen elektrischen, geometrischen und optischen Eigenschaften der Sendeelemente. Die endliche Modulationsbandbreite der Sender wird durch die Übertragungsfunktion $\underline{H}_S(f)$ berücksichtigt. Der Strom-Lichtleistungswirkungsgrad η_{IP} wird aus der im Arbeitspunkt linearisierten statischen Modulationskennlinie des Senders abgeleitet. Das Spektrum des optischen Ausgangssignals, dessen Ausdehnung einen wesentlichen Einfluß auf die Materialdispersion besitzt, wird durch eine gauß'förmige Hüllkurve approximiert.

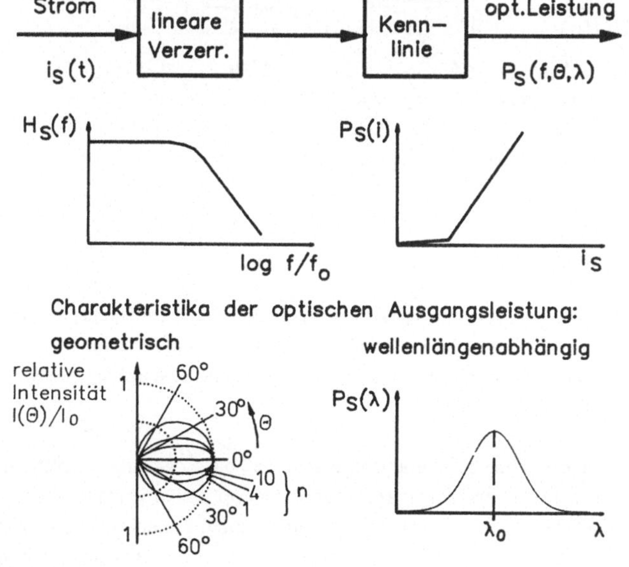

Bild 3: Optische Sendeelemente im OTSS

Die zur Berechnung des Einkoppelfaktors η_e wichtige geometrische Abstrahlcharakteristik wird durch

$$I(\theta) = I_0 \cdot \cos^n \theta \qquad (2)$$

mit I_0 als Intensität in Hauptstrahlrichtung angenähert. Für $n=1$ stellt Gl. (2) die Abstrahlcharakteristik eines Lambert-Strahlers (flächenemittierende LED) dar. Mit $n>1$ kann das (schärfer gebündelte) Abstrahlverhalten von kantenemittierenden LED und Laserdioden erfaßt werden.

4. Simulationsbeispiele

4.1 Reichweitendiagramm eines optischen Übertragungssystems

Eine Standardanwendung des OTSS ist die Berechnung der maximal möglichen Übertragungslänge I bei vorgegebener Fehlerwahrscheinlichkeit P_F. Das Programmsystem beinhaltet hierzu Algorithmen, die die Anzahl besonders rechenintensiver Iterationszyklen begrenzen, indem die Zahl notwendiger Stützstellen dem Verlauf der Systemcharakteristik angepasst wird. Bild 3 zeigt die für eine Fehlerwahrscheinlichkeit von $P_F = 10^{-10}$ berechneten Reichweiten von Übertragungssystemen, die Einmodenfasern als Übertragungsmedium verwenden.

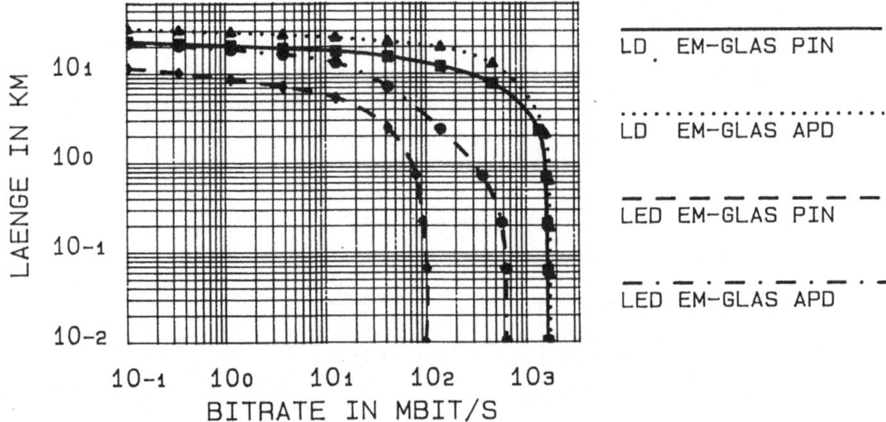

Bild 3: Reichweite verschiedener optischer Übertragungssysteme

4.2 Einfluß der Optimierung der Stufenhöhe

Eine einfache Technik zur Reduzierung der Schrittgeschwindigkeit und damit zur Reduzierung der erforderlichen Kanalbandbreite ist die Übertragung der digitalen Information mittels mehrerer Amplitudenstufen. Bei vorgegebener Übertragungsgeschwindigkeit $v_\ddot{u}$ ergibt sich bei m-stufiger Übertragung eine Schrittgeschwindigkeit v_s von:

$$v_s = v_\ddot{u}/\mathrm{ld}\, m \qquad (3)$$

Bedingt durch die Besonderheit optischer Übertragungssysteme, daß die Gesamtrauschleistung am Entscheider nicht konstant ist, sondern von der momentanen (signalabhängigen!) optischen Eingangsleistung abhängt, erhält man die minimal mögliche Fehlerwahrscheinlichkeit nicht für äquidistante Stufenhöhen und symmetrische Lage der Entscheiderschwelle. Diese Annahme kann aber als Startwert zur iterativen Ermittlung der optimalen Lage von Stufenhöhe, Entscheiderschwelle und Abtastzeitpunkt verwendet werden. Den Einfluß dieser Optimierung zeigen die in Bild 4 dargestellten Augendiagramme.

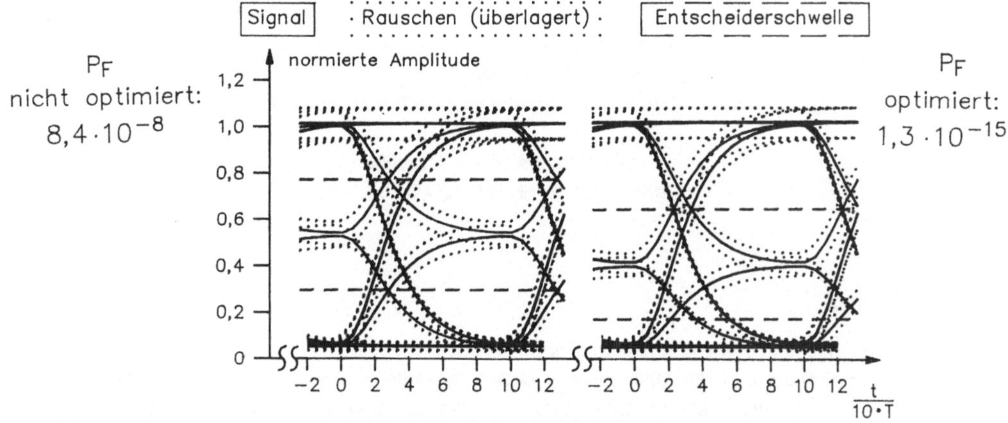

Bild 4: Optimierung der Stufenhöhen bei mehrstufiger Übertragung

Bei gleicher optischer Eingangsleistung P_{opt} erhält man für das optimierte System eine um mehr als 6 Größenordnungen reduzierte Fehlerwahrscheinlichkeit P_F.

5. Vergleich von simuliertem und realem System

Die Güte der Simulation wurde am Beispiel der zweistufigen Übertragung mit einem Leitungsendgerät Typ LE 140 GF der Firma SEL überprüft. Dabei zeigte sich, daß der errechnete Verlauf der Fehlerwahrscheinlichkeit von den für Fasern unterschiedlicher Bandbreite meßtechnisch ermittelten Werten eine Abweichung von etwa 1 dB besitzt. In Anbetracht der Meßungenauigkeit stellt dies ein sehr gutes Ergebnis dar. Es belegt, daß auch mit den hier verwendeten einfachen Modellen eine sehr gute Beschreibung des Übertragungsverhaltens der optischen Strecke möglich ist. In **Bild 5** sind die gemessenen und simulierten Bitfehlerraten in Abhängigkeit der am Empfänger verfügbaren optischen Leistung P_{opt} dargestellt.

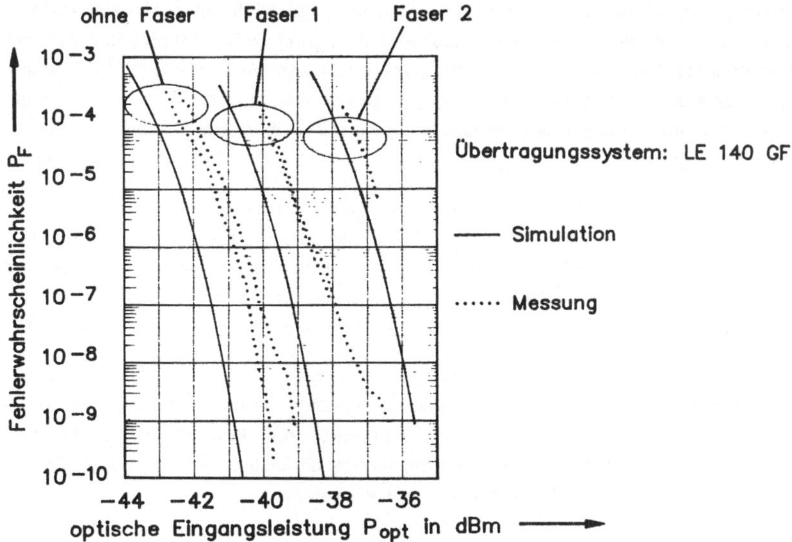

Bild 5: Vergleich von gemessener und simulierter Bitfehlerrate

Simulation und Optimierung
optischer Übertragungssysteme
unter dem Einfluß systemspezifischer Störungen

R.-P. Mathes, K.-H. Reschke
Standard Elektrik Lorenz AG, Stuttgart

Zusammenfassung:

Optische Systeme haben in den vergangenen Jahren der Übertragungstechnik neue Anwendungsmöglichkeiten erschlossen. Der Entwurf und die Optimierung solcher Systeme werden mit Hilfe der Rechnersimulation durchgeführt. Dabei kommt es entscheidend darauf an, die einzelnen Übertragungskomponenten mit ihren Störquellen hinreichend genau zu beschreiben. In diesem Beitrag wird ein Softwarepaket zur Simulation von intensitätsmodulierten digitalen optischen Systemen mit einem Anwendungsbeispiel beschrieben. In einem Ausblick sind die vorgesehenen weiteren Entwicklungsschritte angesprochen.

1   Einleitung

In der stürmischen Entwicklung der Digitaltechnik bei Übertragungs- und Vermittlungssystemen gewinnt die Glasfaser als Übertragungsmedium immer mehr an Bedeutung. Meilensteine in der Entwicklung der optischen Nachrichtentechnik waren die Realisierung des Halbleiterlasers 1962 und die Herstellung eines Lichtwellenleiters durch die Corning Glass Works 1970. Während 4 Jahre vorher die Dämpfung einer Glasfaser noch bei 1000 dB/km lag, hatte diese neue Faser nur noch eine Dämpfung von 20 dB/km. Derzeit gefertigte Fasern haben eine Dämpfung von 0,2 dB/km bei einer Lichwellenlänge von 1540 nm. Generelle Vorteile gegenüber den bisher üblichen Leitern (Kupferkabel, Koaxialkabel) sind die geringere Dämpfung und die Unempfindlichkeit gegenüber elektromagnetischer Strahlung. Im Pilotprojekt der Deutschen Bundespost 1977 ließen sich Daten mit einer Bitrate von 34 MBit/s über eine 4,3 km lange Strecke verstärker- und fehlerfrei übertragen. Systeme mit 565 Mbit/s werden heute industriell gefertigt und Systeme mit 8 Gbit/s sind in den Forschungslaboratorien als Versuchsstrecken aufgebaut.

Optische Übertragungssysteme werden in immer kürzeren Innovationszyklen leistungsfähiger und komplexer. Deshalb braucht der Produktentwickler schon in der Frühphase des Produktentstehungsprozesses problemgemäße, anwendungsnahe, benutzerfreundliche, flexibel anwendbare, funktional mächtige Hilfsmittel, wie Simulation und Rechentechnik. Für den Entwickler eines Simulationssystems ist es häufig schwer, mit seinen Modellbildungen dem Technologiefortschritt zu folgen. Außerdem muß er seine Modelle mit Meßdaten aus realen Systemen verifizieren und validieren.

In der vom BMFT geförderten Zusammenarbeit zwischen Industrie und Wissenschaft hat die Fa. SEL AG, Stuttgart, gemeinsam mit dem Institut für Nachrichtenübertragung, Prof. Dr. W. Kaiser, der Universität Stuttgart das Simulationsprogramm OTSS, Optical Transmission Simulation System, geschaffen, dessen Konzept, Modellbildung, Realisierung und Ergebnisse vorgestellt werden.

2 Aufbau von Übertragungsstrecken

Ein optisches Übertragungssystem mit seinen Störquellen ist im Bild 1 schematisch dargestellt /1/. Die Eigenschaften der einzelnen Teile des Systems werden modellmäßig nachgebildet. Um brauchbare Ergebnisse zu erhalten, muß das Modell die Wirklichkeit hinreichend genau beschreiben.

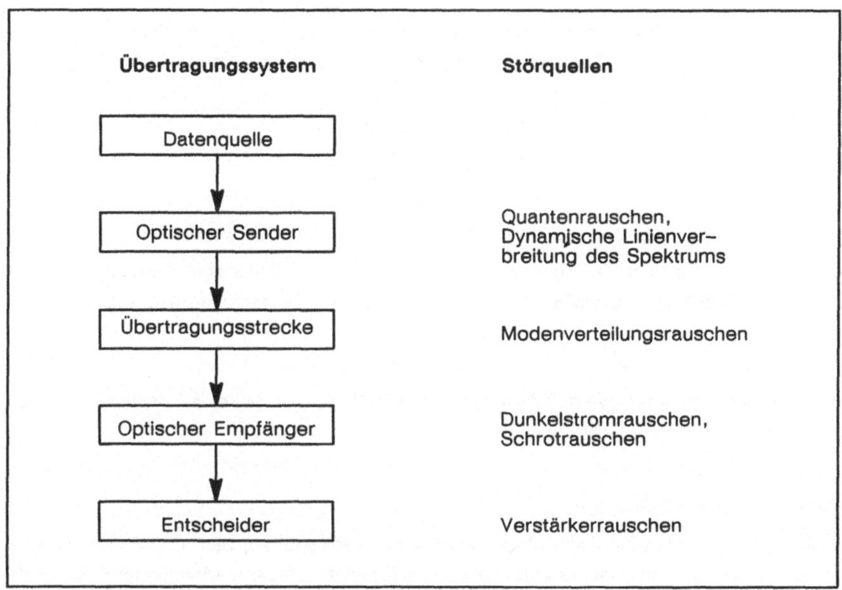

Bild 1: Blockschaltbild eines digitalen optischen Übertragungssystems mit seinen Störquellen. *)

Die Datenquelle liefert die gewünschte Bitfolge, die in elektrische Signale umgewandelt wird.

Als optischer Sender wird eine Laserdiode (LD) verwendet. Die Laserdiode wandelt das elektrische Eingangssignal in ein optisches Signal um. Dabei tritt das sog. Quantenrauschen der Laserdiode auf und das Emissionsspektrum der Laserdiode verbreitert sich (Chirping).

Die Übertragungsstrecke kann aus einer Einmodenfaser (Monomodefaser) oder Mehrmodenfaser (Gradientenfaser, Stufenindexfaser) bestehen. Zusätzlich werden im Modell die Einkopplung des Lichtes in die Faser, die Auskopplung des Lichtes aus der Faser, die Spleiße wie auch die Steckverbindungen der Faser berücksichtigt. Durch den Lauf des Lichtes in der Faser ergibt sich das Modenverteilungsrauschen.

Als optischer Empfänger dient eine Photodiode (PIN) oder Lawinen–Photodiode (APD). Er wandelt das einfallende Licht in ein elektrisches Signal um. Dabei entstehen das Dunkelstromrauschen und das Schrotrauschen .

Der elektrische Empfänger besteht aus einem Vorverstärker, Hauptverstärker und Entzerrer. Das elektrische Signal wird gefiltert, verstärkt und entzerrt. Er ist durch seine komplexe Übertragungsfunktion zu beschreiben. Wenn der Betrag der Übertragungsfunktion des Empfängers vorgegeben oder gemessene Werte dafür eingegeben werden und es sich um einen Minimalphasenempfänger handelt, kann mit der Hilbert- Transformation die zugehörige Minimalphase und damit die komplexe Übertragungsfunktion ermittelt werden. Abhängig von den verwendeten Bauelementen des Verstärkers ergibt sich ein jeweils unterschiedliches Verstärkerrauschen.

---

*) S. Vortrag J. Hein, Simulation amplitudengetasteter optischer Übertragungssysteme

Im Entscheider wird als Kriterium für die Güte des simulierten Systems die Bitfehlerwahrscheinlichkeit berechnet .

3 Spezifische Störungen

Die Bitfehlerrate BER (Bit Error Rate) eines realen Systems wird in unserem Modell durch die Bitfehlerwahrscheinlichkeit nachgebildet. Für einen bestimmten Abtastpunkt i wird sie durch folgende Gleichung berechnet:

$$BER_i = \frac{1}{2}\ erfc\left(\frac{s_i - U}{\sqrt{2 \cdot r_i}}\right)$$

erfc – komplementäre Fehlerfunktion,	r_i – Störsignalwert am Abtastpunkt i,
U – Entscheiderschwelle,	s_i – Nutzsignalwert am Abtastpunkt i.

Im folgenden werden die wichtigsten Störquellen beschrieben, die in einem realen Übertragungssystem auftreten und in ihrer Summe das Störsignal bilden.

3.1 Quantenrauschen der Laserdiode

Die Schwankungen der Photonenzahl einer Laserdiode verursachen das Quantenrauschen. Wenn die Reflexionen des Lichtes an den Faserverbindungsstellen (Spleiße, Steckerverbindungen) sehr klein sind, kann das Quantenrauschen vernachlässigt werden. Reflexionen können das Quantenrauschen des Lichtes aufschaukeln.

3.2 Modenverteilungsrauschen

Die Leistungsschwankungen der einzelnen Moden des Lasers verursachen in Verbindung mit der Dispersion der Faser das Modenverteilungsrauschen /2/. Das Licht am Faserende zeigt deshalb Intensitätsschwankungen. Das Modenverteilungsrauschen wirkt sich nur dann aus, wenn das Laserspektrum aus mehreren Moden besteht.

3.3 Dunkelstromrauschen der Photodiode

Das Dunkelstromrauschen entsteht durch den immer vorhandenen Leckstrom in der Photodiode, welcher durch thermische Trägergenerationen verursacht wird. Bei einer APD wird ein Teil des Dunkelstroms zusätzlich durch den mittleren Verstärkungsfaktor der APD verstärkt. Der Zufallscharakter des Verstärkungsfaktors der APD läßt sich mit einem Rauschexponenten, der für Silizium- und Germaniumdiode unterschiedliche Werte besitzt, geeignet beschreiben /3/.

3.4 Schrotrauschen

Die Schwankungen bei der Umwandlung von Photonen in Elektronen in der Photodiode verursachen das Schrotrauschen. Es ist direkt von der Lichtleistung des Nutzsignals am Eingang der Photodiode abhängig /3/.

3.5 Verstärkerrauschen

Zur Simulation des Verstärkerrauschens wird ein Modell nach Personick /4/ verwendet. Bei diesem Modell gehen die Struktur und die Bauelementewerte des elektrischen Empfängers ein. Die dominante Rauschquelle im Empfänger ist der Vorverstärker, der die erste Stufe des elektrischen Empfängers darstellt. Je nach Typ des Bauelements, das für die Verstärkung verantwortlich ist, wird das Rauschen verschieden berechnet.

Beim Vorverstärker mit Feldeffekttransistor (FET) werden der thermische Rauschstrom, der Verstärkerrauschstrom und die Verstärkerrauschspannung berücksichtigt. Bei der Berechnung der Verstärkerrauschspannung wird zwischen GaAs–FET oder Si–FET unterschieden.

Beim Verstärker mit Bipolartransistor wird das Rauschsignal des Basisstromes, des Kollektorstromes wie auch des thermischen Basisbahnwiderstandes berücksichtigt.

3.6 Dynamische Linienverbreiterung des Spektrums der modulierten Halbleiterlaserdiode (Chirping)

Die direkte Intensitätsmodulation der Halbleiterlaserdiode verbreitert zusätzlich das Emissionsspektrum des Lasers. Diese Verbreiterung wirkt in Verbindung mit einer hohen Faserdispersion systembegrenzend. Die Linienverbreiterung hängt von der Leistungsänderung des Lasers ab /5/. Deshalb beeinflussen die Anstiegszeit, die Abfallszeit und die Relaxationsoszillation des Lasers die Linienverbreiterung. Das Simulationsprogramm ermittelt die mittlere Linienverbreiterung des Emissionsspektrums des Lasers aus den Signaldaten.

4 Optimierung

Die Simulation bietet die Möglichkeit durch gezielte Veränderung bestimmter Eingabeparameter das gesamte System zu optimieren. Dazu sind geeignete mathematische Verfahren notwendig. Mit diesem Simulationsprogramm sind für die Empfangsseite des Übertragungssystems folgende Optimierungen mit dem Ziel der Minimierung der Bitfehlerwahrscheinlichkeit möglich:
- eindimensionale Optimierung bzgl. der Entscheiderschwelle nach Davies–Swan–Campey /6/,
- mehrdimensionale Optimierung bzgl. der Entscheiderschwelle und des APD–Verstärkungsfaktors nach Rosenbrock /7/.

5 Programmstruktur und Form der Eingabe

OTSS ist ein modulares, strukturiertes, anwendungsorientiertes Programmsystem /8/ mit einem Hauptprogramm, von dem aus die gewünschten Module aufgerufen werden. Im 1. Schritt werden die Steuer- und Eingabedaten für alle aufzurufenden Module eingelesen. Im 2. Schritt wird die Simulation entsprechend den Steuerdaten durchgeführt. Die Datenübergabe vom Hauptprogramm zu den Modulen erfolgt über COMMON–Bereiche und Variablenlisten. Das behandelte Signal wird in seinem jeweiligen Zustand im gleichen Feld komplexer Zahlen weitergereicht.
Die Eingabedatei besteht aus mehreren Eingabeblöcken. Jeder Eingabeblock enthält die benötigten Eingabe- und Steuerdaten. Mit den eingelesenen Steuerdaten wählt der Entwickler die zu simulierende Übertragungsstrecke, die Art der Optimierung und die Ausgabeform aus. Die Form der Eingabe und die Reihenfolge der Eingabeblöcke ist fest vorgegeben.
OTSS ist in FORTRAN77 geschrieben und auf den Rechnern IBM 3090 und CRAY2 implementiert.

6   Simulationsbeispiel

Die gemessene Bitfehlerrate eines realen Systems wurde mit der berechneten Bitfehlerwahrscheinlichkeit verglichen. Zusätzlich wurde die Bitfehlerwahrscheinlichkeit berechnet, bei der die APD- Verstärkung wie auch die Entscheiderschwelle optimiert wurden.

Die wichtigsten Systemdaten:

Übertragungsrate	:	565 Mbit/s
Laserlichtwellenlänge	:	1200 nm
Faserlänge	:	20.66 km
Dispersionskoeffizient der Faser	:	-13.34 ps/(nm*km)
APD–Verstärkungsfaktor	:	8
Vorverstärker mit GaAs–FET	:	komplexe Übertragungsfunktion des Empfängers

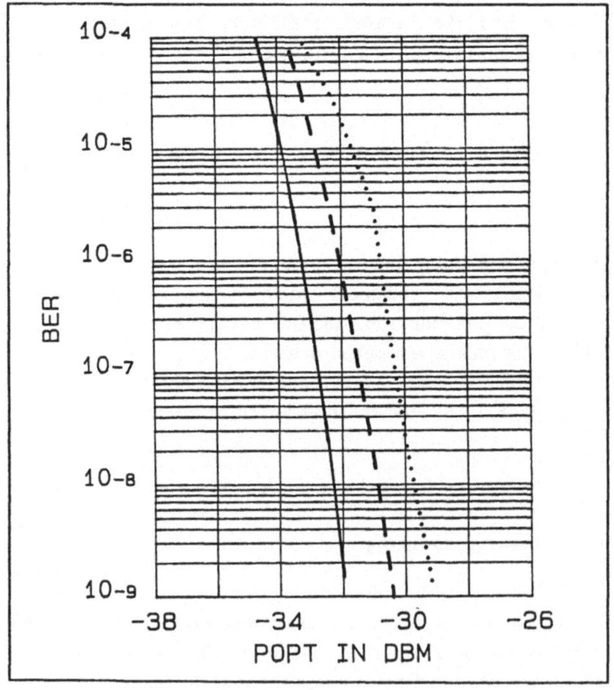

Bild 2:   Vergleich der simulierten Bitfehlerwahrscheinlichkeit mit gemessenen Bitfehlerraten

.... – gemessene Bitfehlerrate

– – – – – – – – – – – simulierte Bitfehlerwahrscheinlichkeit

——————— – optimierte Bitfehlerwahrscheinlichkeit

Der Verlauf der Bitfehlerwahrscheinlichkeit weicht von dem gemessenen Verlauf der Bitfehlerrate nur um ca. 1 dB ab. Mit der mehrdimensionalen Optimierung konnte zusätzlich die Übertragungsqualität des Systems um ca. 1,5 dB verbessert werden. Der optimierte APD–Verstärkungsfaktor hatte den Wert 5.

7 Ausblick

Damit der Entwickler optimal unterstützt wird, muß die Leistungsfähigkeit seiner Hilfsmittel mit den Anforderungen an seine Produkte steigen. Modellanpassungen und -verfeinerungen werden auch künftig den Technologiefortschritt begleiten.
Das künftige OTSS soll auch Simulationen für kohärente optische Übertragung ermöglichen.

Weil ein Entwickler sich auf die Ergebnisse seiner Simulationen verlassen können muß, sind hinreichende Verifikationen und Validierungen mit Meßdaten realer Systeme erforderlich. Dieses ist eine nach jeder Weiterentwicklung immer wiederkehrende Anforderung.

Derzeit ist OTSS ein eigenständiges Programpaket. Zur Verbesserung seiner Flexibilität und der Benutzeroberfläche ist die Integration in das Simulationssystem DTSS, Data Transmission Simulation System, vorgesehen /9/.

Literatur:

/1/ E. Lutz, K. Tröndle: Systemtheorie der optischen Nachrichtentechnik, Oldenbourg Verlag, München 1983

/2/ K. Ogawa: Semiconductor Laser Noise: Mode Partition Noise, Semiconductors and Semimetals, Vol.22 p. 299-330

/3/ W. Baier: Analyse digitaler optischer Empfänger, Nachrichtentech., Elektronik, Berlin (1985) 11, p. 406-410

/4/ R.G. Smith, S.D.Personick: Semiconductor Devices for Optical Communication, Springer-Verlag 1982, p. 89-160

/5/ T. Koch, J. Bowers: Nature of wavelength chirping in directly modulated semiconductor lasers, Electronics Letters 6th Dec. 1984, Vol. 20, No 25/26

/6/ D.M. Himmelblau: Applied Nonlinear Programming, McGraw-Hill Book Company 1972

/7/ M.S. Bazaraa, C.M. Shetty: Nonlinear Programming, John Wiley & Sons 1979

/8/ D. Imhof: Simulation digitaler optischer Nachrichtenübertragung, interner SEL-Bericht, 1987

/9/ W.H. Drtil, K-H. Reschke: Data Transmission Simulation System, Simulationstechnik, Informtikfachberichte 150, Springer-Verlag 1987, p. 440-447

Die Autoren danken Herrn Dieter Imhof, ehemals SEL AG, für seinen grundlegenden Beitrag bei der Konzipierung und Realisierung des Simulationsprogramms.

DYNAMISCHE SIMULATION VON ZWEIPHASEN-STRÖMUNGEN

G.Meister
Kernforschungsanlage Jülich
Institut für nukleare Sicherheitsforschung

1. Einleitung

Im folgenden werden zwei Simulationsprogramme vorgestellt, denen das gleiche fortgeschrittene Modell einer Zweiphasenströmung in einem beheizten Kanal zugrundeliegt. Beide Programme wurden zur thermohydraulischen Auslegung und zur Störfallanalyse entwickelt.

Das Programm SIKAN dient zur Analyse der Wärmeabfuhr aus wassergekühlten Reaktoren, das Programm SIKADE-2 zur Analyse des dynamischen Verhaltens von gasbeheizten Dampferzeugern des Typs, der in Hochtemperatur-Reaktoren verwendet wird. Beide Programme unterscheiden sich demnach durch die Art, in der dem Strömungskanal Wärme zugeführt wird. Das zugrunde gelegte numerische Verfahren ist so gewählt, daß auch schnelle Transienten, wie sie unter Störfallbedingungen auftreten können, simuliert werden können.

Der Strömungskanal wird im Programm SIKAN als eine Serie von strömungsmäßig hintereinander geschalteten Sektionen dargestellt, wobei jeder Sektion unterschiedliche geometrische Daten und unterschiedliche Material-Daten zugeordnet werden können. Bei der Spezifikation eines Reaktor-Kreislaufs wird das Core durch ein oder mehrere Sektionen dargestellt, denen eine eingeprägte Leistung mit ihrer axialen Verteilung zugewiesen wird. Der restliche Kreislauf kann dann durch eine Anzahl weiterer Sektionen ohne eingeprägte Leistung dargestellt werden. Die axiale Diskretisierung für die numerische Integration der Gleichungssysteme des máthematischen Modells kann für jede Sektion individuell vorgegeben werden.

In der Regel wird der Kühlkreislauf eines Reaktors als ein System dargestellt, welches über eine Umwälzpumpe geschlossen ist. Das Programm startet mit einem stationären Anfangszustand des Systems bei vorgebenem Massenstrom und berechnet für diesen Zustand die Pumpen-Druckdifferenz, die den vorgebenen Massenstrom ergibt. In der folgenden Transiente kann der Pumpendruck als Funktion der Zeit vorgeben werden, sodaß der Massenstrom zur abhängigen Größe wird. Die beschriebene Art, dem System zeitabhängige Randbedingungen aufzuprägen, ist dem später dargestellten Beispiel benutzt. Es sei aber erwähnt, daß das Programm auch die Einprägung anderer Randbedingungen zuläßt, wie zum Beispiel die Vorgabe eines zeitabhängigen Eintritts-Massenstroms.

Im Programm SIKADE-2 wird der Dampferzeuger in analoger Weise durch eine Serie von Sektionen modelliert. Dies ist erforderlich, weil in der Regel der Economizer, der Verdampfer und der Überhitzer geometrisch und materialmäßig unterschiedlich ausgelegt werden. Es können sowohl Gegenstrom-, als auch Gleichstrom-Dampferzeuger spezifiziert werden. Im Sekundärkanal ist im Verlauf einer Transiente Stagnation und Strömungsumkehr zugelassen.

Randbedingungen können in analoger Weise wie bei SIKAN vorgegeben werden. Für die Analyse von Rohrbrüchen kann eine spezielle Sektion eingefügt werden, welche kritische oder unterkritische Ausströmung als Folge einer sprunghaften Absenkung des lokalen Drucks an der Bruchstelle simuliert.

2. Mathematische Modellierung

Das mathematische Modell, das beiden Programmen zugrundeliegt, besteht aus einem System gekoppelter partieller Differentialgleichungen in Raum und Zeit. Die Gleichungen füer die die Fluiddynamik sind räumlich eindimensional angesetzt, die Fluid-Variablen sind deshalb als Mittelwerte über den Kanalquerschnitt zu interpretieren. Der Wärmetransport in der Wand hingegen, wird durch eine zweidimensionale Wärmeleitungsgleichung beschrieben, die sowohl die transversale, als auch die axiale Wärmediffusion beschreibt. Die fluiddynamischen Gleichungen der Zweiphasen-Strömung sind mit der Wärmeleitungsgleichung für die Wand durch Wärmeübergangs-Korrelationen gekoppelt, die je nach der lokalen Strömungskonfiguration unterschiedlich sind. Die lokale Konfiguration wird vom Programm an Hand von Kriterien identifiziert und die zugehörige Wärmeübergangs-Korrelation zugeordnet. Im Fall des Dampferzeuger-Programms werden die gasdyamischen Gleichungen für den Primärkanal über Wärmeübergangs-Koeffizienten in analoger Weise an die primärseite Oberfläche der wärmetauschenden Wand angekoppelt. Da hier kein Phasenwechsel existiert, tritt im Primärkanal die Problematik der unterschiedlichen Strömungskonfigurationen nicht in Erscheinung. Im übrigen gehen wir im folgenden auf die gasdynamischen Gleichungen nicht näher ein, weil sie als Spezialfall der im folgenden erörterten Gleichungen für die Zweiphasen-Strömung angesehen werden können.

Die Zweiphasen-Strömung wird in den Programmen durch ein System von Differentialgleichungen modelliert, welche Erhaltungssätze für Masse, Energie und Impuls darstellen. Die im Prinzip aufwendigste Modellierung würde aus einem System von 6 gekoppelten partiellen Differential-Gleichungen bestehen und zwar je einem Satz aus drei Erhaltungsgleichungen für jede der beiden Phasen. Jedes Paar dieser Gleichungen ist durch Phasen-Transfer-Koeffizienten gekoppelt, die den Massen-, Energie- und Impulsaustausch zwischen beiden Phasen beschreiben. Da dem Gewinn an Masse, Energie oder Impuls in einer Phase ein entsprechender Verlust in der anderen Phase gegenübersteht (und umgekehrt), haben diese Transfer-Koeffizienten in den Gleichungspaaren den gleichen absoluten Wert, jedoch umgekehrtes Vorzeichen. Bildet man also die Summe der Massen- Energie- und Impulsgleichung für beide Phasen, so fallen die Transfer-Koeffizienten heraus. Diese Summengleichungen werden als "Mischungsgleichungen" bezeichnet. Für die numerische Integration haben sie wegen ihrer größeren Einfachheit praktische Vorteile. Das ursprüngliche Gleichungssystem ist mit einem System aus drei Mischungsgleichungen, ergänzt durch jeweils eine der beiden Phasen-Gleichungen mathematisch äquvalent.

Das vollständige Gleichungssystem ist in zahlreichen Artikeln formuliert und diskutiert worden. Wir verweisen hier (ohne Anspruch auf Vollständigkeit) auf die Monographie von S.L. Soo /1/ und eine neuere Publikation von G. Yadigarouglu und R.T. Lahey jr. /2/, die eine Übersicht über die Ansätze verschiedener Autoren gibt. Die praktische Schwierigkeit bei der Verwendung des vollständigen Gleichungssystems resultiert aus dem gegenwärtig noch unvollständigen Wissensstand über die erwähnten Transfer-Funktionen. Sie dürften im allgemeinen komplizierte Funktionen sein, die von Position zu Position in der Strömung variieren, da sie von der lokalen Strömungskonfiguration abhängen.

Man behilft sich z.Zt. damit, daß man die drei Mischungsgleichungen ansetzt und die fehlende Information aus den Phasen-Gleichungen durch empirische Korrelationen ersetzt, die durch Auswertung von Messungen gewonnen wurden. Da diese Korrelationen keine Differentialgleichungen sind, stellen sie allenfalls "prompte" Näherungen für die durch sie beschriebenen Vorgänge dar.

Für die Impulsgleichung sind dies Korrelationen für den Zweiphasen-Reibungskoeffizienten und die sog. "Schlupf"-Korrelation. Letztere gibt das Verhältnis der Dampfgeschwindigkeit zur Wassergeschwindigkeit (jeweils gemittelt über den Kanalquerschnitt) an. Da dieses Verhältnis wesentlich durch den Impulsaustausch zwischen beiden Phasen bestimmt ist, impliziert die Schlupfkorrelation effektiv Annahmen über den Impulsaustausch.

Der Zweiphasen-Wärmeübergang an der Wand ist nur dann einfach beschreibbar, wenn die Bedingungen für ein konvektiven Wärmeübergang wie bei einer Einphasen-Strömung vorliegen. Mit zunehmender Fluidtemperatur und zunehmendem Dampfgehalt geht der Wärmeübergang in den Bereich des partiellen Blasensiedens, des voll entwickelten Blasensiedens, des Filmsiedens oder des sog. Übergangs-Siedens über. Die Vorgänge an der Wand in diesen Bereichen sind instationär und mit mit mehr oder weniger heftigen lokalen Fluktuationen des des Fluidzustands an der Wand verbunden. Diese transienten Vorgänge werden in einem Programm der hier beschriebenen Art nicht nachvollzogen, da für diese Bereiche empirische Korrelationen benutzt werden, die zeitliche Mittelwerte von Meßwerten sind und deshalb "geglättete" Resultate liefern.

Die aus der Literatur verfügbaren Korrelationen sind teilweise rein empirisch, teilweise aus nicht ganz überzeugenden theoretischen Ansätzen hergeleitet. Ihre Verwendung ausserhalb des durch Messungen abgesicherten Bereichs kann deshalb problematisch sein. In die Programme sind diese Korrelationen in Form von Unterprogrammen implementiert. Diese Unterprogramme sind leicht austauschbar, sodaß die Implementierung von alternativen Korrelationen ohne Eingriff in das Hauptprogramm möglich ist.

Das Problem des Massentransfers zwischen beiden Phasen kann in seiner einfachsten Form durch die Annahme thermodynamischen Gleichgewichts eliminiert werden. Diese Annahme beinhaltet, daß der Massentransfer gleich null gesetzt wird, solange die Fluidtemperatur unterhalb der Sättigungstemperatur liegt, während er im Verdampfungsbereich so bemessen wird, daß die Fluidtemperatur auf Sättigungstempertur verbleibt, solange noch ein Wasseranteil vorhanden ist.

Die Annahme thermodynamischen Gleichgewichts führt zu nicht akzeptablen Abweichungen zwischen berechneten und experimentellen Ergebnissen. Dies ist ist vor allem bei mäßigen Drücken der Fall, bei denen das Verhältnis von Wasser- und Dampfdichte groß ist. Die Abweichungen sind hauptsächlich dadurch bedingt, daß der Effekt des unterkühlten Siedens ignoriert wird, welcher einen erheblichen Dampfgehalt der Strömung im Bereich unterhalb der Sättigungstemperatur zur Folge haben kann.

Die hier beschriebenen Programme basieren auf einem System von vier Differentialgleichungen für die Zweiphasen-Strömung, bestehend aus den drei Mischungsgleichungen für Masse, Energie und Impuls, sowie einer Massenbilanzgleichung für die Dampfphase.

Bezeichnet man mit

$$w_w = F(1 - \alpha)\,\rho_w\,v_w \quad ; \quad w_s = F\,\alpha\,\rho_s\,v_s \tag{1}$$

den Wasser- bzw. Dampf-Massenstrom und mit $w = w_w + w_s$ den Gesamt-Massenstrom, so lautet die Mischungs-Kontinuitäts-Gleichung

$$F\,\frac{\partial \rho}{\partial t} + \frac{\partial w}{\partial z} = 0 \ , \tag{2}$$

wobei

$$\rho = \rho_w(1 - \alpha) + \rho_s\,\alpha \tag{3}$$

die mittlere Fluiddichte ist. Die Dampfphasen-Gleichung kann in der Form

$$F \frac{\partial (\rho_s \alpha)}{\partial t} + \frac{\partial w_s}{\partial z} = \Gamma_{ev} - \Gamma_c \tag{4}$$

geschrieben werden, wobei Γ_{ev} die Verdampfungsrate und Γ_c die Kondensationsrate pro Längeneinheit ist.

Die Mischungs-Energiegleichung lautet

$$F \frac{\partial}{\partial t} [\, \rho_w (1 - \alpha) h_w + \rho_s \alpha h_s - p + E_{kin} \,] + \frac{\partial}{\partial z} [\, w_w C'_w h_w + w_s C'_s h_s + J_{kin} \,] = P_h q'' \ , \tag{5}$$

mit

$$E_{kin} = \frac{1}{2} [\, \rho_w (1 - \alpha) v_w{}^2 + \rho_s \alpha v_s{}^2 \,] \ ; \quad J_{kin} = \frac{1}{2} [\, w_w C''_w v_w{}^2 + w_s C''_s v_s{}^2 \,] \ . \tag{6}$$

Dabei sind C'_w, C'_s Parameter, die die Verteilung der Enthalpie, C''_w, C''_s Parameter, die die Verteilung der kinetischen Energie über den Kanalquerschnitt erfassen. Für eine homogene Verteilung sind diese Parameter gleich eins. In der Energiegleichung sind Terme von untergeordneter Bedeutung, wie z. B. die Energiedissipation durch Reibung in der Strömung, der Beitrag der potentiellen Energie und die Wärmediffusion vernachlässigt.

Die Mischungs-Impulsgleichung ist in der Form

$$\frac{1}{F} \frac{\partial w}{\partial t} + \frac{1}{F} \frac{\partial}{\partial z} [w_w C_w v_w + w_s C_s v_s] = - \frac{\partial p}{\partial z} - g \rho \cos \theta - \frac{\tau_w P_f}{F} \tag{7}$$

angesetzt, wobei C_w und C_s wiederum Verteilungsparameter sind, in diesem Fall für die Verteilung der Impulsstromdichte über den Kanalquerschnitt.

Die Dampfphasengleichung (4) wird zur Erfassung des Massentransfers im Bereich des unterkühlten Siedens benutzt. Sie kann im Prinzip auch zur Modellierung der Verdampfung von Wassertropfen, die in einer Dampfströmung mit Temperaturen oberhalb der Sättigungstemperatur mitgeführt werden, verwendet werden. Die Modellierung des letzteren Vorgangs ist zwar in das Programm implementiert, wird aber z.Zt. noch nicht benutzt, weil die relevanten Parameter, die für eine realistische Quantifizierung des Vorgangs erforderlich sind, noch nicht vorliegen.

Im Bereich des unterkühlten Siedens werden Dampfblasen in der überhitzten Grenzschicht an der Wand gebildet, sobald die Differenz zwischen Wand- und Fluidtemperatur einen bestimmtem Wert überschreitet. Wenn die Dampfblasen über die Grenzschicht hinauswachsen oder sich von der Wand ablösen, rekondensieren sie durch Kontakt mit der unterkühlten Kernströmung. Dampfblasenwachstum und Rekondensation sind in zahlreichen Artikeln theoretisch analysiert worden. Ein Überblick über einschlägige Arbeiten findet sich in /1/. Dem Programm liegt ein Modell zugrunde, welches in /4/ dargestellt und an Hand an Hand experimenteller Ergebnisse verifiziert ist.

Im unterkühlten Bereich kann der Kondensationsterm in Gleichung (4) in der Form

$$\Gamma_c = \frac{1}{\tau_b} F \rho_s \alpha \tag{8}$$

angesetzt werden, wobei τ_b die effektive Lebensdauer von Dampfblasen ist, die an der Wand entstehen. $1/\tau_b$ ist im wesentlichen der lokalen Fluid-Unterkühlung $T_{sat} - T_F$ proportional. Die Temperatur-Abhängigkeit bewirkt, daß die Blasenlebensdauer eine mit dem Ort stark variierende Grösse ist und im Bereich starker Unterkühlung sehr kleine Werte annehmen kann.

Der Verdampfungsterm in Gleichung (4) stellt die Erzeugungsrate von Dampfblasen an der Wand dar. Die erforderliche Energie wird durch den Anteil des latenten Wärmestroms an der Wand gedeckt, sodaß diese Größe in der Form

$$\Gamma_{ev} = \frac{P_h}{h_{ev}} \, q''_{lat} \tag{9}$$

geschrieben werden kann. Für den latenten Wärmestrom wird oberhalb des Einsatzpunktes für Blasensieden die Differenz aus Gesamt-Wärmestrom und einem konvektiven Anteil angesetzt, der durch Extrapolation des Einphasen-Wärmestroms in das Gebiet des Blasensiedens errechnet wird. Dieser Ansatz stützt sich auf Messungen unter Naturkonvektions-Bedingungen, die von Rallis und Jawurek /5/ ausgeführt wurden.

Wenn die Fluidtemperatur die Sättigungstemperatur übersteigt, verliert die Blasenlebensdauer τ_b ihren physikalischen Sinn, weil sie negative Werte annimmt. In diesem Fall liegt Volumverdampfung durch Anwachsen der Dampfblasen vor. Der Kondensationsterm verschwindet und der Flächenverdampfungsterm nach Gleichung (9) muß durch Addition der Volumverdampfungsrate erweitert werden.

3. Numerisches Verfahren

Bei der Auswahl der numerischen Methode haben Gesichtspunkte der numerischen Stabilität im Vordergrund gestanden. Da die Programme auch zur Analyse physikalischer Instabilitäten dienen, ist die Vermeidung numerischer Instabilitäten und Oszillationen wichtig. Zugrundegelegt ist die Methode der finiten Volumina. Sie beruht darauf, daß die partiellen Differentialgleichungen durch Anwendung des Gauß'schen Integralsatzes auf ein Diskretisierungs-Volumen "vorintegriert" werden. Dadurch wird das System partieller Differentialgleichungen in ein System gekoppelter gewöhnlicher Differentialgleichungen überführt. Dieses Differentialgleichungs-System ist steif, hauptsächlich wegen der kurzen Lebensdauer der Dampfblasen im Bereich starker Unterkühlung. Zur Integration in Zeitrichtung ist deshalb die Verwendung eines steif-stabilen Verfahrens erforderlich. Benutzt wird der Zweischritt-BDF-Algorithmus (BDF: "backward difference formula"). Angewandt auf ein System von Differentialgleichungen $dy/dt = f(y,t)$ lautet diese Integrationsformel bei konstanter Zeitschrittweite h

$$\frac{3}{2}\,(y_n - y_{n-1}) - \frac{1}{2}\,(y_{n-1} - y_{n-2}) = h\,f_n \; , \tag{10}$$

wenn der Index n aufeinanderfolgende Zeitniveaus bezeichnet. Der Algorithmus ist voll implizit und erfordert deshalb die Lösung eines großen (im vorliegenden Fall nichtlinearen) Gleichungssystems.

Bei der Methode der finiten Volumina sind Massenströme Größen, die auf den Oberflächen der Volumina definiert sind, während Größen, wie Dichten, Enthalpien oder Drücke als Mittelwerte innerhalb der Volumina zu interpretieren sind. Konsequenterweise werden die Impulsgleichungen für die Massenströme auf einem Stromgitter integriert, welches gegenüber dem erwähnten Massengitter derart versetzt ist, daß die die Mittelpunkte des Stromgitters auf den Oberflächen des Massengitters liegen. Enthalpie- und Impulsströme werden nach der Donorzellen-Methode berechnet, das heißt, daß die Massenströme mit den entsprechenden Grössen im stromaufwärts gelegenen Massenvolumen multipliziert werden. Die konsequente Anwendung der Methode auf den Konvektionsterm in der Impulsgleichung ist wichtig zur Vermeidung numerischer Oszillationen, wie von W.C. Hirt an Hand von Beispielen aus der Gasdynamik gezeigt worden ist /6/.

Zur Lösung des Gleichungssystems wurde ein effektives Verfahren entwickelt, welches auf einer Zerlegung der Matrix in leicht invertierbare Untermatrizen (Tridiagonal-Matrizen, untere und obere Dreiecks-Matrizen) beruht. Die Kopplung der Untermatrizen wird iterativ durch Jacobi-Überrelaxation bewirkt.

4. Demonstrationsbeispiele

Die Abbildungen 1 bis 3 zeigen Ergebnisse einer Simulation, die mit dem Programm SIKAN ausgeführt wurde. Dargestellt ist eine Wärmeabfuhr-Transiente in einem wassergekühlten Forschungsreaktor, initiiert duch einen Ausfall der Zwangsumwälzung des Kühlwassers. Der Reaktorkern wird unter normalen Betriebsbedingungen von oben nach unten durchströmt. Nach dem Ausfall der Pumpen setzt nach Abklingen von Trägheitseffekten Naturkonvektion in umgekehrter Richtung ein. Aus Sicherheitsgründen interessiert, ob der Naturumlauf in der Lage ist, die Nachwärme des Reaktors unter akzeptablen Bedingungen abzuführen.

In den dargestellten Beispiel ist ein etwa exponentielles Auslaufen der Pumpendruckdifferenz zugrundegelegt und zwar derart, daß der Druck nach 60 s praktisch gleich null wird. Die Abbildung 1 zeigt den zeitlichen Verlauf der Strömungsgeschwindigkeit als Funktion des Ortes im Bereich des Reaktorkerns und einem Teil des Zuström- und Abström-Kanals (die sprunghaften Änderungen der Geschwindigkeit längs des Kanals sind durch Querschnitts-Änderungen bedingt). Nach etwa 75 s tritt Strömungsumkehr ein. Im Augenblick der Umkehr zeigt der sonst glatte Verlauf der Geschwindigkeit Flukuationen, die aber schnell wieder verschwinden. Die Abbildung 2, die die zugehörige Historie des Dampfgehalts darstellt, läßt erkennen, daß im Augenblick der Umkehr vorübergehend Dampf gebildet wird, der aber durch Rekondensation rasch wieder verschwindet, da er im unterkühlten Bereich entsteht. Abbildung 3 zeigt das Verhalten der Temperatur der Brennstoffplatten (im Rektorkern) bzw. der Kanalwände (ausserhalb des Kerns). Bei der Strömungsumkehr steigen die Temperaturen vorübergehend an, um sich anschliessend wieder zu normalisieren.

Die Abbildung 4 zeigt das Ergebnis einer Simulation mit dem Programm SIKADE-2. Dargestellt sind die Konsequenzen eines Bruchs eines Dampferzeuger-Rohres am Frischdampfende des Überhitzers. Der ursprüngliche lokale Druck von 201 bar wird dabei sprunghaft auf 40 bar abgesenkt. Der Eintriits-Massenstrom wird in diesem Beispiel zunächst für kurze Zeit konstant gehalten und dann auf null abgesenkt. Die Absenkung simuliert die Aktion eines Absperrschiebers am Dampferzeuger-Eintritt. Dargestellt ist das zeitliche Verhalten des Massenstroms der Zweiphasen-Strömung in den gebrochenen Dampferzeuger-Rohr. Die Simulation ergibt eine scharfe Spitze des Massenstroms die jedoch anfänglich auf einen kleinen Teil des Rohres in Nähe der Bruchstelle begrenzt ist. Kritische Ausströmbedingungen bestehen dort nur für eine kurze Zeitspanne von etwa 0.7 s. Rasch ansteigende Reibungsverluste vermindern den Druck im Rohr in Bereich nahe der Bruchstelle, sodaß die Ausströmung unterkritisch wird. Die von der Bruchstelle ausgehende Störung der Massenstrom-Verteilung breitet sich mit zunehmender Zeit in Richtung des Eintritts aus, bleibt jedoch praktisch auf den Bereich beschränkt, in dem Dampf vorhanden ist.

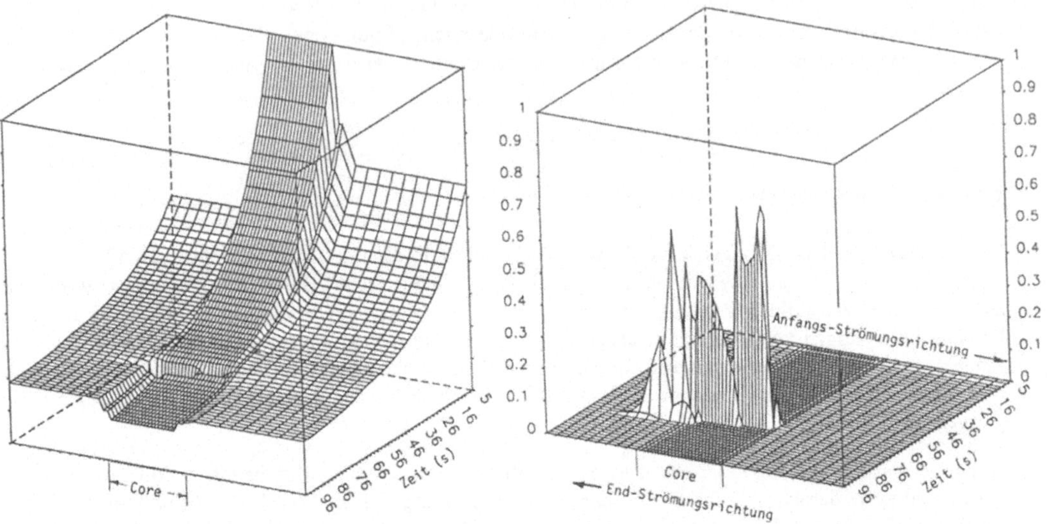

Abb. 1: SIKAN-Simulation: Strömungsumkehr nach Ausfall der Zwangskühlung.
Fluidgeschwindigkeit.

Abb. 2: SIKAN-Simulation wie Abb.1.
Dampf-Volumanteil

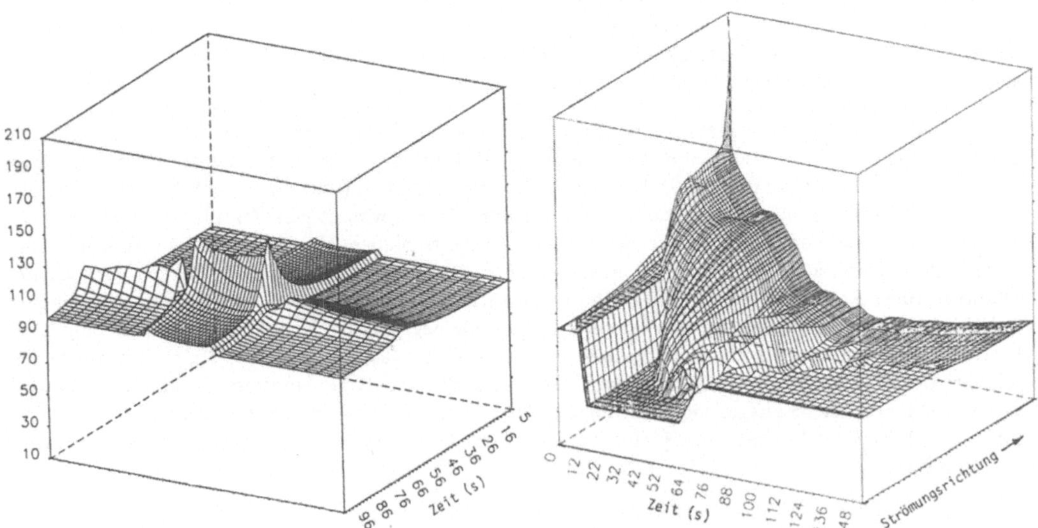

Abb. 3: SIKAN-Simulation wie Abb. 1.
Wandtemperatur (C)

Abb. 4: SIKADE-Simulation: Rohr-
bruch in einem Dampferzeuger.
Massenstrom.

Symbol-Liste

w_w , w_s	Wasser- bzw. Dampf-Massenstrom,
v_w , v_s	Wasser- bzw. Dampfgeschwindigkeit,
h_w , h_s	Wasser- bzw. Dampf-Enthalpie,
h_{ev}	Verdampfungs-Enthalpie,
α	Dampf-Volumanteil,
ρ_w , ρ_s	Wasser- bzw. Dampfdichte,
P_h , P_f	Beheizter bzw. benetzter Kanalumfang,
p	Druck,
g	Gravitationskonstante,
F	Freier Strömungsquerschnitt,
τ_w	Wandschubspannung,
Γ_{ev}	Verdampfungsrate,
Γ_c	Kondensationsrate,
q''	Wärmestromdichte.

Literatur

/1/ Soo, S.L. Fluid Dynamics of Multiphase Systems.
Blaisdell Publ. Comp. (1967).

/2/ Yadigaroglu, G.; Lahey Jr., R.T. On the Various Forms of the Conservation Equations
in Two-Phase Flow.
Int. J. Multiphase Flow 2, 477-494 (1976).

/3/ Bergles, A.E.; Collier, J.G.; Delhaye, J.M.; Hewitt, G.F.; Mayinger, F.
Two-Phase Flow and Heat Transfer in the Power and Process Industries.
Hemisphere Publ. Corp. (1981).

/4/ Meister, G. Vapor Bubble Growth and Recondensation in Subcooled Boiling Flow.
Nucl. Engng. and Design 54, 97-114 (1979).

/5/ Rallis, C.J.; Jawurek, H.H. Latent Heat Transport in Saturated Nucleate Boiling.
Int. J. Heat Mass Transfer 7, 1051-1068 (1964).

/6/ Hirt, W.C. Heuristic Stability Theory for Finite Difference Equations.
J. Comp. Phys. 2, 339-355 (1968).

<u>Hybride Simulation der Kohlevergasung
in einer Wirbelschichtrinne</u>

K. Hektor, S.M. Udaquiola und H. Hammer
Institut für Brennstoffchemie
und phys.-chem. Verfahrenstechnik
RWTH Aachen, BRD

Um die bei der Wasserdampfvergasung von Steinkohlen in einer technischen Wirbelschichtrinne auftretenden Vorgänge beschreiben zu
können, wurde ein zweidimensionales, zweiphasiges Modell entwickelt.
Ziel war es, an Hand von Betriebsdaten die Stoff- und Temperaturprofile zu berechnen.
Der Reaktor besteht aus einem liegenden zylindrischen Druckbehälter
mit einer Länge von 33 m und einem Durchmesser von 7,20 m. In dem
Reaktor sind Wärmetauscherlamellen untergebracht, um die zur Kohlevergasung notwendige Energie zuzuführen. Der Abstand zweier Lamellen
zueinander beträgt 0,15 m. In dem Zwischenraum befindet sich die
Kohle, die durch den zugeführten Wasserdampf und die entstandenen
Produktgase fluidisiert wird. Der Wasserdampf wird von unten eingeblasen, die Kohle bewegt sich im Kreuzstrom zum Wasserdampf /1/.
Die Hauptreaktion der Vergasung von Kohle ist die endotherme,
heterogene Wassergasreaktion. Als weitere Reaktionen kommen die
Umsetzung von Kohle mit Wasserstoff und mit Kohlendioxid vor. Darüberhinaus ist mit der Gleichgewichtseinstellung der Wasserdampfkonvertierung zu rechnen. Die neben CO, CO_2, CH_4 und H_2 entstehenden
Spuren von Schwefel-, Stickstoff- und höheren Kohlenwasserstoffverbindungen wurden bei der Simulation nicht berücksichtigt.
Um eine detailliertere Beschreibung des Reaktors gegenüber dem einphasigen Kaskadenmodell /2/ zu erhalten, wurden folgende Annahmen
der Simulation zu Grunde gelegt:
a) Der Reaktor wird stationär betrieben (Ableitungen nach der Zeit
brauchen nicht berücksichtigt zu werden).
b) Die Massen- und Wärmebilanzen werden für den Raum zwischen zwei
Wärmetauscherlamellen, im folgenden als Sektor bezeichnet, aufgestellt. Für die zur Reaktorachse und zur Reaktorhöhe senkrecht

stehende Koordinate wurde totale Rückvermischung angenommen. Daraus ergibt sich, daß die Stoff- und Energiebilanzen entlang der Länge und der Höhe des Reaktors aufgestellt werden müssen.

c) Der Sektorinhalt wird in zwei Phasen geteilt. Die Gasphase, frei von Feststoff, wird die Blasenphase und die aus Gas und Feststoff bestehende Phase wird Suspensionsphase genannt. Es wird für die Blasenphase Pfropfenströmung angenommen, während für die Suspensionsphase entlang der Sektorlänge vollständige Durchmischung und entlang der Sektorhöhe endliche Rückvermischung nach dem Dispersionsmodell angenommen wird.

d) Der überwiegende Teil des zugeführten Reaktionsgases durchströmt die Wirbelschicht in der Blasenphase mit Geschwindigkeiten, die weit über den Lockerungsgeschwindigkeiten liegen. Das Gas in der Suspensionsphase durchläuft den Reaktor mit Lockerungsgeschwindigkeit.

e) Der Stoff- und Wärmeaustausch zwischen den beiden Phasen wird durch die auf die Einheit des Reaktorvolumens bezogenen, ortsabhängigen Austauschkoeffizienten gekennzeichnet.

f) Für die Suspensionsphase wird die Reaktionskinetik folgender heterogener Reaktionen zu Grunde gelegt:

$$C + H_2O \rightarrow CO + H_2$$
$$C + 2\,H_2 \rightarrow CH_4$$
$$C + CO_2 \rightarrow 2\,CO$$

g) Für die Blasenphase wird die Gleichgewichtszusammensetzung folgender Reaktion berchnet:

$$CO + H_2O \rightarrow CO_2 + H_2$$

Das vorgestellte zweidimensionale, zweiphasige Modell für die Wasserdampfvergasung in der Wirbelschichtrinne besteht aus 8 partiellen Differentialgleichungen. Für die Gasphase und die Suspensionsphase ergeben sich je vier Gleichungen, nämlich drei Gleichungen für die Stoffprofile der Schlüsselkomponenten CO_2, CH_4 und H_2O und die vierte Gleichung für den Temperaturverlauf im Reaktor. Die Gleichungen für Blasenphase und Suspensionsphase sind durch den Austauschterm zwischen den Phasen verknüpft. Die Stoffgleichungen und die Temperaturgleichung für die jeweiligen Phasen sind untereinander über die Terme für die Reaktionsgeschwindigkeit und die Reaktionswärme gekoppelt.

Die Gleichungen für die Gasphase bilden ein System partieller Differentialgleichungen erster Ordnung. Für die Suspensionsphase ,da Rückvermischung zugelassen wird, erhält man ein System partieller Differentialgleichungen zweiter Ordnung parabolischen Typs. Im Fall der Blasenphase liegt ein Anfangswertproblem, für die Suspensionsphase dagegen ein Anfangsrandwertproblem vor.

Die die Reaktionen beschreibenden Terme der Differentialgleichungen sind stark nichtlinear. Um numerische Schwierigkeiten zu vermeiden, sollte die Simulation der Reaktionskinetik auf einem Analogrechner durchgeführt werden. Andererseits erfordert die Berechnung von stoffspezifischen Konstanten, von Wärmeaustauschparametern und nicht zuletzt die Berechnung des thermodynamischen Gleichgewichts einen hohen numerischen Aufwand. Da zur Lösung der partiellen Differentialgleichungen auf einem Analogrechner eine Überführung in ein gewöhnliches Differentialgleichungssystem notwendig ist, wurden die Simulationen auf einem Hybridrechner durchgeführt.

Der Hybridrechner besteht aus einem Digitalrechner PDP 11/34 und zwei Analogrechnern DO 80. Die Kopplung des Analogteils mit dem Digitalteil erfolgt über ein CAMAC-Crate. Die Programme wurden in FORTRAN geschrieben.

Zur Umsetzung des partiellen Differentialgleichungssystems in ein gewöhnliches Differentialgleichungssystem wurde die CSDT-Methode angewandt. Die CS-Koordinate entspricht der horizontalen Achse des Reaktors. Die DT-Koordinate wird in diesem Fall durch die vertikale Höhe des Reaktors ersetzt.

Daraus ergibt sich ein System von acht gewöhnlichen Differentialgleichungen, von denen jeweils vier die Veränderungen in der Suspensions-, bzw. Blasenphase beschreiben. In jeder Phase wird die Stoffbilanz durch drei Differentialgleichungen modelliert.

Die Berechnung in axialer Richtung erfolgt durch den Analogrechner. Im ersten Schritt werden die Koeffizienten der Gleichungen für die Anfangsbedingungen im Digitalrechner ermittelt und zum Analogrechner übertragen. Nachdem der Analogrechner den Sektor in axialer Richtung berechnet hat, werden die Koeffizienten aller Gleichungen -abhängig von Temperatur und Gaszusammensetzung- im Digitalrechner neu bestimmt. Mit diesen neuen Koeffizienten wird der Zyklus wiederholt, bis die gesamte Höhe durchgerechnet ist.

Nachdem ein Sektor berechnet wurde, wird die noch zur Verfügung stehende Menge Kohle ermittelt. Entsprechend werden alle weiteren Sektoren berechnet. Die Unterteilung bestand in 15 Schichten in der Höhe und 125 Sektoren in der Länge. Pro Punkt in dem Koordinaten-Gitter werden 6 Konzentrationen und zwei Temperaturen ermittelt: die Konzentration der Schlüsselkomponenten CH_4, CO_2 und H_2O in beiden Phasen sowie die Temperatur der Blasenphase und die Temperatur der Suspensionsphase. Anhand der Konzentrationen der Schlüsselkomponenten werden durch die Massenbilanzen die Konzentrationen der anderen Komponenten ermittelt, nämlich CO, H_2 und C. Auf diese Weise erhält man die Profile für die fünf Komponenten in beiden Phasen.

Für die Ermittlung der Wirbelschichtemperatur wird ein arithmetisches Mittel aus der Temperatur der Blasenphase und der Temperatur der Suspensionsphase berechnet. Mittels der ermittelten Stoffprofile kann jetzt der Gesamtkohleumsatzgrad und der Wasserdampfzersetzungsgrad bestimmt werden.

Zur Lösung der Differentialgleichungen auf dem Analogrechner werden 12 Integrierer benötigt. Da die den Ablauf beschreibenden Differentialgleichungen alle den gleichen Grad aufweisen, läßt sich der Schaltungsaufwand auf drei Integrierer reduzieren, wenn das System seriell berechnet wird: die Gleichungen der Blasen- und Suspensionsphase werden in der Reihenfolge CO_2, CH_4, H_2O und Temperatur gelöst. Bei diesem Verfahren werden außerdem noch 10 Digital-Analog-Wandler, davon 4 multiplizierende, 3 Analog-Digital-Wandler und ein Multiplizierer benötigt. Als Nachteil muß die vierfache Rechenzeit auf dem Analogrechner im Kauf genommen werden. Der erste Integrierer löst die erste Ableitung der Gleichungen der Blasenphase, der zweite und dritte jeweils die zweite und erste Ableitung der Suspensionsphase.

Auf dem Digitalrechner werden alle Stoffdaten der Gasmischung und der Kohle in Abhängigkeit von Temperatur und Druck bestimmt. Anhand der Stoffdaten können dann alle Größen, die die Hydrodynamik im Reaktor beschreiben, z.b. Lockerungsgeschwindigkeit, Lockerungszwischenkornvolumen, Wirbeldichte, Wirbelbetthöhe, Blasendurchmesser und Blasenanteil, bestimmt werden. Aus diesen Daten werden alle notwendigen Kennzahlen und die Stoff- und Wärmeaustauschkoeffizienten berechnet. Weiterhin werden die kinetischen Parameter für die verschiedenen Gaszusammensetzungen und die Temperatur ermittelt.

Zur Untersuchung des Betriebsverhaltens des Reaktors wurden die Kohledosiermenge, die Kohleeintrittstemperatur, die Wasserdampfströmungsgeschwindigkeit, die Wasserdampfeintrittstemperatur und die Eingangsgaszusammensetzung variiert /3/.

Literatur

1. van Heek, K.H., Jüntgen, H., Peters, W.
   Atomenergie/Kerntechnik 40, 1982, S. 225
2. Kubiak, H.
   Dissertation, Essen, 1981
3. Udaquiola de Garces, S.M.
   Dissertation, Aachen, 1984

ANWENDUNG DER METHODE DER DIGITALEN SYSTEMSIMULATION
ZUR BESCHREIBUNG DER KINETIK
DER GAS-FLÜSSIG-DISPERSIONSSYSTEME

K.T. Erkeskin, K.W. Lange
Institut für Eisenhüttenkunde
der Rheinisch-Westfälischen Technischen Hochschule Aachen

Intzestraße 1 - 51oo Aachen/Deutschland

Die Methode der Dispersion von Gasen mit Hilfe von eingetauchten Lanzen, Düsen, Lochplatten oder Siebsteinen in einer Flüssigphase ist trotz ihrer einfachen Realisierung und Bedienung infolge des erzielbaren großen Verhältnisses Phasengrenzfläche/Volumen sehr wirkungsvoll und wird daher in der chemischen (Blasensäulen-Reaktoren), biologischen (Bioreaktoren, Fermentationssäulen, Gewässerbelüftung) und metallurgischen Industrie (Stahl-, Aluminium-, Kupfer-, Silberraffinationsverfahren) im großen Umfang eingesetzt.

Im Interesse einer möglichst wirtschaftlichen Prozeßführung, zur Erhöhung der Produktivität und Qualität der Verfahren sind genauere Kenntnisse über die bei den Dispersionssystemen ablaufenden Vorgänge und die sie bestimmenden Parameter wünschenswert.

Mit Hilfe eines flexiblen und ausbaufähigen mathematisch-dynamischen Simulationsmodells wurde die Kinetik des Einblasens von Gas mit simultan zu lösenden, durch Bilanzen und physikalischen Grundgleichungen ermittelten, gekoppelten Differentialgleichungen beschrieben[1].

Modellierung

Das Verhalten des ins System eingeleiteten Gases in Form von Blasen wird von deren Bildung bis zum Verlassen des Bades verfolgt, wobei die Bewegung und das Wachstum der Blasen mit Hilfe der üblichen Erhaltungsgleichungen beschrieben werden (s. Bild 1). Ablösung[2] und Zerfall[3] der Gasblasen werden durch Kräftevergleiche bestimmt, induzierte Flüssigkeitsgeschwindigkeiten durch das auf einer Energiebilanz basierende

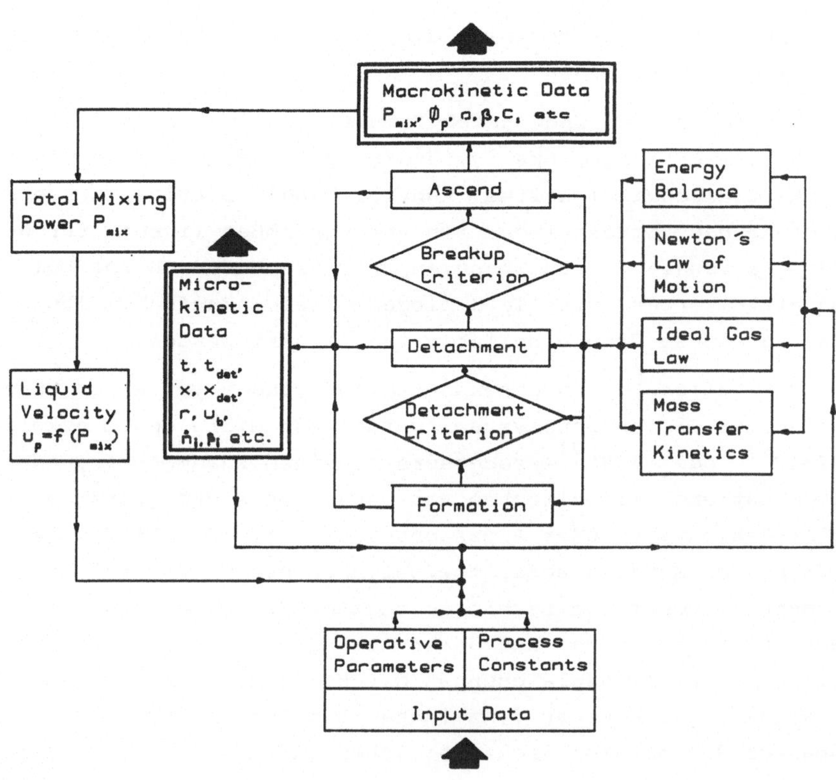

Bild 1: Schematische Darstellung des Simulationsmodells[1]

Zirkulationsmodell[4], wobei die durch die Blasen nach oben in Bewegung gesetzte Flüssigkeit an der Oberfläche der Badflüssigkeit seitlich und an der Reaktorwand entlang nach unten fließt. Durch Verfolgung der einzelnen Blasen sind Angaben über den relativen Gasgehalt und die spezifische Blasenoberfläche im Bad möglich. Der Einfluß mehrerer Gaseinleitstellen wird im Modell durch Zerlegung des Dispersionsprozesses in mehre Zirkulations- bzw. Rührzellen beschrieben.

Will man Eigenschaften verschiedener Dispersionssysteme miteinander vergleichen, so ist es sinnvoll, dies im stationären Zustand des jeweiligen Systems zu machen. Da Systemgrößen des stationären Endzustandes von vornherein nicht bekannt sind, müssen sie durch Simulation ermittelt werden. Dies geschieht, indem man wie im realen Fall über die Anlaufphase hinaus weiter simuliert, bis stationäre Verhältnisse erreicht werden. Simulationstechnisch wird dieses Problem dadurch gelöst,

daß integrale Mittelwerte sowie die sogenannte "feedback-loop"-
Methode angewendet werden[5].

Hierbei werden die am Ende jedes Simulationslaufs errechneten inte-
gralen Mittelwerte der lokal veränderlichen Systemgrößen wie induzierte
Flüssigkeitsgeschwindigkeiten, Rührleistung, relativer Gasgehalt in der
Schwarmzone usw. immer wieder als Anfangsgrößen (input) für den nächsten Simulationslauf (run) benutzt, bis die Unterschiede bei allen inte-
gralen Mittelwerten unter 1o % liegen. (Bei Inkaufnahme längerer Rechenzeiten kann diese Grenze beliebig verkleinert werden.)

Die am Simulationsbeginn unbekannten Änderungen von allen Zustandsvariablen des Dispersionssystems werden mit Hilfe des blockorientierten MIMIC[6]- oder ACSL[7]-Processors zu einem zusammenhängenden Ereig-
nisstrom entlang der Zeitachse verbunden, ohne Rückgriff auf experimentelle Zahlenwerte oder Anpassungskoeffizienten. Die Erstellung und
Auswertung des Modells unterscheidet sich hiermit stark von neuerdings
immer mehr eingesetzten rechnergestützten Parameterstudien, wo wichtige,
systembestimmende Größen und deren Abhängigkeiten in Form von experimentellen Korrelationsgleichungen direkt in das Gleichungssystem eingegeben werden. Zweck einer dynamischen Simulation ist es aber, daß die
Transparenz des physikalisch-chemischen Zusammenspiels komplexer Vorgänge ermöglicht und eine bessere Einsicht und ein genaueres Verstehen
prozeßtechnischer Zusammenhänge ermöglicht werden.

Überprüfung des Simulationsmodells

Die Verifikation der Ergebnisse eines Simulationsmodells erlaubt Aus-
sagen über die Güte des Modells und erfolgt im wesentlichen auf drei
Arten:
-direkter Vergleich mit der Wirklichkeit,
-Auswahl gewisser Daten zum Vergleich,
-Vergleich mit ähnlichen verifizierten Modellen, wenn kein
 Vergleich mit der Wirklichkeit möglich ist.

Dabei ist der direkte Vergleich vorzuziehen, da bei den beiden übrigen
Vergleichen die Sicherheit und Genauigkeit der Überprüfungsergebnisse
stark abnehmen.

Als ein Beispiel unter vielen sei hier die CO_2-Entfernung aus Wasser
vorgeführt. Dieses System dient den Stahlforschern als ein Modell

für Verständnis und Analyse der in den metallurgischen Reaktoren
sich abspielenden Vorgänge, kann aber auch als allgemeiner De-
sorptionsvorgang vorgestellt werden. Ohne vorherige Kenntnis von experimentellen Werten zeitlicher CO_2-Desorptionsraten aus industriellen
Untersuchungen[8] wurde der Verlauf für vorgegebene konstruktive und
operative Parameter ermittelt (s. Bild 2).

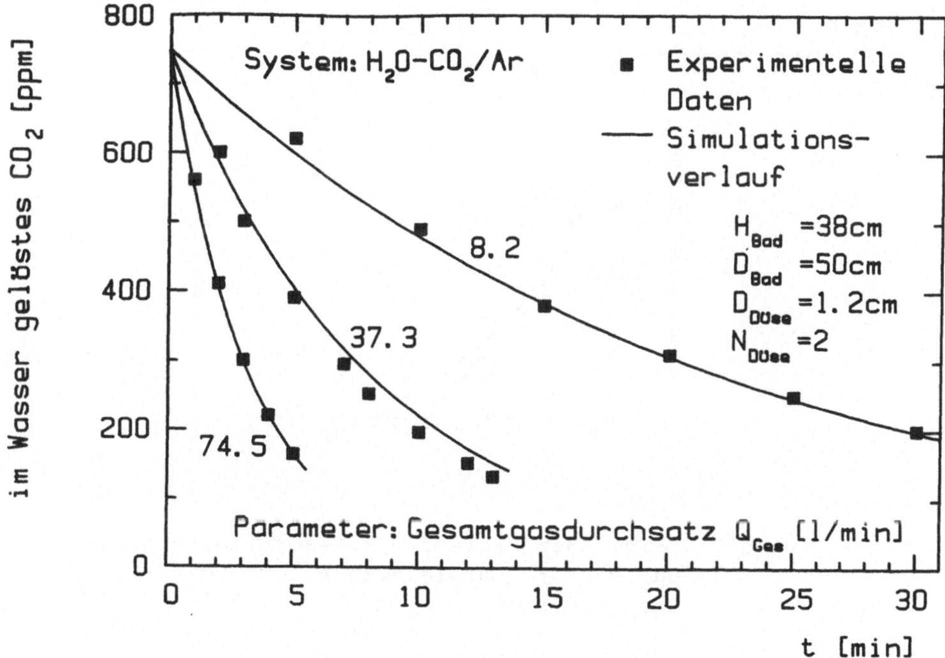

Bild 2: Vergleich zwischen Daten aus Experimenten
und eigener Simulation

Neben der erzielten guten Übereinstimmung der Simulationsdaten mit
experimentellen Ergebnissen können Aussagen über wichtige Prozeßparameter wie die Mischungsleistung, der induzierten Flüssigkeitsgeschwindigkeit, des relativen Gasgehalts (hold up) in der Blasenschwarm-
zone und der spezifischen Phasengrenzfläche gewonnen werden, womit
das Prozeßverhalten für unterschiedliche Betriebsbedingungen deutli-
cher und verständlicher wird.

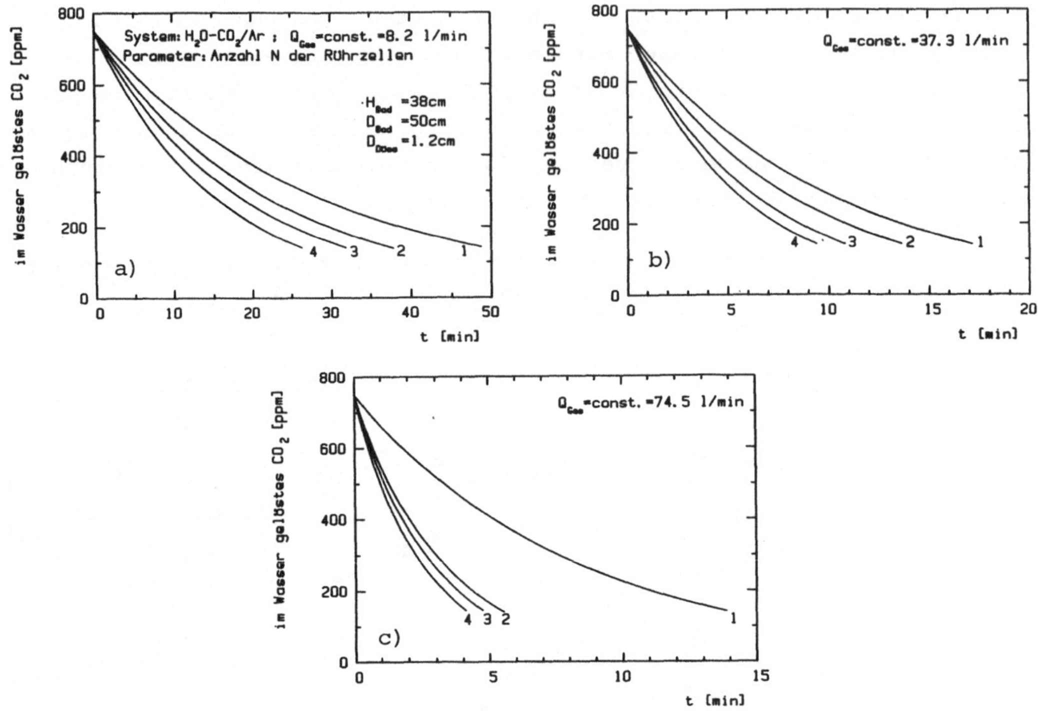

Bild 3: Zeitlicher Verlauf des Desorptionsprozesses
für mehrere Gaseinleitstellen und variierte
Operationsbedingungen

Dies zeigen die Bilder 3 und 4, wo der zusätzliche Einfluß mehrerer
Gaseinleitstellen betrachtet wird. Die "feedback loop"-Daten zeigen,
daß bei gleichbleibendem Gesamtgasdurchsatz und identischen Durch-
sätzen durch jede Gaseinleitstelle durch Erhöhung der Anzahl der Rührzellen größere spezifische Phasengrenzflächen in der Blasenschwarm-
zone erzielt werden, womit das Potential für den Stoffaustausch erhöht und die Entspülung begünstigt wird.

Es läßt sich aus dem Verlauf des relativen Gasgehalts sehr gut erkennen,
daß mit steigender Zahl der Gaseinleitstellen sich im Bad ein anderes
Dispersionsprofil abzeichnet. Die Verweilzeit einzelner Blasen ändert
sich wegen ihrer unterschiedlichen Größe und Geschwindigkeit, vor allem

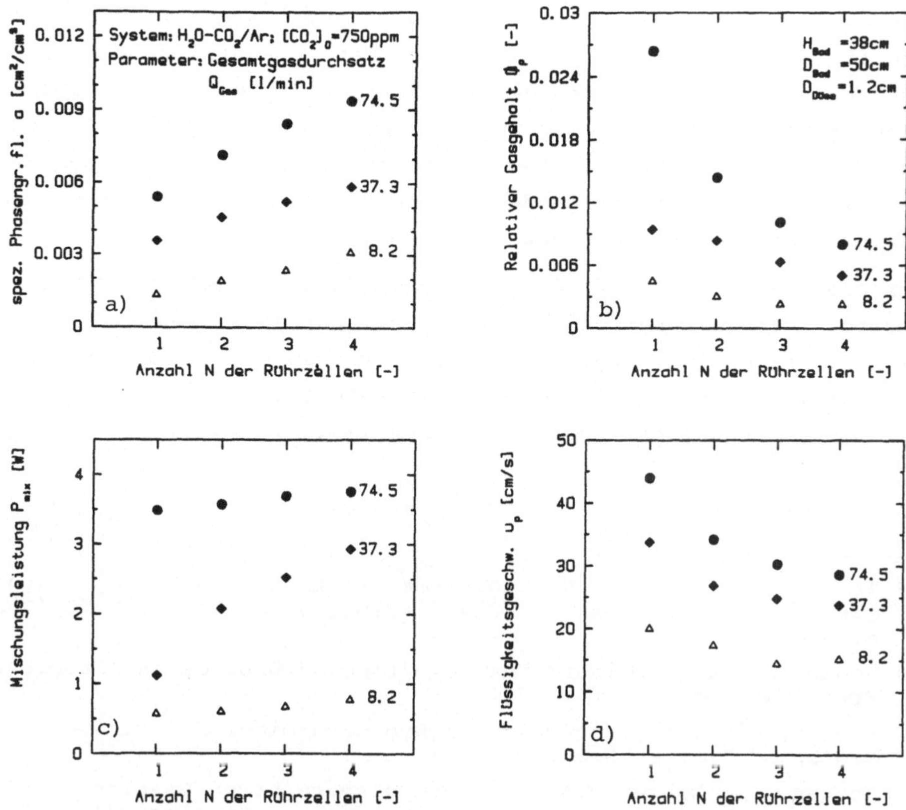

Bild 4: Charakteristische Prozeßgrößen in Abhängigkeit von
Gesamtgasdurchsatz und Anzahl der Gaseinleitstellen
(stationäre Verhältnisse)

aber durch unterschiedliche Zerfallsorte und -zeiten, die wiederum durch
unterschiedliche Faktoren wie Flüssigkeitsgeschwindigkeit und Stoff-
übergang stark beeinflußt werden.

Die Mischungsleistung steigt mit wachsender Rührzellenzahl und steigendem Gesamtgasdurchsatz. Die Flüssigkeitsgeschwindigkeit sinkt, wenn die
Zahl der Rührzellen größer wird.

Bild 3 zeigt weiterhin, daß der Einsatz der digitalen Systemsimulation
in Sachen Prozeßoptimierung sehr gut brauchbar ist. Das Einbringen
einer zusätzlichen Gaseinleitstelle (bei sonst unveränderten Betriebsbedingungen) kann einen Ausspüleffekt bringen, der identisch dem ist,
der mit einer doppelten Gesamtgasmenge erzielt wird, d.h., man kann eine
5o%-ige Ersparnis bei der Gesamtgaseinsatzmenge erzielen (vgl. Bilder 3b und 3c).

Die mit Hilfe der Technik der digitalen Systemsimulation durchgeführte Prozeßanalyse sowie die daraus gewonnenen Erkenntnisse können für die eingangs erwähnten Industrien von großer Bedeutung sein, da die bisherigen Simulationsergebnisse gut mit vorhandenen experimentellen Daten übereinstimmen und die Systemsimulation darüber hinaus experimentiertechnisch kaum zu bestimmende Prozeßgrößen wie die spezifische Oberfläche quantitativ wiedergeben kann.

Für die hier vorgestellten Analysen wurde als Simulator das von der Control Data Corporation erstellte und speziell für digitale Simulationen entwickelte Programm "MIMIC"[6] verwendet. Die Durchführung der Simulationen erfolgte mit dem im Rechenzentrum der RWTH Aachen zur Verfügung stehenden Rechner CDC Cyber 175.

<u>Schrifttumsverzeichnis:</u>

1) Turkan, S.; Lange, K.W.: Computer simulation on the hydrodynamics of gas injection process in liquid steel. Steel Research 58 (1987) (1o) S. 454/59

2) Kumar, R.; N.R. Kuloor: The Formation of Bubbles and Drops, Academic Press, New York 197o

3) Levich, V.G.: Physico-chemical Hydrodynamics, Prentice-Hall, Inc. Englewood Cliffs, N.J. 1962

4) Turkan, S.; Lange, K.W.: Die von dispergierten Gasblasen induzierte Leistung und Flüssigkeitsbewegung in einer Stahlschmelze. Steel Research 57 (1986) (1o) S. 495/5o2

5) Himmelblau, D.M.; Bischoff, K.B.: Process Analysis and Simulation, John Wiley & Sons, Inc., New York 1968

6) MIMIC Digital Simulation Language Reference Manual, Control Data Corp., Sunnyvale, Cal., 197o

7) ACSL Advanced Continuous Simulation Language Reference Manual, Control Data Corp., 4. Aufl., 1986

8) Private Mitteilung der Klöckner Stahlforschung GmbH, 1987

Anwendung der Simulation bei der Untersuchung dynamisch beanspruchter Antriebssysteme

Andreas Laschet
MEC GmbH, Eschweiler

1. Einleitung

Die ständig steigenden Anforderungen an dynamisch beanspruchte
Antriebselemente in Maschinen, Anlagen und Fahrzeugen zwingen zu
neuen Denk- und Vorgehensweisen bei der rechnerischen Analyse.
Das konstruktive Know-how reicht in der Regel nicht aus, um die
zeitabhängigen Beanspruchungen von Maschinenkomponenten unter
Berücksichtigung der vorhandenen Erregerquellen aus Antrieb und
Arbeitsprozeß qualitativ und quantitativ ermitteln zu können.

Da die Anwendung der vorwiegend analytischen Verfahren der klassischen Maschinendynamik bei den heutigen Anforderungen immer
mehr an ihre Grenzen stößt, müssen numerische Verfahren angewendet werden, um das dynamische Betriebsverhalten von Maschinen-
elementen im Antriebsstrang rechnergestützt zu simulieren /1/.

2. Schwingungssimulation

Die rechnerunterstützte, digitale Simulation dynamisch beanspruchter Systeme - hier kurz Schwingungssimulation genannt -
kann auf verschiedene Art und Weise softwaremäßig realisiert
werden. Basis der zeitkontinuierlichen Rechnersimulation ist die
Lösung von linearen Bewegungsdifferentialgleichungen, die das
Verhalten schwingungsfähiger Strukturen mathematisch abbilden.
In der Literatur werden die Grundlagen der Schwingungstechnik
ausführlich beschrieben /2,3/.

In der jüngsten Vergangenheit werden zugeschnittene Programme
entwickelt, die auf Kosten einer breiteren Universalität besonders benutzerfreundlich und bezüglich der praxisorientierten Anwendung sehr wirtschaftlich im täglichen Einsatz sind. Bei den
neueren Programmen sind z.B. keine speziellen Simulationssprachen oder FORTRAN-ähnliche Struktureingaben vorgesehen.

Die erforderliche Dateneingabe erfolgt entweder interaktiv oder
über einen leicht verständlichen und strukturierten Eingabe-
Datensatz.

Zu dieser Gruppe von Simulationssoftware zählt das in Eigenentwicklung entstandene Programm SIMUL (Simulationsprogramm für Dreh- und Biegeschwingungen) /4/. Mit SIMUL wird die Eingabe modular über Eingabeblöcke vorgenommen, die je nach Aufgabenstellung aktiviert werden. Darüber hinaus läßt sich SIMUL aufgrund der Aufteilung in Preprozessor, Prozessor und Postprozessor wirtschaftlich in dem jeweiligen Arbeitsschritt anwenden. Eine Aufstellung von Differentialgleichungen oder Blockschaltbildern ist nicht notwendig; die Strukturerstellung für das mathematische Modell wird vom Programm automatisch vorgenommen.

Es sei an dieser Stelle auch auf die Literatur hingewiesen, die als Basis zum Aufbau der hier betrachteten Schwingungssimulation dient /5,6/. In einigen Veröffentlichungen wird auf nähere Einzelheiten der Simulationssoftware SIMUL eingegangen /4,7,8/.

Zu den Anforderungen an eine Schwingungssimulation gehört auch die einfache Einbindung der Berechnungsvorgänge in den Entwicklungs- und Konstruktionsprozeß (<u>Bild 1</u>) /9/.

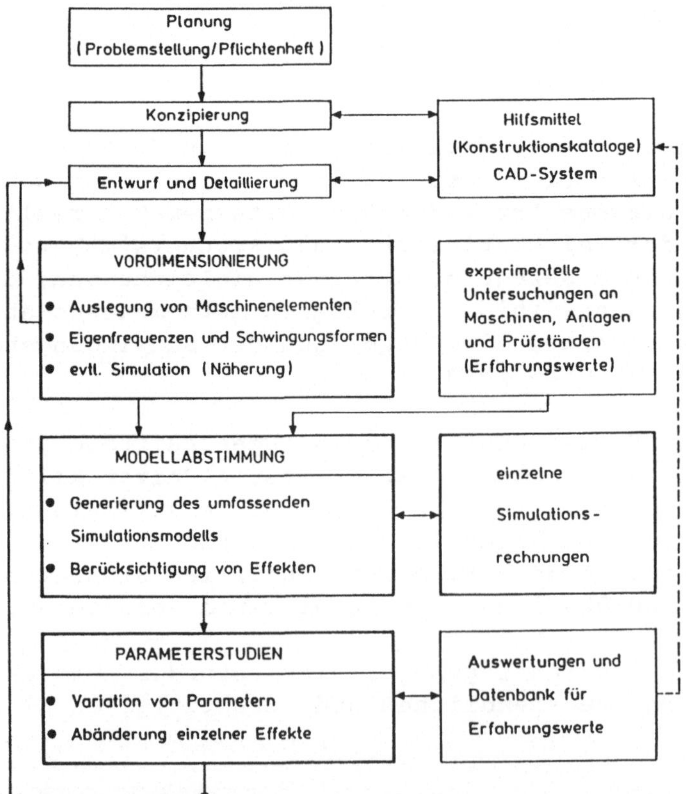

<u>Bild 1:</u> Einordnung der Schwingungssimulation in den Entwicklungs- und Konstruktionsprozeß /9/.

3. Einsatzmöglichkeiten

Mit Hilfe der Schwingungssimulation ist es möglich, die dynamischen Reaktionen des Schwingungssystems an jeder Stelle des An-
triebsstrangs sowohl für den Stationär- als auch Instationärbe-
trieb zu ermitteln. Dies kann man sich besonders für die rechne-
rische Vorhersage dynamischer Beanspruchungen von Antriebsele-
menten in Abhängigkeit vorzugebener Erregergrößen (z.B. Anre-
gungen durch Motoren, Prozeßvorgänge, Getriebe, Kardanwellen
usw.) im Maschinen- und Anlagenbau zunutze machen.

Typische Anwendungen der Schwingungssimulation (Konfiguration,
Optimierung) sind den folgenden Bereichen zuzuordnen:

- Getriebetechnik
- Walzwerksbau
- Mahl- und Zerkleinerungsprozesse
- Generator- und Kompressorenantriebe
- Schiffsantriebe
- Kraftfahrzeug-Antriebsstränge

Schwingungssimulationen eignen sich ebenfalls zur Nachrechnung
von bereits eingetretenen Vorgängen. Dies spielt vor allem bei
der Schadensanalyse (Maschinendiagnose) auch im Hinblick auf eine aussagekräftige "vorausschauende" Instandhaltung der begut-
achteten Anlage eine zentrale Rolle.

4. Modellgenerierung

Da die meisten Maschinen und Anlagen aus rotierenden Antriebs-
elementen bestehen, ist die dynamische Beanspruchung derartiger
mechanischer Systeme meist durch Drehschwingungen (Torsions-
schwingungen) zu beschreiben. Die Statistik der im Maschinen- und
Anlagenbau auftretenden Schäden zeigt die Dominanz der dreh-
schwingungsmäßigen Beeinflussungen.

Der erste Schritt der Torsionsschwingungssimulation ist die Konstruktion eines Berechnungsmodells, das den Praxisanforderungen
so weit wie möglich entspricht.

Ein diskretes Torsionsschwingungsmodell ergibt sich aus der Anordnung sogenannter "Torsionselemente", die jeweils aus einem
"starren" und "elastischen" Element mit unterschiedlichen Charakteristiken bestehen. Man bezeichnet starre Elemente als
"Drehmasse-Elemente" (kurz Masse-Elemente), die sowohl Träg-

heits-, Erreger-, Absolutdämpfungs- als auch Ankopplungseigen-
schaften haben. Die masselosen, elastisch wirkenden Elemente
werden auch übergeordnet "Übertragungselemente" genannt. Als besondere Eigenschaften sind hierbei die Wirkungen als Steifigkei-
ten, Relativdämpfungen, Drehwinkel- und Drehmoment-Übertragungen
sowie Kopplungen zwischen zwei Drehmasse-Elementen hervorzuheben.
Weitere ausführliche Einzelheiten zu den aufgezählten Elementei-
genschaften sind der Literatur zu entnehmen /1/.

Welche Effekte (Erregerelemente, Übertragungselemente) zu berücksichtigen sind, hängt einzig und allein von der Aufgabenstellung
und von der gewünschten "Modellfeinheit" ab. Es soll jedoch da-
vor gewarnt werden, zu viele Effekte gleichzeitig abbilden zu
wollen, da dies die Übersichtlichkeit und ebenfalls die Qualität
der Ergebnisbewertung beeinträchtigt /4/. Durch gezielte Variation des Schwingungsmodells (Parametervariation) wird der Einfluß von Einzeleffekten am besten verdeutlicht.

5. Numerische Lösungsverfahren

Da die Abbildung realer Systeme im Normalfall die Berücksichtigung mehrerer Freiheitsgrade erfordert und außerdem spezielle
physikalische Effekte mit nichtlinearen Eigenschaften zu beachten sind, lassen sich die für die Simulation im Zeitbereich gültigen Differentialgleichungen nur noch numerisch lösen.

Die Auswahl eines geeigneten numerischen Verfahrens hängt von
den Genauigkeitsanforderungen bzw. von der Praktikabilität der
jeweiligen Methode ab. In der Literatur findet man zahlreiche
Gegenüberstellungen und detaillierte Beschreibungen der einzelnen Verfahren /6,10/. Die TAYLOR-Methode, die hier gewählt
wurde, erweist sich als wirtschaftliches und numerisch stabiles Verfahren, auch im Hinblick auf die erreichbaren Genauigkeiten und die erforderliche Simulationszeit /6/.

6. Anwendungsbeispiel

Im nun folgenden Beispiel wird die Resonanzdurchfahrt einer Turboverdichteranlage aufgrund des dynamischen Luftspaltmoments des
Synchronmotors demonstriert /1/. __Bild 2__ zeigt das auf vier
Massen reduzierte Antriebsschema (mit Kupplung und Getriebe) sowie die Ergebnisse der Eigenfrequenzanalyse. Auffallend sind die
beiden ersten Eigenfrequenzen, die beide im Anregungsbereich von
100 bis 0 Hz der Synchronmaschine liegen.

Das Antriebssystem wird extern über das Luftspaltmoment des Synchronmotors angeregt und erfährt zusätzlich durch den spielbehafteten Zahneingriff noch eine sogenannte "parametrische" Anregung.

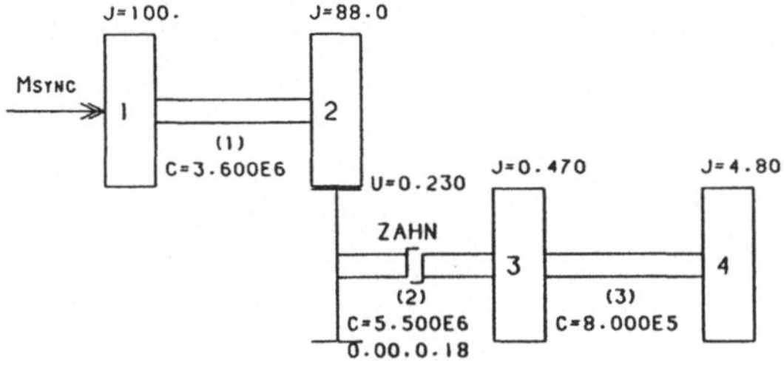

Bild 2: Schwingungssystem und Eigenfrequenzen mit Schwingungsformen für die Turboverdichteranlage /1/

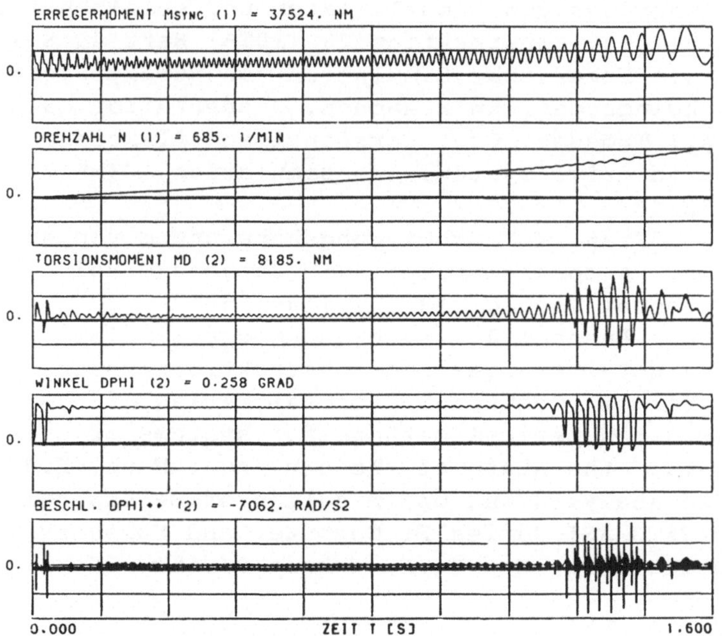

Bild 3: Simulationsergebnisse für die Turboverdichteranlage im Zeitbereich /1/

Die Simulationsergebnisse für den Zeitbereich sind <u>Bild 3</u> zu
entnehmen. Erwartungsgemäß erscheint direkt am Anfang des Hochlaufs aufgrund des Anfahrstoßes eine Vergrößerung der Drehmomentamplitude. Diese Überhöhung ist allerdings vernachlässigbar
gegenüber der Resonanzdurchfahrt (36,0 Hz) kurz vor Erreichen der
Synchrondrehzahl.

7. Literaturverzeichnis

/1/ Laschet, A.: Simulation von Antriebssystemen,
     Fachberichte Simulation. Berlin, Heidelberg, New York,
     Tokyo: Springer-Verlag 1988

/2/ Harris, C.M.; Crede, C.E.: Shock and vibration handbook,
     2nd edn. New York: McGraw-Hill Book Company 1976

/3/ Holzweißig, F.; Dresig, H.: Lehrbuch der Maschinendynamik.
     Wien, New York: Springer-Verlag; Leipzig: VEB Fachbuchverlag 1979

/4/ Laschet, A.: Einsatz der digitalen Simulation bei der Auslegung dynamisch beanspruchter Antriebssysteme, Antriebstechnisches Kolloquim ATK'84 Aachen, VDI-Berichte Nr. 524
     Düsseldorf: VDI-Verlag 1984, S.35-61

/5/ Troeder, Ch.; Peeken, H.: Berechnung der instationären Beanspruchungsgrößen von nichtlinearen und spielbehafteten
     Maschinenanlagen. Konstruktion 28 (1976) Heft 4, S.129-137

/6/ Diekhans, G.: Numerische Simulation von parametererregten
     Getriebeschwingungen. RWTH Aachen: Dissertation 1981

/7/ Laschet, A.; Troeder, Ch.: Torsional and flexural
     vibrations in drive systems - a simulation. CIME 3 (1984)
     Nr. 2, S.32-43

/8/ Laschet, A.; Kraß, M.: Schwingungsberechnung von Antriebssystemen mit Personalcomputer, CIM databook, Vol. 4. Coburg: Sprechsaal Verlag 1987, S.113-116

/9/ Troeder, Ch.; Laschet A.: Einordnung der Simulationsrechnung in den Entwicklungs- und Konstruktionsprozeß, CADCAM
     databook, Vol. 1. Coburg: Sprechsaal Verlag 1984, S.18-26

/10/ Enright, W.H.: Numerical methods for systems of initial value problems - the state of the art. Aus: Haug, E.J.: Computer aided analysis and optimization of mechanical system
     dynamics; NATO ASI Series F: Computer and Sciences, Vol. 9.
     Berlin, Heidelberg, New York, Tokyo: Springer-Verlag 1984,
     S.309-322

NUKSIM

**EIN SIMULATIONSMODELL DER TAKTISCHEN RAKETENABWEHR EINES
SCHWEIZERISCHEN ARMEEKORPS GEGEN EINEN ANGRIFF MIT
OPERATIV-TAKTISCHEN A-WAFFEN.**
A.P. Herren, Dipl. Informatiker ETH und Prof. Dr. A.A. Stahel
c/o ETH Zürich, Abt. für Militärwissenschaften, 8092 Zürich

1. Einleitung

In der vorliegenden Studie wird der Kampf zwischen einer Armee ROT und einem Armeekorps BLAU unter Einsatz von ROTEN taktischen und operativ-taktischen Nuklearwaffen
(TNW) sowie eines BLAUEN Abwehrsystems gegen taktische Raketen (ATMS) simuliert. In
einem ersten Schritt werden das Modell und seine Sub-Modelle definiert. Nachher wird
dieses Modell auf einem PC implementiert. In den ersten Simulationen wird ausschliess-
lich der konventionell geführte Kampf bezüglich Dauer und Ergebnis untersucht. Im
zweiten Schritt simulieren wir den Einsatz der TNW der ROTEN Seite gegen eine BLAUE
Seite ohne ATMS und sehen dabei, wie sich die TNW in einem Kampf gegen einen konventionellen Gegner auswirken. Schliesslich simulieren wir den Einsatz der TNW auf der
ROTEN Seite gegen ein fiktives ATMS auf der BLAUEN Seite und können dadurch ersehen
wie sich ein ATMS einer konventionellen Armee im Kampf gegen einen Gegner auswirkt,
der TNW einsetzt.

2. Modellgestaltung

2.1. Die Modellstruktur

Das Modell wird gemäss dem objektorientierten Verfahren von [Booch86] strukturiert,
indem die Komponenten und ihre Auswirkungen aufeinander festgelegt werden. Wir identifizieren vier Komponenten: die kämpfenden konventionellen Streitkräfte, die TNW und
das ATMS sowie die Führung.

2.2. Die konventionellen Streitkräfte (ConFor)

2.2.1. Die Taktik von ROT und BLAU

Für BLAU steht ein Schweizer Feldarmeekorps, dessen Taktik, Abwehr genannt, rein
defensiver Natur ist. Die Abwehr ist eine gemischte Gefechtsform und besteht einerseits aus Verteidigung, wie Infanterie-Stützpunkte und Hindernisse, und anderseits
aus Angriff in Form von Gegenangriffen, hier Gegenschläge genannt. Diese Gegenschläge
werden gegen die mechanisierten und Panzer-Truppen von ROT geführt, die die BLAUEN
Verteidigungslinien durchbrochen haben. Ziel ist es, die feindlichen Kräfte mittels
eines Netzes von Stützpunkten zu kanalisieren und abzunützen und die durchgebrochenen
Truppen mittels der Gegenschläge zu vernichten. Dabei werden im Verteidigungskampf
die Infanterie und im Offensivkampf die mechanisierten Verbände eingesetzt. Die
Artillerie ist die Unterstützungwaffe.
Der Kampf von BLAU verläuft in drei Phasen:

1. Phase BLAU: Die drei Grenzbrigaden (GzBr) werden durch ROT angegriffen. Die Grenzbrigaden sind reine Infanterieeinheiten und verfügen über keine mechan-
sierten Verbände. Sie stützen sich vor allem auf Feldbefestigungen und
Festungen.

2. Phase BLAU Die zwei Feldivisionen (FDiv) werden durch ROT angegriffen. Sie verfügen über Infanterieverbände (drei Regimenter), und zwei Panzer-
bataillone für die Gegenschläge. Die Infanterie stützt sich auf Feldbefestigungen und Hindernisse.

3. Phase BLAU: Die mechanisierte Division (MechDiv) und die Reserven des Armeekorps
werden gegen ROT eingesetzt. Die mechanisierte Division verfügt über
zwei Panzerregimenter und ein motorisiertes Infanterieregiment. Die
Korpsreserve besteht aus zwei Infanterieregimentern.

Von ROT ist ein in mehreren Staffeln vorgetragener Angriff mit mechanisierten Einheiten in einem engen Korridor zu erwarten. Die mechanisierte Infanterie ROT, unterstützt durch Panzerverbände und einer gewaltigen Artilleriestärke, wird die BLAUEN
Stützpunkte angreifen, mit dem Ziel die Verteidigungslinien BLAU zu durchbrechen. Im
Modell bestehen zwei Staffeln ROT: die erste mit zwei mechanisierten Divisionen, die
zweite mit einer mechanisierten Division und einer Panzerdivision. Jede Division ver-
verfügt über drei mechanisierte Regimenter und ein Panzerregiment; dazu kommt noch
ein Artillerieregiment. Unterstützt werden diese Einheiten durch Armeetruppen, so
ein Artillerieregiment und zwei Artilleriebrigaden.

0. Phase ROT: Der ROTE Angriff wird durch einen mindestens 30 Minuten dauernden
Artilleriebeschuss vorbereitet. Ausgeführt wird der Beschuss durch
drei Artillerieregimenter und zwei Artilleriebrigaden.

1. Phase ROT: Angriff der ersten Staffel. Die zwei angreifenden mechanisierten
Divisionen werden durch ein Artillerieregiment und zwei Artilleriebrigaden unterstützt.

2. Phase ROT: Angriff der zweiten ROTEN Staffel.

Der enge Korrior wird dadurch berücksichtigt, dass nur die Hälfte der BLAUEN Grenzbrigaden und der Feldivisionen angegriffen werden. Hingegen wird im Gegenschlag gegen
ROT die gesamte mechanisierte Division eigesetzt.

2.2.2. Aufbau des Modells ConFor

Unter Berücksichtigung der Taktik ROT und BLAU erhalten wir für den konventionellen Kampf das folgende Lanchester-Modell (ConFor) [Stahel80]:

a) BLAUE Infanterie IBLAU gegen ROTE Infanterie IROT

Wir benützen das quadratische Gesetz von Lanchester mit dem Koeffizient gj.

gj :   Feuerkraft der Infanteriewaffen der Seite j gegen die Seite i unter
Berücksichtigung der Deckungsmöglichkeiten für i.

b) ROTE TROT Panzer-Unterstützung

Auch hier benützen wir das quadratische Gesetz mit den Koeffizienten:

hROT :   Feuerkraft der ROTEN Panzer und der Schützenpanzer gegen die BLAUE Infanterie unter Berücksichtigung der Deckung.

aBLAU :   Panzerabwehrfeuer der BLAUEN Infanterie gegen die ROTEN Panzer und Schützenpanzer unter Berücksichtigung der Panzerung.

c) Artillerie-Unterstützung und Konterbatteriefeuer beider Seiten.

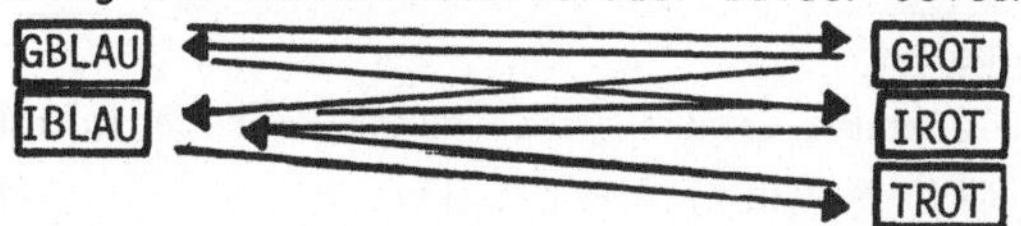

Wir setzen das lineare Gesetz von Lanchester mit den folgenen Koeffizienten ein:

si :   Feuerkraft der Geschütze der Seite i gegen die Infanterie.

ci :   Feuerkraft der Geschütze der Seite i im Konterbatteriefeuer.

A_{ei} :   Fläche des Stellungsraums einer Feuereinheit von i.

A_{Ti} :   Fläche, über die die angegriffene Infanterie verteilt ist.

A_{Ai} :   Gesamtfläche des Stellungsraums der beschossenen Geschütze.

qi :   Prozentsatz der für die Direktunterstützung eingesetzten Geschütze.

d) Angriff BLAUER mechanisierter Verbände gegen ROTE gepanzerte Verbände.

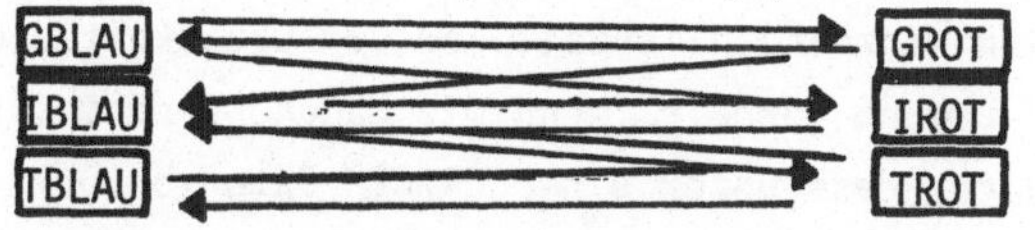

Wir setzen das quadratische Gesetz mit folgenden Koeffizienten ein:

ti :   Feuerkraft der Panzer von i gegen feindliche Panzer.

2.3. die Nuklearkräfte (NucFor)

2.3.1. Ereignisse

Der Einsatz taktischer und operativ-taktischer Nuklearwaffen einer ROTEN Armee wird als Monte-Carlo-Simulation mit folgenden Komponenten durchgeführt:

- Träger der Nuklearwaffe (z.B. Lance, FROG, SS-23)
- nuklearer Sprengkopf (in KT)
- dem Ziel (Bataillon, Stützpunkt) und dessen Härte, sowie das Gebiet, auf dem die einzelnen Ziele (Panzer) verteilt sind.

Folgende Ereignisse bestimmen einen Nuklearangriff:

CA_i Der Träger funktioniert wie vorgesehen mit einer Wahrscheinlichkeit von 0.6 bis 0.9

HE_i Der nukleare Gefechtskopf explodiert. Die Blindgängerrate beträgt 0.1 bis 0.2 [Isby81].

$ET_{i,j}$ Der nukleare Gefechtskopf eines Trägers i erreicht die erwartete Wirkung im Ziel j. Dabei wird der CEP (Circular Error Probable) des Trägers und die Härte sowie die Verteilung des Zieles berücksichtigt.

Im nächsten Schritt stellen wir eine Formel für die erwartete Auswirkung eines Nuklearschlages gegen ein einzelnes Ziel unter Berücksichtigung der erwähnten Ereignisse:

$DT_{i,j}$ Der Gefechtskopf des Trägers i erzielt die Wirkung im Ziel j unter Berücksichtigung der Ereignisse CE, HE und ET:

$$DTi,j = CE \cap HEi \cap ETi,j \qquad \text{(Nr. 1)}$$

ATj   Die erwartete Auswirkung im Ziel wird durch den Einsatz einer gewissen Anzahl nuklearer Gefechtsköpfe erzielt:

$$ATj = \underset{i}{U} (DTi,j) \qquad \text{(Nr. 2)}$$

2.3.2 Wahrscheinlichkeiten

Die Ereignisse der Gleichung werden jetzt durch Wahrscheinlichkeiten P ersetzt:

$$P(DTi,j) = P(CAi) * P(HEi) * P(ETi,j) \qquad \text{(Nr. 3)}$$

$$P(ETi,j) = 1 - e^{-0.69 * (DR /CEP)^2} \quad \text{[Constant81]} \qquad \text{(Nr. 4)}$$

DR : Radius mit tödlicher Wirkung: der nukleare Gefechtskopf muss innerhalb dieser Distanz explodieren, um die erwartete Wirkung zu erreichen.

$$P(ATj) = 1 - \prod_{i=1}^{f} (1 - P(DTi,j)) \qquad \text{(Nr. 5)}$$

Dabei ist f: Die Zahl der zum Angriff des Zieles j eingesetzten Gefechtsköpfe.

Die Gleichung zeigt auf, dass die Wahrscheinlichkeit der erwarteten Wirkung im Ziel sich asymptotisch zur Wahrscheinlichkeit der Verfügbarkeit und der Zuverlässigkeit des Trägers und der Ladung verhält, wenn die Ladung erhöht wird, um DR zu vergrössern. Weiter ist ersichtlich, dass unter einer DR/CEP Rate von 0.75 ein Angriff mit weniger als drei (3) nuklearen Gefechtsköpfen mit einer Wahrscheinlichkeit von mehr als 0.7 nicht zum Erfolg führt. Dieses Ergebnis zeigt deutlich, wieso die sowjetischen Streitkräfte neben dem Einzelschlag auch den Gruppenschlag kennen. Auf Grund dieser Feststellung benützen wir die folgende Formel über die Zahl der nuklearen Ladungen gegen ein einzelnes Ziel:

$$f = \frac{\ln(1 - P(ATj))}{\ln(1 - P(DTi,j))} \qquad \text{(Nr. 6),}$$

wobei ATj die erwünschte Trefferwahrscheinlichkeit gegen ein Ziel j ist.

2.3.3. Die nuklearen Einsatzmittel ([IISS85], [Hines85], [Adelphi88], [CRS86-83])

Für ROT werden folgende nukleare Streitkräfte unterschieden:

<u>Division:</u>   ballistische Flugkörper kurzer Reichweite (Lance, FROG, SS-21)

                 mit den folgenden charakteristischen Parameter:

CA = 0.8	Reichweite = 100 - 150 km
HE = 0.9	CEP = 0.4 - 0.05 km
	Ladung = 100 - 200 KT

Anzahl Werfer: 4; Anzahl Träger 16.

<u>Armee:</u>   ballistische Flugkörper grösserer Reichweite, und grösseren Ladungen:

CA = 0.8	Reichweite = bis 500 km
HE = 0.9	CEP = 0.5 - 0.1 km
Ladung = 100 - 200 KT	

Anzahl Werfer: 9; Anzahl Träger: 18.

2.3.4. Ziele und Verluste [Constant81, Batt84]

Festlegung der Zielklassen für Kernwaffen ROT im Einsatz gegen ein BLAUES Feldarmeekorps (FAK):

FAK HQ :   Die (zwei) Hauptquartiere des Feldarmeekorps entscheiden über den
            Einsatz der mechanisierten Division und der andern Reserven. Bei der
            Zerstörung beider HQ werden nur Teile dieser Division und der andern
            Reserven in den konventionellen Kampf eingreifen. Diese Tatsache
            implementieren wir durch die Verminderung der Einheiten auf 2/3 der Stärke
            vor dem atomaren Angriff.

Div HQ :   Die HQ dieser Divisionen (je 2 pro Div) entscheiden über den Einsatz der
            mechanisierten und der übrigen Reserven. Bei der Zerstörung beider HQ werde
            nur Teile der Reserven eingesetzt. Dies implementieren
            wir durch die Verminderung der Kräfte auf 2/3 der ursprünglichen Stärke.

Gemäss Annahme sind beide Zielklassen verbunkert und unterirdisch.

Panzer :   Die Gegenschlagsverbände sind für die Waffen ROT ein lohnendes Ziel. Die
            Panzer der BLAUEN Gegenschlagsverbände sind gemäss Annahme gleichmässig übe
            ein kreisförmiges Gebiet verteilt.

Infanterie: Die Kdt ROT werden Infanterie-Stützpunkte in der Tiefe angreifen, falls
            keine lohnendere Ziele bestehen. Die Soldaten dieser Infanterieziele sind
            gleichmässig über ein kreisförmiges Gebiet verteilt.

Artillerie: Auch die Artillerie bildet ein Ziel für ROT. Die Geschütze sind gleichmässi
            über ein kreisförmiges Gebiet verteilt.

Für die Bestimmung der Wirkung und der Verluste basieren wir auf einer DR_{100} für eine
eine nukleare Ladung von 100 KT. Diese Ladung wird durch die effektive Ladung
korrigiert:

$$DR = DR_{100} * (Y / 100)^{1/3} \qquad\qquad (Nr.\ 7)$$

Die Verluste bei Panzer, Infanterie und Artillerie sind bestimmt durch den Radius der
Fläche AR über welche das Ziel verteilt ist (kurz Zielgebiet) und den CEP des
nuklearen Trägers.

$$N = n * \frac{DR^2}{AR^2} \qquad\qquad \text{mit CEP} << AR \qquad\qquad (Nr.\ 8)$$

wobei gilt: n: Zahl der einzelnen Ziele, N: Zahl der zerstörten einzelnen Ziele.
Die relative Wirkung RI dieser Ziele aus Sicht Rot wird für die Auswertung der tatsächlichen Ziele durch das Submodell ComCon verwendet. Den Flugkörpern auf Armeestufe
werden die wichtigeren Ziele wie FAK HQ, DIV HQ und mechanisierte Verbände zugewiesen.
Die Zahl der Raketen, die gegen ein bestimmtes Ziel eingesetzt werden, wird festgelegt
indem für jedes einzelne Ziel eine Vernichtungswahrscheinlichkeit PP bestimmt wird.
Diese Zahl wird ermittelt in Verbindung mit der Formel (Nr. 6) (siehe 2.3.2).

2.3.5. Die Abwehr gegen taktische ballistische Flugkörper ATMS

Die Simulation der Auswirkungen eines ATMS gegen einen Nuklearangriff ROT erfolgt auch durch ein Monte-Carlo-Modell mit den folgenden Ereignissen:

CDi : Die angreifende Rakete ROT wird rechtzeitig für die Reaktion des ATMS entdeckt.

BA_L : Ein BLAUER ATM Flugkörper funktioniert.

CHi,j : Die ballistische Rakete ROT wird durch das BLAUE ATMS getroffen.

ADi : Die ROTE ballistische Rakete wird von mindestens einem der m durch BLAU abgefeuerten ATM Flugkörper getroffen.

Die Wahrscheinlichkeit, dass eine ballistische Rakete ROT von mindestens einem der m durch BLAU abgefeuerten ATM getroffen wird, wird wie folgt berechnet:

$$P(ADi) = P(CDi) * (1 - (1 - P(BA_L)*P(CHi,L))^m) \qquad (Nr.\ 9)$$

2.3.6. Zusammenstellung

Wenn wir die Auswirkung der m BLAUEN ATM berücksichtigen, so erhalten wir für die Zerstörung eines Zieles durch f ROTE ballistische Flugkörper folgende Wahrscheinlichkeit:

$$P(ATj) = 1 - \prod_{i=1}^{f} (1 - P(DTi,j) * (1 - P(ADi)) \qquad (Nr.10)$$

2.4. Die Führung (ComCon)

Das Submodell Führung steht über dem gesamten Modell und simuliert folgende Ereignisse:

- **Aufklärung:** ROT klärt hinter den BLAUEN Linien auf, für die Erfassung der möglichen Ziele.

- **Nukleare Angriffe:** aufgrund verschiedener Kriterien entscheidet ROT über Zeitpunkt und Art des nuklearen Angriffs.

- **Reserven:** aufgrund gewisser Kriterien entscheidet ROT, wann mit der zweiten Staffel angegriffen wird. BLAU entscheidet aufgrund anderer Kriterien, wann die die mechanisierten Gegenschläge und die Reserven eingesetzt werden.

2.4.1. Aufklärung

Die ROTE Aufklärung wird mittels eines Monte-Carlo-Modells simuliert. Jedem BLAUEN Ziel wird eine Entdeckungswahrscheinlichkeit P(TD) zugewiesen, betreffend Grösse und Tarnung der Ziele. Um zubestimmen, ob ein Ziel erkannt ist, wird gewürfelt.

2.4.2. Die nuklearen Angriffe

Mit einer Wahrscheinlichkeit PP für ROT, wird das angegriffene Ziel zerstört. Folglich wird ROT einem wichtigen Ziel mit einer höheren PP mehr Raketen zuweisen. Der Algorithmus für den Nuklearangriff:

```
FOR alle vorhandenen BLAUEN Zielklassen DO
    FOR jedes Ziel der Klasse DO
        IF Ziel entdeckt THEN
            IF genügend ballistische Raketen vorhanden, THEN Abfeuern der für die
                Zerstörung des Zieles bei einer Wahrscheinlichkeit
                PP benötigter Anzahl Raketen.
        END
    END
END
```

END

Nach dem nuklearen Angriff werden die Werfer nachgeladen. Für eine gewisse Zeit sind die Werfer inoperationell. Diese Zeitspanne umfasst das Nachladen und die taktische Verschiebung.

2.4.3. Die Reserven

Der erste Einsatz der Nuklearwaffen erfolgt unmittelbar nach dem Vorbereitungsfeuer der Artillerie. Ein weiterer Nukleareinsatz erfolgt, wenn ROT nicht schnell genug zu seinem Ziel vorstossen kann. Dieses Ereignis simulieren wir, indem wir die Verluste beider Seiten berücksichtigen. Die Verluste dR der ROTEN Seite dürfen auf keinen Fall grösser sein als jene der BLAUEN Seite dB. Weiter darf die Differenz der Verluste der ROTEN Seite gegenüber der BLAUEN Seite über einen bestimmten Zeitraum nicht unter den Schwellenwert TVAttackStopped fallen. Die zweite Staffel wird eingesetzt, sobald die Zahl der ersten Streitkräfte der ersten Staffel unter den Wert IREDmin fällt.

```
IF   dB > dR    THEN
        Atomwaffeneinsatz
        IF IRED < IREDmin  OR TRED < TREDmin   THEN
        Einsatz der zweiten Staffel
     END
ELSE
     IF ((dB - dR / dt) < TVAttackStopped   THEN
        Atomwaffeneinsatz
        IF  IRED < IREDmin  OR   TRED < TREDmin    THEN
           Einsatz der zweiten Staffel
        END
     END
END
```

Auf der BLAUEN Seite werden die Panzer-Bataillone ähnlich eingesetzt. Sobald BLAU weniger Soldaten hat als der Schwellenwert TVGegenschlag, werden die Panzer-Bataillone eingesetzt. Nach dem Gegenschlag werden die BLAUEN Panzer reorganisiert und für eine gewisse Zeitspanne nicht eingesetzt. Diese Zeitspanne umfasst die Reorganisation und di taktische Verschiebung. Mit dem Schwellenwert TVGegenschlag stellen wir dar, dass BLAU Gegenschläge erst auslöst, wenn die ersten ROTEN Verbände die BLAUE Infanterie durch-brochen haben.

```
IF   IBLUE  <  TVGegenschlag THEN
        IF Panzer-Bataillone zur Verfügung  THEN
           TRED,j : = MIN(TRED, Ueberraschungsfaktor*TBLUE,j)
        ELSE
           kein Gegenschlag
        END
END
```

Das Ende einer BLAUEN Kampfphase ist durch den Schwellenwert TVBreakthrough für den ROTEN Durchbruch bestimmt. Da die übriggebliebenen BLAUEN Truppen im Kampf verbleiben,

werden die Truppen der nächsten Kampfphase zur Gesamtzahl der BLAUEN Truppen hinzuge-
zählt. Der Ueberraschungsfaktor simuliert den Umstand, dass der BLAUE Kommandant einer
Gegenschlagseinheit versuchen wird, seinen ROTEN Gegner überraschend anzugreifen und
Ueberraschungsfaktor x feindliche Panzer zu zerstören. Im Modell nehmen wir an, dass
das immer der Fall ist. Das Ende der Simulation ist erreicht, sobald die zweite ROTE
Staffel gestoppt ist, und ROT über keine Flugkörper mehr verfügt, oder wenn die
dritte BLAUE Phase mit einem ROTEN Durchbruch endet. Im ersten Fall gewinnt BLAU,
im zweiten ROT. Die Schwellenwerte TV werden durch Faktoren bestimmt, die zu Beginn
der jeweiligen Phase mit der Stärke der ROTEN und BLAUEN Truppen multipliziert werden.

3. Implementierung

Wir haben das Modell auf einem IBM kompatiblen PC mit Turbo Pascal 3.0 implementiert.
Das Programm benötigt ein ASCII-File als Parameter-File und produziert zwei Output-
Files:ein log-File und ein data-File. Das log-File zeichnet die Ereignisse in einem
ASCII-File auf, das data-File enthält in einem ASCII-File die Zahl der Truppen, der
Panzer etc für jeden Simulationsschritt. Das data-File kann auch von einem andern
Programm verarbeitet werden zur Erzeugung von Plots oder als statistische Ausgangs-
situation für eine Simulation.

4. Mängel

- Die Parameter für beide Seiten hängen nur von unserer Phase und nicht von unserer
  und der Feindphase ab. Militärische Fachleute werden deshalb Mühe haben, die
  Werte dieser Parameter zu verstehen (so hat z.B. die Felddivision einen tiefern
  Koeffizienten gegen ROTE Infanterie als die Grenzbrigade, obwohl die Felddivi-
  sion aus jüngeren und besser trainierten Truppen besteht)
- Die Auswirkung auf die Truppen, hervorgerufen durch die Zerstörung eines
  Hauptquartiers, ist allgemein gehalten.
- Die psychologischen Auswirkungen eines Atomwaffenangriffes auf nicht direkt
  getroffene Truppen wird vernachlässigt.
- Die Auswirkungen der durch den Angriff verursachten Schäden auf das Vor-
  rücken der ROTEN Einheiten, die auf ein intaktes Strassennetz angewiesen sind,
  werden nicht berücksichtigt.

5. Resultate

Zuerst haben wir die Koeffizienten eines konventionellen Kampfes, indem wir sie
unseren Erwartungen bezüglich eines konventionellen Kampfes anpassten, bestimmt. Für
diese Eichung haben wir die Verluste und die Zeit berücksichtigt. Anschliessend haben
wir eine deterministische Simulation eines konventionellen Kampfes, sechs Simulationen
eines nuklearen Kampfes mit verschiedenen Zufällen und einige Simulationen eines
nuklearen Kampfes mit BLAUEN ATM durchgeführt. Im Kampf mit ATM zeigten die Resultate
eine relativ geringe Abweichung. Die sechs reinen Nukleareinsätze hat ROT zu seinen
Gunsten entscheiden. ROT konnte das BLAUE Dispositiv durchbrechen.

6. Folgerungen

Beim Einsatz des Modells NukSim konnten wir feststellen, dass der ROTE Angreifer einen
grossen Vorteil durch den Einsatz seiner Atomwaffen hat. Die taktischen und die

operativ-taktischen Raketen bilden eine echte Bedrohung für eine rein konventionelle und rein defensive Armee. Diese Waffen sollten auch nach einem INF-Vetrag zwischen Amerika und der Sowjetunion nicht vergessen werden. Wir glauben, dass diese Waffen auch mit nicht-nuklearen Ladungen (FAE oder C-Kampfstoffe) in Europa einen Destabilisierungsfaktor bilden und für eine rein defensive, konventionell ausgerüstete Armee eine Bedrohung darstellen, weil bis heute noch keine direkte Abwehrmassnahmen wie die ATM existieren. Der Einsatz von ATM ist nur eine mögliche Antwort. Eine andere Möglichkeit wäre politischer Druck auf beide Seiten zur Abschaffung dieser Waffen oder der Einsatz von Flugzeugen mit guter Eindringeigenschaft zur Bekämpfung der Stellungen dieser Raketen.

<u>Literaturhinweise:</u>

[Adelphi188]   S.M.Meyer, "Soviet Theatre Nuclear Forces",
                Adelphi Papers 188, IISS, London, 1984.

[Batt84]   J.A.Battilega,J.K.Grange, "The Military Applications of Modeling",
                Air Force Institute of Technology Press, Ohio, 1984.

[Booch86]   Grady Booch, "Software Engineering with Ada",
                Second Edition, Benjamin/Cummings, Menlo Parc Ca., 1986.

[CRS85-83]   J.M.Collins,P.M.Cronin, "U.S./Soviet Military Balance", Congressional
                Research Service, Washington DC, 1985.

[Constant81]   J.N.Constant, "Fundamentals of Strategic Weapons Offense and Defense
                Systems", Martinus Nijhoff Pub., The Hague, 1981.

[Hines85]   K.L.Hines, "Taktische ballistische Flugkörper der Sowjetunion",
                Internationale Wehrrevue 12/1985, S. 1909-1914.

[IISS85]   The International Institute for Strategic Studies, "The Military
                Balance", London, 1985.

[Stahel80]   A.A.Stahel, "Simulationen sicherheitspolitischer Prozesse", Huber,
                Frauenfeld, 1980.

Inhaltsverzeichnis:

Montage- und Handhabungssysteme

<u>Rechnergestützte Modellbildung und Simulation flexibel automatisierter</u>
<u>Montagesysteme</u>

H. Hartberger
Lehrstuhl für Werkzeugmaschinen und Betriebswissenschaften
Technische Universität München
Leiter o.Prof. Dr.-Ing. J. Milberg

1. <u>Einleitung</u>

In einem hochtechnisierten Land wie der BRD wird die Automatisierung
der Produktion schon lange intensiv betrieben. Besonders im Fertigungs-
bereich stieg der Automatisierungsgrad in den letzten Jahren erheblich.
Nachdem der Automatisierungsgrad in der Teilefertigung einen relativ
hohen Stand erreicht hat, fällt das Augenmerk der Produktionstechniker
verstärkt auf den Montagebereich. In der Montage stecken noch ausreichend Rationalisierungspotentiale [1]. Eine flexibel automatisierte
Montage kann zukünftig wesentlich dazu beitragen, die Wettbewerbsfähigkeit deutscher Unternehmen im internationalen Wettbewerb zu sichern
[2].

Der erfolgreiche Einsatz einer automatisierten Montageanlage hängt
nicht zuletzt von einer ausführlichen und exakten Planung ab. In der
Planungsphase müssen alle zu automatisierenden Aufgabenkomplexe in einzelne Handlungsschritte zerlegt, und Produkt und Montagesystem so aufeinander abgestimmt werden [3], daß die einzelnen Handlungsschritte
durch Rechner und Maschinensteuerungen abgearbeitet werden können. Nur
eine exakte Planung mit optimalen Werkzeugen kann eine reibungslose Inbetriebnahme und einen möglichst störungsfreien Betrieb einer flexibel
automatisierten Montageanlage gewährleisten.

2. <u>Rechnergestützte Modellbildung</u>

Der Begriff System im Wort Montagesystem ist ein Schlüsselbegriff der
Modellbildung. In [4] finden sich 24 unterschiedliche Definitionen für
den Begriff "System", die sich für ihre Sicht und Anwendung als zweckmäßig erwiesen haben. Für das Entwickeln und Konstruieren von Produkt
und Montagesystem eignet sich der Systembegriff gemäß der VDI Richt-

linie 2221 [5]: Ein technisches System ist eine Gesamtheit von der Umgebung abgrenzbarer, geordneter und verknüpfter Elemente, die mit dieser durch technische Ein- und Ausgangsgrößen in Verbindung stehen. Beschreibt man dabei eine Gesamtheit von Elementen als System, und Teilbereiche davon wiederum als ein eigenes System, so gelangt man zu einem hierarchischen Systemansatz. Bei der automatisierten Montage können prinzipiell drei Ebenen von Systemen und damit drei Komplexitätsstufen unterschieden werden, die "automatisierte Montageanlage", die "Montagezelle" und das "Montagegerät" (zum Beispiel Industrieroboter oder Fügevorrichtung).

Durch Modellieren, durch Vereinfachen eines Sachverhalts mit abstrahierenden Begriffen, gelingt es ein komplexes Gebilde, wie z.B. eine Montageanlage, zu strukturieren. Das Modell hat die Aufgabe, Abläufe im Realsystem zu beschreiben, ein bestimmtes Verhalten abzubilden oder Sachverhalte zu erklären. Für die Entwicklung und Konstruktion von Produkt und Montagesystem sind die wichtigsten Modelle, Produktmodelle, Prozeßmodelle und Montagesystemmodelle. Es ist sinnvoll, die einzelnen Modelle auf den drei Ebenen der Komponente, der Zelle und der Anlage zu bilden [6,7], um die Komplexität der Modelle für die Rechnerbearbeitung in geeignetem Umfang zu halten.

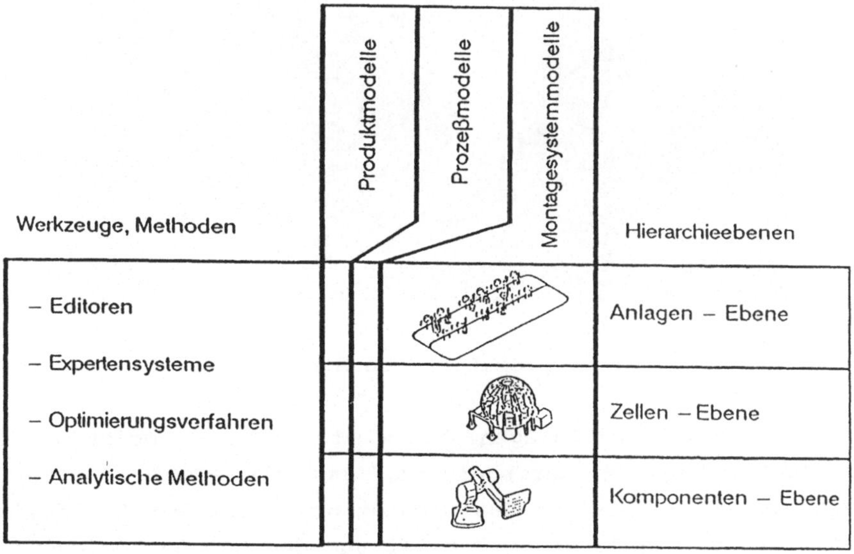

Bild 1: Hierarchische Strukturierung von Modellen

3. Aktueller Stand von Simulationswerkzeugen

In der rechnerbasierten Simulation werden die an sich statischen Modelle von Produkt, Montagesystem und Prozessen im Rechner in einzelnen Re-
chenschritten nachgebildet und am Bildschirm visualisiert. Bei der Simulation auf der Komponentenebene können auf der Basis der Finiten-
Elemente-Methode Fügeprozesse anschaulich untersucht werden [8]. Ziel
der Simulation auf der Komponentenebene ist, Aussagen über die automatische Montierbarkeit eines Teils zu erhalten, ohne aufwendige Versuchsaufbauten durchführen zu müssen. Die Simulation auf der Zellenebe-
ne erleichtert die Layoutplanung von Montagezellen (Bild 2). Mit dem
Simulationssystem USIS (Universal Simulation System) wird der Montage-
planer bei der Roboterauswahl, dem Zellenentwurf, bei der Kollisions-
kontrolle und der Roboterprogrammierung offline am Bildschirm unterstützt [7].   Über eine definierte Schnittstelle können CAD-Modelle von
Produkt und Bereitstellungseinrichtungen in USIS-Objekte übertragen
werden. Die Modellbildung in USIS erfolgt automatisch durch die Übernahme von CAD-Modellen und erfordert keinen zusätzlichen Aufwand.

Bild 2: Simulation einer flexiblen Montagezelle zur Frontendmontage

Die Simulation auf der Anlagenebene wird heutzutage meist mit einem Si-
mulationsprogrammpaket durchgeführt, das mit einem Benutzerinterface
versehen wurde. So basiert das Simulationssystem MONSIM (MONtage SIMulation) auf dem Simulator GPSS F III und dem CAD System Medusa als Be-
nutzereingabeumgebung. Es eignet sich sehr gut für gleichartige Problemstellungen, bei funktionalen Änderungen dagegen erfordert es einen
großen Programmieraufwand.

4. Wissensbasierte Modellbildung

Die Modellbildung mit einem wissensbasierten System ermöglicht dem Planer eine größere Freiheit im Modellaufbau als die Modellbildung mit einem konventionellen Simulator. Der Planer kann selbst gefundene Montagestrukturen und Komponenten objektorientiert in einer Wissensbasis ablegen und ist nicht an relativ starr vorgegebene Regeln von Unterprogrammaufrufen wie z.B. des Simulationspakets GPSS gebunden. Das wissensbasierte System bietet nur allgemeingültige Strukturen wie den Typ des Objekts an, die Art und die genauen Eigenschaften kann der Planer selbst spezifizieren. Auch die Interaktion der Objekte, die über Nachrichten erfolgt, kann der Planer selbst steuern. Außerdem bietet das System ein komfortables Maus-Menü Benutzerinterface. An dem Beïspiel der Auslegungsplanung von Montagesystemen soll die Vorgehensweise bei der wissensbasierten Modellbildung gezeigt werden. Zuerst wird eine Analyse von Montagesystemen durchgeführt. Die Komponenten von Montagesystemen und deren Eigenschaften werden erfaßt, und in Form einer Wissensbasis abgelegt (Bild 3). Analog dazu werden Ablaufstrukturen, wie Reihenfolgebeziehungen oder Arbeitspläne, in einer Wissensbasis abgelegt. Die Bildung eines Simulationsmodells kann graphisch durch Instanzierung von Objekten und deren Relationen zueinander erfolgen. Bei Bedarf kann aber auch vererbtes Verhalten in dem entsprechenden Objekt mittels LISP-Code modifiziert und ergänzt werden.

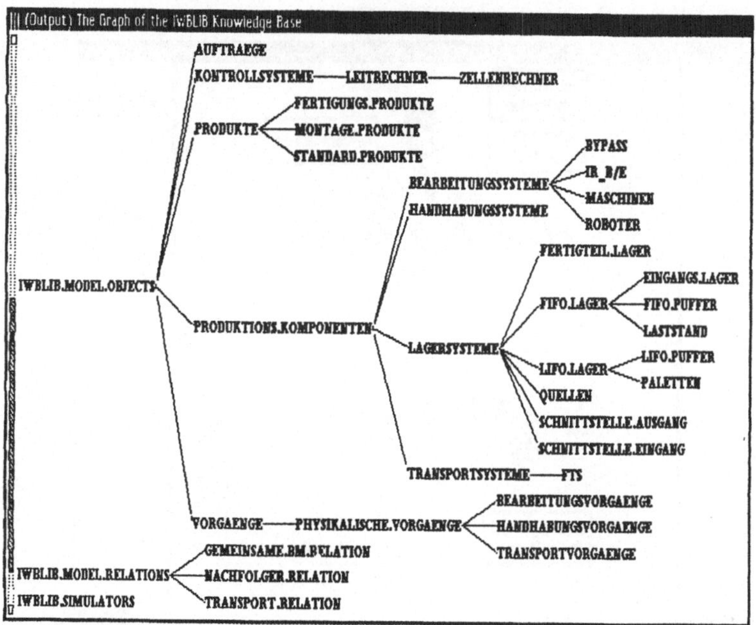

Bild 3:   Hierarchischer Graph der Wissensbasis von Montagesystemen

5. Wissensbasierte Simulation

Eine erfolgreiche Simulation erfordert die Transparenz des Modells bei Änderungen während der Simulationsläufe. In einer wissensbasierten Simulationsumgebung bleiben auch komplexe Änderungen anschaulich, da der Planer das Objekt direkt anfassen kann und dessen Eigenschaften für den nächsten Simulationslauf verändern kann. Während des Simulationslaufs hilft das System, wichtige Daten zu sammeln und diese anschaulich auszuwerten. Weitere wissensbasierte Teilmodule können die menschliche Interpretation der gesammelten Daten und die Bestimmung der neuen Eingabedaten wirkungsvoll unterstützen.

Für die Simulation auf der Anlagenebene wird ein wissensbasiertes System zur Auslegungsplanung einer PKW-Frontendmontage eingesetzt. Auf graphische Weise wird das Modell durch Erzeugen von Objekten und deren Relationen zueinander erstellt (Bild 4). Parametereingaben über geänderte Bearbeitungszeiten oder Puffergrößen können durch Anklicken des entsprechenden Objekts direkt über ein pop-up-Menü eingegeben werden. Die Auswertung der Daten erfolgt sofort graphisch und anschaulich in der ausgewählten Form. Zu einem frühen Zeitpunkt kann, auch mit noch unsicheren Daten, die Planung der Montagestrukturen begonnen werden. Ohne großen Änderungsaufwand können später neu gewonnene Daten, wie z.B. Bearbeitungszeiten, aus USIS, in das System eingebracht werden und die Montageanlage weiter optimiert werden.

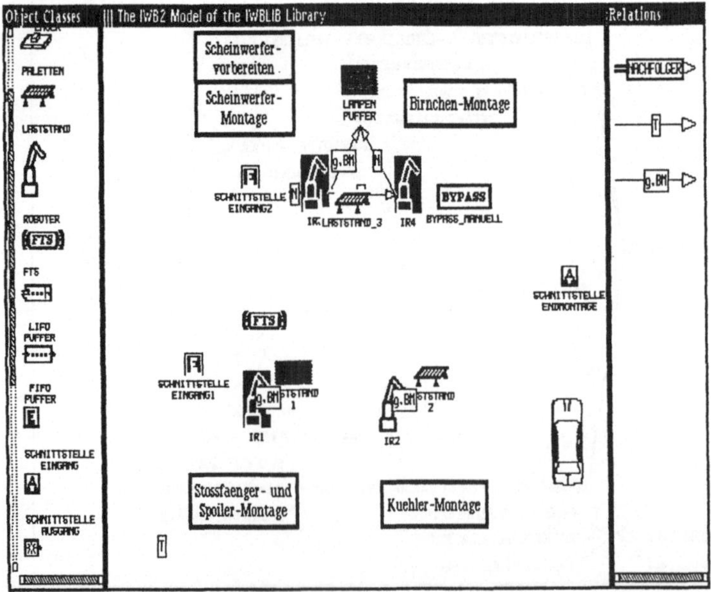

Bild 4: Wissensbasierte Simulation einer PKW-Frontendmontage

6. Zusammenfassung

Der Einsatz von Simulationswerkzeugen mit modellhaften Darstellungen von Objekten und Vorgängen auf verschiedenen Ebenen ermöglicht einen Schritt in Richtung Simultanplanung. Heute werden in der Planung Aufgaben sequentiell nacheinander bearbeitet und Probleme werden häufig erst bei der Inbetriebnahme der Anlage erkannt, da die Planung zu abstrakt und zuwenig anschaulich ist. Durch einen Einsatz von rechnerunterstützten Werkzeugen, die einen geringen Modellbildungsaufwand erfordern, kann schon frühzeitig auf mehreren Ebenen (Komponente, Zelle und Anlage) die geplante Realität simuliert werden. Mit den gewonnen Erfahrungen und Ergebnissen bei der Simulation kann die Komplexität der Montageaufgabe aufgeteilt, gegenseitige Erkenntnisse der Planer untereinander gefördert, eine kurze Entwicklungsdauer angestrebt und eine sichere Planung erreicht werden.

Vor dem Hintergrund der beiden Anforderungen an die Planung, kurze Entwicklungszeit und Planungssicherheit, müssen an die zukünftige Entwicklung der Simulationswerkzeuge vor allem drei Bedingungen geknüpft werden: Geringer Aufwand, Bedienfreundlichkeit und Anschaulichkeit. Durch Übernahme bereits vorhandener Modelle und geeigente Benutzerinterfaces können diese Bedingungen erfüllt werden. Der Einsatz wissensbasierter Systeme bietet sich hierfür an.

[1]   Milberg,J., Bürstner,H.: "Montageautomatisierung, ein wirksamer Wettbewerbsfaktor", Planung und Produktion 35 (1987) 3, S. 6-15.

[2]   Milberg,J.: "Sammelbecken aller Fehler: Die Montageautomatisierung kommt nur langsam voran", Moderne Fertigung (1987) 6, S. 32-39.

[3]   Barthelmeß,P.: Montagegerechtes Konstruieren durch die Integration von Produkt- und Montageprozeßgestaltung, Springer-Verlag, Berlin 1987.

[4]   Klir, G.J: An Approach to General Systems Theory, New York,Van Nostrand Reinhold Company 1969.

[5]   o.V.: VDI 2221 (10/86), Methodik zum Entwickeln und Konstruieren technischer Systeme und Produkte.

[6]   Spur G.: Geometrische Methoden- und Modellbank , Forschungsbericht 1984-87, Teilprojekt A1 des SFB: Rechnergestützte Konstruktionsmodelle im Maschinenwesen, TU Berlin 1987.

[7]   Milberg,J.; Wrba,P.: "Robotereinsatzplanung und Offline Programmierung mit USIS", ZwF 81 (1986), S.484-488.

[8]   Riese,K.: Klipsmontage mit Industrierobotern, Springer- Verlag 1988.

SIMULATION EINER HANDHABUNGSGERÄTESTEUERUNG UND DER NICHTLINEAREN HANDHABUNGSGERÄTEDYNAMIK

Wunderlich, H.; Zimmermann, U.; Rake, H.; Bruns, M.

Institut für Regelungstechnik der RWTH Aachen
Steinbachstr. 54, D-5100 Aachen

Einleitung

Der Einsatz moderner Regelungsverfahren und eine verbesserte Einstellung konventioneller Regelungen setzen die Kenntnis des exakten dynamischen Verhaltens von Handhabungsgeräten voraus. Für solche Mehrkörpersysteme kann dies nur durch eine aufwendige Modellbildung erreicht werden. Hierzu müssen die Komponenten der Handhabungsgeräte-Steuerung, die Antriebe und der mechanische Aufbau betrachtet werden, da ansonsten kaum vergleichende Untersuchungen zum Verhalten realer Systeme durchgeführt werden können. Auf der Basis grundlegender theoretischer Verfahren zur Beschreibung der nichtlinearen Dynamik mehrachsiger Handhabungsgeräte wurde im Institut für Regelungstechnik ein Programmpaket zur Simulation einerseits der Funktionen einer industriellen Handhabungsgerätesteuerung und andererseits des nichtlinearen Verhaltens eines industriellen Scara-Roboters erstellt.

Simulation einer Handhabungsgerätesteuerung

Um Simulationsergebnisse mit dem tatsächlichen Verhalten von Handhabungsgeräten vergleichen zu können, ist die Vorgabe realistischer Eingabedaten, wie sie von einer industriellen Handhabungsgerätesteuerung erzeugt und den Antrieben des Handhabungsgerätes zugeführt werden, erforderlich.

Zur Erstellung der Simulationsprogramme ist eine industrielle Handhabungsgeräte-Steuerung für beliebige 6-achsige Handhabungsgeräte anhand von Herstellerunterlagen /A1/ und eigenen Arbeiten ausführlich hinsichtlich Struktur und Aufbau der übergeordneten Steuerungsfunktionen und der Lageregelung analysiert worden. Die Struktur der Handhabungsgerätesteuerung ist in Bild 1 dargestellt. Die digitalen und analogen Komponenten der Steuerung sowie deren Verbindung mit den Komponenten eines Handhabungsgerätes werden in der Simulation berücksichtigt. Entsprechend der Struktur der Steuerung werden in einem Rechnerprogramm die übergeordneten Steuerungsfunktionen Bahngenerierung, Grobinterpolation und Koordinatentransformation simuliert. Die Programmierung der Bahnkurven erfolgt entsprechend der Bedienung des Roboter-Handprogrammiergerätes über ein Terminal. Als Ausgabedaten werden für jede Handhabungsgeräteachse die Gelenkkoordinaten berechnet.

Nach der Vorgabe der Gelenkkoordinaten in dem Zeittakt der übergeordneten Steuerung ist eine Feininterpolation der Lagesollwerte erforderlich, die entsprechend dem Steuerungsaufbau und zur Einsparung von Speicherplatz in den nachfolgenden Programmen zur Simulation der Regelung und der Handhabungsgerätedynamik durchgeführt wird. In dem Programm zur Simulation des Bewegungsablaufs werden die Aufgaben der Regelung in einem austauschbaren Programmodul bearbeitet. In Anlehnung an die vorliegende Handhabungsgerätesteuerung wird die Regelung in einem

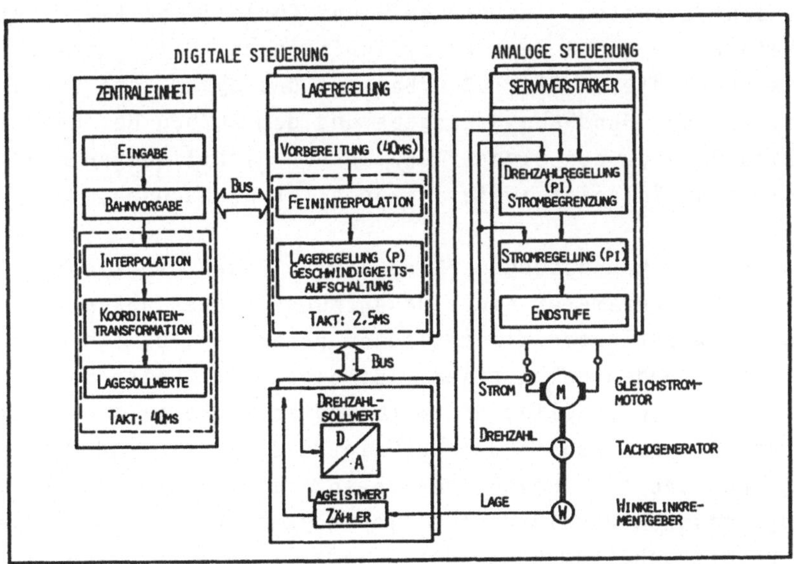

Bild 1: Struktur der Handhabungsgerätesteuerung

ersten Schritt als eine kaskadenförmige digitale Lage- und analoge
Drehzahl- und Stromregelung mit einer Geschwindigkeitsaufschaltung realisiert. Durch den modularen Programmaufbau und die Nutzung eines Da-
tenbanksystems zur Verwaltung von Ein- und Ausgabedateien kann der Einfluß verschiedener Steuerparameter und Steuerungsfunktionen auf die
Stellgrößen der einzelnen Handhabungsgeräteachsen, die den Signalen zur
Ansteuerung der Servoantriebe entsprechen, untersucht werden.

Simulation der nichtlinearen Handhabungsgerätedynamik

Die Zielsetzung, durch den Einsatz moderner Regelungsverfahren bei hohen Beschleunigungen und Geschwindigkeiten gleichzeitig eine genaue
Positionierung und ein exaktes Abfahren einer vorgegebenen Bahnkurve zu
ermöglichen, erfordern eine detaillierte Beschreibung und Untersuchung
des dynamischen Verhaltens von Handhabungsgeräten, das für solche Mehrkörpersysteme aus einer nichtlinearen, zeitvarianten Bewegungsgleichung
abgeleitet werden kann. Wesentliche Einflußgrößen auf die Handhabungsgerätedynamik sind die Trägheitsmomente der mechanischen Achsen und der
Servoantriebe, Stützmomente, die bei gleichzeitiger Bewegung dynamisch
gekoppelter Achsen auftreten, Zentrifugal- und Corioliskräfte, Gravita-
tionskräfte, Reibkräfte und äußere Krafteinwirkungen /V1/. Dabei verändert sich die Wirkung dieser Einflußgrößen auf das dynamische Verhalten
in Abhängigkeit von der Handhabungsaufgabe und dem Aufbau des Handhabungsgeräts. Bild 2 zeigt den Signalflußplan der nichtlinearen Handhabungsgerätedynamik am Beispiel zweier gekoppelter Drehachsen.

Für die Simulation der Handhabungsgerätedynamik müssen die kinematischen und dynamischen Parameter eines Handhabungsgerätes bekannt sein.
Zur Festlegung der wichtigsten kinematischen Parameter für eine Handha-
bungsgerätestruktur werden neben einem raumfesten, kartesischen Bezugs-
koordinatensystem für jedes Glied ein mitbewegtes, lokales Koordinatensystem definiert. Dadurch können die benötigten Einheits- und Abstands-
vektoren festgelegt und die zugehörigen Daten ermittelt werden. Die
wesentlichen dynamischen Parameter für ein Handhabungsgerät sind die
Masse und die Hauptträgheitsmomente der Glieder. Diese Parameter können
durch Messungen, die eine vollständige Demontage des Handhabungsgeräts
erforderlich machen, oder durch Berechnungen auf der Basis von Kon-
struktionsunterlagen ermittelt werden. Da die Berechnung der kinemati-

schen und dynamischen Parameter sehr aufwendig ist, wurde die Vorgehensweise systematisiert und ein Rechnerprogramm erstellt, das für beliebige Handhabungsgerätestrukturen einsetzbar ist. Die wesentlichen
Daten der Kinematik und Dynamik werden durch das Programm ermittelt und
zusammen mit den Kenngrößen der Servoantriebe in einer Datei abgelegt
/W1/.

Mit den kinematischen und dynamischen Parametern für einen industriellen Scara-Roboter und den aus der Simulation der Steuerungsfunktionen
zur Verfügung stehenden Eingabedaten wird die Simulation von Bewegungs-
abläufen unter Berücksichtigung der nichtlinearen Handhabungsgerätedy
namik durchgeführt. Die Simulationsprogramme ermöglichen die gezielte
Auswertung der Ergebnisse hinsichtlich der verschiedenen lageabhängigen
Einflußgrößen und der Nichtlinearitäten.

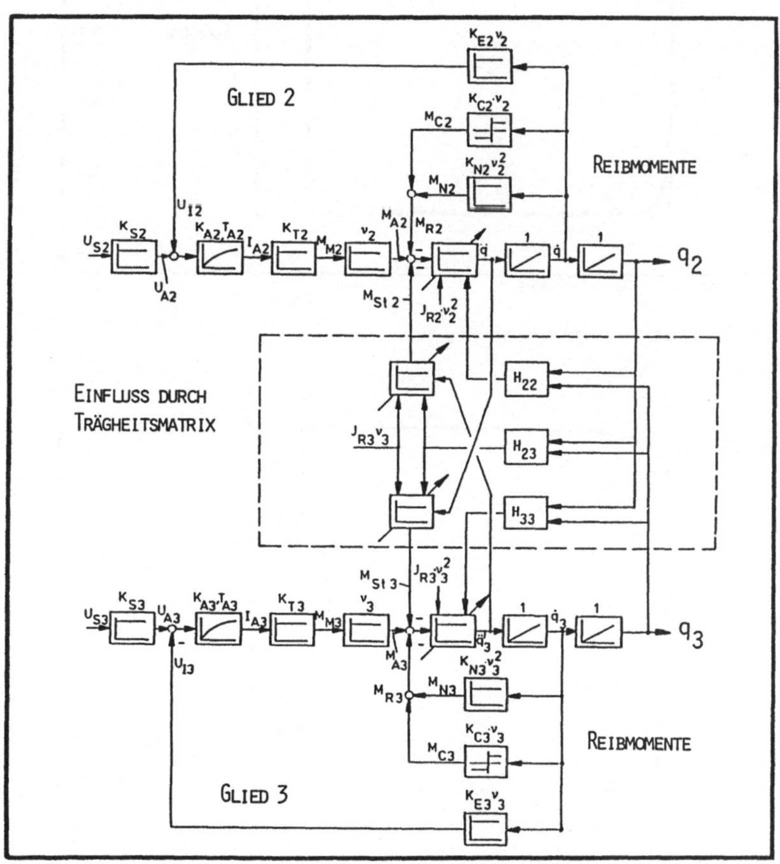

Bild 2: Signalflußplan der nichtlinearen Handhabungsgerätedynamik

Simulationsergebnisse

Die digitale Simulation wird am Beispiel einer Bahnkurve demonstriert.
In Bild 3 ist die Sollbahn und die Messung dargestellt. Entlang der
Bahnkurve wurden die Eckpunkte ohne Anhalten und ohne Vorgabe eines
Verschleifabstands mit 350 mm/s durchfahren. Die Gegenüberstellung der
Messung an einem Handhabungsgerät mit den Ergebnissen der digitalen
Simulation in Bild 4 zeigt eine gute Übereinstimmung der Kurvenzüge.

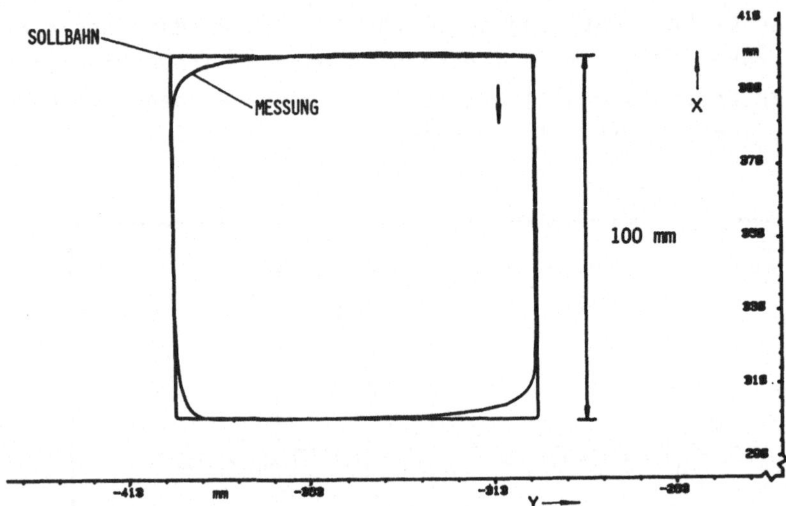

Bild 3: Messung einer Bahnkurve

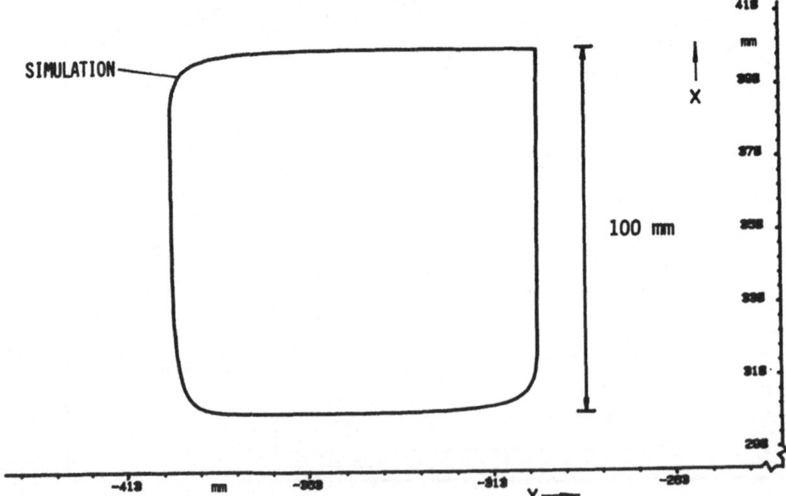

Bild 4: Simulation einer Bahnkurve

<u>Zusammenfassung</u>.

Zur Erprobung moderner Regelungsverfahren und zur Untersuchung des dynamischen Verhaltens mehrachsiger Handhabungsgeräte wurde ein Programmpaket für die Simulation einer modernen industriellen Mikrorechner-Steuerung für allgemeine Handhabungsgerätestrukturen und eines industriellen Scara-Roboters erstellt. Die Rechnerprogramme basieren auf einer eingehenden Analyse des Aufbaus und der Struktur der übergeordneten Steuerungsfunktionen und der Lageregelung sowie einer exakten Modellbildung der Servoantriebe und der mechanischen Geräteachsen. Die Untersuchungsergebnisse zeigen, daß der Berücksichtigung sowohl der Steuerungsabläufe als auch der nichtlinearen Systemdynamik bei der Durchführung vergleichender Untersuchungen an dem realen System und beim Einsatz praxisgerechter Regelungsverfahren eine besondere Bedeutung zukommt.

<u>Literatur</u>

/A1/ AEG: SERVATOR 02. Beschreibung des mechanischen Aufbaus mit seiner Wirkungsweise

/V1/ Vukobratovic, M.; Kircanski, N.: Real Time Dynamics of Manipulation Robots. Scientific Fundamentals of Robotics 4. Springer-Verlag Berlin, Heidelberg, New York.

/W1/ Wunderlich, H.; Zimmermann, U.; Rake, H.: Computer-Aided Modelling of Industrial Robots. 4th IFAC Symposium of Computer Aided Design in Control Systems (CADCS '88), Beijing, China, 1988.

SIMULATION EINES SENSORGEFÜHRTEN ROBOTERS
D. Classe,
Lehrstuhl für Fertigungsautomatisierung,
Universität Erlangen-Nürnberg,
D-8520 Erlangen, Egerlandstraße 7.

1. Einleitung

Unter Verwendung geeigneter Sensoren sind Roboter in der Lage, automatisch unbekannte Werkstückgeometrien zu erfassen und die aufgenommene Geometrieinformation dem Bediener zur Erleichterung der Bewegungsprogrammerstellung bereitzustellen. Diese Programmiermethode wird als sensorgestützte Programmierung bezeichnet und eignet sich besonders gut für Aufgaben, bei denen mathematisch schwer beschreibbare Werkstückgeometrien die Roboterbahnen festlegen. Der sensorbestückte Roboter nimmt die gesuchte Geometrieinformation von der Oberfläche des Werkstücks ab und überführt sie auf diese Weise vom mechanischen Geometriespeicher der Werkstückgestalt in die rechnerinterne Darstellung der Robotersteuerung. In der Einlernphase hat der Roboter den Sensor im Eingriff und fährt mit Hilfe von Steuerungsmechanismen einen Weg auf der Oberfläche des Werkstücks ab. Die Steuerung speichert zunächst die gewonnene Geometrieinformation und wandelt sie später in ein ablauffähiges Bewegungsprogramm um. In der Ausführungsphase ist anstelle des Sensors das Werkzeug im Eingriff, und die Steuerung korrigiert die zuvor mit dem Sensor aufgenommene Information entsprechend der Werkzeugmaße.

In der Literatur findet sich eine Reihe von Arbeiten, die die Verwendung von Sensorinformation bei der Bewegungsprogrammerstellung behandelt [z.B. 1-5]. Bei den verschiedenen Verfahren wird die Sensorinformation dazu genutzt, eine zuvor vom Anwender grob festgelegte Bewegung derart zu verfeinern, daß sie anschließend die Werkstückgegebenheiten ausreichend gut widerspiegelt. Für einen speziellen Aufgabentyp, der sich durch ebene Werkzeugbewegungen auszeichnet, wurde ein neues, besonders benutzerfreundliches Programmierverfahren entwickelt, bei dem die Vorgabe eines Bewegungsprogramms entfällt. Statt dessen definiert der Programmierer eine Schnittebene durch das Werkstück und läßt den sensorbestückten Roboter in einer Folge von Abtastschritten entlang der Schnittebene das Werkstück umkreisen. Das Verfahren und seine Einbettung in eine Steuerungsumgebung ist in [6] und [7] näher beschrieben.

Bei diesem Verfahren existiert vor dem Beginn der Programmierbewegung kein Bewegungsprogramm, und die Steuerung berechnet in jedem Abtastpunkt unter Berücksichtigung der Sensorinformation und des Konturverfolgungsalgorithmus ein neues Bahnstück, dem der Roboter bis zum nächsten Abtastpunkt folgt. Verglichen mit den anderen sensorgestützten Programmierverfahren ist das neue Verfahren in der Einlernphase aus diesem Grunde relativ empfindlich gegen Störeinflüsse. An einem praktischen Aufbau überlagern sich diese Einflüsse in unbekannter Weise, was eine detaillierte Untersuchung ihrer Signifanz unmöglich macht. Im Hinblick auf mögliche und sinnvolle Maßnahmen zur Störungskompensation sollen Simulationsstudien Hinweise darauf geben, wie sich einzelne Störungen auf die Programmierbewegung auswirken.

2. <u>Simulation des Programmiervorgangs</u>

Die Simulation soll die Programmierbewegung des praktischen Systems in Ihren wesentlichen Merkmalen nachempfinden. Dazu muß das Werkstück, das die gesuchte Roboterbewegung geometrisch festlegt, mit einbezogen werden, d.h. der Roboter kann nicht mehr als unabhängiges Objekt betrachtet werden. Das Gesamtmodell als Basis der Simulation setzt sich deshalb aus einem Umweltmodell, repräsentiert durch die Werkstückgeometrie, und einem Robotermodell zusammen. Das letztere besteht aus einer kontinuierlichen Komponenete, die die Dynamik der Robotermechanik und der Antriebe beschreibt, und einer diskreten Komponente, die diejenigen Algorithmen umfaßt, die beim realen System der Steuerrechner

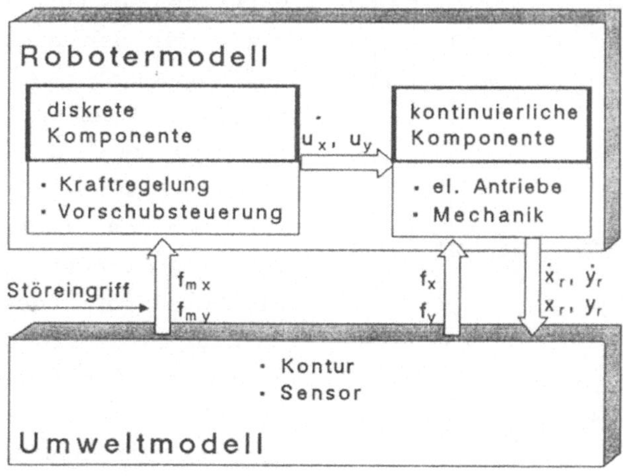

<u>Bild 1:</u> Struktur des Gesamtmodells

ausführt. Das sind im wesentlichen Kraftregelung und Vorschubsteuerung (s. Bild 1). Der Sensor, der das Bindeglied zwischen Roboter und Werkstück darstellt, wurde dem Umweltmodell zugeschlagen. Das Robotermodell übergibt die Roboterposition x_r, y_r und die Robotergeschwindigkeit $\dot{x}_r, \dot{y}_r$ an das Umweltmodell, das seinerseits dem Robotermodell die Kräfte f_x, f_y und f_{mx}, f_{my} zurückliefert (vgl. auch Bild 3).

Das Programmierverfahren arbeitet mit einer Schnittebene, in der die Programmierbewegung erfolgt. Aus diesem Grunde bietet es sich an, die Simulation als zweidimensionales Problem zu betrachten und die Modellkomponenten nur in zwei Koordinaten anzusetzen. Die durchgeführten Simulationen beschränken sich auf die x,y-Ebene, ohne dadurch die allgemeine Aussagekraft der Simulationsergebnisse zu beeinträchtigen.

3. Modellansatz für die kontinuierliche Komponente des Roboters

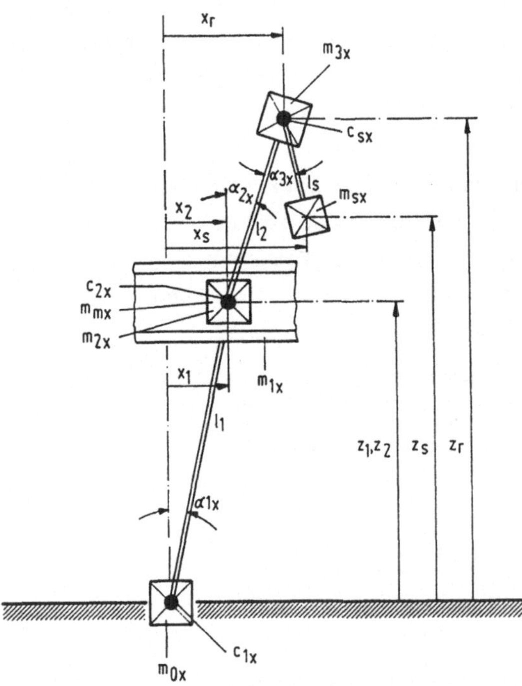

Bild 2: Modellansatz für die Mechanik der x-Achse

Obwohl nach der Arbeitsmethode der Systemtechnik technische Systeme allein durch ihre Ein- und Ausgangsgrößen beschreibbar sind, kann es von Vorteil sein, Modelle zu verwenden, die auch die Struktur eines Systems nachbilden. Da im voraus nicht genau bekannt war, in welcher Weise der Konturkontakt über den Sensor auf das Bewegungsverhalten des Roboters zurückwirkt, wurde für den elektromechanischen Teil des Roboters ein mathematisches Modell mit konzentrierten Parametern für die x- und y-Koordinate erstellt, das die verzögernden Eigenschaften des elektrischen Antriebs und die trägen und elastischen Eigenschaften des mechanischen Aufbaus berücksichtigt. Nach physikalischen Überlegungen wurde die zunächst recht hoch angesetzte Komplexität des Modells solange reduziert, bis ein geeigneter Kompromiß zwischen der gewünschten Modellgenauigkeit und einer überschaubaren Modellstruktur erreicht wurde.

Diese Vorgehensweise hatte nicht ein besonders hohes Maß an Modellgenauigkeit zum Ziel, sondern sollte den Zugang zum Verständnis der physikalischen Zusammenhänge der Programmierbewegung erleichtern. Bild 2 zeigt den Modellansatz für die x-Komponente der Mechanik, wobei der turmartige Aufbau des kartesischen Roboters durch eine einfache Ersatzanordnung angenähert wurde. Die Punktmassen dieser Anordnung sind durch masselose Stäbe miteinander verbunden; die Elastizitäten sind als ausgefüllte Vollkreise in den Einspannpunkten dargestellt. Verkopplungen zwischen den Koordinaten wurden vernachlässigt und die nichtlinearen Zusammenhänge linerisiert. Mit Hilfe der LAGRANGE-Gleichungen der zweiten Art lassen sich die Bewegungsgleichungen für die einzelnen Punktmassen herleiten. Die dämpfenden Eigenschaften der Robotermechanik wurden geschwindigkeitsproportional angesetzt, wobei jeder Elastizität formal eine Dämpfung zugeordnet wurde, deren Festlegung mit meßtechnischen Mitteln aber keine gut reproduzierbaren Ergebnisse liefern konnte. Die Dämpfungen dienten deshalb als Abstimmparameter für das Übertragungsverhalten der Achsmodelle. Unter Verwendung eines einfachen Modells erster Ordnung für die Antriebe konnte eine recht gute Übereinstimmung zwischen dem Modellverhalten und dem realen System erzielt werden.

Das resultierende Blockschaltbild für die x-Achse enthält einen Feder-Masse-Schwinger, der die Sensorspitzenschwingung nachbildet. Diese Schwingung kann sich aber nur dann ausbilden, wenn der Sensor in seiner Schwingfähigkeit nicht durch das Werkstück behindert wird. In diesem Fall hat der Sensor den Kontakt zum Werkstück verloren und kann keine

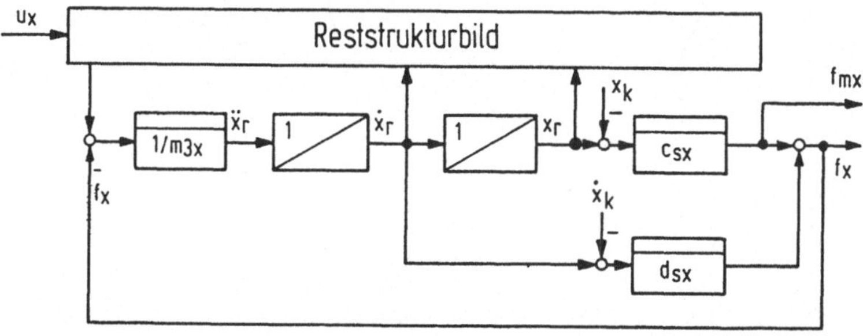

<u>Bild 3:</u> Strukturbildausschnitt der x-Achse

Information über den gesuchten Konturverlauf liefern. Stehen Sensor und Werkstück dagegen in Kontakt miteinander, wird die Sensormasse auf eine Bahn gezwungen, die aus der relativen Bewegung zwischen Roboter und Werkstück resultiert. Unter der Annahme, daß die Reibkräfte ausreichend groß sind, um Schwingungen auf der Werkstückoberfläche zu verhindern - diese Annahme konnte experimentell als zulässig bestätigt werden - , gibt das Umweltmodell mit seiner Werkstückkontur die Bahn der Sensorspitze vor. Anstelle der freien Sensorposition und -geschwindigkeit sieht der Strukturbildausschnitt der x-Achse (s.Bild 3) deshalb die Einspeisung der entsprechenden Konturgrößen x_k und $\dot{x}_k$ vor. Da der Kraftsensor mit Dehnungsmeßstreifen aufgebaut ist [7], kann er selbst von der wirkenden Kraft f_x allerdings nur den Kraftanteil erfassen, der von seinem Verformungsweg bestimmt wird. Der Kraftanteil, der auf den Dämpfungseinfluß zurückgeht, muß zwar ebenfalls vom Roboter aufgebracht werden, schlägt sich aber nicht im Meßsignal f_{mx} nieder, sondern wird im Sensor in Wärme umgesetzt.

4. Ergebnisse der Simulation

In Übereinstimmung mit Experimenten an einem praktischen Aufbau haben verschiedene Simulationsläufe an einfachen Werkstückgeometrien gezeigt, daß die Programmierbewegung tatsächlich relativ empfindlich gegen

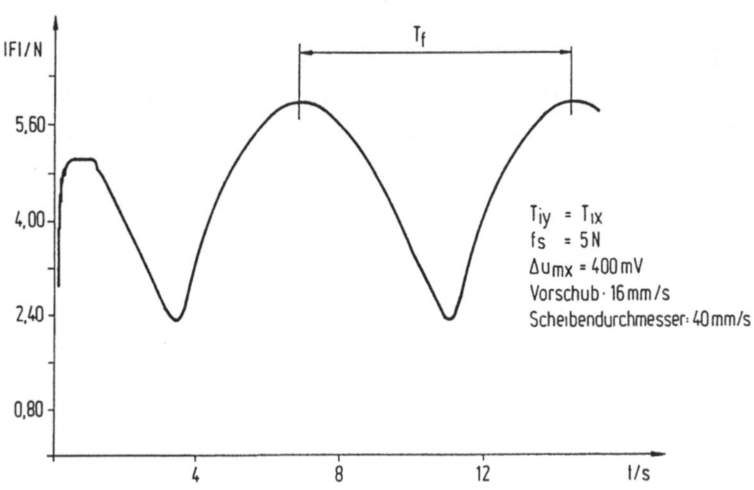

Bild 4: Simulierte Konturverfolgung an einer Kreisscheibe mit Offsetfehler im Meßkanal

verschiedene Arten von Störungen ist, aber grundsätzlich auch unter Störeinfluß beherrschbar bleibt. Je nach Art und Größe der Störung nimmt allerdings die maximal erreichbare Geschwindigkeit der Programmierbewegung spürbar ab. Bild 4 dokumentiert als Beispiel die Wirkung einer Offsetstörung im Meßkanal der Kraft (vgl. Bild 1), wobei als Werkstück eine Kreisscheibe simuliert wurde. Für die Simulation wurden, um die Einflüsse anderer Erscheinungen auszuschließen, zwei identische Achsen verwendet. Dem Meßkanal der x-Richtung wurde ein Offset von 400mV aufgeschaltet. Die in Bild 4 aufgezeichnete Schwingung des Kraftbetrages weist eine Periodendauer der Zeit T_f auf, die zur einmaligen Umkreisung des Werkstücks erforderlich ist.

5. <u>Ausblick</u>

Die skizzierte Simulation des Programmiervorgangs ist dazu geeignet, die Wirkung von Störeinflüssen im einzelnen zu studieren. Auf diese Weise lassen sich Anhaltswerte gewinnen, über welche Einflußparameter sich das Bewegungsverhalten am effizientesten verbessern läßt. Darüber hinaus eröffnet der beschriebene Ansatz zur Berücksichtigung eines Umweltmodells die Möglichkeit, in der Zukunft die schwierigen Fragen der Reglerauslegung für den geschlossenen Sensorregelkreis mit Hilfe der Simulation studieren zu können.

<u>Literatur</u>

[1] Gzik, H.; Utner, W.: Programmierverfahren für Industrieroboter zum Lichtbogenschweißen. VDI-Z 128 (1986) Nr.17 - Sept.(I), S.673-676

[2] Schulz, M.: Sensorunterstützte Programmierung von Raumkurven für das Entgraten mit Industrierobotern. ZwF 81 (1986) Nr.7, S.378-379

[3] Balling, G.; Fuehrer, D.: Einfache Programmerstellung für Roboter durch sensorgesteuerte Raumpunktgenerierung. Energie & Automation 9 (1987) Heft 4, S.12-14

[4] Gruhler, G.: Programmierung von Bearbeitungsrobotern durch sensorgesteuertes Nachführen. wt-Z. ind. Fertig. 73 (1983), S.165-168

[5] Hirzinger, G.: Adaptiv sensorgeführter Roboter mit besonderer Berücksichtigung der Kraft-Momenten-Rückkopplung. Robotersysteme 1 (1985), S.161-171

[6] Feldmann, K.; Classe, D.: Sensor aided robot-programming. Proc. of the 5th Int. Conf. on Robot Vision and Sensory Controls, Amsterdam, Oct. 29-31, 1985, S.369-382

[7] Classe, D.: Ein Kraftsensor zur Programmierung von Robotern. Proc. of the SENSOR 88 Congress, Nürnberg 3.-5. Mai 1988, vol. (B), S.173-186

MODELLBILDUNG UND SIMULATION EINES ELASTISCHEN ENTLADEKRANS

Th. Naujoks

Institut für Regelungstechnik
Universität Erlangen-Nürnberg

Die Leichtbauweise von Kränen führt dazu, daß die stets vorhandenen Elastizitäten der Kranarme nicht zu vernachlässigen sind. Es wird deshalb ein Modell eines Entladekrans entwickelt, welches gegenüber einem Starrkörpermodell die Trägerelastizitäten berücksichtigt. Da der zugrunde gelegte Kran mit einem zweiachsigen, elastischen Knickarmroboter vergleichbar ist, lassen sich die gefundenen Simulationsergebnisse prinzipiell in den Bereich der Robotertechnik übertragen.

1. EINLEITUNG

Die Löschung von schüttgutbeladenen Binnenschiffen läßt sich mit entsprechendem Gerät weitgehend automatisieren. Der dafür vorgesehene Krantyp in Leichtbauweise soll das Schiff durch selbsttätiges Folgen der Schüttgutkontur entladen.

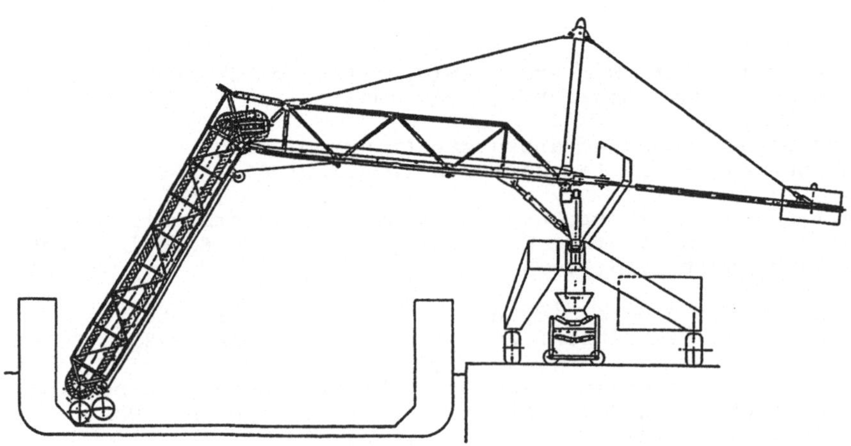

Bild 1 Entladekran mit Fachwerkträgern

Die Modellentwicklung des mechanischen Kranaufbaus ist in der folgenden Reihenfolge durchführbar. Im ersten Schritt erfolgt die Annäherung der Fachwerkträger durch schlanke, elastische Balken.

Darauf aufbauend können nach einer mathematischen Diskretisierung des Biegeschwingungsproblems im Sinne eines Ritz-Ansatzes /1/ die Energiegleichungen für ein Ersatzmodell mit konzentrierten Parametern aufgestellt werden. Durch Anwendung der Lagrange-Entwicklungsvorschrift sind die Bewegungsdifferentialgleichungen berechenbar.

Der Antrieb der Kranarme besteht aus servoventilgesteuerten Hydrozylindern, deren nichtlineares Verhalten ebenfalls berücksichtigt wird.

Das Zusammenfügen der Antriebe und des mechanischen Kranaufbaus durch geeignete Transformationsglieder ergibt dann das Modell für den gesamten Entladekran.

2. MODELLBILDUNG

Die Modellbildung für den Entladekran läßt sich in die des mechanischen Kranaufbaus und der hydraulischen Antriebe unterteilen.

Die Antriebe bestehen jeweils aus einem Servoventil und einem Differentialzylinder, welche den inneren und äußeren Träger bewegen. Eine ausführliche Modellbeschreibung befindet sich in /2/.

Der mechanische Kranaufbau wird im ersten Schritt durch ein auf das Wesentliche reduzierte Linienmodell ersetzt. Die verwendeten Fachwerkträger werden daher durch schlanke, elastische Balken angenähert.

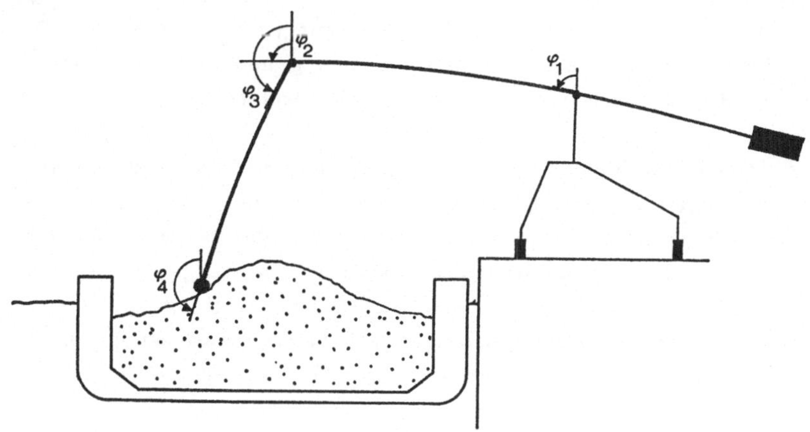

Bild 2 Kranmodell mit elastischen Balken

Der zweite Schritt besteht darin, ein einfaches Ersatzmodell für die elastischen Balken anzugeben, welches die Elastizitäten der Träger in erster Näherung berücksichtigt. Es können zwei Arten der Modellbildung unterschieden werden.

Ein mechanisches Balkenmodell läßt sich durch eine physikalische Diskretisierung gewinnen. Hierzu wird der elastische Träger gemäß Bild 3 durch ein Modell mit konzentrierten Massen und einer Feder-Dämpfer-Anordnung ersetzt.

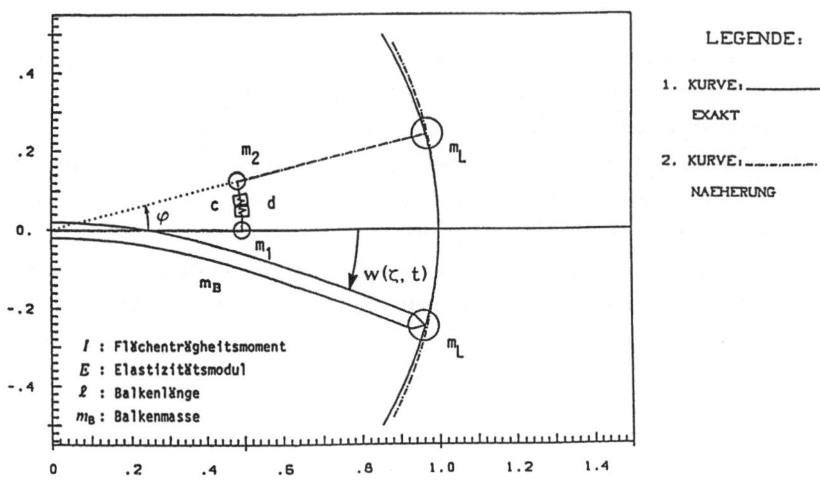

Bild 3 Mechanisches Modell für den elastischen Balken

Die beiden Teilmassen m_1 und m_2 ergeben die Balkenmasse m_B, wobei m_2 demjenigen Massenanteil entspricht, welcher an der Schwingung beteiligt ist. Über masselose Gestänge sind die Massen so verbunden, daß bedingt durch den gemeinsamen Lagerpunkt die Bewegung der Lastmasse m_L auf einer Kreisbahn erfolgt.
Bei kleinen Biegewinkeln ist die reale Lastmassenbahn durch das Modell gut angenähert. Abweichungen treten erst bei sehr großen Verbiegungen des Trägers auf. Diese werden im Fall des Entladekrans bei einer normalen Belastung unterhalb der zulässigen Beanspruchung vermutlich nie erreicht und werden deshalb nicht gesondert berücksichtigt.

Eine befriedigende Nachbildung sowohl von dynamischen als auch von statischen Eigenschaften des Trägers sind mit diesem mechanischen Modell allerdings nicht immer erreichbar /2/. So können zwar die nach einer Auslenkung des Balkenendpunktes entstehenden Schwingungen durch geeignete Wahl der Massen m_1 und m_2 gut nachgebildet werden. Die statische Genauigkeit läßt sich dann nur noch für den Fall am freien Ende angreifender Kräfte gewährleisten. Abweichungen zeigen sich bei der Auslenkung auf Grund von Momenten und bei einer durch das Balkeneigengewicht verursachten Trägerbiegung.

Günstigere Ergebnisse lassen sich bei einer mathematischen Diskretisierung erlangen. Hierzu wird die kinetische und potentielle Energie, sowie die Dissipationsfunktion /1/ für einen elastischen, drehbar gelagerten Träger in Abhängigkeit von der Trägerverformung aufgestellt. Die sowohl orts- als auch zeitabhängige Verformung $w(\zeta, t)$ kann im Sinne eines Ritz-Ansatzes /1/ durch eine Reihenentwicklung in der folgenden Form approximiert werden.

$$w(\zeta,t) = \sum_{i=1}^{N} \bar{\bar{w}}_i(\zeta)\, \bar{w}_i(t)$$

Die Verbiegung des Balkens zum Zeitpunkt $t=t_0$ ergibt sich demnach durch Linearkombination der verschiedenen, mit dem Wert der zugehörigen Zeitfunktion $\bar{w}_i(t_0)$ gewichteten Ortsfunktionen $\bar{\bar{w}}_i(\zeta)$. Durch diese Diskretisierung der Trägerverformung lassen sich nun aus den Energiebeziehungen gewöhnliche Differentialgleichungen gewinnen.

Ein exaktes Modell wird für den Fall erreicht, daß sämtliche zu diesem Biege-Schwingungsproblem gehörenden Eigenfunktionen die Ortsfunktionen $\bar{\bar{w}}_i(\zeta)$ bilden. Durch die Vorgabe einer endlichen Anzahl anderer Ortsfunktionen, sogenannter Ansatzfunktionen läßt sich die Trägerverbiegung nur näherungsweise nachbilden. Als günstige Ansatzfunktionen erweisen sich dabei die bei unterschiedlicher Belastung auftretenden statischen Verbiegungen /3/. Die Ordnung des dadurch gewonnenen Balkenmodells ergibt sich direkt aus der doppelten Anzahl der auf Grund der Bewegungsansätze vorgegebenen Funktionen.

Bei einer ersten näherungsweisen Berücksichtigung der elastischen Eigenschaften eines Trägers hinsichtlich der Bewegung seines Endpunktes genügt es in vielen Fällen nur die erste Grundschwingung nachzubilden. Bei günstiger Wahl der Ansatzfunktion ist dieses schon mit einem eindimensionalen Ritzansatz (nur eine Ansatzfunktion) erreichbar /2/. Die Verbiegungen, d.h. die elastischen Eigenschaften werden dann durch ein Modell 2. Ordnung approximiert.

Die Genauigkeit des so entwickelten Modells läßt sich in übersichtlicher Form für den Fall zeigen, daß der Träger im zugehörigen Gelenkpunkt bewegungsfrei gelagert ist. (Die Antriebe werden so angesteuert, daß der Träger in einer waagerechten Position fixiert bleibt.) Bei dem Vergleich des dynamischen Verhaltens wird a) von einer sehr großen Lastmasse ($m_B/m_L \to 0$) und b) von einer sehr kleinen Lastmasse ($m_L/m_B \to 0$) am freien Balkenende ausgegangen. Im Fall a) ergibt sich dann für die normierte Eigenfrequenz

$$\frac{\omega_0}{\omega_L} = \sqrt{3} \quad \text{mit } \omega_L = \sqrt{\frac{EI}{m_L \ell^3}} \ .$$

Dies entspricht exakt dem Ergebnis für eine masselose Biegefeder mit Lastmasse. Für den Fall b) erhält man die normierte Eigenfrequenz zu

$$\frac{\omega_0}{\omega_B} = 3{,}57 \quad \text{mit } \omega_B = \sqrt{\frac{EI}{m_B \ell^3}} \ .$$

Die Theorie der Stabschwingungen ergibt bei reiner Biegung für die erste Eigenfrequenz

$$\frac{\omega_0}{\omega_B} = 3{,}52 \ .$$

Die erste Eigenschwingung des realen Balkens wird demnach auch bei vollständiger Entlastung $m_L = 0$ durch das angegebene, einfache Modell gut approximiert. Die beim realen Balken vorhandenen höheren Eigenfrequenzen und damit die zugehörigen Schwingungsformen lassen sich mit diesem einfachen Modell 2. Ordnung wie bereits erwähnt nicht nachbilden.

Die statische Genauigkeit kann für die drei Fälle:

438

a) kontinuierliche Belastung (F_B/ℓ) (z. B. Schwerkraftwirkung auf den massebehafteten Balken: $F_B = m_B \cdot g$),   b) Krafteinwirkung F_L und   c) Momenteneinwirkung M_L am freien Trägerende untersucht werden.

Es ergibt sich für die stationäre Auslenkung des äußeren Trägerendpunktes:

$$w_\infty = \ell \cdot \varphi_\infty = \frac{1}{8} \cdot \frac{F_B \cdot \ell^3}{EI} + \frac{1}{3} \cdot \frac{F_L \cdot \ell^3}{EI} + \frac{1}{2} \cdot \frac{M_L \cdot \ell^2}{EI} \ .$$

Die jeweiligen Biegeanteile sind mit denen aus der Festigkeitslehre abgeleiteten maximalen Verformungen identisch.

Die Anwendung des beschriebenen mathematischen Modellansatzes auf den Entladekran nach Bild 2, ergibt ein hochgradig nichtlineares Modell 8. Ordnung für den mechanischen Kranaufbau. Die Struktur der Simulationsanordnung mit den Modellen 2. Ordnung für die Hydroantriebe zeigt Bild 4.

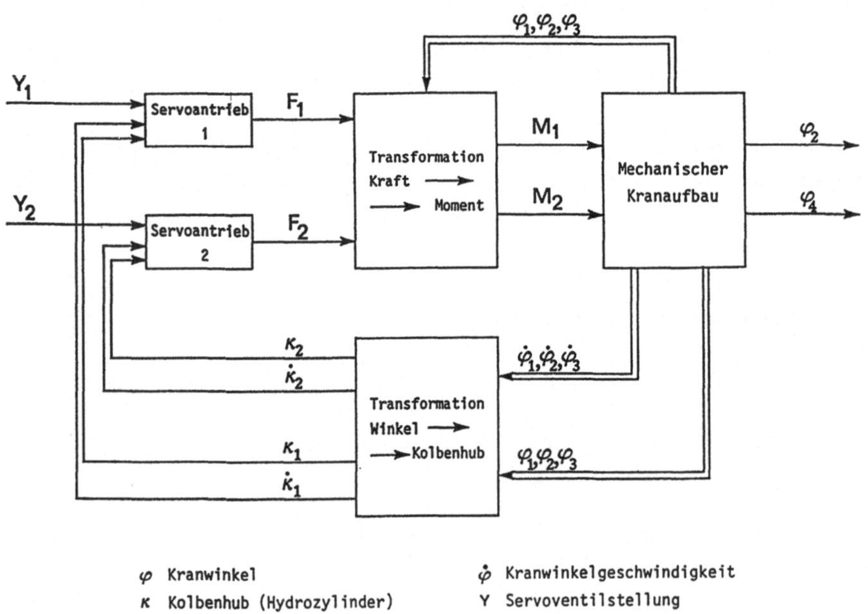

Bild 4   Struktur der Entladekran-Simulationsanordnung

3. SIMULATION

Wegen des komplexen und nichtlinearen Aufbaus des Modells ist eine digitale Realisierung der Simulationsanordnung zweckmäßig. Zur Verfügung stehen sowohl ein Fortran-Programm mit Runga-Kutta-Integrationsalgorithmus auf einer Gould 32/77 Rechenanlage als auch eine Realisierung auf der Basis der höheren Programmiersprache ACSL (Advanced

Continuous Simulation Language) auf einem Siemens PC 16-20.

Als Beispiel einer Simulation wird das Anfahren definierter Positionen der Kranträger gezeigt. Hierzu ist eine stabilisierende Rückführung in Form eines PT_1-Reglers eingefügt worden. Dieser Regler wird mit dem Differenzsignal aus gemessener und vorgegebener Stellung des Kolbens in den Hydrozylindern beaufschlagt. Das Reglerausgangssignal ergibt das Stellsignal für die Servoventile. Die Reglerparameter werden auf der Basis eines weiter vereinfachten Antriebsmodells mit starrem Träger bestimmt /2/.

Das mit diesem einfachen Regler erreichte Übergangsverhalten des inneren Kranträgers ist im Bild 5 gezeigt. Zum besseren Vergleich ist das Verhalten des beschriebenen elastischen Modells und die Reaktion eines starren Kranmodells dargestellt.

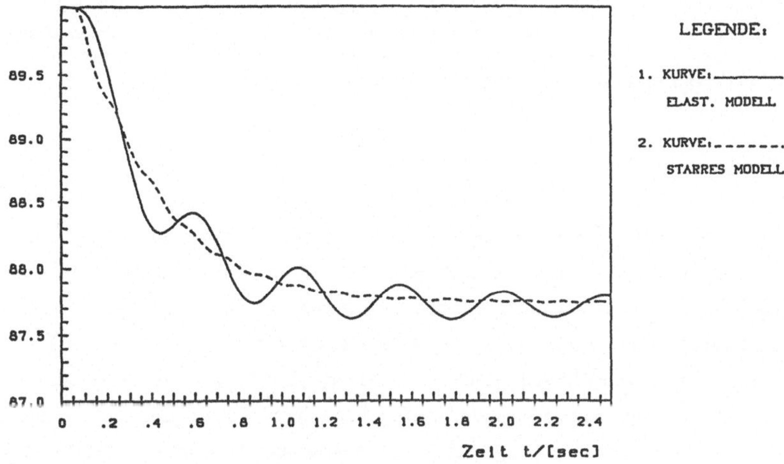

Bild 5 Winkel φ_2 (Modell mit stabilisierender PT_1-Rückführung)

Beiden gemeinsam ist, daß die gewünschte Trägerstellung angefahren wird. Deutliche Unterschiede ergeben sich allerdings beim Einschwingverhalten. Das stabilisierte Starrkörpermodell zeigt das gewünschte gut gedämpfte Verhalten. Nahezu ungedämpftes und damit äußerst unruhiges Zeitverhalten läßt sich beim elastischen Modell erkennen. Dementsprechend müssen die modellierten Elastizitäten der Träger bei einem künftigen Reglerentwurf berücksichtigt werden.

LITERATUR

/1/ Volterra, E.-Zachmanoglou E. C.: Dynamics of Vibrations. Charles E. Merril Books, Inc., Columbus, Ohio, 1965.

/2/ Naujoks,Th.: Modellbildung und Simulation eines elastischen Entladekrans. Institutsbericht, Institut für Regelungstechnik, Universität Erlangen 1988.

/3/ Gebler, B.: Modeling and Control of a Lightweight Robot. Proc. 2nd Europ. Space Mech. & Trib. Symp., 1985.

Vergleichende Untersuchungen zur Wertebereichsbestimmung durch Simulation und
statistische Verfahren

G.H. Holling[+], P. Jensch[*], W. Ameling[*]

[+]Princeton, Wi., USA

[*]Rogowski-Institut für Elektrotechnik, RWTH Aachen

Zusammenfassung: Die durch Simulation gefundenen Lösungen sind in der Regel nur für einen zugeordneten modellhaften Betriebskontext gültig, und geringe Änderungen des Betriebszustandes können zu erheblichen Veränderungen der Ergebnisse führen. Daraus ergeben sich besonders dann Schwierigkeiten, wenn die Ergebnisse zur Bestimmung von extremen Systemzuständen, Grenzwerten oder zu Stabilitätsuntersuchungen dienen sollen. In solchen Fällen läßt sich durch statistische Untersuchungsmethoden oftmals eine verbesserte Aussage über das untersuchte Systemverhalten gewinnen.
Mit diesem Beitrag wird ein statistisches Lösungsverfahren vorgestellt, welches gute Aussagen über Extremwerte und die Stabilität von Systemen zuläßt, auch wenn diese nicht-lineare, hysteresebehaftete Elemente enthalten. Es werden vergleichend die Ergebnisse des Fehlerverhaltens eines kameragesteuerten Roboters untersucht. Hierbei zeigt sich, daß das statistische Verfahren eine gute Fehlerabschätzung ermöglicht.

1. Problemstellung

Die Simulation wird vielfach zur Lösung solcher Problemstellungen eingesetzt, für die sich eine geschlossene mathematische Lösung nicht angeben läßt oder eine Berechnung zu aufwendig ist. Durch Simulation lassen sich Lösungen oftmals einfach bestimmen, sie gelten aber nur für einen konkreten Betriebsfall, und geringe Änderungen eines Betriebszustandes können zu erheblichen Veränderungen der Ergebnisse führen. Ein Beispiel hierzu ist die Bahnfehlerbestimmung eines kameragesteuerten Roboters [7]. Anstelle von zahlreichen Simulationsdurchläufen kann hier oftmals eine statistische Betragsschrankenabschätzung eine verbesserte Aussage über das Systemverhalten liefern, auch wenn das System nichtlineare oder hysteresebehaftete Elemente aufweist.

2. Das Prinzip der statistischen Betragsschrankenabschätzung

Der Wertebereich eines n-wertigen Musters eines beliebigen Zufallsprozesses mit der Verteilungsdichtefunktion $p(x_i)$ kann durch zwei Momente der Verteilung dieses Musters beschrieben werden. Insbesondere gilt unter Benutzung des ersten und des zweiten Momentes im Intervall $i,j \in [0,n]$ die Abschätzung

$$x_j \in [\ \mu(x_i) - \sqrt{n} \cdot \sigma(x_i)\ ,\ \mu(x_i) + \sqrt{n} \cdot \sigma(x_i)\ ].$$

Diese Abschätzung divergiert jedoch für große Werte von n, wenn die Varianz des Musters von Null verschieden ist, d.h. diese Abschätzung läßt sich nicht zur Bestimmung des Wertebereiches einer kontinuierlichen Funktion benutzen.

Das Intervall in der obigen Gleichung kann in der allgemeinen Form

$$x_i \in [\ \mu(p(x_i)) - k \cdot \sigma(p(x_i))\ ,\ \mu(p(x_i)) + k \cdot \sigma(p(x_i))\ ]$$

dargestellt werden. Es gilt nun einen Faktor k derart zu bestimmen, daß diese Abschätzung exakt erfüllt wird. Dabei sind die beiden Fälle eines beschränkten Wertebereichs und eines unendlichen Wertebereichs zu unterscheiden.

Für einen stochastischen Prozeß mit begrenztem Wertebereich läßt sich immer ein Wert k bestimmen, für den die obige Gleichung exakt gilt. Als Beispiel hierzu soll die Gleichverteilung dienen. Für einen k Wert von $k=\sqrt{3}$ gilt diese Intervallabschätzung dann exakt.

Für einen stochastischen Prozeß mit unendlichem Wertebereich kann bei endlichen Prozeßparametern $\mu(p(x_i))$ und $\sigma(p(x_i))$ ein endlicher Faktor nicht angegeben werden. Als Beispiel hierzu soll die Exponentialverteilung dienen. Diese Funktion konvergiert jedoch gegen Null, d.h. die Wahrscheinlichkeit, daß ein Ereignis einen Wert größer als x_{max} annimmt strebt mit wachsendem x_{max} gegen Null

$$\lim_{x_{max}\to\infty} P(\ x_i \geq x_{max}\ ) \to 0.$$

Es läßt sich nun ein Wert für k angeben, für den die obige Beziehung mit einer vorgegebenen Wahrscheinlichkeit α erfüllt wird [3]. Es gilt

$$x_i \in_\alpha [\ \mu(p(x_i)) - k\cdot\sigma(p(x_i))\ ,\ \mu(p(x_i)) + k\cdot\sigma(p(x_i))\ ].$$

Es sollen nun im weiteren Verlauf Verfahren vorgestellt werden, einen geeigneten Wert von k zu bestimmen und die praktische Bedeutung dieser Intervallabschätzung zu erläutern.

3. Statistische Betragsschrankenbestimmung des Ergebnisses von Matrixoperationen

In diesem Abschnitt soll die Abschätzung des Wertebereiches des Ergebnisses von Matrixoperationen vorgenommen werden.

Es seien M_1, M_2 und Y statistisch unabhängige nxn Matrizen mit den Elementen $x_{1\ i,j}$, $x_{2\ i,j}$ und $y_{i,j}$. Dann gilt für die Addition Y der Matrizen M_1 und M_2 [6] die Gleichung

$$\begin{aligned}
|y| &\leq |\mu(y_{i,j})| + n\cdot\sigma(y_{i,j}) \\
&= |\mu(x_{1i,j}) + \mu(x_{1i,j})| + n\cdot(\sigma^2(x_{1i,j}) + \sigma^2(x_{1i,j}))^{1/2} \\
&\leq |x_1| + |x_2| \\
&\leq |\mu(x_{1i,j})| + n\cdot\sigma(x_{1i,j}) + |\mu(x_{2i,j})| + n\cdot\sigma(x_{2i,j}).
\end{aligned}$$

Normalerweise wird die Streuung der Matrixelemente von Null verschieden sein [2]. In diesem Fall ist die $\leq$ Beziehung in der obigen Gleichung vom Typ der Schwartzschen Dreiecksungleichung eine exakte kleiner Beziehung

$$|y| < |x_1| + |x_2|,$$

d.h. wird der Wertebereich des Ergebnisses direkt anhand der statistischen Parameter des Ergebnisses abgeschätzt, dann erhält man eine Abschätzung, die kleiner als die Summe der einzelnen Abschätzungen ist. Die statistische Betragsschrankenbestimmung ermöglicht also eine Verbesserung der Abschätzung gegenüber der herkömmlichen Addition einzelner Betragswerte.

In analoger Weise kann gezeigt werden, daß im Falle der Multiplikation Y der Matrizen M_1 und M_2 die direkte Abschätzung des Ergebnisses unter Berücksichtigung einer Ungleichung vom Typ der Tschebycheff Ungleichung ebenfalls eine exakte kleiner Beziehung der Form

$$|y| < |x_1| + |x_2|,$$

liefert und somit der herkömmlichen Multiplikation von Betragswerten überlegen ist.

Im Falle von korrelierten Matrizen muß bei der Berechnung der statistischen Parameter der Ergebnismatrix ferner die Korrelation berücksichtigt werden. Unsere Untersuchungen haben gezeigt, daß die Einbeziehung der Korrelation in der Praxis normalerweise eine weitere Verbesserung der Abschätzung ergibt.

4. Statistische Betragsschrankenbestimmung des Ergebnisses in Übertragungssystemen

Das Ausgangssignal y(t) eines Übertragungsgliedes mit der Übergangsfunktion h(t) in einem linearen, zeitinvarianten, kausalen System kann als Faltungsprodukt des Eingangssignales x(t) mit dieser Übergangsfunktion dargestellt werden

$$y(t) = \int_0^t h(t-\tau) \cdot x(\tau) \cdot d\tau.$$

Die Abschätzung dieses Integrals im Zeitbereich ergibt eine divergierende Funktion der Form

$$|y(t)| < t \cdot \sup_{0 \leq \tau \leq t} (|h(t)|) \cdot \sup_{0 \leq \tau \leq t} (|x(t)|).$$

Eine Verbesserung der obigen Abschätzung läßt sich durch geeignete Transformationen erzielen, wie z.B. die Laplace Transformation. Jedoch kann auch hier nicht sichergestellt werden, daß beschränkte Ausgangssignalamplituden auch endliche Betragsschranken besitzen.

Es soll nun angenommen werden, daß das Eingangssignal eine kontinuierliche Folge zufälliger Impulse x(t) mit der Verteilungsdichtefunktion p(x(t)) sei. Ferner sei der maximale Wert $\underline{x}(t)$ bekannt, mit

$$\underline{x}(t) = \sup_{0 \leq \tau \leq t} (|x(t)|).$$

Der Mittelwert $\mu(p(x(t))$ und die Varianz des Signals x(t) lassen sich dann zu

$$\mu(p(x(t))) = \frac{1}{t} \int_0^t x(\tau) \cdot d\tau$$

$$\sigma^2(p(x(t))) = \frac{1}{t} \int_0^t (x(\tau) - \mu(p(x(t))))^2 \cdot d\tau$$

bestimmen. Der zugehörige k-Faktor kann dann unmittelbar aus dem maximalen Wert $\underline{x}(t)$ zu

$$k = \frac{|\underline{x}(t) - |\mu(p(x(t)))| |}{\sigma(p(x(t)))}$$

bestimmt werden.

In analoger Weise lassen sich dann der Mittelwert $\mu(p(h(t)))$ die Varianz $\sigma^2(p(h(t)))$ und der k-Faktor der Übergangssprungfunktion h(t) bestimmen.

5. Theorie der normalverteilten Größen zur Bestimmung der Betragsschranken

In Systemen mit Übertragungsblöcken und internen Rückführungen läßt sich zeigen, daß die Lindebergsche Bedingung [1] annähernd erfüllt wird. Diese Bedingung wird bei wachsender Anzahl der Übertragungsblöcke und internen Rückführungen exakt erfüllt, d.h. Die Verteilung der Ausgangsgrößen geht in eine Normalverteilung über.

In diesen Fall müssen lediglich der Mittelwert und die Streuung des Ausgangssignals bestimmt werden. Die Betragsschranke läßt sich dann bei vorgegebener Genauigkeit aus dem zugeordneten Konfidenzintervall berechnen.

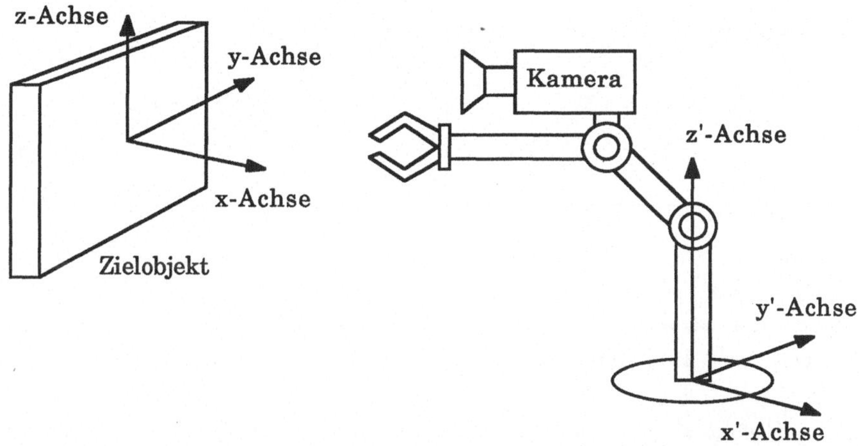

Bild 1: Aufbau eines kameragesteuerten Roboters

Die vorliegenden Untersuchungen haben ergeben, daß sich unter Annahme der Normalverteilung eine erhebliche Vereinfachung der Betragsschrankenabschätzung erzielen läßt.

Die Approximation der Verteilungsdichtefunktion des Ergebnisses läßt sich durch die Betragsschrankenabschätzung der Ergebnisse von Matrixmultiplikationen ebenfalls erheblich in jenen Anwendungen verbessern, in denen die Dimension n der nxn Matrix größer als der k Faktor des zugeordneten Vertrauensintervalls ist.

6. Ergebnisse der statistischen Betragsschrankenabschätzung bei der Abschätzung des Bahnfehlers in Robotersystemen

Das in Bild 1 dargestellte Robotersystem wurde mittels der statistischen Betragsschrankenabschätzung bezüglich des Bahnfehlers untersucht und mit den Ergebnissen einer exakten Simulation verglichen.

Der Optimierungsalgorithmus ist die Lösung einer quadratischen Zielfunktion mittels der Matrix-Ricatti Gleichung [5]. Bild 2a und Bild 2b zeigen einen Vergleich der exakten Lösungen der K-Matrix und der M-Vektorsequenz und den entsprechenden statistischen Betragsschrankenabschätzungen. Bei der Betragsschrankenabschätzung mittels herkömmlicher Matrixnormen können im Vergleich hierzu in diesem Anwendungsbeispiel keine konvergenten Schranken berechnet werden.

Die Implementation wird in Festkommaarithmetik mit 8 Bitstellen hinter der Dezimalen ausgeführt. Bild 3a und Bild 3b veranschaulichen den Rundungsfehler bei der Berechnung der K-Matrix und der M-Vektorsequenz.

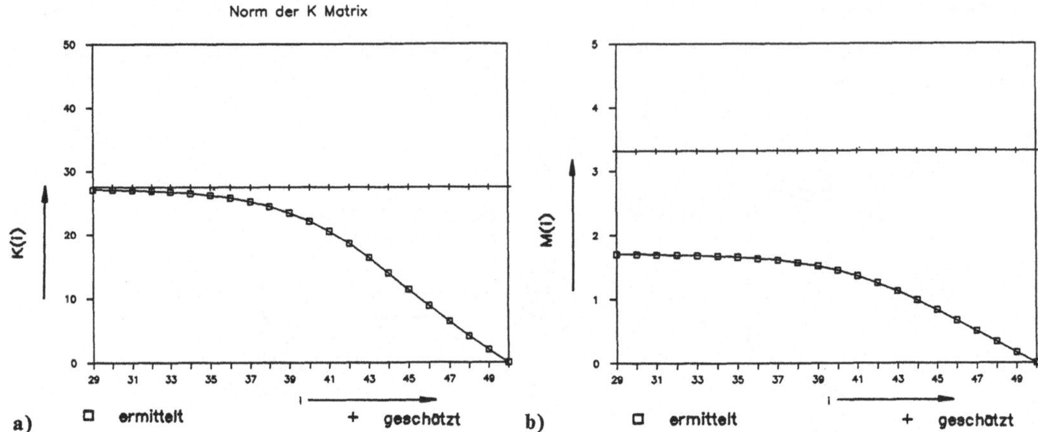

Bild 2: Vergleichende Dartellung der Norm der K-Matrixsequenz (a) und der M-Vektorsequenz (b) mit der statistischen Betragsschrankenschätzung

Bild 4 enthält schließlich einen Vergleich der in der Simulation des gesamten Systems ermittelten Fehlers und der Fehlerabschätzung der statistischen Betragsschranken. Der analytische Ausdruck für die statistische Fehlerschranke ist von linearer Form und kann zur Optimierung der Nachberechnung des Bahnzielpunktes im Echtzeitbetrieb benutzt werden.

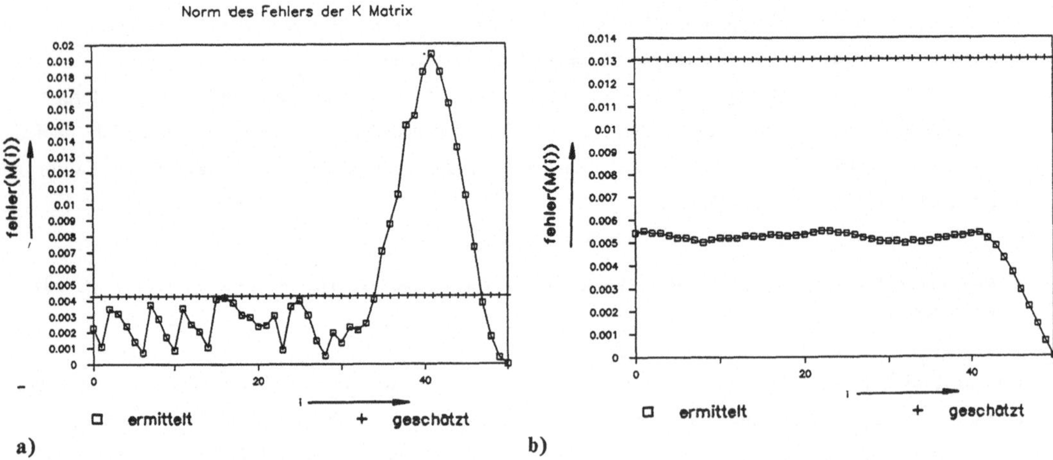

Bild 3: Vergleichende Darstellung des Fehlers bei der Berechnung der K-Matrixsequenz (a) und M-Vektorsequenz (b) mit den Ergebnissen der statistischen Betragsschrankenabschätzung

In allen Vergleichen ergibt sich eine gute Übereinstimmung der Ergebnisse der statistischen Betrags-schrankenabschätzung mit den Ergebnissen der Simulation. Vergleicht man die Ausführungszeiten und

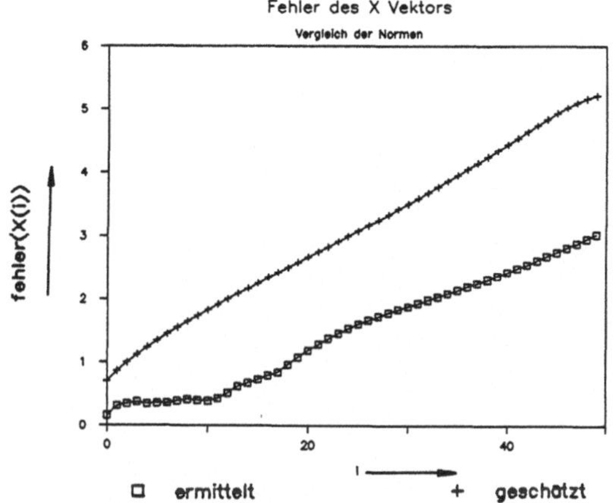

den Programmieraufwand beider Verfahren, stellt man fest, daß sich in diesem Beispiel durch die statistische Betragsschrankenabschätzung eine erhebliche Reduktion des Aufwandes erzielen läßt.

Bild 4: Vergleich der Positionierungsfehlerschranke des Roboters mit der Fehlerschrankenabschätzung der statistischen Fehlernorm

7. Schlußbemerkung

Zur Beurteilung des Systemverhaltens kann das Verfahren der stochastischen Betragsschrankenabschätzung eine interessante Alternative zu der Simulation sein. Der Wertebereich der Ausgangsgrößen ist durch ihre statistischen Kennwerte bestimmt, wobei normalerweise in der Praxis die Theorie der normalverteilten Zahlen Anwendung finden kann, wodurch diese Abschätzung erheblich vereinfacht wird.

In den untersuchten Anwendungen konnte eine gute Korrelation der Abschätzungen mit den Ergebnissen der Simulation nachgewiesen werden.

8. Literatur

[1]   Bronstein I. ., Semendjajew K.A.
      Taschenbuch der Mathematik, herausgegeben von Grosche G., Ziegler V., Ziegler D.
      Verlag Harry Deutsch, Thun-Frankfurt, 23. Auflage, 1987.
[2]   Householder Alston S.
      The Theory of Matrices in Numerical Analysis, Blaisdell Publishing Company, New York, 1964.
[3]   Kendall Maurice G., Steward Allan
      The Advanced Theory of Statistics, Hafner Publishing Company, New York, 1969.
[4]   Kuo B.C.
      Discrete Data Control Systems, Prentice Hall Inc., Eglewood Cliffs, New York, 1970.
[5]   Mahmoud M.S., Sigh M.G.
      Discrete Systems Analysis. Control. Optimization, Springer-Verlag, Berlin-Heidelberg-New York, 1984
[6]   Springer M.D.
      Algebra of Random Variables, John Wiley & Sons, New York, 1979.
[7]   Wu Chi-Haur, Chung C. Lee
      Estimation of the Accuracy of a Robot Manipulator, IEEE Trans. Automatic Control, Vol AC-30, No.3,,   March 1985, Seite 304-307.

Simulation
im Produktionsbereich

<u>EIN SIMULATIONSGESTÜZTER LEITSTAND ZUR
FERTIGUNGSSTEUERUNG</u>

Dipl.-Math. G. Schröder
Fraunhofer Institut für Transporttechnik und Warendistribution
Emil Figge Str. 75

4600 Dortmund 50

1. Allgemeines

Durch die zunehmende Automation und der gewandelten Anforderungen an die
Produktionsbetriebe hat die Produktionssteuerung innerhalb der Fertigungsorganisation
einen hohen Stellenwert erreicht. Welche Aufgaben sie beinhaltet und wo sie innerhalb
der Fertigungsorganisation angesiedelt ist verdeutlicht Bild 1:

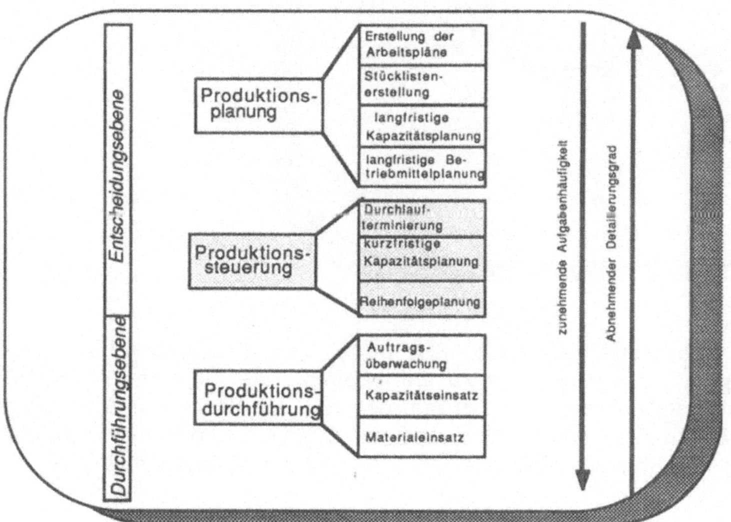

Bild 1: Stellung der Produktionssteuerung in der Fertigungsorganisation

Während die Produktionsplanung die mittel- bis langfristigen Aufgaben der
Auftragsabwicklung (Festlegung der produkt- und betriebsmittelspezifischen Daten)
beinhaltet, hat die Produktionssteuerung die kurzfristigen Aspekte
(Durchlaufterminierung, kurzfristige Kapazitätsplanung, Reihen-folgeplanung) zur
Aufgabe. Dies impliziert, daß die Aufgabenhäufigkeit und der Detaillisierungsgrad der
Produktionssteuerung wesentlich höher als bei der Planung ist. Dadurch ist es nicht

verwunderlich, das gerade Steuerungsaufgaben zunehmend ohne Rechnerunterstützung nicht mehr zu bewältigen sind.

2. Aufgaben und Ziele der Produktionssteuerung

Die Ziele der Produktionssteuerung sind neben der (gleichmäßig) hohen Kapazitätsauslastung kurze Durchlaufzeiten, niedrige Bestände und vor allem eine termingenaue Fertigstellung (JIT). Die in den letzten Jahren stattgefundene Verschiebung der Schwerpunkte innerhalb dieser Ziele verdeutlicht Bild 2/4/:

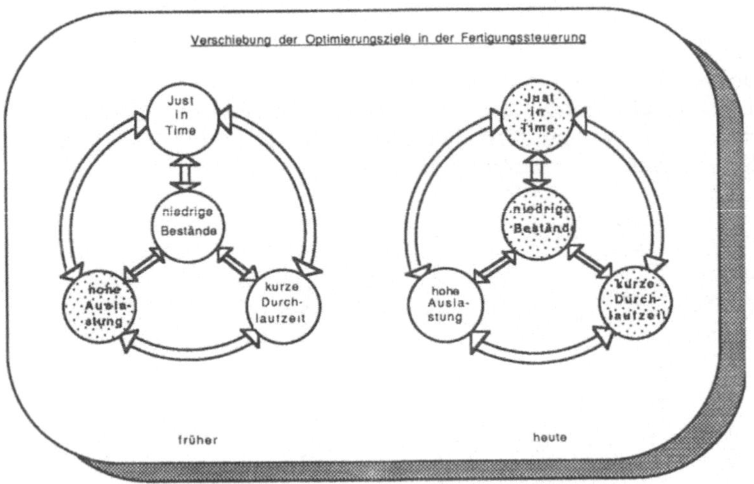

Zusammen mit der wettbewerbsbedingten Zunahme der Produktvielfalt der Produktionsbetriebe erfolgt hier der Übergang zu immer mehr und kleineren Losen. Der daraus resultierende Steuerungsaufwand führt zusammen mit der durch die Automation gestiegenen Anforderungen an die Steuerungsqualität zu immer komplexeren Aufgaben der Produktionssteuerung, die ohne den Einsatz rechnergestützter Systeme nicht mehr zu erfüllen sind.

Aus verschiedenen Ansätzen wurden computergestützte, auf analytischer Basis arbeitende Steuerungssysteme entwickelt, die diese Anforderungen für bestimmte Anwendungsbereiche erfüllen. Beispielhaft seien hier die belastungsorientierte Auftragsfreigabe /3/, OPT oder das Kanban-System genant. Die Einsatzmöglichkeit aller dieser Systeme hängt jeweils von bestimmten Randbedingungen ab, so fordert zum Beispiel das Kanban-System ein begrenztes Artikelspektrum, einen geringen Rüstaufwand, möglichst konstanten Bedarf und eine hohe Flexibilität der Fertigungskapazitäten.

Der entscheidende Nachteil der analytischen Systeme liegt aber darin, das ein potentieller Handlungsbedarf erst dann erkannt werden kann, wenn er entstanden ist. Mit Hilfe der Simulation wird ein zukünftiger Handlungsbedarf schon zum gegenwärtigen Zeitpunkt bekannt und bietet somit die Möglichkeit den Handlungsbeginn vorzuziehen.(/1/) Die

Nutzung der Simulation für Steuerungsaufgaben bietet aber weitere nicht minder bedeutende Vorteile (s. Bild 3 /3/)

Es existieren heute verschiedene Simulationssysteme, die eine oder mehrere der Steuerungsaufgaben beinhalten. Zum größten Teil arbeiten diese Systeme in zwei Schritten:

- Bestimmung des Fertigungsplanes mit Hilfe analytischer Verfahren
- Simulation der Abarbeitung des generierten Plans zur Bewertung und Verifikation

Am Fraunhofer-Institut in Dortmund wurde ein Steuerungssystem entwickelt, das die Simulation zur Generierung des Fertigungsplans nutzt.

3.Das Simulationssystem SIMON

Das Simulationssystem SIMON ist ein für Werkstattfertigungen entwickeltes Steuerungssystem, das zusätzlich auch die Möglichkeit bietet, die situationsgerechte optimale Losgröße zu bestimmen. Dies ist dann sinnvoll, wenn aus mehreren Kundenaufträgen ein Fertigungslos gebildet wird, da dann die komplette Menge nicht zum angegebenen Liefertermin nicht benötigt wird und so das Los bei entstehenden Engpässen aufgeteilt werden kann.

In dem System ist eine Funktion zur Auftragsüberwachung integriert, die die Möglichkeit bietet eine eventuelle Abweichungen des Fertigungsprozeß von der Planung sofort zu erkennen und den Simulator mit dem jederzeit aktuellen Fertigungsstand versorgt.

Während bei den analytischen Verfahren die Abgrenzungen der einzelnen Steuerungsaufgaben voneinander leicht erkennbar sind, ist sie bei SIMON nicht eindeutig, da die verschiedenen Aufgaben während der Simulation in Abhängigkeit des simulierten Systemzustands erfüllt werden. So ist zum Beispiel die Kapazitätsauslastung und die

Kapazität die die Bearbeitungsstationen besitzen müßten um ihre Aufgaben zu erfüllen ein Ergebnis, das während eines Simulationslaufes ermittelt wird.

Ein Simulationslauf dient dazu einen genauen ausführbaren Fertigungsplan zu ermitteln, der auch Auskünfte über seine Güte gibt.
Als Ergebnis eines Simulationslaufs erhält man neben der genauen Maschinenbelegung mit den einzelnen Start- und Endterminen eine Bewertung der geplanten Prozeßführung bzgl. der Stillstands- und Rüstzeiten, sowie der Liegezeiten und der Abweichung vom Endtermin der Aufträge. Zusätzlich wird ein bewertender Vergleich zu vorher durchgeführten Simulationsläufen vorgenommen. Diese Vergleichsmöglichkeit bietet dem Disponenten den nach seinen Vorstellungen besten der durchgeführten Simulationsläufe auszuwählen. Bild 4 verdeutlicht die Ein- und Ausgabedaten des Systems

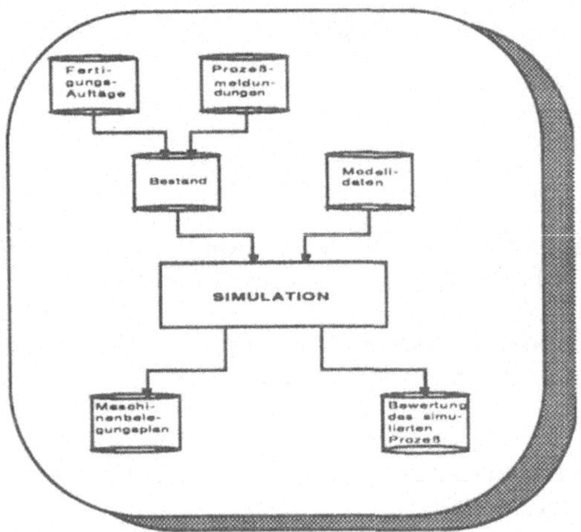

Bild 4: Ein- und Ausgabedaten von SIMON

Das Modell der zu simulierenden Fertigung besteht aus Bearbeitungsstationen und Produkten.
Als Bearbeitungsstation gilt hier nicht nur eine Maschine, sondern auch Handarbeitsplätze an denen definierte Arbeitsgänge ausgeführt werden können, sowie starr miteinander verkettete Anlagen werden als Bearbeitungsstation aufgefaßt. Ebenso werden Maschinen oder Anlagen, die exakt die gleichen Arbeitsgänge (mit gleicher Arbeitsleistung) durchführen können, zu einer Bearbeitungsstation zusammengefaßt. Auf diese Weise wird durch den auszuführenden Arbeitsgang die Bearbeitungsstation eindeutig festgelegt.
Die benötigten Produktstammdaten sind pro Ident die zu fertigenden Teile mit den zugehörigen Arbeitsgängen (incl. der Endmontage) mit den entsprechenden Richtzeiten.

Ein so gebildetes Modell der Fertigung wird mit den dynamischen Daten automatisch versorgt. Dynamische Daten sind zum einen die vom Betriebsrechner überspielten Auftragsdaten, zum anderen die von der Auftragsüberwachung kommenden Prozeßdaten. Die Parameter, die einen Simulationslauf beschreiben sind pro Station die Anzahl der eingesetzten Schichten und die Gewichtung der Optimierungskriterien minimale Rüstzeit, minimaler Bestand, minimale Durchlaufzeit und die gleichmäßige Auslastung der eingesetzten Stationen.

Nach Start der Simulation generiert SIMON zunächst für jeden auszuführenden Arbeitsgang pro Ident und Los einen Bearbeitungsauftrag und setzt ihn in den Auftragspool der entsprechenden Station. Anhand des Bearbeitungsstatus des Loses und des Endtermins wird der früheste und der späteste Anfangszeitpunkt festgelegt. Dadurch wird für jeden auszuführenden Arbeitsgang der Dispositionsspielraum festgelegt. Während der Simulation wird nun versucht jeden Bearbeitungsauftrag innerhalb dieses Spielraums zuzuteilen und gleichzeitig den situationsabhängig besten Auftrag zu wählen. So wird während der Simulation ein ausführbarer Maschinenbelegungsplan und gleichzeitig eine Bewertung bezüglich der geplanten Prozeßführung generiert und dem Disponenten die Eingriffsmöglichkeiten bezüglich des Einsatzplans und der Gewichtung der Optimierungskriterien aufzeigt.

4. Anwendungen

Eine erste Installation von SIMON in einem Zulieferbetrieb der Automobilindustrie hat gezeigt, daß neben der bezweckten Verbesserung der Fertigungssteuerung und der termingerechteren Auftragsabwicklung auch andere nicht unwesentliche Verbesserungen erreicht werden konnten.
Unstimmigkeiten in den zur Planung und Steuerung verwendeten Daten konnten erkannt und somit beseitigt werden. So konnten z. B. fehlerhafte Angaben in den Arbeitsplänen , die durch abweichende Fertigmeldungen erkannt wurden, bereinigt werden.

Ein weiterer Vorteil zeigte sich in der besseren Losverfolgung und somit in einer korrekten Bestandsführung. Hier war vorher der Fertigungsstand der Lose nicht genau festgehalten worden. Da das Auftragsaufkommen des Betriebs vorwiegend aus Wiederholaufträgen besteht , befinden sich meist mehrere Lose eines Produkts in der Fertigung. Die mangelhafte Losverfolgung hatte zur Folge daß alle gefertigten Mengen eines Produktes einem Los zugeordnet wurden, bis die vorgegebene Losmenge erreicht wurde. Dies hatte zur Folge, daß kein Ausfall erfaßt wurde, in Extremfällen kam es sogar zu einer Erhöhung der Losmenge während des Fertigungsprozesses. Hier konnte bisher nur mit Hilfe einer halbjährlichen Inventur die tatsächlich in der Fertigung vorhandenen Mengen und damit der Ausschuß festgestellt werden.

Auch konnten schon während der Testphase bisher nicht bekannte Auswirkungen von Steuerungsmaßnahmen erkannt werden. In dieser Phase konnten die Disponenten mit dem System experimentieren und lernten so neue Möglichkeiten, gezielte Eingriffe in den Produktionsablauf vorzunehmen, kennen.

5. Literatur

/1/   Schmidt, R.:
Einsatzmöglichkeiten der Simulation in der Werkstattsteuerung
In: 21st Annual Simulation Symposium, Proceedings, Tampa 1988

/2/   Schürholz, A.:
Application of a Simulator for the development and check of controlling software
In: European Simulation Multiconference, Wien 1987

/3/   Ufer, H. A.:
Grundlagen neuer Verfahren der Fertigungssteuerung
In: Fachseminar statistisch orientierte Fertigungssteuerung, Hannover 1984

/4/   Wiendahl, H.-P.:
Anwendung der belastungsorientierten Auftragsfreigabe in einem Unternehmen der Elektroindustrie
In: Fachseminar statistisch orientierte Fertigungssteuerung, Hannover 1984

Wissensbasierte Optimierung strukturvariabler dynamischer Systeme - ein Ansatz zur kostenorientierten Planung von Produktionssystemen

Dipl.Wirtsch.-Ing. D. Buchberger

Institut für Werkzeugmaschinen und Betriebstechnik
Universität Karlsruhe

Simulation in der Planung

Die Planung von Produktionssystemen wird mit zunehmender Integration und Automatisierung ihrer Komponenten immer komplexer. Die technischen und insbesondere die
kostenmäßigen Auswirkungen einzelner Enscheidungen sind kaum vorauszusehen. Eine
möglichst wirtschaftliche Produktion erfordert jedoch eine präzise und genaue Planung. Diese ist ohne Rechnerunterstützung kaum mehr durchführbar.

Als ein Hilfsmittel, das dem Planer fundierte Kenntnisse über das Verhalten von Produktionssystemen vermittelt, wird die Simulationstechnik eingesetzt. Allerdings ergeben sich beim Einsatz dieses Hilfsmittels derzeit noch einige Einsatzhemmnisse,
die eine volle Nutzung der Möglichkeiten der Simulationstechnik erschweren.

Grundlagen und Problemstellung

Betrachtet man den Planungsprozeß für komplexe Produktionssysteme, so ist fast immer
eine Aufteilung in mehrere Phasen festzustellen (Bild 1). Dabei nimmt der Detaillierungsgrad der Planung ständig zu, was jedoch mit einem gleichzeitigen Rückgang der
Freiheitsgrade verbunden ist. Häufig, insbesondere wenn eine Planungsstufe unvollständig durchlaufen wurde, sind Revisionen erforderlich, die die Planung verlängern
und verteuern.

Hohe Bedeutung im Rahmen der Gesamtplanung kommt der Grobplanung zu. Untersuchungen
/1/ zeigten, daß hier ca. 70 % der Systemkosten festgelegt werden (Bild 2).

Trotz der ihr zukommenden hohen Bedeutung wird gerade diese Planungsphase derzeit
kaum durch EDV-Einsatz unterstützt.

Unterteilt man die Grobplanung weiter in einzelne Teilschritte, so kann man in die
Planung von Prozessen (Zuordnung möglicher Produktionseinrichtung zu einzelnen Arbeitsgängen) und die Planung des Gesamtsystems (Kombination der Prozesse) unterscheiden. Durch unterschiedliche Kombinationsmöglichkeiten der Teilprozesse lassen
sich verschiedene Strukturen des Gesamtsystems erzeugen.

Zur Abbildung des dynamischen Verhaltens der unterschiedlichen Strukturen müssen
diese nun in Simulationsmodelle überführt werden. Mit Hilfe der Ergebnisse, die sich
aus den Simulationsexperimenten ergeben am entsprechenden Modell, kann eine Bewertung und Optimierung der einzelnen Strukturen vorgenommen werden. Dazu müssen die
Ergebnisse der einzelnen Simulationsläufe ausgewertet, kostenmäßig bewertet und zur
gezielten Veränderung der Modelle herangezogen werden. Dieses Vorgehen ist i.d.R.
jedoch viel zu aufwendig und zeitraubend, so daß die Simulationstechnik in der Planung bisher kaum Verwendung findet. Meist dient sie am Ende der Planung nur als Verifikation des Systems.

Zielsetzung

Mit Hilfe des im folgenden vorgestellten Ansatzes soll versucht werden, die Planung
von Produktionssystemen bereits in einem sehr frühen Stadium durch die Simulationstechnik zu unterstützen. Der Planer soll soweit als möglich von Routinetätigkeiten
wie z.B. Erstellung von Modellen und Kostenberechnungen und von einfachen Entscheidungen entlastet werden. Hierdurch sollen zum einen Planungsergebnisse quantitativ bewertbar und besser abgesichert werden, zum anderen sollen dem Planer kreative Freiräume geschaffen werden, die er zur Lösung nicht automatisierbarer Planungsaufgaben verwenden kann.

Da im Stadium der Grobplanung noch viele alternative Strukturen für ein Produktions-
system denkbar sind, muß der gezielte Wechsel zwischen verschiedenen Strukturen möglich sein. So kann versucht werden, anhand der vom Planer vorgegebenen Zielsetzungen
eine möglichst günstige Struktur zu wählen. Diese Anforderung geht über die reine
Parameteroptimierung hinaus.

Lösungsansatz

Der bislang realisierte Prototyp SIMEX (Simulationsexperte) besteht aus mehreren
über definierte Schnittstellen miteinander verbundenen Modulen. Kernstück des gesamten Systems ist ein Simulationswerkzeug, mit dessen Hilfe Experimente an automatisch generierten Simulationsmodellen durchgeführt werden können. Der Ablauf erfolgt
weitgehend automatisch, kann jedoch vom Benutzer an einigen Stellen beeinflußt werden (Bild 3).

Dialogeingabe
Zunächst muß der Benutzer im Dialog die zulässigen Systemstrukturen (Komponenten,
Arbeitspläne und Arbeitsplanvarianten) beschreiben. Diese werden im sogenannten *Lösungsraum* abgelegt und beinhalten sämtliche Freiheitsgrade möglicher Systeme. Alle
Werte werden bei der Freigabe auf syntaktische Fehler überprüft (z.B. Typdekla-
rationen und Wertebereichsüberschreitungen). Am Ende der Eingabe wird diese auf
Vollständigkeit überprüft (sind alle in den Arbeitsplänen vereinbarten Maschinen definiert usw.). Innerhalb des Lösungsraums können im weiteren Verlauf beliebige Veränderungen vorgenommen werden, mit dem Ziel, aus der Vielzahl der möglichen Lösungen
die beste auszuwählen.

Ebenfalls im Dialog spezifiziert der Benutzer die für ihn wichtigen *Produktionsziele* (z.B. Auslastung, Durchlaufzeit oder Kosten) und gibt *Steuerparameter* für die spätere Optimierung vor (z.B. sinnvolle Pufferauslastung, Bereiche günstiger Kapazitätsauslastungen).

Alle Eingaben werden in einer Datenbasis (Bild 4) abgelegt, auf die im folgenden beschriebenen Module zugreifen.

Statische Festlegung
Die statische Festlegung erfolgt wahlweise automatisch oder im Dialog mit dem Benutzer. Sie hat im wesentlichen folgende Aufgaben

- Prüfung der Eingabedaten
- Generierung verschiener Ausgangslösungen
- Statischer Kapazitätsabgleich
- Abschätzung der Simulationsdauer.

Die *Prüfung der Eingabedaten* dient zum Erkennen logischer Fehler, die im Rahmen der Dialogeingabe nicht erkannt wurden. Sind z.B. an einer Produktionseinrichtung fünf Pufferplätze vorhanden, als Transportlosgröße sind jedoch sechs Teile definiert, so kann keine Entladung des Transportgeräts erfolgen und es tritt eine Systemverklemmung auf. Derartige logische Unstimmigkeiten werden im Dialogbetrieb dem Benutzer gemeldet und können von ihm berichtigt werden. Im Automatikbetrieb wird der Fehler automatisch korrigiert (z.B. Herabsetzung der Transportlosgröße) und ein Fehlerprotokoll erstellt.

Im nächsten Schritt werden anhand der vorgegebenen Produktionsziele mehrere *Ausgangslösungen* (Strukturen) generiert. Das Produktionsziel Kostenminimierung bewirkt z.B. die Auswahl möglichst kostengünstiger Komponenten, während die Zielsetzung Durchlaufzeitminimierung eine Auswahl von Komponenten mit möglichst kurzen Prozeßzeiten bewirkt. Somit können mehrere voneinander weitgehend unabhängige Ausgangslösungen als Startpunkte für die simulationsgestützte Optimierung bereitgestellt werden. Der Benutzer kann die Ausgangslösungen im Dialog mit dem System auch manuell vorgeben.

Für die einzelnen Strukturen muß nun ein *Kapazitätsabgleich* erfolgen. Dieser hat die Aufgabe, innerhalb der jeweiligen Ausgangslösungen die verschiedenen Komponenten aufeinander abzustimmen, so daß zumindest statisch gesehen Engpässe ausgeschlossen sind. Die Ergebnisse der statischen Auslastungsrechnung können später mit den Werten der Simulation verglichen und ggf. zur Überprüfung der Modellvalidität verwendet werden. Nach dem Kapazitätsabgleich liegen sämtliche Werte für die Erzeugung eines Simulationsmodells fest.

Zur Durchführung der Simulationsexperimente muß schließlich auch noch die zur Erzielung aussagekräftiger Ergebnisse notwendige *Simulations- und Einschwingdauer* abgeschätzt werden. Dies erfolgt über eine Analyse der Prozeßzeiten, der Arbeitspläne und der Puffergrößen des Systems.

Modellgenerator
Ein Programm übersetzt die im Rahmen der statischen Festlegung bestimmte Systemstruktur und die Experimentdaten in ein lauffähiges Simulationsmodell (Bild 6). Der verwendete Simulator wurde um Unterprogramme ergänzt, die die Standardauswertungen erweitern.

Kostenberechnung
Innerhalb des Gesamtsystems sind die Diagnose und die sich daran anschließende Therapie für die eigentliche Optimierung verantwortlich. So werden z.B. den Aufträgen, die für sie anfallenden Betriebs-, Fix-, Rüst- und Bearbeitungskosten zugeordnet (Bild 7). Die dadurch errechneten Produktionskosten können dann mit den vom Benutzer vorgegebenen Sollkosten verglichen und zur Bewertung des Systems herangezogen werden.

Systemdiagnose
Die Systemdiagnose und die sich daran anschließende Therapie sind innerhalb des Gesamtsystems für die eigentliche Optimierung verantwortlich. Zunächst werden die Ergebnisse des Simulationsexperiments betrachtet, mit den vorgegebenen Parametern verglichen und auf Zielerreichung untersucht. Entsprechend der Ergebnisprägung werden die Diagnosen o.k., zu hoch oder zu niedrig, bzw. eine Verhältniszahl (errechnet sich aus Ist-/Sollwert) vergeben. Diese zeigen die Auswirkung von Schwachstellen innerhalb des Systems an, deren Ursachen im folgenden gesucht werden.

Diese Suche läßt sich prinzipiell auf mehrere Arten bewerkstelligen. Eine Möglichkeit ist die Analyse von Kausalketten, die schließlich die Schwachstellenursachen erkennen lassen. Hier wäre folgender Algorithmus denkbar.

Ist die Auslastung einer Maschine zu gering, so kann dies u.a. daran liegen, daß

-    zu wenig Aufträge vorhanden sind
-    der Vorpuffer zu klein ist
-    das zuführende Transportgerät überlastet ist
-    die Anzahl vorhandener Vorrichtungen zu gering ist
-    die beliefernde Maschine defekt, über- oder unterlastet ist

Trifft keine der Ursachen zu, so wurde die Maschinenkapazität zu hoch ausgelegt und die Schwachstelle ist erkannt, ansonsten wird die Schwachstellensuche fortgesetzt. Dieser Weg stellte sich jedoch nach ersten Versuchen als zu aufwendig heraus. Eine andere Möglichkeit stellt die Ermittlung von Schwachstellen aufgrund von allgemeinem Wissen über Systemzusammenhänge (Bild 8) dar. Dieser Ansatz erwies sich in Versuchen als weitaus einfacher realisierbar.

Die Diagnose der Kennwerte der einzelnen Systemkomponenten liefert die Fakten für
die darauf aufbauende Suche nach den Schwachstellenursachen im System. In Form von
Regeln ist dokumentiert, welche Fakten für bestimmte Ursachen sprechen. Die Regeln
repräsentieren das allgemeine Wissen des Planers über Usache-Wirkung-Zusammenhänge
in Produktionssystemen. Ausgangspunkt der Suche sind dabei die Schwachstellen (Hypothesen), für die jeweils untersucht wird, ob entsprechende Fakten vorliegen. Es
liegt also eine Rückwärtsverkettung vor.

So ist ein Puffer vor einer Maschine zu klein, wenn die zugehörige Maschine häufig
wartet und der Puffer selbst voll ist.

Die Ursache-Wirkung-Zusammenhänge sind jedoch i.d. Regel mit Unsicherheiten behaf-
tet. Insbesondere bei der Kombination mehrerer Regeln kann die Sicherheit mit der
Schwachstellenursachen identifiziert werden, abnehmen. Um dieses unscharfe Wissen
entsprechend darzustellen (ähnlich wie dies auch der Planer macht), werden die Zwischenergebnisse mit einem Konfidenzfaktor bewertet. Ist dieser sehr gering, so wird
die Hypothese ggf. verworfen.

In die Schwachstellensuche/Systemdiagnose fließen auch die Kosten mit ein. Haben
z.B. zwei Maschinen nahezu identische Kennwerte (Auslastung, Störanteil, Vor-
/Nachpufferauslastung, etc.) unterscheiden sich aber in ihren Kosten, so gibt dies
u.U. den Ausschlag bei der Festlegung der Schwachstellenursache. So ist z.B. bei
einer starken Auslastung/Überlastung die Maschine am ehesten verbesserungswürdig,
deren Kapazitätsausbau die geringeren Kosten verursacht.

<u>Therapie</u>
Nachdem die Schwachstellen des Systems lokalisiert wurden, sind Maßnahmen zu deren
Behebung zu treffen. Hierfür existieren eigene Regeln, die anhand der Diagnosen und
der in der Datenbasis hinterlegten Freiheitsgrade hinsichtlich des Optimierungszie-
les gezielte Maßnahmen vorschlagen. In einem Dialog mit dem Planer können diese Vor-
schläge dann ggf. modifiziert werden (Bild 9).

Innerhalb des Therapiemoduls existiert ein hierarchisches Zielsystem, das die Anwendung der Regeln steuert. Zunächst wird versucht, den vom Planer geforderten Durchsatz durch das System zu erreichen. Entsprechend wird, solange dieser nicht erreicht
ist darauf verzichtet, Kapazitäten zu reduzieren, um auf diese Weise Kosten zu spa-
ren. Die Anwendung weiterer Regeln richtet sich nach dem vom Planer vorgegebenen
Zielsystem.

Strukturumschaltungen des Systems ergeben sich u.U. beim Wechsel der Arbeitsplanvarianten. Wird ein neuer Arbeitsplan aktiviert, so müssen evtl. völlig neue Maschi-
nentypen in das System aufgenommen und andere entfernt werden. Die Struktur des Systems ändert sich also grundlegend.

Eine Änderung der Arbeitsplanvarianten wird immer dann durchgeführt, wenn damit bei
relativ geringen Kostensteigerungen der Systemdurchsatz erhöht werden kann. Dazu
wird eine Kostenschätzung sowohl für eine Kapazitätserhöhung als auch für die Wahl

einer neuen Arbeitsplanvariante durchgeführt.
Die Therapiemaßnahmen werden vom Modellgenerator in ein neues Modell übertragen und
in einem folgenden Simulationslauf auf ihre Wirksamkeit überprüft. Bis zum Erreichen
des Planungsziels oder einer vorgegebenen Laufanzahl wiederholt sich dieser Zyklus.

Erfahrungen

Bisherige Tests mit einem Systemprototyp erbrachten durchweg positive Ergebnisse
(Bild 10). Es zeigte sich, daß bereits eine geringe Anzahl von Diagnose- und Thera-
pieregeln zu deutlichen Verbesserungen des Systems führen können. Wichtig scheint
nicht die Menge von Regeln zu sein, sonderen deren Konsistenz. Dies leuchtet auch
leicht ein, da auch der Planer bei der Optimierung komplexer Systeme meist ebenfalls
nur relativ wenige Regeln auf eine Vielzahl von Komponenten anwendet. Genau dies
nimmt ihm das System nun ab.

Probleme ergaben sich bisher vor allem mit der Bewertung der Ergebnisse und der
Festlegung der Abbruchkriterien.

Ausblick

Zukünftig soll zur effizienten Speicherung von Daten eine Datenbank in das Gesamtsystem integriert und ein leistungsfähigeres Simulationswerkzeug verwendet werden.
Mehrere Systemzustände, Therapien und daraus resultierende Veränderungen sollen gespeichert und geeignet miteinander verknüpft werden, um somit weitere Simulationsexperimente und ggf. den Abbruch der Optimierung zu steuern.
Derzeit findet ein größerer Feldversuch statt, der Impulse für die weitere Entwicklung liefern soll. Außerdem wird an der Integration von SIMEX in ein größeres Planungssystem gearbeitet. So können derzeit bereits über eine File-Schnittstelle die
Daten des Lösungsraums von einem vorgelagerten Konfigurationssystem eingelesen werden. Über die Datenbank soll eine Anknüpfung an ein Feinplanungssystem erfolgen, in
dem das von SIMEX festgelegte Modell weiter verfeinert und optimiert wird.

Literatur

/1/   N.N.:   Tagungsunterlagen zum AWK 1987

/2/   Aggteleky, B.:   Fabrikplanung, Band 1
                               Carl Hanser-Verlag 1981

/3/   Wienecke-Toutaoui, B.:   Rechnerunterstütztes Planungssystem zur
                               Auslegung von Fertigungsunterlagen
                               Dissertation, Berlin 1981

/4/   Weule, H.,   Wissensbasierte Konfigurierung und
      Buchberger, D.,   Optimierung von Fertigungsanlagen
      Wieser, R.,   Technische Rundschau 16/88, S. 138-143

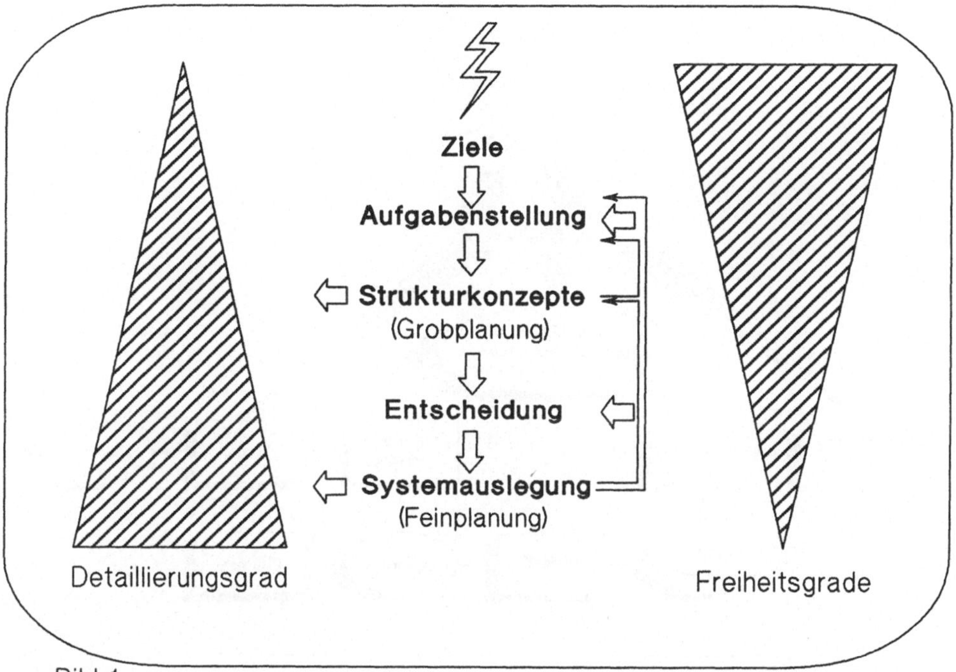

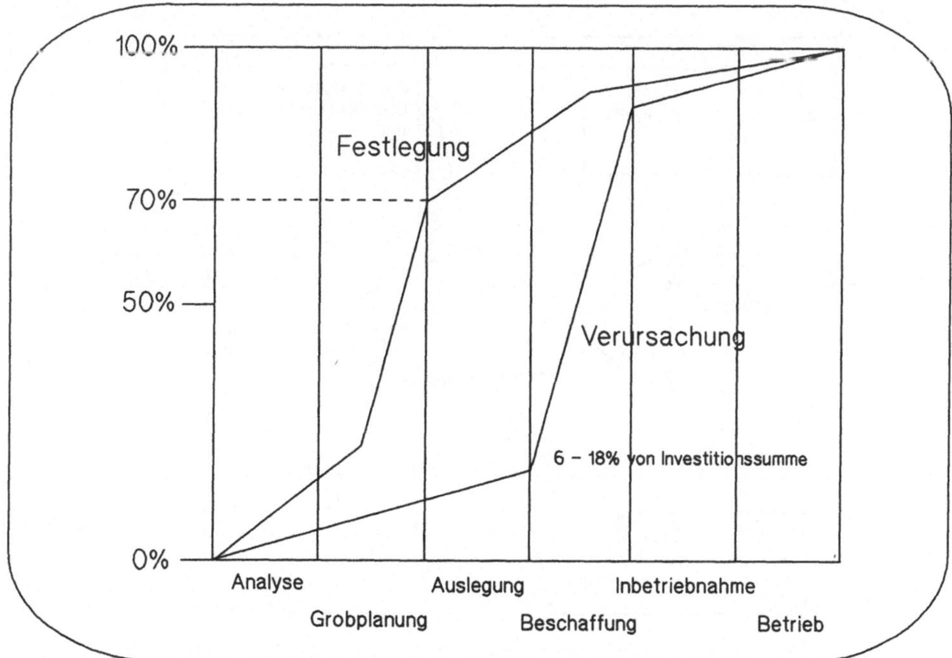

Bild 1

Bild 2 (nach /1/)

mögliche reale
Systeme

Datenbasis
Lösungs-   Produktions-   Steuer-
raum   ziele   parameter

statische
Festlegung
Modellgenerator
Kostenbe-
rechnung
Therapie
Stop
Simulations-
modell
Simulator
Ergebnisse
Diagnose

Bild 3

Aufträge
Stückzahl   Sollkosten
Losgröße   Arbeitspläne
Einsteuerung

Produktionsziele
Auslastungsmaximierung
Durchlaufzeitminimierung
Kostenminimierung

Arbeitspläne
AP-Variante   Vorrichtung
Maschine
Rüstzeit
Bearbeitungszeit

Datenbasis
Lösungs-   Produktions-   Steuer-
raum   ziele   parameter

Steuerparameter
Auslastungsgrenzen
Sollauslastung
Bearbeitungszeitanteil

Maschinen/Transporter
Stückzahl   Puffergrößen
Typ   Ausfallverteilung
Schicht   Fixkosten
Kapazität   Betriebskosten
–   –

Hilfsmittel
Stückzahl
Kosten

Bild 4

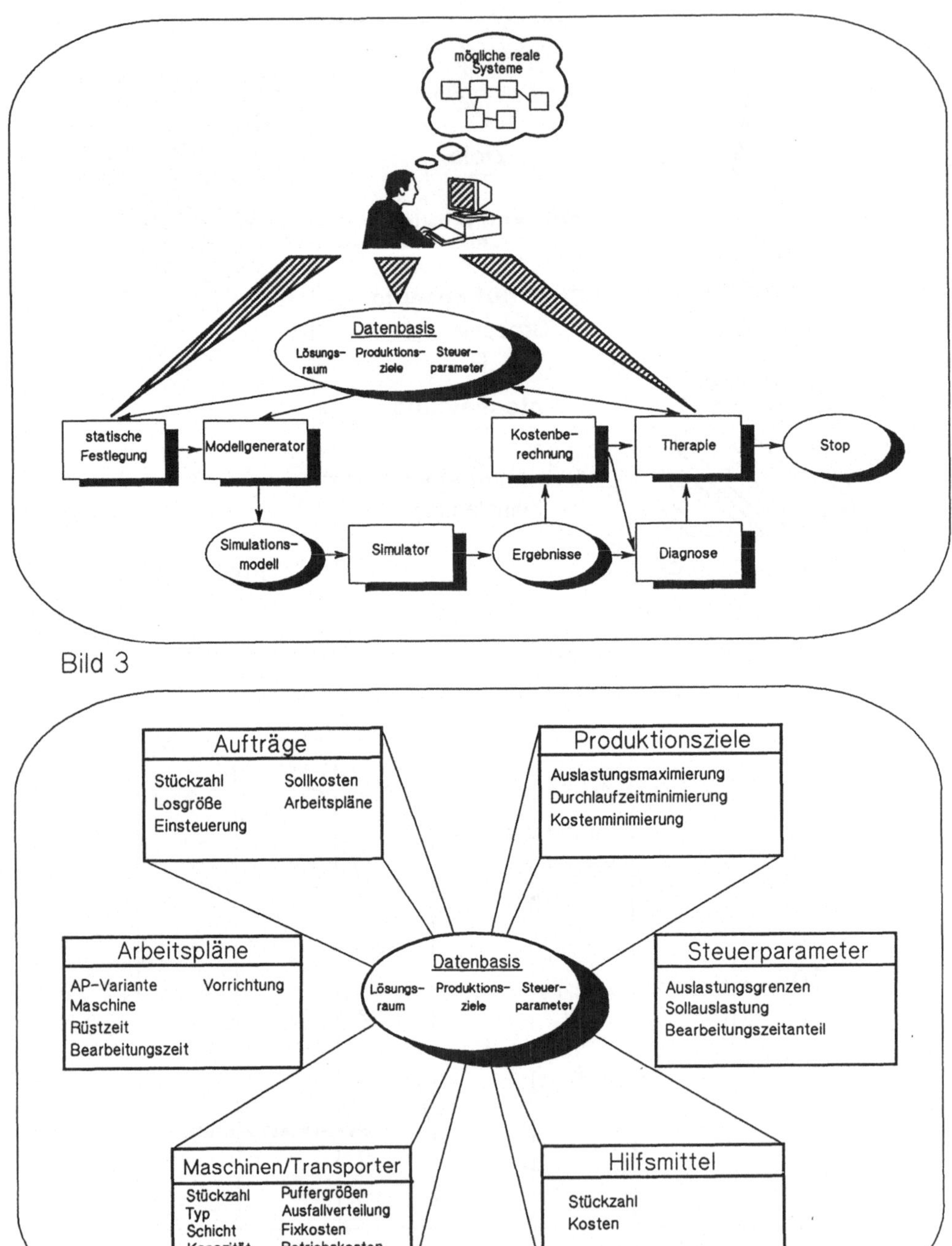

Statische Festlegung
Logische Prüfung der Eingabedaten
Wahl der Ausgangs-lösung
Kapazitäts-abgleich
Festlegung der Simulationsparameter
Datenbasis
Lösungs-raum   Produktions-ziele   Steuer-parameter
Ausgangslösung(en)

Bild 5

Lösungsraum
Simulations-parameter
Simulationsdauer
Einschwingdauer
Zufallszahlen-generator
Modellierungs-vorschriften
Prioritätsregeln
Rüststrategien
Modellgenerator
Simulations-modell

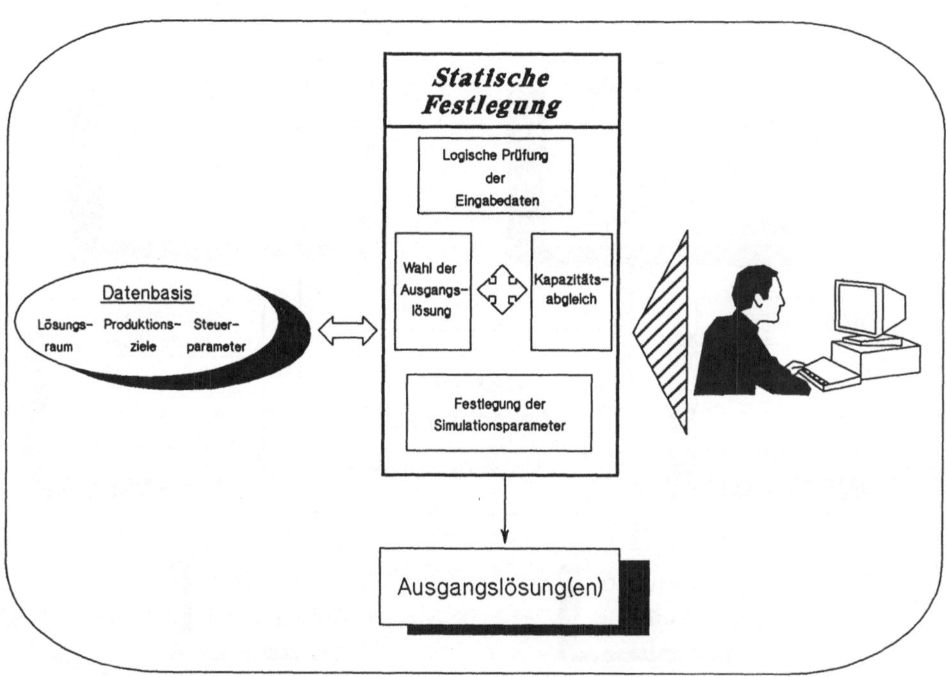

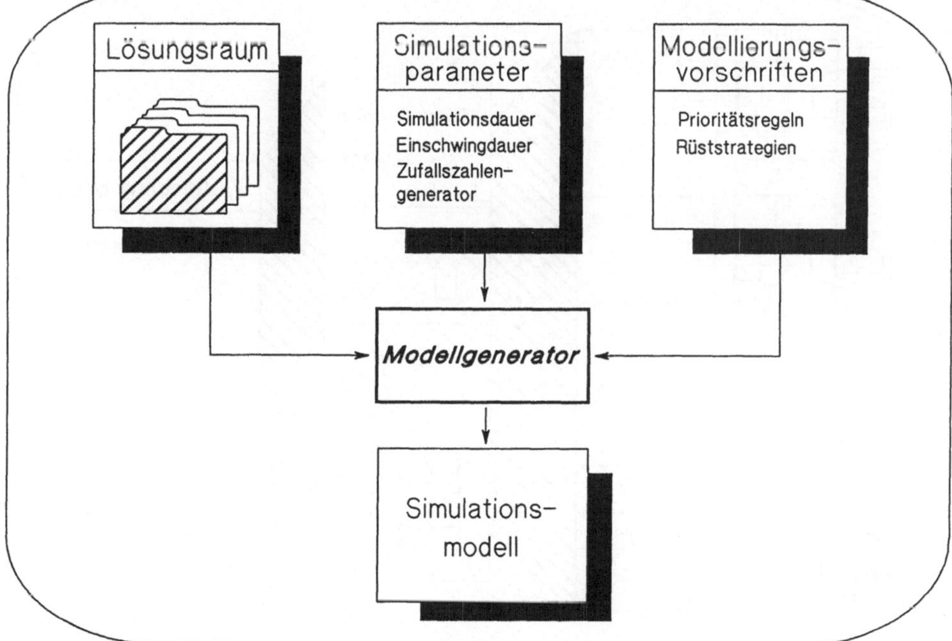

Bild 6

Komponentenbeschreibung
Typ,Name
Fixkosten/Std
Variable Kosten/Std
Rüstkosten/Std
Instandhaltungskosten/Std
Simulationsergebnisse
Typ,Name
Arbeitszeit
Wartezeit
Rüstzeit
Reparaturdauer
Arbeitspläne
Typ
Rüstzeit
Bearbeitungszeit
Kosten-
berechnung
Simulations-
ergebnisse
Auftragsname
gefertigte Stückzahl
Anzahl Rüstungen
Kosten pro
Komponente
Kosten pro
Auftrag,Teil

Bild 7

Ergebnisse
Ergebnisse
Ergebnisse
Ergebnisse
Diag — nose
Re — geln
Systemdiagnose
Schwachstellen

Bild 8

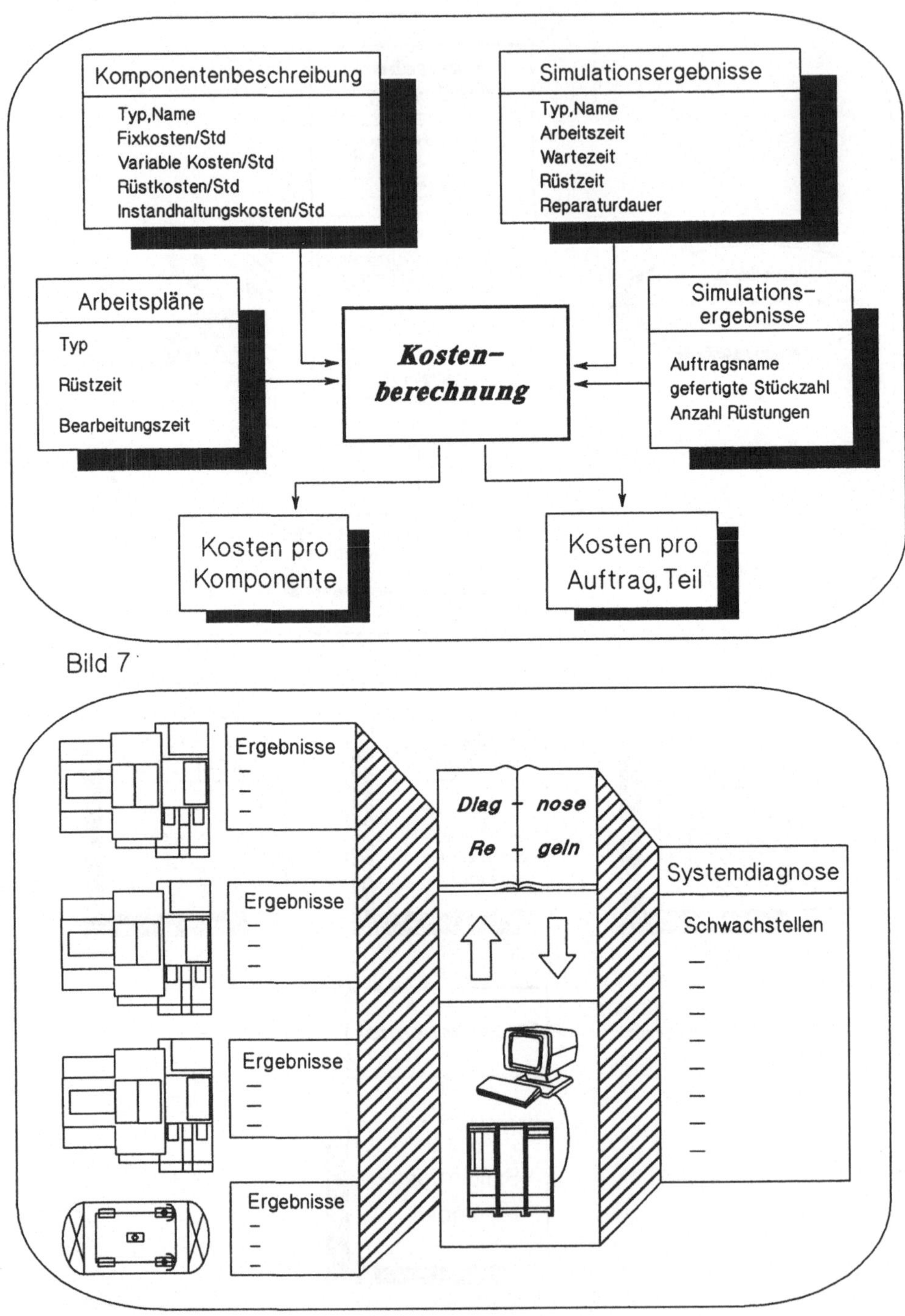

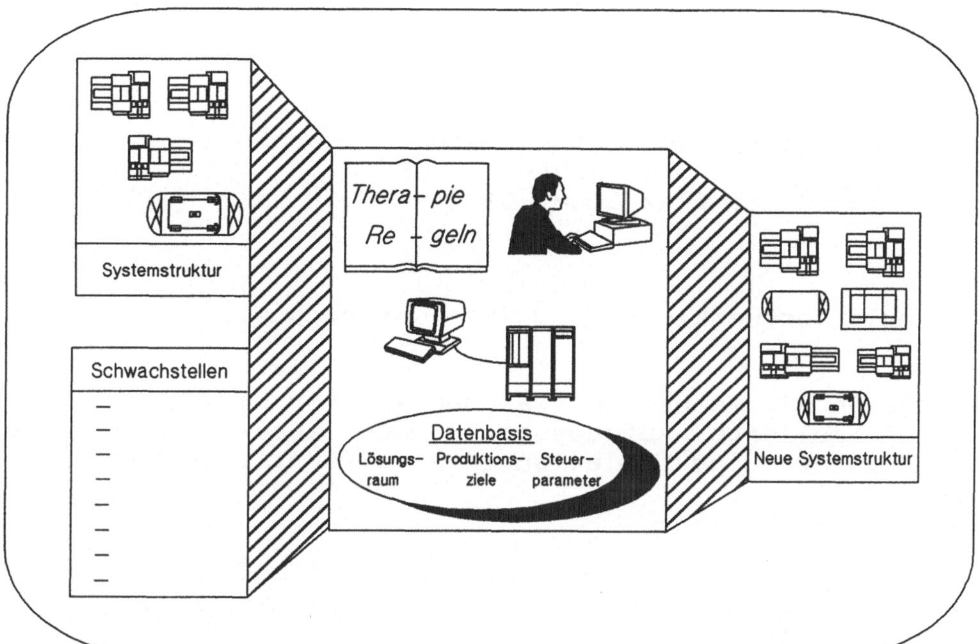

Bild 9

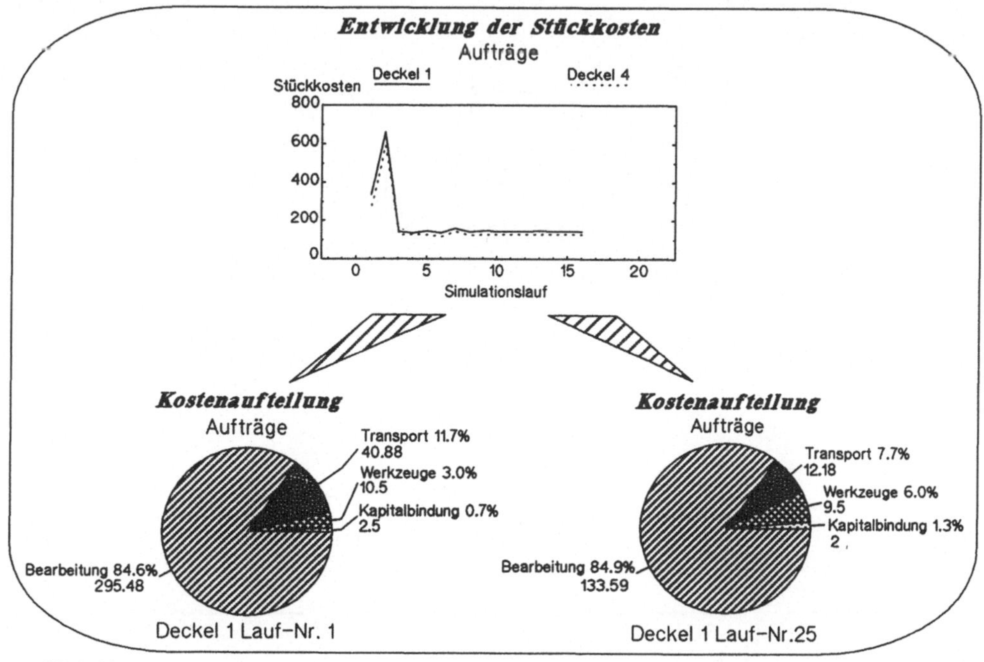

Bild 10

<u>Modellbausteine und Werkzeuge für den Anlagenbau</u>
<u>- Entwurf, Dimensionierung und Angebotserstellung</u>

A. Reinhardt,
Universität - Gesamthochschule Kassel
K. Kühne,
Simflex GmbH, Berlin

1. Simulationswerkzeuge und ihre Umgebung

Simulation als Methode mit akademisch formulierten Vorteilen für isolierte Aufgabenstellungen aus komplexen Zusammenhängen der industriellen Praxis führt zu neuen Insellösungen.

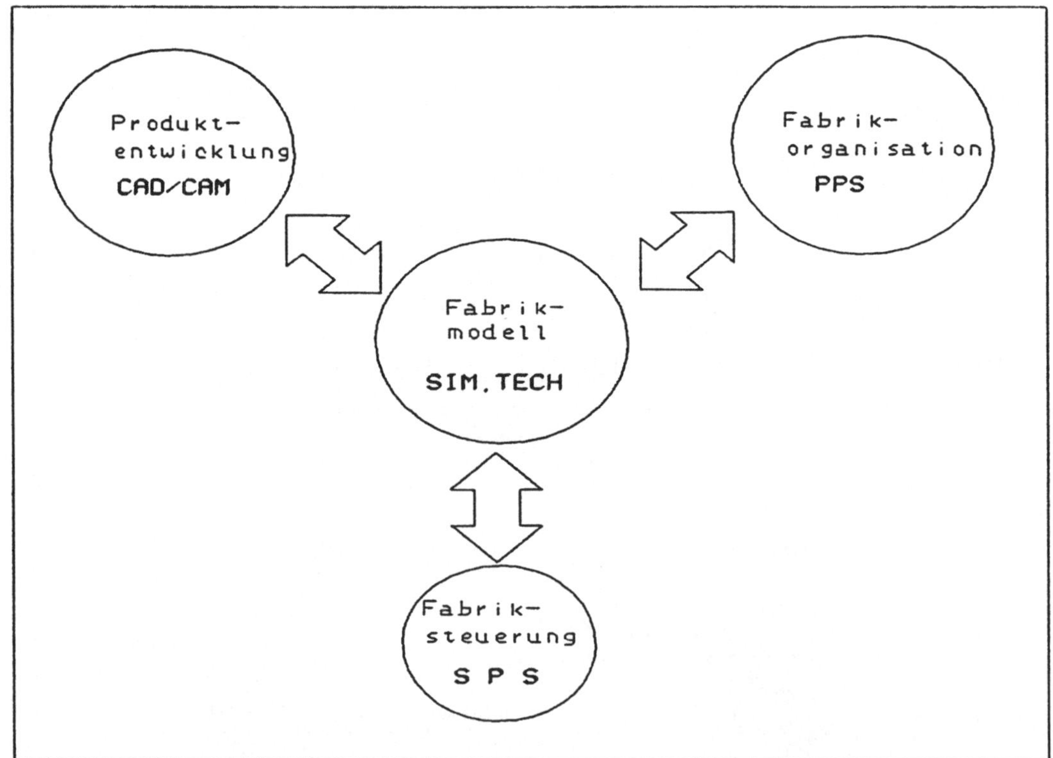

Bild 1: SIMFLEX/2 und seine Umgebung

Die Integrationsanstrengungen, um unter CIM-Aspekten vom abstrakten Gedankenmodell über die software- und hardware-technische Ebene zu einer einheitlichen Betrachtungsweise des betrieblichen Alltags zu kommen /1/, müssen bereits in der Ebene der Methodenentwicklung unterstützt werden.

Anhand von SIMFLEX/2 wird versucht, ein Konzept zu entwik-keln, das den Anforderungen aus der Praxis von heute und morgen gerecht wird. (Bild 1)

2. Modellbausteine und Werkzeuge

SIMFLEX/2 ist ein Fabriksimulator, der Modellobjekte ent-hält, die materialflußtechnische und steuertechnische Bau-steine einer Fabrik abbilden. Aus Modellobjekten werden mit softwaretechnischen Werkzeugen Fabrikmodelle montiert. Nach dem Konzept zu SIMFLEX/2 werden diese über Schnittstellen an die Werkzeuge für die Fabrikplanung, Produktionsplanung und -steuerung sowie an die Realzeitsteuerung der Anlage angeschlossen.

In einer Bibliothek sind materialflußtechnische und steuer-technische Bausteine als Basis- und Varianttypen abgelegt. (Bild 2)

Der Benutzer kann mit dem Graphischen Bausteinerstel-lungssystem (GBS) die Bibliothek auf seine Anwendung anpas-sen. Mit dem Graphischen Topologieerstellungssystem (GTS) werden Anlagenlayouts erstellt und Auftragsspektren als Modellinputdaten spezifiziert. Im Logischen Modellsystem (LMS) wird die Dynamik der Anlage nachgebildet. Durch An-kopplung des Graphischen Dialogsystems (GDS) wird die Dynamik als Bewegung von Objekten im Anlagenlayout sichtbar und der Benutzer kann steuernd eingreifen. Die Betriebsda-ten werden durch Ankopplung des Statistischen Dialogsystems (SDS) sichtbar. Mit dem Statistischen Auswertungssystem (SAS) lassen sich Größen, die das Modellverhalten bestimmen, in unterschiedlicher Kombination und über variable Zeitintervalle analysieren.

3. CAD und Simulationsmodelle

Die Produkt- und Fabrikentwicklung wird heute weitestgehend mit CAD-Werkzeugen durchgeführt. Die hier im Vordergrund der Betrachtung stehende Fabrikentwicklung umfaßt die Gebäude-, Installations- und Anlagenplanung.

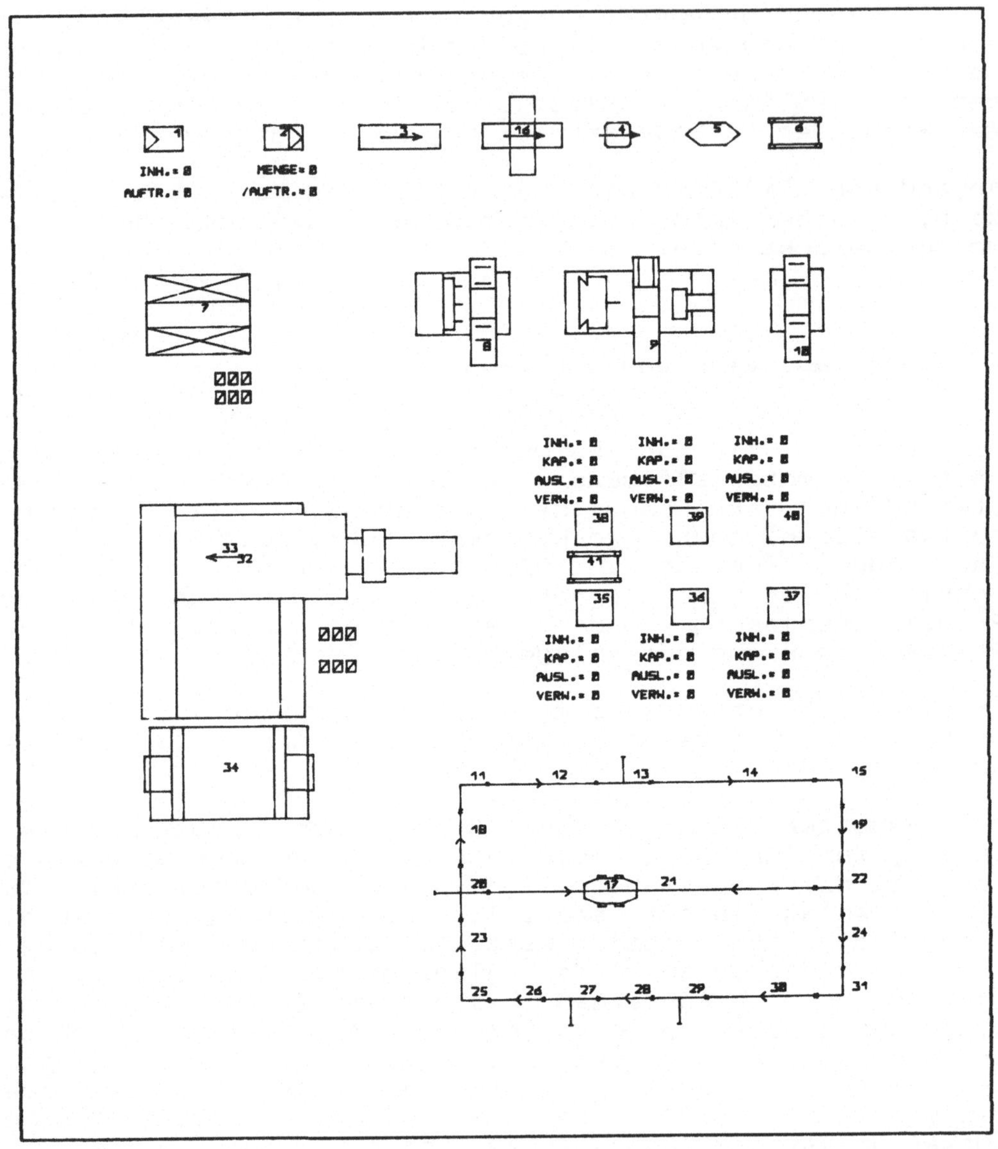

Bild 2: Bausteinkatalog in SIMFLEX/2 (Auszug)

Die Prozeßplanung bzw. die Methoden dafür müssen hier
aufsetzen und die weiteren Schritte unterstützen.

Die graphische Beschreibung der Anlage wird aus den CAD-
Daten auf der Basis allgemeiner Formate wie IGES oder
herstellerspezifischer Datenformate übernommen.
Die einzelnen Anlagenbausteine werden mit dem GBS aus dem
Layout isoliert, den Basis- und Varianttypen des
SIMFLEX/2 - Systems zugeordnet, durch technische und
steuertechnische Parameter ergänzt, in eine topologische
Struktur überführt und als Anlagenspezifikation datentech-
nisch abgelegt.

Im nächsten Schritt kann im graphisch-interaktiven Experiment die Anlage dynamisch untersucht werden.
Der Benutzer sieht seine Anlage, wie er sie entworfen
hat, und erkennt Schwachstellen anhand einzelner Abläufe
oder den erfaßten Betriebsdaten.

Im Experiment kann er die Anlage durch topologische,
technische oder steuertechnische Veränderungen den
Anforderungen der Aufgabenstellung anpassen und in seine
bisherige CAD-Umgebung zurückführen.

4. PPS und Simulationsmodelle

Softwaresysteme zur Produktionsplanung und -steuerung
(PPS) enthalten Modelle des gesamtbetrieblichen Ablaufes
und können nur deshalb zur rechnerunterstützten Produk-
tionsorganisation eingesetzt werden.

Die Qualität der mittels PPS-Systemen getroffenen Entscheidungen im Bereich der Material- und Kapazitätswirt-
schaft, insbesondere in bezug auf die Auftragsfreigabe und
deren Verfolgung, ist stark abhängig von der Aktualität
der Betriebsdaten und den in der PPS-Software implementierten Entscheidungsalgorithmen.

Die Leistung einer Anlage wiederum ist nicht nur abhängig
von ihrer technischen und steuertechnischen Dimensionierung, sondern von der mehr oder minder geglückten Einbindung in die organisierte Umgebung und deren Planungs- und
Entscheidungswerkzeuge.

In SIMFLEX/2 wird deshalb an einer Schnittstelle gearbeitet, über die zunächst offline terminierte Aufträge
aus PPS-Systemen übernommen werden und über die
Ergebnisse als Betriebsdaten aus dem detaillierten
Fabrikmodell zurückgemeldet werden. (Bild 3)

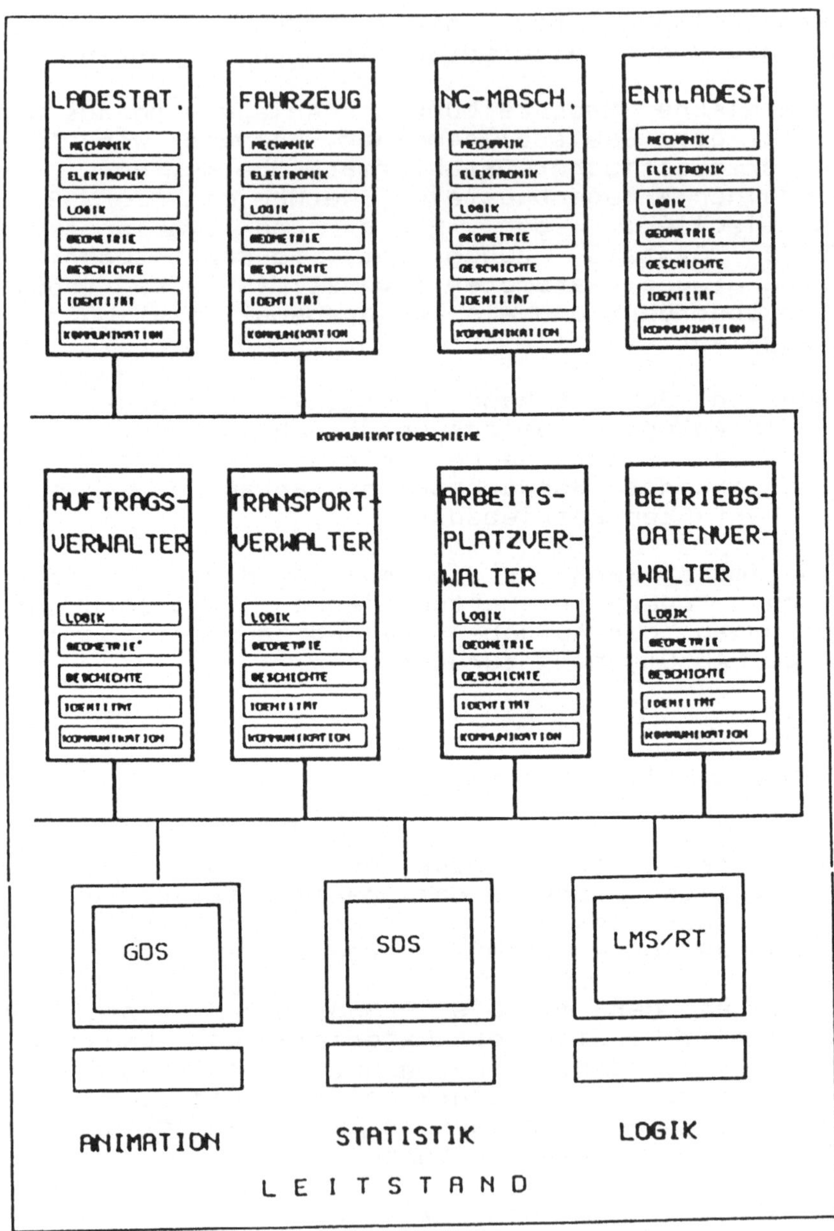

Bild 3: Struktur eines Systemmodells

5. SPS und Simulationsmodelle

Die Mechanik einer Anlage bzw. die Bausteine einer Fabrik werden heute weitestgehend über speicherprogrammierbare Steuerungen (SPS) gesteuert.

Die Sichtweise bei deren Programmierung ist signalorientiert. Mängel im logistischen Gesamtkonzept können in dieser Ebene nur bedingt und dann nur mit erheblichen Kosten und Lebenszeit der Programmierer ausgeglichen werden.

Simulationsmodelle sind softwaretechnische Abbildungen einer Anlage. Sie enthalten ein logistisches Gesamtkonzept, aus dem die Daten- und Ablaufstrukturen in beliebigen Verfeinerungsschritten für die Steuerung der Anlage abgeleitet werden kann.

Die Entwicklung von Simulationsmodellen ist ein Schritt auf dem Weg zur Entwicklung der Steuerungssoftware. Der bewußte Einsatz in dieser Richtung führt zu erheblicher Planungssicherheit und damit zu reduzierten Kosten für die Softwareentwicklung einschließlich der Inbetriebnahme.

6. Simulationswerkzeuge und Kosten

Simulatoren als Werkzeuge für den Anlagenplaner kosten abhängig von der Ausbaustufe DM 50.000,-- bis DM 150.000,--. Anlagen, die damit geplant werden, haben einen Kostenumfang von DM 5 bis 50 Mio und mehr. Planungsmängel können zur Kostenerhöhung führen, die ein Mehrfaches der Simulatorkosten ausmachen.

Alle Schritte der Fabrikplanung, angefangen bei der Angebotserstellung über die Dimensionierung, den Leistungsnachweis, die Softwareerstellung bis zur Inbetriebnahme lassen sich mit Simulationswerkzeugen kostenmäßig reduzieren.

Literatur

/1/ Reinhardt, A.: Die Fabrik im Simulator
     In: CIM-Handbuch (Hrsg. U.Geitner) Vieweg-Verlag,
     Wiesbaden 1987, S. 377 - 383

<u>SIMULAST -</u>
ein personalbezogenes Simulationsverfahren zur Planung von
Arbeitsstrukturen

Prof. Dr.-Ing. Dipl.-Wirtsch.-Ing. G. Zülch
Dipl.-Wi.-Ing. W. Ernst
Institut für Arbeitswissenschaft und Betriebsorganisation
Universität Karlsruhe

1. Vorbemerkungen

In den vergangenen Jahrzehnten hat die Anwendung der Simulation in
der Betriebsorganisation immer größere Verbreitung gefunden. Ar-
beitswissenschaftliche Simulationen sind jedoch erst in geringem
Maße verbreitet.

Ein spezielles Fachgebiet der Arbeitswissenschaft ist die Arbeitsstrukturierung. Arbeitsstrukturierung heißt

> "Organisation der Arbeit, ihrer Situation und Bedingungen, so
> daß bei Erhaltung oder Steigerung der Leistung der Arbeitsin-
> halt möglichst mit den Fähigkeiten und Strebenszielen des ein-
> zelnen Mitarbeiters übereinstimmt"
> (RÜHL 1976, S. 10).

Das Ziel der Arbeitsstrukturierung ist es, den Arbeitsinhalt so zu
gestalten, daß neben der erforderlichen Produktivität des Arbeits-
systems auch attraktive Arbeitsplätze geschaffen werden, die zur Motivation der Mitarbeiter beitragen (nach GROB, HAFFNER 1982,
S. 44).

Die Vorgehensweise der Arbeitsstrukturierung nach GROB, HAFFNER
(1982, S. 34) und die Einbindung des Simulationsverfahrens SIMULAST
ist in Abb. 1 dargestellt. Der Simulation kommt in den "Planungs-
leitlinien Arbeitsstrukturierung" besondere Bedeutung bei der Planung von neuen Arbeitssystemen zu. Mit dieser Hilfe können Kennzahlen möglicher Lösungsvarianten berechnet werden, die dann in die
Bewertung und Auswahl der zu realisierenden Arbeitsstruktur eingehen.

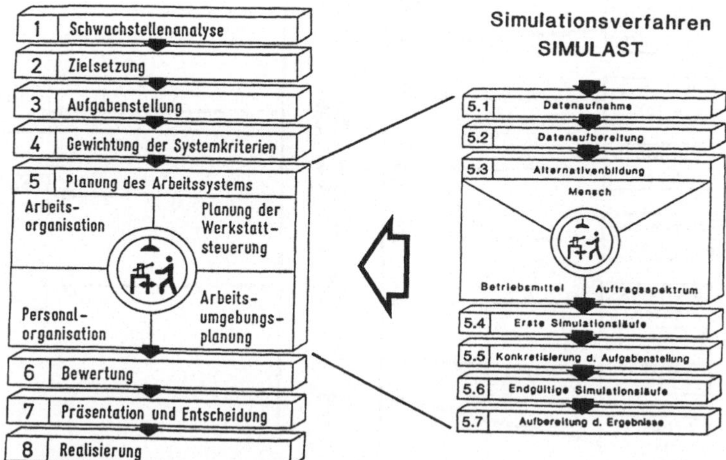

Abb. 1:   Vorgehensweise bei der Arbeitsstrukturierung und Ein-
          bindung der Simulation
          (Quelle: ZÜLCH 1985)

2. Das Simulationsverfahren SIMULAST

Das ereignisorientierte Simulationsverfahren SIMULAST wurde im
Rahmen eines DFG-Forschungsprojektes entwickelt und in der Zwischenzeit in vorschiedenen Anwendungsfällen erprobt (vgl. KLAUKE, ZÜLCH
1985). Die Eingabe der Daten erfolgt interaktiv. Eine vollständige
Darstellung von SIMULAST mit allen Serviceprogrammen ist in Abb. 2
widergegeben.

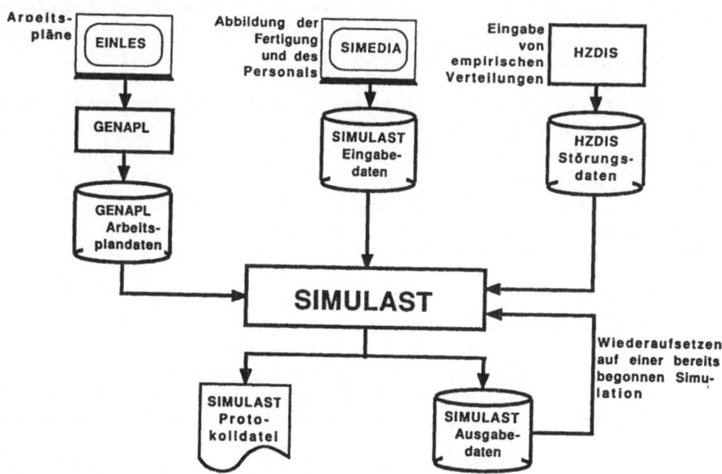

Abb. 2:   Struktureller Aufbau von SIMULAST

2.1 Simulationssystem

Das Simulationsverfahren SIMULAST benötigt verschiedene Datenarten
als Eingabe (vgl. Abb. 3).

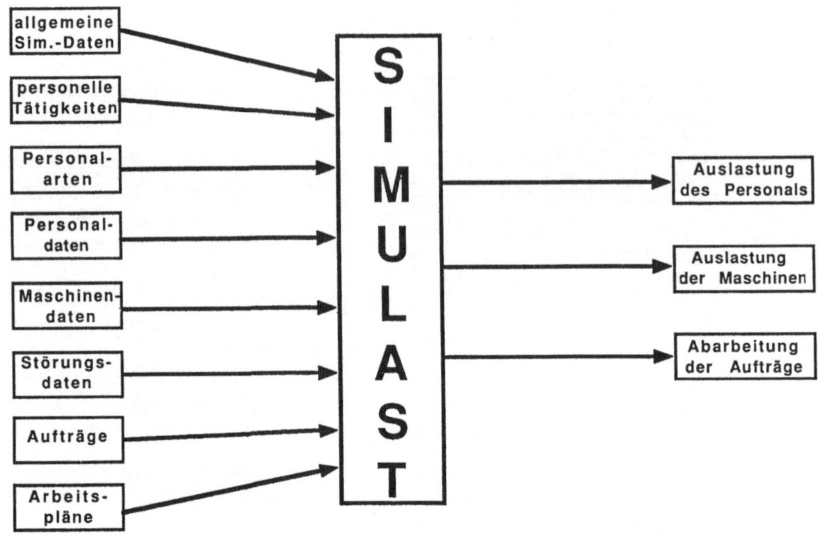

Abb. 3:   Ein- und Ausgabedaten von SIMULAST

Zu den allgemeinen Simulationsdaten gehören:

- die Simulationsdauer,
- die Schichtdauer,
- die Anzahl der Schichten, usw.

Alle Tätigkeiten von Mitarbeitern im Arbeitssystem werden als Funktionen bezeichnet. Eine Funktion ist z. B. Einschalten einer Maschine. Für diese Funktionen kann ein fixer Zeitbedarf oder eine Verteilung mit Parametern zur Berechnung des Zeitbedarfes angegeben werden. Funktionen können auch zu sog. Funktionssequenzen (z. B. Einschalten der Maschine - Einrichten - erstes Probewerkstück fertigen) zusammengefaßt werden. Damit können häufig auftretende Folgen personeller Tätigkeiten blockartig dargestellt werden.

Eine weitere Möglichkeit der Verkettung der Funktionen bilden die Folgefunktionen. Hier werden zu einer Funktion eine Anzahl weiterer Funktionen sowie eine Verteilung mit bestimmten Parametern zur Auswahl der Folgefunktion angegeben. Somit können auch ungeplante Funktionen auftreten. Mit diesem Mittel sind auch nicht genau festgelegte Abläufe erfaßbar (z. B. nach dem Einrichten wird entweder ein erstes Probestück gefertigt oder sofort der Auftrag begonnen).

Personalarten zeichnen sich dadurch aus, daß ihnen eine Anzahl personeller Funktionen zugeordnet werden. Damit werden über die Definition von Personalarten die Qualifikationsgruppen in der Fertigung abgebildet (z. B. Maschinenbediener, Vorarbeiter, Meister). Die einer Personalart zugeordneten Funktionen werden darüber hinaus mit Prioritäten belegt, mit denen die Funktionen ausgeführt werden sollen.

Die einzelnen Mitarbeiter in der Fertigung werden einer Personalart zugeordnet. Damit wird die Qualifikation der Mitarbeiter eindeutig beschrieben. Eine Zuordnung der Mitarbeiter zu den Maschinen ermöglicht es, Einzel- oder Mehrmaschinenbedienung abzubilden. Werden mehrere Mitarbeiter mit unterschiedlichen Qualifikationen einer Anzahl von gleichen Maschinen zugeordnet, erhält man eine Abbildung von Arbeitsgruppen oder Teams.

Die Arbeitsplätze in der Fertigung werden durch die Maschinen abgebildet. Sie werden wie die Personaldaten kostenmäßig erfaßt. Lediglich die Beschreibung der an der Maschine auszuführenden personellen Funktionen gibt Hinweise auf die Technologie der abgebildeten Maschine. Somit ist SIMULAST in der Lage, neben rein manuellen Arbeitsplätzen (viele personelle Funktionen ohne Prozeßzeit) auch hochautomatisierte Arbeitssysteme (mit größeren Prozeßzeiten) abzubilden.

Auf Maschinen können Störungen einwirken. Die Störungen werden sowohl in Bezug auf ihr Auftreten als auch in Bezug auf ihre Dauer stochastisch beschrieben. Hierbei stehen zehn verschiedene Verteilungen zur Auswahl, die einen Großteil der real auftretenden Störungen abdecken.

Eine weitere Möglichkeit, Störungsdaten der Maschinen zu verarbeiten, besteht über das Serviceprogramm HZDIS (vgl. Abb. 2). Hier können aufgenommene Ist-Daten, die z. B. aus der Auswertung von Maschinen- und Betriebsdaten stammen, in die Simulation übernommen werden.

Neben den Störungsdaten werden auch Behebungsfunktionen erfaßt, um die Maschine wieder in den normalen Arbeitszustand zurückzuversetzen.

Das aus den Daten über die Maschinen und das Personal gewonnene Modell der Fertigung wird mit Aufträgen belastet. Aufträge, als Folge von Arbeitsplänen, umfassen im allgemeinen die Herstellung eines Erzeugnisses in einem mehrstufigen Arbeitsprozeß, d. h. von der Teilefertigung bis zur Endmontage. In jeder Fertigungsstufe werden die entsprechenden Arbeitspläne herangezogen. Im Falle der Montage werden die in das Erzeugnis eingehenden Teile über ihren Arbeitsplan und die eingehende Menge beschrieben. Die Gesamtmenge der zu fertigenden Teile wird auf Grund der angegebenen Mengen automatisch berechnet.

Die Arbeitspläne sind jeweils einer oder mehreren Maschinen zugeordnet. Jeder Arbeitsplan enthält weiterhin eine Anzahl von Funktionen, die ausgeführt werden müssen. Zu jeder Funktion ist ihre Dauer, die Prozeßzeit (d. h. die Zeit ohne personelles Eingreifen) und ihre Häufigkeit (d. h. bei jedem Werkstück oder nur bei jedem x-ten Werkstück) angegeben. Die zusätzliche Angabe der Häufgkeit einer Funktion ermöglicht es, unregelmäßig auftretende personelle Tätigkeiten (z. B. Vermessen jedes fünften Werkstücks) abzubilden.

Die Funktionen, die in einem Arbeitsplan eingetragen sind, sind weiterhin unterteilt nach vorweg bearbeitbaren Rüstfunktionen (z. B. Werkzeug bereitlegen), Rüstfunktionen (z. B. Werkzeug einbauen) und Funktionen für die Bearbeitung des Werkstücks.

Aus dieser unfassenden Darstellung der Eingabedaten für die Simulation mit SIMULAST wird deutlich, daß die zu analysierende Arbeitsstruktur sehr genau abgebildet werden kann.

2.2 Simulationsausgaben

Um die umfangreichen Ausgabedaten übersichtlich darstellen zu können, bietet SIMULAST die Möglichkeit, die Ergebnisse zu selektieren. Diese Auswahl kann sowohl zeitlich (nur einzelne Schichten) als auch inhaltlich (grobe oder feine Auswertung) erfolgen.

Die Ausgabe der Simulation kann in folgende Datenarten unterteilt
werden (vgl. Abb. 3):

- Daten über die Auslastung des Personals,
- Daten über die Auslastung der Maschinen und
- Daten über die Abarbeitung der eingesteuerten Aufträge.

Für jeden Mitarbeiter, der in der Simulation abgebildet wurde, wird
die Anzahl der ausgeführten Funktionen, die Summe der Tätigkeitszei-
ten, die Anzahl und zeitliche Überlappung durch Mehrfachanforderun-
gen sowie die aufgetretenen Kosten für die ausgeführten Funktionen
ausgegeben. Diese Daten werden ergänzt um Angaben zu den ausgeübten
ungeplanten Funktionen und den Folgefunktionen. Außerdem werden je
Person die Zeiten, gegliedert nach ausgeführten Funktionen, einzeln
aufgeführt. Damit können aus den Ergebnissen der Simulation nicht
nur Daten über die kapazitätsmäßige Auslastung der Mitarbeiter abgeleitet werden, sondern auch detaillierte Aussagen über die quali-
fikatorischen Anforderungen der Arbeit gemacht werden.

Die maschinenorientierten Ausgabedaten enthalten Informationen über
die von jeder Maschine ausgeführten Funktionen, die Summe der Ausführungszeiten, die Anzahl und Zeit für Maschinenstillstände sowie
die aufgelaufenen Kosten für Funktions- und Stillstandzeiten. Diese
Daten werden ergänzt um Angaben zu Terminüberschreitungen (verursacht z. B. durch ungeplante Funktionen), nicht geplanten Funktionen und Funktionssequenzen. Pro Maschine und ausgeführter Funktion wird dann noch die benötigte Zeit ausgegeben. Aus diesen Daten
ist erkennbar, welche Maschinen mit welchen Funktionen besonders
stark belastet waren.

Die in das Arbeitssystem eingelasteten Aufträge werden für jeden im
Auftrag vorhandenen Arbeitsplan nach gefertigter Menge, Start- und
Ende der Bearbeitung, Bearbeitungszeit und Bearbeitungsmaschine auf-
geführt.

Für jeden Arbeitsplan wird außerdem der Abarbeitungszustand (zu bearbeiten, in Arbeit oder Fertig) ausgegeben. Aus der Summe der berechneten Auftragsdurchlaufzeiten ergibt sich die Durchlaufzeit des
gesamten Fertigungsprogramms.

Die dargestellten Ergebnisse von SIMULAST zeigen alle wesentlichen
Daten für das geplante Arbeitssystem. Es werden sowohl für die Mitarbeiter als auch für die Maschinen die dynamische Kapazität und
die qualifikatorische Auslastung berechnet.

3. Anwendungsbeispiel

Die Arbeitsweise von SIMULAST wird an Hand eines Anwendungsbei-
spiels im Vortrag erläutert. Es handelt sich hierbei um eine Teilefertigung und Montage von Kunststoffteilen.

In der Simulation werden insgesamt 7 Arbeitsplätze (Maschinen) abgebildet. Diese Maschinen werden von einer Anzahl von Mitarbeitern
unterschiedlicher Qualifikation bedient. Die Fertigung wird mit
einem repräsentativen Auftragsvolumen belastet.

Bei der Simulation zeigt sich, in welcher Weise die Mitarbeiter und
Maschinen durch die verschiedenen Tätigkeiten ausgelastet werden.
Durch eine Variation der Arbeitsstruktur (z. B. eine Veränderung
der Qualifikation der Mitarbeiter oder der Zuordnung zu den Maschinen) werden Auswirkungen z. B. hinsichtlich der Maschinen-
nutzung und der Kostenstruktur deutlich.

4. Zusammenfassung

Das dargestellte Simulationsverfahren SIMULAST ist ein personen-
orientiertes Modell zur Planung von Arbeitsstrukturen. Besondere
Vorteile liegen in dem Verfahren durch:

- die Berücksichtigung der Mitarbeiter in der Fertigung,
- die Abbildung der Qualifikation der Mitarbeiter,
- die detaillierte Darstellung der Auslastung der Mitarbeiter
  in zeitlicher und qualifikatorischer Hinsicht,
- die Abbildung sowohl der Fertigung als auch der Montage,
- die Möglichkeit, längere Zeiträume in der Simulation zu
  berücksichtigen,
- die Unabhängigkeit des Verfahrens von der abzubildenen
  Fertigungstechnologie und
- die Berücksichtigung von Störungen.

Durch den wiederholten Einsatz des Verfahrens hat sich gezeigt, daß
SIMULAST die Anforderungen der Praxis voll abdeckt. SIMULAST bietet
damit eine wertvolle Hilfestellung bei der Planung neuer Arbeitsstrukturen.

5. Literaturverzeichnis

GROB, Robert; HAFFNER, Helmut:
    Planungsleitlinien Arbeitsstrukturierung.
    Berlin und München: Siemens AG, Abt. Verlag, 1982.

KLAUKE, Adolf; ZÜLCH, Gert:
    Simulation von Arbeitsstrukturen in der Teilefertigung.
    In: Below, F. v.; Borges, A. ; Hildebrandt, F. (Hrsg.):
        Moderne Fabrikorganisation.
    Berlin: Springer-Verlag, 1985, S. 473 - 498.

RÜHL, Günter:
    Arbeitsstrukturierung heute und morgen.
    In: Leistung und Lohn, Bergisch Gladbach,
    (1976)66/69, S. 7 - 94.

ZÜLCH, Gert:
    Simulationsverfahren in der Anwendung.
    Teil 1: Simulation eines Fertigungsnetzes in der Teilefer-
    tigung.
    In: wt - Zeitschrift für industrielle Fertigung, Berlin u. a.,
    75(1985)5, S. 291 - 297.

<u>Simulation für die Selektion von Spezialpersonal</u>

Dipl.-Ing. W. Merten
C A E Electronics GmbH
Steinfurt 11
5190 Stolberg

1. <u>Einleitung</u>

Der rasch wachsende Automatisierungsgrad im Bereich moderner Industrieanlagen, Kraft-
werke, Schiffe, Flugzeuge, in der Raumfahrt usw. bewirkt, daß einer gesteigerten
Komplexität der Systeme eine Reduzierung des Personals zur Steuerung und Überwachung
gegenübersteht. Die Personalausbildung ist zeitaufwendig und nur noch mit kostspie-
ligen Simulatoren möglich. Die immensen Ausbildungskosten und die hohen Anforderungen
an das Steuer- und Überwachungspersonal erfordern frühzeitige präzise Prognosen über
die Eignung von Bewerbern für diese Positionen. Die mehrdimensionale Erfassung der
praktischen, intellektuellen und persönlichkeitsspezifischen Grundlagen von Bewerbern
kann nur in einer systemähnlichen Umgebung unter systemähnlichen Bedingungen optimal
erfolgen. Der komplexe Simulator scheidet als Testsystem zur Erstellung der Prognose
aus, da die Prognose vor der Ausbildung erstellt werden muß und der Bewerber die
Kenntnisse zur Bedienung des Simulators zu diesem Zeitpunkt noch nicht hat. Ein spezielles Selektionssystem ist erforderlich.

2. <u>Simulatoren und Selektionssysteme</u>

Simulatoren verfügen über originalgetreue Schnittstellen zwischen Mensch und System.
Alle Anzeigen und Bedienelemente befinden sich im Simulator genau an den gleichen
Positionen wie im Originalsystem und reagieren wie im Originalsystem. Alle weiteren
optisch (Blick durch Fenster), akustisch und physisch wahrnehmbaren Ereignisse werden
möglichst naturgetreu simuliert und dargestellt. Die Möglichkeit der bewußten Simulation von Systemfehlern erhöht den Ausbildungsgrad von Simulatoren. Sie werden zur
Ausbildung und zum Training von Spezialpersonal eingesetzt.

In Selektionssystemen wird die Schnittstelle zwischen Mensch und System in vereinfachter Form dargestellt. Die wesentlichen Bedienelemente sind vorhanden, Anzeigen
können im Gegensatz zum Originalgerät auf Bildschirmen dargestellt werden. Optische,
akustische und physisch wahrnehmbare Ereignisse werden den Erfordernissen entsprechend simuliert und dargestellt. Der Bewerber absolviert im Selektionssystem vorpro-
grammierte Testaufgaben. Der enge Bezug zur Realität in der Testaufgabe und die physische Umgebung erhöhen die Anzahl der erfaßbaren Meßdimensionen. Der Bewerber wird
in die Thematik der Testaufgabe durch vorgeschaltete automatische Demonstrations-
und Übungsphasen eingewiesen. Der weitgehend automatisierte Demonstrations-, Übungs-
und Testablauf gewährleistet eine vorurteilsfreie Gleichbehandlung und Vergleichbar-
keit aller Bewerber. Die erfaßten Meßdimensionen werden gespeichert und können beliebig verknüpft und komprimiert werden. Die Anschaffungskosten von Selektionssystemen sollten in der Größenordnung der Ausbildungskosten der Bewerber liegen und 5 bis

10 Prozent der Simulatorkosten nicht überschreiten.

3. Anwendungserfordernis im Bereich der Flugpsychologie

Der zunehmende Einsatz modernster Technologien in den neuen Flugzeugen bewirkt eine
Verschiebung der Anforderungsprofile an das fliegende Personal von Ruderkoordinationstätigkeiten zu Überwachungs-, Kontroll- und Informationsverarbeitungsfunktionen.
Die gezielte mehrdimensionale Erfassung von notwendigen Informationen, die Verarbeitung in Strategien und Taktiken und die schnelle sichere Reaktion im System stellen
besonders im militärischen Bereich lebensentscheidende Anforderungen an das fliegende
Personal.

Steigende Ausbildungskosten und sinkende Bewerberzahlen erhöhen die Anforderungen an
die Treffsicherheit von Prognosen über die Eignung der Probanden. Die Konfrontation
der Probanden mit diversen flugtechnischen Testaufgaben in einer cockpitähnlichen Umgebung ermöglicht die optimale Erfassung mehrdimensionaler Meßwerte zur frühzeitigen
präzisen Spezifizierung auf die verschiedenen Flugsysteme. Die gezielte Diagnose und
Therapie von fliegerischen und psychologischen Problemen ermöglicht eine Reduzierung
der Ausmusterraten beim fliegenden Personal.

4. Teststationsaufbau des flugpsychologischen Selektionssystems

4.1 Teststation

Die Teststation stellt ein geschlossenes Cockpit mit den notwendigen Bedienelementen für ein Flugzeug dar. Die Instrumente sind entweder als Originalinstrumente
integriert oder auf hochauflösenden Farbmonitoren dargestellt.

4.2 Außensichtsystem

Der Blick durch Front- und Seitenfenster der cockpitähnlich ausgebauten Teststation
fällt auf ein hochauflösendes, mehrkanaliges, farbiges Außensichtszenario, welches
von CAD Workstations berechnet wird. Die Darstellung auf integrierten Bildschirmen
erfordert eine minimale Auflösung von 1024 mal 768 Pixel. Die Videoprojektion auf
vor dem Testplatz aufgespannte Leinwände erfordert eine minimale Auflösung von 1280
mal 1024 Pixel pro Kanal. Das Außensichtszenario deckt einen 140 Grad horizontalen
und einen 30 Grad vertikalen Kugelausschnitt ab. Die Abdeckung des horizontalen
Außensichtbereichs erfordert ein dreikanaliges Außensichtsystem. Eine Bildgenerier-
frequenz unter 20 Hz ist nicht akzeptabel, da sie ruckartige Bewegungen der Landschaft bewirkt. Eine realistische Horizontdarstellung ist bei klarer Sicht und ebe-
ner Landschaft nur mit einer minimalen Landschaftsgröße von 80 mal 80 km möglich.

Jedem Außensichtkanal ist eine eigene Workstation zugeordnet. Über schnelle Schnittstellen werden den einzelnen Workstations die Position (X, Y, Z) und die Lage des
Flugzeuges im Raum (Gier-, Nick- und Rollwinkel) übertragen.

4.3 Geräuschsimulation

Die Geräuschsimulation erfolgt in Kunstkopfqualität und wird über Kopfhörer übertragen. Original Flugzeuggeräusche werden in einem Flugzeug mit Kunstkopfmikrofonen aufgenommen. Die Geräusche werden als Funktion der Leistung analysiert, digitalisiert und in einem Personal Computer gespeichert. Sie sind als Funktion der Leistung im Selektionssystem in Kunstkopfqualität hörbar. Die niedrigen Frequenzen werden über ein Körperschallkissen auf den Sitz des Testsystems übertragen.

4.4 Audio System

Ein programmgesteuertes digitales Audiosystem ermöglicht die Einweisung in die Testaufgaben, gibt automatische Fehlerkorrekturhinweise bei Fehlbedienungen, erteilt notwendige Testanweisungen und übernimmt programmgesteuert die Rolle des Flugkontrolldienstes. Der Versuchsleiter kann über ein Interkommunikationssystem in den Testablauf eingreifen, sollte aber auf die Gleichbehandlung aller Bewerber achten.

5. Testaufgaben und Meßkriterien

Dem Versuchsleiter stehen eine Vielzahl diverser Testaufgaben zur Verfügung, die sich in fünf verschiedene Gruppen einteilen lassen. Der Schwierigkeitsgrad der verschiedenen Testgruppen ist aufgrund diverser Testanforderungen unterschiedlich. Die einfachen Testaufgaben (Gruppe 1 bis 3) dienen zur frühzeitigen Erstellung präziser Prognosen über die Eignung von Bewerbern für den fliegerischen Dienst. Die Resultate der komplizierten Testaufgaben (Gruppe 4 und 5) erleichtern die Entscheidungsfindung bezüglich der Zuordnung der Probanden auf die verschiedenen Flugzeugtypen. Zur Lösung dieser Testaufgaben können gewisse fliegerische Vorkenntnisse der Probanden vorausgesetzt werden.

5.1 Erfassung der psychomotorischen Koordinationsfähigkeit

Die Erfassung der psychomotorischen Koordinationsfähigkeit erfordert die Umsetzung visueller Wahrnehmungen in mehrdimensionale motorische Aktivitäten. Diverse Testaufgaben vom einfachen "Track"-Test bis zu Formationsflügen im dreidimensionalen Raum sind verfügbar. In bestimmten Testmodulen erfolgt eine zusätzliche Ängstlichkeitsüberprüfung, indem durch negative Leistungsrückmeldung Angst vor Mißerfolg provoziert wird. Andere Testmodule geben ein zusätzliches Bild der Selbsteinschätzung und Risikobereitschaft des Bewerbers durch Selbstbestimmung des Schwierigkeitsgrades der Aufgabe. Die mehrmalige Wiederholung ähnlicher Tests erlaubt Aussagen über die psychomotorische Lernfähigkeit des Bewerbers.

5.2 <u>Orientierungsvermögen und Antizipation der Eigenbewegung im Raum</u>

Das Orientierungsvermögen des Bewerbers wird in zwei verschiedenen Tests überprüft.
Im ersten Test muß der Bewerber in der Landschaft bestimmte Punkte finden, die in
einer entsprechenden Landkarte markiert sind. Im zweiten Test fliegt das System zunächst automatisch einen vorprogrammierten Kurs, den der Bewerber anschließend aus
dem Gedächtnis nachfliegen muß. Die Mehrfachbelastbarkeit des Bewerbers läßt sich
darüberhinaus durch Zusatzaufgaben und Einspeisung von Störgrößen testen.
Zwei verschiedene Tests überprüfen psychische und klinische Probleme bei extremen
Bewegungen im dreidimensionalen Raum. Im ersten Test fliegt der Bewerber in ca.
5000 Fuß Höhe über der Landschaft durch einen durchsichtigen Tunnel. Der Tunnel hat
mehrere horizontale und vertikale 90 Grad Abbiegungen. Im zweiten Test fliegt der
Bewerber durch einen undurchsichtigen, unendlichen Tunnel mit quadratischer Quer-
schnittsfläche. Der Tunnel führt horizontale und vertikale Drehbewegungen aus. Der
Bewerber muß versuchen, alle Tunnelbewegungen zu kompensieren und in der Tunnelmitte
zu fliegen. Durch Variation der Wahrnehmungsrichtung der Motorgeräusche wird der Bewerber zusätzlich desorientiert.

Die Tests ermöglichen die Überprüfung der Koordinationsfähigkeit motorischer Aktionen im dreidimensionalen Raum unter extremen Bedingungen und die Diagnose der
Anfälligkeit für Bewegungskrankheitssymptome (Flugkrankheit).

5.3 <u>Präferenz von Repräsentationstypen</u>

Der Test besteht aus mehreren Modulen mit kontinuierlich steigendem Schwierigkeitsgrad. Auf dem Bildschirm erscheinen zunächst zwei Instrumente (Kompaß und Borduhr)
anschließend drei Instrumente (Kompaß, Höhenmesser und Borduhr). Die Instrumente
werden in wechselnder Folge (alle analog, analog und digital gemischt, ausschließlich digital) dargestellt. Der Bewerber muß innerhalb verschiedener Zeitintervalle
unterschiedliche kontinuierliche Drehbewegungen und Höhenänderungen durchführen.
Die heterogene Darstellung der Instrumente zwingt den Bewerber, wechselnde Strategien zur Lösung der Aufgaben einzusetzen. Die Flexibilität der Anpassung und die
maximale individuelle Leistungsfähigkeit bei wechselnder Darstellungsart in Abhängigkeit von Zeitdruck und Aufgabenkomplexität sind feststellbar.

5.4 <u>Informationsverarbeitung, Aufmerksamkeit und Problemlösekompetenz</u>

Die Verschiebung der Anforderungsprofile von Ruderkoordinationstätigkeiten zu Über-
wachungs-, Kontroll- und Informationsverarbeitungsfunktionen erfordert entsprechende
Testmodule. Ein Test, bestehend aus 30 automatisch hintereinander ablaufenden Modulen, steht zur Verfügung. In einigen Modulen wird dem Bewerber vom Audio-System eine
neue Flugrichtung mit Richtungs-, Geschwindigkeits- und Flughöhenangabe zugewiesen.
In anderen Modulen muß der Bewerber neue Kurse unter Berücksichtigung von Windein-
flüssen bestimmen. In weiteren Modulen muß er Entscheidungen in Not- oder Gefahren-
situationen fällen. Zusatzaufgaben oder Störgrößen erschweren einige der vorher beschriebenen Module zusätzlich und erlauben weitreichendere Aussagen über die Fähigkeiten der Bewerber. Unterschiedliche Schwierigkeitsgrade ähnlicher Testmodule führen

alle Bewerber an ihre persönliche Belastbarkeitsgrenze und geben ein Maß der Aufmerk-
samkeitskapazität und der Komplexität der Informationsverarbeitungsprozesse, die
maximal verkraftet werden können. Die große Anzahl der automatisch ablaufenden Testmodule und die Wiederholung ähnlicher Testmodule erlaubt Aussagen über die Konzentra-
tions- und Lernfähigkeit der Bewerber zu treffen. Die Problemlösekompetenz in Gefah-
rensituationen und unter Zeitdruck ist fixierbar.

5.5 Diagnose der operativen Intelligenz

Der Test besteht aus mehreren Modulen, die automatisch hintereinander ablaufen. Der
Bewerber erhält am Anfang jedes Moduls einen Flugauftrag vom Audiosystem. Er kann
anstelle der Fluginstrumente verschiedene Darstellungsseiten auf seinem Bildschirm
anwählen. Er kann Landkarten, aktuelle Wetterinformationen, Triebwerksinstrumente
oder Daten zum Flugverlauf abrufen. Während der Bewerber seinen Flugauftrag ausführt,
zwingen unvorhersehbare Ereignisse ihn, eine Problemlage mit Hilfe der ihm zur Verfügung stehenden Informationen zu analysieren und auf die Problemlage zu reagieren.
Bei den unvorhersehbaren Ereignissen handelt es sich um aufziehende Schlechtwetter-
gebiete, Orientierungsprobleme aufgrund schlechter Sicht, Triebwerks- oder Treib-
stoffprobleme oder Kollisionsgefahr mit anderen Flugzeugen. Der Bewerber muß aus
mehreren möglichen Problemlösungen die optimale wählen und die Problemlage sowie
die optimale Lösung auf einer speziellen Menueseite seines Bildschirmes angeben.

Die benötigte Problemlösezeit, die Art, Zahl und Reihenfolge der abgerufenen Informationen, die angegebene Problemlage und Lösung sowie der Flugverlauf geben wichtige
Informationen über die Problemlösekompetenz des Bewerbers. Darüberhinaus wird die
Risikobereitschaft, die persönliche Belastbarkeit und das Temperament des Bewerbers
transparent.

6. Meßdimensionen

Eine variable Abtastrate erlaubt dem Versuchsleiter, die anfallende Datenmenge selbst
zu bestimmen. Die Bedienung der Steuerelemente und die Soll-Ist-Wertabweichungen werden in allen Modulen aufgezeichnet. Darüberhinaus werden modulspezifische Dimensionen
wie Reaktionszeit, Zeitdauer der Problemanalyse und Lösung, Reaktionen auf Problemla-
gen usw. als Rohdaten erfaßt und gespeichert. Sämtliche Rohdaten werden gespeichert
und sind über beliebig lange Zeiträume verfügbar. Die Rohdaten lassen sich mit einem
Statistikprogramm komprimieren und vergleichen. Der Validierungszeitraum der kompri-
mierten Testergebnisse entspricht ca. der 1,5 bis 2-fachen Ausbildungsdauer der Bewerber nach Inbetriebnahme des Selektionssystems.

7. Weitere Anwendungsgebiete für Selektionssysteme

Neben der Selektion von Bewerbern lassen Selektionssysteme sich für zahlreiche andere Aufgaben einsetzen.

Die beliebige Wiederholbarkeit von teilweise vorprogrammierten Funktionsabläufen
und die Möglichkeit, Funktionsabläufe an beliebigen Stellen anzuhalten, geben dem
Psychologen ein wichtiges Werkzeug zur Diagnose und Therapie von fliegerischen und
psychologischen Problemen. Die mehrdimensionalen korrelativen Meßdimensionen eignen
sich als Basismaterial für die psychologische Grundlagenforschung. Der systemähn-
liche Aufbau mit den wichtigsten Anzeige- und Bedienelementen und ihrer Funktionalität ermöglichen die Entlastung des Simulators in frühen Ausbildungsphasen. Die
Systemflexibilität durch Darstellung wichtiger Anzeigen und Instrumente auf Bildschirmen erlaubt es, Selektionssysteme zur Lösung von Ergonomieproblemen komplexer
Anlagen einzusetzen.

Simulation
in Medizin und Biologie

Gewässerschutz durch die Simulation
von Abwasserreinigungsanlagen

Dipl.-Ing. Ralf Otterpohl
Institut für Siedlungswasserwirtschaft der RWTH Aachen
Templergraben 55, D 5100 Aachen

Einleitung

Katastrophen, wie das in der Nordsee immer stärker auftretende Algenblühen, welches durch
Überdüngung hervorgerufen wird, erfordern eine möglichst schnelle Reduzierung der in die Gewäs-
ser eingeleiteten Stickstoff- und Phosphorfrachten. Die Investitionen für die notwendige Erweiterung der Kläranlagen, die in der Bundesrepublik Milliardenbeträge erreichen werden, können
durch die Simulation der Reinigungsprozesse wesentlich effektiver eingesetzt werden. Die immer
vielfältigeren Verfahrenstechniken und die daraus resultierenden Kombinationsmöglichkeiten
lassen sich nur dann richtig nutzen, wenn die Leistungsfähigkeit bei verschiedenen Betriebsweisen
für alle Zielgrößen bereits im Planungsstadium überprüft werden kann. Physikalische Modelle, die
besonders in der Forschung eingesetzt werden, sind in Bau, Betrieb und Beprobung sehr teuer und
zeitaufwendig – daher bieten rechnergestützte Simulationen erhebliche Vorteile.

Einsatzmöglichkeiten der Simulation für Planung und Betrieb von Kläranlagen

Trotz der Komplexität der in Kläranlagen ablaufenden Prozesse wird die herkömmliche
Bemessung mit sehr pauschalen Ansätzen durchgeführt. Es werden dabei Aussagen über die
Reinigungsleistung gemacht, die eine Maximalkonzentration der Verschmutzungsparameter
angeben, welche voraussichtlich nicht überschritten wird. Diese Vorgehensweise ist den heutigen
Anforderungen an den Gewässerschutz und den Möglichkeiten, die leistungsfähige Micro- und
Minicomputer in Verbindung mit Simulationsprogrammen bieten, nicht mehr angemessen.
Die Bemessung der Kläranlage, die durch ein Rechnermodell optimiert werden soll, erfolgt
zunächst nach den herkömmlichen statischen Verfahren. Dabei läßt sich das Verhalten
insbesondere der Stickstoffverbindungen nur sehr pauschal abschätzen. Die so vorbemessene
Anlage kann jetzt unter Beachtung der Abwasserzusammensetzung im Rechner konfiguriert und
parametriert werden. Mit den "Betriebsergebnissen" der Simulation läßt sich die Planung
schrittweise verbessern. Auch die Auswahl des besten Anlagenkonzeptes unter Planungsvarianten,
die gerade bei der Erweiterung bestehender Anlagen vielfältig sind, kann so abgesichert werden.
Selbst bei großen Kläranlagen gibt es ohne diese Vorgehensweise durch die Mißachtung von
Koppelungen der Prozesse Fehlplanungen, die dann erst nach dem Bau ersichtlich werden. Die
Verfahrensschritte bei der Stickstoffeliminierung benötigen unterschiedliche Randbedingungen, die
bei der Überbetonung von Teilprozessen das Gesamtziel der weitgehenden Entfernung von

Stickstoffverbindungen unerreichbar werden lassen. Zusätzlich werden die Teilprozesse durch veränderliche Bedingungen, wie die Wassertemperatur oder den pH – Wert, sehr unterschiedlich beeinflußt. Kläranlagen werden auf den Winterbetrieb hin bemessen, durch Versuche mit dem Simulationsmodell können zusätzliche bauliche Maßnahmen vorgesehen werden, die das im Sommer schnellere Ablaufen der biochemischen Vorgänge in Form von höheren Stickstoffeliminationsraten nutzen.

Bei vorhandenen Anlagen, die oft die mögliche Reinigungsleistung nicht ausschöpfen, kann durch die Abbildung auf einem Rechner nach einer Kalibrierung mit dort vorhandenen Meßwerten der Betrieb simuliert werden. Damit lassen sich ohne Angst vor finanziellen oder strafrechtlichen Konsequenzen verschiedene Betriebsweisen ausprobieren. Die Betriebsleitung erhält hier eine wertvolle Entscheidungshilfe; bei einer Verbesserung der vorhandenen Modelle ist auch eine Hilfestellung bei Störfällen denkbar. Dafür müssen beispielsweise die Wirkungen toxischer Substanzen auf die Biomasse (siehe /1/) oder die Überlastung von Absetzbecken in die Modelle einbezogen werden.

Aktueller Stand der Anwendung von Simulationsmodellen

Sowohl in der Planung als auch beim Betrieb von Kläranlagen ist die Anwendung von Simulationsprogrammen heute noch die Ausnahme. Das liegt zum einen daran, daß die Kalibrierung eines Modells auf die spezielle Abwasserzusammensetzung sehr aufwendig ist und dafür noch wenig Erfahrungen vorliegen, zum anderen an fehlenden Teilmodellen verschiedener Anlagenkomponenten. Für den kommerziellen Einsatz in Ingenieurbüros muß der Kalibrierungsaufwand wesentlich verringert werden. Im Ingenieurstudium muß zudem der Umgang mit Simulationsprogrammen gelehrt werden, damit er von Ingenieurbüros, Verbänden und Behörden aufgegriffen wird; dieses geschieht heute noch nicht.

Die Phosphate werden bei den bisher eingesetzten Modellen noch nicht berücksichtigt, sie müssen daher noch um die Prozesse der biologischen und chemischen Phosphatelimination erweitert werden.

Mathematische Modelle von Abwasserreinigungsprozessen

In Kläranlagen laufen physikalische, chemische und biochemische Prozesse ab. Den wichtigsten Bereich stellen dabei die biologischen Abbau- und Umwandlungsprozesse im Belebungsbecken dar. Sie werden von verschiedenen Mikroorganismenarten durchgeführt, die in Konkurrenz stehen. Exakte mathematische Modelle lassen sich jedoch nur für Reinkulturen in speziellen Substraten formulieren – die heterogene Zusammensetzung von Biomasse und Abwasser macht die Modellierung extrem schwierig. Es werden sehr unterschiedliche Wege beschritten, wobei die praktische Anwendung einiger Modelle nicht möglich ist (/1/ bis /5/).

BENEFIELD (/1/) beschreibt in seinem Modell für verschiedene Stoffe die Dispersion im Becken über partielle Differentialgleichungen, wobei dann für die biochemischen Umwandlungsprozesse in den Mikroorganismenflocken Senken/Quellen–Terme in Form von sphärischen Diffusionsgleichungen eingeführt werden. Dieses Modell ist zwar naturwissenschaftlich gesehen recht genau aufgebaut, aber schon der entscheidend wichtige Radius der Mikroorganismenflocken ist in der Praxis nicht festzulegen. VASILEV (/5/) hat ein Mehrartenmodell erstellt, in dem verschiedene Mikroorganismenarten in ihrem Verhalten bei verschiedenen Schmutzstoffkonzentrationen beschrieben werden. Die dafür erforderliche Aufteilung ist kaum durchführbar.

Das andere Extrem sind Modelle, die nur das Biomassenwachstum und den damit gekoppelten Abbau organischer Stoffe beschreiben. Die Simulation auf dieser Grundlage ergibt leicht nachvollziehbare Ergebnisse, die kaum verwertbar sind.

Ein guter Kompromiß zwischen Genauigkeit und praktischer Anwendbarkeit ist ein in langjähriger internationaler Zusammenarbeit einer Expertengruppe der IAWPRC (International Association on Water Pollution Research and Control) entstandenes Belebtschlammodell (/2/). Es bildet sowohl den Abbau organischer Substanzen, als auch die Umwandlung der Stickstoffverbindungen ab und besteht pro Belebungsbecken aus 13 vielfach gekoppelten, nichtlinearen Differentialgleichungen. Das Modell basiert auf Bilanzen für Fraktionen des Abwassers, die teils reale Stoffe und teils empirisch gefundene Stoffgruppen sind. Biologische und chemische Vorgänge werden in ihrer Wirkung auf diese Stoffgruppen beschrieben.

Realisierung des IAWPRC–Modells mit einem Simulationssystem

Am Institut für Siedlungswasserwirtschaft der RWTH Aachen wird auf der Grundlage des IAWPRC–Modells mit dem institutseigenen Minicomputer VAX 11/750 die Simulation von Abwasserreinigungsanlagen durchgeführt.

Da das Programm als Arbeitsgrundlage dient und jederzeit auch vom Fachingenieur änderbar sein muß, schied die Programmierung in einer höheren Sprache aus. Die wichtigsten Anforderungen an ein Simulationssystem waren daher die Bedienerfreundlichkeit, die leichte Erlernbarkeit der Simulationssprache und eine verwertbare Fehlerdiagnose. Eine weitere Voraussetzung war die Verwendung eines Näherungsverfahrens zur numerischen Lösung der Differentialgleichungen, das eine Schrittweitenanpassung beinhaltet. Um den Eingabeaufwand in Grenzen zu halten, sollte das System Makrofähig sein. Die Entscheidung fiel dann unter Berücksichtigung des günstigen Preises auf das Programmpaket SIMNON (SIMulation language for NONlinear systems) in Verbindung mit dem Kommunikationssystems INTRAC (Ein–/Ausgabeverwaltung, Macrofähigkeit) von der TH Lund, Schweden. Bei der Realisierung des Modells zeigte sich, das die Anforderungen erfüllt waren. Ein sinnvoller Umgang mit dem System war bereits nach einigen Stunden möglich, die Nutzung weitergehender Funktionen war jedoch recht schwierig, da das Begleitmaterial sehr knapp gehalten ist. Nachdem das Modell von der Programmierung her funktionierte, mußten in langwierigen Versuchen die verschiedenen Parameter angepaßt werden. Das erstellte Modell einer Belebungsanlage zeigte dann ein plausibles Verhalten bei den üblicherweise in der Bundesrepublik auftretenden Bedingungen.

Abbildung 1 zeigt als Ergebnis der Simulation einer einfachen Kläranlage über einen Wochenzyklus die Zu– und Ablaufganglinien der Stickstoffparameter. Diese Aussagen gehen weit über die

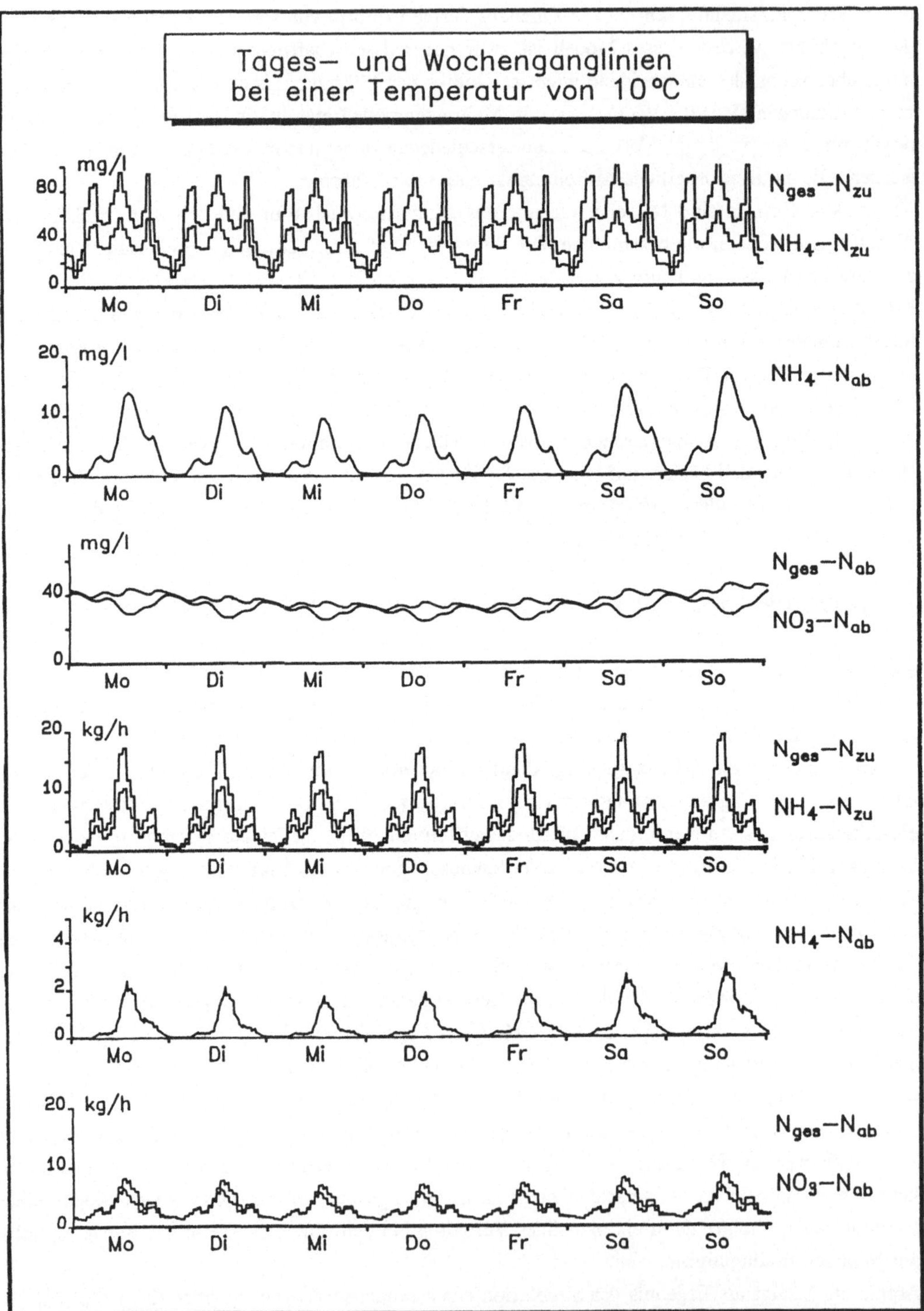

Abbildung 1: Stickstoffkonzentrationen und Frachten als Ergebnis der Simulation einer Kläranlage

Möglichkeiten einer statischen Bemessung hinaus, die nur einen ungefähren Mittelwert ergibt. Die Ergebnisse von Simulationen sind allerdings nur dann brauchbar, wenn eine sehr sorgfältige Kalibrierung vorgenommen wird.

Wenn es in Zukunft gelingt, bei der Planung für alle sinnvollen Varianten unter verschiedenen Betriebsweisen zutreffende Simulationen durchzuführen und auch den Betrieb bestehender Kläranlagen zu optimieren, kann mit den eingesetzten Mitteln der bestmögliche Gewässerschutz erreicht werden. Damit kann ein Beitrag zur Rettung der Nordsee geleistet werden.

Literatur

/1/ Benefield,L. ;Reed,R.B.
An activated sludge model which considers toxicant concentration: Simulation and sensitivity analysis
Applied Mathematical Modelling   Vol.9 Nr.12 S.454 1985

/2/ Henze,M. ;Grady Jr.,C.P.L. ;Gujer,W. ;Marais,G.v.R. ;Matsuo,T.
Activated sludge model No.1
IAWPRC task group on mathematical modelling for design
and operation of biological wastewater treatment
IAWPRC Scientific and Technical Reports No.1   London 1987

/3/ Sheffer,M.S. ;Hiraoka,M. ;Tsumura,K.
Flexible modelling of the activated sludge system
—theoretical and practical aspects
Water Science and Technology   Vol.17 S.247 1984

/4/ Terashima,Y. ;Ishikawa,M.
Analyse der Kinetik der BSB5 und Stickstoff—Elimination
in einem Oxidationsgraben
Mitteilungen der Oswald—Schulze—Stiftung, Heft 6

/5/ Vasiliev,V.B. ;Vavilin,V.A.
A multispecies model of biological treatment with
sequential pollutant oxidation
Biotechnology and Bioengineering   Vol.17 S.490 1985

MODELL ZUR ENTWICKLUNG EINES FICHTENBESTANDES BEI LICHTKONKURRENZBEDINGTER STAMMZAHLREDUKTION

H. Krieger, H. Schäfer, H. Bossel
Gesamthochschule/Universität Kassel
Forschungsgruppe Umweltsystemanalyse
Mönchebergstr. 21a
D-3500 Kassel

1. Einleitung

Das Wachstum von Pflanzen wird u.a. maßgeblich durch das absorbierbare Licht und die Verfügbarkeit von Wasser und Nährstoffen bestimmt. Übersteigt auf einer Fläche die Summe der Anforderungen aller Einzelpflanzen an diese Umweltfaktoren die gegebenen Ressourcen am Standort, so müssen die einzelnen Pflanzen um jene zwangsläufig in Wettbewerb treten, um ihr Überleben sicher zu stellen. Die Produktivität der Einzelpflanzen und - in geringerem Maße - der (nutzbare) Ertrag des Kollektivs ist dann abhängig von der Dichte des Bestandes und dem "Durchsetzungsvermögen" der Individuen bzw. der "Konkurrenzkraft" der jeweiligen Spezies. Mit fortschreitender Bestandesentwicklung bzw. zunehmender Größe der Einzelpflanzen steigt deren individueller Bedarf an Licht, Wasser und Nährstoffen, so daß pro Fläche (selbst bei nicht nachlassenden Ressourcen) eine immer geringere Anzahl von Pflanzen ausreichend versorgt werden kann. Die unterversorgten geraten gegenüber den aufgrund gewisser Umweltkonstellationen und genetischer Dominanzen bevorzugten Pflanzen zunehmend ins Hintertreffen; nach Unterschreitung des Existenzminimums sterben sie ab. Dieser in Waldbeständen als "Selbstläuterung" bezeichnete Prozeß ist wegen seiner Konsequenzen - größere Dimensionen der Einzelbäume - von der Forstwirtschaft erwünscht , sie bedient sich sogar seit jeher zusätzlich mehr oder minder gezielter Pflanzungs-, Läuterungs- und Durchforstungsstrategien, um die Wertleistung der Einzelstämme sowie die Stabilität gegenüber Windwurf und Schneebruch zu steuern und weiter zu steigern [1].

Der Bedeutung der natürlichen Stammzahlreduktion für die Genese von Waldökosystemen angemessen wurden dazu umfangreiche Untersuchungen durchgeführt, die allerdings vorwiegend in stochastisch abgeleitete Formulierungen münden [2,3,4,5,6]. Zur Beschreibung des eigentlichen Konkurrenzprozesses (der sich aus pragmatischen Gründen meist auf die Abschattung als primären Kausalfaktor beschränkt) werden eine Reihe unterschiedlicher Indizes verwendet [7,8,9,10,11], die den Wettbewerbsdruck als Funktion der Bestandesdichte, der Baumabstände, der Stammdimensionen, der Projektionsflächenüberlappung usw. angeben. Unseres Wissens gibt es bisher jedoch keinen Index bzw. kein Modell, der/das explizit dem räumlichen Charakter der vorwiegend lichtkonkurrenzinduzierten Kronenwachstumsprozesse in beliebigen Flächenausschnitten konkreter Bestände (mit definierten Baumstandorten) Rechnung trägt, obwohl dies die Voraussetzung für die realitätsnahe Modellierung der natürlichen Entwicklung von (gepflanzten) Beständen darstellt.

Im vorliegenden dynamischen Modell wird ein Ansatz vorgestellt, der die Wachstumsverläufe von Einzelbäumen in Abhängigkeit von der Witterung und dem Wettbewerb mit Bestandesnachbarn simuliert. Besonderer Schwerpunkt wird dabei auf die Erläuterung des Konkurrenzmechanismus gelegt, der sich in den Durchdringungsvolumina bzw. überschatteten Partien der Kronen vollzieht.

2. Simulationsmethode

Das vorgestellte Einzelbaum-Modell wird durch ein System von nichtlinearen, z.T. explizit zeitabhängigen Differential-gleichungen repräsentiert. Wegen des vorgegebenen Pflanzmusters und der angenommenen Konkurrenzhierarchie müssen jedoch auch viele zeitlich oder räumlich diskrete Vorgänge erfaßt werden. Das Simulationsprogramm wurde daher im Gegensatz zu früheren Ansätzen [12] in PASCAL formuliert. Neben der eigentlichen Modellbeschreibung sind verschiedene Routinen zur Tabelleninterpolation, zur Integration usw. vorhanden. Für die Modell-Testphase wurde eine PC-Version und für Reihensimulationen über größere Zeiträume eine Version in BS2000-PASCAL erstellt. Zur Ergebnisaufbereitung steht neben einem Programm zur Darstellung von Zeitkurven und Phasenplots auf Bildschirm oder Plotter auch ein Animationsprogramm zur Verfügung, das die zeitliche Entwicklung des Modellbestandes aufgrund der berechneten Kronen- und Stammgeometrie veranschaulicht.

3. Modellierung der Einzelbaumprozesse

Grundlage für die Modellierung der Bestandesentwicklung in einer Fichten-Monokultur ist die möglichst vollständige Abbildung derjenigen Prozessabläufe, die das dynamische Verhalten des Individuums charakterisieren. Erst danach können die Interaktionen des Einzelbaumes mit den Nachbarexemplaren erfaßt werden. Wir unterscheiden die grundlegenden Einzelbaumprozesse zunächst grob in Photosynthese, Atmung, Biomassenverlust und Zuwachs. Die steuernden Umweltfaktoren Lufttemperatur **temp**, Strahlung über dem Bestand r_0 und Tageslänge d_l (Anzahl der hellen Stunden) werden in jedem Simulationsschritt aus den vorgegebenen Tabellen generiert. Als Zustandsgrößen ergeben sich entsprechend der Kompartimentierung der Baumbiomasse: die Nadelmassen N_i (i = 1...7) für die verschiedenen Nadeljahrgänge, die Feinwurzelmasse F, die Splintholzmassen S_i (i = 1...17) der äußeren, dem Wasser- und Nährstofftransport dienenden Jahrringe, die Kernholzmasse K sowie die Biomassen A und G der Äste bzw. Grobwurzeln.

Die Photosyntheseleistung p_N wird als Netto-Tagesrate proportional zur Nadelmasse berechnet:

$$p_N = 0.85 \cdot \sum_{i=1}^{7} N_i \cdot p_{max} \cdot d_l \cdot c_{temp} \cdot c_{rad}^{i} \quad . \tag{1}$$

Dabei ist p_{max} (die unter optimalen Umweltbedingungen mögliche Photoproduktion pro Einheit Nadelmasse) als Stundenrate konstant vorgegeben, während c_{temp} als Funktion der Lufttemperatur einen Einschränkungsfaktor für suboptimale Temperaturen angibt. Der Lichteinflußfaktor c_{rad}^{i} wird für jeden Nadeljahrgang aus der dort ankommenden Reststrahlung

$$r_i = r_0 \cdot e^{-k \cdot LAI_i} \tag{2}$$

bestimmt. LAI_i ("Leaf Area Index") ist hierbei der kumulative Blattflächenindex über der Nadelschicht i

$$LAI_i = \frac{a_N}{a_K} \cdot \sum_{j=1}^{i} N_j \tag{3}$$

(a_N: spezifische Blattfläche, a_K: Kronenprojektionsfläche). Der Faktor **0.85** in (1) repräsentiert eine Produktionsminderung um 15%, die die durch wechselnden Sonnenstand bedingte Eigenbeschattung der Krone, suboptimale Luftfeuchtebedingungen sowie unzureichendes Bodenwasserangebot pauschal berücksichtigt. Analog zu früheren Modellen ist die Kopplung der Photosynthese an ein Wasserhaushaltsmodell [12] und an ein Modell zur Eigenbeschattung geplant.

Die zur Erhaltungsatmung benötigten Assimilate **resp** werden proportional zu den Massen der respirierenden Organe N_l, S_l, F, G, A bestimmt und von der Produktionsrate p_N abgezogen. Für den Ersatz der Biomassenverluste sowie für den Zuwachs bleibt dann die Gesamtproduktionsrate

$$P_G = 0.8 \cdot (p_N - resp) \tag{4}$$

wobei der Faktor **0.8** die Effizienz der Biomassensynthese erfaßt (Wachstumsatmung).

Bei den Biomassenverlusten wird exponentieller Abfall mit unterschiedlichen Zeitkonstanten vorausgesetzt: jährlicher Feinwurzelumsatz von 150%, Verlust des letzten (unproduktiven) Nadeljahrgangs innerhalb von 60 Tagen, Verkernung des inneren Splintringes innerhalb von 20 Tagen, sowie Verlustraten von 1% pro Jahr durch Wind- und Schneebruch, Astreinigung etc. für die holzigen Kompartimente.

Der Prozeß der Allokation, d.h. der Umwandlung der Restassimilate P_G in Gewebe der einzelnen Kompartimente, erfolgt nicht wie in früheren Ansätzen [12] nach dem *sink strength approach* - also durch Definition einer Prioritätenfolge der Kompartimente (vgl. z.B.: [13]) - sondern durch Ausnutzung von Grundsätzen des funktionellen Gleichgewichts zwischen den Organen des Baumes: Nach der *pipe model theory* [14] kann zwischen leitendem Querschnitt F_S des Stamms und der Gesamtbenadelung N_G ein proportionaler Zusammenhang angenommen werden. Über Wasseraufnahme und Transpiration ergibt sich daneben ein Zusammenhang zwischen Benadelung und Feinwurzelmasse (entsprechend einer *root/shoot balance*, [13,15])

$$N_G = k_P \cdot F_S \quad \text{und} \quad k_T \cdot N_G = k_F \cdot F \tag{5}$$

(k_P: pipe model-Konstante, k_T: Transpirationsfaktor, k_F: Wasseraufnahmefaktor). Für die entsprechenden Wachstumsraten gilt dann:

$$\frac{dF_S^+}{dt} = \frac{1}{k_P} \cdot \frac{dN_G^+}{dt} \quad \text{und} \quad \frac{dF^+}{dt} = \frac{k_T}{k_F} \cdot \frac{dN_G^+}{dt} \; . \tag{6}$$

Bei gleichen relativen Verlustraten der einzelnen Kompartimente würde dieser Ansatz das funktionelle Gleichgewicht erhalten. Da dies jedoch nicht der Fall ist (s. oben), wird dem Prozeß des ausgeglichenen Wachstums der Ersatz von Nadel- und Feinwurzelverlusten vorgeschaltet.

4. Modellierung des Konkurrenzverhaltens

Bei der Modellierung der Bestandesentwicklung gehen wir von einem 1m x 2m - Pflanzverband (=5000 Bäume/ha, vgl. Abb. 1) aus und wählen Anfangsdaten für einen 12jährigen Bestand (vollständige Dokumentation in [16]). Vereinfacht definieren wir für die Gestalt von Krone und Stamm des Baumes jeweils einen Kegel mit vorgegebenem Öffnungswinkel

α_K bzw. α_S. Während der Wachstumsphase vergrößern sich u.a. die Kronenradien, es kommt zum "Anstoßen" benachbarter Individuen; schließlich entsteht ein "Durchdringungsvolumen" V_d (Abb. 2a)

$$V_d = (z_a-z_u) \cdot \left\{ y_2^2 \cdot (\frac{\pi}{2} - \arcsin \frac{y_m}{y_2}) - y_m \cdot (y_2^2 - y_m^2)^{1/2} \right\} - \frac{1}{3} \cdot \cot \alpha_K \cdot (y_2^2 - y_m^2)^{3/2} \quad . \tag{7}$$

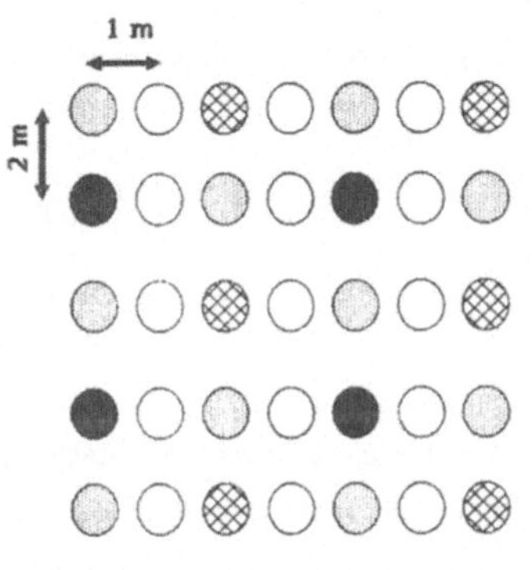

Abb. 1: Pflanzschema des modellierten Bestandes

In V_d können beide Individuen a und b nicht die volle Photoproduktion leisten. Die dort ankommende Strahlung wird von a und b gemeinsam genutzt. Bei der Berechnung der Strahlungsanteile r_a und r_b ($r_a + r_b = 1$) erhält a einen gewissen Vorteil, d.h. $r_a > r_b$. Existiert in V_d ein zusätzlicher Blattflächenindex LAI^+, so ergibt sich als Verhältnis zwischen "normal" geminderter (durch darüberliegende eigene Nadeln) und verstärkt geminderter Strahlung der Wert

$$\delta = e^{k \cdot LAI^+}, \quad (\delta \geq 1) \quad . \tag{8}$$

Daraus bestimmen sich r_a und r_b nach:

$$r_a = \frac{\delta}{1+\delta} \quad \text{und} \quad r_b = \frac{1}{1+\delta} \tag{9}$$

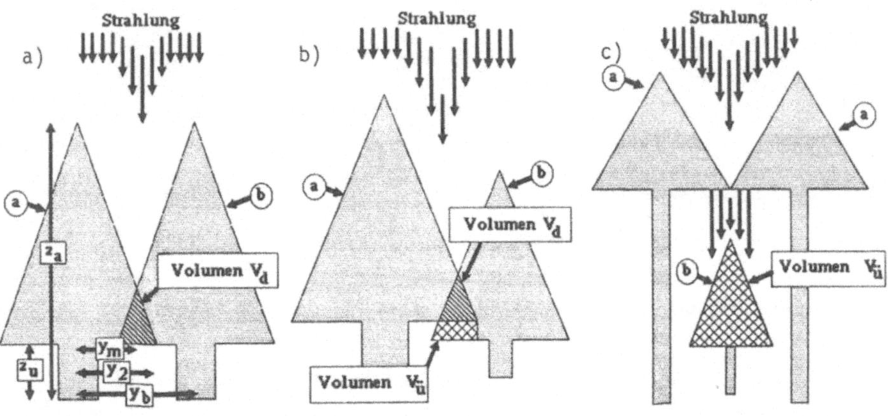

Abb. 2: Darstellung der Durchdringungs- und Überschattungsvolumina in verschiedenen Entwicklungsstadien des Bestandes

Für $LAI^+ = 0$ liegt damit kein Konkurrenzdruck vor ($r_a = r_b = 0.5$). Bei fest gewähltem $LAI^+ > 0$ erhält a einen Produktionsvorteil, der wegen resultierendem höheren Nadel-, Ast- und Stammholzzuwachs und dadurch vergrößertem V_d

selbstverstärkend ist. In der Folge überragt a den Nachbarn b (Abb. 2b) und es entsteht zusätzlich zu V_d ein "Überschattungsvolumen" $V_ü$, in dem Baum b nur den Strahlungsanteil r_b verwerten kann. $V_ü$ kann in Analogie zu (7) aus den Geometriedaten der Bäume berechnet werden. Wird Exemplar b schließlich vom dominanten Nachbarn a total überstanden (Abb. 2c), so ist für das gesamte Kronenvolumen von b nur r_b verfügbar. Liegt die dadurch stark verminderte Produktionsrate unter der Summe aus Atmungsbedarf und Verlustraten, so gerät b in einen progressiven Absterbemodus.

In mehreren Simulationen wurde ein Wert für LAI^+ ermittelt, der die wahrscheinliche Entwicklung eines natürlichen Bestandes zutreffend charakterisiert; LAI^+ dient daneben auch der Modellanpassung an andere Umweltsituationen.

5. Simulationsergebnisse

In Abb. 3 ist das Ergebnis eines Simulationslaufs über 100 Jahre dargestellt. Der Bestand erreicht eine (stehende) Schaftholzmasse von 270 t (OTS) bzw. rund 680 Festmeter pro Hektar, wovon 88% auf die herrschende Baumklasse entfallen. Die ausgeschiedenen Bestandesglieder (s.u. und Abb. 1) akkumulierten weitere 6 t resp. 15 Vfm. Ertragstafeln für undurchforstete Fichtenbestände liegen nicht vor; bei Zugrundelegung der Tafeln von WIEDEMANN für mäßige Durchforstung (in [17]) läge das erhaltene Niveau zwischen II. und III. Ertragsklasse. Natürliche unbewirtschaftete Fichten-(Ur-)Wälder weisen zwar stark abweichende Strukturen, aber durchaus vergleichbare Holzvorräte auf [17].

Die Nadelmasse stabilisiert sich - abgesehen von einem kurzzeitigen Überschwingen nach Erreichung des Kronenschlusses - bei durchschnittlich 17 t_{OTS}/ha, die Feinwurzeln weisen im Mittel eine lebende Biomasse von ca. 2.5 t (OTS aschefrei) pro ha auf (Abb. 5).

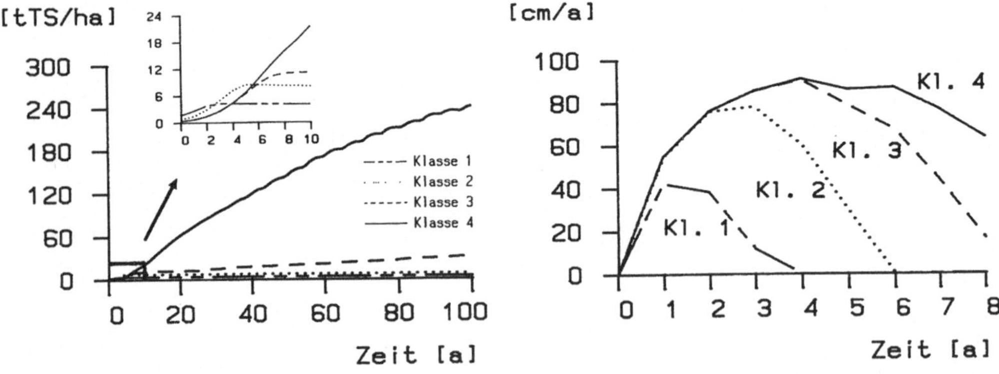

Abb. 3: Biomassenentwicklung des Modellbestandes   Abb. 4: Jährlicher Höhenzuwachs der 4 Baumklassen

Abb. 4 veranschaulicht anhand der Höhenwachstumskurven die lichtkonkurrenzbedingte sukzessive Unterdrückung der benachteiligten Baumklassen. Schon nach 4 bzw. 6 Jahren leisten die beherrschten Individuen der 1. und 2. Klasse keinen Zuwachs mehr, nach 10 bzw. 18 Jahren sterben die Bäume ab (vgl. Abb. 1). Die dritte Baumklasse erfährt zwar ebenfalls eine starke Zuwachsdepression, kann jedoch bei den gegebenen Rahmenbedingungen im Kümmerzustand bis zum Jahr 100 überleben (vgl. Abb. 3).Der zusätzlich zur Abschattung im Freiland stets gleichzeitig stattfindende Wettbewerb um Wasser und Nährstoffe (vgl. z.B.: [18,19]) würde in Streßsituationen (z.B.: Sommertrockenheit, Frosttrocknis) eventuell zu einem früheren Ausscheiden auch dieser Bäume führen, da ihnen aufgrund der gegenüber der herrschenden Baumschicht stark reduzierten Wurzelmasse verschärfend nur ein eingeschränktes Bodenvolumen zur Versorgung zur Verfügung steht.

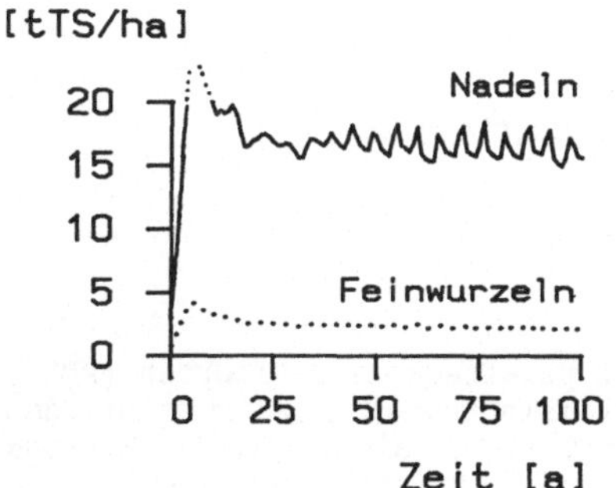

Abb. 5: Entwicklung der Nadel- und Wurzelmassen

Eine immissionsbedingte Schädigung des Bestandes dergestalt, daß die Assimilationsleistung der Nadeln durch Schadstoffbelastung erniedrigt und/oder die Feinwurzelabsterberate als Folge einer Bodenversauerung erhöht wird, führt in Abhängigkeit von der Schadintensität zu mehr oder minder großen Zuwachseinbußen bis hin zum Absterben des Bestandes (vgl. dazu auch [20]).

6. Literatur

[1] Bossel, H., Krieger, H., Schäfer, H., Trost, N.: Simulation of forest stand dynamics and stability in response to climate, management policy, and pollution stress. Workshop on "Modelling Forest Dynamics in Europe", Wageningen, Netherlands, October 17-19, 1988 (to appear) (1988)

[2] Westoby, M.:The self-thinning rule. Adv. Ecol. Res. 14, 167-225 (1984)

[3] Perry, D.A.: The competition process in forest stands. In: Cannell, M.G.R., Jackson, J.E. (eds.): Trees as crop plants. Huntington: ITE/NERC, 481-506 (1985)

[4] Weller, D.E.: A reevaluation of the -3/2 power rule of plant self-thinning. Ecol. Monogr. 57, 23-43 (1987)

[5] Weller, D.E.: Self-thinning exponent correlated with allometric measures of plant geometry. Ecology 68, 813-821 (1987)

[6] Zeide B.: Analysis of the 3/2 power law of self-thinning. For. Sci. 33, 517-537 (1987)

[7] Ek, A.R., Dudek, A.: Development of individual tree based stand growth simulators: Progress and applications. University of Minnesota, College of Forestry, Dept. of Forest Resources Staff Paper Series no. 20, 25 S. (1980)

[8] Dale, V.H., Doyle, T.W., Shugart, H.H.: A comparison of tree growth models. Ecol. Model. 29, 145-169 (1985)

[9] Daniels, R.F., Burkhart, H.E., Clason T.R.: A comparison of competition measures for predicting growth of loblolly pine trees. Can. J. For. Res. 16, 1230-1237 (1986)

[10] Mäkelä, A., Hari, P.: Stand growth model based on carbon uptake and allocation in individual trees. Ecol. Model. 33, 205-229 (1986)

[11] Pukkala, T., Kolström, T.: Competition indices and the prediction of radial growth in Scots pine. Silva Fenn. 21, 55-67 (1987)

[12] Schäfer, H., Bossel, H., Krieger, H., Trost, N.: Modelling the responses of mature forest trees to air pollution. GeoJournal 17 (in press) (1988)

[13] Cannell, M.G.R.: Dry matter partitioning in tree crops. In: Cannell, M.G.R., Jackson, J.E. (eds.): Trees as crop plants. Huntington: ITE/NERC, 160-193 (1985)

[14] Shinozaki, K., Yoda, K., Hozumi, K., Kira, T.: A quantitative analysis of plant form - The pipe model theory. Jap. J. Ecol. 14, 97-105 (1964)

[15] Mäkelä A.A., Sievänen R.P.: Comparison of two shoot-root partitioning models with respect to substrate utilization and functional balance. Ann. Bot. 59, 129-140 (1987)

[16] Krieger, H., Schäfer, H.: Simulationsmodell eines Fichtenbestandes mit intraspezifischer Konkurrenz. Manuskript Gesamthochschule Kassel. (1988)

[17] Schmidt-Vogt, H.: Die Fichte. Bd. II/1. Hamburg/Berlin: Parey, 563 S. (1986)

[18] Walter, H., Breckle, S.-W.: Ökologie der Erde. Bd. I: Ökologische Grundlagen in globaler Sicht. Stuttgart: Fischer, 238 S. (1983)

[19] Caldwell, M.M.: Plant architecture and resource competition. In: Schulze ,E.D., Zwölfer, H. (eds.): Potentials and limitations of ecosystem analysis. Ecol. Stud. Vol. 61. Berlin: Springer, 164-179 (1987)

[20] Krieger, H., Schäfer, H., Bossel, H.: Modelling and simulation of spruce stand dynamics under different stress regimes introducing the competition-classes-concept. 3rd Int. Symp. Systems Analysis and Simulation, Berlin (G.D.R.), Sept. 12-16, 1988. Session "Forest Modelling and Systems Analysis". (to appear) (1988)

EIN BELASTUNGSABHÄNGIGES PULSATILES KREISLAUFMODELL ZUR UNTERSUCHUNG

VON KUNSTHERZREGELUNGEN

G. Altenhoff, P.M. Frank
Universität Duisburg, Meß- und Regelungstechnik

D.P.F. Möller
Drägerwerk AG, Lübeck

Zusammenfassung: Zur Entwicklung und Simulation einer pulsfrequenzmodulierten (PFM-) Regelung für Blutpumpen ist ein pulsatiles Kreislaufmodell nötig, in dem körpereigene Anpassungsmechanismen bei Belastung enthalten sind. Dieser Beitrag beschreibt ein Modell, in dem unter anderem der Barorezeptorreflex, die Herzfrequenz-, Kontraktionskraft- und Strömungswiderstandsänderung bei Belastung, sowie der venöse Tonus und die nichtlinearen Gefäßdehnbarkeiten enthalten sind. Ein Kunstherzmodell mit beschränktem Schlagvolumen wird vorgestellt und ein Konzept für seine Regelung beschrieben.

1. Einleitung

In den letzten Jahren wurden die Blutpumpen zur Unterstützung oder als Ersatz des Herzens immer weiter verbessert. Ein noch nicht gelöstes Problem bei ihrem Einsatz ist die richtige Anpassung des Fördervolumens an den Körperbedarf bei verschiedenen Belastungen. Darüber hinaus muß eine korrekte Abstimmung zwischen dem Herzzeitvolumen des rechten und linken Herzens vorgenommen werden, da es sonst zu Ödemen und Lungenschäden kommt. Zur Entwicklung und Simulation von Reglern für die Blutpumpen ist ein pulsatiles Modell des Kreislaufs und der Pumpen nötig, in dem die Umstellungen bei körperlicher Belastung enthalten sind. Diese Anforderung wurde durch Erweiterung und Modifizierung eines ungeregelten Kreislaufmodells erfüllt.

2. Entwicklung des Kreislaufmodells

Im verwendeten Ausgangsmodell [5,8] ist der Kreislauf in Gefäßabschnitte mit kapazitivem beziehungsweise elastischem Verhalten aufgeteilt, die durch Gefäßregionen mit größerem Strömungswiderstand verbunden sind. Das Herz ist durch zwei dehnbare Kammern modelliert, deren Dehnbarkeit sich rhythmisch bei jedem Herzschlag ändert. Die Kammern sind durch Klappen mit den übrigen Gefäßen verbunden, so daß sich ein gerichteter Blutvolumenstrom ergibt. Dieses Modell des Kreislaufs wurde in mehreren Schritten erweitert.

Diese Arbeit ist gefördert von der Deutschen Forschungsgemeinschaft unter dem Kennzeichen FR 365/10.

Zunächst wurde der Barorezeptorreflex, der zur Stabilisierung des arteriellen Blut-
drucks dient, als Transformation eines Mittelwertansatzes [4] übernommen. Dieser
Reflex sorgt bei einem Blutdruckabfall für eine gegenregulatorische Erhöhung der
Herzfrequenz und des peripheren Strömungswiderstandes, dessen Wert hauptsächlich von
den Arteriolen und ihrem Kontraktionsgrad bestimmt wird. Die Blutdruckmessung
erfolgt durch Rezeptoren, die sich überwiegend im Aortenbogen und im Carotissinus
befinden. Bei der Modellierung sind sowohl die Verzögerungszeiten dieser
körpereigenen Regelung als auch deren nichtlinearer Charakter enthalten.

Bei körperlicher Arbeit kommt es im Kreislauf zu verschiedenen Anpassungen [6,7].
Der Arteriolenwiderstand der arbeitenden Muskulatur sinkt und bedingt durch einen
Anstieg des Sympathikustonus treten Schlagfrequenzsteigerung und Kontraktionskraft-
erhöhung des Herzens auf.

Die Kreislaufanpassungen konnten als Funktion einer ergometrischen Belastung EW
berücksichtigt werden. Die Einstellung der Herzfrequenz HF und des Strömungswiderstandes der Arteriolen RA ist zusammen mit dem Barorezeptorreflex in Bild 1 und 2
dargestellt. Dabei bezeichnet PAO den Blutdruck in der Aorta.

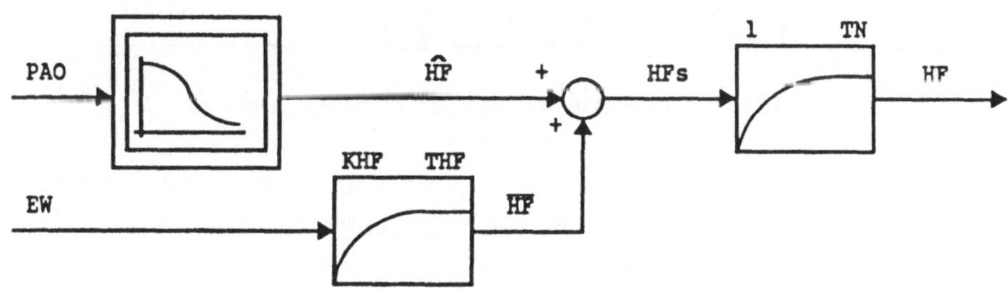

Bild 1: Regelung der Herzfrequenz

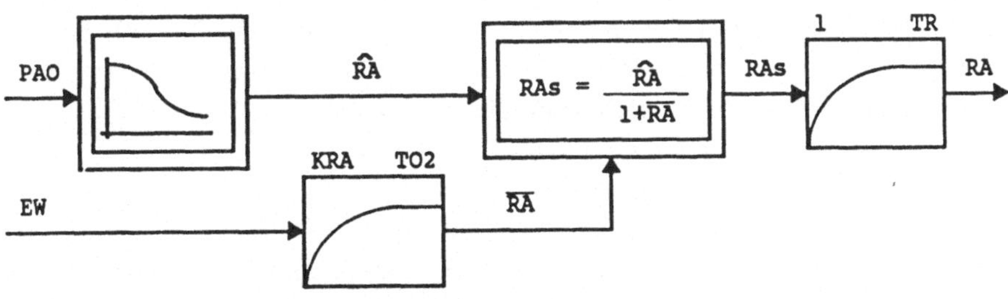

Bild 2: Regelung des Strömungswiderstandes der Arteriolen

Das Herz ist durch eine zeitveränderliche Compliance modelliert. Die bei körperlicher Belastung auftretende Kontraktionskrafterhöhung des Herzens wurde daher durch eine Erhöhung der Elastizität (Verminderung der Dehnbarkeit) des Ventrikels in der Systole berücksichtigt, die proportional zu EW ist.

Bisher wird das arterielle System im Modell nur durch ein einfaches elastisches Blutreservoir dargestellt. Damit ist zwar der sogenannte Windkesseleffekt simulierbar, ansonsten ergibt sich jedoch ein stark vereinfachter Druckverlauf. Ein gutes physiologisches Verhalten ist dagegen erreichbar, wenn eine Aufteilung in Aorta und restliches arterielles System nach Bild 3 vorgenommen wird. Die Massenträgheit des Blutes ist dabei als konzentriert zwischen diesen Blutspeichern angenommen und die Dämpfung des Systems geschieht über RQAS in den peripheren Arterien.

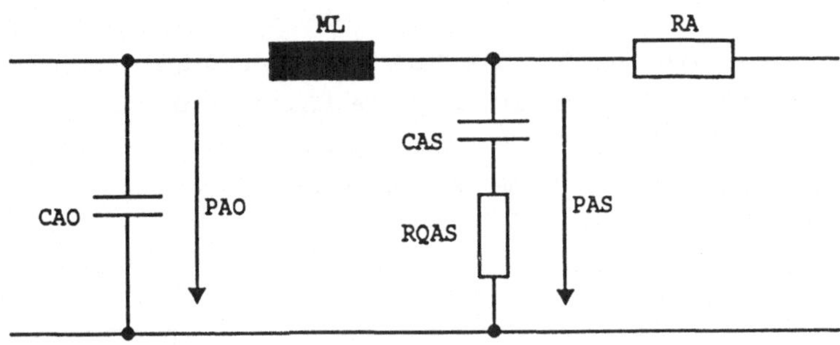

Bild 3: Erweiterung des arteriellen Systems

Peripherer Puls und Aortenpuls sind nun unterscheidbar. Es ergibt sich bei Simulationen die Zeitverzögerung zwischen diesen Druckverläufen ebenso wie die Überhöhung des peripheren Pulses und die dikrote Welle.

Berücksichtigt wurde bei der Erweiterung des Kreislaufmodells auch die Druckabhängigkeit der Gefäßdehnbarkeiten [4,6,9], indem, analog zum Mittelwertmodell, dem Gefäßdruck reziproke Compliances Verwendung fanden. Bei Belastung erhöht sich darüber hinaus der venöse Tonus, welcher ebenfalls die Dehnbarkeit und das Druck-Volumen Verhältnis in den Körpervenen verändert. In Ruhe ist der Zusammenhang zwischen Venendruck PVS und Volumen VVS im Modell durch

$$PVS = PO * exp(VVS/KCVS)$$

gegeben, wobei KCVS die Dehnbarkeit der Venen bestimmt. Durch eine Abnahme von KCVS, proportional zur Zunahme der Belastung EW, konnte daher der erhöhte venöse Tonus modelliert werden.

3. Parameterbestimmung und Modellverifizierung

Viele Modellparameter konnten dem geregelten Mittelwertmodell [4] entnommen werden,
in dem die Zeitkonstanten und Verstärkungsfaktoren der natürlichen Regelungen angegeben waren. Die nichtlinearen Kennlinien des Barorezeptorreflexes ergaben sich aus
Messungen des natürlichen Kreislaufs. Da im verwendeten Kreislaufmodell alle Zustände eine physikalische Entsprechung haben, ist es möglich aus Messungen
bestimmter Teilbereiche des Kreislaufs, die oft in der Literatur angegeben sind,
Modellparameter zu bestimmen. So konnten die Werte des arteriellen Systems aus [6]
und die Parameter für den venösen Tonus aus [3,9] ermittelt werden.

Es wurde nun das Modellverhalten bei einer körperlichen Belastung untersucht. Der
Arteriolenwiderstand sinkt dabei stark ab. Gleichzeitig erhöht sich die Herzfrequenz
HF und das Schlagvolumen, so daß ein anfänglicher leichter Druckabfall des Aorten-
drucks PAO im weiteren Zeitverlauf überkompensiert wird. Bild 4 zeigt den
dynamischen Verlauf der Blutdrücke und der Herzfrequenz bei einer sprungförmigen
Belastung von EW=100W und einer Entlastung nach 100 Sekunden. Wie zu sehen ist,

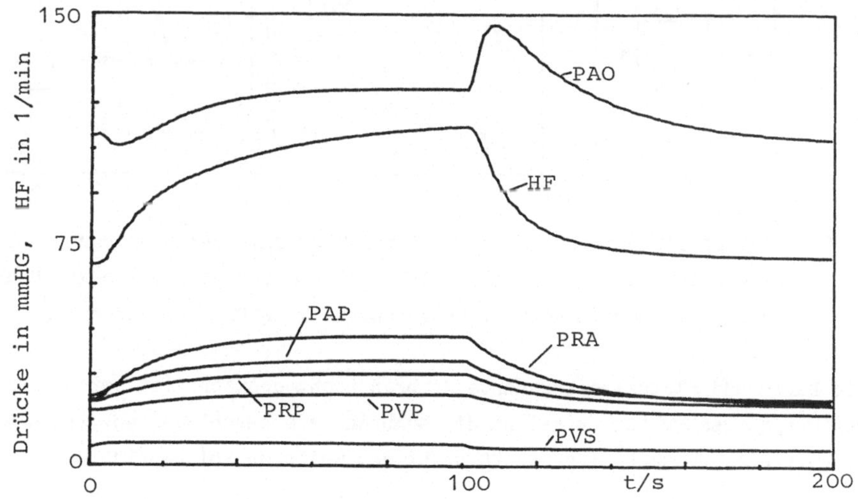

Bild 4: Kreislaufverhalten bei sprungförmiger Be- und Entlastung von EW=100W

erhöhen sich auch die Capillardrücke PRA, PRP und die venösen Drücke PVS, PVP im
Körper- bzw. Lungenkreislauf, was mit den natürlichen Kreislaufreaktionen übereinstimmt. Die stationären Zustände der wichtigsten Kreislaufgrößen wurden bei anstei-
gender Belastungshöhe bestimmt und ihr Verlauf mit Ergebnissen des Mittelwert-
modells und Messungen am Menschen verglichen. Bis EW=100W zeigen sie gleiches Verhalten. Bei höherer Belastung ergibt sich eine erhöhte Abnahme des Schlagvolumens,
da es dann beim natürlichen Herzen zur Umstellung der Arbeitsweise kommt.

4. Das Blutpumpenmodell

Als nächstes erfolgte im Kreislaufmodell die Ersetzung des natürlichen Herzens durch
ein Kunstherz. Die Struktur des Blutpumpenmodells wurde dabei analog [1,2] gewählt.
In diesem Modell ist das begrenzte Schlagvolumen des Kunstherzens nicht
berücksichtigt. Gerade diese Beschränkung wird jedoch beispielsweise bei allen im
sogenannten full-empty Mode arbeitenden Regelungen erreicht. Eine Erweiterung des
Blutpumpenmodells, mit dem die Schlagvolumenbegrenzung berücksichtigt werden kann,
ist daher in Bild 5 dargestellt.

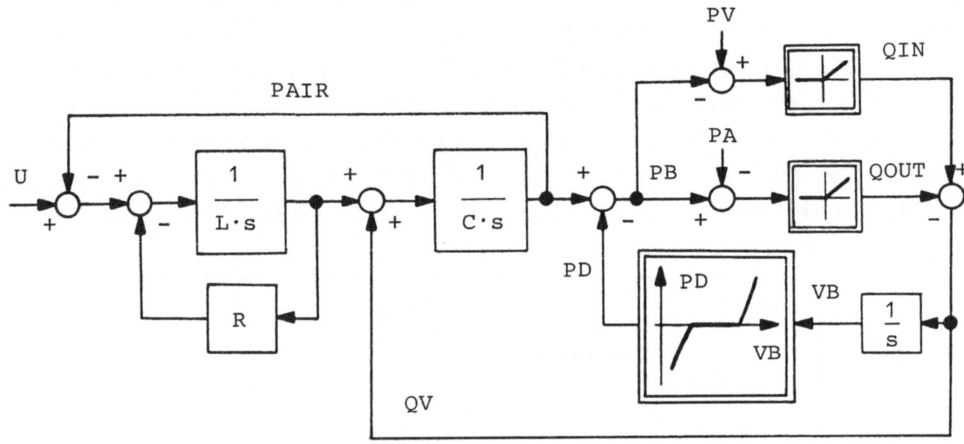

Bild 5: Erweitertes Blutpumpenmodell.   U=Antriebsdruck, PB=Kammerdruck Blutseite,
PAIR=Kammerdruck Luftseite, PD=Druckdifferenz am Diaphragma (Membran),
VB=Blutvolumen in Kammer, PV=Venendruck, PA=Druck in Arterien

Wenn die Luft- und Blutseite trennende Membran nicht gespannt ist entspricht das Modell der Ursprungsstruktur. Erreicht die Membran ihre Anschläge, so wird sie gedehnt
und die auftretende Druckdifferenz PD wirkt dem weiteren Volumenfluß entgegen.

5. Regelungskonzept

Es soll eine pulsfrequenzmodulierte Regelung verwendet werden, bei der klassischer-
weise das Schlagvolumen fest ist und die Herzfrequenz zur Regelung variiert wird.
Das Schlagvolumen wird daher durch zwei unterlagerte Regler eingestellt, die im
stationären Fall im full-empty Mode arbeiten, um die Gefahr von Thrombosen zu
vermindern. Gleichzeitig wird damit eine Materialschonung erreicht, da bei Auswurf
des maximalen Schlagvolumens die Schlagrate niedrieg sein kann.

Der PFM-Regler erhält zwei Eingänge und zwar Sollfördervolumen der rechten und linken Pumpe. Diese Größen werden für eine erste Regelung aus der Differenz zwischen dem jeweiligen Vorhofdruck und seinem Sollwert ermittelt. Aus den geforderten Fördervolumina errechnet der PFM-Regler dann die Frequenz, bei der eine Blutpumpe im full-empty Mode und die andere Pumpe mit entsprechend gesenktem Schlagvolumen arbeiten kann.

6. Ergebnisse

Das vorgestellte Kreislaufmodell zeigt eine gute Übereinstimmung mit dem natürlichen Kreislauf. Es ergibt sich die belastungsabhängige Erhöhung der Blutdrücke, der Herzfrequenz und des Herzminutenvolumens. Wie auch beim Menschen, steigt das Schlagvolumen nicht linear mit der Belastung an, sondern erreicht einen gewissen Maximalwert während der Strömungwiderstand ungefähr reziprok zur Belastung abnimmt. Außerdem ist die Abhängigkeit des Herzzeitvolumens vom Venendruck und der Frank-Starling-Mechanismus implizit enthalten.

Mit der Ersetzung des natürlichen Herzens durch das Kunstherzmodell kann nun die Regelung der Blutpumpen an einem geschlossenen Kreislaufsystem überprüft werden.

7. Literatur

1. McInnes, B.C.; Wang, J.C.; Goodwin, G.C.: "Adaptive control system for the artificial heart", IEEE Frontiers of engineering in health care, 1982
2. McInnes, B.C.; Zhong-Wei Guo; Po Chien Lu; Jiun-Chung Wang: "Adaptive control of left ventricular bypass assist devices", IEEE Transactions on automatic control, Vol. AC-30, No. 4, April 1985
3. Mellerowicz, H.: "Ergometrie", München, Wien, Baltimore, 1979
4. Möller, D.: "Ein geschlossenes nichtlineares Modell zur Simulation des Kurzzeitverhaltens des Kreislaufs und seine Anwendung zur Identifikation", Berlin, Heidelberg, New York, 1981
5. Möller, D.; Pohl, V.: "Simulation eines ungeregelten pulsatilen Modelles des Kreislaufsystems", Fachberichte Informatik, Band 109, S. 346-349, 1985
6. Trautwein, W.; Gauer, O.H.; Koepchen, H.: "Herz und Kreislauf", Physiologie des Menschen, Band 3, München, 1972
7. Rost, R.: "Kreislaufreaktion und -adaption unter körperlicher Belastung", Bonn, 1979
8. Sikora, T.; Möller, D.: "Simulation of the human blood circulatory system with the help of an uncontrolled pulsatile model and its validation", In: Advances in System Analysis, Vol. 2, Braunschweig, 1986
9. Shepherd, J.T.; Vanhoutte, P.M.: "Veins and their control", London, Philadelphia, Toronto, 1975

Dynamische Druck - und Flußsimulation im menschlichen Arteriennetz

Otto J. Eder und Martin Suda
Österreichisches Forschungszentrum Seibersdorf
A-2444 Seibersdorf / Österreich

Kurzfassung

In diesem Beitrag werden Methode und Ergebnisse einer mathematischen Simulation der dynamischen Drücke und Fließgeschwindigkeiten des Blutes in den großen und mittleren Arterien des Menschen vorgestellt. Dabei wird die Navier-Stokessche Gleichung für ein Modell eines arteriellen Systems aufgestellt und gelöst. Gemessene und theoretische Werte der Herzflußkurve dienen als Eingabeinformation. Damit wird der dynamische quasistationäre Zustand des arteriellen Systems bestimmt. Die Form der berechneten Pulse wird diskutiert und zusammen mit den entsprechenden Frequenzspektren interpretiert. Pathologische Kreislaufzustände (Arteriosklerose, Gefäßstenotisierung, Herzinsuffizienz) werden beschrieben und simuliert.

1. Einleitung

Das arterielle System ist ein Netzwerk von elastischen Rohren, wobei die Steifigkeit der Gefäße mit wachsendem Abstand vom Herzen zunimmt.

Die quasi-periodische Erregung durch das Herz (Herzflußkurve) führt zu einem zeitabhängigen, quasistationären Strömungszustand im Gesamtsystem.

Die mathematische Beschreibung eines solchen komplexen Netzwerkes liefert die Lösung der Navier-Stokesschen Gleichung unter Verwendung geeigneter Anfangs- und Randbedingungen. Im folgenden werden diese Gleichungen in Form der Druckstoßgleichungen verwendet:

Bewegungsgleichung:

$$\frac{\partial V}{\partial t} + V \frac{\partial V}{\partial x} + g \frac{\partial H}{\partial x} + \lambda V |V| \frac{1}{2D} = 0 \tag{1}$$

Kontinuitätsgleichung:

$$\frac{\partial H}{\partial t} + V \frac{\partial H}{\partial x} + \frac{a^2}{g} \frac{\partial V}{\partial x} + V \sin(\gamma) = 0 \tag{2}$$

Die Kontinuitäts- und Bewegungsgleichung bilden ein gekoppeltes Paar nichtlinearer partieller Differentialgleichungen vom hyperbolischen Typ in zwei abhängigen Variablen ($V(x,t)$=Fließgeschwindigkeit, $H(x,t)$=$P(x,t) + \rho \cdot g \cdot h(x)$ = Druckhöhe) und zwei unabhängigen Variablen (x=Ort, t=Zeit), wobei die verwendeten Symbole folgende Bedeutung haben:

$P(x,t)$ = Druck [mmHg]
$h(x)$ = geodätische Höhe [m]
D = Rohrdurchmesser [m]
a = effektive Schallgeschwindigkeit [m/s]
λ = Rohrreibungszahl
ρ = Dichte der Flüssigkeit [kg/m^3]
g = Erdbeschleunigung [m/s^2]
γ = Neigungswinkel des Rohres

Dabei ist die effektive Schallgeschwindigkeit (a) sowohl von der Dichte und der Kompressibilität der Flüssigkeit als auch vom Elastizitätsmodul und dem Verhältnis der Wandstärke zum Durchmesser des Gefäßes abhängig.

Mit Hilfe der Methode der Charakteristiken werden die beiden Gleichungen (1) und (2) in 4 gewöhnliche Differentialgleichungen transformiert, nach Ort- und Zeitdiskretisierung in Differenzengleichungen umgewandelt und für jeden Gefäßabschnitt und jeden Zeitschritt numerisch gelöst.

Die Methode liefert die Reflexionen an den Knotenverbindungen für eine beliebige Netzgeometrie und berücksichtigt die elastischen Eigenschaften der Gefäße /1/.

2. Modellbeschreibung

Das Modell des Arteriensystems beschreibt sowohl Verzweigungen und Vermaschungen mit mehr als 110 Knoten und 140 Verbindungen zwischen den Knoten, wobei jeder Knoten zusätzlich eine geodätische Höhe aufweist (stehender Mensch). In Fig.1 ist ein vereinfachtes hydraulisches Modell der großen und mittleren Arterien des Menschen dargestellt.

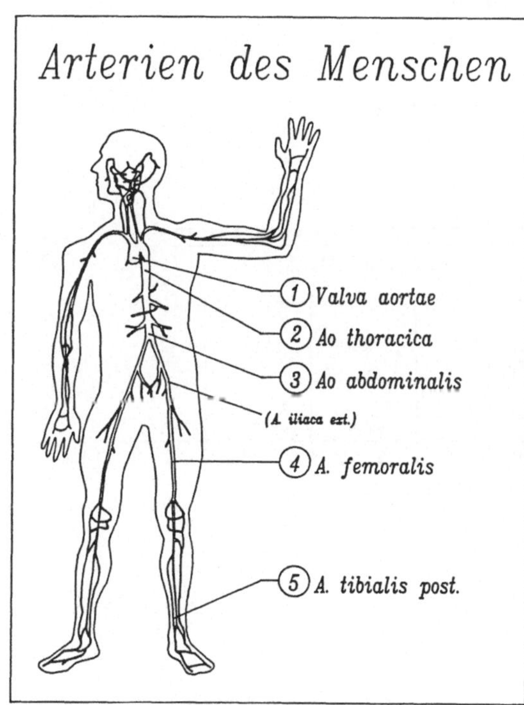

Fig.1: Hydraulisches Simulationsmodell

Die Gefäßdurchmesser haben Werte zwischen 2,8 cm in Herznähe und 0,1 cm in der Peripherie.

Die mittlere Flußverteilung in den verschiedenen Bereichen des Systems wird durch die Entnahmen an den Knoten bestimmt. So fließt im Mittel in den beiden Arteriae subclaviae 2x7%, in den Karotiden 2x4%, in den beiden Vertebralen 2x1% und in der Aorta thoracica 76% des arteriellen Blutes.

Prinzipiell besteht an jedem Knoten die Möglichkeit, einen konstanten Abfluß zu definieren.

Der mittlere Druck beim Herzen wird mit 100 mmHg angenommen. Das Blut wird als Newton'sche Flüssigkeit behandelt mit etwa der vierfachen Zähigkeit von Wasser. Das Herzminutenvolumen beträgt 5,07 l/min, die Pulsdauer 0,8 s.

Die Druckwellengeschwindigkeit (oder effektive Schallgeschwindigkeit) beträgt 5 m/s in der aufsteigenden Aorta und nimmt in der Aorta abdominalis bis auf 9 m/s zu. In den peripheren Bereichen hat sie Werte um 11 m/s /2/. Auf diese Weise wird die Gefäßelastizität näherungsweise berücksichtigt.

In der Aorta ascendens wird mit Hilfe eines Windkessels von 0,2 Liter eine zusätzliche Dämpfung der Druckwellen erreicht, die der experimentell beobachteten Situation entspricht (Windkesselfunktion der Aorta).

Für die dynamische Simulation wird ein Zeitschritt von $^1/_2$ ms verwendet.

Gemäß der Konvergenzbedingung (Courant-Bedingung) für das numerische Lösungsverfahren (Charakteristikenmethode) ergibt sich daraus eine Ortsdiskretisierung Δx der einzelnen Arterienabschnitte gemäß der Beziehung

$$\Delta x \geq \Delta t \cdot (V + a) \tag{3}$$

Das Computerprogramm ist in FORTRAN geschrieben und läuft auf einer VAX-Station 2000. Die Rechenergebnisse werden automatisch auf ein Graphiksystem ausgegeben und geplottet.

3. Simulationsergebnisse

Wir diskutieren 4 Beispiele von Simulationsergebnissen, die sich auf das Arteriensystem in Fig. 1 beziehen und zeigen an den 5 in Fig. 1 ausgewählten Positionen (Valva aortae, Aorta thoracica, Aorta abdominalis, Arteria femoralis und Arteria tibialis posterior) Drücke und Fließgeschwindigkeiten sowie die entsprechenden Frequenzspektren.

Simulationsfälle:

3.1 Standardfall
3.2 Höhere Schallgeschwindigkeiten (Arteriosklerose)
3.3 Stenose der Arteria iliaca externa
3.4 Herzinsuffizienz

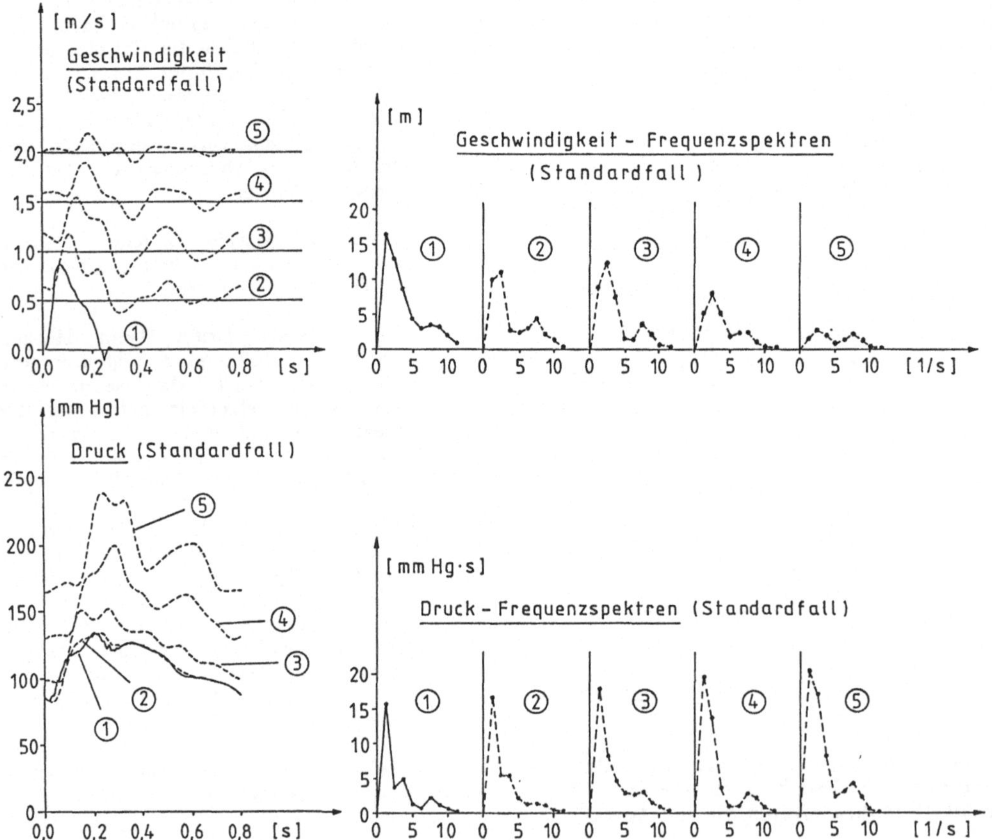

Fig.2: Rechenergebnisse für den Simulationsfall 3.1 (Standardfall)

3.1 Standardfall

In Fig.2 sind die berechneten Fließgeschwindigkeiten (Kurve 1 der Geschwindigkeiten ist die gemessene Inputfunktion) und Drücke an den 5 ausgewählten Positionen im Arteriennetz zu sehen. Dabei sind die einzelnen Geschwindigkeitskurven der Deutlichkeit halber gegeneinander um 0,5 m/s parallel verschoben.

Die entsprechenden Frequenzspektren werden mit Hilfe der Fouriertransformation

$$F(x, \omega) = \left| \int_{-\infty}^{\infty} f(x,t)\, e^{-i\omega t}\, dt \right| \tag{4}$$

erhalten $(f(x,t) \stackrel{\wedge}{=} H(x,t), V(x,t))$. Die Normierung der Funktion $f(x,t)$ bestimmt $F(x,0)$:

$$F(x,0) = \left| \int_{-\infty}^{\infty} f(x,t)\, dt \right| = 0 \tag{5}$$

Die berechnete Druckkurve 1 zeigt alle physiologisch relevanten Charakteristika: Die Druckwerte liegen zwischen 80 und 130 mmHg, steiler systolischer Druckanstieg, akrote Schulter (Reflexionen von nahegelegenen Abzweigungen), Inzisur (Folge des Klappenschlusses, siehe Geschwindigkeitskurve 1) und langsamer diastolischer Druckabfall.

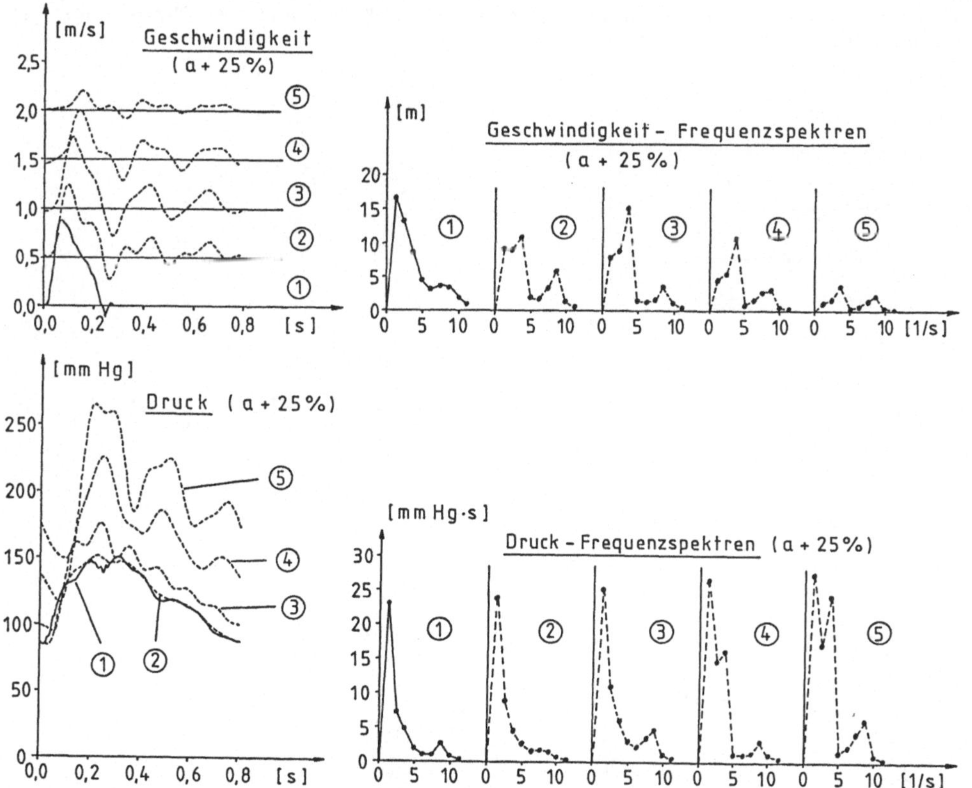

Fig.3: Rechenergebnisse für den Simulationsfall 3.2 (höhere Schallgeschwindigkeiten)

Die Druckkurven in der Peripherie sind zueinander um den hydrostatischen Druckanteil verschoben, haben eine steilere und höhere Systole und es tritt vor allem ein zweites diastolisches Maximum (Dikrotismus) auf, welches als ein Phänomen von Wellenüberlagerungen bekannt ist /3/. In den Druck-Frequenzspektren ist daher in der Peripherie neben der Grundfrequenz (1,25 Hz) die doppelte Frequenz (2,5 Hz) gut erkennbar. Auffällig ist im Geschwindigkeitsbild der bekannte Rückfluß in der Femoralarterie (Position 4), der sich auch in der Simulationsrechnung zeigt.

3.2 Höhere Schallgeschwindigkeiten (Arteriosklerose)

Um die Druck- und Geschwindigkeitsverhältnisse in Gefäßen mit geringerer Elastizität (Arteriosklerose) zu untersuchen, wird die Schallgeschwindigkeit (a) um 25% in allen Gefäßabschnitten erhöht. Die Ergebnisse sind in Fig. 3 zu sehen. Der Druck an der Position 1 ist jetzt bedeutend höher (zwischen 80 und 150 mmHg), und in der Peripherie treten höhere Frequenzen auf (3,75 Hz). Bei noch höheren Werten von (a) würde peripher der Dikrotismus ganz verschwinden und ein etwas breiterer Druckpeak mit hochfrequenten Überlagerungen auftreten, der bei Arteriosklerotikern auch gemessen wird.

3.3 Stenose der Arteria iliaca externa

Wie in Fig. 1 angedeutet, wird nun der Durchmesser der Arteria iliaca externa um 75% - Fig. 4 - reduziert. Eine 50% - ige Verengung (hier nicht gezeigt) hat nur einen sehr geringen Einfluß auf die Druck- und Geschwindigkeitskurven distal zur Stenose. Bei 75% - iger Stenose fallen die Drücke distal zur Stenose stark ab, und der Dikrotismus verschwindet (siehe Frequenzspektrum).

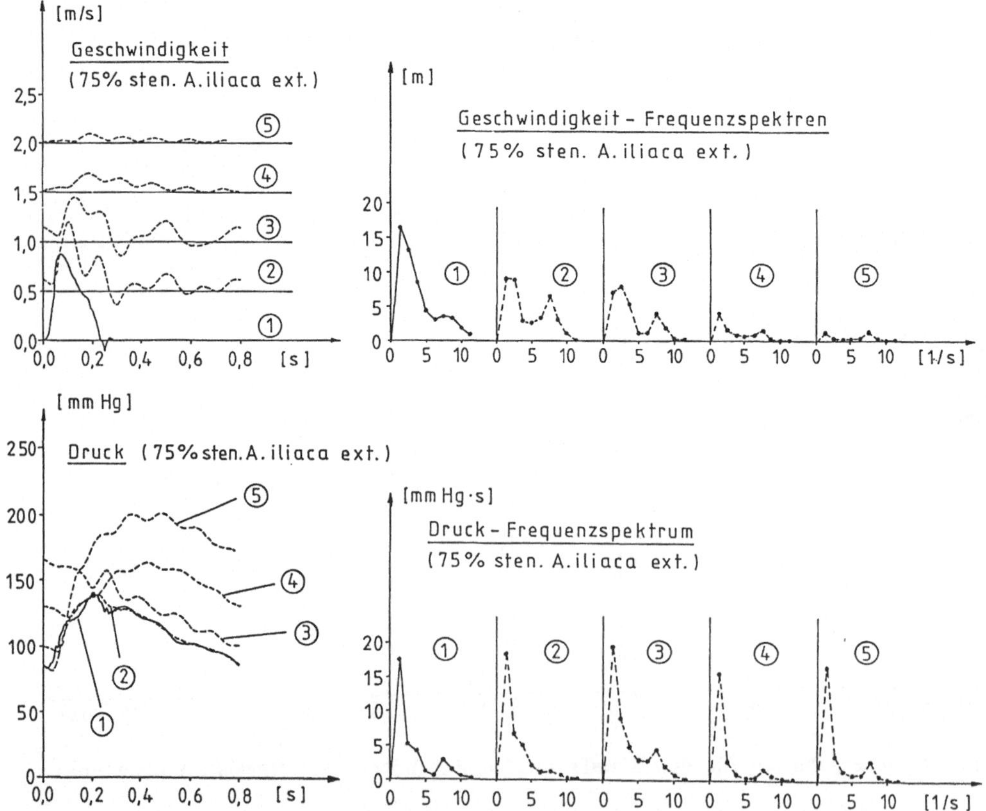

Fig.4: Rechenergebnisse für den Simulationsfall 3.3 (Stenose der A. iliaca ext.)

Diese Ergebnisse spiegeln die bekannte Tatsache wider, daß zur Diagnose von Gefäßverengungen die Form der Druckpulskurve analysiert werden muß. Der Rückfluß in der Femoralarterie verschwindet bekannterweise zur Gänze hinter einer starken Stenose. Dieses Ergebnis liefert auch die Simulation.

3.4 Herzinsuffizienz

In Fig. 5 wird eine Geschwindigkeitskurve an der Valva aortae mit starkem Rückflußanteil ins Herz (Klappenstenose) angenommen. Da der positive Anteil um denselben Betrag erhöht ist, bewirken die überhöhten Geschwindigkeitskurven wesentlich höhere Drücke im gesamten Netz. Es kommt zur bekannten Hypertonie bei Herzklappenfehlern. Peripher sind die Drücke jetzt ca. doppelt so hoch wie im Standardfall.

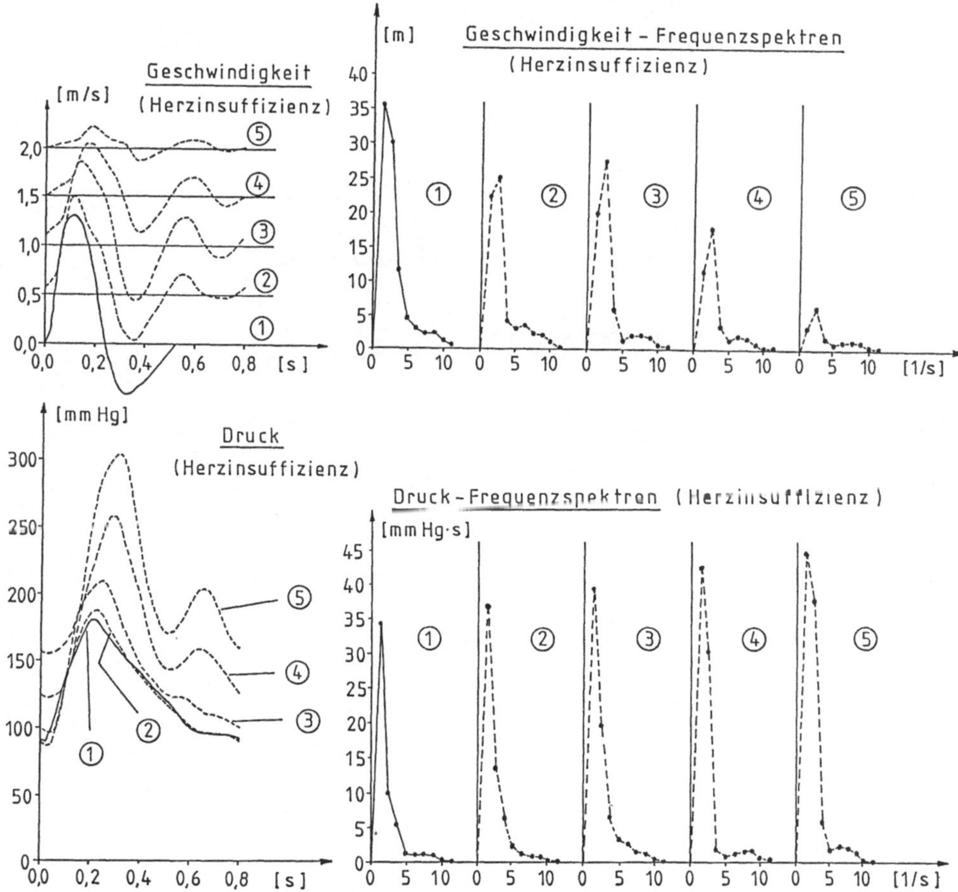

Fig.5: Rechenergebnisse für den Simulationsfall 3.4 (Herzinsuffizienz)

Literatur

/1/ Suda, M.: Die dynamische Simulation von Druckschwankungen in komplexen hydraulischen Leitungsnetzen Informatik-Fachberichte 150, S. 422-9, 4. Symposium Simulationstechnik, Zürich 1987.

/2/ Latham, R.D. et al.: Regional wave travel and reflections along the human aorta: a study with six simultaneous micromanometric pressures Circulation 72, No. 6, 1257-69, 1985.

/3/ Weterer, E.,Th. Kenner: Grundlagen der Dynamik des Arterienpulses Springer, Berlin 1968.

Lehrsysteme
Lernverhalten

PRIMUS - ein computerunterstütztes Ausbildungssystem unter Einbeziehung eines Simulationsmodells

Dipl.-Ing. Edwin Ertel

CAE Electronics GmbH
Steinfurt 11
5190 Stolberg/Rhld.

1. Einleitung

Lebenslanges Lernen, Fort- und Weiterbildung sind zu Notwendigkeiten des modernen Lebens in einer Industriegesellschaft geworden. Dies zwingt alle Bereiche dieser Gesellschaft zur Rationalisierung und Optimierung der Aus- und Weiterbildung. Dafür bieten die neuen elektronischen Medien eine ideale Voraussetzung.

Computerunterstützte Ausbildung ist seit Jahren ein Begriff, mit dem unter konsequenter Ausnutzung heute zur Verfügung stehender moderner Technologien Lernziele effizient erreicht werden sollen.

CAE Electronics GmbH beschäftigt sich seit nunmehr über 25 Jahren mit der Konzeption, Definition und Entwicklung von Ausbildungsgeräten unterschiedlicher Auslegung. Dabei steht die Entwicklung von Ausbildungssystemen aus dem Bereich Flugsimulation im Vordergrund. Ebenso werden aber auch für andere komplexe Systeme, wie Kernkraftwerke, Simulatoren für die Aus- und Weiterbildung von Bedienpersonal entwickelt.

Allen Simulatoren ist eines gemeinsam: In einem steuernden Rechnerkomplex befindet sich ein Simulationsmodell, das ein Abbild der physikalischen Prozesse darstellt. Die Kommunikation mit der Außenwelt geschieht über eine Datenbasis, in der alle prozeßrelevanten Größen gespeichert sind und in sehr kurzen Iterationsintervallen (30-50ms) prozeßrelevant neu berechnet werden.

Das Vorhandensein dieser Datenbasis gab Anlaß über ein Ausbildungssystem nachzudenken, welches in der Lage ist, unter Ausnutzung dieser Daten interne, für den Benutzer normalerweise unsichtbare Abläufe, mit Hilfe grafischer Darstellung sichtbar zu machen. Bei einem Flugsimulator zum Beispiel werden die Piloten oder das Bodenpersonal normalerweise die Abläufe in einem Kraftstoffsystem nur anhand einiger Anzeigeelemente kontrollieren bzw. studieren können. Bei einer Darstellung des Systems auf einem Grafikbildschirm ist es möglich, alle Aktionen des Bedienpersonals und alle Reaktionen des Systems darauf sichtbar zu machen. Durch das mitlaufende Simulationsmodell ist es somit möglich Fehlbedienungen systemweit in ihrer Auswirkung zu zeigen und damit das Systemverständnis zu schulen und zu erweitern.

Für die simulatorunabhängige Ausbildung lag es nahe, ein System zu konzipieren, welches Simulationsmodell, Datenbasis, Lektion und Autorensystem in einem Rechner vereint. Dieses führte zu der Entwicklung von PRIMUS (Process Regulated Interactive Managed User Simulation).

2. Konzept

Aufgrund der langjährigen Simulations- und Ausbildungserfahrung wurde ein Anforderungskatalog an ein modernes computerunterstütztes Ausbildungssystem erstellt. Folgende Komponenten sind dabei entscheidend:

1.   Autorensystem
2.   Simulationsmodell
3.   Studentensystem
4.   Verwaltungssystem

2.3 Autorensystem

Wesentlicher Bestandteil von PRIMUS ist ein zeitgemäßes Autorensystem. Damit soll der Autor die Möglichkeit haben, seinen methodisch-didaktisch aufbereiteten Lernstoff auf ein Ausbildungssystem zu transferieren, d.h. Text, Grafik und Testsequenzen zu erstellen und zu einer ablauffähigen Lektion zusammenzubinden. Als Voraussetzung für einen effektiven Einsatz rechnergestützter Lektionen wurde davon ausgegangen, daß die Lernprogramme von EDV-Laien erstellt und jederzeit leicht überarbeitet werden können. Dies alles soll aber ohne Kenntnis und Anwendung einer Programmier- oder Autorensprache erfolgen. Deswegen wurde das Autorensystem von PRIMUS interaktiv und editorgestützt ausgelegt.

Interaktiv, um dem Benutzer die Erstellung der Lernprogramme ohne Programmierkenntnisse direkt am Bildschirm unter Benutzung zeitgemäßer Eingabegeräte wie Maus, Touchscreen oder Tablett, zu ermöglichen.

Editorgestützt, um dem Autor durch eine Gruppe von 8 bildschirmorientierten, menügeführten Editoren leistungsfähige Werkzeuge an die Hand zu geben, um Unterrichtseinheiten schnell, bequem und übersichtlich zu erstellen. Dafür sind keine Programmierkenntnisse nötig. Eine einheitliche Benutzeroberfläche bezüglich Lage der Pulldown-Menüs und Untermenüs sowie Angabe des jeweils gewählten Editors, des zu bearbeitenden oder zu erstellenden Lektionsnamens, der Mitteilungsfelder u.a. sind ebenso berücksichtigt.

2.3.1 Layout-Editor

Text- und Grafikinformationen sollen einzeln oder zusammen auf einer Bildschirmseite dargestellt werden. Um Text und Grafik getrennt erstellen und bearbeiten zu können, werden diesen einzelne Fenster zugeordnet. Der Layout-Editor ermöglicht das Erstellen dieser Fenster interaktiv am Bildschirm. Änderungen in Größe und Position sowie das Anzeigen aller erstellter Fenster sind möglich. Die endgültig festgelegte Fensterkombination wird abgespeichert und der zu erstellenden Lektion zugewiesen.

2.3.2 Text-Editor

Der Text-Editor erlaubt die Erstellung der für die Lektion benötigten Textseiten. Dabei wird auf die im Layout-Editor definierten Fenster zurückgegriffen. Die Texte sollen dem Auszubildenden/Lernenden theoretisches Grundwissen und Erklärungen innerhalb einer Lektion vermitteln. Wesentliche Elemente aus bekannten Textverarbeitungsprogrammen wurden übernommen. Hierbei wurde wieder auf bedienerfreundliche Realisation Rücksicht genommen. Menügeführt können z.B. Zeichengröße, Zeichenfarbe, Markierungen, Positionierungen und Änderungen durchgeführt werden.

2.3.3 Grafik-Editor

Wesentlicher Bestandteil von PRIMUS ist der Grafik-Editor. Mit ihm können die benötigten Grafikseiten erstellt und geändert werden. Neben den Grundzeichenfunktionen wie Punkt, Linie, Polylinie, Polygon, Kreisbogen, Rechteck, Kreis und Sektor sind spezielle Zeichenfunktionen für Linearskala und Kreisskala implementiert. Mit Hilfe der beiden letztgenannten Funktionen lassen sich auf einfache und schnelle Art Zeigerinstrumente generieren wie sie zum Beispiel im Bereich der Flugsimulation häufig gebraucht werden. Anwahl von Farben und Schraffuren sind ebenfalls per Menu an- und auswählbar. Erstellte Symbole lassen sich zu Objekten zusammenbinden und für weitere Verwendung in einer Bibliothek ablegen. Dienstfunktionen wie z.B. das Einblenden eines Hilfsgitters oder die Anwahl einer Orthogonalfunktion sind ebenfalls integriert. Da dynamische Vorgänge in der Grafik dargestellt werden sollen, ist eine Dynamikfunktion anwählbar. Bei dieser Funktion können sich verändernden Bildinhalten, wie z.B. Schalter, Skalenzeigern, Ventilsstellungen, Anzeigeleuchten, Namen zugeordnet werden. Die Werte dieser Namen werden in der ablauffähigen Lektion von dem Simulationsmodell berechnet und die dynamischen Elemente erscheinen in der entsprechenden Darstellung. Dynamische Eingabegrößen am Bildschirm können durch Zuordnung von berührungsempfindlichen Feldern gekennzeichnet werden. Der Untermenüpunkt Touch erlaubt das Erstellen dieser Touchfelder sowie das Verändern in Lage und Größe. Durch diese Touchfelder ist es möglich ein realitätsnahes Training von Bedienschritten zu erzielen, denn an Originalgeräten sind in den meisten Fällen weder Tastatur noch Maus vorhanden.

2.3.4 Referenz-Editor

Dynamikelemente wie sie mit Hilfe des Grafik-Editors benutzt werden, sollen lektionsspezifische aussagekräftige Bezeichnungen erhalten. Da jedoch im Simulationsmodell aufgrund der gewählten Programmiersprache Restriktionen in Bezug auf Namenslänge und/oder Buchstaben-Ziffernkombinationen bestehen, erlaubt der Referenz-Editor eine Querverweisliste für die lektionsspezifischen Namen und der im Simulationsmodell verwendeten Bezeichnungen zu erstellen und zu bearbeiten.

2.3.5 Initialisierungs-Editor

Bei der grafischen Darstellung von Systemabläufen ist es notwendig einen vordefinierten Zustand anzuzeigen, auf dem aufbauend das Training einsetzen kann. Der Initialisierungs-Editor ermöglicht es, den im Referenz-Editor vereinbarten Bezeichnungen Werte zu geben. Diese werden ebenfalls vom Simulationsmodell übernommen und bringen die Lektionsdarstellung in den gewünschten Anfangszustand. Such- und Änderungsfunktionen gestatten es sehr schnell neue Anfangszustände für andere Aufgabenstellungen einzugeben.

2.3.6 Verfahrens-Editor

Im Laufe einer Ausbildung kann es notwendig sein, nach dem erlernten theoretischen Wissen Bedienungen von komplexen Anlagen zu erlernen und/oder zu trainieren. Mit Hilfe des Verfahrens-Editors ist es nun möglich, zuvor erstellte Grafiken zu einem 3-Phasen Trainingsprogramm zusammenzustellen.

Demonstration
PRIMUS stellt den erforderlichen Ablauf in allen Einzelheiten mit ergänzenden Erläuterungen dar. Eine Interaktion zwischen PRIMUS und dem Lernenden ist nicht vorgesehen.

Instruktion
PRIMUS weist den Lernenden auf die einzelnen Ablaufschritte hin und fordert zur Eingabe auf. Die Eingabe wird ausgewertet und im Fehlerfalle werden weitergehende Hinweise gegeben.

Überprüfung
PRIMUS weist den Lernenden an, das vorher erklärte und geübte System selbständig zu bedienen. Weitere Unterstützung ist nicht vorgesehen. PRIMUS überwacht und registriert alle Aktionen bezüglich Reihenfolge der Bedienung und Einhaltung von Zeitabhängigkeiten.

2.3.7 Quiz-Editor

Das Erreichen der Lernziele muß überprüfbar sein. Dafür ist in der ablauffähigen Lektion ein Quiz vorgesehen. Innerhalb des Autorensystems werden die im Quiz gestellten Fragen mit Hilfe des Quiz-Editors erstellt. Wiederum interaktiv menügeführt können Fragestellungen und Antwortkombinationen für "multiple choice test" eingegeben und verknüpft werden. Wie bei den vorangegangenen Editoren ermöglichen auch hier verschiedene Funktionen ein einfaches Ändern.

2.3.8 Lektions-Editor

Nachdem die einzelnen Lernelemente mit den o.a. Editoren erzeugt worden sind, müssen sie zu einer geschlossenen Lektionseinheit zusammengeführt und das im nächsten Punkt beschriebene Simulationsmodell eingebunden werden. Der Lektions-Editor gestattet die Anzeige aller zur Verfügung stehenden erzeugten Lektionselemente. Daraus läßt sich der gewünschte Lektionsablauf zusammenstellen und Angaben über Verzweigungen eingeben.

2.4 Simulationsmodell

Die Einbindung eines Simulationsmodells erscheint notwendig, weil erst dadurch eine system-umfassende Ausbildung gewährleistet werden kann. Es wird dabei nicht durch einen vorpro-grammierten Entscheidungsbaum geführt, sondern durch die Abbildung des Prozesses in ein Si-mulationsmodell ist es möglich, Eingaben des Lernenden physikalisch richtig auszuwerten und die Reaktionen auf dem Bildschirm anzuzeigen. Fehlerhafte Eingaben werden nicht durch vor-programmierte Entscheidungen in eine Fehlermeldung umgeleitet, sondern die Auswirkungen auf das gesamte System werden gezeigt.

2.5 Verwaltungssystem

Dieses Modul innerhalb von PRIMUS ist für Administrationsaufgaben vorgesehen. Mit ihm kann die Benutzerverwaltung bezüglich Zugriffs-und Benutzungsrechten sowie Systempflege und Ko-pieren von ablauffähigen Lektionen für das Studentensystem gemacht werden. Eine Auswertung der Studentenleistungen ist ebenfalls möglich.

2.6 Studentensystem

Das Studentensystem wird für die Abarbeitung fertiger Ausbildungssequenzen benutzt. Menüge-führt kann die gewünschte Lektion gewählt werden. Schon benutzte Lektionen können an der Stelle fortgesetzt werden, wo sie bei der vorhergehenden Bearbeitung beendet wurden.

3. Hardware

Bei der Auslegung des Systems PRIMUS wurde darauf Wert gelegt, eine moderne Hardware, die leistungsfähig aber auch preiswert ist, zu verwenden. Durch die starke Verbreitung der PC's in allen ausbildungsrelevanten Bereichen wurde eine dementsprechende Lösung angestrebt. Auf-grund der geforderten hohen Grafikqualität wurde eine farbige Auflösung des Bildschirms von 1280 x 1024 Pixeln gewählt. Die Entwicklung einer intelligenten Grafikschnittstelle innerhalb von PRIMUS gestattet die Anpassung an Grafikkarten mit anderer Auflösung und unterschiedlicher lokaler Intelligenz. Daraus ergibt sich folgende Hardwareausstattung für die Autorenstation:

- IBM AT oder kompatibler PC
- 2 MB Hauptspeicher
- 40 MB Festplatte
- Farbmonitor mit einer Auflösung von 1280 x 1024 Bildpunkten in Verbindung mit einer entsprechenden Grafikkarte
- Tastatur
- Maus

Optional können ein Touchscreen und für die Verwendung des Ausbildungssystems im Frontal-unterricht ein Video-Projektor ("Beamer") angeschlossen werden.

4. Software

Das Simulationsmodell muß in vorgegebenen festen Iterationsraten laufen und Daten mit dem Ausbildungssystem austauschen. Zur Realisierung ist ein Multitasking-Betriebssystem notwendig. Des weiteren erfordern einzelne Editoren einen Speicherplatz, der den von dem verbreiteten MS-DOS maximal verwaltbaren von 640 kB überschreitet. Diese beiden Punkte gaben die Veranlassung als Betriebssystem für PRIMUS das "Multiuser und Multitasking" Betriebssystem XENIX (Trademark of The Santa Cruz Operation,Inc.) System V zu wählen. Während für die Benutzung des Autorensystems keinerlei Programmierkenntnisse notwendig sind, muß das Simulationsmodell in den Programmiersprachen C oder FORTRAN 77 geschrieben werden.

<u>EINFÜHRUNG IN DAS SOFTBOX-AUSBILDUNGSSYSTEM</u>

Helfried Broer
Frank Rieß

Einleitung

In den zurückliegenden Jahren hat sich die Mikroelektronik zu einem bestimmenden
Wachstumsfaktor des technisch-wissenschaftlichen Fortschritts entwickelt; hoch- und
höchstintegrierte Schaltkreise sind in nahezu alle Bereiche des täglichen Lebens
eingedrungen. Entsprechend groß ist heute die Nachfrage nach Ausbildungsmöglichkei-
ten im Bereich der neuen Technologien: Allein in der Bundesrepublik Deutschland
müßten nach vorsichtigen Schätzungen /Heinze 86/ jährlich Millionen mit dem
Einmaleins der Informatik vertraut gemacht werden.

Um eine solche "Massenausbildungsaufgabe" erfolgreich bewältigen zu können, müssen
die alten Ausbildungsmethoden und -konzepte modifiziert und neue Methoden und Wege
ausgearbeitet werden. Dies ist das zentrale Anliegen des in gleichen Teilen vom Bund
und vom Land Niedersachsen getragenen Modellversuchs "Entwicklung von Technologien
für das Informatikstudium", der seit dem 1. April 1986 am Institut für Theoretische
Informatik der Technischen Universität Braunschweig durchgeführt wird.

In diesem Modellversuch geht es primär um die Entwicklung eines technologisierten
Studiengangs für das Fach Informatik. Der Versuch hat dabei zwei Hauptstoß-
richtungen: Erstens soll ein ausbildungstechnologisch auf dem "learning-by-doing"-
Prinzip basierender Einstieg in die Informatik erarbeitet werden. Zweitens sollen
durch den technologisierten Ablauf des Erwerbs von Informatik-Grundfähigkeiten und -
kenntnissen die Schwierigkeiten überwunden werden, die sich insbesondere für die
Nebenfach-Ausbildung ergeben: Die Studenten der verschiedenen Fachbereiche sind
sowohl bezüglich ihrer Stundenpläne als auch bezüglich ihrer Vorkenntnisse ganz
unterschiedlich zu behandeln. Durch ein individuell bestimmtes Studium kann auf eine
Synchronisation verzichtet werden, ohne daß dadurch auch inhaltliche Abstriche in
Kauf genommen werden müssen.

In diesem Beitrag soll an Hand des SOFTBOX-Ausbildungssystems exemplarisch gezeigt
werden, auf welche Weise der Ausbildungsbetrieb durch eine Intensivierung der
aktiven Tätigkeiten der Auszubildenden (Lernenden) unter Verwendung von simulierten
Lernwelten technologisiert werden kann. Der Beitrag ist wie folgt strukturiert:

In dem nächsten Kapitel wird zunächst das LOGIBOX-Ausbildungssystem vorgestellt, das im Rahmen zahlreicher studentischer Arbeiten /Emde 87, Godau 87, Hillebrand 87, Schirmer 87, Ude 87/ entstanden ist. Danach steht das SOFTBOX-Ausbildungssystem (das simulierte LOGIBOX-System, das ebenfalls im Rahmen mehrerer studentischer Arbeiten /Krischler 88, Rieß 88, Schröter 88, Waßmann 87/ entwickelt wurde) im Mittelpunkt des Interesses. Eine kurze Zusammenfassung schließt das Papier ab.

Das LOGIBOX-Ausbildungssystem

Von jeher kommt den Lehr-, Experimentier- und Modellbaukästen bei der Veranschaulichung der Funktionsweise technischer Systeme eine wichtige Rolle zu. Auch im Bereich der Digitalelektronik bzw. der Mikrorechnertechnik sind zahlreiche Systeme von verschiedenen Herstellern erhältlich und an Schulen, (Fach-) Hochschulen sowie zu Zwecken der innerbetrieblichen Aus- und Weiterbildung im Einsatz. Analysiert man diese Systeme, so fällt auf, daß die digitallogische Realisierung eines Rechners nicht behandelt wird. Mit dem LOGIBOX-Ausbildungssystem wird diese Lücke geschlossen. Die wichtigsten Merkmale des LOGIBOX-Systems sind:

1. Alle elektronischen Bestandteile des Experimentiersystems sind in kleinen handgroßen **Boxen** untergebracht. Die Boxen entsprechen in etwa den Funktionseinheiten, die häufig in Blockschaltbildern verwendet werden. Dadurch läßt sich die logische Struktur einer Schaltung besonders einfach in eine konkrete Versuchsanordnung umsetzen.

2. Für das Arbeiten mit dem LOGIBOX-System sind keine elektrotechnischen Vorkenntnisse erforderlich. Obwohl es sich um ein hardwarenahes Ausbildungssystem handelt, steht allein die **logische** Struktur der Versuchsaufbauten im Vordergrund. Alle Boxen sind so ausgeführt, daß sie ohne Berücksichtigung elektrotechnischer Gegebenheiten nach rein logischen Gesichtspunkten miteinander verbunden werden können. Selbst fehlerhafte Schaltungen hinterlassen keine irreversiblen Veränderungen an den Boxen.

3. Um auch komplexe Versuchsaufbauten übersichtlich realisieren zu können, wurden vor allem zwei Maßnahmen ergriffen:

   a) Bei allen Boxen wurde einheitlich eine parallele Verarbeitung von 8 bit vorgesehen. Die Verbindung dieser Datenanschlüsse erfolgt über 10polige Flachbandkabel. Dies reduziert die Zahl der Verbindungen zwischen den Boxen erheblich.

   b) Beim Entwurf der Boxen wurde auf das Entstehen eines hierarchisch strukturierten Boxensystems Wert gelegt: Im LOGIBOX-Ausbildungssystem ist der Austausch

515

von kompletten Schaltungen durch Boxen, die die vollständige Schaltung
beinhalten, vorgesehen. Auf diese Weise kann der räumliche Umfang der
Versuchsaufbauten etwa konstant bleiben, obwohl die Komplexität der Schaltungen - gemessen an den erforderlichen Elementarschaltungen - im Laufe der Zeit
fast beliebig erhöht werden kann.

4. Ein weiteres charakteristisches Merkmal des LOGIBOX-Systems ist das durchgehende
Buskonzept. Mit Hilfe dieses Konzeptes wird insbesondere die Nachbildung bus-
orientierter Rechnerstrukturen unterstützt.

Mit Hilfe des LOGIBOX-Ausbildungssystems können sich die Studenten selbständig durch
eine Folge von aufeinander aufbauenden Experimenten mit der Hardware eines Rechners
vertraut machen. Geleitet werden sie dabei durch einen Kurstext, der die notwendigen
Informationen enthält. Eine intensive Betreuung der einzeln oder in kleinen Gruppen
arbeitenden Studenten ist nicht erforderlich.

Erste Erfahrungen beim Einsatz des LOGIBOX-Systems haben gezeigt, daß sich der
baukastenartige Charakter und die problemlose Kombinierbarkeit der Boxen äußerst
vorteilhaft auf die Motivation und die Kreativität der Lernenden auswirkt. So wurden
z.B. die in den schriftlichen Unterlagen angegebenen Experimente häufig abgewandelt
und durch eigene Versuche ergänzt. Daneben gab es auch zahlreiche alternative
Lösungsvorschläge für die in dem Kurstext enthaltenen Aufgaben.

Als ein (technologischer) Nachteil des LOGIBOX-Systems muß die Tatsache gewertet
werden, daß bisher alle "Logi-Boxen" in Handarbeit hergestellt wurden. Denkt man
z.B. an eine Lehrveranstaltung mit einigen hundert Teilnehmern, so müssen - selbst
dann, wenn man von einer Vollzeitauslastung der Ausbildungsplätze ausgeht -
zahlreiche Ausbildungsplätze bereitgestellt werden. Dies ist im Rahmen des Modellversuchs nicht möglich. Deshalb wurde das im folgenden beschriebene SOFTBOX-System
entwickelt.

Das SOFTBOX-Ausbildungssystem

Das SOFTBOX-Ausbildungssystem ist unmittelbar mit dem LOGIBOX-Ausbildungssystem
vergleichbar. In dem SOFTBOX-System werden allerdings keine "echten" Hardwarebau-
steine an einem realen Steckbrett, sondern im Rechner simulierte Bausteine an einem
Grafikbildschirm verwendet. Grundlage des SOFTBOX-Systems sind zur Zeit zwei über
eine serielle Leitung miteinander verbundene Rechner: Auf dem einen Rechner wird die
grafische Benutzeroberfläche bereitgestellt, der andere Rechner ist für die Simulation der von dem Benutzer am Grafikbildschirm aufgebauten Schaltungen zuständig.

Die Bedienung des SOFTBOX-Systems ist denkbar einfach: Mit Hilfe eines speziellen

Menüs können im Rahmen des am Bildschirm zur Verfügung stehenden Platzes beliebig viele virtuelle Boxen erzeugt und an einer beliebigen Stelle positioniert werden. Die Verbindung der virtuellen Boxen erfolgt dann mit Hilfe eines anderen Menüs. Neben diesen beiden Menüs zum Aufbauen und Modifizieren der Schaltungen gibt es ein Menü für die taktgerechte Simulation der Boxen. Schließlich steht ein Menü bereit, um eine aufgebaute Schaltung in den Hintergrundspeicher retten bzw. um eine vollständige Schaltung aus dem Massenspeicher laden zu können.

Es folgt die Kurzbeschreibung einiger "Soft-Boxen". Die erste Box, die hier vorgestellt werden soll, ist die **BUSSCHALTER**-BOX. Sie enthält 8 Schalter, die getrennt voneinander betätigt werden können. Die **BUSSCHALTER**-BOX besitzt einen Steuereingang (Output Enable oder kurz OE genannt) und einen 8 bit breiten Busausgang. Die Box erscheint auf dem Grafikbildschirm in der folgenden Form:

Die Schalter, dargestellt durch die mittleren Kästchen, können durch einfaches Anklicken mit der Maus umgeschaltet werden. Auf dem Bildschirm wird das Umschalten durch das Wechseln des angezeigten Zustandes von 0 auf 1 bzw. von 1 auf 0 dargestellt. Mit Hilfe der 8 Schalter der **BUSSCHALTER**-BOX kann ein definierter Buszustand eingestellt werden. Ist der Ausgang inaktiv (OE = 0), werden alle Leitungen auf "high" gelegt, d.h. der Bus bekommt den Wert FF_{HEX}, wenn kein anderer Treiber vorhanden ist.

Hinweis: Alle Steuer- oder Buseingänge, die nicht beschaltet sind, liegen immer auf dem "high"-Pegel !

Die zweite Box, die hier kurz vorgestellt werden soll, ist die **STEUERSCHALTER**-BOX. Sie enthält 8 einzelne Schalter und besitzt 16 Steuerleitungsausgänge.

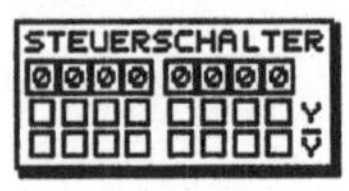

Die Bedienung der 8 Schalter erfolgt wie bei der BUS-SCHALTER-BOX. Allerdings wird der Zustand der Schalter hier nicht auf die Busleitungen ausgegeben, sondern jeweils invertiert und nicht invertiert an zwei getrennten Steuerleitungsbuchsen bereitgestellt. Mit Hilfe der **STEUERSCHALTER**-BOX können Steuereingänge anderer Boxen manuell angesteuert werden.

Die dritte Box, die hier vorgestellt werden soll, ist die DISPLAY-Box. Sie enthält eine acht-elementige LED-Kette sowie zwei Sieben-Segment-Anzeigeeinheiten und verfügt über einen Buseingang.

Mit Hilfe der **DISPLAY-BOX** kann der Buszustand gleichzeitig hexadezimal und dual angezeigt werden.

Die vierte und (aus Platzgründen) letzte Box, die hier kurz vorgestellt werden soll, ist die **REGISTER/ZÄHLER**-BOX. Diese Box, die ein 8 bit breites Register enthält, besitzt einen Buseingang, einen Busausgang sowie die 4 Steuerleitungseingänge OE (Output Enable), LD (Load), notCLR (not Clear) und +1 (plus Eins).

Die intern in dem Register gespeicherten Bitwerte werden an dem Busausgang zur Verfügung gestellt, wenn sich der Steuereingang OE im voreingestellten Zustand "high" befindet, d.h. wenn **OE** = 1 ist.

Die drei anderen Steuerleitungseingänge sind hierarchisch organisiert: Die höchste Priorität besitzt der notCLR-Eingang. Wenn dieser auf 0 gelegt wird, sind die anderen beiden Eingänge ohne Funktion. Liegt dieser Eingang auf 1, hat der LOAD-Eingang die nächste Priorität, das heißt, der **+1** Eingang hat keine Funktion, und erst wenn auch der **LOAD**-Eingang auf 0 liegt, wird das Eingangssignal an dem +1-Eingang abgefragt. Durch diese Prioritätssteuerung erübrigen sich in den meisten Fällen Zusatzschaltungen.

Die Entwicklung des SOFTBOX-Ausbildungssystems ist gegenwärtig noch nicht abgeschlossen. Zur Zeit existieren drei verschiedene lauffähige Versionen: In der ersten Version sind zwei Atari 1040 STF über eine serielle Leitung, in der zweiten Version über eine Transputerlinkleitung miteinander verbunden. In der dritten Version übernimmt ein Transputer die Simulation der Schaltungen, während ein Atari die grafische Benutzeroberfläche bereithält.

Zusammenfassung:

In diesem Beitrag wurden zwei hardwarenahe Ausbildungssysteme vorgestellt, das eine unmittelbar in Hardware gebaut, das andere als Graphiksystem entworfen. Mit beiden Ausbildungssystemen können sich die Lernenden selbständig durch eine Folge von aufeinander aufbauenden Experimenten mit der Hardware eines Rechners vertraut machen. Geleitet werden sie dabei durch einen Kurstext, der die notwendigen Informationen enthält. Eine intensive Betreuung der einzeln oder in kleinen Gruppen arbeitenden Lernenden ist nicht erforderlich.

Danksagung:

Danken möchten wir an dieser Stelle Prof. V. S. Cherniavsky, Prof. Dr. E. Paulus, Prof. Dr. R. Vollmar, U. Hafermann, G. Pogrzeba, U. Schwarz, P. Tillert, D. Emde, S. Hillebrand und den zahlreichen Studenten, die sich und ihre Arbeit bei der Entwicklung der Lern- und Spielwelten eingebracht haben.

Literaturverzeichnis:

/Broer et. al 88/   Helfried Broer, Dirk Emde
     TransputerBox: Eine Lern- und Spielwelt
     Beitrag zur Doit-Tagung in Norden/Emden am 28. - 29. 4. 1988

/Emde 87/   Dirk Emde
     Die Hardwarestruktur eines von-Neumannschen Rechners: Entwicklung,
     Aufbau und Beschreibung entsprechender Hardwareexperimente
     Studienarbeit, April 1987
     Institut für Nachrichtentechnik

/Godau 87/   Dietrich Godau
     Entwicklung, Aufbau und Beschreibung eines Druckertreibers und Spoolers
     Entwurfsarbeit, April 1987
     Institut für Nachrichtentechnik

/Heinze 86/   C.D. Heinze
     Gegenwart und Zukunft "Automatisierten" Lernens
     in: Medien und Technik Schriftenreihe Ingenieurpädagogik
     Band 22, Seiten 146 - 152, Leuchtturm Verlag 1986

/Hillebrand 87/   Stephani Hillebrand
     Die Hardwarestruktur eines Mikroprogrammsteuerwerks: Entwicklung, Aufbau und
     Beschreibung entsprechender Hardwareexperimente
     Studienarbeit, April 1987
     Institut für Theoretische Informatik

/Krischker 88/   Erhard Krischker
     Implementierung eines Schaltungssimulators für das SOFTBOX-Ausbildungssystem
     Doppelstudienarbeit, 1988 (siehe /Schröter 88/)
     Institut für Nachrichtentechnik

/Rieß 88/   Frank Rieß
     Implementierung einer graphischen Benutzeroberfläche für
     das SOFTBOX-Ausbildungssystem
     Diplomarbeit 1988
     Institut für Theoretische Informatik

/Schirmer 87/   Frank Schirmer
     Entwicklung, Aufbau und Beschreibung eines assoziativen Speichers
     Studienarbeit, 1987
     Institut für Theoretische Informatik

/Schröter 88/   Hans Schröter
     Implementierung eines Schaltungssimulators für das SOFTBOX-Ausbildungssystem
     Doppelstudienarbeit, 1988 (siehe /Krischker 88/)
     Institut für Nachrichtentechnik

/Ude 87/   Reinhart Ude
     Entwicklung, Aufbau und Beschreibung eines strukturarmen Rechners
     Studienarbeit, Juni 1987
     Institut für Theoretische Informatik

/Waßmann 87/   Peter Waßmann
     Aufbau eines Schaltungssimulators für das SOFTBOX-Ausbildungssystem
     Studienarbeit, 1987
     Institut für Theoretische Informatik

SAMURAI - EIN PC-LEHRPROGRAMM FÜR DIGITALE SIMULATION

Reinhold Meisinger, Jürgen Fröschl
Fachbereich Maschinenbau
Georg-Simon-Ohm-Fachhochschule Nürnberg
Keßlerplatz 12, 8500 Nürnberg 21

SAMURAI ist ein allgemeines Simulationsprogramm für lineare Systeme die
im Zustandsraum dargestellt sind. Es ermöglicht die Simulation von passiven und aktiven Systemen, wobei die aktiven Systeme sowohl mit analogen , als auch mit digitalen Reglern ausgestattet sein können. Weiterhin ist bei digitalen Reglern eine Berücksichtigung der Rechnertotzeit
möglich. Eine Einbeziehung der Reglerdynamik und zeitabhängigen Störungen ist möglich durch Erweiterung der Zustandsgleichungen. Eingegeben
werden die numerischen Matrizenkoeffizienten entweder interaktiv oder
aus Finite-Element (FEM)- und Mehrkörpersystem (MKS)-Programmen. Die Berechnung kann mit unterschiedlichen Differentialgleichungslösungsverfah-
ren durchgeführt werden. Die Ausgabe erfolgt wahlweise in numerischer
oder graphischer Form auf dem Bildschirm, Drucker oder dem Plotter.

1. EINFÜHRUNG

Das PC-Lehrprogramm ist so konzipiert, daß es zur dynamischen Simulation

linearer Systeme in folgenden Vorlesungen eigesetzt werden kann, die der

Erstauthor im Fachbereich Maschinenbau an der Georg-Simon-Ohm-Fachhoch-

schule Nürnberg hält:

- Finite-Element-Methode in Statik und Dynamik (FEM)
  Simulation von Strukturschwingungen,

- Maschinendynamik
  Simulation von Mehrkörpersystemen,

- Regelungstechnisches Praktikum
  Simulation von analog und digital geregelten Systemen,

- Fahrzeugsimulation
  Simulation der Fahrdynamik von Land- und Schienenfahrzeugen.

Das Programmsystem SAMURAI (Interaktive Regelkreis - Untersuchung mit in

Matrizen aufgebautem Simulator, Leserichtung rückwärts) hat infolge sei-

nes einfachen Aufbaus gegenüber kommerziellen Simulationsprogrammen den

entscheidenden Vorteil, daß die Einweisung der Studenten in sehr kurzer

Zeit möglich ist, vgl. FRÖSCHL /1/. Parallel stehen noch Programme zur

Modalanalyse (Eigenwerte, Eigenformen) und Frequenzbereichssimulation

(Frequenzgänge) sowie ein Analogrechner zur Verfügung. Die automatische

Generierung der Differentialgleichungen von dynamischen Systemen kann

mit MKS- und FEM-Programmen durchgeführt werden, vgl. MEISINGER /2/, so

daß ein Datentransfer zu SAMURAI vorgesehen wurde.

Die bei der Entwicklung des Programmsystems im Rahmen einer Diplomar-

beit gestellten Anforderungen können demnach wie folgt zusammengefaßt

werden, vgl. Bild 1:

- einfache Einweisung und schnelle Bedienung, d.h. kein Überstzen
  und Binden,
- Kopplung mit MKS- und FEM-Programmen,
- Simulation aktiver und passiver Systeme,
- Programmerstellung im Rahmen einer Diplomarbeit,
- offenes System, d.h. jederzeit modifizierbar.

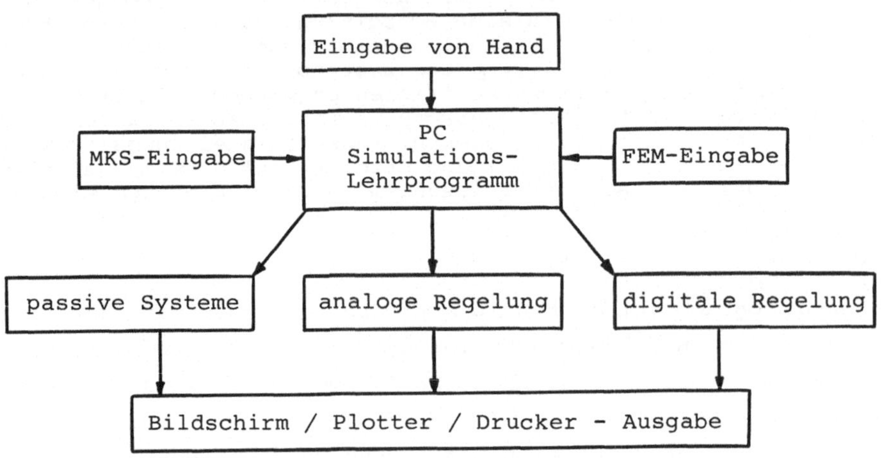

Bild 1: Anforderungen an das PC-Lehrprogramm

2. PROGRAMMAUFBAU

Mit dem Programm können alle linearen Systeme simuliert werden, die durch
die Zustands- und Meßgleichungen

$$\left.\begin{array}{l} x = A\,x + D\,u + B\,b \\ y = C\,x + S\,b \end{array}\right\} \tag{1}$$

beschrieben werden, wobei x der Zustandsvektor, u der Eingangsvektor, b
der Störvektor, y der Meßvektor, A die Systemmatrix, D die Eingangsma-
trix, C die Meßmatrix und B, S die Störmatrizen sind.
Das Regelgesetz lautet für analoge Regelung

$$u = - \overset{*}{K}\,y\,, \tag{2}$$

für digitale Regelung ohne Totzeitkompensation

$$u_{k/k} = - K\,y_k\,, \tag{3}$$

und für digitale Regelung mit Totzeitkompensation, vgl. MEISINGER /3/,

$$u_{k/k-1} = - K^*\,y_{k-1} - L^*\,u_{k-1/k-2}\,, \tag{4}$$

wobei K, K* und L* die zugehörigen Regleraufschaltmatrizen sind.
Die Modellierung von Zustandsbeobachtern, I-, D-Reglern und die Modellierung von zeitvariablen Störungen ist durch Erweiterung der Gleichungen

möglich. Das Programmsystem gliedert sich in folgende Unterprogramme:

- Eingabeteil INSA,

- Berechnungsteil COMPSA,

- Ausgabeteil OUTSA.

Im Eingabeteil können mit Hilfe eines Menüs, vgl. Bild 2, sämtliche Matrizen angewählt, eingegeben und korrigiert werden.

```
┌─────────────────────────────────────────────────────┐
│                 MATRIZENAUSWAHLMENUE                  │
├─────────────────────────────────────────────────────┤
│   > 1: A-Systemmatrix                                 │
│     2: B-Störmatrix                                   │
│     3: D-Eingangsmatrix                               │
│     4: C-Ausgangsmatrix                               │
│     5: S-Beobachtungsstörmatrix                       │
│     6: K-Regleraufschaltmatrix                        │
│     7: L-Korrekturmatrix                              │
├─────────────────────────────────────────────────────┤
│     8: x-Zustandsvektor (Anfangswerte)                │
│     9: b-Störvektor                                   │
│        <CR> ZURÜCK                                    │
└─────────────────────────────────────────────────────┘
```

WÄHLE:

```
╔═══════════════════════════════════════════╤═══════════════╗
║ BEARBEITUNG:   A-Systemmatrix             │ Seite:  1- 1  ║
╠═══════════════════════════════════════════╧═══════════════╣
║   (E)ingabe   (K)orrektur    (C)lear   <CR> Zurück        ║
╚═══════════════════════════════════════════════════════════╝
```

lfd.-Nr. Zeile I Spalte J Wert(I,J)
  1 :   1   2   1.000
  2 :   2   1   1097.

Bild 2: Menüs zur Auswahl, Eingabe und Korrektur der Matrizen

```
╔═══════════════════════════════════════════════════════════════╗
║                         AUSGABE-MENÜ                          ║
╠═══════════════════════════════════════════════════════════════╣
║ 1 :     Plotter                      oder : --> Bildschirm    ║
║ 2 : -->Neue(s) Bild(er) zeichnen     oder :   in altes Bild zeichnen ║
║ 3 : -->Ordinate ausrichten           oder :   Formatnutzende Skalier. ║
╠═══════════════════════════════════════════════════════════════╣
║ 4 :     Kurvenauswahl                                         ║
║     -->Kurve 1    x(  1)                                      ║
║        Kurve 2    x(  2)                                      ║
║        Kurve 3    x(  3)                                      ║
║        Kurve 4    y(  1)                                      ║
║        Kurve 5    y(  2)                                      ║
║     -->Kurve 6    u(  1)                                      ║
╠═══════════════════════════════════════════════════════════════╣
║ 5 :     Ergebnislisten-Ausgabe                               ║
║ 6 :     BILD ZEICHNEN                                         ║
║    <CR> ZURÜCK                                                ║
╚═══════════════════════════════════════════════════════════════╝
```

WÄHLE:

Bild 3: Menü zur Wahl der Augabeeinheit, der Skalierung und der Kurven

Im Berechnungsteil können mit Hilfe eines Menüs, vgl. Bild 4, die Zeit-
größen, das Integrationsverfahren, bis 6 zu speichernde Größen sowie die
Art der Regelung (analog oder digital) gewählt werden. Bei digitaler Regelung kann zusätzlich noch zwischen Rechnertotzeit = null und Rechnertotzeit = Abtastzeit gewählt werden.

```
┌──────────────────────────────────────────────────────────────────────┐
│              SAMURAI BERECHNUNGSTEIL        1.-ter Durchlauf            │
├──────────────────────────────────────────────────────────────────────┤
│ 1: ZEITGRÖSSEN                                                         │
│        Simulationsdauer TGES                    .40      [s]           │
│        Integrationsschrittweite dt              .1000E-02 [s]          │
│        (Anzahl der Integrationsschritte         400)                   │
├──────────────────────────────────────────────────────────────────────┤
│ 2: VERFAHREN VON:                                                      │
│            Runge-Kutta2 (Heun) Fehlerordnung h**3                      │
│        --> Runge-Kutta4 (klassisches RK-Verfahren) Fehlerord. h**4     │
│            Runge Kutta6 (Fehlberg) Fehlerordnung h**6                  │
├──────────────────────────────────────────────────────────────────────┤
│ 3: GESPEICHERTE GRÖSSEN                                                │
│              x( 1)    x( 2)    x( 3)    y( 1)    y( 2)     u( 1)        │
│                                                                        │
│ 4: REGELUNG                                                            │
│        analog                      --> digital                        │
│     Abtastzeit       .1000E-01[s]                                      │
│        Regler-Rechenzeit = O       --> Regler-Rechenzeit = Abtastzeit  │
├──────────────────────────────────────────────────────────────────────┤
│ 5: BESTÄTIGUNG UND EINTRITT IN DIE BERECHNUNG                          │
│ <CR> ZURÜCK                                                            │
└──────────────────────────────────────────────────────────────────────┘
```

WÄHLE :

Bild 4: Menü im Berechnungsteil

Im Ausgabeteil können mit Hilfe eines Menüs, vgl.Bild 3, die Ausgabeein-
heit, die Skalierungsart und bis zu 3 zu zeichnende Kurven aus den gespeicherten Größen gewählt werden. Die Skalierung erfolgt jeweils automatisch entweder formatnutzend oder mit gemeinsamen Nullpunkt für alle
Kurven.

3. SIMULATIONSBEISPIEL MAGNETSCHWEBEBAHN

Das in Bild 5 dargestellte vereinfachte Modell einer Magnetschwebebahn
auf starrer Schiene kann nach MEISINGER /4/ entsprechend Gl. (1) im Zu-

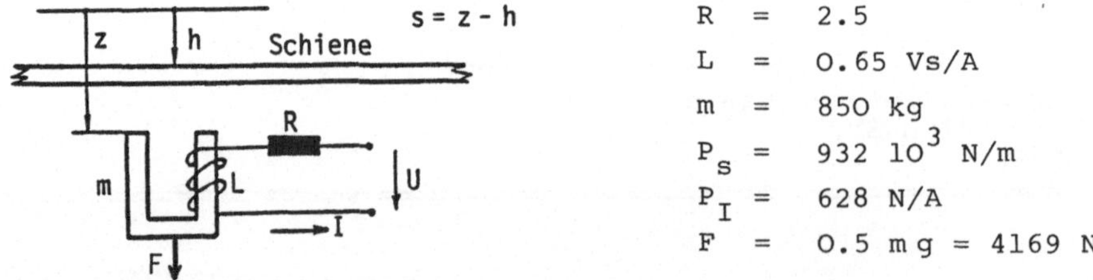

Bild 5: Vereinfachtes Modell einer Magnetschwebebahn

standsraum wie folgt dargestellt werden:

$$\begin{bmatrix} \dot{s} \\ \ddot{s} \\ \dot{I} \end{bmatrix} = \begin{bmatrix} 0 & 1 & 0 \\ P_S/m & 0 & -P_I/m \\ 0 & P_S/P_I & -R/L \end{bmatrix} \cdot \begin{bmatrix} s \\ \dot{s} \\ I \end{bmatrix} + \begin{bmatrix} 0 \\ 0 \\ 1/L \end{bmatrix} \cdot U + \begin{bmatrix} 0 \\ 1/m \\ 0 \end{bmatrix} \cdot F$$

$$\begin{bmatrix} s \\ \dot{s} \\ \ddot{s} \end{bmatrix} = \begin{bmatrix} 1 & 0 & 0 \\ 0 & 1 & 0 \\ P_S/m & 0 & -P_I/m \end{bmatrix} \cdot \begin{bmatrix} s \\ \dot{s} \\ I \end{bmatrix} + \begin{bmatrix} 0 \\ 0 \\ 1/m \end{bmatrix} \cdot F$$

$$(5)$$

Dabei sind R der ohmsche Widerstand, L die Induktivität, m die auf einen Magneten bezogene Fahrzeugmasse, P_S und P_I die Magnetkraftbeiwerte, I der Magnetstrom, s der Magnetspalt, U die Spannung und F die Störung. Die in den Regelgesetzen (2), (3) und (4) benötigten Regleraufschaltmatrizen ergeben sich nach MEISINGER /3/ zu:

analoge Regelung nach Gl.(2)	digitale Regelung nach Gl.(3)	digitale Regelung nach Gl.(4)
$K_1 = -\,0.104 \cdot 10^6$ V/m	$K_1 = -\,0.510 \cdot 10^5$ V/m	$K_1^* = -\,0.550 \cdot 10^5$ V/m
$K_2 = -\,0.538 \cdot 10^4$ Vs/m	$K_2 = -\,0.286 \cdot 10^4$ Vs/m	$K_2^* = -\,0.339 \cdot 10^4$ Vs/m
$K_3 = -\,0.296 \cdot 10^3$ Vs^2/m	$K_3 = -\,0.800 \cdot 10^2$ Vs^2/m	$K_3^* = -\,0.108 \cdot 10^3$ Vs^2/m
		$L^* = -\,1.0689$ V/V

Tabelle 1: Regleraufschaltmatrizen K, K* und L*

In Bild 6 - 8 ist jeweils der Einschwingvorgang bei einer sprungförmigen Störkraft F = 0.5 m g für analoge Regelung und digitale Regelung mit Rechnertotzeit = Abtastzeit dargestellt. Während die Regelgesetze (2) und (4) stabiles Verhalten gewährleisten, wird das System mit dem Regelgesetz (3) infolge der fehlenden Totzeitkompensation instabil. Für den Sonderfall Rechnertotzeit = null liefert natürlich auch das Regelgesetz (3) stabiles Verhalten.

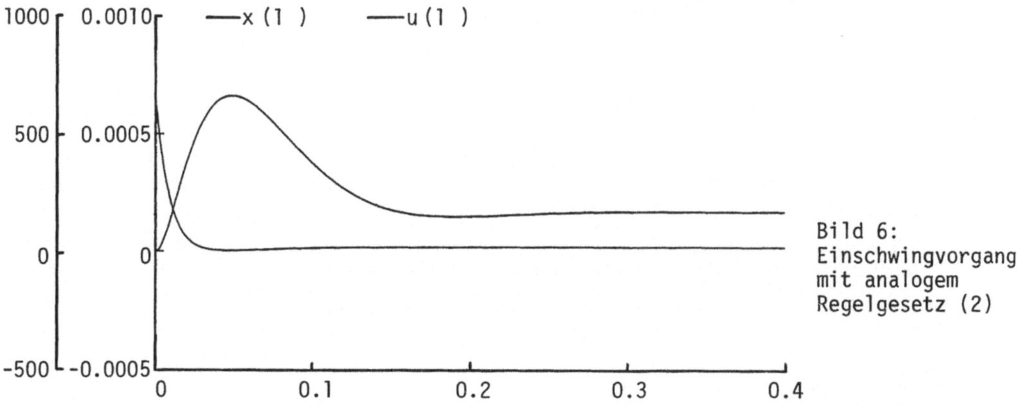

Bild 6:
Einschwingvorgang
mit analogem
Regelgesetz (2)

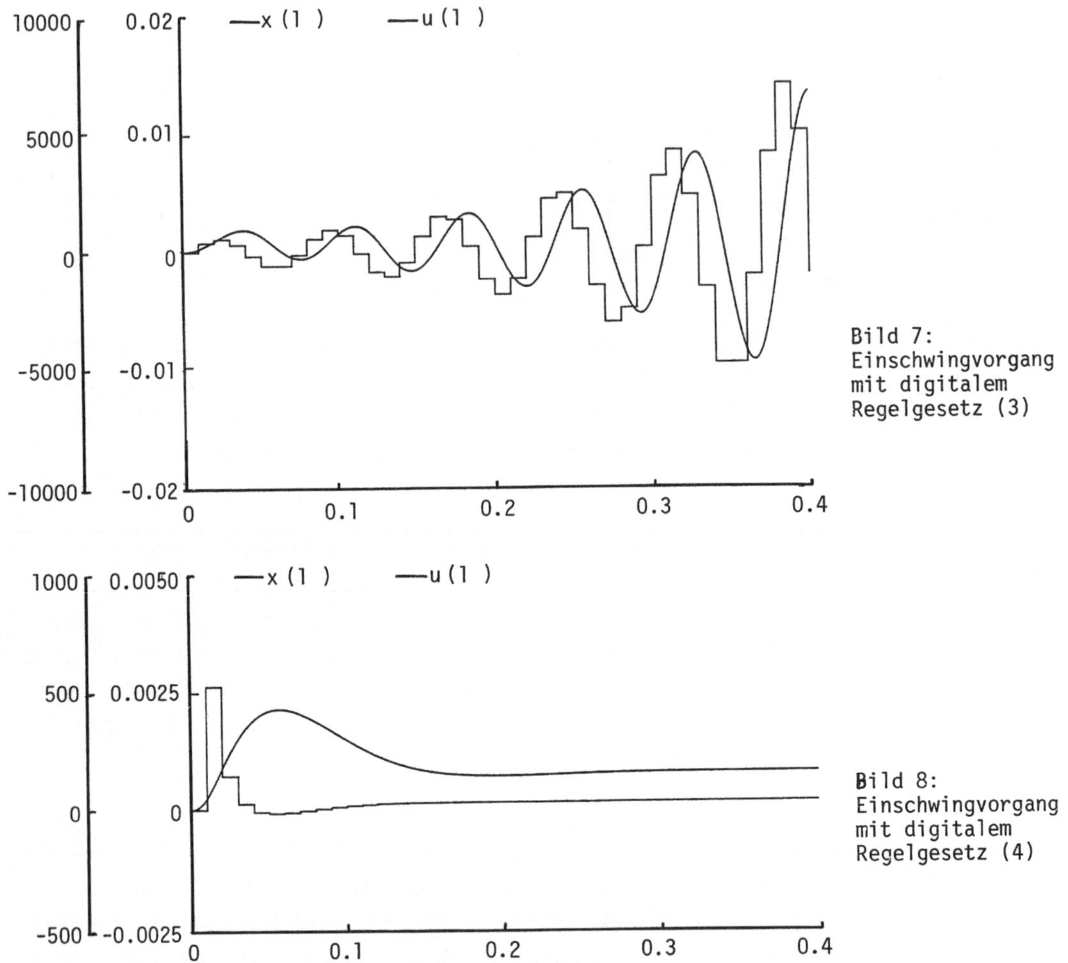

Bild 7:
Einschwingvorgang
mit digitalem
Regelgesetz (3)

Bild 8:
Einschwingvorgang
mit digitalem
Regelgesetz (4)

Die Einheiten in den Diagrammen entsprechen den verwendeten SI-Einheiten
der Eingabedaten, d.h. der Spalt s = x(1) ist in [m], die Spannung
U = u(1) ist in [V] und die Zeit t ist in [s] dargestellt.
Zur besseren Unterscheidung werden die Kurven mit den zugehörigen Ordi-
naten am Rechner in unterschiedlichen Farben ausgegeben.

Literatur

/1/ FRÖSCHL, J.: Digitale Simulation von Regelkreisen. Diplomarbeit am
    Labor für Simulationstechnik und FEM, Fachbereich M, Georg-Simon-Ohm
    Fachhochschule Nürnberg, 1988.

/2/ MEISINGER, R.: FEM - Eine neue Vorlesung im Fachbereich Maschinenbau.
    FHNachrichten 2/88, Georg-Simon-Ohm Fachhochschule Nürnberg (1988).

/3/ MEISINGER, R.: Digitale Regelung mit Kompensation der Rechnertotzeit
    ZAMM 69, Heft 4/5, (1989).

/4/ MEISINGER, R.: Digitale Regelung einer Magnetschwebebahn. Proc. of
    SEMTRAK 88, Krakow, 1988.

Messung der Problemlösefähigkeiten durch Simulationsmodelle

G. Kleine
Institut für Arbeitswissenschaft der RWTH Aachen

1. Problemlöse- und Entscheidungsverhalten

Problemlöse- und Entscheidungsfähigkeiten stellen wesentliche Anforderungs-
arten für Führungskräfte dar, da zum Erhalt der Wettbewerbsfähigkeit von
Unternehmen vielfältige Entscheidungen unter komplexen und dynamischen
Umweltbedingungen zu treffen sind.[1] So dominieren auch in den Bereichen des
Einsatzes neuer Technologien und der Veränderungen von organisatorischen
Gegebenheiten die Problemlösesituationen, da hier Problembereiche vorliegen,
die die Behandlung unterschiedlicher, vernetzter und dynamischer Parameter
bedingen. Das individuelle Problemlöseverhalten äußert sich dabei in der unter-
schiedlichen Bewältigung dieser Problemlöse- und Entscheidungssituationen.

Das Problemlösen besteht dabei
- aus der Diagnose (Identifikation der vorliegenden Umweltsituation),
- aus dem Auflisten von Handlungsalternativen (Optionen) und
- aus der Prognose (Bestimmung möglicher Konsequenzen),
während das Entscheiden folgende Aspekte umfaßt:
- Informations-Auswahl/-Sammlung,
- Abschätzen der Wahrscheinlichkeit des Eintretens einer best. Konsequenz,
- Festsetzen der Nutzenerwartung für eine bestimmte Konsequenz und
- Wahl einer Handlung.[2]

Diese Fähigkeiten zu analysieren und Hinweise zur individuellen Optimierung zu
erhalten, ist das Ziel des hier vorgestellten Bewertungsmodells, d.h. der
Simulation einer Problemsituation und der entsprechenden Auswertungs-
methodik.

Eine Problemlösung erfolgt in der Regel nicht durch eine einmalige Antwort
oder Maßnahme. Vielmehr ist es erforderlich, daß das Problem über einen
längeren Zeitraum bearbeitet wird. Verschiedene Maßnahmen sind vorzunehmen
und auf die während dieses Zeitraums beobachteten Problementwicklungen zu
reagieren. Solche Probleme werden von Dörner (1983) als komplexe,
dynamische und vernetzte Probleme bezeichnet.[3] Typisch ist, daß in der Regel
eine größere Anzahl von Variablen in jeder Problemsituation enthalten sind, die
mitunter eine enge Interdependenz aufweisen. Durch einen mehr oder weniger

eigengesetzlichen Entwicklungsverlauf einiger Variablen werden solche Probleme als eigendynamisch charakterisiert. Neben diesen Hauptcharakteristika existieren weitere Eigenschaften komplexer Probleme wie Realitätsbereich, Zielsituation, Handlungsinventar, Reversibilität und Zeitdruck.

Das Entscheidungsverhalten in komplexen Situationen ist bereits vielfach untersucht worden, wobei auch rechnergestützte Modelle zur Anwendung kamen; beispielsweise "Lohhausen" und "Schneiderwerkstatt", bei denen sehr komplexe Problem- und Entscheidungssituationen simuliert werden. Diese Systeme sind allerdings so komplex, daß sich hieraus kaum operationalisierbare Aussagen treffen lassen, die es erlauben würden, quantifizierte und differenzierte Aussagen über das Problemlöseverhalten zu gewinnen.

Daher wurde im vorliegenden Kontext ein EDV-gestütztes Modell zur quantifizierbaren Beurteilung des Problemlöseverhaltens entwickelt. In diesem Modell werden die Teilmengen des Problemlöse- und Entscheidungsverhaltens erfaßt. Die Komplexität ist dabei so beschaffen, daß eine Operationalisierung des Problemlöseverhaltens möglich ist. Dies bedingt eine im Vergleich zu den sonst üblichen Modellen (z.B. "Lohhausen") erhebliche Reduzierung der Variablen und Kernvariablen, womit auch eine ökonomisch vertretbare Durchführungszeit von 0,5 Stunden verbunden ist (im Vergleich dazu: Lohhausen 8 x 2 Stunden).

Diese Teilmengen des Problemlöseverhaltens werden aus den sogenannten "Schlüsselqualifikationen" gebildet. Hierbei handelt es sich insbesondere um folgende Fähigkeiten:

- *logisches Denkvermögen,*
- *Selektionsfähigkeit,* um aus einer Vielzahl von Informationen die wesentlichen und notwendigen auswählen zu können,
- *Fähigkeit des Erkennens von Systemverhalten und Grundzusammenhängen,* um einzelne Informationen richtig einordnen zu können,
- *Transformationsfähigkeit,* um erworbenes Wissen auch bei neuen Situationen und Problemstellungen erfolgreich verwerten zu können,
- *selbstreflektierte Vorgehensweise* und
- *strukturierte Vorgehensweise.*

2. Analyse des Problemlöse- und Entscheidungsverhalten

Die Analyse der unterschiedlichen Vorgehensweisen zur Bearbeitung komplexer Problemlöse- und Entscheidungssituationen durch den Menschen kann über eine

Situationen in Form von rechnergestützten Simulationen von komplexen Problem- und Entscheidungssituationen erfolgen.

Um einen geringen Einfluß von Wertvorstellungen und eine weitgehende Unabhängigkeit von Vorkenntnissen auf das Testen der Problemlösefähigkeit zu gewährleisten, ist der im folgenden vorgestellte Prototyp eines Simulationsmodells in seiner Thematik möglichst einfach und wertneutral aufgebaut: Es wird ein Königreich einer vergangenen Zeit simuliert, in der der Proband als Herrscher über dieses Reich fungiert. Die Aufgabe des Probanden besteht in der Verwaltung der Ressourcen des Reiches. Mit dem Ziel, dem Königreich zu hohem Reichtum (Landbesitz) zu verhelfen, ist der Proband beispielsweise vor die Entscheidungssituation gestellt, den aus der Ernte des Vorjahres gespeicherten Weizen sinnvoll einzusetzen: zum Ankauf von weiterem Land, zur Ernährung seiner Bevölkerung und/oder zur Bebauung der Felder. Dem weiteren Spielverlauf kann er dann entnehmen (falls er hierzu in der Lage ist), daß die Eingabegrößen mit anderen Modellvariablen vielfach vernetzt sind. Die Vernetzung der wesentlichsten Regelgrößen des Prototyps ist der Abbildung 1 zu entnehmen.

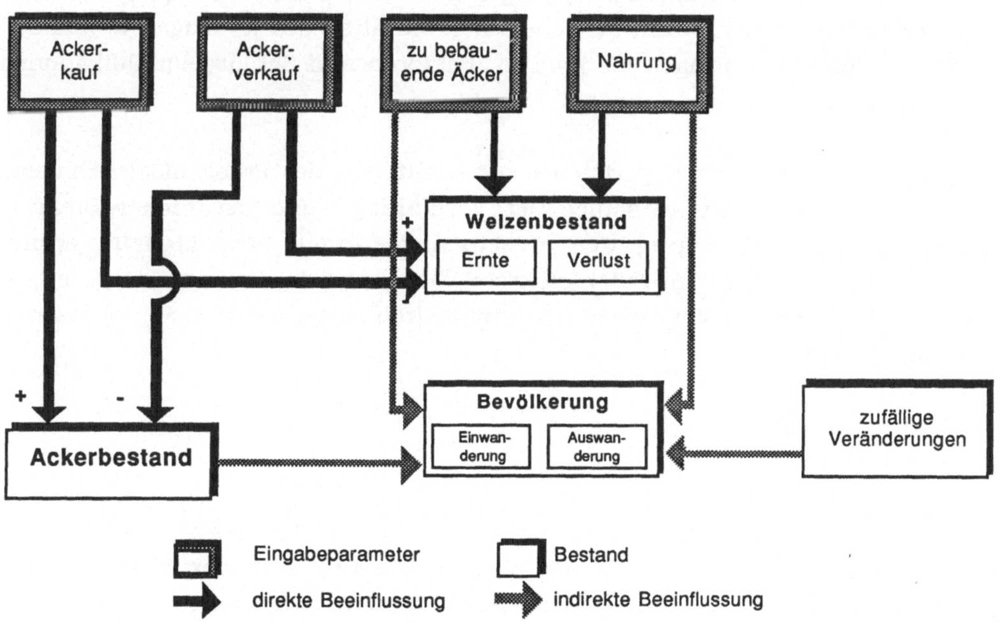

Abb. 1: Basisstruktur des Simulationsmodells

Störgrößen wie das Sterben eines Teils der Bevölkerung nach schwerer Erkrankung treten nach bestimmten Perioden (für den Probanden zufällig) während des Simulationslaufes auf. Die Testzeit wird zeitlich auf dreißig Minuten begrenzt. Dabei können maximal dreißig Perioden (entsprechend im Modell einer gleichen Zahl an Jahren) durchlaufen werden.

Nach der Zuordnung der Schlüsselqualifikationen zu den entsprechenden Faktoren des Simulationsmodells wurde im nächsten Schritt das Simulationsmodell so weiterentwickelt, das es quantifizierbare Merkmale enthielt, die zunächst deduktiv den entsprechenden Faktoren zugeordnet wurden. In einem weiteren Schritt wurden dann über das Verfahren der Trenn- schärfenanalyse, d.h. Anwendung der Methode der punktbiserialen Korrelation (9), die Merkmale in einem iterativen Prozess auf ihren Zusammenhang mit der zugrunde liegenden Aufgabenstellung hin überprüft und dann ausgewählt, wenn sie einen Beitrag zur Problematik der Überprüfung der Problemlöse- und Entscheidungsfähigkeit leisten können.

Mit den nach Durchführung der Trennschärfenanalyse verbleibenden Merkmalen, die in Abbildung 2 aufgeführt werden, wurde im nächsten Schritt ein rechnergestütztes Auswertungsprogramm erstellt, das Aussagen über das individuelle Problemlöse- und Entscheidungsverhalten des jeweiligen Probanden in differenzierter Form (nach Merkmalen, Faktoren und Schlüsselqualifikationen getrennt und als generelle Kennzahl) erlaubt.

Insgesamt wurden in die Experimente zur Ermittlung des Problemlöseverhaltens mehr als 700 Personen verschiedener Vorbildung und beruflicher Stellung einbezogen. Die Erfassung der einzelnen Merkmale des Modells erfolgt rechnergestützt, indem entweder diskrete Werte oder Funktionsverläufe erfaßt werden und mit in Vorversuchen ermittelten Intervallgrenzen verglichen werden.

3. Ergebnis

Im folgenden wird ein Ergebnis exemplarisch dargestellt, das mit Hilfe dieses Bewertungsmodells ermittelt wurde. Der Validierung und der Untersuchung liegen die Testdaten von mehr als 700 Probanden zugrunde, die sich in 3 Gruppen unterscheiden lassen:

- Studenten verschiedener Fachrichtungen,
- Sachbearbeiter diverser Berufsqualifikation und
- Führungskräfte aus Wirtschaft und Verwaltung.

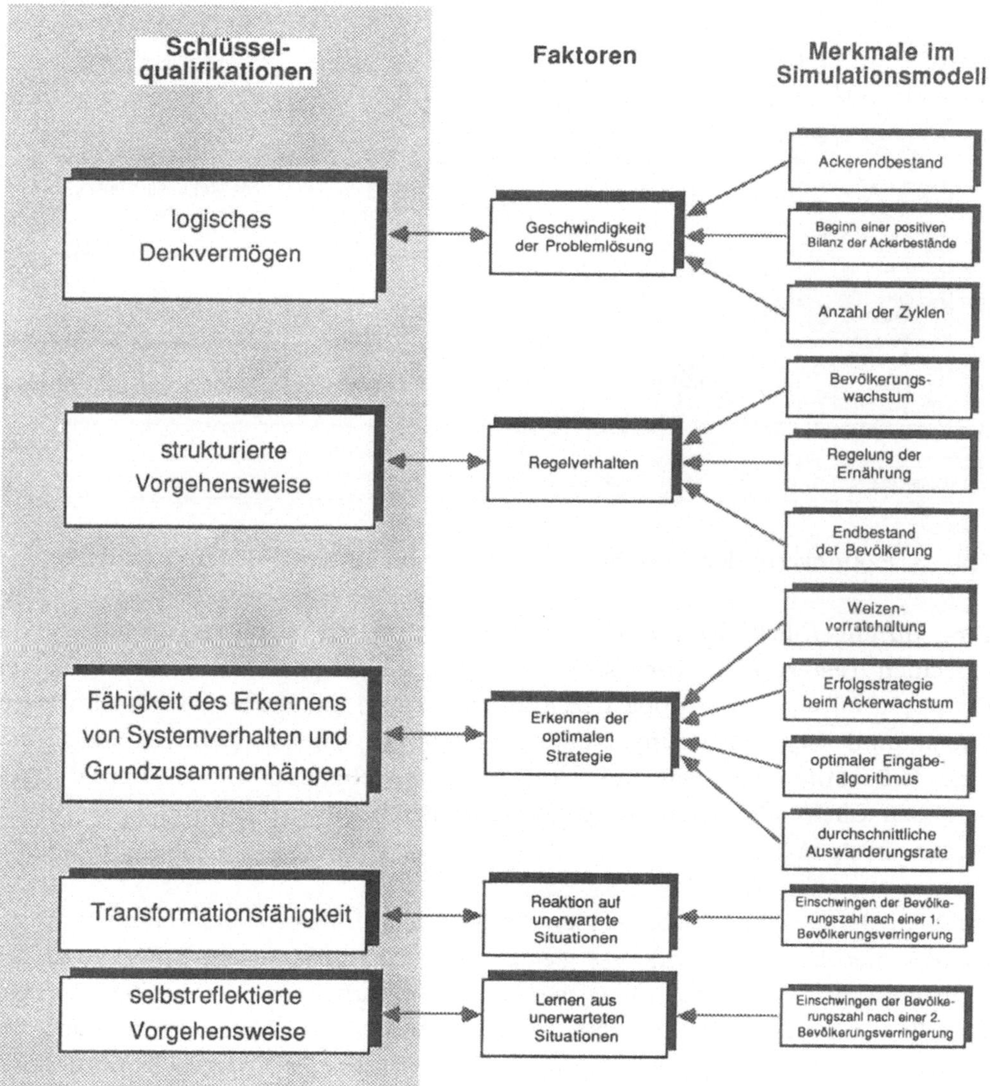

Abb. 2: Zuordnung von Faktoren und Merkmalen zu den Schlüsselqualifikationen

Bezüglich der einzelnen Schlüsselqualifikationen bietet Abbildung 3 einen Vergleich dieser drei Gruppen.

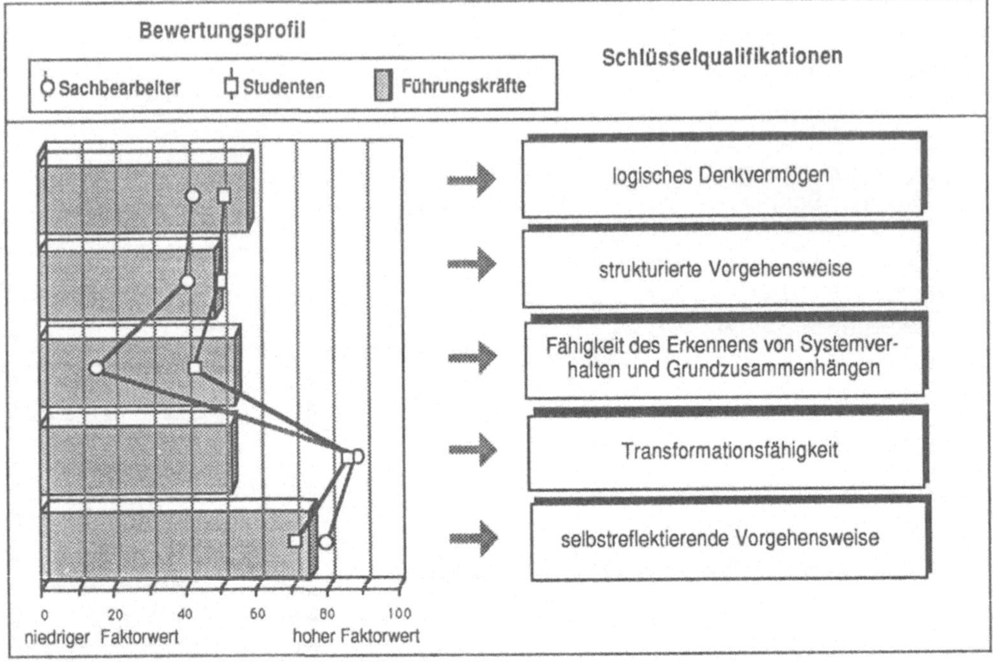

Abb. 3: Faktorwerte der einzelnen Schlüsselqualifikationen der drei Gruppen

Eine durchgeführte Clusteranalyse führte zu einer weiteren Aufteilung der einzelnen Testgruppen. Hier seien nur zwei Teilgruppen der Führungskräfte-Gruppe erwähnt: die Gruppe der Führungskräfte, die mehr als 50 Mitarbeiter haben, und diejenige Gruppe, denen weniger als zwei Mitarbeiter zugeordnet sind (z.B. Mitglieder von Stäben oder Unternehmensberater). Abbildung 4 veranschaulicht die Ausprägung der einzelnen Schlüsselqualifikationen dieser beiden Gruppen.

Auch in den einzelnen Merkmalen finden sich Unterschiede, wenn man die Cluster hierüber miteinander vergleicht. So wird in Abbildung 5 für die beiden Führungskräfte-Teilgruppen (mit mehr als 50 Mitarbeitern bzw. weniger als zwei Mitarbeiter) gezeigt, daß die Art und das Ausmaß der Berücksichtigung der Belange der Bevölkerung im Simulationsmodell mit der Anzahl der Mitarbeiter korreliert, für die der einzelne Proband Verantwortung trägt.

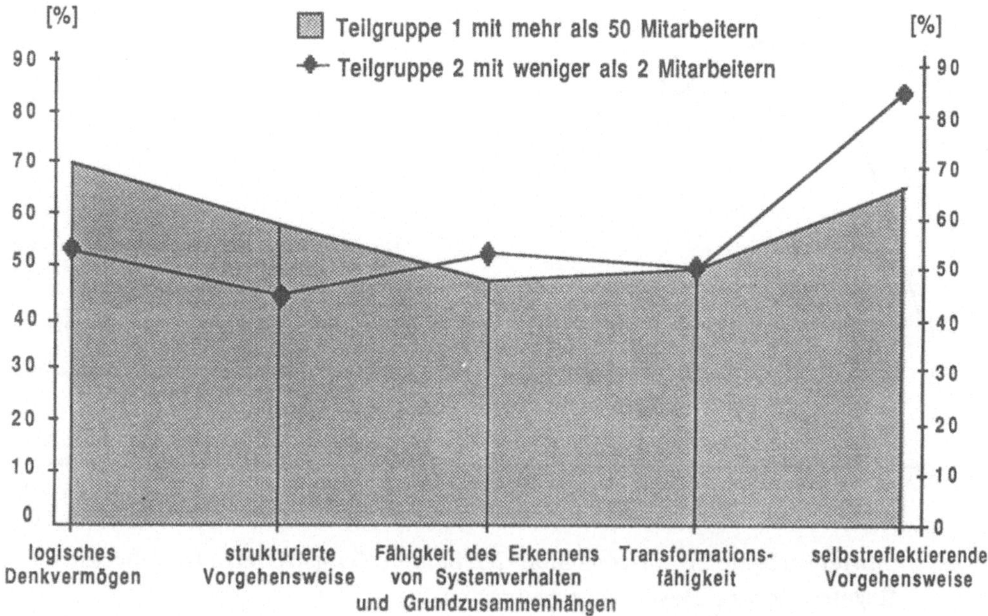

Abb. 4: Vergleich der beiden Teilgruppen in der Ausprägung der Schlüsselqualifikationen

Ein Vergleich der gesamten Merkmalsausprägungen ergibt insgesamt, daß die durchschnittlichen Qualifikationsprofile der Gruppen der Sachbearbeiter und der Studenten sich in ihrer typischen Form ähneln und sich vorwiegend in der absoluten Höhe der Werte der einzelnen Merkmalsausprägungen unterscheiden. Die Gruppe der Führungskräfte mit mehr als 50 Mitarbeitern ist den übrigen Profilen am wenigsten ähnlich; dies kann als Hinweis dafür gelten, daß hier eine ausgeprägtere Problemlösefähigkeit vorliegt. Ob dies auf generell vorhandenen ausgeprägteren Merkmalen der einzelnen Probanden beruht oder durch Erfahrung im Umgang mit Problemen erworben wurde, kann hierüber nicht ermittelt werden.

Die bislang erzielten Ergebnisse lassen den Schluß zu, daß das Prinzip, das den Analyseverfahren zugrundeliegt, und das spezifische Auswerteverfahren prinzipiell geeignet sind, die Problemlöse- und Entscheidungsfähigkeit von Führungskräften zu analysieren. Das Verfahren kann daher grundsätzlich zur Bewertung von Führungskräften bzw. Führungsnachwuchskräften - etwa im Rahmen eines Assessment-Centers (2) - Verwendung finden.

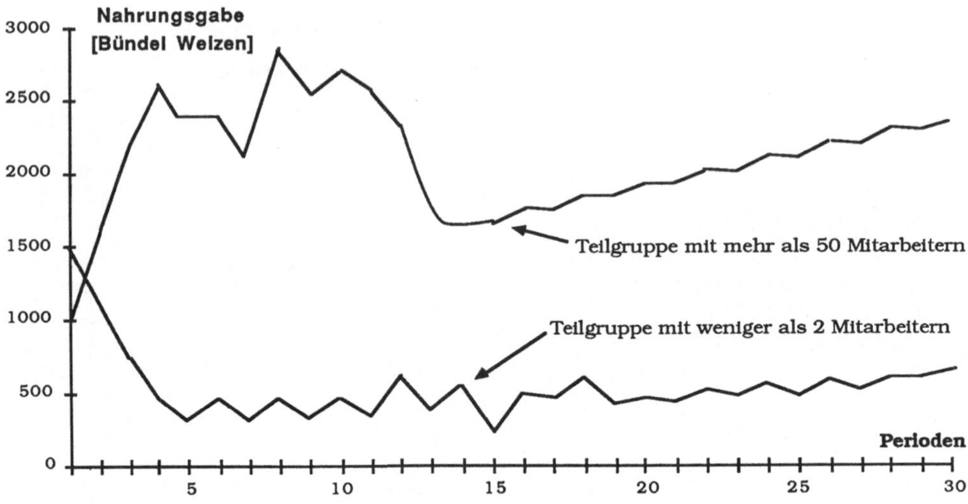

Abb. 5: Mittelwerte der Nahrungsgabe der beiden Teilgruppen als indirekte
Regelgröße des Bevölkerungsstandes

Darüber hinaus kann ein solches Bewertungsmodell zur Demonstration und
exemplarischen Erprobung von unterschiedlichen Problemlöse-Verhaltensweisen
im Rahmen von entsprechenden Qualifizierungsmaßnahmen (etwa Führungs-
kräfte-Seminare) genutzt werden. Für beide Anwendungsgebiete sind allerdings
noch einige Grundvoraussetzungen zu erfüllen. Beispielsweise müssen mehrere
Modelle ähnlicher Struktur bei gleicher Vorgehensweise zur Auswertung und
zum Erhalt der interessierenden Aussagen bezüglich des Problemlöseverhaltens
vorhanden sein (um einen Übungseffekt aufgrund der relativ geringen
Komplexität weitgehend auszuschalten). Auch müssen im Vergleich verschiedener Simulationsmodelle und der Spiegelung am persönlichen beruflichen
Werdegang und am Verhalten in realen Problemlösesituationen die verschiedenen Merkmale abgestimmt und verifiziert werden.

Hierzu finden zur Zeit in Fortsetzung der bisherigen Arbeiten am Institut für
Arbeitswissenschaft der RWTH Aachen einschlägige Untersuchungen statt.

---

[1] Heeg, F.J., Probleme der Auswahl von Führungskräften , In: Personalführung ,
Düsseldorf (1986), S. 126 - 132
[2] Heeg, F.J.; Kleine, G., Analyse des Problemlöse- und Entscheidungsverhalten von
Führungskräften, In: Personalführung, Düsseldorf (1988) , S. 348-365
[3] Dörner, D; Kreuzig, H.W.; Reiter, F; Stäudel, T. (Hrsg.), Lohhausen - Vom Umgang mit
Komplexität, Bern 1983

Autorenindex

Anschriften der Vortragenden

a *Campo*, Markus, Dipl.-Ing., Schinkelstr. 2, 5100 Aachen,
    Rogowski-Institut/RWTH Aachen

Adelsberger, Heimo, Doz. Dr., Augasse 2-6, A-1090 Wien,
    Wirtschaftsuniversität Wien

Altenhoff, Günter, Dipl.Ing., Bismarckstr. 81, 4100 Duisburg,
    Univ.GH Duisburg.,FB 9, Meß- u. Regelungstechnik

Anders, Peter, Dr.-Ing., Steinbachstr. 51, 5100 Aachen,
    Institut für Hydraulik und Pneumatik RWTH Aachen

Bär, Markus, Dipl.-Ing., Pfaffenwaldring 9, 7000 Stuttgart 80,
    Inst.f.Systemdynamik u. Regelungstechnik U Stuttg.

Bär, Wolfgang, Priv.-Doz. Dr.-Ing., Cauerstr. 7, 8520 Erlangen,
    Inst. f. Regelungstechnik/Univ. Nürnberg-Erlangen

Bausch-Gall, Ingrid, Dr., Wohlfartstr. 21B, 8000 München 45,
    Bausch-Gall GmbH

Becker, Michael, Dipl.-Inform., Intzestr. 10, 5100 Aachen,
    Institut für Bildsame Formgebung RWTH Aachen

Borutzky, Wolfgang, Dr.-Ing., Postfach 1240, 5205 St. Augustin,
    Gesellschaft für Mathematik und Datenverarbeitung

Breitenecker, Felix, Doz. Dr., Wiedner Hauptstr. 6-10, A-1040 Wien,
    Institut für technische Mathematik TU Wien

Broer, Helfried, Dr., Bültenweg 74/75, 3300 Braunschweig,
    Institut für Theor. Informatik, TU Braunschweig

Buchberger, Dieter, Dipl.Wirtsch.-Ing., Kaiserstr. 12, 7500 Karlsruhe,
    wbk, Uni Karlsruhe

Classe, Detlef, , Egerlandstr. 7, 8520 Erlangen,
    Lehrstuhl für Fertigungsautomatisierung

Delzer, Siegfried, Dipl.-Ing., Ritterstr. 51, 7850 Lörrach,
    ITK Ing.-Büro für Techn. Kybernetik S. Delzer

Dörnhöfer, Klaus, Dipl.-Inform., Martenstr. 1, 8520 Erlangen,
    Inst. f. math. Maschinen u. Datenverarbeitung (IV)

Ecker, Horst, Dipl.-Ing., Wiedner Hauptstr. 8-10, A-1040 Wien,
    TU Wien Inst.f.Maschinendynamik und Meßtechnik

Ehlen, Antonius, Dipl.-Ing., Robert-Bosch-Str. 10, 5000 Köln 71,
    Eckard Design GmbH

Eickhoff, Karl-Michael, Dipl.-Ing., Kopernikusstr. 15, 5100 Aachen,
    Institut f.Theoretische Elektrotechnik RWTH Aachen

Erkeskin, Tayfun, , Intzestr. 1, 5100 Aachen,
    Institut für Eisenhüttenkunde RWTH Aachen

Ernst, Wolfgang, Dipl.-Wi.-Ing., Postfach 6980, 7500 Karlsruhe 1,
    Inst. f. Arb.-Wiss. u. Betriebsorg./Uni.Karlsruhe

Ertel, Edwin, Dipl.-Ing., Steinfurtstr. 11, 5190 Stolberg,
    C.A.E. - Electronics GmbH

Eschenbacher, Peter, Dipl.-Ing., Martenstr. 1, 8520 Erlangen,
    Inst. f. math. Maschinen u. Datenverarbeitung (IV)

Ettl, Wolfgang, Doz.Dr., Wiedner Hauptstr. 8-10, A-1040 Wien,
    Institut für Versicherungsmathematik TU Wien

Gebhardt, Reinhold, Dr.-Ing., Schinkelstr. 2, 5100 Aachen,
    Rogowski-Institut/RWTH Aachen

Gottwald, Björn A., Prof.Dr., Schänzlestr. 1, 7800 Freiburg im Breisgau,
    Fakultät für Biologie der Universität Freiburg

Halin, Jürgen, Priv.Doz. Dr., Clausiusstr. 33, CH–8092 Zürich,
ETH Zürich Institut für Energietechnik

Hardeck, Willi, Dr., Paul–Gossenstr. 100, 8520 Erlangen,
Siemens AG

Hartberger, Helmut, Dipl.–Ing., Karl Hammerschmidt–Str. 5, 8011 Dornach,
Inst. für Werkzeugmaschinen und Betriebswissensch.

Havranek, William, C.Eng., Crescent Road, Crescent House, GB–BN115RW Worthing,
Rapid Data Ltd.

Heck, Volker, Dipl.–Ing., Templergraben 55, 5100 Aachen,
Lehrgeb. Verf. d. Prozeßdatenverarb./RWTH Aachen

Hein, Jürgen, Dipl.–Ing., Breitscheidstr. 2, 7000 Stuttgart,
Institut für Nachrichtenübertragung

Heinrich, Andreas, Dipl.–Ing., Schinkelstr. 2, 5100 Aachen,
Rogowski–Institut/RWTH Aachen

Heinz, Alois, Dipl.–Inform., Rheinstr. 10–12, 7800 Freiburg im Breisgau,
Institut für Informatik Universität Freiburg

Hektor, Klaus, Dr., Worringerweg 1, 5100 Aachen,
Inst.f.Brennstoffchemie u.phys.–chem. Verfahrenst.

Hinsche, E.H., , Steinfurtstr. 11, 5190 Stolberg,
C.A.E. – Electronics GmbH

Hittmair, Rudolf, Dr.techn. Dipl.–Ing., Altenbergerstr. 69, A–4040 Linz,
Systemtechnik–Automatisierung Uni Linz

Holling, G.H., , Schinkelstr. 2, 5100 Aachen,
Rogowski–Institut/RWTH Aachen

Jensch, Peter, Dr.–Ing., Schinkelstr. 2, 5100 Aachen,
Rogowski–Institut/RWTH Aachen

Keller, Hubert B., Dipl.–Ing., Postfach 3640, 7500 Karlsruhe 1,
Kernforschungszentrum GmbH Inst.f.DV i.d.Technik

Kleine, Gotthard, Dipl.Gew.L., Wüllnerstr. 5, 5100 Aachen,
Institut für Arbeitswissenschaften RWTH Aachen

Kleinert, Wolfgang, Dr., Wiedner Hauptstr. 8–10, A–1040 Wien,
Hybridrechenzentrum/ TU Wien

Kluth, B., , Templergraben 55, 5100 Aachen,
Lehrst. für AE und Datenfernverarbeitung TH Aachen

Krieger, Holger, Dipl.–Math., Mönchebergstr. 21 a, 3500 Kassel,
GHS Kassel FB Mathematik FG Umweltsystemanalyse

Langer, Klaus–Jürgen, Dipl.–Inform., Martenstr. 1, 8520 Erlangen,
Inst. f. math. Maschinen u. Datenverarbeitung (IV)

Laschet, Andreas, Dr.–Ing., Dürenerstr. 243, 5180 Eschweiler,
MEC GmbH

Lürkens, Peter, Dipl.–Ing., , 5100 Aachen,
Inst.f.Stromrichtertech.u.elektr.Antr./RWTH Aachen

Marschall, Roland, Dr.–Ing., Buchholzerstr.100, 3000 Hannover 51,
Prakla–Seismos AG

Mathes, R.–P., Dipl.–Phys., Lorenzstr. 10, 7000 Stuttgart 40,
SEL Standard Elektrik Lorenz AG

Meisel, Andreas, Dipl.–Ing., Schinkelstr. 2, 5100 Aachen,
Rogowski–Institut/RWTH Aachen

Meisinger, Reinhold, Prof. Dr.–Ing., Keßlerplatz 12, 8500 Nürnberg 21,
Georg–Simon–Ohm–Fachhochschule Nürnberg

Meister, Gerhard, Dr., Postfach 1913, 5170 Jülich,
KFA Jülich Inst. für Nukleare Sicherheitsforschung

Merten, W., Dipl.-Ing., Steinfurtstr. 11, 5190 Stolberg,
C.A.E. – Electronics GmbH

Meyer, Alexander, Dipl.-Math., Hirschbergweg 36, 5205 St. Augustin,
Elektrowatt GmbH / Mannheim

Naujoks, Thomas, Dipl.-Ing., Cauerstr. 7, 8520 Erlangen,
Inst. f. Regelungstechnik/Univ. Nürnberg-Erlangen

Otterpohl, Ralf, Dipl.-Ing., Templergraben 55, 5100 Aachen,
Institut für Siedlungswasserwirtschaft RWTH Aachen

Pogatzki, Peter, Dipl.-Ing., Melatenerstr. 25, 5100 Aachen,
Institut für HF-Technik, RWTH Aachen

Reinhardt, Adolf, Prof., Mönchebergstr. 7, 3500 Kassel,
GHS Kassel Fachgebiet Produktionssysteme FB 15

Rintelen, Markus, Dipl.-Ing., Moosstr. 12, 8130 Starnberg,
Linssen & Beese

Rosenthal, Dieter, Dipl.-Ing., Schinkelstr. 2, 5100 Aachen,
Rogowski-Institut/RWTH Aachen

Ruzicka, Ronald, Dr., Wiedner Hauptstr. 6–10, A–1040 Wien,
Institut für Technische Mathematik TU Wien

Rychlik, Michael, Dipl.-Ing., Steinbachstr. 54a, 5100 Aachen,
Lehr- und Forschungsgebiet Prozeßdatenverarbeitung

Schmidt, Alfred, Dipl.-Ing., Dieselstr. 8, 8047 Karlsfeld,
MAN Technologie GmbH

Schmidt, Rolf, Dipl.-Ing., Emil-Figge-Str. 75, 4600 Dortmund,
Fraunhofer-Inst.Transporttechnik/Warendistribution

Schröder, Gabriele, Dipl.-Math., Emil-Figge-Str. 75, 4600 Dortmund 50,
Fraunhofer-Inst.Transporttechnik/Warendistribution

Schröder, Hans-Jürgen, Dipl.-Math., Saarstr. 21, 6500 Mainz,
Johannes-Gutenberg-Universität Mainz

Schürr, Andy, Dipl.-Inform., Ahornstr. 55, 5100 Aachen,
Lehrstuhl für Informatik III, RWTH Aachen

Solar, Dietmar, Dipl.-Ing., Wiedner Hauptstr. 6–10, A–1040 Wien,
Institut für technische Mathematik TU Wien

Stahel, Albert A., Prof.Dr., Rämisstr.101, CH–8092 Zürich,
ETH Zürich Abt. XI Militärschulen

Stahlhacke, Jürgen, Dipl.-Inform., Schinkelstr. 2, 5100 Aachen,
Rogowski-Institut/RWTH Aachen

Suda, Martin, Dr., Institut für Physik, A–2444 Seibersdorf,
Österreichisches Forschungszentrum Seibersdorf

Thome, H. Günter, Dipl.-Ing., Steinbachstr. 17, 5100 Aachen,
Lehrstuhl f. Produktionssystematik/RWTH Aachen

Tichy, Karel, Dr., Clausiusstr. 33, CH–8092 Zürich,
Institut für Energietechnik, ETH Zürich

Troch, Inge, Prof.Dr., Wiedner Hauptstr. 8–10, A–1040 Wien,
TU Wien

Ullrich, Matthias, Dipl.-Phys., Glockeraustr. 4, 7915 Elchingen 2,
Mannesmann Tally GmbH Elchingen

Vansteenkiste, Ghislain C., Prof.Dr., Coupure 653, B–9000 Ghent,
Rijksuniversiteit Ghent

Welzel, Thomas, , Ahornstr. 55, 5100 Aachen,
Lehrstuhl für Informatik IV, RWTH Aachen

Witte, Thomas, Prof. Dr., Rolandstr. 8, 4500 Osnabrück,

Universität Osnabrück FB Wirtschaft FG Produktion

Zimmermann, Hans Georg, Dr., Otto–Hahn–Ring 6, 8000 München 83 (Neuperlach),
Siemens AG Abt. ZT/ZTI/DES 251

Zimmermann, Uwe, Dipl.–Ing., Steinbachstr. 54, 5100 Aachen,
Institut für Regelungstechnik RWTH Aachen

Zschocke, Bernhard C., Dipl.–Ing., Schinkelstr. 2, 5100 Aachen,
Rogowski–Institut/RWTH Aachen